Entscheidungen des
Bundesarbeitsgerichts

Herausgegeben
von den Mitgliedern des Gerichtshofes

Berlin 1960

Walter de Gruyter & Co.

vorm. G. J. Göschen'sche Verlagshandlung / J. Guttentag, Verlagsbuchhandlung / Georg Reimer / Karl J. Trübner / Veit & Comp.

Entscheidungen des
Bundesarbeitsgerichts

8. Band

Berlin 1960

Walter de Gruyter & Co.

vorm. G. J. Göschen'sche Verlagshandlung / J. Guttentag, Verlagsbuchhandlung / Georg Reimer / Karl J. Trübner / Veit & Comp.

ZITIERWEISE

Für die Zitierung dieser Sammlung wird die Abkürzung BAG empfohlen, z. B. BAG 1,70 (= Band 1 Seite 70).

Archiv-Nr. 28 19 60

Satz und Druck: Berliner Buchdruckerei Union G. m. b. H., Berlin SW 61

INHALT

Berichtigung

Band 8: S. 102 Zeile 12 von unten lies:
„VergGr. VIII" statt: „VergGr. VIIII".

1

1. Die Gewährung eines Krankengeldzuschusses durch den Arbeitgeber ist nur von den in § 1 ArbKrankhG genannten Voraussetzungen abhängig. Die Bedeutung des § 2 ArbKrankhG erschöpft sich in der Berechnung des in § 1 ArbKrankhG begründeten Anspruchs.

2. Gegen eine Berechnung des durchschnittlichen Arbeitsverdienstes nach Doppelwochen bestehen keine Bedenken.

3. Arbeitsentgelt im Sinne des § 2 Satz 2 ArbKrankhG sind nur die vom Arbeitgeber als Gegenleistung für die Arbeitsleistung des Arbeiters gezahlten Beträge, nicht dagegen Zuschüsse des Arbeitgebers zum Kranken- oder Hausgeld und auch nicht Beträge, die der Arbeitgeber im Falle einer Erkrankung des Arbeiters in Fortzahlung des Lohnes gewährt.

4. Der Senat hält an der Auffassung fest, daß der durchschnittliche Arbeitsverdienst kalendertägig zu berechnen ist.

5. Ist der Berechnungszeitraum, welcher der Berechnung des durchschnittlichen Arbeitsverdienstes zugrunde zu legen ist, durch Fehltage gestört, die ihrerseits dem Arbeiter nicht zuzurechnen sind, so sind diese Fehltage bei der Berechnung des durchschnittlichen Arbeitsverdienstes unberücksichtigt zu lassen. In solchen Fällen ist der im Berechnungszeitraum erzielte Arbeitsverdienst nicht mehr durch den Normaldivisor (bei wöchentlicher Lohnabrechnung: 28, bei monatlicher Abrechnung: 30 Tage) zu teilen; vielmehr sind die Kalendertage, an denen der Arbeiter in einer ihm nicht zuzurechnenden Weise der Arbeit ferngeblieben ist, vom Normaldivisor abzusetzen.

ArbKrankhG § 2.

II. Senat. Urteil vom 20. 5. 1959 i. S. K. (Bekl.) w. t. H. (Kl.)
2 AZR 452/58.

1. Arbeitsgericht Rheine. — 2. Landesarbeitsgericht Hamm/Westf.

Die Klägerin ist bei der Beklagten beschäftigt. Ihre Entlohnung erfolgt nach Doppelwochen, die jeweils von Montag bis zum übernächsten Sonntag einschließlich — im hier streitigen Zeitraum von Montag, dem 15. Juli 1957, bis Sonntag, dem 11. August 1957 — laufen. Jeder zweite Samstag ist arbeitsfrei; im streitigen Zeitraum mußte die Klägerin am 20. Juli arbeiten, und sie hätte arbeiten müssen am 3. August; arbeitsfrei hatte sie am 27. Juli und am 10. August 1957.

Am 24. Juli 1957 erlitt die Klägerin kurz vor Arbeitsschluß einen Betriebsunfall. Sie war infolgedessen bis einschließlich 4. August 1957 arbeitsunfähig krank. Die Beklagte vergütete der Klägerin — wie sie, die Beklagte, vorgetragen hat, „irrtümlich nach den Bestimmungen des Tarifvertrages" — die am 25. und 26. Juli 1957 „ausgefallene Arbeitszeit". Für den arbeitsfreien Samstag, den 27. Juli 1957, wurde der Klägerin ein Arbeitsentgelt nicht gezahlt. Ab 28. Juli bis einschließlich 4. August 1957 erhielt die Klägerin von der Betriebskrankenkasse ein Krankengeld. Außerdem erhielt sie von der Beklagten einen Krankengeldzuschuß. In der Zeit vom 5. August 1957 bis einschließlich 22. August 1957 arbeitete die Klägerin. In diese Zeit fiel als arbeitsfreier Samstag der 10. August 1957.

In der Zeit vom 23. August bis 29. September 1957 war die Klägerin wegen einer anderen Erkrankung arbeitsunfähig. Für diese Zeit wurde ihr ein Krankengeld in Höhe von 222,68 DM von der Betriebskrankenkasse gezahlt. Das Krankengeld war mit 5,86 DM täglich errechnet. Ein Krankengeldzuschuß wurde ihr von der Beklagten nicht gezahlt.

Die Klägerin verlangt mit der Klage für ihre zweite Krankheit einen Krankengeldzuschuß in der Gesamthöhe von 126,48 DM. Sie vertritt die Meinung, für die Berechnung des Krankengeldzuschusses gemäß § 2 ArbKrankhG sei das in den beiden ihrer zweiten Krankheit vorausgegangenen Doppelwochen — als den letzten vier den Lohnperioden des Betriebs entsprechenden Wochen (§ 2 Satz 2 ArbKrankhG) — erzielte Nettoarbeitsentgelt durch die Zahl der im Berechnungszeitraum liegenden Arbeitstage zu teilen. Die arbeitsfreien Samstage seien dabei weder bei der Berechnung des Nettoarbeitsverdienstes noch bei der Berechnung der Zuschußhöhe in Ansatz zu bringen. Insbesondere seien auch diejenigen Tage, an denen sie wegen des erlittenen Betriebsunfalles arbeitsunfähig krank war (Fehltage), nicht zu berücksichtigen.

Unstreitig hat die Klägerin in der Zeit vom 15. Juli bis 11. August 1957 ohne Berücksichtigung des Krankengeldes und des Krankengeldzuschusses einen Verdienst von 213,96 DM brutto = 180,17 DM netto erzielt.

Die Klägerin stellt folgende Rechnung auf:

Nettoarbeitsverdienst 15. 7. — 11. 8. 1957	180,17 DM
bei 13 Arbeitstagen somit arbeitstäglicher Nettoverdienst	13,86 DM
hiervon 90 %	12,47 DM

28 ausgefallene Arbeitstage (28 × 12,47)	349,16 DM
abzüglich des erhaltenen Krankengeldes	222,68 DM
ergibt die Klageforderung	126,48 DM.

Die Beklagte vertritt die Meinung, für die Berechnung des Krankengeldzuschusses sei der im Berechnungszeitraum (15. 7. — 11. 8. 1957) erzielte Nettoverdienst durch die Zahl der Kalendertage (28) unter Einbeziehung der Fehltage zu teilen. Bei 180,17 DM Nettoverdienst ergibt sich nach dieser Berechnung (geteilt durch 28) ein Verdienst von 6,43 DM täglich. 90 % hiervon sind 5,59 DM. Da die Klägerin ein Krankengeld von 5,86 DM erhalten hat, sei demnach ein Krankengeldzuschuß nicht zu zahlen.

Das Arbeitsgericht hat die Berechnungsweise der Klägerin für richtig gehalten und es dabei dahingestellt gelassen, ob die arbeitsfreien Samstage einzuberechnen sind.

Das Landesarbeitsgericht hat die Berufung der Beklagten zurückgewiesen. Es hat die kalendertägige Berechnungsweise angewandt, dabei aber in Übereinstimmung mit dem Arbeitsgericht die Fehltage im Berechnungszeitraum unberücksichtigt gelassen.

Die Beklagte wendet sich mit ihrer Revision nicht gegen die kalendertägige Berechnungsweise des Krankengeldzuschusses, wohl aber gegen die Auffassung, daß die im Berechnungszeitraum liegenden Krankheitstage unberücksichtigt zu bleiben hätten. Ihre Revision ist zurückgewiesen worden.

Aus den Gründen:

I. 1. Die Voraussetzungen, an welche das ArbKrankhG den Anspruch auf einen Krankengeldzuschuß knüpft, sind im einzelnen in § 1 ArbKrankhG genannt. Diese Voraussetzungen sind hier gegeben. Es handelt sich bei der Klägerin um eine Arbeiterin. Das Vorhandensein der entsprechenden Merkmale ist zwischen den Parteien unstreitig. Die Klägerin war auch während des Zeitraumes vom 23. August bis 29. September 1957 infolge Krankheit an ihrer Arbeitsleistung gehindert; dies stellt das angefochtene Urteil ausdrücklich fest. Die Klägerin war ferner unverschuldet krank. Zwar enthält das angefochtene Urteil insoweit keine ausdrückliche Feststellung. Indes umfaßt die vom Landesarbeitsgericht getroffene Feststellung, daß die Klägerin infolge Krankheit an der Arbeitsleistung gehindert gewesen sei, zugleich die Feststellung der Rechtstatsache, daß ihre Arbeitsunfähigkeit nicht auf ihrem schuldhaften Verhalten beruhte; der Arbeitgeber, den insoweit die Darlegungs- und Beweislast trifft, hat nichts vorgetragen, was für ein schuldhaftes Verhalten der Arbeiterin Anhaltspunkte enthält. Unstreitig hatte die Klägerin auch einen Anspruch auf Krankengeld aus der gesetzlichen Krankenversicherung. Schließlich hatte ihr Arbeitsverhältnis auch schon zum frühesten Zeitpunkt, ab dem überhaupt eine Bezuschussung für die hier in Rede stehende Krankheit in Frage kommen kann, mindestens vier Wochen ununterbrochen bei der Beklagten bestanden.

2. Sind danach alle in § 1 ArbKrankhG genannten Voraussetzungen erfüllt, so hat die Klägerin gegen ihren Arbeitgeber einen Anspruch auf Zahlung eines Zuschusses zu den Leistungen aus der gesetzlichen Krankenversicherung, und zwar in Höhe des Unterschiedsbetrages zwischen dem Krankengeld einschließlich der Zuschläge und neunzig vom Hundert des Nettoarbeitsentgeltes (§ 1 Abs. 1 Satz 2 ArbKrankhG). Den Zuschuß hat der Arbeitgeber bis zu einer Dauer der Arbeitsunfähigkeit von sechs Wochen für die Tage zu zahlen, für die der Arbeiter Kranken- oder Hausgeld aus der gesetzlichen Krankenversicherung erhält (§ 1 Abs. 1 Satz 4 ArbKrankhG).

Das Gesetz bedient sich in seinem § 1 einer Ausdrucksweise, die bei der Auslegung der Vorschrift des § 2 nicht unberücksichtigt bleiben darf. Es bringt nicht zum Ausdruck, daß die Gewährung eines Krankengeldzuschusses durch den Arbeitgeber noch von anderen, an anderer Stelle im Gesetz genannten Voraussetzungen abhängig sein solle. Nach der ganzen Fassung des § 1 ArbKrankhG geht es vielmehr erkennbar davon aus, daß in einem jeden derartigen Sachverhalt, wie er durch die Gesamtheit der einzelnen Anspruchsmerkmale dort umrissen wird, die wirtschaftliche Lage des Arbeiters im Krankheitsfalle durch eine Leistung seitens des Arbeitgebers zu verbessern ist.

Unter diesem Gesichtspunkt kann die Auslegung des § 2 ArbKrankhG grundsätzlich nicht, wie die Revision dies begehrt, in einer Weise erfolgen, die im Einzelfall zu einer Versagung des Anspruchs auf einen Krankengeldzuschuß führt. Nach der Systematik des Gesetzes erschöpft sich die Bedeutung des § 2 ArbKrankhG in der *Berechnung* des in § 1 begründeten Anspruchs.

II. A) 1. Zutreffend hat das Landesarbeitsgericht als Berechnungszeitraum die beiden Doppelwochen herangezogen, die vollständig, d. h. unbeeinflußt durch die zweite Krankheit, für die Berechnung zur Verfügung stehen. Auch die Beklagte vertritt nicht etwa die Meinung, daß ein anderer Berechnungszeitraum für die Berechnung des durchschnittlichen Arbeitsentgeltes heranzuziehen wäre. Da die Klägerin am Freitag, dem 23. August 1957, bereits krank war, konnte die Doppelwoche vom 12.

August 1957 bis zum Sonntag, dem 25. August 1957, als Berechnungszeitraum nicht in Betracht kommen. Denn wenn das Gesetz das Nettoarbeitsentgelt während der letzten vier den Lohnperioden des Betriebes entsprechenden Wochen, bei Lohnempfängern mit teilmonatlicher oder monatlicher Lohnabrechnung den entsprechenden Lohnabrechnungszeitraum oder den letzten Kalendermonat, zum Ausgangspunkt der Zuschußberechnung macht, kann nur ein durch die zu bezuschussende Krankheit selbst nicht beeinträchtigter Zeitraum gemeint sein.

Gegen eine Berechnung nach Doppelwochen bestehen keine Bedenken, obgleich das Gesetz selbst an sich nur drei Berechnungsarten nennt, nämlich die Berechnung nach Wochen, nach Kalendermonaten oder nach teilmonatlichen Lohnabrechnungszeiträumen. Die letztgenannte Benennung des Berechnungszeitraumes umfaßt dabei nicht auch eine Berechnung nach Doppelwochen, weil eine Doppelwoche nicht einen bestimmten gleichbleibenden „Teil" des Monats ergibt. Die fraglichen drei Berechnungsarten stellen aber keine erschöpfende Aufzählung dar. Vielmehr ist es den Betrieben überlassen, ihre Lohnperioden nach eigenem Gutdünken zu gestalten. Indem nämlich das Gesetz in § 2 Satz 2 mit der Formulierung „während der letzten vier den Lohnperioden des Betriebes entsprechenden Wochen" ausdrücklich auf die Lohnperioden des Betriebs Bezug nimmt, bringt es deutlich zum Ausdruck, daß die Berechnung des durchschnittlichen Arbeitsverdienstes sich nach den Lohnperioden des Betriebes zu richten hat und nicht umgekehrt die betrieblichen Lohnperioden sich nach den in § 2 ArbkrankhG vorgesehenen Methoden richten müssen. Die Berechnung des durchschnittlichen Arbeitsentgeltes soll möglich sein, ohne die betrieblichen Lohnperioden zerschneiden und Sonderberechnungen anstellen zu müssen. Das Landesarbeitsgericht konnte damnach gar nicht nach dem möglicherweise abweichenden Verdienst fragen, den die Klägerin etwa in den vier Wochen vor dem 18. August 1957 erhalten hat.

2. Zutreffend hat das Landesarbeitsgericht auch den Begriff „Arbeitsentgelt" des § 2 Satz 2 ArbKrankhG gesehen. Weder die Leistungen der Betriebskrankenkasse noch die Zuschüsse der Beklagten hierzu während der Unfallfehltage, während der Zeit vom 24. Juli bis 4. August 1957, sind Arbeitsentgelt im Sinne des § 2 ArbKrankhG, und zwar die Leistungen der Betriebskrankenkasse schon deshalb nicht, weil der Begriff „Arbeitsentgelt" nur einen vom A r b e i t g e b e r in dieser seiner Eigenschaft gezahlten Betrag im Auge haben kann.

Aber auch der von der Beklagten — wie sie behauptet hat: irrtümlich — gezahlte Betrag für die beiden Tage, die dem Unfalltag (24. Juli

1957) folgten, sowie die weiter gezahlten Krankengeldzuschußbeträge des Arbeitgebers können nicht als „Arbeitsentgelt" im Sinne jener Vorschrift angesehen werden. Der Begriff „Arbeitsentgelt" im Sinne des § 2 ArbKrankhG steht in einem deutlichen Gegensatz zum Begriff des Zuschusses, den der Arbeitgeber im Krankheitsfall nach Maßgabe des § 1 ArbKrankhG zu zahlen hat. In § 1 Abs. 1 Satz 2 ArbKrankhG wird nicht davon gesprochen, daß der Arbeitgeber im Krankheitsfall ein — gemindertes — Arbeitsentgelt, welches sich seinerseits nach dem Nettoarbeitsentgelt im Sinne des § 2 ArbKrankhG richtet, zu zahlen habe, sondern es wird von einem Zuschuß gesprochen, welchen der Arbeitgeber zu zahlen hat, um — wie die Gesetzesüberschrift ergibt — die wirtschaftliche Sicherung des Arbeiters im Krankheitsfalle zu verbessern. Hiermit stimmt es überein, wenn im Bereich der Sozialversicherung durch die Vorschrift des § 189 Abs. 1 Satz 3 Reichsversicherungsordnung jeder Arbeitgeberzuschuß aus dem — in § 160 RVO recht weit gefaßten — Entgeltbegriff herausgenommen ist. Nach dieser Vorschrift gelten Zuschüsse des Arbeitgebers zum Kranken- oder Hausgeld ohne Rücksicht auf ihre Höhe nicht als Arbeitsentgelt. Letztlich findet dieser Zuschuß des Arbeitgebers zum Krankengeld seine Begründung in der personalen Struktur des Arbeitsverhältnisses (BAG 5, 300 [304]), wohingegen der Begriff „Arbeitsentgelt" in § 2 ArbKrankhG gerade wegen der Unterscheidung des Zuschusses hiervon den Verdienst des Arbeiters meint, den er als Gegenleistung für seine Arbeitsleistung erhält. Der Betrag, den die Beklagte für die beiden dem Unfalltag vom 24. Juli 1957 folgenden Tage zahlte, kann deswegen ebenfalls nicht als „Arbeitsentgelt" im Sinne des § 2 Satz 2 ArbKrankhG angesehen werden, mag er sich auch finanziell als Lohnfortzahlung darstellen. Er konnte niemals den Sinn einer Gegenleistung für geleistete Arbeit haben, sondern immer nur, auf Grund und in Verwirklichung der personalen Natur des Arbeitsverhältnisses, ausschließlich eine Leistung des Arbeitgebers zur Sicherung der Existenz des Arbeiters sein. Dieserhalb besteht kein wesensmäßiger Unterschied zu der Zuschußleistung. Da ferner „Lohnfortzahlung" somit auf keinen Fall bei der hier fraglichen Berechnung eine Rolle spielen kann und die Parteien hinsichtlich dieses Betrages keine Forderungen gegeneinander stellen, ist nicht weiter zu untersuchen, ob er von der Beklagten zu Recht oder irrtümlich gezahlt wurde.

3. Das Landesarbeitsgericht hat auch nicht das Brutto-, sondern das Nettoarbeitsentgelt für die Berechnung herangezogen. Beide Parteien erachten die im angefochtenen Urteil insoweit vorgenommene Umrechnung als zutreffend.

B) Dem Landesarbeitsgericht ist schließlich auch darin beizutreten, daß bei der Berechnung des durchschnittlichen Arbeitsentgelts während des Berechnungszeitraums Krankheitsfehltage nicht einzubeziehen sind. Es begründet seine Auffassung vor allen Dingen mit einer Übernahme der Grundgedanken des Urteils des Bundesarbeitsgerichts vom 13. Mai 1958 (BAG 5, 300 ff.), in welchem der Senat erkannt hat, daß der Arbeiter, der innerhalb der ersten vier Wochen nach der rechtlichen Begründung des Arbeitsverhältnisses erkrankt, vom Beginn der fünften Woche an den Anspruch auf Gewährung des Zuschusses mit der Maßgabe hat, daß die 6-Wochenfrist mit dem Beginn der Erkrankung zu laufen beginnt. Auch in dem Fall jenes Urteils stand ein Berechnungszeitraum von vier Wochen mit tatsächlich geleisteter Arbeit nicht zur Verfügung. Der Senat hat damals ausgesprochen, daß der Arbeiter vier Wochen bei demselben Arbeitgeber nicht tatsächlich Arbeit geleistet haben müsse, um zuschußberechtigt zu sein. Die im Berechnungszeitraum vorhandene Lücke müsse aus dem Sinn des Gesetzes heraus geschlossen werden. Der Gesetzgeber habe das Ziel verfolgt, bei der Lohnfortzahlungsregelung für Arbeiter eine der Lage der Angestellten in etwa angeglichene Regelung zu erreichen. Deshalb müsse bei einem Arbeitsverhältnis, das noch nicht vier Wochen gedauert hat, für die Zuschußberechnung der Durchschnitt des während der Dauer der Tätigkeit erzielten Arbeitsentgelts unter Berücksichtigung der Tatsache zugrundegelegt werden, daß es bereits in weniger als vier Wochen verdient ist. Zur Gewinnung der Berechnungsgrundlage müsse entweder für die vierte Woche der gleiche Verdienst wie der Durchschnittsverdienst der drei vorhergehenden Wochen eingesetzt und dann durch die Zahl der Kalendertage (28) geteilt werden, oder aber es müsse von dem in drei Wochen erzielten Arbeitsentgelt ausgegangen und dann durch 21 geteilt werden (BAG 5, 300 [307]).

Dem Landesarbeitsgericht ist darin beizupflichten, daß jedenfalls die gleichen Grundgedanken auch im vorliegenden Falle für die Entscheidung tragend sind. Denn das Gesetz erfordert bei sinngemäßer Auslegung eine Ergänzung in den Fällen, in denen der Berechnungszeitraum durch Fehltage, die ihrerseits dem Arbeiter nicht zuzurechnen sind, gestört ist.

1. Die Revision meint, der Wortlaut des § 2 ArbKrankhG und dort insbesondere das Wort „N e t t o arbeitsentgelt" lasse den Schluß zu, daß mit ihm sowohl Fehl- und Krankheitstage wie auch Tage mit Über- und Mehrarbeit umfaßt würden. Das Wort „Nettoarbeitsentgelt" habe demnach den Sinn, daß bei der Berechnung in jedem Falle und ohne

Rücksicht auf vorhandene Fehltage im Berechnungszeitraum von dem Betrage auszugehen sei, der dem Arbeiter wirklich zugeflossen ist. Dabei übersieht die Revision jedoch, daß das Wort „Netto arbeitsentgelt" in § 2 Satz 1 ArbKrankhG nur dahin erläutert wird, daß das gesamte Arbeitsentgelt um die gesetzlichen Lohnabzüge zu vermindern ist. Ein hierüber hinausgehender Sinngehalt kann mangels eines näheren Anhaltspunktes in der vom Gesetz selbst gegebenen Erläuterung dem Wort „Nettoarbeitsentgelt" nicht entnommen werden.

2. Auch das Wort „durchschnittlich" in § 2 Satz 2 ArbKrankhG kann letztlich nicht für die von der Revision vertretene Auffassung sprechen. Wie der Senat bereits in dem zur Veröffentlichung in der Amtlichen Sammlung des Gerichts bestimmten Urteil vom 18. Dezember 1958 — 2 AZR 37/58 — (BAG 7, 136 [140] ausgesprochen hat, steht dieses Wort in Verbindung mit einem nach vier Wochen, einem Kalendermonat oder einem Teilmonat bemessenen Zeitraum; es steht nicht im Zusammenhang mit einer Anzahl der in diesen Zeitraum fallenden Arbeitstage oder Werktage. In jenem Urteil hat der Senat weiter ausgesprochen, daß deswegen eine kalendertägige, nicht aber eine arbeitstägige oder werktägige Berechnungsgröße des Nettoarbeitsentgelts geboten sei. An dieser Auffassung hält der Senat fest. Dazu, daß der Arbeiter, falls er nur die dort genannten Voraussetzungen erfüllt, nach dem in § 1 ArbKrankhG ausgesprochenen Grundsatz einen Anspruch auf einen Arbeitgeberzuschuß haben soll, würde es aber im Widerspruch stehen, wenn bei wörtlicher Anwendung des § 2 Abs. 2 ArbKrankhG die Durchführung der Berechnung zu dem Ergebnis zu führen vermag, dem Arbeiter brauche ein solcher Zuschuß doch nicht gezahlt zu werden. Führt die reine Wortinterpretation zu einem derartigen Widerspruch innerhalb des Gesetzes, so ist es Aufgabe des Richters, zu einem dem Sinne des Gesetzes entsprechenden Ergebnis zu gelangen.

Das Gesetz zielt nun in seiner Gesamtheit darauf ab, dem Arbeiter in den Tagen der unverschuldeten Krankheit einen Lebensstandard zu sichern, der in einem festen prozentualen Verhältnis zu demjenigen Lebensstandard steht, den er sich durch Erzielung von Arbeitsentgelt normalerweise sichert. Der Krankengeldzuschuß soll den Arbeiter wirtschaftlich in die Lage versetzen, eine Krankheit wirklich ausheilen zu können und seine Gesundheit und Arbeitskraft wieder herzustellen. Dieser Zweck des Gesetzes würde zumindest in den Fällen, in denen der Arbeiter längere Zeit hindurch während des Berechnungszeitraumes oder gar während des ganzen Berechnungszeitraums krank war, nicht erreicht werden können. Selbst die Revision muß zugeben, daß im Einzelfall ein „hartes und unsinniges Ergebnis“ eintrete, wenn nämlich der Arbeiter im ganzen Berechnungszeitraum an einer anderen Krankheit litt. Das Gesetz basiert auf der Antithese zwischen der zu bezuschussenden Krankheitszeit einerseits und der Arbeitsleistung sowie dem hierdurch erzielten Arbeitsentgelt andererseits. Der Senat hält es deshalb für zweifelsfrei, daß das Gesetz in seinen Berechnungsvorschriften nur von dem Normalfall ausging, nämlich daß der Arbeiter im Berechnungszeitraum auch gearbeitet hat und daß ihm sein Arbeitsverdienst im Berechnungszeitraum ungeschmälert zufloß.

Die Revision meint, das Gesetz stelle es nicht auf das Lohnausfallprinzip ab, weil es dem Arbeiter nicht das gewährt, was er erhalten haben würde, wenn er während der Dauer der Arbeitsverhinderung gearbeitet hätte; das Gesetz stelle vielmehr auf eine Art Pauschalisierungsprinzip ab. Im Wesen eines Pauschale liege es aber, Ungenauigkeiten sowohl im Sinne einer Bevorzugung wie auch im Sinne einer Benachteiligung in Kauf zu nehmen. Hierbei übersieht die Revision aber, daß die Berechnung des durchschnittlichen Arbeitsentgelts und die Berechnung des Krankengeldzuschusses zwei verschiedene Dinge sind, die nicht miteinander vermengt werden können und dürfen. Richtig ist, daß der Zuschuß selbst keine Verwirklichung des Lohnausfallprinzips bedeutet. Das hat der Senat, insbesondere im Urteil vom 18. Dezember 1958 ausgesprochen. Hier geht es aber nicht um die Berechnung des Krankengeldzuschusses, sondern allein um die Berechnung des durchschnittlichen Arbeitsentgelts.

3. Die Revision meint weiter, der Gesetzgeber habe bewußt eine Abhängigkeit des Zuschusses von der Arbeitsleistung des Arbeiters geschaffen. Man müsse bedenken, daß Kalkulation und Gewinn eines Arbeitgebers auf der produktiven Arbeitsleistung gerade auch des Arbeiters beruhen. Fehle eine solche Arbeitsleistung, so erscheine es gerechtfertigt, daß Fehlzeiten des Arbeiters bei der Berechnung des Krankengeldzuschusses nicht ausgeschaltet würden. Dem muß jedoch entgegengehalten werden, daß das Gesetz bereits in § 1 Abs. 2 eine bestimmte Abhängigkeit des Zuschusses von der Arbeitsleistung des Arbeiters normiert. Nach dieser Vorschrift wird der Zuschuß erst nach einer vierwöchigen Beschäftigungszeit gewährt. Dabei geht der Gesetzgeber — unbeschadet der in dem schon erwähnten Urteil des Senats vom 13. Mai 1958 (BAG 5, 300 ff.) vertretenen Ansicht — vom Normalfall aus, daß nämlich der Arbeiter in einer vierwöchigen ununterbrochenen Dauer des Arbeitsverhältnisses auch in gewissem Umfang produktive Arbeitsleistung erbracht hat. Für eine über die Vorschrift des § 1 Abs. 2 hinaus-

gehende Abhängigkeit des Zuschusses von der Arbeitsleistung ist, nicht zuletzt eben auch im Hinblick auf die Umschreibung der Voraussetzungen für den Anspruch in § 1 ArbKrankhG, kein Anhaltspunkt zu finden.

4. Für die Auffassung des Senats spricht auch die Stellung des ArbKrankhG innerhalb der Arbeitsrechtsordnung. Wenn es nämlich ein Hauptanliegen der Arbeitsrechtsordnung ist, den Arbeitnehmer gegen Zufälle wie Krankheit, Arbeitslosigkeit und Invalidität nach Möglichkeit zu schützen, und wenn das ArbKrankhG dieses Anliegen für einen Teilbereich in die Tat umsetzt, so kann diese Zufallsfürsorge nicht wiederum durch den Zufall einer im Berechnungszeitraum unverschuldeten Krankheit beeinträchtigt werden.

5. Schließlich ist es bei der Auslegung eines Gesetzes auch von Bedeutung, welchen Wert das Ergebnis der Auslegung im Hinblick auf die herrschenden sozialen und wirtschaftlichen Anschauungen hat (vgl. Enneccerus-Nipperdey, Lehrbuch des bürgerlichen Rechts, 14. Aufl., 1952, Band I, 1, § 56 III, S. 206). Berücksichtigt man den Sozialstaatsgedanken als ein Auslegungsprinzip (vgl. Müller in Betrieb 1956, S. 524 und 549 ff.), mit Hilfe dessen die freie Entfaltung der Persönlichkeit des sozial Schwächeren geschützt werden soll, so kann eine Auslegung nicht richtig sein, die dem Arbeitgeber Vorteile aus dem Betriebsunfall oder der Krankheit des bei ihm beschäftigten Arbeiters zufließen läßt, und die einen vom unverschuldeten Unglück zweier aufeinanderfolgender Krankheiten betroffenen Arbeiter schlechter stellt als einen Arbeiter, der nur einmal erkrankt.

6. Andererseits können nicht etwa solche Fehltage bei der Berechnung des durchschnittlichen Arbeitsverdienstes unberücksichtigt bleiben, die der Arbeiter selbst verschuldet hat oder für die er sonst einstehen muß. Zwar sehen die Richtlinien des Bundesministers für Arbeit vom 29. November 1954 (Bundesarbeitsblatt 1954, S. 737) zu dem ähnlich liegenden Fall des § 13 Mutterschutzgesetz unter A III vor, es sollten bei der Berechnung des Durchschnittsverdienstes auch Tage unentschuldigten Fehlens unberücksichtigt bleiben. Dies erscheint aber nicht mit dem Grundsatz vereinbar, daß niemand aus einer durch Vertragsuntreue gewonnenen Rechtsposition Vorteile für sich ableiten darf (vgl. RGZ 149, 401, [404]; 152, 119 [123]), ebenso wie es mit Treu und Glauben nicht vereinbar ist, daß der Arbeiter Fehltage auf sich nehmen muß, die er allgemein in einer von ihm nicht zu vertretenden Weise gesetzt hat. Es können danach nur solche Fehltage im Berechnungszeitraum unberücksichtigt bleiben, an denen der Arbeiter der Arbeit aus Gründen ferngeblieben ist, die ihm nicht zurechenbar sind.

7. Mit seiner Auffassung folgt der Senat der in Lehre und Rechtsprechung bisher bereits fast einhellig vertretenen Auffassung über die Behandlung von Fehltagen innerhalb des Berechnungszeitraumes (LAG Bremen, Urteil vom 12. 3. 58, BB 1958, S. 809 = Betrieb 1958, S. 632; LAG Hamm, Urteil vom 28. 2. 58, BB 1958, S. 521 = Betrieb 1958, S. 574; LAG Saarbrücken, Urteil vom 22. 10. 58, Betrieb 1958, S. 1304; Schelp-Trieschmann, Arbeitsverhältnis im Krankheitsfalle, 1958, S. 138; Trieschmann in Betrieb 1957, S. 1128; Meyer in Betriebsverfassung 1958, S. 134; Schmatz-Fischwasser, ArbKrankhG, 3. Aufl. § 2 Anm. III 2 S. 83 ff.; Gros in AR-Blattei, „Krankheit des Arbeitnehmers" III 1/10, 4 c; Hueck-Nipperdey, Lehrbuch, 6. Aufl., Bd. I, S. 969 Anm. 12).

C) Fordert somit das Gesetz, daß Fehltage bei der Berechnung des durchschnittlichen Arbeitsentgelts nicht zum Nachteil des Arbeiters wirken, so kommt es nur noch darauf an, eine dieses Ergebnis erreichende, praktikable und dem Gesetz möglichst entsprechende Berechnungsmethode zu finden. Schmatz-Fischwasser schlagen in ihrem Kommentar zum ArbKrankhG (3. Aufl., § 2 Anm. III 2) vor, in jedem Falle, in welchem der Berechnungszeitraum durch eine andere Erkrankung gestört ist, statt des letzten den vorletzten Berechnungszeitraum heranzuziehen. Dieser Weg erscheint dem Senat im Hinblick darauf nicht gangbar, daß § 2 Satz 2 ArbKrankhG ausdrücklich die letzte Lohnperiode für die Berechnung herangezogen wissen will (so auch Höhne in BB 1957, 1149). Praktikabel und dem Gesetz entsprechend erscheint dem Senat die Methode, daß die Kalendertage, an denen der Arbeiter in einer ihm nicht zuzurechnenden Weise der Arbeit ferngeblieben ist, vom Normaldivisor abgesetzt werden, so daß das Nettoarbeitsentgelt nicht mehr durch den Normaldivisor (bei wöchentlicher Lohnabrechnung: 28, bei monatlicher Lohnabrechnung: 30 Tage) geteilt wird. Diese Regelung ist auch bei der Berechnung des Grundlohnes gemäß § 180 Abs. 2 Satz 1 RVO als gangbar vorgesehen und wird im Bereich der Sozialversicherung verwendet (vgl. Peters, Handbuch der Krankenversicherung, Teil II, 16. Aufl., § 180 RVO Anm. 5 unter Bezugnahme auf RVA, Bd. 26, S. 391).

Demnach ergibt sich für den vorliegenden Fall die folgende Berechnung:

Nettoarbeitsentgelt in der Zeit vom 15. 7. bis 11. 8.	180,17 DM
geteilt durch 28 Kalendertage abzüglich der 12 Kalendertage, an denen die Klägerin arbeitsunfähig krank war, = 180, 17 : 16 =	11,26 DM

90 % hiervon	10,13 DM
tägliches Krankengeld	5,86 DM
somit Zuschuß zum Krankengeld	4,27 DM
dieser Betrag multipliziert mit der Anzahl der durch Krankheit ausgefallenen Kalendertage (38) vom 23. 8. bis 29. 9. 1957 =	162,26 DM

Diese Berechnung stimmt im Ergebnis mit der vom Landesarbeitsgericht angestellten Berechnung überein.

Die auf einen geringeren Betrag lautende Klage der Klägerin war daher in vollem Umfange begründet.

2

Für die Berechnung des durchschnittlichen Arbeitsentgelts gemäß § 2 Satz 2 ArbkrankhG bleibt die letzte der zu bezuschussenden Krankheit vorausgehende Lohnperiode unberücksichtigt, wenn der Arbeiter in dieser Lohnperiode infolge einer anderen, von ihm unverschuldeten Krankheit kein Arbeitsentgelt erzielt hat. In diesem Fall ist die letzte Lohnperiode für die Berechnung heranzuziehen, in welcher dem Arbeiter überhaupt vom Arbeitgeber ein Betrag als Gegenleistung für geleistete Dienste gezahlt worden ist.

ArbKrankhG §§ 1, 2.

II. Senat. Urteil vom 20. 5. 1959 i. S. L. (Bekl.) w. H. (Kl.)
2 AZR 532/58.

I. Arbeitsgericht Rheine. — II. Landesarbeitsgericht Hamm/Westf.

Die Klägerin war bei der Beklagten seit 1950 als Einzieherin bzw. in der Warenschau beschäftigt. Die Lohnabrechnung erfolgt im Betrieb der Beklagten nach Kalendermonaten. In der Zeit vom 18. Juli bis 8. September 1957 war die Klägerin arbeitsunfähig krank (53 Kalendertage). Für die 42 Kalendertage vom 18. Juli bis einschließlich 28. August 1957 erhielt sie das (erhöhte) Krankengeld in Höhe von 7,33 DM und von der Beklagten einen Krankengeldzuschuß in Höhe von 0,99 DM täglich. Danach erhielt sie bis zum Ende dieser ersten Erkrankung ein Krankengeld in Höhe von 5,65 DM täglich.

Am 20. September 1957 erkrankte die Klägerin erneut an einer anderen Krankheit und war bis zum 6. Oktober 1957 (17 Kalendertage) arbeitsunfähig. Von der Krankenkasse erhielt sie ein tägliches Krankengeld in Höhe von 6,74 DM. Ein Krankengeldzuschuß wurde ihr von der Beklagten nicht gezahlt.

Die Klägerin verlangt mit der vorliegenden Klage einen Krankengeldzuschuß für die zweite Erkrankung. Sie vertritt die Auffassung, der Anspruch auf einen Krankengeldzuschuß könne nicht dadurch beeinträchtigt werden, daß im letzten Berechnungszeitraum, nämlich im Monat August, ein Arbeitsverdienst von ihr infolge der ersten Krankheit nicht erzielt wurde. In diesem Fall, so meint sie, müsse das der Berechnung des Krankengeldzuschusses zugrunde liegende Arbeitsentgelt aus anderen Zeiträumen herangezogen werden.

In der Klageschrift hat die Klägerin folgende Berechnung aufgestellt:

Nettoverdienst in der Zeit vom 9. bis 19. September 1957	118,13 DM
geteilt durch die Zahl der Kalendertage (11)	10,74 DM
90 % hiervon	9,66 DM
Krankengeld täglich	6,74 DM
Differenz	2,92 DM
17 Krankheitstage × 2,92 DM = ...	49,64 DM

Diesen Betrag hat die Klägerin mit ihrer Klage geltend gemacht. Das Arbeitsgericht hat die Klage abgewiesen mit der Begründung, der Klägerin stehe ein Krankengeldzuschuß nicht zu, weil sie im letzten, der Erkrankung vorausgehenden Lohnberechnungszeitraum überhaupt kein Arbeitsentgelt erzielt habe.

In der Berufungsinstanz ist die Klägerin dann zu einer arbeitstägigen Berechnungsweise übergegangen und hat die Meinung vertreten, als letzter Berechnungszeitraum im Sinne des § 2 Satz 2 ArbKrankhG könne gegebenenfalls auch der Monat gemeint sein, in welchem der Arbeiter zuletzt Lohn erzielt hat. Da die Klägerin unstreitig in der Zeit vom 1. bis 17. Juli 1957 einen Nettoarbeitsverdienst von 151,60 DM erzielt hat, macht sie diesen Verdienst zum Ausgangspunkt einer Berechnung, welche mit einem Betrag von 36,66 DM endet. In der letzten mündlichen Verhandlung hat die Klägerin dann beantragt, unter Abänderung des angefochtenen Urteils die Beklagte zur Zahlung von 40,46 DM zu verurteilen.

Das Landesarbeitsgericht hat die Beklagte verurteilt, an die Klägerin 21,76 DM zu zahlen und die Klägerin mit der Mehrforderung unter Kostenteilung abgewiesen.

Die Revision der Beklagten ist zurückgewiesen worden.

Aus den Gründen:

I...

II. Da alle in § 1 ArbKrankhG genannten Voraussetzungen erfüllt sind, hat die Klägerin gegen ihren Arbeitgeber einen Anspruch auf Zahlung eines Zuschusses zu den Leistungen aus der gesetzlichen Krankenversicherung, und zwar in Höhe des Unterschiedsbetrages zwischen dem Krankengeld einschließlich der Zuschläge und neunzig vom Hundert des Nettoarbeitsentgeltes (§ 1 Abs. 1 Satz 2 ArbKrankhG). Den Zuschuß hat der Arbeitgeber bis zu einer Dauer der Arbeitsunfähigkeit von sechs Wochen für die Tage zu zahlen, für die der Arbeiter Kranken- oder Hausgeld aus der gesetzlichen Krankenversicherung erhält (§ 1 Abs. 1 Satz 4 ArbKrankhG).

Das Gesetz bedient sich in seinem § 1 einer Ausdrucksweise, die bei der Auslegung der Vorschrift des § 2 nicht unberücksichtigt bleiben darf. Es bringt nicht zum Ausdruck, daß die Gewährung eines Krankengeldzuschusses durch den Arbeitgeber noch von anderen an anderer Stelle im Gesetz genannten Voraussetzungen abhängig sein solle. Nach der ganzen Fassung des § 1 ArbKrankhG geht es vielmehr erkennbar davon aus, daß bei einem jeden derartigen Sachverhalt, wie er durch die Gesamtheit der einzelnen Anspruchsmerkmale dort umrissen wird, die wirtschaftliche Lage des Arbeiters im Krankheitsfalle durch eine Leistung seitens des Arbeitgebers zu verbessern ist.

Unter diesem Gesichtspunkt kann die Auslegung des § 2 ArbKrankhG grundsätzlich nicht, wie die Revision dies begehrt, in einer Weise erfolgen, die im Einzelfall zu einer Versagung des Anspruchs auf einen Krankengeldzuschuß führt. Nach der Systematik des Gesetzes erschöpft sich die Bedeutung des § 2 ArbKrankhG in der B e r e c h n u n g des in § 1 begründeten Anspruchs.

III. Zutreffend zieht das Landesarbeitsgericht als Berechnungszeitraum den Monat Juli 1957 heran. Wie der Senat in dem zur Veröffentlichung in der Amtlichen Sammlung vorgesehenen Urteil vom 20. 5. 1959 — 2 AZR 452/58 — (BAG 8, 1 ff.) mit eingehender Begründung ausgesprochen hat, erfordert das Gesetz bei sinngemäßer Auslegung eine Ergänzung in den Fällen, in denen der Berechnungszeitraum durch Fehltage, die ihrerseits dem Arbeiter nicht zuzurechnen sind, gestört ist. Dies muß gerade dann Geltung haben, wenn in der „letzten" der Krankheit vorausgehenden Lohnperiode ein Arbeitsentgelt wegen einer anderen vom Arbeiter unverschuldeten Krankheit nicht erzielt wurde. Indem nämlich in der doch lediglich der Berechnung dienenden Vorschrift des

§ 2 Satz 2 ArbKrankhG vom „durchschnittlichen Arbeitsentgelt" während des Berechnungszeitraums gesprochen wird, ist der Gesetzgeber eindeutig davon ausgegangen, daß im „letzten" Berechnungszeitraum Arbeitsentgelt überhaupt angefallen ist. Ist Arbeitsentgelt überhaupt nicht angefallen, so wäre jede Berechnung unmöglich. Das Wort „letzte" ergibt im Zusammenhang mit den Worten „durchschnittliches Arbeitsentgelt" nur dann einen Sinn, wenn überhaupt ein Arbeitsverdienst erzielt wurde. Danach kann sich das Wort „letzte" in § 2 Satz 2 ArbKrankhG nur auf einen Berechnungszeitraum beziehen, in welchem überhaupt ein Betrag vom Arbeitgeber als Gegenleistung für vom Arbeiter geleistete Dienste gezahlt worden ist.

Im Monat August hat die Klägerin aber Arbeitsentgelt nicht erzielt. Wie der Senat in dem schon genannten Urteil ebenfalls ausgeführt hat, kann weder das in diesem Zeitraum seitens der Krankenkasse gezahlte Krankengeld, noch der vom Arbeitgeber in diesem Zeitraum gezahlte Zuschuß als Arbeitsentgelt im Sinne des § 2 Satz 2 ArbKrankhG angesehen werden.

IV. Hat demnach das Landesarbeitsgericht zutreffend für die Berechnung des durchschnittlichen Arbeitsentgelts auf den Kalendermonat Juli 1957 zurückgegriffen, so stellte sich nur noch die Frage, welchen Einfluß auf die Berechnung des durchschnittlichen Arbeitsverdienstes die in diesen Zeitraum fallenden Krankheitsfehltage der Klägerin hatten. Auch insoweit nimmt der Senat auf das oben genannte Urteil Bezug, in welchem ausgesprochen worden ist, daß — bei Aufrechterhaltung der kalendertägigen Berechnungsweise — solche Fehltage, an denen der Arbeiter der Arbeit aus Gründen ferngeblieben ist, die ihm nicht zurechenbar sind, unberücksichtigt zu bleiben haben. Bei den Fehltagen, die die Klägerin im Monat Juli wegen ihrer anderen Krankheit erlitten hat, handelt es sich aber unzweifelhaft um solche ihr nicht zurechenbare Fehltage. Diese sind daher vom Normaldivisor (30) abzusetzen.

Demnach ergibt sich für den vorliegenden Fall die folgende Berechnung:

Nettoverdienst vom 1. bis 17. Juli 1957	151,60 DM
geteilt durch 30 Kalendertage abzüglich der 13 Kalendertage, an denen die Klägerin arbeitsunfähig krank war = 151,60 DM : 17 = ...	8,91 DM
90 % hiervon	8,02 DM
tägliches Krankengeld	6,74 DM
somit Zuschuß zum Krankengeld	1,28 DM
dieser Betrag multipliziert mit der Anzahl der durch	

Krankheit ausgefallenen Kalendertage (17) . . . . 21,76 DM

Diese Berechnung stimmt im Ergebnis mit der vom Landesarbeitsgericht angestellten Berechnung überein.

3

1. Hat das Urteil erster Instanz dem Begehren des Klägers voll entsprochen, so bedarf eine zum Zwecke der Klageerweiterung angebrachte unselbständige Anschlußberufung nicht einer schriftsätzlichen Begründung.

2. Bei der Berechnung des durchschnittlichen Arbeitsverdienstes gemäß § 2 ArbKrankhG sind Kalendertage, an denen der Arbeiter innerhalb des Berechnungszeitraumes vom Arbeitgeber wegen Teilnahme an einem Ausbildungslehrgang der Gewerkschaft ohne Lohnfortzahlung beurlaubt war, unberücksichtigt zu lassen.

ArbKrankhG §§ 1, 2; ZPO § 521.

II. Senat. Urteil vom 20. 5. 1959 i. S. L. G. GmbH (Bekl.) w. K. (Kl.) 2 AZR 561/58.

I. Arbeitsgericht Hamm. — II. Landesarbeitsgericht Hamm/Westf.

Der Kläger ist seit 1951 bei der Beklagten als Glasmacher beschäftigt. Die Beklagte rechnet mit ihren Arbeitnehmern kalendermonatlich ab. Im August 1957 in der Zeit vom 12. bis 24. August nahm der Kläger an einem gewerkschaftlichen Schulungskurs teil, zu dem die Beklagte ihn ohne Lohnfortzahlung beurlaubt hatte. Für den Monat August zahlte die Beklagte dem Kläger einen Netto-Arbeitsverdienst in Höhe von 303,44 DM aus.

In der Zeit vom 7. bis zum 18. September 1957 war der Kläger arbeitsunfähig krank. Für die Zeit seiner Erkrankung erhielt der Kläger für zehn Krankheitstage von der Krankenkasse ein auf 11,50 DM täglich berechnetes Krankengeld in der Gesamthöhe von 115,— DM. Ein Krankengeldzuschuß wurde ihm von der Beklagten nicht gezahlt.

Mit der vorliegenden Klage verlangt der Kläger einen Krankengeldzuschuß, dessen Höhe er in der letzten mündlichen Verhandlung erster Instanz auf der Basis arbeitstägiger Berechnung auf 28,36 DM berechnet hatte. Die Beklagte hat die Meinung vertreten, für die Berechnung des Krankengeldzuschusses sei der im Berechnungszeitraum (Monat August) vom Kläger effektiv erzielte Netto-Verdienst in Höhe von 303,44 DM ohne Absetzung der Fehltage und ohne Rücksicht auf die tatsächlichen Kalendertage im August (31) durch 30 zu teilen. 90 % des

60 errechneten kalendertäglichen Netto-Verdienstes (10,11 DM) ergeben 9,10 DM. Da der Kläger ein Krankengeld in Höhe von 11,50 DM täglich erhalten hat, ist nach Ansicht der Beklagten ein Krankengeldzuschuß nicht zu zahlen.

Das Arbeitsgericht hat die erstinstanzliche Berechnungsweise des Klägers für richtig gehalten und dem Kläger einen Betrag von 28,36 DM zugesprochen. In der Berufungsinstanz ist der Kläger auf eine kalendertägige Berechnung übergegangen. In der letzten mündlichen Verhandlung vor dem Landesarbeitsgericht hat dann der Kläger einen Schriftsatz des Inhalts überreicht, daß er beantrage, im Wege der Anschlußberufung die Beklagte zu verurteilen, an ihn weitere 8,44 DM zu zahlen. Eine Begründung enthält der Schriftsatz nicht.

Das Landesarbeitsgericht hat dem Kläger den von ihm geforderten Gesamtbetrag in Höhe von 36,80 DM zugesprochen.

Die Beklagte wendet sich mit ihrer Revision gegen die vom Landesarbeitsgericht vorgenommene Ausschaltung der zwölf Fehltage des Klägers im Monat August. Der Kläger bittet um Zurückweisung der Revision.

Aus den Gründen:

I. Der Senat hatte zunächst zu prüfen, ob die vom Kläger eingelegte unselbständige Anschlußberufung formgerecht ist. Das ist der Fall. Nach allgemeiner Meinung konnte der Kläger, wollte er in der Berufungsinstanz den von ihm geltend gemachten Anspruch erweitern, dies nur im Wege der Anschlußberufung tun (vgl. Wieczorek, ZPO, § 521, Anm. A III c und B III a; Stein-Jonas-Schönke, ZPO, 18. Aufl., § 521 Anm. I 1; RGZ 156, 291). Eine derartige, klagerweiternde, unselbständige Anschlußberufung bedarf nicht einer schriftsätzlichen Begründung. Der Begründungszwang findet seinen Sinn darin, daß der Rechtsmittelkläger im einzelnen anführen soll, was ihn am angefochtenen Urteil beschwert. Hat aber das vorinstanzliche Urteil dem Begehren des Klägers voll entsprochen, so fehlt es an jeder Beschwer. Dann aber ist eine eigentliche Rechtsmittelbegründung schlechterdings nicht möglich (vgl. BGH in LM Nr. 4 zu § 521 ZPO).

II. Da alle in § 1 ArbKrankhG genannten Voraussetzungen erfüllt sind, so hat der Kläger gegen seinen Arbeitgeber einen Anspruch auf Zahlung eines Zuschusses zu den Leistungen aus der gesetzlichen Krankenversicherung, und zwar in Höhe des Unterschiedsbetrages zwischen dem Krankengeld einschließlich der Zuschläge und neunzig vom Hundert des Netto-Arbeitsentgeltes (§ 1 Abs. 1 Satz 2 ArbKrankhG). Den Zuschuß hat der Arbeitgeber bis zu einer Dauer der Arbeitsunfähigkeit von sechs Wochen für die Tage zu zahlen, für die der Arbeiter Kranken- oder Hausgeld aus der gesetzlichen Krankenversicherung erhält (§ 1 Abs. 1 Satz 4 ArbKrankhG).

Das Gesetz bedient sich in seinem § 1 einer Ausdrucksweise, die bei der Auslegung der Vorschrift des § 2 nicht unberücksichtigt bleiben darf. Es bringt nicht zum Ausdruck, daß die Gewährung eines Krankengeldzuschusses durch den Arbeitgeber noch von anderen, an anderer Stelle im Gesetz genannten Voraussetzungen abhängig sein solle. Nach der ganzen Fassung des § 1 ArbKrankhG geht es vielmehr erkennbar davon aus, daß in einem jeden derartigen Sachverhalt, wie er durch die Gesamtheit der einzelnen Anspruchsmerkmale dort umrissen wird, die wirtschaftliche Lage des Arbeiters im Krankheitsfalle durch eine Leistung seitens des Arbeitgebers zu verbessern ist.

Unter diesem Gesichtspunkt kann die Auslegung des § 2 ArbKrankhG grundsätzlich nicht, wie die Revision dies begehrt, in einer Weise erfolgen, die im Einzelfall zu einer Versagung des Anspruchs auf einen Krankengeldzuschuß führt. Nach der Systematik des Gesetzes erschöpft sich die Bedeutung des § 2 ArbKrankhG in der Berechnung des in § 1 begründeten Anspruchs.

III. Zutreffend zieht das Landesarbeitsgericht als Berechnungszeitraum den Monat August 1957 heran. Wie der Senat in dem zur Veröffentlichung in der Amtlichen Sammlung vorgesehenen Urteil vom 20. Mai 1959 — 2 AZR 452/58 (BAG 8, 1 ff.) — mit eingehender Begründung ausgesprochen hat, erfordert das Gesetz bei sinngemäßer Auslegung eine Ergänzung in den Fällen, in denen der Berechnungszeitraum durch Fehltage, die ihrerseits dem Arbeiter nicht zuzurechnen sind, gestört ist. Dies muß auch dann Geltung haben, wenn in der „letzten" der Krankheit vorausgehenden Lohnperiode das Arbeitsentgelt des Arbeiters infolge Teilnahme an einem gewerkschaftlichen Schulungskurs gemindert war.

IV. Auch für die Frage, welchen Einfluß auf die Berechnung des durchschnittlichen Arbeitsverdienstes die in diesen Zeitraum fallenden Fehltage des Arbeiters haben, nimmt der Senat auf das oben genannte Urteil vom gleichen Tage Bezug, in welchem ausgesprochen worden ist, daß — bei Aufrechterhaltung der kalendertägigen Berechnungsweise — solche Fehltage, an denen der Arbeiter der Arbeit aus Gründen ferngeblieben ist, die ihm nicht zurechenbar sind, unberücksichtigt zu bleiben haben. Bei den Fehltagen, die der Kläger im Monat August wegen seiner

Teilnahme an einem gewerkschaftlichen Schulungskurs erlitten hat, handelt es sich aber unzweifelhaft um solche ihm nicht zurechenbare Fehltage. Die Revision meint zwar, dem Kläger habe die Teilnahme an dem Gewerkschaftskurs freigestanden. Wenn er teilgenommen habe, so offenbar deshalb, weil er es sich habe leisten können, vorübergehend keinen Lohn zu beziehen. Diese Ausführungen berücksichtigen jedoch nicht hinreichend die Bedeutung der Gewerkschaften — und in gleicher Weise auch der Arbeitgeberverbände — für unsere Sozial- und Wirtschaftsordnung. Die Verbände sind für unsere Sozialordnung tragend. Die Schulung der Gewerkschaftsmitglieder ist für die Funktionsfähigkeit der Gewerkschaften mit ihrer Stellung innerhalb des Sozialorganismus und damit für das Staatsganze wesentlich. Dann aber ist die Teilnahme eines Arbeiters an einem solchen Kurs, mag es auch in sein Belieben gestellt sein, ob er teilnehmen will oder nicht, rechtlich diesem Arbeiter nicht als ein ihn in den Auswirkungen belastendes Faktum anzurechnen. Diesem Gedankengang hat sich offenbar auch die Beklagte nicht verschlossen, was in der Tatsache zum Ausdruck kommt, daß sie dem Kläger zur Teilnahme am Gewerkschaftskurs unbezahlten Urlaub gewährt hat.

Dem kann nicht etwa entgegengehalten werden, daß der Arbeitgeber auf diese Weise Gewerkschaftsveranstaltungen indirekt finanziere und diese Veranstaltungen so zu seinen Lasten gingen. In Wirklichkeit geht es um die Frage, ob der Arbeitgeber Krankheitstage eines bei ihm beschäftigten Arbeiters zu bezuschussen hat und ob er sich für die Berechnung des Zuschusses auf die Teilnahme des Arbeiters an einem Gewerkschaftskurs berufen kann oder nicht.

Sind danach die Fehltage des Klägers, die er infolge seiner Teilnahme am Gewerkschaftskurs erlitten hat, bei der Berechnung des Durchschnittsverdienstes außer Ansatz zu lassen, so kann auch hier aus Gründen der Praktikabilität die Berechnung nur in der Weise erfolgen, daß die Fehltage vom Normaldivisor (30) abzusetzen sind.

Dem angefochtenen Urteil ist nun bei dieser Berechnung ein Rechenfehler unterlaufen, indem es bei der Berechnung des durchschnittlichen Arbeitsverdienstes vom Normaldivisor zwölf Fehltage absetzt. Wenn aber — und davon geht auch das Landesarbeitsgericht aus — die kalendertägige Berechnungsweise und bei monatlicher Lohnabrechnung ein Normaldivisor von 30 Kalendertagen in Betracht kommt, war das Netto-Arbeitsentgelt von 303,44 DM nicht durch 18 Kalendertage, sondern durch 17 Kalendertage zu teilen. Der Kläger nahm in der Zeit vom 12. bis 24. August 1957 am Schulungskurs teil. Das sind nicht 12, sondern 13 Kalendertage. Die Teilung des Netto-Arbeitsverdienstes von 303,44 DM durch 17 Kalendertage ergibt ein kalendertägliches Durchschnittsarbeitsentgelt in Höhe von 17,85 DM. 90 % hiervon ergibt einen Betrag von 16,06 DM. Da der Kläger ein kalendertägliches Krankengeld in Höhe von 11,50 DM für zehn Tage erhalten hat, ergibt sich für diese zehn Tage eine kalendertägliche Differenz in Höhe von 4,56 DM. Dem Kläger stand somit in Wirklichkeit ein Betrag in Höhe von 45,60 DM, auf jeden Fall aber der von ihm in der Berufungsinstanz geltend gemachte niedrigere Betrag zu.

4

1. Ist über einen Anspruch zwar in den Gründen, nicht aber im Tenor entschieden worden, so ist er „übergangen" im Sinne des § 321 ZPO. Die Rechtshängigkeit eines in dieser Weise übergangenen Anspruchs erlischt mit Ablauf der Wochenfrist des § 321 ZPO; der Anspruch wird dann so angesehen, als ob er nicht anhängig gewesen wäre.

2. Ein Auflösungsantrag nach § 7 KSchG setzt voraus, daß ein Kündigungsschutzrechtsstreit im Sinne des Kündigungsschutzgesetzes anhängig ist. Fehlt es an dieser Voraussetzung, ist der Auflösungsantrag als unzulässig zurückzuweisen.

ZPO §§ 139, 286, 308, 319, 321; KSchG § 7.

II. Senat. Urteil vom 29. 5. 1959 i. S. G. (Bekl.) w. Sch. (Kl.)
2 AZR 450/58.

I. Arbeitsgericht Gießen. — II. Landesarbeitsgericht Frankfurt/Main.

Der Kläger war als Hilfsarbeiter im Betriebe der Beklagten seit dem Jahre 1951 beschäftigt. Am 6. Januar 1958 kam es zu Tätlichkeiten zwischen dem Kläger und seinem Arbeitskollegen Sch. Der Kläger wurde verletzt, meldete diesen Vorfall seinem Meister und verlangte eine Untersuchung durch die Betriebsleitung. Diese beauftragte den Betriebsratsvorsitzenden, der daraufhin Vernehmungen durchführte und hierüber eine Niederschrift aufnahm. Am 11. Januar 1958 kündigte die Beklagte sowohl dem Kläger wie auch Sch. gegenüber das Arbeitsverhältnis fristlos. Mit seiner Klage hat sich der Kläger gegen diese ihm gegenüber ausgesprochene außerordentliche Kündigung gewandt mit der Begründung, nicht er — der Kläger —, sondern sein Arbeitskollege Sch. habe mit den Tätlichkeiten angefangen. Auch Sch. hat Klage erhoben. Die Beklagte erwiderte darauf mit Schriftsatz vom 20. Januar 1958, die Sachdarstellung des Klägers sei wohl glaubwürdig, indes habe er sich mit einem Schlichtungsversuch durch den Betriebsrat nicht zufriedengegeben und damit die private Angelegenheit auf den Betrieb und damit auf das Arbeitsverhältnis ausgedehnt. Im gleichen Schriftsatz fährt die Beklagte dann mit dem letzten Absatz wörtlich fort: „Sollte die außerordentliche Kündigung nicht wirksam erklärt worden sein, so wird den Klägern zu dem nächsten zulässigen Termin ordentlich gekündigt. Die Beklagte ist der Auffassung, daß ihr auf Grund dieses Vorfalles eine weitere Beschäftigung des Klägers nicht zugemutet werden kann." Dieser Schriftsatz ist dem Kläger im Verhandlungstermin vor dem Arbeitsgericht am 22. Januar 1958 ausgehändigt worden.

Im nächstfolgenden Verhandlungstermin vom 13. Februar 1958 hat der Kläger den Antrag aus der Klageschrift gestellt, ferner „hilfsweise festzustellen, daß eine ordentliche Kündigung als sozial ungerechtfertigt unwirksam ist." Die Beklagte hat daraufhin im letzten Verhandlungstermin vor dem Arbeitsgericht den Hilfsantrag gestellt, das Arbeitsverhältnis gemäß § 7 KSchG aufzulösen.

Der Kläger hat der Auflösung widersprochen.

Das Arbeitsgericht hat die Klage abgewiesen, es hat eine beharrliche Arbeitspflichtverletzung des Klägers als erwiesen angenommen.

Auf die Berufung des Klägers hat das Landesarbeitsgericht Frankfurt zunächst durch das am 30. Mai 1958 verkündete Urteil unter Abänderung des erstinstanzlichen Urteils festgestellt, daß die dem Kläger am 11. Januar 1958 zugegangene Kündigung unwirksam ist. Daraufhin beantragte die Beklagte innerhalb der Wochenfrist des § 321 ZPO, „das Urteil gemäß § 321 ZPO durch nachträgliche Entscheidungen über den Antrag der Beklagten nach § 7 KSchG zu ergänzen." Durch Ergänzungsurteil vom 1. August 1958 hat das Landesarbeitsgericht sodann den Auflösungsantrag der Beklagten zurückgewiesen mit der Begründung, die Worte im letzten Absatz des Schriftsatzes der Beklagten vom 20. Januar 1958 enthielten nur die Ankündigung, daß gekündigt werde, wenn feststehe, daß die außerordentliche Kündigung nicht wirksam ist. Die Beklagte habe ihren Willen, das Arbeitsverhältnis auf jeden Fall zu lösen, nicht zweifelsfrei zum Ausdruck gebracht. Schon aus dem Gebrauch des Plurals „den Klägern" müsse geschlossen werden, daß es sich um eine Ankündigung handele; denn für eine Kündigung, die dem Arbeitskollegen des Klägers — Sch. — gegenüber erklärt werden sollte, sei der Kläger überhaupt nicht der richtige Adressat gewesen.

Die Revision der Beklagten gegen das Ergänzungsurteil ist zurückgewiesen worden.

Aus den Gründen:

I. Soweit die Revision die Verletzung formellen Rechts durch Übergehung eines Beweisantrages der Beklagten rügt, hatte der Senat zu prüfen, ob es sich hierbei um einen erheblichen Beweisantrag handelte. Die Vorschrift des § 286 ZPO wird nämlich ihrem Sinne nach nur verletzt durch die Übergehung eines Beweisantrages, welcher für die Entscheidung des Rechtsstreits in irgend einer Hinsicht erheblich sein kann (Stein-Jonas-Schönke, ZPO, 18. Aufl., § 284 Anm. B III 3 b). Eine Würdigung der prozessualen Lage des Verfahrens ergibt jedoch, daß der Beweisantrag der Beklagten nicht erheblich war, weil in jenem Zeitpunkt, in dem er gestellt wurde, ein Kündigungsschutzverfahren, welches sich gegen eine dem Kläger gegenüber etwa ausgesprochene Kündigung wandte, nicht mehr anhängig war. Dies ergibt sich aus folgenden Überlegungen:

1. Der vom Kläger in erster und in zweiter Instanz gestellte Hilfsantrag, durch welchen er die ihm gegenüber etwa ausgesprochene ordentliche Kündigung angegriffen hatte, kann nur dahin aufgefaßt werden, daß der Kläger für den Fall seines Obsiegens in dem gegen die außerordentliche Kündigung anhängig gemachten Verfahren eine Entscheidung darüber begehrte, daß das Arbeitsverhältnis auch durch eine ordentliche Kündigung nicht beendet worden sei. Gemeinhin wird ein Hilfsantrag im Sinne einer objektiven Klagenhäufung nur dahin gestellt, daß für den Fall des Unterliegens mit dem Hauptantrag über den Hilfsantrag entschieden werden soll. Dies kann aber nicht der Sinn des vom Kläger verfolgten Hilfsantrages gewesen sein, weil im Falle eines Unterliegens mit dem Hauptantrag die gerichtliche Feststellung ergehen müßte — und auch in erster Instanz ergangen ist —, daß das Arbeitsverhältnis des Klägers durch die außerordentliche Kündigung sein Ende gefunden hatte. In diesem Falle wäre für eine Entscheidung über die Wirksamkeit einer später ausgesprochenen ordentlichen Kündigung kein Raum mehr gewesen.

2. Demzufolge hätte das Landesarbeitsgericht, da es über die Rechtswirksamkeit der außerordentlichen Kündigung im Sinne des Klägers entschieden hat, nunmehr den Hilfsantrag des Klägers bescheiden müssen. Es hätte sich im Tenor des Hauptumteils vom 30. Mai 1958 darüber aussprechen müssen, ob das Arbeitsverhältnis des Klägers durch eine ordentliche Kündigung beendet worden ist oder nicht. Das hat das Landesarbeitsgericht nicht getan, möglicherweise deshalb, weil es die Bedeutung des vom Kläger angebrachten Hilfsantrages nicht zutreffend gesehen hat.

Damit hat das Landesarbeitsgericht den Hilfsantrag des Klägers übergangen im Sinne des § 321 ZPO. Zwar hat sich das Landesarbeitsgericht in den Gründen des Hauptteils vom 30. Mai 1958 dahin ausgelassen, die Äußerung der Beklagten im Schriftsatz vom 20. Januar 1958 könne nicht als Kündigung angesehen werden. Indes reicht es für die Entscheidung über einen geltend gemachten Anspruch nicht aus, wenn nur die Entscheidungsgründe sich über den Antrag auslassen.

Es wird allerdings die Ansicht vertreten, daß ein Fall des Übergehens im Sinne des § 321 ZPO nicht vorliege, wenn über einen Anspruch zwar nicht im Tenor, wohl aber in den Gründen entschieden ist (so RG in JW 1929, 101 Nr. 6 und unter Bezugnahme hierauf Rosenberg, Lehrbuch des Zivilprozeßrechts, 7. Aufl., § 57 I 3 c und Stein-Jonas-Schönke, ZPO, 18. Aufl., § 321 Anm. I 2). Nach dieser Ansicht soll in solchen Fällen die Berichtigung des Urteils gemäß § 319 ZPO möglich sein.

Dieser Meinung vermag sich der Senat nicht anzuschließen. Sie steht nicht im Einklang mit der Bedeutung der Urteilsformel für die klarstellende Wirkung eines Urteils. Der Urteilsformel kommt für die Frage der materiellen Rechtskraft entscheidende Bedeutung zu. Wäre es möglich, in den Fällen, in denen nicht im Tenor, sondern nur in den Gründen über einen Anspruch entschieden ist, — und zwar ohne jede Fristbindung — gemäß § 319 ZPO eine Urteilsformel durch Berichtigungsbeschluß zu ergänzen, so wäre der Umfang der Rechtskraftwirkung eines Urteils letztlich mehr oder weniger oft unklar. Aus diesem Grunde folgt der Senat der von Wieczorek (ZPO, § 321 Anm. A I a) vertretenen Ansicht, nach welcher es nicht darauf ankommt, ob ein Anspruch in den Gründen beschieden worden ist. § 321 ZPO betrifft gerade und nur die Ergänzung der Urteilsformel (so schon RG in JW 1898, 70, Nr. 11).

3. War somit der vom Kläger mittels seines Hilfsantrages in Gang gesetzte Kündigungsschutzprozeß durch das Urteil des Landesarbeitsgerichts vom 30. Mai 1958 übergangen worden, so erlosch mit Ablauf der Wochenfrist des § 321 ZPO die Rechtshängigkeit des übergangenen Anspruchs so, als ob er überhaupt nicht anhängig gewesen wäre (vgl. Rosenberg, a. a. O., § 57 I 3 c; RGZ 59, 131; 75, 293 und überhaupt in ständiger Rechtsprechung). Das Ergänzungsurteil konnte somit über die Frage, ob dem Kläger gegenüber eine ordentliche Kündigung durch den in Rede stehenden Schriftsatz ausgesprochen worden ist, bejahendenfalls, ob sie sozial gerechtfertigt ist oder nicht, mangels anhängiger Klage überhaupt nicht mehr entscheiden.

Der Kläger hat auch nicht etwa — was an sich möglich gewesen wäre — im Verlaufe des Ergänzungsverfahrens seine durch das Haupturteil übergangene Feststellungsklage wieder aufgenommen. Er hat vielmehr ausdrücklich erklärt, daß er zum Ergänzungsverfahren keinen Antrag stelle.

Andererseits hat aber auch nicht etwa die Beklagte eine Urteilsergänzung in dieser Richtung beantragt. Die Beklagte hat lediglich beantragt, „das Urteil gemäß § 321 ZPO durch nachträgliche Entscheidungen über den Antrag der Beklagten nach § 7 KSchG zu ergänzen". Der Senat hat geprüft, ob dieser Antrag der Beklagten erweiternd dahin auszulegen ist, daß sie in Wirklichkeit eine Ergänzung des Urteils in der Richtung begehrte, über den Hilfsantrag des Klägers zu entscheiden. Einen solchen Antrag hätte die Beklagte durchaus stellen können; denn eine Urteilsergänzung kann j e d e Partei beantragen (vgl. Rosenberg, a. a. O., § 57 I 3 c), nicht nur die Partei, deren Antrag übergangen wurde. Indes erscheint dem Senat eine erweiternde Auslegung prozessualer Anträge grundsätzlich nicht möglich. Die Anträge der Parteien bestimmen im Zivilprozeß den Streitumfang und den Streitgegenstand. Bei Anträgen, die nicht eindeutig nur eine einzige Ausdeutung zulassen, muß die Mehrdeutigkeit zu Lasten der Partei gehen, die ihn gestellt hat, weil andernfalls die Vorschrift des § 139 ZPO ohne weitere praktische Bedeutung wäre. Nach dieser Vorschrift hat der Vorsitzende dahin zu wirken, daß die Parteien die sachdienlichen Anträge stellen. Wäre eine ausdehnende Auslegung eines Parteiantrages schlechthin möglich, so wäre diese Vorschrift jedenfalls weitgehend entbehrlich. Auch die Vorschrift des § 308 Abs. 1 ZPO, welche es dem Gericht verbietet, mehr oder etwas anderes zuzusprechen als das, was die Partei beantragt hat, bringt zum Ausdruck, daß der Gesetzgeber eine erweiternde Auslegung von Parteianträgen nicht für möglich ansieht.

4. War danach im Zeitpunkt des Beweisantrittes ein Kündigungsschutzprozeß nicht mehr anhängig, so kann die Übergehung dieses Beweisantrittes schon deshalb nicht eine Verletzung des § 286 ZPO darstellen, weil der Beweisantritt für die Entscheidung ohne jede Bedeutung war.

II. Aus den gleichen Gründen, weil nämlich mit Ablauf der Wochenfrist des § 321 ZPO eine Kündigungsschutzklage, die sich gegen eine dem Kläger gegenüber etwa ausgesprochene ordentliche Kündigung richtete, nicht mehr anhängig war, geht auch die materiell-rechtliche Rüge der Revision fehl. Weder das Landesarbeitsgericht noch die Revisionsinstanz konnte sich mit der Frage befassen, ob die im Schriftsatz vom

20. Januar 1958 enthaltene Äußerung der Beklagten eine Kündigung ist oder nicht.

Damit steht aber zugleich fest, daß es dem Landesarbeitsgericht auch versagt war, sich mit einer Entscheidung über den Auflösungsantrag zu befassen. Ein Auflösungsantrag nach § 7 KSchG setzt nach der Fassung dieser Vorschrift voraus, daß ein Kündigungsschutzrechtsstreit im Sinne des Kündigungsschutzgesetzes anhängig ist. Die Auflösung eines Arbeitsverhältnisses durch gerichtliches Urteil ist dem Arbeitsrecht außerhalb der vom Kündigungsschutzgesetz normierten Fälle unbekannt. Liegen sie nicht vor, fehlt es für ein Auflösungsverfahren an der gesetzlichen Voraussetzung. Die Auflösung erfolgt immer dann, wenn die ausgesprochene Kündigung keine Wirkung hat, die vom Gesetz aufgestellten Voraussetzungen für die Auflösung allerdings vorlagen. Eine Vornahme der Auflösung außerhalb der gesetzlich vorgesehenen Tatbestände müßte daher zu einer Rechtsunsicherheit führen. Demgemäß handelt es sich bei den Voraussetzungen für eine Auflösung um eine Prozeßvoraussetzung eigener Art, deren Mangel von Amts wegen, d. h. auch ohne Rüge in jeder Lage des Rechtsstreits, und zwar auch noch in der Revisionsinstanz, zu berücksichtigen ist (vgl. Herschel-Steinmann, KSchG, 4. Aufl., § 7 Anm. 5 b; Hueck, KSchG, 3. Aufl., § 7 Anm. 5; derselbe in Festschrift für Nipperdey S. 116). Der im Ergänzungsverfahren gestellte Auflösungsantrag der Beklagten war nach alledem unzulässig. Die Zurückweisung des Auflösungsantrages der Beklagten ist somit durch das Landesarbeitsgericht im Ergebnis zutreffend erfolgt, wenn auch die Zurückweisung mangels einer Prozeßvoraussetzung als unzulässig hätte erfolgen müssen. Dies im Urteil auszusprechen, erschien geboten.

5

1. Bereitschaftsdienst liegt, sofern Gesetz, Tarif oder Betriebsvereinbarung (Dienstvereinbarung) nichts anderes bestimmen, vor, wenn der Arbeitnehmer sich für Zwecke des Betriebes lediglich an einer vom Arbeitgeber bestimmten Stelle innerhalb oder außerhalb des Betriebes aufzuhalten hat, um erforderlichenfalls seine volle Arbeitstätigkeit unverzüglich aufnehmen zu können.

2. Die aus Anlaß eines solchen Bereitschaftsdienstes im betrieblichen Interesse aufgewandte Zeit ist jedenfalls hinsichtlich der Entlohnung der Arbeitszeit zuzurechnen.

3. Überstunden liegen vor, wenn die durch Tarifvertrag, (Tarifordnung), Betriebsvereinbarung (Dienstordnung, Dienstvereinbarung) oder

Einzelarbeitsvertrag festgelegte, für das in Betracht kommende Arbeitsverhältnis regelmäßige Arbeitszeit überschritten wird.

4. Nur für solche Überstunden besteht ein Abgeltungsanspruch auf Grund des § 2 Abs. 1 Satz 2 TO.A, der Nr. 3 ADO zu § 2 TO.A und des § 6 Kr.T, in denen der Arbeitnehmer die volle ihm vertraglich obliegende Arbeitsleistung erbracht hat.

5. Die Abgeltung von Überstunden medizinisch-technischer Assistentinnen, die durch Bereitschaftsdienst angefallen sind, ist tariflich nicht geregelt und der Vereinbarung der Arbeitsvertragsparteien überlassen. Liegt im Einzelfalle eine solche Vereinbarung nicht vor, so besteht grundsätzlich ein Anspruch auf Vergütung nach Maßgabe des § 612 BGB.

BGB §§ 611, 612; ATO § 8; Kr.T § 2 Abs. 1, § 4 Abs. 1 Buchst. b, § 6; TO.A § 2; ADO Nr. 3 zu § 2 TO.A.

IV. Senat. Urteil vom 10. 6. 1959 i. S. St. F. (Bekl.) w. H. u. a. (Kl.) 4 AZR 567/56.

I. Arbeitsgericht Nürnberg. — II. Landesarbeitsgericht Bayern (Nürnberg).

Die Klägerinnen sind als medizinisch-technische Assistentinnen in dem von der Beklagten unterhaltenen Krankenhaus beschäftigt und werden während ihrer normalen, 45 Wochenstunden betragenden Arbeitszeit im Laboratorium verwendet. Außerdem werden sie im Wechsel zum Nacht- und Wochenenddienst herangezogen, weil die Versorgung der Patienten z. B. bei eiligen Operationen und Unfällen das erfordert. Der Nachtdienst dauert von 18.00 Uhr bis 8.00 Uhr, der Wochenenddienst von Samstag 13.00 Uhr bis Montag 8.00 Uhr. Für den Nachtdienst erhalten die Klägerinnen vier Stunden, für den Wochenenddienst 12 Stunden Dienstbefreiung.

Die Klägerinnen sind der Auffassung, bei diesem Dienst handele es sich um Überstunden, die ihnen die Beklagte nach den tariflichen Sätzen zu bezahlen habe. Denn sie müßten während der Bereitschaftszeit, die als echte Arbeitszeit zu bewerten sei, auf Grund der Anweisungen der Krankenhausverwaltung im Krankenhaus anwesend sein und ihre Arbeitskraft zur Verfügung halten. Auf die Dauer der dabei jeweils anfallenden wirklichen Tätigkeit komme es nicht an. Die Klägerinnen zu Ziff. 1.—6. verlangen als Teil ihrer Gesamtforderung Bezahlung von je 100 Überstunden aus den Jahren 1953/54 unter Zugrundelegung der Überstunden-Vergütungssätze der Vergütungsgruppe VI b TO.A (2,40 DM je Stunde) bzw. der Vergütungsgruppe VII TO.A (2,— DM je Stunde). Die Klägerin zu Ziff. 7. begehrt Bezahlung sämtlicher (1644) Überstunden für die Zeit vom 1. Januar 1953 bis 30. April 1955.

Die Beklagte macht geltend, der Nacht- und Wochenenddienst der Klägerinnen sei weder echte Arbeitszeit noch Arbeitsbereitschaft i. S. der AZO und ATO. Die Klägerinnen hätten nämlich während ihrer Bereitschaft an Wochentagen durchschnittlich nur 46 Minuten, an Samstagnachmittagen 113 Minuten und an Sonntagen 250 Minuten echte Arbeit verrichtet. Im übrigen hätten sie einer privaten Beschäftigung nachgehen oder sich in einem eigens dafür vorgesehenen Raum zur Ruhe begeben können. Bei dieser geringen Inanspruchnahme handele es sich mithin um Schlafwachen bzw. um Bereitschaft im Sinne einer Rufbereitschaft. Dieser Dienst sei durch die den Klägerinnen auf Grund einer arbeitsvertraglichen Vereinbarung gewährten Freizeiten in ausreichender Weise abgegolten.

Das Arbeitsgericht hat den Klägerinnen die Hälfte der von ihnen geltend gemachten Ansprüche zuerkannt. Das Landesarbeitsgericht hat die Berufung der Beklagten zurückgewiesen und auf die Berufung der Klägerinnen den Klagen in vollem Umfang stattgegeben.

Die Revision der Beklagten führte zur Aufhebung und Zurückverweisung.

Aus den Gründen:

Nach den Feststellungen des Berufungsurteils mußten die Klägerinnen für den Nacht- und Wochenenddienst im Krankenhaus der Beklagten anwesend sein, sie konnten jedoch, soweit sie nicht zu Arbeitsleistungen herangezogen wurden, während eines seinem Umfang nach im einzelnen nicht näher ermittelten, unstreitig aber erheblichen Teils der Zeit einer selbst gewählten Beschäftigung nachgehen oder auch in einem dafür bereitgestellten Raum schlafen. Das Landesarbeitsgericht hält diese Inanspruchnahme der Klägerinnen für Arbeitsbereitschaft und ist der Ansicht, die dafür aufgewandte Zeit sei den Klägerinnen unter Berücksichtigung der ihnen gewährten Freizeit durch Überstundenbezahlung voll abzugelten. Das ist nicht frei von Rechtsirrtum.

Das Reichsarbeitsgericht (ARS 4, 411; 8, 337 [340]; 36, 345 [348]) hat den Begriff der Arbeitsbereitschaft, wie er sich etwa in § 7 Abs. 2 AZO findet, als „Zeiten wacher Achtsamkeit im Zustand der Entspannung" umgrenzt. Es hat diese Begriffsbestimmung inhaltlich aber auf die sog. geistige Arbeitsbereitschaft beschränkt (ARS 38, 23), bei der sich der Arbeitnehmer noch in einer gewissen, gegenüber seiner vollen Arbeitstätigkeit geringeren, allein seine geistigen Kräfte in Anspruch nehmenden Anspannung (wache Achtsamkeit) befindet, deren Grad im Einzelfalle je nach den Umständen verschieden sein kann. Dem hat es Fälle gegenübergestellt, in denen die bloß körperliche Anwesenheit des Arbeitnehmers im Betrieb angeordnet ist, um bei Bedarf eingesetzt werden zu können (ARS 38, 23).

An dieser Unterscheidung ist festzuhalten, wobei die letztgenannte Form der Bereitschaft im Interesse einer klaren Abgrenzung als „Bereitschaftsdienst" zu bezeichnen ist, soweit nicht gesetzlich, tariflich oder durch Betriebsvereinbarung etwas anderes bestimmt ist. Bereitschaftsdienst liegt über die angeführten Fälle hinaus stets dann vor, wenn der Arbeitnehmer sich für Zwecke des Betriebs an einer vom Arbeitgeber bestimmten Stelle innerhalb oder außerhalb des Betriebs aufzuhalten hat, damit er erforderlichenfalls seine volle Arbeitstätigkeit unverzüglich aufnehmen kann.

Um einen solchen Bereitschaftsdienst handelt es sich im vorliegenden Rechtsstreit. Denn daß von den Klägerinnen während ihres Nacht- und Wochenenddienstes keinerlei wache Achtsamkeit gefordert wurde, ergibt sich eindeutig aus den Feststellungen des angefochtenen Urteils. Danach beschränkten sich die Pflichten der Klägerinnen außerhalb ihrer Heranziehung zu berufsentsprechenden Arbeiten auf die Anwesenheit im Krankenhaus.

Eine „Rufbereitschaft", wie es die Revision für möglich hält, liegt bei den Klägerinnen nicht vor. Diese Form der Bereitschaft ist, soweit ersichtlich, im Bereich des öffentlichen Dienstes nur im Bundesmanteltarifvertrag für die Arbeiter gemeindlicher Verwaltungen und Betriebe vom 22. Mai 1953 (BMT-G) geregelt. Gemäß § 62 Nr. 30 BMT-G ist Rufbereitschaft die Verpflichtung des Arbeitnehmers, sich in der eigenen Häuslichkeit oder einem anderen, dem Arbeitgeber anzuzeigenden Ort aufzuhalten und auf Abruf die Arbeit aufzunehmen. Die „Rufbereitschaft" ist hiernach eine besondere Art des allgemeinen Bereitschaftsdienstes. Ihre Voraussetzungen sind hier jedenfalls nicht gegeben, weil die Klägerinnen in der Wahl ihres Aufenthaltsorts nicht frei, sondern an das Krankenhaus gebunden waren. Davon abgesehen kommt es entscheidend auf diesen Unterschied nicht an, wie die folgenden Ausführungen zeigen.

Dem Berufungsgericht ist darin beizutreten, daß die Klägerinnen den Bereitschaftsdienst durch Überstunden abgeleistet haben. Nach § 4 Abs. 1 Buchst. b) der Tarifordnung für Belegschaftsmitglieder in den Kranken-, Heil- und Pflegeanstalten des Reichs, der Länder, der Gemeinden (Gemeindeverbände) und der Träger der Reichsversicherung (Kr.T) vom 2. Dezember 1939 in der Fassung der 3. Änderung vom 18. Juni 1944 (RABl. 1940, S. IV 73, 1944 S. IV 174), die gemäß § 1 Abs. 1 a. a. O. auf die Arbeitsverhältnisse der Klägerinnen anzuwenden ist, beträgt nämlich die regelmäßige Arbeitszeit für die im Laboratoriumsdienst beschäftigten technischen Assistentinnen täglich 8 und wöchentlich 45 Stunden. Die Feststellungen des Landesarbeitsgerichts ergeben aber, daß die tatsächliche Inanspruchnahme der Klägerinnen durch die Beklagte auch bei Berücksichtigung einer Freizeit von 4 bzw. 12 Stunden in einer Woche mit Nachtdienst 55 Stunden, in einer Woche mit Wochenenddienst 63 Stunden und in einer Woche mit Nacht- und Wochenenddienst 66 Stunden erreicht. Ob arbeitszeitrechtlich etwa im Rahmen der Schutzvorschriften der AZO oder der Verordnung über die Arbeitszeit in Krankenpflegeanstalten vom 13. Februar 1924 (RGBl. I S. 66) ein solcher Bereitschaftsdienst nicht als Arbeitszeit zu werten ist (so anscheinend Denecke, AZO, 4. Aufl., § 7 Anm. 6, § 12 Anm. 1), braucht nicht entschieden zu werden. Jedenfalls ist in bezug auf die Entlohnung, die hier allein zur Erörterung steht, die aus Anlaß von Bereitschaftsdienst im betrieblichen Interesse aufgewandte Zeit — außer etwaigen Pausen, in denen auch eine Verpflichtung zur Bereitschaft nicht besteht — der Arbeitszeit zuzurechnen. Denn in einem solchen Falle kann der Arbeitnehmer im Gegensatz zur Arbeitsruhe, wo ihm keinerlei Leistung für den Betrieb obliegt, über seine Zeit nicht frei verfügen (vgl. dazu RAG ARS 4, 108 [110]; 38, 23; Hueck-Nipperdey, Lehrbuch des Arbeitsrechts, 6. Aufl., Bd. I § 83 III; Nikisch, ArbR, 2. Aufl., Bd. I, § 27 III 2; Denecke, RdA 1958, S. 447 [449]). Die Klägerinnen haben demnach den Bereitschaftsdienst unter Überschreitung der für ihre Arbeitsverhältnisse normalen Arbeitszeit erbracht, insoweit also Überstunden geleistet.

Dabei ist es hier ohne Bedeutung für die Vergütung dieser Überstunden, ob eine Verpflichtung der Klägerinnen zu ihrer Ableistung im Hinblick auf § 4 Abs. 1 Buchst. b) Kr. T., wonach die Arbeitszeit der Klägerinnen sich auf n i c h t m e h r a l s 45 Wochenstunden belaufen d a r f, bestand oder ob diese Überstunden tariflich unzulässig sind. Denn da die Überzeitarbeit tatsächlich geleistet worden ist, sind die Klägerinnen hinsichtlich der Entlohnung nicht anders zu behandeln als bei einer gültigen Vereinbarung (vgl. BAG 5, 86 [93]). Das gleiche gilt auch, wenn und soweit sich die Wochenarbeitszeit der Klägerinnen bei Nacht- und Wochenenddienst nicht in den Grenzen der für sie geltenden gesetzlichen Arbeitszeit hält (sog. verbotene Mehrarbeit; vgl. Nikisch, a. a. O., § 29 V 6).

Die für die Arbeitsverhältnisse der Klägerinnen maßgeblichen Tarifvorschriften regeln aber die Abgeltung von Überstunden, die d u r c h B e r e i t s c h a f t s d i e n s t angefallen sind, entgegen der Ansicht der Revision nicht.

§ 6 Kr. T., der sich als einzige Vorschrift dieser Tarifordnung mit Überstunden befaßt und Sonderbestimmungen zur TO.A über Mehr-, Nacht-, Sonn- und Feiertagsarbeit zum Inhalt hat, gilt unmittelbar nur für das überwiegend mit pflegerischen oder häuslichen Arbeiten beschäftigte Personal i. S. des § 3 Abs. 1 Kr. T., nicht jedoch für medizinisch-technische Assistentinnen. Aber auch § 2 TO.A in Verbindung mit Nr. 3 ADO zu dieser Bestimmung, die gemäß § 2 Abs. 1 Kr. T. und der ADO hierzu die für die Arbeitsverhältnisse der Klägerinnen geltende Überstundenregelung enthalten, bieten der Klage keine Grundlage.

Zwar ist für die über die — gegebenenfalls nach § 8 Abs. 2 ATO verlängerte — regelmäßige Arbeitszeit hinausgehenden, nicht regelmäßigen Dienstleistungen, wie § 2 Abs. 1 S. 2 TO.A die Überstunden umschreibt, in Abs. 3 a. a. O. bzw. Nr. 3 Buchst. B ADO zu § 2 TO.A unter den dort normierten Voraussetzungen eine Abgeltung von Überstunden vorgesehen. Vergütungspflichtige Überstunden-Dienstleistungen im Sinne dieser Vorschriften sind aber nur die vollen vertraglichen Dienstleistungen. Denn bei richtigem Verständnis des § 2 Abs. 1 S. 2 TO.A sind die nicht regelmäßigen Dienstleistungen inhaltlich nichts anderes als die nach S. 1 a. a. O. innerhalb der (verlängerten) regelmäßigen Arbeitszeit zu erbringenden (regelmäßigen) Dienstleistungen, die die normalen vertraglichen sind und gemäß S. 1 a. a. O. abgegolten werden. Nur dadurch unterscheiden sich die Dienstleistungen des S. 2 a. a. O. von denjenigen des S. 1 a. a. O., daß sie außerhalb der regelmäßigen Arbeitszeit anfallen. Auf Dienstleistungen dieser Art sind auch die Abgeltungsvorschriften des § 2 Abs. 3 a. a. O. und der Nr. 3 Buchst. B ADO zu § 2 TO.A zugeschnitten. Bereitschaftsdienst aber, bei dem sich der Arbeitnehmer lediglich an einer vom Arbeitgeber bestimmten Stelle innerhalb oder außerhalb des Betriebs aufzuhalten hat, um erforderlichenfalls seine vertraglich geschuldete volle Arbeitstätigkeit aufnehmen zu können, ist nicht die normale vertragliche Leistung und daher auch nicht nach Maßgabe der angeführten Bestimmungen abzugelten. Diese Auffassung steht auch im Einklang mit dem Grundsatz des § 3 Abs. 1 TO.A, wonach sich die Vergütung u. a. nach dem Werte der Leistung bemißt. Eine dem Werte der Überstundenleistung i. S. des § 2 Abs. 1, 3 a. a. O. und der Nr. 3 Buchst. B ADO zu § 2 TO.A gleichkommende und deshalb zur selben Vergütung berechtigende Leistung stellt jedoch, wie gesagt, der Bereitschaftsdienst nicht dar.

Die demnach hinsichtlich der Abgeltung von Überstunden, die bei Bereitschaftsdienst von medizinisch-technischen Assistentinnen entstehen, in der tariflichen Regelung vorhandenen Lücke läßt sich auch nicht durch eine entsprechende Anwendung des § 6 Kr. T ausfüllen. Diese Bestimmung enthält gegenüber § 2 TO.A ein Sonderrecht, dessen Geltung ausschließlich für das Pflege- und Hauspersonal offensichtlich im Hinblick auf die Eigenart der Tätigkeit dieser Bediensteten angeordnet ist. Da nämlich für diese Personengruppen gemäß § 3 Abs. 1 Kr. T die regelmäßige Arbeitszeit ohnehin schon 60 Wochenstunden beträgt, sind, abweichend von § 2 Abs. 3 S. 1 TO.A, über diese Arbeitszeit hinausgehende, nicht regelmäßige Dienstleistungen (Überstunden) nur für Arbeiten, die in Notfällen unverzüglich vorgenommen werden müssen, tariflich zugelassen. Auf der 60-Stundenwoche bauen auch die Abgeltungsbestimmungen der Ziff. 2—5 a. a. O. auf. Unterscheidet sich also bereits in diesen wesentlichen Punkten der in § 6 Kr. T vorausgesetzte Tatbestand von dem hier zur Entscheidung stehenden Sachverhalt, so kommt hinzu, daß die Ziffern 2—4 a. a. O. wiederum nur Überstunden-Dienstleistungen zum Gegenstand haben, die die dem in § 6 Kr. T angesprochenen Personal obliegenden normalen vertraglichen Aufgaben, nicht aber Bereitschaftsdienst betreffen. Denn die nicht regelmäßigen Dienstleistungen haben in § 6 Kr. T denselben Inhalt wie in § 2 Abs. 1 S. 2 TO.A. Das ergibt sich im übrigen auch daraus, daß nach § 6 Ziff. 3 Kr. T Überstunden, sofern sie nicht gemäß Ziff. 2 a. a. O. abgefeiert werden können, mit der nur für normale Arbeitsleistung in Betracht kommenden Stundenvergütung nebst einem Zuschlag von 25 % abzugelten sind. Läßt sich also diesen Vorschriften nicht einmal etwas über eine Vergütung von Überstunden aus Anlaß von Bereitschaftsdienst des Pflege- und Hauspersonals entnehmen, so kann schließlich auch aus Ziff. 5 a. a. O. keine Regel abgeleitet werden, die der Entlohnung von Überstunden bei Bereitschaftsdienst von medizinisch-technischen Assistentinnen im Wege der Analogie zugrunde gelegt werden könnte. § 6 Ziff. 5 Kr. T behandelt Schlafwachen. Damit ist offenbar ein Bereitschaftsdienst gemeint, der vom Pflege- und Hauspersonal in besonderen Fällen nachts außerhalb der regelmäßigen Arbeitszeit geleistet wird und wegen dessen Vergütung in Ziff. 5 a. a. O. auf nähere Bestimmung durch die Dienstordnung verwiesen wird (vgl. dazu DO-RAM vom 2. Dezember 1941, RABl. 1941, I S. 540 zu § 6 Ziff. 5 Kr. T). Die Schlafwache ist aber nur e i n e, dazu so besonders geartete Form des Bereitschaftsdienstes, daß schon deshalb eine Übertragung der für sie geltenden Vergütungsregelungen auf den Bereitschaftsdienst der med.-techn. Assistentinnen allgemein und schlechthin nicht in Betracht kommt.

Fehlt es demnach an einer tariflichen Regelung, so ist entscheidend, ob, wie die Beklagte behauptet hat, die Abgeltung der durch den Bereitschaftsdienst der Klägerinnen angefallenen Überstunden vereinbarungsgemäß in der Weise erfolgen sollte, daß die Klägerinnen für jeden Bereitschaftsdienst eine bezahlte Freizeit von 4 bzw. 12 Stunden während der normalen Arbeitszeit erhielten. Das Berufungsgericht hat hierzu ausgeführt, eine solche Vereinbarung sei schon deswegen nicht zustande gekommen, weil zwischen dem tatsächlich geleisteten Bereitschaftsdienst und der gewährten Freizeit ein zu erheblicher Unterschied bestehe; die Klägerinnen hätten sich lediglich widerspruchslos einer von der Beklagten getroffenen Regelung gefügt.

Hiergegen wendet sich die Revision mit Recht. Denn daraus, daß eine Vereinbarung für eine Partei, wie hier für die Klägerinnen, gegebenenfalls relativ ungünstig sein mag, folgt nicht, daß die Vereinbarung nicht zustande gekommen ist. Es kommt also darauf an, ob die von der Beklagten behauptete Vereinbarung über die Abgeltung des Bereitschaftsdienstes wirksam abgeschlossen worden ist.

Das angefochtene Urteil mußte daher aufgehoben und die Sache zur anderweiten Verhandlung und Entscheidung an das Berufungsgericht zurückverwiesen werden (§§ 564 Abs. 1, 565 Abs. 1 ZPO). Dieses wird unter Beachtung des substantiierten, unter Beweis gestellten Vortrags der Beklagten zunächst feststellen müssen, ob die in Rede stehende Vereinbarung wirksam zustande gekommen ist. Ergibt sich, daß eine solche Vereinbarung nicht vorliegt, so wird davon auszugehen sein, daß grundsätzlich ein Anspruch der Klägerinnen auf Abgeltung der von ihnen durch Bereitschaftsdienst geleisteten Überstunden gemäß § 612 BGB zu bejahen ist. Da aber nach § 612 Abs. 1 BGB eine Vergütung allein dann als stillschweigend vereinbart gilt, wenn die Dienstleistung den Umständen nach nur gegen eine Vergütung zu erwarten ist, wird das Berufungsgericht zu prüfen haben, ob dies auch für die Klägerinnen zutrifft. Dabei wird es beachten müssen, daß die Überstundenvorschriften des § 2 TO.A und der ADO hierzu selbst dann, wenn die normale vertragliche Arbeit geleistet worden ist, nur in bestimmten Fällen und nur unter besonderen Voraussetzungen einen Abgeltungsanspruch gewähren. Es wird daher gegebenenfalls die Frage erörtert werden müssen, ob die Klägerinnen, sofern andere als diese Voraussetzungen vorlagen, überhaupt eine Vergütung erwarten konnten. Ist ein Anspruch an sich zu bejahen, so wird schließlich zu beachten sein, daß nur eine angemessene Vergütung geschuldet wird, die unter billiger Berücksichtigung der tatsächlichen Verhältnisse festzustellen ist. Denn nach dem auch das Arbeitsverhältnis hinsichtlich der Entlohnung beherrschenden Äquivalenzprinzip kann für Bereitschaftsdienst grundsätzlich nicht das dasselbe Entgelt gefordert werden wie für die volle Leistung (vgl. RAG ARS 36, 345 [349]).

6

1. Nach der ersten Alternative des § 1 Abs 1 TO.A unterliegen dieser Tarifordnung die in einer Beschäftigung gemäß § 1 AVG (§ 3 i. d. F. des AnVNG) tätigen Arbeitnehmer des öffentlichen Dienstes, gleichviel ob sie tatsächlich angestelltenversicherungspflichtig sind oder eine Versicherungspflicht nicht oder nicht mehr besteht, und ohne Rücksicht darauf, ob sie in der Anlage 1 aufgeführt sind.

2. Die nicht in einer Beschäftigung nach Maßgabe des AVG tätigen Arbeitnehmer werden gemäß der zweiten Alternative des § 1 Abs. 1 a. a. O. von der TO.A erfaßt, sofern sie in deren Anlage 1 aufgeführt sind.

3. Ein Arbeitnehmer ist im Sinne dieser Vorschrift aufgeführt, wenn er nach der von ihm ausgeübten Tätigkeit in eine Vergütungsgruppe der Anlage 1 zur TO.A einzuordnen ist.

4. Die Verwendung des Wortes „Angestellte" bei der Beschreibung von Tätigkeiten in der Anlage 1 zur TO.A bedeutet nicht die Aufstellung eines zusätzlichen Tätigkeitsmerkmals für die in Betracht kommenden Fallgruppen. Vielmehr bestimmt die TO.A damit lediglich für ihren Bereich, daß solche Tätigkeiten diejenigen von Angestellten sind.

5. Die Anwendung der Nr. 1 der Bemerkung zu allen Vergütungsgruppen der TO.A setzt voraus, daß eine Tätigkeit nach ihren Merkmalen gleichzeitig von einer Vergütungsgruppe der TO.A und einer Lohngruppe der TO.B erfaßt wird.

TO.A § 1 Abs. 1; Anlage 1 zur TO.A, VergGr. X; Nr. 1 der Bemerkung zu allen Vergütungsgruppen der TO.A.

IV. Senat. Urteil vom 10. 6. 1959 i. S. B. D. (Bekl.) w. L. (Kl.) 4 AZR 590/56.

I. Arbeitsgericht Wiesbaden. — II. Landesarbeitsgericht Frankfurt/Main.

Der Kläger wurde am 28. August 1954 durch schriftlichen Arbeitsvertrag beim Statistischen Bundesamt als Bote eingestellt. Dabei wurde ein Arbeitslohn nach Lohngruppe VIII TO.B vereinbart. Dem Kläger obliegen folgende Arbeiten:

Er hat die vom Statistischen Bundesamt abonnierten Zeitungen und Zeitschriften bei ihrem Eingang auf Vollständigkeit zu überprüfen und die Lieferung in einer vorbereiteten Liste durch Handzeichen zu vermerken. Auf die insgesamt 15 Tageszeitungen hat er einen vorgedruckten Umlaufzettel zu kleben und die Zeitungen auf diese Weise im Amt in Umlauf zu setzen. Sodann hat er Zeitungsnachrichten, die in den einzelnen Abteilungen des Hauses hierfür gekennzeichnet werden, aus den Zeitungen auszuschneiden und auf ein Blatt Papier aufzukleben. Dieses Blatt hat er mit einem Stempelabdruck zu versehen und die darin enthaltenen Spalten nach Herkunft und Tag der Zeitungsausschnitte auszufüllen. Die Gesamtzahl der an einem Tage gefertigten Ausschnitte hat er in einem Buch zu vermerken.

Der Kläger ist der Ansicht, daß seine Tätigkeit ab 1. Oktober 1954 die Merkmale der Vergütungsgruppe X TO.A erfülle. Er hat daher beantragt, festzustellen, daß die Beklagte verpflichtet ist, ihn ab 1. Oktober 1954 in die Vergütungsgruppe X TO.A einzustufen.

Das Arbeitsgericht hat der Klage stattgegeben. Berufung und Revision der Beklagten waren erfolglos.

Aus den Gründen:

Das Berufungsgericht geht zunächst zutreffend davon aus, daß die Entscheidung der den Gegenstand des Rechtsstreits bildenden Frage, ob das Arbeitsverhältnis des Klägers von der TO.A oder der TO.B erfaßt wird, den Gerichten für Arbeitssachen zusteht; vgl. das zur Veröffentlichung bestimmte Urteil vom 14. Januar 1959 — 4 AZR 144/56 — AP Nr. 48 zu § 3 TO.A, auf das hierzu verwiesen wird. Es bestehen auch keine Bedenken gegen den Klageantrag. Zwar begehrt der Kläger Feststellung der Verpflichtung der Beklagten, ihn in die Vergütungsgruppe (VergGr.) X TO.A einzustufen. Aber wie sich im Wege der Auslegung des Antrages anhand des Vortrages des Klägers ergibt, erstrebt er nicht etwa eine vom Bundesarbeitsgericht in ständiger Rechtsprechung (vgl. BAG 1, 85 ff. und später) abgelehnte, konstitutiv wirkende Einstufung, sondern es will in Wirklichkeit festgestellt wissen, daß die Beklagte eine Vergütung nach VergGr. X TO.A schuldet.

Das Arbeitsverhältnis des Klägers unterliegt der TO.A; nach der von ihm ausgeübten Tätigkeit erfüllt er die Merkmale der VergGr. X TO.A, so daß er nach dieser zu bezahlen ist.

Nach § 1 Abs. 1 TO.A erstreckt sich der persönliche Geltungsbereich dieser Tarifordnung auf diejenigen Arbeitnehmer, die entweder in einer ihre Arbeitskraft überwiegend beanspruchenden, nach § 1 (jetzt

§ 3 i. d. F. des AnVNG vom 23. 2. 1957, BGBl. I S. 88) des Reichsangestelltenversicherungsgesetzes (AVG) versicherungspflichtigen Beschäftigung tätig oder in der Anlage 1 zur TO.A aufgeführt sind. Dabei handelt es sich um zwei selbständige Voraussetzungen, von denen jede für sich die Geltung der TO.A für ein Arbeitsverhältnis begründet. Wenn die erste Alternative des § 1 Abs. 1 a. a. O. auf die Tätigkeit des Arbeitnehmers in einer angestelltenversicherungspflichtigen Beschäftigung abstellt, so bedeutet das, daß es für ihre Anwendbarkeit allein darauf ankommt, ob die von dem Arbeitnehmer ausgeübte Beschäftigung an sich nach dem AVG versicherungspflichtig ist, nicht aber, ob im Einzelfalle für den Arbeitnehmer die Versicherungspflicht auch tatsächlich besteht. Infolgedessen fallen, auch wenn sie in der Anlage 1 zur TO.A nicht aufgeführt sind, auf Grund der ersten Alternative des § 1 Abs. 1 a. a. O. alle die Arbeitnehmer unter die TO.A, die im öffentlichen Dienst einer Beschäftigung nach § 1 (3) AVG in Verbindung mit dem diese Vorschrift ergänzenden Berufsgruppenkatalog vom 8. März 1924 (RGBl. I S. 274) i. d. F. vom 4. Februar und 15. Juli 1927 (RGBl. I S. 58, 222) nachgehen, und zwar sowohl dann, wenn sie tatsächlich angestelltenversicherungspflichtig sind, als auch dann, wenn auf Grund der im AVG vorgesehenen Ausnahmen (z. B. Überschreitung der Höchstgrenze des Jahresarbeitsverdienstes) eine Versicherungspflicht nicht oder nicht mehr besteht.

Ob das Arbeitsverhältnis des Klägers bereits nach der ersten Alternative des § 1 Abs. 1 TO.A dieser unterliegt, kann aber dahingestellt bleiben; denn jedenfalls findet die TO.A kraft der zweiten Alternative des § 1 Abs. 1 a. a. O. Anwendung. Auf Grund dieser Vorschrift werden nämlich Arbeitnehmer auch ohne Rücksicht darauf, ob sie einer angestelltenversicherungspflichtigen Beschäftigung im Sinne des AVG nachgehen, von der TO.A dann erfaßt, wenn sie in deren Anlage 1 aufgeführt sind (vgl. BAG AP Nr. 13 zu § 1 TO.A; Schneider, Angestellte und Arbeiter im öffentlichen Dienst, 1939, § 1 TO.A Anm. 4). Wenn die Revision die Ansicht vertritt, daß auch im Rahmen der zweiten Alternative stets Angestellteneigenschaft, und zwar im Sinne des Angestelltenversicherungsrechts, vorausgesetzt werde, so spricht dagegen bereits der klare Wortlaut des § 1 Abs. 1 TO.A. Denn diese Bestimmung stellt ersichtlich der Personengruppe der ersten Alternative diejenige der in der Anlage 1 aufgeführten Bediensteten als gleichwertige selbständige zweite Alternative gegenüber. Das aber bedeutet, daß jedes Arbeitsverhältnis eines Arbeitnehmers im öffentlichen Dienst von der TO.A erfaßt wird, wenn nur eine der genannten Alternativen vorliegt; denn dann ist der Arbeitnehmer grundsätzlich als Angestellter im Sinne der TO.A anzusehen. Es ist also irrig, den Personenkreis der zweiten Alternative in jedem Falle zugleich den Anforderungen des § 1 (3) AVG zu unterwerfen. Diese Ansicht würde zur Folge haben, daß ein Arbeitnehmer, der eine nicht angestelltenversicherungspflichtige Tätigkeit ausübt, aber ohne die mehrfach, z. B. in den VergGr. VIII oder IX, vorgesehene Beschränkung auf den Fall seiner Beschäftigung als Angestellter in der Anlage 1 aufgeführt ist, gleichwohl nicht der TO.A, sondern gegebenenfalls der TO.B unterläge, ein Ergebnis, das mit § 1 Abs. 1 TO.A nicht in Einklang zu bringen ist. Hier greift auch nicht etwa die Nr. 1 der einen Bestandteil der TO.A bildenden Bemerkung zu allen Vergütungsgruppen ein. Denn diese Vorschrift kommt nur zur Anwendung, wenn eine Tätigkeit sowohl in der Anlage 1 zur TO.A als auch in der Anlage 2 zur TO.B aufgeführt ist. Allein unter dieser Voraussetzung war bzw. ist es der Festsetzung durch Dienstordnung oder Arbeitsvertrag überlassen, ob der in Betracht kommende Arbeitnehmer als Angestellter beschäftigt wird, ohne daß es darauf ankommt, ob Angestellten- oder Invalidenversicherungspflicht vorliegt (vgl. das zur Veröffentlichung bestimmte Urteil des erkennenden Senats vom 14. 1. 1959 — 4 AZR 144/56 — AP Nr. 48 zu § 3 TO.A).

Demnach kommt es für die Anwendbarkeit der TO.A im vorliegenden Falle nur darauf an, ob der Kläger in deren Anlage 1 aufgeführt ist. Aufgeführt im Sinne dieser Bestimmung ist ein Arbeitnehmer nicht nur, wenn er in der allgemeinen Vergütungsordnung zur TO.A nach Berufs- und Tätigkeitsbezeichnung genannt wird, sondern auch, wenn die von ihm ausgeübte Tätigkeit den allgemeinen Merkmalen einer Fallgruppe in einer Vergütungsgruppe entspricht. Es genügt also, daß er überhaupt in eine der Vergütungsgruppen der Anlage 1 zur TO.A eingeordnet werden kann. Das hat das Berufungsgericht beim Kläger ohne Rechtsirrtum bejaht. Denn nach seinen im angefochtenen Urteil festgestellten Aufgaben gehört der Kläger zu den Angestellten mit vorwiegend mechanischer Tätigkeit im Büro- und sonstigen Innendienst im Sinne der VergGr. X TO.A, 1. Fallgruppe, und zwar im besonderen zu den unter den Beispielen zu dieser Gruppe ausdrücklich genannten Angestellten, die mit der Führung einfacher Kontrollen und Listen sowie dem Ausschneiden und Aufkleben von Zeitungsnachrichten nach Anweisung und Herkunftsbezeichnung dieser Ausschnitte betraut sind.

Wenn nun diese Fallgruppe wie auch zahlreiche andere in den Vergütungsgruppen der Anlage 1 zur TO.A derart umgrenzt wird, daß der näheren Anführung der Tätigkeitsmerkmale das Wort „Angestellte" vorausgeht, so bedeutet das nicht, daß vorab festgestellt werden müßte, ob es sich um einen Arbeitnehmer handelt, dem auf Grund von gesetzlichen Bestimmungen, z. B. des AVG, oder nach der Verkehrsanschauung Angestellteneigenschaft zukommt. In der Verwendung des Wortes „Angestellte" ist nämlich nicht eine zusätzliche Voraussetzung für die Einordnung eines Arbeitnehmers in eine solche Fallgruppe zu erblicken, deren Merkmale seine Tätigkeit im übrigen erfüllt. Vielmehr will die TO.A damit lediglich für ihren Bereich bestimmen, daß diese Tätigkeiten solche von Angestellten sind. Daß dies zutrifft, zeigt auch ein Vergleich mit Fallgruppen der Lohngruppe B und C der Anlage 2 zur TO.B. Wenn dort etwa Arbeiter als Reiniger von Straßen (LohnGr. C), Arbeiter an Werkzeugmaschinen oder Arbeiter, die mit der Herstellung von Munition oder mit schweren Transportarbeiten beschäftigt sind (LohnGr. B), genannt werden, so liegt auf der Hand, daß es zur Einordnung in die in Betracht kommende Lohngruppe nicht etwa noch der Feststellung bedarf, ob z. B. derjenige, der eine Straße reinigt oder an einer Werkzeugmaschine tätig ist, auch Arbeiter ist. Die TO.B sieht ihn vielmehr kraft seiner Tätigkeit als Arbeiter an, wie die TO.A den Kläger als Angestellten behandelt, weil er Zeitungsnachrichten nach Anweisung und Herkunftsbezeichnung ausschneidet und aufklebt. Im übrigen entspricht das aber auch der Verkehrsanschauung. Denn von dieser werden in aller Regel diejenigen Arbeitnehmer, deren Tätigkeit wie die des Klägers an ein Büro, also an einen der Erledigung schriftlicher, registrierender oder ähnlicher Arbeiten dienenden Raum, gebunden ist, den Angestellten zugewiesen (vgl. BAG 5, 98).

Zu Unrecht weist die Revision weiter darauf hin, der Kläger erfülle deshalb nicht die Voraussetzungen der VerGr. X, 1. Fallgruppe, TO.A, weil er eine ausschließliche mechanische Tätigkeit ausübe, während dort eine vorwiegend mechanische, also eine zu einem nicht unerheblichen Teil nicht mechanische Tätigkeit gefordert werde. Sie beachtet dabei aber nicht, daß die ersten Fallgruppen der Vergütungsgruppen X — VII TO.A aufeinander aufbauen und das Merkmal der „vorwiegend mechanischen Tätigkeit" die 1. Fallgruppe der VergGr. X von der 1. Fallgruppe der VergGr. IX TO.A mit „einfacheren Arbeiten" abgrenzt. Es kommt daher für eine Einordnung in die VergGr. X nur darauf an, ob eine Tätigkeit „vorwiegend mechanisch" ist, ohne daß dabei noch die Verrichtung nicht mechanischer Arbeiten gleichsam als weiteres Merkmal vorauszusetzen ist. Ist die Tätigkeit des Klägers, wie die Revision behauptet, ausschließlich mechanisch, so ist sie jedenfalls auch vorwiegend mechanisch und rechtfertigt somit seine Eingruppierung in die VergGr. X. Im übrigen bringt die TO.A, wenn sie die vom Kläger ausgeführten Arbeiten als Beispiel zur 1. Fallgruppe der VergGr. X anführt, selbst zum Ausdruck, daß sie bei einer solchen Tätigkeit die allgemeinen Merkmale der Fallgruppe als erfüllt ansieht.

Entgegen der Ansicht der Revision sind schließlich im vorliegenden Falle auch die Voraussetzungen der bereits erwähnten Nr. 1 der Bemerkung zu allen Vergütungsgruppen nicht gegeben. Wenn deren Anwendbarkeit davon abhängt, daß eine Tätigkeit sowohl in der TO.A als auch in der TO.B aufgeführt ist, so ist dabei an eine solche Tätigkeit gedacht, die nach ihren Merkmalen gleichzeitig einer Vergütungsgruppe der Anlage 1 zur TO.A und einer Lohngruppe der Anlage 2 zur TO.B zugewiesen werden kann. Das hält zunächst die TO.A selbst offenbar bei den in der letzten Fallgruppe der VergGr. X aufgezählten Tätigkeiten für möglich, ferner z. B. bei den Magazin-, Lager- und Lagerhofverwaltern, den Schiffsführern, Baggerführern und Maschinisten in VergGr. X, den Zahntechnikern bei zahnärztlichen Instituten in VergGr. VIII oder den Lithographen, Photographen und Kupferstechern in VergGr. VII u. a. m. Denn deren Unterstellung unter die TO.A ist ausdrücklich nur für den Fall vorgesehen, daß sie als Angestellte beschäftigt werden. Dabei steht es der Annahme einer Doppelaufzählung im Sinne der Nr. 1 der genannten Bemerkung auch nicht entgegen, wenn sich etwa die Berufs- oder Tätigkeitsbezeichnung nicht in derselben Form in beiden Tarifordnungen findet. Entscheidend ist allein, daß in der TO.A und TO.B nach Inhalt und Umfang dieselbe Tätigkeit angesprochen wird. Hiervon ausgehend läßt sich mit dem Landesarbeitsgericht nicht feststellen, daß die in der TO.A aufgeführte Tätigkeit des Klägers zugleich den Merkmalen einer Lohngruppe der TO.B entspricht, auch nicht den allgemeinen Merkmalen der Lohngruppe C, wie die Revision meint. Das ist schon deshalb nicht der Fall, weil die einfachen Tätigkeiten der Lohngruppe C, die eine handwerkliche oder besondere Anlernung nicht erfordern, eine büromäßige Beschäftigung, wie der Kläger sie hat, nicht umfassen. Das zeigen eindeutig die Beispiele zu dieser Lohngruppe, bei denen u. a. Hausdiener, Boten, Bauwächter, Heizer, Torwächter genannt werden.

7

1. Versorgungsversprechen können als arbeitsrechtliche Ruhegehaltsversprechen auch nach Beendigung des Arbeitsverhältnisses erteilt werden.

2. Ein Versorgungsversprechen kann auch der Witwe eines Arbeitnehmers, der selbst nicht versorgungsberechtigt war, nach Beendigung des Arbeitsverhältnisses gegeben werden.

3. Die Frage, ob ein Versorgungsversprechen im Hinblick auf das Arbeitsverhältnis erteilt worden ist (und dann arbeitsrechtliches Versorgungsversprechen ist) oder ob es aus anderen für Unentgeltlichkeit sprechenden Gründen erteilt ist (und dann Schenkungsversprechen im Sinne des § 518 BGB ist), unterliegt der tatsächlichen Feststellung des Berufungsgerichts. Dieses hat den gesamten Sachverhalt darauf zu prüfen, ob aus ihnen ein Anhalt für die Gründe zu ersehen ist, die zur Erteilung des Versorgungsversprechens geführt haben.

4. Der Formmangel nach § 518 BGB wird bei einem nicht beurkundeten Schenkungsversprechen für längere Zeit oder auf Lebenszeit durch Bewirkung von Leistungen nur für die Zeit geheilt, für die die Leistungen erfolgt sind.

BGB §§ 242 Ruhegehalt, 518.

I. Senat. Urteil vom 19. 6. 1959 i. S. W. (Kl.) w. K. (Bekl.)
1 AZR 417/57.

I. Arbeitsgericht Darmstadt. — II. Landesarbeitsgericht Frankfurt/Main.

Der Beklagte war auf Grund eines Sozietätsvertrages vom 26. Juni 1940 Teilhaber der von Dr. W. und ihm gemeinsam betriebenen „Buchstelle Dr. W. K.". Die Gewinnbeteiligung des Dr. W. betrug 60 %, die des Beklagten 40 %. Nach § 4 des Sozietätsvertrages unterstanden der alleinigen Entscheidung des Dr. W. u. a. die Personalangelegenheiten. Der Sozietätsvertrag ist in der Folgezeit, beginnend mit dem 26. Mai 1949 und endend mit dem 12. Februar 1955, durch insgesamt 13 Nachträge ergänzt worden.

Die Sozietät endete zum 21. Dezember 1955, nachdem Spannungen zwischen den Parteien aufgetreten waren. Bereits während der Zeit der Sozietät führte Dr. W. daneben noch eine sogenannte Groß-Praxis, an der der Beklagte nicht beteiligt war, in der er aber gegen besondere Vergütung mitarbeitete.

Die Klägerin ist eine Schwester von Dr. W. Sie war mit einem früheren Volksschullehrer verheiratet, der ohne Versorgung aus dem Schuldienst im Jahre 1937 ausgeschieden war. Nach Verbüßung einer Freiheitsstrafe trat dieser im 1. Juni 1940 als Angestellter in die Praxis des Dr. W. und des Beklagten ein; am 13. März 1943 verstarb er. Er bezog ein monatliches Gehalt von zuletzt 350,— RM. Ihm waren während des Bestehens des Arbeitsverhältnisses Versorgungszusagen nicht gemacht worden.

Am 25. August 1952 bat die Klägerin, die bereits vorher von Dr. W. aus eigenen Mitteln unterstützt worden war, in einem an Dr. W. und den Beklagten gerichteten Schreiben unter Hinweis auf ihre wirtschaftliche Notlage um eine laufende monatliche finanzielle Hilfe. Sie führte aus, das Bestreben ihres verstorbenen Mannes sei immer dahin gegangen, jederzeit die Interessen des Büros zu wahren. Es würde sie freuen, wenn Dr. W. und der Beklagte die Leistungen ihres verstorbenen Ehemannes auch heute noch anerkennen würden sowie von ihrer wirtschaftlichen Notlage Kenntnis nehmen wollten. Am 20. Dezember 1952 schrieb Dr. W. an die Klägerin wie folgt:

> „Zugleich auch in Erledigung Ihres letzten Schreibens vom 25. August 1952 teile ich Ihnen im Einverständnis mit Herrn K. mit, daß Sie mit Wirkung vom 1. Januar 1953 ab, somit erstmals für den Monat Januar 1953, auf Lebenszeit eine Pension von 60 % der Ihrem Mann zustehenden Pension von 60 % aus dem letzten Aktivgehalt erhalten."

Die Pension wurde in dem Schreiben auf monatlich 126,— DM errechnet. Dieser Betrag wurde später um 1/3 auf 168,— DM monatlich erhöht. In dem von Dr. W. und dem Beklagten unterschriebenen Nachtrag 10 zum Sozietätsvertrag vom 10. Oktober 1955 ist bestimmt, daß

> „die in den Bilanzen beider Praxisteile gebildeten oder sich auch noch künftig ergebenden Versorgungs- und Pensionszusagen an die Büroangehörigen im Rahmen der Verträge beide Sozietätspartner belasten sollten."

Wegen der der Klägerin und auch zwei Angestellten gemachten Versorgungszusagen nahm Dr. W. in seiner Bilanz für 1952 Rückstellungen vor. Die Rückstellung für die der Klägerin gemachten Versorgungszusage stellte sich auf 29 816,— DM. Die Versorgungszusagen für die beiden Angestellten sind inzwischen erledigt, da diese Angestellten aus dem Dienst des Dr. W. ausgeschieden sind.

Das Finanzamt hat die vorgenommenen Rückstellungen, die zu einer Minderung des Gewinns und damit der steuerlichen Belastung des Dr. W. geführt hätten, nicht anerkannt.

Die Klägerin nimmt den Beklagten auf Zahlung von 40 % der monatlichen Rente für die Monate Januar 1956 bis April 1956 mit insgesamt 268,80 DM mit der Begründung in Anspruch, es handele sich um ein rechtswirksam erteiltes Versorgungsversprechen auf Grund des Arbeitsverhältnisses ihres verstorbenen Ehemannes. Der Beklagte hat um Klageabweisung gebeten und widerklagend die Feststellung begehrt, daß der Klägerin aus der Pensionszusage vom 20. Dezember 1952 keinerlei Ansprüche gegen den Beklagten zuständen. Er ist der Ansicht, die Versorgungszusage sei unentgeltlich erteilt und deshalb wegen Nichtbeachtung der Formvorschrift des § 518 BGB nichtig.

Alle Vorinstanzen haben die Klage abgewiesen und nach dem Widerklageantrag erkannt.

Aus den Gründen:

Das Landesarbeitsgericht ist zutreffend davon ausgegangen, daß Dr. W. berechtigt war, den Beklagten hinsichtlich der Erteilung von Versorgungsversprechen an Arbeitnehmer des gemeinsamen Betriebes und Hinterbliebene von Arbeitnehmern dieses Betriebes zu vertreten. Diese Befugnis ergibt sich aus § 4 des Sozietätsvertrages, wo Dr. W. insoweit die Befugnis zur alleinigen Geschäftsführung eingeräumt worden ist. Nach der Regelung des § 714 BGB folgt daraus, daß Dr. W. im Zweifel auch ermächtigt war, den Beklagten insoweit zu vertreten. Auch ergibt sich sowohl aus dem Schreiben vom 20. Dezember 1952 wie aus den nachträglichen Änderungen des Sozietätsvertrages, daß dem Beklagten die Erteilung der Versorgungszusage an die Klägerin bekannt gewesen ist und daß diese Versorgungszusage auch im Einvernehmen mit dem Beklagten erteilt worden ist.

Das Landesarbeitsgericht ist in seiner Würdigung des Sachverhalts zu dem Ergebnis gekommen, das der Klägerin von Dr. W. mit dem Schreiben vom 20. Dezember 1952 abgegebene Versprechen, ihr eine Pension unter Bezugnahme auf das letzte Gehalt ihres bereits 1943 verstorbenen Ehemannes zu geben, sei *nicht* im Hinblick auf die *Arbeit des Ehemanns* für Dr. W. und die Praxis der Dr. W. und des Beklagten abgegeben worden. Diese tatsächliche Würdigung des Sachverhalts und die Auslegung einer einzelvertraglichen Vereinbarung zwischen Dr. W. und der Klägerin kann das Gericht der Revisionsinstanz nur darauf nachprüfen, ob eine Verletzung materiellen oder formellen Rechts gegeben ist, weiter, ob dem Landesarbeitsgericht ein Verstoß gegen die Denkgesetze, die Erfahrungsgrundsätze oder die Auslegungsregeln unterlaufen ist, schließlich insbesondere, ob die Würdigung des Landesarbeitsgerichts in sich vollständig ist oder ob das Landesarbeitsgericht wesentlichen Auslegungsstoff unberücksichtigt gelassen hat.

Derartige Mängel liegen jedoch nicht vor.

Nach § 133 BGB ist bei der Auslegung von Willenserklärungen, also auch bei der Auslegung des Schreibens der Klägerin vom 25. August 1952 und des Schreibens Dr. W. vom 20. Dezember 1952, nicht an dem Buchstaben zu haften; vielmehr ist der Sinn der Erklärung zu ermitteln, soweit er in der Erklärung einen, wenn auch unvollkommenen, Ausdruck gefunden hat.

Das Landesarbeitsgericht vertritt bei der Auslegung der Willenserklärungen der Klägerin und des Dr. W. sowie bei der Gesamtwürdigung des Sachverhalts nicht etwa die Auffassung, jedes Versorgungsversprechen, das der Witwe eines Arbeitnehmers, dem eine Versorgung nicht zugesagt war, nach dem Tode des Arbeitnehmers und der dadurch eingetretenen Beendigung des Arbeitsverhältnisses gegeben werde, sei nicht im Hinblick auf das Arbeitsverhältnis erteilt und daher mangels eines sonstigen die Unentgeltlichkeit ausschließenden Grundes ein der Form des § 518 BGB bedürftiges Schenkungsversprechen. Eine solche Rechtsansicht wäre allerdings unrichtig und würde den Begriff und das Wesen arbeitsrechtlicher Versorgungszusagen verkennen. Es ist vielmehr grundsätzlich zulässig, auch der Witwe eines nach seinem Arbeitsvertrag nicht versorgungsberechtigten Arbeitnehmers durch erst nach dem Tode des Arbeitnehmers eingegangene Abrede einen arbeitsrechtlichen Versorgungsanspruch gerade im Hinblick auf das bereits beendete Arbeitsverhältnis des verstorbenen Ehemannes einzuräumen. Ein solches Versprechen braucht dann nicht in der Form des § 518 BGB erteilt zu werden, denn es ist nicht Schenkungsversprechen, es wird nicht unentgeltlich zugesagt, sondern die Zusage erfolgt im Hinblick auf das Arbeitsverhältnis und die geleistete Arbeit (vgl. Hueck-Nipperdey, Lehrbuch des Arbeitsrechts, 6. Aufl., Bd. 1, S. 435 mit Rechtsprechung; Palandt, BGB 18. Aufl., § 516 Anm. 4).

Auch steht der Annahme eines arbeitsrechtlichen Versorgungsversprechens nicht unbedingt entgegen, daß dieses Versprechen erst längere Zeit nach Beendigung des Arbeitsverhältnisses abgegeben wird (vgl. RGZ 94, 322).

Schließlich spricht die Tatsache, daß das Arbeitsverhältnis, um dessenwillen die Versorgung versprochen wird, nicht übermäßig lange bestanden hat, nicht schlechthin dagegen, daß die Versorgung gerade im Hinblick auf das Arbeitsverhältnis und damit als arbeitsrechtliche Versorgung zugesagt worden ist. Alle diese Rechtsgrundsätze hat das Landesarbeitsgericht jedoch nicht verkannt.

Ob aber ein Versorgungsversprechen im Hinblick auf ein Arbeitsverhältnis oder aus anderen Gründen abgegeben worden ist, ist keine Rechtsfrage, sondern eine Frage tatsächlicher Art. Es ist sonach zu unterscheiden, ob das Versorgungsversprechen im Hinblick auf das Arbeitsverhältnis erteilt ist oder ob andere, die Unentgeltlichkeit aber nicht ausschließende Gründe für die Erteilung des Versprechens maßgebend waren. Im ersteren Fall braucht bei der Erteilung des Versorgungsversprechens die Form des § 518 BGB nicht eingehalten zu werden. Im zweiten Fall gibt es keine arbeitsrechtlichen Grundsätze, die von der Innehaltung der Formvorschrift des § 518 BGB für ein unentgeltlich erteiltes Versorgungsversprechen befreien. An die tatsächliche Feststellung des Landesarbeitsgerichts, daß hier das Versorgungsversprechen nicht im Hinblick auf das Arbeitsverhältnis abgegeben sei, ist der Senat als Gericht der Revisionsinstanz grundsätzlich gebunden. Dann greift aber der Grundsatz, daß arbeitsrechtliche Versorgungsversprechen der Form des § 518 BGB nicht bedürfen, nicht durch.

Für ein unentgeltlich erteiltes Versorgungsversprechen ist die Form des § 518 BGB auch dann erforderlich, wenn dieses Versprechen mit Rücksicht auf das Bestehen einer sittlichen Pflicht oder einer auf den Anstand zu nehmenden Rücksicht erteilt worden ist. Denn auch eine Pflicht- oder Anstandsschenkung, die das Gesetz in § 534 BGB ausdrücklich erwähnt, bleibt Schenkung, und das Versprechen einer solchen Schenkung bleibt ein Schenkungsversprechen; das Schenkungsversprechen, das mit Rücksicht auf das Bestehen einer sittlichen oder Anstandspflicht erteilt wird, ist nach § 518 BGB formbedürftig (vgl. RGZ 125, 380; RGR-Kommentar zum BGB, 10. Aufl., § 534 Anm. 1).

Das Landesarbeitsgericht sagt auch nicht etwa, jedes Versorgungsversprechen, das an Verwandte des Versprechenden, die selbst oder deren Angehörige in einem Arbeitsverhältnis zu dem Versprechenden stehen oder standen, erteilt wird, sei nicht im Hinblick auf dieses Arbeitsverhältnis erteilt worden, sondern mit Rücksicht eben auf das verwandtschaftliche Verhältnis. Das Landesarbeitsgericht behauptet auch nicht, daß eine Vermutung in dieser Richtung bestehe. Dem ist beizutreten. Auch dann, wenn ein Versorgungsversprechen einem Verwandten des Versprechenden erteilt wird, ist der gesamte Sachverhalt der richterlichen Prüfung zu unterziehen. Alle einzelnen Umstände sind darauf zu prüfen, ob aus ihnen ein Anhalt für die Gründe zu ersehen ist, die zur Erteilung des Versorgungsversprechens geführt haben (vgl. RGZ 74, 139 ff.; Palandt, BGB 18. Aufl., § 516 Anm. 4 g). Im Rahmen dieser gesamten Prüfung kann und muß neben den sonstigen Umständen (z. B. Dauer des Arbeitsverhältnisses, Zeitablauf seit Beendigung des Arbeitsverhältnisses, Stellung des verstorbenen Arbeitnehmers im Arbeitsverhältnis, Höhe der Bezüge des verstorbenen Arbeitnehmers während des Arbeitsverhältnisses) auch geprüft werden, ob der Arbeitnehmer oder seine Witwe, der die Versorgung nach Beendigung des Arbeitsverhältnisses versprochen wird, in verwandtschaftlichen Beziehungen zu dem Versprechenden stehen und ob diese Beziehungen, nicht aber das abgelaufene Arbeitsverhältnis und die in diesem Arbeitsverhältnis geleisteten Dienste den Grund für die Erteilung der Zusage darstellen. Denn auch hier gilt es, den wirklichen Willen des Erklärenden zu ermitteln, ohne am Buchstaben der Erklärung zu haften. Es handelt sich dabei auch insoweit um eine Prüfung tatsächlicher Art, die dem Gericht der Tatsacheninstanz obliegt und die der Nachprüfung durch das Gericht der Revisionsinstanz grundsätzlich entzogen ist.

Entgegen der Ansicht der Revision läßt die Würdigung des Sachverhalts durch das Landesarbeitsgericht, daß der Klägerin eine Versorgung nicht im Hinblick auf das Arbeitsverhältnis mit dem bereits 1943 verstorbenen Ehemann im Jahre 1952 versprochen sei, auch nicht wesentlichen Auslegungstoff außer acht. Die Auslegung des Landesarbeitsgerichts ist vielmehr in sich vollständig und jedenfalls möglich. Das Landesarbeitsgericht stellt es auf die außergewöhnlichen Umstände ab, unter denen hier das Versprechen erteilt wurde, und auf die Tatsache, daß die Klägerin eine Schwester des Dr. W., der das Versprechen erteilt hat, ist. Das Landesarbeitsgericht macht sich insbesondere durch die Bezugnahme auf die Entscheidung des Arbeitsgerichts in seinen Entscheidungsgründen dessen Ansicht und Wertung zu eigen, daß Dr. W. niemals der Witwe eines bereits 1943 nach noch nicht 3-jähriger Betriebszugehörigkeit verstorbenen, selbst nicht versorgungsberechtigten Arbeitnehmers im Jahre 1952 eine Versorgungszusage gegeben haben würde, wenn es sich nicht bei dieser Witwe seines Arbeitnehmers um seine eigene, bereits vorher von ihm unterstützte Schwester gehandelt hätte. Daß Dr. W. bereits vorher die Klägerin als seine Schwester laufend unterstützt hatte, stellt das Landesarbeitsgericht als unbestritten fest. Gegen diese Feststellung wendet sich zwar die Klägerin in der Revisionsbegründung. Der Senat ist jedoch an diese tatsächliche Feststellung des Landesarbeitsgerichts, die durch einen Antrag auf Tatbestandsberichtigung nicht angegriffen ist, gebunden. Bei dieser Sachlage ist die Auslegung des Landesarbeitsgerichts, Dr. W. habe seine bisher aus verwandtschaftlichen Gründen geleisteten Unterstützungszahlungen als solche weiter gewähren wollen, nicht aber ein echtes arbeitsrechtliches Versorgungsversprechen erteilen wollen, jedenfalls möglich.

Es trifft zwar zu, daß die Klägerin die Versorgung in ihrem Schreiben vom 25. August 1952 unter Bezugnahme auf die von ihrem verstorbenen Ehemann geleisteten Dienste erbeten hat, und daß auch Dr. W. in seinem Schreiben vom 20. Dezember 1952 von der Gewährung einer „Pension" unter Hinweis auf eine nach dieser Erklärung dem Ehemann zustehende, tatsächlich, wie unstreitig ist, diesem aber nicht zugesagte Pension gesprochen hat. Aus diesen Erklärungen des Dr. W. und der Klägerin folgt jedoch, wiederum im Hinblick auf § 133 BGB, im Gegensatz zur Annahme der Revision nicht zwangsläufig, daß es sich bei dem Versprechen des Dr. W. um eine arbeitsrechtliche Versorgungszusage gehandelt hat. Dr. W. hat zwar erklärt, die Pension solle im Hinblick auf eine dem Ehemann der Klägerin zustehende Pension gezahlt werden. Daß diese Erklärung aber dem wahren Sachverhalt und den wahren Gründen für die Erteilung der Versorgungszusage entspricht, daß also die Pension tatsächlich im Hinblick auf das Arbeitsverhältnis gezahlt werden sollte, ist aus diesen Erklärungen allein nicht zu ersehen. Sie allein können daher nicht dazu führen, die erteilte Zusage als arbeitsrechtliche Versorgungszusage zu werten; sie können vielmehr nur insoweit berücksichtigt werden, als sie der wirklichen tatsächlichen Lage entsprechen. Es bleibt also der Tatsacheninstanz Raum für die Prüfung, ob die Versorgung tatsächlich im Hinblick auf das Arbeitsverhältnis oder aber aus anderen Gründen gewährt werden sollte. Die Erklärungen der Klägerin und des Dr. W. schließen jedenfalls entgegen der Annahme der Revision nicht aus, daß nicht das Arbeitsverhältnis des verstorbenen Ehemannes, sondern die verwandtschaftlichen Beziehungen zwischen der Klägerin und Dr. W. sowie das Bestreben des Dr. W., die vorher bereits laufend gezahlten Unterstützungen aus steuerlichen Gründen in die Rechtsform einer Pension zu kleiden, der wahre Grund für das Versprechen waren. Weder die Erklärungen des Dr. W. in seinem Schreiben vom 20. Dezember 1952 noch die Motivierung der Bitte der Klägerin in deren Schreiben vom 25. August 1952 führen zwingend zu der Annahme, daß es sich um ein mit Rücksicht auf das Arbeitsverhältnis gewährtes betriebliches Ruhegeld handelt. Die Ansicht des Landesarbeitsgerichts, daß die Zusage nur im Hinblick auf das verwandtschaftliche Verhältnis der Klägerin zu Dr. W. gegeben worden sei, ist jedenfalls gleichwohl möglich. Ist das der Fall, so handelt es sich hier, da andere die Unentgeltlichkeit ausschließende Umstände nicht ersichtlich sind, um ein Schenkungsversprechen.

Wenn die Revision weiter ausführt, Dr. W. habe gerade durch die Zusage der Versorgung das Büro belasten wollen und deshalb sei die Zusage als arbeitsrechtliches Versorgungsversprechen zu werten, so wird auch dadurch die Würdigung des Landesarbeitsgerichts nicht widerlegt. Es mag durchaus zutreffen, daß Dr. W. eine Belastung des Betriebes begründen wollte, und zwar schon aus steuerlichen Gründen. Ob aber diese

Belastung mit Rücksicht auf die Dienste des verstorbenen Ehemanns oder aus anderen Gründen begründet wurde, dann also Schenkungscharakter trägt, folgt aus der Behandlung der Zusage im Büro des Dr. W. und einer erstrebten Belastung des Büros nicht. Es handelt sich auch insoweit im Kern um einen in der Revisionsinstanz unzulässigen Angriff gegen die tatsächliche Würdigung des Landesarbeitsgerichts, das Arbeitsverhältnis sei nicht die Grundlage, die zu dem Versprechen geführt habe.

Bei dieser Sachlage ergeben sich gegen die Würdigung des Landesarbeitsgerichts, die Versorgungszusage stelle rechtlich ein Schenkungsversprechen dar und sei als solches wegen der Nichtbeachtung der Form des § 518 BGB nichtig, keine Bedenken.

Das Landesarbeitsgericht hat auch nicht verkannt, daß durch die Zahlung der Pension in den Jahren 1953, 1954 und 1955 der Formmangel nur insoweit geheilt worden ist, wie die Zahlungen geleistet sind. Nach § 518 Abs. 2 BGB wird der Mangel der Form durch die Bewirkung der versprochenen Leistung geheilt. Die für die Jahre 1953 bis 1955 erbrachten Leistungen können also nicht zurückgefordert werden, da insoweit der Formmangel geheilt ist. Um diese Leistungen geht es aber in dem Rechtsstreit nicht, sondern um die Verpflichtung des Beklagten, auch für die Zeit nach Januar 1956 weitere Zahlungen an die Klägerin zu erbringen. Insoweit ist aber durch die Erfüllung des Schenkungsversprechens in den Jahren 1953 bis 1955 eine Heilung des Formmangels nicht eingetreten (vgl. RGR-Kommentar zum BGB, 10. Auflage, § 518 Anm. 4).

Der Senat hat weiterhin geprüft, ob dem Beklagten, der sich jetzt auf den Formmangel beruft, die Einwendung der Arglist entgegengesetzt werden kann. Dies ist jedoch nicht der Fall. Nach den Feststellungen des Landesarbeitsgerichts, die durch Tatbestandsberichtigung nicht angegriffen und deshalb für das Gericht der Revisionsinstanz bindend sind, sind die Leistungen, die an die Klägerin in den Jahren 1953 bis 1955 geflossen sind, wirtschaftlich aus Mitteln des Dr. W. erbracht worden; diesem sollten auch die steuerlichen Vorteile, die aus der vorgenommenen Rückstellung hervorgingen, zugute kommen. Bei dieser Sachlage kann dem Beklagten nicht entgegengesetzt werden, er müsse sich an seinem eigenen Verhalten in den Jahren 1953 bis 1955 festhalten lassen und dürfe sich jetzt nicht mehr auf den Formmangel berufen (vgl. dazu RGZ 153, 59; BGHZ 16, 334, 336; BGHZ 23, 249, 254). Von einem treuwidrigen oder sittenwidrigen Verhalten des Beklagten kann insoweit nicht gesprochen werden. Nicht zu entscheiden ist in diesem Rechtsstreit die Frage, ob Dr. W., auf dessen Schreiben vom 20. Dezember 1952 das Klagebegehren zurückgeht und der nach den Feststellungen des Landesarbeitsgericht materiell in den Jahren 1953 bis 1955 die Zuwendungen an die Klägerin erbracht hat, einer gegen ihn gerichteten Klage die Einwendung des Formverstoßes nach § 518 BGB entgegenhalten könnte.

Auch ist nicht ersichtlich, daß der Beklagte das Recht, sich auf den Formverstoß zu berufen, aus sonstigen Gründen verwirkt haben sollte.

8

1. Zeitlich nicht kollidierende Arbeitsverhältnisse (Doppelarbeitsverhältnisse) mit mehreren Arbeitgebern sind möglich.

2. Bei Doppelarbeitsverhältnissen steht dem Arbeitnehmer grundsätzlich gegen jeden Arbeitgeber ein Anspruch auf bezahlten Urlaub zu.

3. Wird bei dem Doppelarbeitsverhältnis im zweiten Arbeitsverhältnis, unter Berücksichtigung der im ersten Arbeitsverhältnis vereinbarten Arbeitszeit, die gesetzlich zulässige Höchstarbeitszeit sehr erheblich überschritten, so ist das zweite Arbeitsverhältnis in vollem Umfang nichtig.

4. Ist ein Arbeitsverhältnis wegen Verstoßes gegen die Vorschriften der gesetzlichen Höchstarbeitszeit nichtig, so kann die Nichtigkeit regelmäßig für die Vergangenheit nicht geltend gemacht werden. Der Arbeitnehmer hat daher nicht nur den Vergütungsanspruch, sondern auch den Urlaubsanspruch.

5. § 6 BremUrlG richtet sich nur gegen das sog. Abkaufen des Urlaubsanspruches, betrifft aber nicht den Fall, daß die Urlaubsgewährung wegen inzwischen eingetretener Beendigung des Arbeitsvertrages praktisch nicht mehr möglich ist.

BremUrlG §§ 2, 6; BGB § 611, Doppelarbeitsverhältnis.

I. Senat. Urteil vom 19. 6. 1959 i. S. T. (Bekl.) w. D. (Kl.)
1 AZR 565/57.

I. Arbeitsgericht Bremen. — II. Landesarbeitsgericht Bremen.

Der bei den L-Werken in Bremen als Metallarbeiter voll beschäftigte Kläger war daneben während der Zeit vom 1. Juni 1953 bis zum 28. Juli 1956 ebenfalls als Metallarbeiter im Betrieb der Beklagten tätig, die die Herstellung von Zahnrädern betreibt. Er arbeitete in dieser Zeit für die Beklagte im Durchschnitt sechs Stunden täglich und zwar während des späteren Nachmittags und des Abends. Urlaub hat er während seiner Zugehörigkeit zum Betrieb der Beklagten von dieser unstreitig nicht erhalten, wohl aber sind ihm, da er Schwerbeschädigter ist, von den L-Werken im Jahre 1956 21 Tage Urlaub gewährt und vergütet worden, wobei die Vergütung nach einer wöchentlichen Arbeitszeit von 45 Stunden berechnet wurde.

Der Kläger, der inzwischen aus den Diensten der Beklagten ausgeschieden ist, macht dieser gegenüber wegen Nichtgewährung des gesetzlichen Urlaubs im Jahre 1956 einen Schadenersatzanspruch in Höhe von 181,44 DM geltend.

Alle Instanzen haben die Beklagte antragsgemäß verurteilt.

Aus den Gründen:

Das Landesarbeitsgericht hat die Berufung der Beklagten im wesentlichen mit der Begründung zurückgewiesen, daß im Falle einer Doppelbeschäftigung der Arbeitnehmer gegen beide Arbeitgeber Anspruch auf Urlaub habe. Die Arbeitsverhältnisse müßten in einem solchen Fall regelmäßig getrennt und selbständig berücksichtigt werden, da der Urlaubsanspruch sich unmittelbar aus dem einzelnen Arbeitsverhältnis ergebe. Im Rahmen eines jeden einzelnen Arbeitsverhältnisses entstehe somit ein gesonderter Urlaubsanspruch.

Die hiergegen von der Revision erhobenen Bedenken sind nicht begründet. Zunächst kann der Revision nicht darin gefolgt werden, wenn sie meint, eine neben der Hauptbeschäftigung ausgeübte Nebentätigkeit des Arbeitnehmers bei einem anderen Arbeitgeber sei in Wahrheit eine Art Werkvertrag im Sinne der §§ 631 ff. BGB, da der Arbeitnehmer seine Nebentätigkeit jeweils auf das Hauptarbeitsverhältnis abzustimmen und insoweit die Verpflichtungen aus dem Hauptarbeitsverhältnis denen des zweiten Beschäftigungsverhältnisses überzuordnen habe. Nach den Feststellungen des Landesarbeitsgerichts war der Kläger sowohl bei der Beklagten als auch bei den L-Werken als Metallarbeiter tätig; es wurde für ihn auch bei der Beklagten eine zweite Lohnsteuerkarte geführt. Dafür, daß der Kläger etwa die Herstellung oder Veränderung einer Sache oder die Herbeiführung eines anderen Erfolges durch seine Arbeit oder Dienstleistung versprochen hätte, was nach § 631 Abs. 2 BGB Voraussetzung für die Annahme eines Werkvertrages wäre, ergibt sich nach den tatsächlichen Feststellungen des Landesarbeitsgerichts nicht der geringste Anhaltspunkt. Die Tätigkeit des Klägers als Metallarbeiter bei der Beklagten erfolgt vielmehr ihrem Wesen nach in einem typischen Arbeitsverhältnis.

Es kann der Revision auch nicht darin gefolgt werden, wenn sie meint, daß ein Arbeitnehmer gleichzeitig nur e i n vollwertiges Arbeitsverhältnis eingehen könne. Es ist vielmehr denkbar, daß ein Arbeitnehmer parallel mehrere Arbeitsverträge abschließt, soweit er in der Lage ist, seinen damit übernommenen Verpflichtungen nachzukommen und soweit hierdurch zwingende gesetzliche Vorschriften nicht verletzt werden. So ist es durchaus möglich, daß sich die Tätigkeit bei mehreren Arbeitgebern entweder auf mehrere verschiedene Tage verteilt oder aber auch an allen Tagen stundenweise aneinander anschließt.

Dem Anspruch des Klägers steht entgegen der Meinung der Revision auch § 2 des Urlaubsgesetzes der Freien Hansestadt Bremen vom 4. Mai 1948/29. April 1949 (GesBl. 1948 S. 67, 1949 S. 71) nicht entgegen. Nach dieser Bestimmung haben alle Arbeitnehmer in jedem Urlaubsjahr einen e i n m a l i g e n Anspruch auf bezahlten Erholungsurlaub. Diese Bestimmung will jedoch zunächst nur den selbstverständlichen Grundsatz bestätigen, daß der Arbeitnehmer gegenüber demselben Arbeitgeber den im Gesetz vorgesehenen Urlaub im Jahr nur einmal fordern kann. Darüber hinaus will sie festlegen, daß der Arbeitnehmer bei Wechsel des Arbeitsplatzes innerhalb des Urlaubsjahres gegenüber dem neuen und dem alten Arbeitgeber, auch wenn die Voraussetzungen des Gesetzes für die Urlaubsgewährung an sich bei beiden Arbeitgebern vorliegen würden, den Jahresurlaub nur einmal verlangen kann. Hat der Arbeitnehmer den Urlaub bei dem früheren Arbeitgeber bereits in voller Höhe erhalten, so kommt ein weiterer Urlaubsanspruch gegen den neuen Arbeitgeber nicht in Betracht. Dagegen betrifft § 2 des Bremischen Urlaubsgesetzes nicht den Fall, daß ein Arbeitnehmer gleichzeitig zwei oder mehrere zeitlich nicht kollidierende Arbeitsverhältnisse eingeht. In einem solchen Fall steht vielmehr dem Arbeitnehmer grundsätzlich auf Grund jedes einzelnen Arbeitsverhältnisses gegen jeden einzelnen Arbeitgeber ein Anspruch auf Urlaub zu. Das ergibt sich zwangsläufig daraus, daß der Urlaubsanspruch mit dem einzelnen Arbeitsverhältnis untrennbar verbunden ist (vgl. BAG 3, 23; BAG AP Nr. 18 zu § 611 BGB Urlaubsrecht).

Nun liegt der vorliegende Fall allerdings insofern besonders, als die zwischen den Parteien getroffene Vereinbarung über die Beschäftigung des Klägers den Bestimmungen des Arbeitszeitrechts widerspricht. Nach § 3 AZO darf die regelmäßige werktägliche Arbeitszeit die Dauer von acht Stunden nicht überschreiten. Diesen Zeitraum hat der Kläger durch seine Tätigkeit bei der Beklagten (neben seinem Arbeitsverhältnis bei den L-Werken) bei weitem überschritten. Das zwischen den Parteien abgeschlossene Arbeitsverhältnis war daher nichtig, weil hierdurch — unter Berücksichtigung der Arbeitszeit von wöchentlich 45 Stunden auf Grund des Arbeitsverhältnisses mit den L-Werken — die gesetzlich zulässige

Höchstarbeitszeit auf das stärkste überschritten wurde. Die Vereinbarung dieser Arbeit verstößt gegen ein gesetzliches Verbot und ist daher gemäß § 134 BGB nichtig (vgl. Hueck-Nipperdey, Lehrbuch, 6. Aufl., Band 1 S. 192). Daran ändert auch nichts, daß die Arbeitszeitbestimmung lediglich den Arbeitnehmer schützen will und daß sich die Strafvorschrift des § 25 AZO nur gegen den Arbeitgeber richtet. Denn das Gesetz will zum Schutz der Arbeitnehmer gerade die tatsächliche Beschäftigung über den Rahmen der zulässigen Höchstarbeitszeit hinaus nach Möglichkeit verhindern, und dieses Ziel wird am ehesten dann erreicht, wenn jeder Erfüllungsanspruch ausgeschlossen wird, der Vertrag also nichtig ist (vgl. Hueck-Nipperdey, a. a. O., S. 161). Da der Arbeitsvertrag mit der Beklagten die Höchstarbeitszeit so erheblich übersteigt, daß bei Einhaltung der gesetzlichen Bestimmungen der Vertrag zum allergrößten Teil hinfällig ist, tritt volle Nichtigkeit des zweiten Arbeitsverhältnisses ein (§ 139 BGB).

Diese Nichtigkeit kann jedoch für die Vergangenheit, d. h. für die Zeit der tatsächlich geleisteten Arbeit, dem Arbeitnehmer gegenüber im Regelfall nicht geltend gemacht werden. Denn die von diesem einmal geleistete Arbeit kann nicht rückgängig gemacht werden. Dem Arbeitnehmer stehen daher gegen den Arbeitgeber die Ansprüche zu, die er gegen ihn im Falle der Gültigkeit des Arbeitsvertrages hätte (vgl. BAG 5, 58; Hueck-Nipperdey, Lehrbuch, 6. Auflage, Band 1, S. 168, Anm. 4, mit Angaben). Dieser Grundsatz ist gerade bei Leistung verbotener Mehrarbeit seit langem einschließlich des Anspruchs auf den Mehrarbeitszuschlag in Literatur und Rechtsprechung anerkannt (vgl. Denecke, AZO § 15 Anm. 16; Hueck-Nipperdey, a. a. O., S. 255; Nikisch, Arbeitsrecht, Band I, 2. Auflage, S. 299; RAG ARS 28, 56; 30, 117; 37, 251; 38, 23). Dann gilt das aber notwendigerweise nicht nur bezüglich der Vergütungspflicht, sondern auch hinsichtlich des Urlaubsanspruches, d. h. des Anspruchs auf Freizeitgewährung unter Fortzahlung der Vergütung. Denn auch dieser Anspruch ist auf Grund der vom Arbeitnehmer wenn auch unzulässigerweise geleisteten Arbeit entstanden. Es ist daher dem Arbeitgeber versagt, sich für die Vergangenheit auf die Unzulässigkeit der geleisteten Mehrarbeit mit der Wirkung zu berufen, daß er wegen der Nichtigkeit des Vertrages keinen bezahlten Urlaub zu gewähren brauche. Er muß vielmehr gegen sich gelten lassen, daß er die verbotene Mehrarbeit entgegengenommen und aus ihr Vorteile gezogen hat, und demgemäß die gleichen Leistungen erbringen, wie wenn der Arbeitsvertrag gültig gewesen wäre.

Man könnte allerdings daran denken, daß der Urlaubsanspruch gegen die Beklagte etwa deshalb entfallen müsse, weil mit Rücksicht darauf, daß der Kläger von den L-Werken den ihm diesen gegenüber zustehenden Urlaub bereits erhalten hat, der Zweck des Urlaubs nicht erreicht werden kann. Es ist nicht zu verkennen, daß der Zweck des Urlaubs, dem Arbeitnehmer durch Befreiung von der Arbeitspflicht unter Fortzahlung der Vergütung die Möglichkeit zu geben, einmal voll auszuspannen und neue Kräfte zu gewinnen, im vorliegenden Falle jedenfalls nicht erzielt werden kann. Der mit dem Urlaub verbundene Erholungszweck könnte im vorliegenden Falle nur voll erfüllt werden, wenn der Urlaub wenigstens zu einem erheblichen Teil gleichzeitig von beiden Arbeitgebern gewährt würde. Das ist hier nicht geschehen, wobei dahingestellt bleiben kann, wer die Schuld daran trägt. Wenn auch nicht zu leugnen ist, daß die beiden von dem Kläger eingegangenen Arbeitsverhältnisse arbeits-, sozial- und gesundheitspolitisch höchst unerwünscht sind, da sie zu einem Raubbau an der Arbeitskraft des Klägers führen könnten, so kann dies aber doch nicht zur Folge haben, den beklagten Arbeitgeber seinerseits von der Pflicht zur Erteilung bezahlten Urlaubs zu befreien. Es ist schließlich doch zu beachten, daß die Gewährung des Urlaubs immerhin zu einer Milderung der vorliegenden unangemessenen und zu mißbilligenden Überlastung des Klägers führt. Dieser kann wenigstens in den Stunden, in denen er für den einen oder für den anderen Arbeitgeber infolge des Urlaubs nicht zu arbeiten braucht, sich ein wenig erholen.

Dem vom Kläger geltend gemachten Anspruch kann schließlich auch nicht der Einwand des Rechtsmißbrauchs, der Treuwidrigkeit oder der Verwirkung entgegengehalten werden. Wenn der Kläger Urlaub für seine Tätigkeit bei der Beklagten verlangt, so macht er damit nur ein Recht geltend, das ihm, wie oben ausgeführt, durch das Bremische Urlaubsgesetz eingeräumt worden ist. Davon, daß er etwa bei der Beklagten den Eindruck erweckt hätte, er wolle keinen Urlaub haben, kann keine Rede sein. Denn nach der von der Beklagten nicht angegriffenen Aussage des Zeugen P. war dem Kläger noch kurz vor seinem Ausscheiden nicht bekannt, daß er überhaupt einen Rechtsanspruch auf Urlaub hatte. Daß der Kläger etwa schon in den Jahren vorher gewußt hätte, ihm stehe ein solcher Anspruch zu, und daß er bei der Beklagten den Eindruck erweckt hätte, er wolle einen solchen Anspruch nicht erheben, hat die Beklagte in den Tatsacheninstanzen selbst nicht behauptet. Bei einem solchen Sachverhalt kann aber keine Rede davon sein, daß der Kläger treuwidrig gehandelt hätte, wenn er einen Urlaubsanspruch geltend macht, nachdem er die Auffassung gewonnen hatte, daß ihm ein solcher Anspruch zustehe.

Ein treuwidriges Verhalten des Klägers kann auch nicht daraus hergeleitet werden, daß die Beklagte, wie sie behauptet, den Kläger nur eingestellt hat, um ihm in seiner Notlage zu helfen. Auch wenn die Einstellung aus einem solchen Motiv erfolgt ist, werden dadurch Urlaubsansprüche, wie sie das Bremische Urlaubsgesetz gewährt, nicht berührt.

Da der Kläger nach Geltendmachung seines Urlaubsanspruches aus den Diensten der Beklagten ausgeschieden ist, kann dieser nicht mehr in natura erfüllt werden. Statt dessen hat er einen entsprechenden Abgeltungsanspruch. Dieser ist auch durch § 6 Bremisches Urlaubsgesetz nicht ausgeschlossen, dessen Sinn und Zweck sich offensichtlich nur gegen das sogenannte Abkaufen des Urlaubsanspruchs richtet, nicht aber den Fall betrifft, daß die Urlaubsgewährung wegen inzwischen eingetretener Beendigung des Arbeitsvertrages praktisch nicht mehr möglich ist und auch die gesetzlich vorgesehene Verlängerung des Arbeitsverhältnisses nicht mehr nachgeholt werden kann (übereinstimmend Dersch, Die Urlaubsgesetze, Anm. 708; Staudinger-Nipperdey-Neumann, § 611 BGB Bem. 282).

Da über die Höhe des Abgeltungsanspruchs kein Streit besteht, ist der Anspruch des Klägers auf Gewährung der verlangten Urlaubsentschädigung für 1956 begründet. Die Revision war daher zurückzuweisen.

9

Die Bindung des Revisionsgerichts an den vom Landesarbeitsgericht gemäß § 69 Abs. 2 ArbGG berechtigt neu festgesetzten Streitwert erstreckt sich nicht nur auf den Gesamtstreitwert, sondern auch darauf, inwieweit das Landesarbeitsgericht bei der Festsetzung des Gesamtstreitwertes eine Bewertung einzelner Posten vorgenommen hat.

ArbGG § 69 Abs. 2, § 72 Abs. 1 Satz 4 und 5.

II. Senat. Urteil vom 29. 6. 1959 i. S. B. (Kl.) w. DGB D. u. a. (Bekl.)
2 AZR 566/56.

I. Arbeitsgericht Kiel. — II. Landesarbeitsgericht Bayern (München).

Der im Jahre 1956 64 Jahre alte Kläger war seit 1946 als Leiter des wirtschafts- und sozialpolitischen Sekretariats zunächst des vormaligen Vorläufigen Ausschusses der Bayerischen Gewerkschaften, ab 29. März 1947 des Bayerischen Gewerkschaftsbundes und später der Beklagten als Rechtsnachfolgern des Bayerischen Gewerkschaftsbundes, zuletzt mit einem monatlichen Bruttogehalt von 925,— DM tätig. Der Beklagte zu

1) ist der Deutsche Gewerkschaftsbund, der Beklagte zu 2) der Landesbezirk Bayern des Deutschen Gewerkschaftsbundes. Mit einem dem Kläger am 9. Juli 1955 zugegangenen Schreiben vom 25. Juni 1955 kündigten beide Beklagten das Arbeitsverhältnis des Klägers zum 31. Dezember 1955.

Mit der hiergegen erhobenen Klage hat der Kläger geltend gemacht, die Kündigungen seien aus den verschiedensten Gründen nichtig und jedenfalls sozial nicht gerechtfertigt. Er hat beantragt, festzustellen, daß sein Arbeitsverhältnis durch diese Kündigungen nicht aufgelöst ist; er hat weiter beantragt, die Beklagten gesamtschuldnerisch zu verurteilen, an den Kläger ab 1. Januar 1956 monatlich im voraus 925,– DM brutto, nebst 4 % Verzugszinsen jährlich, jeweils am 1. eines Monats zu zahlen. Die Beklagten haben beantragt, die Klage abzuweisen, hilfsweise das Arbeitsverhältnis zwischen den Parteien aufzulösen. Das Arbeitsgericht hat festgestellt, daß das Arbeitsverhältnis zwischen den Streitteilen durch die Kündigungen vom 25. Juni/9. Juli 1955 nicht aufgelöst ist. Es hat die Klage im übrigen abgewiesen und auf Antrag der Beklagten das Arbeitsverhältnis zum 31. Dezember 1955 aufgelöst und die Beklagten gesamtverbindlich für schuldig erklärt, als Abfindung an den Kläger den Betrag von 7400,– DM brutto zu zahlen. Es hat die Kosten des Rechtsstreites dem Kläger und den Beklagten je zur Hälfte auferlegt und den Streitwert auf 2775,– DM festgesetzt.

Mit der hiergegen erhobenen Berufung hat der Kläger beantragt, den Antrag der Beklagten auf Aufhebung des Arbeitsverhältnisses gegen Abfindung zurückzuweisen und die Beklagten gesamtschuldnerisch zu verurteilen, an den Kläger bis einschließlich Juli 1956 7 Monatsgehälter von je 925,– DM und somit den Betrag von 6475,– DM brutto und ab 1. August 1956 monatlich im voraus 925,– DM zuzüglich 4 % jährliche Verzugszinsen für 925,– DM monatlich ab 1. Januar 1956 zu zahlen sowie dem Kläger den weiteren Verzugsschaden zu ersetzen. Die Beklagten haben im Wege der Anschlußberufung beantragt, die Klage in vollem Umfang abzuweisen, hilfsweise die Berufung des Klägers zurückzuweisen.

Das Landesarbeitsgericht hat auf die Berufung des Klägers unter Änderung und Neufassung des erstinstanzlichen Urteils dahin erkannt, daß das Arbeitsverhältnis auf Antrag der Beklagten zum 31. Dezember 1955 aufgelöst wird und die Beklagten gesamtschuldnerisch verurteilt werden, an den Kläger eine Abfindung in Höhe von 9000,– DM netto zu zahlen. Die Klage und die Berufung des Klägers im übrigen sowie die Anschlußberufung der Beklagten hat es als unbegründet zurückgewiesen.

Die erstinstanzlichen Kosten hat es den Beklagten als Gesamtschuldnern ganz auferlegt. Von den Kosten der Berufungsinstanz hat es den Beklagten $^3/_4$ und dem Kläger $^1/_4$ auferlegt. Den Streitwert hat es auf 12 000,— DM neu festgesetzt. In den Entscheidungsgründen hat es ausgeführt: „Gegen dieses Urteil ist die Revision an das Bundesarbeitsgericht zulässig, da der festgesetzte Wert des Streitgegenstandes die in der ordentlichen bürgerlichen Gerichtsbarkeit geltende Revisionsgrenze von 6000,— DM erreicht (§ 72 ArbGG, § 546 ZPO)".

Mit der Revision erstrebt der Kläger die Aufhebung des angefochtenen Urteils, soweit es unter Zurückweisung seiner Berufung das Arbeitsverhältnis aufgelöst und die Beklagten zur Zahlung von Abfindung verurteilt hat, sowie weiter unter Aufhebung des angefochtenen Urteils, soweit es die Klage abgewiesen hat, die Verurteilung der Beklagten als Gesamtschuldner dahingehend, an den Kläger bis einschließlich Dezember 1956 (12 × 925,— DM) = 11 000,— DM und ab 1. Januar 1957 monatlich im voraus 925,— DM zuzüglich 4 % Zinsen jährlich für 925,— DM monatlich ab 1. Januar 1956 zu zahlen sowie dem Kläger den weiteren Verzugsschaden zu ersetzen. Sie ist als unzulässig verworfen worden.

Aus den Gründen:

1. Das Landesarbeitsgericht hat die Revision nicht zugelassen. Aus der Urteilsbegründung des Landesarbeitsgerichts „Gegen dieses Urteil ist die Revision an das Bundesarbeitsgericht zulässig, da der festgesetzte Wert des Streitgegenstandes die in der ordentlichen bürgerlichen Gerichtsbarkeit geltende Revisionsgrenze von 6000,— DM erreicht (§ 72 ArbGG, § 546 ZPO)" ergibt sich, daß es wegen des von ihm neu auf 12 000,— DM festgesetzten Streitwertes die Revision für statthaft gehalten und eine konstitutive Eröffnung des Revisionsrechtszuges durch besonderen Ausspruch der Zulassung der Revision deswegen nicht vorgenommen hat.

Da eine Divergenz des angefochtenen Urteils im Sinne des § 72 Abs. 1 Satz 2 und 3 ArbGG nicht geltend gemacht ist, hängt die Statthaftigkeit der Revision ausschließlich davon ab, ob die Voraussetzungen einer sogenannten Streitwertrevision bzw. Beschwerdewertrevision im Sinne von § 72 Abs. 1 Satz 4 und 5 ArbGG gegeben sind.

a) Gemäß § 72 Abs. 1 Satz 4 ArbGG findet die sogenannte Streitwertrevision statt, wenn der vom Arbeitsgericht oder vom Landesarbeitsgericht festgesetzte Wert des Streitgegenstandes die in der ordentlichen bürgerlichen Gerichtsbarkeit geltende Revisionsgrenze erreicht. Das bedeutet, wie der Große Senat des Bundesarbeitsgerichts in seinem Beschluß vom 22. Mai 1958 — GS 1/58 — BAG 6, 149 ff. — ausgeführt hat, daß der Streitwert 6000,— DM übersteigen muß. Gemäß § 72 Abs. 1 Satz 5 ArbGG ist auch dann, wenn der vom Arbeitsgericht oder Landesarbeitsgericht festgesetzte Streitwert den Betrag von 6000,— DM übersteigt, die Revision nicht statthaft, wenn in Rechtsstreitigkeiten über Zahlungsansprüche der Beschwerdegegenstand die Revisionsgrenze nicht erreicht, was nach dem vom Großen Senat a. a. O. Ausgeführten bedeutet, daß in Rechtsstreitigkeiten über Zahlungsansprüche der Beschwerdegegenstand den Wert von 6000,— DM übersteigen muß.

b) Im vorliegenden Fall liegt ein sogenannter gemischter Prozeß vor. Zahlungsanträge sind die Begehren des Klägers nur insoweit, als er Zahlung von 6475,— DM für die Zeit vom 1. Januar 1956 bis 31. Juli 1956 sowie monatliche Zahlung von 925,— DM ab 1. August 1956 und 4 % Verzugszinsen von beiden Posten ab 1. Januar 1956 und hilfsweise eine höhere Abfindung als die ihm zuerkannte verlangt. Soweit er sich gegen die geschehene Auflösung des Arbeitsverhältnisses als solche wehrt sowie Ersatz seines Verzugsschadens begehrt, wird über Nichtzahlungsansprüche gestritten. Wie der Zweite Senat des Bundesarbeitsgerichts in seinem Beschluß vom 23. August 1955 — 2 AZR 166/55 — BAG 2, 114 [115] — ausgeführt hat, muß in derartigen gemischten Prozessen ebenfalls der Revisionswert im Sinne des § 72 Abs. 1 Satz 4 ArbGG erreicht, das heißt nach dem in BAG 6, 149 ff. [159] Ausgeführten überschritten werden. In derartigen Fällen errechnet sich der Revisionswert in der Weise, daß die noch im Streit befindlichen nicht auf Zahlung gerichteten Posten vorweg mit dem vollen Wert zu berücksichtigen sind, mit dem das angefochtene Urteil sie bei der Festsetzung des Streitwertes berücksichtigt hat, damit auf diese Weise der Privilegierung des § 72 Abs. 1 Satz 4 ArbGG Rechnung getragen wird. Alsdann sind die in der Festsetzung des Streitwertes enthaltenen Zahlungsansprüche darauf zu überprüfen, inwieweit sie noch Beschwerdegegenstand sind. Die Summe der so gewonnenen Posten ist dann der maßgebende Revisionswert (vgl. BAG 2, 114 [115]).

2. a) Während das Arbeitsgericht unter Berufung auf §§ 3, 4 ZPO und den damaligen § 12 Abs. 6 ArbGG den Streitwert auf 3 × 925,— DM = 2775,— DM festgesetzt hatte, hat das Landesarbeitsgericht den Streitwert auf 12 000,— DM neu festgesetzt. Diese Streitwertneufestsetzung war, was die Revisionsinstanz nachprüfen kann (BAG AP Nr. 8 zu § 69 ArbGG 1953), gemäß § 69 Abs. 2 ArbGG statthaft. Nach dieser Vorschrift setzt das Landesarbeitsgericht den Streitwert dann neu fest, wenn sich der Wert des Streitgegenstandes nach der Verkündung des Urteils des Ar-

beitsgerichts geändert hat. Soweit der Feststellungsantrag des Klägers und der Antrag der Beklagten auf Auflösung des Arbeitsverhältnisses in Betracht kommt, ist nicht zu erkennen, wieso sich der Wert des erstinstanzlichen Streitgegenstandes nach Erlaß des arbeitsgerichtlichen Urteils geändert haben soll. Es liegt aber eine Änderung des Streitgegenstandes der Leistungsklage des Klägers vor. Er hatte insoweit in erster Instanz monatliche Zahlung von 925,— DM nebst 4 % Verzugszinsen davon ab 1. Januar 1956 verlangt. In zweiter Instanz dagegen hat er Zahlung von 6475,— DM und ab 1. August 1956 monatliche Zahlung von 925,— DM nebst entsprechenden Verzugszinsen von beiden Posten ab 1. Januar 1956 sowie Ersatz des weiteren Verzugsschadens verlangt. Selbst wenn man — was dahinstehen kann — annehmen wollte, der Kläger habe sowohl in erster wie in zweiter Instanz unverändert Zahlung von 925,— DM nebst entsprechenden Verzugszinsen ab 1. Januar 1956 für unbestimmte Zeit verlangt und insoweit unterscheide sich der zweitinstanzliche Zahlungsantrag von dem erstinstanzlichen Antrag nur dadurch, daß er die ab 1. Januar 1956 bis 1. Juli 1956 sich ergebenden und bereits erstinstanzlich verlangten Monatsbeträge = 7 × 925,— DM = 6475,— DM rechnerisch bezifferte, hat sich der Wert dieses Antrages jedenfalls dadurch geändert, daß er, was er in erster Instanz nicht getan hatte, Verurteilung der Beklagten zum Ersatz des weiteren Verzugsschadens verlangt und damit jedenfalls noch etwas geltend gemacht hat, dessen Berücksichtigung bei der Streitwertfestsetzung nicht durch § 4 Abs. 1 ZPO verboten ist.

Eine weitere Streitwertveränderung nach Verkündung des erstinstanzlichen Urteils ergibt sich daraus, daß in der ersten Instanz über die Höhe der Abfindung zwischen den Parteien im einzelnen nicht gestritten worden war, dagegen in der Berufungsinstanz der Kläger als Abfindung mindestens 12 Monatsgehälter verlangt hat, den sich daraus ergebenden Betrag im Gegensatz zu der geschehenen Verurteilung der Beklagten durch das Arbeitsgericht nicht als Brutto-, sondern als Nettobetrag verlangt hat und dazu noch geltend gemacht hat, als Monatsgehalt dürfe nicht von 925,— DM ausgegangen werden, sondern müsse noch der Betrag hinzugerechnet werden, den er in dem Rechtsstreit Sa 586/58 III Landesarbeitsgericht Bayern zusätzlich verfolge. Er hat ausgeführt, die ihm zustehende Abfindung betrage deshalb mehr als 11 000,— DM und ein Betrag von 11 000,— DM könne ihm durch Teilurteil zuerkannt werden.

b) Es liegt somit ein nach Verkündung des arbeitsgerichtlichen Urteils veränderter Streitwert im Sinne von § 69 Abs. 2 ArbGG vor, der das Landesarbeitsgericht verpflichtete oder hinsichtlich dessen es sich zum mindesten für berechtigt halten konnte, den Streitwert neu festzusetzen. An diese somit berechtigt erfolgte Neufestsetzung des Streitwertes durch das Landesarbeitsgericht ist das Revisionsgericht gebunden (vgl. statt aller: BAG AP Nr. 8 zu § 69 ArbGG 1953). Diese Bindung des Revisionsgerichts erstreckt sich nicht nur auf die vom Landesarbeitsgericht vorgenommene Gesamtbewertung des Streitgegenstandes. Soweit es nach dem zu 1 b dieser Entscheidungsgründe Ausgeführten darauf ankommt, inwieweit für das in der Revisionsinstanz vom Kläger verfolgte Begehren die Revisionsgrenze überschritten wird oder nicht, ist das Revisionsgericht auch daran gebunden, inwieweit das Landesarbeitsgericht bei seiner Gesamtbewertung des Streitgegenstandes hinsichtlich der streitigen Einzelposten eine Einzelbewertung vorgenommen hat. Eine andere Auffassung müßte dazu führen, daß andernfalls eine Bindung des Revisionsgerichts an die Gesamtstreitwertfestsetzung des Landesarbeitsgerichts in Wahrheit doch nicht gegeben wäre und korrigiert werden könnte. Eine solche Annahme verbietet sich aber aus den Gründen der Rechtsmittelklarheit, die zu der ständigen Rechtsprechung des Inhaltes geführt haben, daß das Revisionsgericht an die berechtigte Streitwertneufestsetzung durch das Landesarbeitsgericht ohne Rücksicht auf deren Richtigkeit gebunden ist.

3. Somit hängt die Statthaftigkeit der Revision davon ab, ob bei einem Gesamtstreitwert von 12 000,— DM die in der Revision verfolgten Klageanträge des Klägers die Revisionsgrenze unter Berücksichtigung der oben zu 1 b dieser Entscheidungsgründe entwickelten Grundsätze überschreiten.

a) Wie das Landesarbeitsgericht die in der Vorinstanz streitigen Posten (Feststellungsantrag, Zahlungsantrag, Ersatz des weiteren Verzugsschadens, den Streit um die Auflösung des Arbeitsverhältnisses und um die Höhe der Abfindung) im einzelnen bewertet hat und dadurch zu einem Streitwert von 12 000,— DM gekommen ist, ist mangels entsprechender Angaben aus den Entscheidungsgründen des angefochtenen Urteils nicht ohne weiteres zu entnehmen. Gewisse Anhaltspunkte für die vom Landesarbeitsgericht angestellten Überlegungen ergeben sich nur aus zwei Umständen, nämlich aus der Art der erstinstanzlichen Streitwertfestsetzung und der erstinstanzlichen Kostenverteilung und der Art deren Korrektur durch die zweite Instanz.

b) Der Umstand, daß die erste Instanz den Streitwert unter Berufung auf §§ 3, 4 ZPO und den damaligen § 12 Abs. 6 (heutigen § 12 Abs. 7) ArbGG auf 2775,— DM und damit unverkennbar unter Zugrundelegung von drei Monatsgehältern festgesetzt hat, die erstinstanzlichen Prozeßkosten aber unter Berufung auf das teilweise Obsiegen und das teilweise Unterliegen des Klägers und unter Berufung auf das Urteil des Bundesarbeitsgerichts vom 9. Dezember 1955 (soweit es im arbeitsgerichtlichen Urteil heißt: 9. „11.", handelt es sich um ein offensichtliches Versehen) — 1 AZR 531/54 — BB 1956, 143 = AP Nr. 2 zu § 7 KSchG — zwischen dem Kläger einerseits und den Beklagten andererseits hälftig geteilt hat, spricht dafür, daß es einen Arbeitsplatzstreit im Sinne des damaligen § 12 Abs. 6 und heutigen § 12 Abs. 7 ArbGG angenommen und dabei nur bewertet hat, ob die dem Kläger zum 31. Dezember 1955 ausgesprochene Kündigung wirksam war oder nicht und ob das Arbeitsverhältnis auf Antrag der Beklagten aufzulösen war oder nicht. Nicht bewertet hat es dabei die Folgen, d. h. das Interesse, das der Kläger mit seinem Zahlungsantrag an dem Obsiegen in dem eigentlichen Arbeitsplatzstreit zum Ausdruck brachte; ebensowenig hat es die Folgen bewertet, die für die Beklagten mit dem Ausgang des eigentlichen Arbeitsplatzstreites mit der ihnen auferlegten Abfindung verbunden waren, noch den damit für den Kläger verbundenen Vorteil, noch schließlich sein etwaiges Interesse an einer höheren Abfindung als der ihm zugebilligten. Anders ist weder die geschehene Streitwertfestsetzung noch die geschehene Kostenverteilung der ersten Instanz zu erklären.

c) Wenn demgegenüber das Landesarbeitsgericht den Streitwert auf 12 000,— DM neu festsetzte, kann es dabei keine Streitwertfestsetzung im Sinne des damaligen § 12 Abs. 6 und heutigen § 12 Abs. 7 ArbGG gemeint haben. Die Höhe des neuen Streitwertes spricht dafür, daß es die geltend gemachten Folgen berücksichtigt hat, die von dem eigentlichen Arbeitsplatzstreit, d. h. von der Frage abhingen, ob zum 31. Dezember 1955 dem Kläger wirksam gekündigt war oder nicht, oder ob zum 31. Dezember 1955 das Arbeitsverhältnis aufgelöst werden konnte oder nicht. Von dem Ausgang dieser Fragen hing es ab, ob der Kläger wegen Unwirksamkeit der Kündigung zum 31. Dezember 1955 für die Zeit ab 1. Januar 1956 Zahlungsansprüche aus dem Gesichtspunkt des Annahmeverzuges der Beklagten (§ 615 BGB) und weiteren Verzugsschaden verlangen konnte oder ob er wegen Wirksamkeit der Kündigung zum 31. Dezember 1955 ab 1. Januar 1956 gar nichts verlangen konnte oder ob er wegen Unwirksamkeit der Kündigung zum 31. Dezember

1955, aber wegen auf Antrag der Beklagten durch das Gericht geschehener Auflösung des Arbeitsverhältnisses nur Abfindung oder bei Auflösung zu einem späteren Zeitpunkt als dem 31. Dezember 1955 nur teilweise Zahlung und Verzugsschaden und ab dem späteren Auflösungszeitpunkt wiederum nur Abfindung verlangen konnte. Der vom Landesarbeitsgericht festgesetzte Streitwert muß so verstanden werden, daß es diese Folgen in irgendeiner Form bewertet hat. Nicht läßt sich aus der Streitwertfestsetzung selbst jedoch entnehmen, ob es den eigentlichen Arbeitsplatzstreit i. S. des § 12 Abs. 6 ArbGG (a. F.) bzw. § 12 Abs. 7 ArbGG (n. F.) bei der Streitwertfestsetzung mit bewertet hat oder nicht und ob es bezüglich der Folgen alle Folgen oder nur einen Teil von ihnen berücksichtigt hat.

d) In dieser Beziehung ergeben sich jedoch Rückschlüsse daraus, wie das Landesarbeitsgericht die Kostenentscheidung der ersten Instanz korrigiert und die Kosten der zweiten Instanz im Verhältnis zwischen dem Kläger einerseits und den Beklagten andererseits verteilt hat. Es hat die erstinstanzlichen Kosten den Beklagten ganz auferlegt; von den zweitinstanzlichen Kosten hat es den Beklagten $^{3}/_{4}$ und dem Kläger $^{1}/_{4}$ auferlegt. Würde es den Arbeitsplatzstreit in dem oben erörterten Sinne mitbewertet haben, so wäre seine hinsichtlich der erstinstanzlichen Kosten getroffene Korrektur nur dann zu verstehen, wenn es entgegen der vom Arbeitsgericht unter Bezugnahme auf BAG AP Nr. 2 zu § 7 KSchG geäußerten Ansicht die Auffassung vertreten haben würde, auch bei erfolgreichem Auflösungsantrag des Arbeitgebers müsse der Arbeitgeber die aus dem Auflösungsstreit entstehenden Prozeßkosten tragen, eine Ansicht, wie sie z. B. von Herschel-Steinmann, KSchG, 4. Aufl., 1958, § 7 Bem. 17 (S. 136) vertreten wird. Andernfalls hätte es auch für die erste Instanz die Kosten quoteln müssen. Es kann aber nicht ohne weiteres angenommen werden, daß ein Landesarbeitsgericht von der Entscheidung des Bundesarbeitsgerichts, auf die es durch das Arbeitsgericht ausdrücklich hingewiesen worden ist, ohne nähere Begründung abweicht. Gegen eine solche Annahme spricht aber im vorliegenden Fall insbesondere die vom Landesarbeitsgericht getroffene Kostenentscheidung. Aus ihr ergibt sich, daß der vom Landesarbeitsgericht festgesetzte Streitwert n u r im Hinblick auf die F o l g e n bemessen worden ist, die aus dem eigentlichen Arbeitsplatzstreit sich ergaben. Der Umstand, daß der Kläger in der zweiten Instanz Zahlung von 6475,— DM sowie monatliche Zahlung von 925,— DM ab 1. August 1956 sowie weiteren Verzugsschaden sowie im Streit über den Auflösungsantrag der Beklagten jedenfalls eine Abfindung von mehr als 11 000,— DM netto verlangte, die Beklagten dagegen in erster Linie gar nichts und nur hilfweise Abfindung wegen Auflösung und auch diese nur brutto und nicht in der vom Kläger verlangten Höhe zahlen wollten, macht deutlich, daß es bei diesen Folgen allein schon mindestens um 12 000,— DM ging, soweit der vom Kläger erhobene Kündigungsstreit und sein Zahlungsantrag (einschließlich weiteren Verzugsschadens) in Rede steht, ebenfalls aber auch um 12 000,— DM, soweit der Streit sich um die von den Beklagten erstrebte Auflösung und die daraus sich ergebende Abfindungshöhe drehte. Wenn das Landesarbeitsgericht unter diesen Umständen den Gesamtstreitwert auf 12 000,— DM festsetzte, ohne zu erkennen zu geben, ob es damit den Kündigungsstreit und das Zahlungs- und Verzugsschadensbegehren des Klägers meinte, so kann diese Streitwertfestsetzung nur dahin verstanden werden, daß es damit die Folgen, die aus dem Kündigungs- und Arbeitsplatzstreit in Rede stehen, zusammengefaßt bewertet hat. Wenn das Landesarbeitsgericht nämlich berücksichtigte, das Interesse des Klägers an der von ihm verfolgten Bekämpfung der Wirksamkeit der Kündigung zum 31. Dezember 1955 und der daraus von ihm hergeleiteten Zahlungs- und Verzugsschadenansprüche betrage 12 000,— DM und das Interesse der Beklagten an der von ihnen verfolgten Durchsetzung der Wirksamkeit der Kündigung zum 31. Dezember 1955 und der Vermeidung eines mit einer Abfindung verbundenen Auflösungsangtrages betrage gleichermaßen 12 000,— DM, dann erklärt sich die getroffene Kostenentscheidung und damit aber auch die geschehene Streitwertfestsetzung daraus, daß das Landesarbeitsgericht als Streitgegenstand die Folgen, die aus dem Kündigungsstreit einerseits und dem Auflösungsstreit andererseits im Spiel standen, als eine Einheit von 12000,— DM bewertet hat, und zwar nicht als Größe, die sich aus dem Folgenbegehren des Klägers einerseits und dem Bestreben der Beklagten auf Vermeidung von Abfindung andererseits summenmäßig zusammensetze, sondern als eine Größe, die wegen der wirtschaftlichen finanziellen Identität der beiderseitigen Begehren sowohl den Wert der vom Kläger erstrebten Folgen wie den Wert verkörpere, deren Vermeidung die Beklagten erstrebten. Dann erklärt sich die vom Landesarbeitsgericht getroffene zweitinstanzliche Kostenentscheidung ganz einfach daraus, daß es angenommen hat, von den streitigen Gesamtfolgen habe der Kläger in der finanziellen Auswirkung mit 9000,— DM Erfolg und mit 3000,— DM keinen Erfolg gehabt, was genau der vom Landesarbeitsgericht ausgeworfenen zweitinstanzlichen Kostenquotelung entspricht. Die Korrektur der erstinstanzlichen Kostenentscheidung erklärt sich dann daraus, daß das Landesarbeitsgericht dem Umstand Rechnung getragen hat, daß in erster Instanz der Folgenstreit — weil darin die Höhe der Abfindung im einzelnen nicht streitig war — geringwertiger war als in zweiter Instanz und der Kläger infolgedessen im vollen Umfang obgesiegt hat.

4. Ist demnach davon auszugehen, daß das Landesarbeitsgericht mit der Streitwertfestsetzung auf 12 000 DM den eigentlichen Arbeitsplatzstreit überhaupt nicht bewertet hat und nur den Folgenstreit bewertet hat, und ist weiter davon auszugehen, daß es den Folgenstreit einheitlich mit 12 000,— DM bewertet, d. h. als Streitgegenstand einheitlich das bewertet hat, was der Kläger aus dem Kampf um die Frage, ob sein Arbeitsverhältnis zum 31. Dezember 1955 im Wege der Kündigung oder Auflösung geendet hat, an finanziellen Folgen herleiten kann, unabhängig von deren rechtlichen Qualifikationen als Annahmeverzugsforderung oder Auflösungsabfindung, dann ergibt sich, daß es den Streitgegenstand ausschließlich als einen Zahlungsstreit gesehen hat und daß es unter Nichtvornahme einer Bewertung des eigentlichen Arbeitsplatzstreites und des nicht näher greifbaren „weiteren Verzugsschadens" einfach bewertet hat, welches Interesse der Kläger hinsichtlich der Folgen an dem Durchdringen mit seinem Standpunkt (Zahlung von 6475,— DM sowie monatliche Gehaltszahlung von 925,— DM ab 1. August 1956 = 12 000,— DM) und welches Interesse die Beklagten hinsichtlich der Folgen des Arbeitsplatzstreites an dem Durchdringen mit ihrem Standpunkt (keinerlei Zahlung = dieselben 12 000,— DM) verfolgten. Oder anders und pauschaler gesagt: Das Landesarbeitsgericht hat angenommen, wenn der Kläger in allem recht (die Kündigung also unbegründet) und die Beklagten in allem unrecht hätten (dem Auflösungsantrag also nicht entsprochen wird), gehe es bei dem Folgenanspruch des Klägers um 12 000,— DM. Wenn der Kläger in allem unrecht (die Kündigung also wirksam), also die Beklagten in allem recht hätten, gehe es um dieselben Folgen im Werte von 12 000,— DM. Wenn der Kläger teilweise recht habe (weil die Kündigung unwirksam sei), die Beklagten aber auch recht haben (weil ihr Auflösungsantrag durchgreife), dann gehe es auch um 12 000,— DM, zwar nicht unter dem rechtlichen Gesichtspunkt, unter dem der Kläger sein Zahlungsbegehren in erster Linie verfolgt, sondern unter dem Gesichtspunkt des Streites um die Höhe des Abfindungsbetrages. Der Standpunkt des Landesarbeitsgerichts ist also der, daß die Parteien insgesamt darüber streiten, ob die

Beklagten aus Anlaß der Kündigung und aus Anlaß der von den Beklagten beantragten Aufhebung in irgendeiner Form und aus irgendeinem Rechtsgrund 12 000,— DM oder gar nichts oder einen Teil von 12 000,— DM zahlen müssen. Die Richtigkeit derartiger Erwägungen des Landesarbeitsgerichts ist hier nicht zu erörtern, weil es hier nur darum geht, klarzustellen, nach welchen Gesichtspunkten das Landesarbeitsgericht den Gesamtstreitwert mit für die Revisionsinstanz bindender Wirkung festgesetzt hat. Unter Vernachlässigung der rechtlichen Qualifikation desjenigen, was der Kläger an Zahlung aus dem Gesichtspunkt von § 615 Satz 1 BGB und die Beklagten aus dem Gesichtspunkt der Vermeidung der Abfindung (§§ 7 Abs. 1 Satz 2, 8 KSchG) verfolgten, ist es zu der Bewertung gekommen, daß beide Parteien um 12 000,— DM, und zwar um dieselben 12 000,— DM kämpfen. So gesehen kann man zwar annehmen, daß es für jede der Parteien für deren Interesse, mit ihrem Folgebegehren durchzudringen, den Streitwert auf 12 000,— DM festgesetzt hat und zwar nicht je einen gesonderten Streitwert von 12 000,— DM für das Interesse des Klägers und von 12 000,— DM für das Interesse der Beklagten, sondern — eben wegen der wirtschaftlichen finanziellen Identität der gegensätzlichen Begehren — einen einheitlichen Streitwert. Demnach überschreitet der Streitwert, soweit die Begehren des Klägers in Rede stehen, zwar die Revisionsgrenze i. S. von § 72 Abs. 1 Satz 4 ArbGG. Aber deshalb, weil hierbei keine Streitwerte für Nichtzahlungsansprüche angesetzt worden sind und nur ein einheitlicher Streitwert für das Zahlungsbegehren des Klägers und für die Vermeidung der Abfindung durch die Beklagten angesetzt worden ist, der Kündigungs- und Auflösungsstreit ebensowenig wie der Verzugsschadensstreit bewertet worden ist, der Streitwert also nur für die Zahlungsansprüche festgesetzt worden ist, muß gemäß § 72 Abs. 1 Satz 5 ArbGG der Beschwerdegegenstand, den der Kläger mit seiner Revision verfolgt, ebenfalls die Revisionsgrenze überschreiten. Das ist rechnerisch eindeutig nicht der Fall. Denn rechnerisch ist ihm von dem, was das Landesarbeitsgericht als Wert des einheitlichen und von ihm als ununterscheidbar behandelten Zahlungsfolgenstreites der Parteien bezeichnet hat, 9000,— DM zuerkannt worden. Eine höhere Beschwer des Klägers läßt sich aber auch nicht daraus herleiten, wenn man berücksichtigt, daß er diese 9000,— DM nicht aus dem von ihm geltend gemachten Gesichtspunkt der Unwirksamkeit der Kündigung zum 31. Dezember 1955 und damit aus dem Gesichtspunkt des Annahmeverzuges der Beklagten, sondern nur deshalb erlangt hat, weil er mit seinem Standpunkt über die Unwirksamkeit der Kündigung zwar durchgedrungen, die Beklagten aber die Auflösung des Arbeitsverhältnisses durchgesetzt haben. Die sich daraus für den Kläger ergebende Beschwer, daß er deshalb mit seinem auf 12 000,— DM bewerteten Zahlungsbegehren nicht mehr durchdringen konnte, hat das Landesarbeitsgericht ausweislich der für die zweitinstanzlichen und die erstinstanzlichen Kosten getroffenen Entscheidung nicht höher als mit 3000,— DM bewertet. Eine selbständige Bewertung des Beschwerdegegenstandes durch das Revisionsgericht ist nicht möglich. Wie der Senat in seinem Beschluß vom 3. Juni 1958 — 2 AZR 599/56 — AP Nr. 59 zu § 72 ArbGG 1953 — ausgeführt hat, ist bei der Ermittlung des Wertes des Beschwerdegegenstandes im Sinne des § 72 Abs. 1 Satz 5 ArbGG von dem von den Vorinstanzen festgesetzten Streitwert auszugehen. Eine selbständige davon unabhängige Ermittlung des Beschwerdegegenstandes verbietet sich aus dem Gesichtspunkt der Rechtsmittelklarheit. Demnach muß nach allem entscheidend sein, daß das Landesarbeitsgericht seiner Streitwertfestsetzung einen einheitlichen Folgenzahlungsstreit über 12 000,— DM zugrunde gelegt hat und sich aus der getroffenen Entscheidung über diesen Zahlungsfolgenrechtsstreit für den Kläger nur ein Beschwerdegegenstand von $1/4$ = 3000,— DM ergibt, der die Revisionsgrenze des § 72 Abs. 1 Satz 5 ArbGG nicht überschreitet. Daher ist die Revision des Klägers als unzulässig gemäß § 74 ArbGG, § 554 a ZPO zu verwerfen.

10

1. Eine für die Beamten auf mehr als 48 Wochenstunden festgesetzte Arbeitszeit gilt als regelmäßige Arbeitszeit für die Angestellten nur, wenn die Voraussetzungen des § 13 Abs. 1 oder Abs. 2 AZO gegeben sind.

2. Die Übertragung der für die Beamten gültigen Arbeitszeitvorschriften auf die Angestellten gemäß § 13 Abs. 1 AZO erfordert eine Arbeitszeitregelung für das nicht beamtete Personal unter Verweisung auf die beamtenrechtlichen Bestimmungen.

3. Eine gemeinsame Beschäftigung von Angestellten und Beamten i. S. des § 13 Abs. 2 AZO ist nur dann gegeben, wenn die Tätigkeiten im Dienstbetrieb der Beamten und Angestellten so ineinander übergreifen, daß eine geordnete Verwaltung ohne einheitliche Arbeitszeit nicht durchführbar ist.

BGB §§ 611, 612; AZO § 7 Abs. 2, § 13; ATO § 8 Abs. 1 und 2; ADO zu § 2 TO.A Nr. 1, 3; KR-Dir. Nr. 26; BDO für die Reichsjustizverwaltung vom 17.6./29.11.1938.

IV. Senat. Urteil vom 8.7.1959 i. S. L. N. (Bekl.) w. H. (Kl.) 4 AZR 274/58.

I. Arbeitsgericht Krefeld. — II. Landesarbeitsgericht Düsseldorf.

Die Klägerin ist seit dem 22. Mai 1948 als Angestellte im Strafvollzugsdienst bei der Strafanstalt A. des beklagten Landes beschäftigt. Sie erhält Gehalt nach Vergütungsgruppe IX TO.A. Im Jahre 1953 war sie überwiegend als Aufsichtskraft im Außendienst eingesetzt. Dabei handelte es sich um Wochenkommandos, bei denen sich die Klägerin mit den zur Arbeit eingeteilten Gefangenen während einer ganzen Woche auf einem Bauernhof aufhielt, und um Tageskommandos, bei denen die Gefangenen nach der Arbeit am gleichen Tage wieder in die Strafanstalt zurückgebracht wurden. Die Aufgabe der Klägerin bestand in der ständigen und unmittelbaren Beaufsichtigung der Gefangenen vom Verlassen der Anstalt bis zur Rückkehr, mit Ausnahme von einer Tagesstunde, während der das Essen eingenommen wurde, und während der Nachtruhe. In beiden Fällen waren die Gefangenen eingeschlossen.

Die Wochenkommandos hatten folgende Zeiteinteilung:

1. Am Montag:

Abfahrt nach Tagesaufstellung	
Nach Ankunft Frühstück, anschließend bis 12 Uhr Arbeit einschl. 1/4 Stunde Frühstückspause	
Mittagspause	12.00—13.00 Uhr
Weiterer Verlauf s. Dienstag bis Freitag.	

2. Am Dienstag bis Freitag:

Wecken, 1. Frühstück, Putzen	5.30— 7.00 Uhr
Arbeit (einschl. 1/4 Stunde Frühstückspause)	7.00—12.00 Uhr
Mittagspause	12.00—13.00 Uhr
Arbeit (einschl. 1/4 Stunde Vesperpause)	13.00—19.00 Uhr
Abendbrot, Waschen, Aufräumen	19.00—21.00 Uhr
Nachtruhe	21.00 —5.30 Uhr

3. Am Samstag:

Wecken, Frühstück, Putzen	5.30— 7.00 Uhr
Arbeit (einschl. 1/4 Stunde Frühstückspause)	7.00—13.00 Uhr
Essen und Einrücken in die Anstalt	13.00—14.00 Uhr
Baden und Einschluß	14.00—15.00 Uhr

Bei Tageskommandos gestaltete sich der Dienstplan wie folgt:

Abmarsch nach Tagesaufstellung	
Nach Ankunft Frühstück	
Anschließend bis 12.00 Uhr Arbeit einschl. 1/4 Stunde Frühstückspause	
Mittagspause	12.00—13.00 Uhr
Arbeit einschl. Vesper und evtl. Abendmahlzeit beim Unternehmer	13.00—18.00 Uhr
Rückmarsch	18.00—19.00 Uhr

Die Klägerin ist der Ansicht, soweit ihre Arbeitszeit im Außendienst mehr als 8 Stunden täglich betragen habe, habe sie Überstunden geleistet. Diese seien als Vollarbeit mit der tariflichen Überstundenvergütung abzugelten mit Ausnahme der Zeiten des Einschlusses der Gefangenen, die als Arbeitsbereitschaft zu werten und mit dem halben Überstundensatz zu entlohnen seien. Unter Zugrundelegung einer Überstundenvergütung von 1,35 DM bis 30. Juni 1953 und von 1,60 DM ab 1. Juli 1953 habe sie für 230,30 Stunden Vollarbeit und 329,75 Stunden Arbeitsbereitschaft in der Zeit vom 27. April bis 30. Juni 1953 eine Forderung in Höhe von 527,92 DM und für 681,20 Stunden Vollarbeit sowie 610,30 Stunden Arbeitsbereitschaft in der Zeit vom 1. Juli bis 18. Oktober 1953 eine weitere Forderung in Höhe von 1169,60 DM. Die Klägerin hat beantragt, das beklagte Land zur Zahlung von 1697,52 DM nebst 4 % Zinsen seit dem 15. Januar 1956 zu verurteilen.

Das Arbeitsgericht hat das beklagte Land zur Zahlung von 788,33 DM nebst den geforderten Zinsen verurteilt und im übrigen die Klage abgewiesen. Das Landesarbeitsgericht hat die Berufung des beklagten Landes zurückgewiesen und auf die Berufung der Klägerin der Klage in vollem Umfang stattgegeben.

Die Revision führte zur Aufhebung und Zurückverweisung.

Aus den Gründen:

Zutreffend geht das Landesarbeitsgericht zwar davon aus, daß die Beantwortung der Frage, ob und in welchem Umfang die Klägerin Überstunden geleistet hat, davon abhängt, welches die für ihr Arbeitsverhältnis regelmäßige Arbeitszeit ist. Wenn es aber zu dem Ergebnis gelangt, diese betrage für die im Außendienst der Strafanstalt tätige Klägerin 72 Wochenstunden, weil bei den Wochen- und Tageskommandos in erheblichem Umfang Arbeitsbereitschaft anfalle, so kann das keine Zustimmung finden.

Das Arbeitsverhältnis der Klägerin, die als Angestellte im Strafvollzugsdienst des beklagten Landes steht, unterliegt nach § 1 Abs. 1 ATO und § 1 Abs. 1 Buchst. b TO.A diesen Tarifordnungen. Gemäß § 8 Abs. 1 ATO beträgt die regelmäßige Arbeitszeit für Arbeiter und Angestellte im öffentlichen Dienst 48 Wochenstunden.

Jedoch bestimmt Nr. 1 ADO zu § 2 TO.A in der Fassung der 3. Änderung vom 30. Januar 1942 (RGBl. 1942 I S. 54) für Angestellte ergänzend, daß als deren regelmäßige Arbeitszeit die Arbeitszeit der Beamten gilt, soweit diese auf mehr als 48 Wochenstunden festgesetzt ist. Im vorliegenden Fall kann indessen dahingestellt bleiben, ob für die in der Justizverwaltung, vor allem im Strafvollzug, tätigen Beamten des beklagten Landes in dem der Klage zugrunde liegenden Zeitraum vom 27. April bis 18. Oktober 1953 eine über 48 Stunden wöchentlich hinaus verlängerte Arbeitszeit bestand. Insbesondere bedarf es keiner Prüfung, ob die in § 1 Abs. 1 der Verordnung über die Arbeitszeit der Beamten vom 13. Mai/9. September 1938 (RGBl. I, S. 593, 1166), die damals im Lande Nordrhein-Westfalen (NRW) noch galt, auf 51 Wochenstunden festgesetzte Arbeitszeit überhaupt durch Ziff. 1 der Kontrollratsdirektive (KRDir.) Nr. 26 vom 26. Januar 1946 (ABlKR 1946, S. 115), wie das Berufungsgericht meint, oder etwa durch § 11 der 3. Sparverordnung des Landes NRW vom 19. März 1949 (GVBl. NRW 1949, S. 29) auf eine 48-stündige Wochenarbeitszeit herabgesetzt worden ist. Denn die Einführung einer diese Stundenzahl überschreitenden Arbeitszeit für Beamte gilt auf Grund der Nr. 1 ADO zu § 2 TO.A für Angestellte nur, wenn die Voraussetzungen des § 13 Abs. 1 oder Abs. 2 AZO gegeben sind, nicht aber unabhängig davon. Hiernach kann die oberste Dienstbehörde in Betrieben und Verwaltungen u. a. der Länder die für Beamte gültigen Dienstvorschriften über die Arbeitszeit auf Arbeiter und Angestellte übertragen (Abs. 1 a. a. O.). Die Dienstvorschriften für Beamte gelten mangels abweichender Einzelabrede, Dienstvereinbarung (Dienstordnung) oder Tarifvertrag (Tarifordnung) auch ohne Übertragung für solche Angestellte von Körperschaften des öffentlichen Rechts (z. B. also der Länder), die gemeinsam mit Beamten beschäftigt werden (Abs. 2 a. a. O.). Die durch § 13 AZO für Angestellte nur in diesen beiden Fällen zugelassene Ersetzbarkeit der Arbeitszeitbestimmungen der AZO durch die beamtenrechtlichen Arbeitszeitvorschriften soll in öffentlichen Betrieben und Verwaltungen, in denen Beamte und Angestellte beschäftigt sind, die im Einzelfall aus praktischen Gründen notwendige oder doch zweckmäßige Angleichung der Arbeitszeit ermöglichen. Zwar betrifft diese Bestimmung nur die öffentlich-rechtliche Seite der Ausdehnung der Arbeitszeitvorschriften für Beamte, nämlich den Arbeitsschutz der Angestellten, ihm entspricht aber auf der tarif- bzw. privatrechtlichen Ebene die Nr. 1 ADO zu § 2 TO.A, die mit demselben Ziele wie § 13 AZO durch die Festlegung der verlängerten Arbeitszeit der Beamten als regelmäßige Arbeitszeit der Angestellten auch deren tarifliche Verpflichtung zu ihrer Einhaltung begründet sowie die vergütungsrechtliche Seite regelt (vgl. § 2 Abs. 1 TO.A). Dieser innere Zusammenhang beider Regelungen rechtfertigt es, die Nr. 1 ADO zu § 2 TO.A einengend dahin auszulegen, daß die Festsetzung einer 48 Wochenstunden überschreitenden Arbeitszeit für die Beamten nach diesen Vorschriften nur unter den Voraussetzungen des § 13 AZO auch für die Angestellten gilt. Es ist kein Bedürfnis der öffentlichen Hand erkennbar, daß sie eine Koppelung der Arbeitszeit der Angestellten an eine längere Arbeitszeit der Beamten schlechthin und über die Fälle des § 13 AZO hinaus fordern könnte, so daß eine solche Regelung nicht als von der TO.A gewollt angenommen werden kann.

Im vorliegenden Fall fehlt es aber an den Voraussetzungen des § 13 AZO. Denn eine Übertragung der für die Beamten gültigen Arbeitszeitvorschriften auf die Angestellten i. S. des Abs. 1 erfordert eine Arbeitszeitregelung für das nicht beamtete Personal unter Verweisung auf die beamtenrechtlichen Bestimmungen. Eine solche Regelung ist jedoch entgegen der Ansicht der Revision in der Verfügung des früheren Reichsjustizministers vom 20. März 1939 (I p[18] 131) keinesfalls zu finden. Diese beschränkt sich vielmehr auf die Feststellung, daß bei Anwesenheitsdienst von Belegschaftsmitgliedern in der Wohnung eine nicht vergütungspflichtige Rufbereitschaft vorliege. Aber auch § 13 Abs. 2 AZO greift hier nicht ein. Dem steht schon entgegen, daß eine g e m e i n s a m e Beschäftigung von Angestellten und Beamten in der Strafanstalt A. i. S. dieser Bestimmung nicht vorliegt. Wenn das RAG (ARS 40, 247 [249 f.]) es in dieser Hinsicht für § 13 Abs. 2 AZO hat genügen lassen, daß n e b e n Angestellten auch Beamte in einer Verwaltung tätig sind, und wenn es weiter zum Ausdruck gebracht hat, in einem solchen Falle sei dieselbe Arbeitszeit für beide Gruppen von Bediensteten ein selbstverständliches Erfordernis einer geordneten Verwaltung, so vermag dem der Senat in dieser Allgemeinheit nicht zu folgen. Denn es ist nicht zu übersehen, daß sich die Rechtsstellung der Angestellten und überhaupt der Arbeitnehmer im öffentlichen Dienst, die sich in einem privatrechtlichen Normen unterworfenen Arbeitsverhältnis befinden und ihrem

Dienstherrn gleichgeordnet gegenüberstehen, grundsätzlich von dem auf Über- und Unterordnung beruhenden Rechtsverhältnis der Beamten unterscheidet. Hiervon ausgehend erscheint es angezeigt, Bestimmungen, die den Rechtsstatus der Angestellten demjenigen der Beamten angleichen sollen, eng auszulegen, damit die wesentlichen Unterschiede zwischen Beamten und Arbeitnehmern im öffentlichen Dienst nicht verwischt werden. Eine gemeinsame Beschäftigung von Angestellten mit Beamten i. S. des § 13 Abs. 2 AZO ist daher erst dann anzunehmen, wenn die Tätigkeit im Dienstbetrieb der Beamten und Angestellten so ineinander übergreifen, daß eine geordnete Verwaltung ohne einheitliche Arbeitszeit gar nicht durchführbar ist (vgl. auch Denecke, AZO, 4. Aufl., § 13 Anm. 1; Erdmann-Meißinger, AZO, 5. Aufl., 1934, Erl. zu § 10 Anm. IV Ziff. 1; Fischbach DBG, 2. Aufl., § 16 Anm. III). Dafür, daß das in der Strafanstalt A. der Fall ist, bieten die Feststellungen des angefochtenen Urteils keinen Anhalt.

Kann demnach eine 48 Wochenstunden überschreitende Arbeitszeit der Beamten im Wege über Nr. 1 ADO zu § 2 TO.A für die Klägerin nicht verbindlich sein, so ist es auch unbeachtlich, wenn die Beklagte unter Hinweis auf diese Vorschrift geltend macht, für Beamte im Außendienst sei bis Oktober 1955 sogar eine Arbeitszeit von mehr als 48 Wochenstunden in der Weise festgelegt gewesen, daß deren Dauer im einzelnen sich aus der Natur der Aufsichtstätigkeit in Verbindung mit dem für die Gefangenen bestehenden Tagesstundenplan ergeben habe, ganz abgesehen davon, ob eine derartige Arbeitszeitregelung nach § 1 der Verordnung über die Arbeitszeit der Beamten vom 13. Mai/9. September 1938 überhaupt zulässig war.

Aber auch wenn man die Einführung einer solch unbestimmten Arbeitszeit als regelmäßige Arbeitszeit für möglich hält, könnte sie ebensowenig nach Maßgabe des § 8 Abs. 2 S. 1 TO.A für die Klägerin Geltung erlangt haben, wie die Revision glaubt. Auf Grund dieser Bestimmung kann eine von der 48-stündigen Wochenarbeitszeit des Abs. 1 a. a. O. abweichende regelmäßige Arbeitszeit innerhalb der Grenzen der AZO durch Dienstordnung oder Arbeitsvertrag festgesetzt werden. Daß eine Arbeitszeit der in Rede stehenden Art gemäß einer etwa noch in Kraft befindlichen Dienstordnung i. S. des § 16 Abs. 1 AOGÖ (vgl. ADO zu § 8 ATO) für die Klägerin gelte, hat das beklagte Land selbst nicht behauptet.

Der Revision kann auch nicht zugegeben werden, daß eine solche Arbeitszeit auf Grund einer stillschweigenden Vereinbarung der Parteien

Inhalt des Arbeitsvertrags der Klägerin geworden ist, selbst wenn man das Zustandekommen einer solchen Vereinbarung zugunsten des beklagten Landes unterstellt. Zwar kann nach dem in diesem Zusammenhang allein in Betracht kommenden § 7 Abs. 2 AZO die regelmäßige Arbeitszeit über 60 Wochenstunden hinaus verlängert werden, wenn ein Tarifvertrag oder eine Tarifordnung die Ermächtigung hierzu gibt. Dafür genügt eine Rahmenbestimmung, wie sie § 8 Abs. 2 S. 1 ATO enthält. Erforderlich ist aber, daß in die regelmäßige Arbeitszeit, d. h. hier in die 48-stündige Arbeitswoche, regelmäßig und in erheblichem Umfang Arbeitsbereitschaft fällt. Das ist jedoch entgegen der Auffassung der Revision, die in der Tätigkeit der Klägerin Arbeit im eigentlichen Sinne nicht sehen will, nicht der Fall. Wann Arbeitsbereitschaft oder Arbeit vorliegt, bestimmt sich danach, welche Arbeit an sich im Einzelfall von dem Arbeitnehmer zu erbringen ist. Arbeitsbereitschaft ist also von der vertraglich geschuldeten Leistung her, die den Wesensgehalt des Arbeitsverhältnisses ausmacht und ihm das Gepräge gibt, zu erfassen und abzugrenzen. Dieser gegenüber stellt sie, weil auf die Bereitschaft zur Verrichtung der Arbeit beschränkt, eine mindere Leistung des Arbeitnehmers dar. Nach den Feststellungen des angefochtenen Urteils besteht nun die der Klägerin als Aufsichtskraft bei der Strafanstalt A. auf Grund ihres Arbeitsvertrags obliegende Leistung in der ständigen und unmittelbaren Beaufsichtigung der ihr anvertrauten Gefangenen zur Durchführung des Strafvollzugs und zur Verhinderung von Fluchtversuchen. Ist das aber ihre Arbeit, so ist es begrifflich ausgeschlossen, darin eine Bereitschaft zu dieser Arbeit in irgend einer Form zu sehen. Mit Recht behandelt daher das Berufungsgericht diesen Bewachungsdienst der Klägerin als Vollarbeit. Damit war diese, wie sich aus den Feststellungen des Landesarbeitsgerichts weiter ergibt, bei Wochenkommandos in der Regel täglich von 5.30—12.00 und von 13.00 bis 21.00 sowie bei Tageskommandos vom Abmarsch bis 12.00 und von 13.00—19.00, in der Woche insgesamt während mindestens 48 Stunden betraut. Da also innerhalb der regelmäßigen Arbeitszeit des § 8 Abs. 1 ATO überhaupt keine Arbeitsbereitschaft angefallen ist, fehlt es an den Voraussetzungen für eine Arbeitszeitverlängerung gemäß § 7 Abs. 2 AZO. Eine etwa mit diesem Inhalt getroffene Vereinbarung der Parteien ist daher wegen Verstoßes gegen eine zwingende Vorschrift der AZO gemäß § 134 BGB nichtig.

Die regelmäßige Arbeitszeit der im Außendienst tätigen Klägerin beträgt demnach entsprechend der Vorschrift des § 8 Abs. 1 ATO

48 Wochenstunden. Den darüber hinausgehenden Dienst hat die Klägerin durch Überstunden geleistet, für die sie die normale Vergütung beanspruchen kann, auch wenn sie nicht innerhalb der Grenzen der gesetzlichen Arbeitszeit liegen (vgl. BAG 5, 86 [93]).

Da die Klägerin nach den Feststellungen des Berufungsurteils unstreitig Anwartschaft auf eine über die reichsgesetzliche Versicherungspflicht hinausgehende Alters- und Hinterbliebenenversorgung unter Beteiligung des Dienstberechtigten hat, kommt für eine Abgeltung der Überstunden die Nr. 3 ADO zu § 2 TO.A in Betracht.

Diese Vorschrift ist nicht etwa durch Ziff. 5 der KRDir. Nr. 26 vom 26. Januar 1946 abgeändert oder aufgehoben worden. Zwar heißt es dort, daß alle Überstunden abzugelten sind, während das in Nr. 3 ADO zu § 2 TO.A nicht vorgesehen ist. Wie jedoch aus Ziff. 1 und 7 der KRDir. Nr. 26 zu entnehmen ist, die den deutschen Behörden die Durchführung der in der Direktive enthaltenen Anordnungen aufgeben, handelt es sich bei dieser nur um eine für die dort angesprochenen Stellen verbindliche Bekanntgabe der Absichten des Kontrollrats, nicht aber um die Schaffung materiellen Arbeitsrechts, das die bestehende deutsche Rechtsordnung unmittelbar beeinflußte und abänderte. Diese Auffassung findet ihre Bestätigung in Ziff. 5 der am 29. April 1947 ergangenen KRDir. Nr. 51, in der ausdrücklich hervorgehoben wird, daß Direktiven nicht für die deutsche Bevölkerung in ihrer Gesamtheit, sondern nur für diejenigen Personen bindend sind, an die sie gerichtet werden.

Daß die Klägerin in den 5 aufeinanderfolgenden Wochen vom 27. April bis 30. Mai 1953 und den 19 Wochen vom 7. Juni bis 18. Oktober 1953 regelmäßige Überstunden i. S. der Nr. 3 Buchst. B ADO zu § 2 TO.A verrichtet hat, daß diese zur Bewältigung der Arbeit notwendig waren und dem Willen des Leiters der Strafanstalt entsprachen, hat das beklagte Land nach den Feststellungen des Landesarbeitsgerichts nicht in Abrede gestellt. Ein Anspruch der Klägerin auf Überstundenabgeltung nach Maßgabe der Nr. 3 Buchst. B ADO zu § 3 TO.A ist auch nicht deshalb ausgeschlossen, weil es sich um eine Kannvorschrift handelt, die die Bezahlung angefallener Überstunden in das Belieben des öffentlichen Dienstherrn stellt, wie die Revision geltend macht. Das hat der Senat bereits im Urteil vom 17. April 1957 (BAG 5, 86 [91 f.]) verneint, auf das hier verwiesen werden kann.

Wie der Senat weiter in dem zur Veröffentlichung bestimmten Urteil vom 10. Juni 1959 — 4 AZR 567/56 — BAG 8, 25 [30]) erkannt hat, setzt aber die Überstundenabgeltung gemäß Nr. 3 Buchst. B ADO zu

§ 2 TO.A voraus, daß die in den Überstunden erbrachten Dienstleistungen die vollen vertraglichen Arbeitsleistungen sind. Einen normalen Bewachungsdienst der oben erwähnten Art hatte die Klägerin indessen nach den Feststellungen des Berufungsgerichts jedenfalls nicht während des Einschlusses der Gefangenen bei Tages- und Wochenkommandos von 12—13.00 und bei letzteren außerdem von 21—5.30. Während dieser Zeiten beschränkten sich ihre Dienstobliegenheiten vielmehr darauf, am Einsatzort anwesend zu sein, um bei Ausbruchsversuchen oder Notständen der Gefangenen u. ä. sofort eingreifen zu können. Im übrigen konnte sie ihre Mahlzeiten einnehmen bzw. sich zur Ruhe begeben.

Darin liegt jedoch keine Arbeitsbereitschaft, wie das Landesarbeitsgericht meint. Arbeitsbereitschaft besteht nämlich nur in Zeiten, in denen vom Arbeitnehmer eine wache Achtsamkeit, wenn auch im Zustande der Entspannung, verlangt wird (vgl. das zur Veröffentlichung bestimmte Urteil vom 10. Juni 1959 — 4 AZR 567/56 (BAG 8, 25 [27]). Das trifft für die Klägerin während der Zeiten des Einschlusses der Gefangenen nicht zu. Denn dafür, daß sie sich bei der Esseneinnahme und der Nachtruhe stets in „wacher Achtsamkeit" befunden hat, ergeben die Feststellungen des Berufungsurteils nichts. Da die Klägerin sich nach diesen vielmehr lediglich am Einsatzort aufzuhalten hatte, um der Bewachung dienende Maßnahmen im Bedarfsfalle ergreifen, d. h. ihre volle vertragliche Arbeitstätigkeit unverzüglich aufnehmen zu können, handelt es sich um Bereitschaftsdienst, wie der Senat für solche Fälle in dem gerade erwähnten Urteil entschieden hat.

Allerdings ist auch die aus Anlaß von Bereitschaftsdienst im betrieblichen Interesse vom Arbeitnehmer aufgewandte Zeit, jedenfalls soweit die Entlohnung in Frage steht, der Arbeitszeit zuzurechnen. Jedoch sind die durch solchen Dienst entstandenen Überstunden, die keine volle vertragliche Arbeitsleistung enthalten, nach der Entscheidung des Senats vom 10. Juni 1959 nicht nach Maßgabe der Nr. 3 Buchst. B ADO zu § 2 TO.A abzugelten, aber auch nicht nach der Besonderen Dienstordnung (BDO) für die auf Privatdienstvertrag beschäftigten Gefolgschaftsmitglieder der Reichsjustizverwaltung vom 17. Juni und 29. November 1938 (DJ 1938, S. 964, 1897) i. d. F. vom 3. Januar 1940 (DJ 1940, S. 64), auf die sich das Landesarbeitsgericht in diesem Punkte anscheinend stützt. Dort heißt es zu § 2 TO.A, daß zur Feststellung der abzugeltenden Überstunden die während der Mehrarbeit geleistete Arbeitsbereitschaft mit 50 % der Arbeitszeit bewertet und demgemäß mit 50 % der Beträge vergütet wird, die für Überstunden bei voller Arbeitsleistung für den gleichen Zeitraum gewährt werden. Ob diese BDO für das nichtbeamtete Personal der Justizverwaltung des beklagten Landes überhaupt noch Geltung hat, kann dahinstehen. Jedenfalls kann sie hier deshalb keine Anwendung finden, weil sie sich schon dem Wortlaut nach lediglich auf Arbeitsbereitschaft in dem oben erwähnten Sinne bezieht; daß auch Bereitschaftsdienst von dieser Regelung miterfaßt werden sollte, läßt sich der BDO nicht entnehmen. Vielmehr bestimmt sich nach §§ 611, 612 BGB, ob und inwieweit für die Ableistung von Bereitschaftsdienst eine Vergütung geschuldet wird.

Soweit die Klägerin nun hiernach Ansprüche geltend machen kann, sind diese schon nach allgemeinen Rechtsgrundsätzen auch ohne Berücksichtigung des § 4 Abs. 4 S. 2 TVG weder verwirkt, noch unterliegen sie dem Einwand der unzulässigen Rechtsausübung, wie die Revision meint. Daß die Klägerin Ansprüche aus dem Jahre 1953 erst kurz vor Ablauf der für Lohn- und Gehaltsansprüche gemäß § 196 Abs. 1 Nr. 8 BGB geltenden Verjährungsfrist von 2 Jahren erhoben hat, ist im vorliegenden Fall ohne Bedeutung. Denn der reine Zeitablauf führt noch nicht zur Verwirkung eines Rechts (vgl. BAG AP Nr. 30 zu § 3 TO.A). Besondere Umstände aber, die die verspätete Geltendmachung als unvereinbar mit Treu und Glauben oder gar als ein den Einwand der unzulässigen Rechtsausübung begründendes, gröblich unanständiges Verhalten der Klägerin erscheinen lassen können, sind von dem beklagten Land weder vorgetragen noch sonst erkennbar.

Jedoch kommt es nach den vorstehenden Ausführungen für die Frage der Vergütung des von der Klägerin im Klagezeitraum über die regelmäßige Arbeitszeit von 48 Wochenstunden hinaus dem beklagten Land geleisteten Dienstes darauf an, inwieweit die Überarbeit die normalen vertraglichen Arbeitsleistungen, d. h. den üblichen Bewachungsdienst, zum Inhalt hatte und inwieweit die Klägerin lediglich Bereitschaftsdienst verrichtet hat. Dazu enthält das angefochtene Urteil keine ausreichenden Feststellungen. Da diese selbst zu treffen dem Revisionsgericht verwehrt ist, war das Berufungsurteil aufzuheben und die Sache zur anderweiten Verhandlung und Entscheidung an das Landesarbeitsgericht zurückzuverweisen, §§ 564 Abs. 1, 565 Abs. 1 ZPO.

Abgesehen von der nachzuholenden Ermittlung der für Vollarbeit und für Bereitschaftdienst im Klagezeitraum in Betracht kommenden Überstundenzahlen wird das Berufungsgericht bei der Feststellung der für Vollarbeit zugrundezulegenden Überstundenvergütung nicht außer acht lassen dürfen, daß die Klägerin auf die Überstundensätze der Tarif-

Anspruch nur dann hat, wenn sie tarifgebunden ist. Außenseitern stehen die tariflich vereinbarten Erhöhungen der ursprünglichen Vergütungssätze der Nr. 3 ADO zu § 2 TO.A nicht zu, es sei denn, daß die Tarifverträge etwa mit Rücksicht auf eine entsprechende Vereinbarung für das Arbeitsverhältnis der Klägerin Geltung haben (vgl. BAG 5, 122 [124]), was gegebenenfalls noch festzustellen wäre. Soweit ein Vergütungsanspruch für den Bereitschaftsdienst in Frage steht, wird das Landesarbeitsgericht angesichts des Vortrags des beklagten Landes, die Klägerin sei durch ihre bisherige Entlohnung in vollem Umfang abgegolten, weiter prüfen müssen, ob nicht eine ausdrückliche oder stillschweigende Vereinbarung der Parteien dahin zustande gekommen ist, daß durch Gehalt und Beschäftigungstagegeld auch der Bereitschaftsdienst mit abgegolten sein sollte. Ist das nicht der Fall, so wird zu beachten sein, daß gemäß § 612 Abs. 1 BGB eine Vergütung dann als stillschweigend vereinbart gilt, wenn die Dienstleistung den Umständen nach nur gegen eine Vergütung zu erwarten ist. Bei der Prüfung, ob das für die Klägerin zutrifft, wird das Berufungsgericht nicht übersehen dürfen, daß Nr. 3 ADO zu § 2 TO.A selbst bei Verrichtung der vollen vertraglichen Arbeit nur in bestimmten Fällen und nur unter besonderen Voraussetzungen einen Abgeltungsanspruch gewährt. Ist an sich ein Anspruch zu bejahen, so wird davon auszugehen sein, daß nur eine angemessene Vergütung geschuldet wird. Denn nach dem auch das Arbeitsverhältnis hinsichtlich der Entlohnung beherrschenden Äquivalenzprinzip kann für Bereitschaftsdienst grundsätzlich nicht dasselbe Entgelt gefordert werden wie für die volle Leistung (vgl. RAG, ARS 36, 345 [346]).

11

Die Revision gegen ein Urteil, durch das der Rechtsstreit an ein anderes Gericht verwiesen worden ist, ist unzulässig, auch wenn das Landesarbeitsgericht die Revision zugelassen hat.

ZPO § 276; ArbGG § 69 Abs. 3.

I. Senat. Urteil vom 9. 7. 1959 i. S. B. (Bekl.) w. N. (Kl.)
1 AZR 419/57.

I. Arbeitsgericht Berlin. — II. Landesarbeitsgericht Berlin.

Die Klägerin hat von der beklagten Bank Ruhegehaltszahlung verlangt, mit der Begründung, es handele sich um eine im Geschäftsbetrieb der Berliner Niederlassung begründete Verbindlichkeit, deren Erfüllung sie nunmehr nach Maßgabe der Vorschriften des Berliner Altbankengesetzes beanspruchen könne.

Das Arbeitsgericht hat die Klage abgewiesen.

Das Landesarbeitsgericht hat das Urteil des Arbeitsgerichts aufgehoben und den Rechtsstreit zur Entscheidung gemäß § 7 Abs. 7 AltbG in Verbindung mit § 22 UmstErgG an das Landgericht in Berlin verwiesen und in seinem Urteil die Revision wegen „der in einzelnen Punkten bestehenden Abweichung von der Auffassung des Bundesarbeitsgerichts" (BAG 20. März 1957, AP Nr. 25 zu § 2 ArbGG 1953) zugelassen.

In den Entscheidungsgründen hat das Landesarbeitsgericht ausgeführt, daß der Klägerin ein Versorgungsanspruch gegen die Beklagte zustehe. Die Entscheidung, ob diese Verbindlichkeit im Geschäftsbetrieb der Berliner Niederlassung der Beklagten begründet sei, könne jedoch nur von dem Landgericht Berlin in dem Verfahren gemäß § 7 Abs. 7 AltbG in Verbindung mit § 22 UmstErgG getroffen werden. Die Revision der Beklagten ist als unzulässig verworfen worden.

Aus den Gründen:

I. Trotz der Zulassung der Revision durch das Landesarbeitsgericht ist das Rechtsmittel unzulässig.

1. Ob das Landesarbeitsgericht den Rechtsstreit an das Landgericht Berlin verweisen mußte, ist nicht im Rahmen der Zulässigkeitsprüfung, sondern im Rahmen einer Prüfung der Begründetheit der Revision zu erörtern. Insoweit verweist der Senat ausdrücklich auf seine zur Veröffentlichung in der Amtlichen Sammlung vorgesehene Entscheidung vom 22. Januar 1959 — 1 AZR 478/55 — (BAG 7, 186 [187—192]), in der festgestellt ist, daß die Gerichte für Arbeitssachen auch zur Entscheidung der Frage zuständig sind, ob die Versorgungslast im Geschäftsbetrieb der Berliner Niederlassung begründet ist.

2. Ob das Landesarbeitsgericht den Rechtsstreit an das Landgericht Berlin verweisen konnte, obwohl keine der Parteien die Unzuständigkeit der Gerichte für Arbeitssachen im ersten oder zweiten Rechtszuge geltend gemacht hat, das Landesarbeitsgericht vielmehr insoweit die Zuständigkeit von Amts wegen geprüft und lediglich auf einen von der Klägerin gestellten Hilfsantrag hin den Rechtsstreit verwiesen hat, ist ebenfalls im Rahmen der Prüfung der Zulässigkeit der Revision nicht zu erörtern. Insoweit ist lediglich auf § 528 ZPO zu verweisen.

3. Für die Entscheidung des Senats über die Zulässigkeit der Revision ist davon auszugehen, daß das Landesarbeitsgericht als Gericht der

Berufungsinstanz die Verweisung an das Landgericht Berlin in dem angefochtenen Urteil vorgenommen hat. Daß eine Verweisung auch noch in der Rechtsmittelinstanz vorgenommen werden kann, ist einhellige Ansicht (vgl. Stein-Jonas, ZPO 18. Aufl., § 276 III 1, VII; Rosenberg, DZPR, 7. Aufl., S. 151; Wieczorek, ZPO, § 276 B IV c; RGZ 165, 374, insbesondere 384; Bayer. ObLG in NJW 49, 223; BGHZ 16, 339, 345).

Das Landesarbeitsgericht hat die Verweisung an das Landgericht Berlin nicht durch Beschluß nach § 276 ZPO vorgenommen, der kraft ausdrücklicher Vorschrift unanfechtbar wäre, und zwar auch dann, wenn er zu Unrecht ergangen ist (Stein-Jonas, a. a. O. IV; RGZ 131, 197, 200). Es hat vielmehr die Verweisung durch Urteil ausgesprochen. Daß nach einer Prozeßabweisung in erster Instanz durch Urteil in der Berufungsinstanz verwiesen werden muß, ist anerkannt (vgl. Wieczorek, ZPO, § 276 Anm. B IV c mit Rechtsprechung). Gleiches gilt auch dann, wenn die erste Instanz, wie dies hier geschehen ist, die Zuständigkeit bejaht hatte (vgl. Baumbach, 25. Aufl., § 276 2 A; RGZ 95, 282; RGZ 165, 374). Ebenso wie ein Beschluß nach § 276 ZPO ist aber nach einhelliger Ansicht auch ein verweisendes Urteil nicht anfechtbar, und zwar selbst dann, wenn die Voraussetzungen für eine solche Verweisung nicht gegeben waren (vgl. Wieczorek, a. a. O., § 276 C; Baumbach, § 276 2 A; RGZ 95, 282).

II. Ist sonach aus allgemeinen Gründen die Revision gegen ein Urteil, durch das die Verweisung des Rechtsstreits an ein anderes Gericht ausgesprochen worden ist, unzulässig, so kann die Zulässigkeit der Revision in diesem Falle auch nicht aus dessen besonderen Umständen begründet werden.

1. Die Zulassung der Revision durch das Landesarbeitsgericht führt nur dazu, daß die besonderen Voraussetzungen des Arbeitsgerichtsgesetzes für die Revision im arbeitsgerichtlichen Verfahren erfüllt sind. Ist also eine Revision vom Landesarbeitsgericht für das Revisionsgericht bindend zugelassen worden, so braucht und kann nicht mehr geprüft werden, ob die besonderen Voraussetzungen des Arbeitsgerichtsgesetzes für die Statthaftigkeit der Revision vorliegen, ob insbesondere Streitwert und Beschwerdewert gegeben sind, ob dem Rechtsstreit grundsätzliche Bedeutung zukommt oder ob Divergenz vorliegt. Die allgemeinen Vorschriften der ZPO über die Anfechtbarkeit und die Anfechtung von Urteilen, insbesondere die Frage der Zulässigkeit eines Rechtsmittels gegen ein Urteil bestimmten Inhalts, bleiben aber unberührt. Ist aus solchen allgemeinen Gründen die Revision gegen ein Urteil bestimmten Inhalts, wie hier

das Urteil, durch das der Rechtsstreit an ein anderes Gericht verwiesen wird, unzulässig, so macht die Zulassung gemäß § 69 ArbGG diese unzulässige Revision nicht zulässig.

2. Daß das Landesarbeitsgericht in seinen Entscheidungsgründen sich mit der Frage, ob überhaupt eine Versorgungslast der Beklagten besteht, beschäftigt hat, rechtfertigt ebenfalls die Revision gegen das Urteil nicht. Diese Ausführungen in den Entscheidungsgründen des Landesarbeitsgerichts erwachsen nicht in Rechtskraft. Sie hindern nicht, daß die Beklagte weiter ihre gegenteilige Ansicht vertritt, und binden insbesondere nicht das Landgericht im Verfahren der freiwilligen Gerichtsbarkeit nach § 7 Abs. 7 AltbG oder andere Gerichte, die später mit der Sache befaßt werden. Eine Revision kann immer nur gegen den erkennenden Teil eines Urteils eingelegt werden, nicht aber gegen die Begründung. Wäre im erkennenden Teil des Urteils gesagt worden, daß der Anspruch als solcher bestehe (etwa gemäß § 280 ZPO), so wäre allerdings die Revision zulässig. Um ein ergänzungsfähiges und ergänzungsbedürftiges Urteil im Sinne des § 321 ZPO handelt es sich nicht. Die Klägerin hatte keinen einschlägigen Feststellungsantrag gestellt. Deshalb liegt auch keine Unvollständigkeit des Urteils im Sinne von § 313 ZPO vor.

12

Den Anspruch auf Feiertagsbezahlung haben auch solche Arbeitnehmer, die nur an vier Tagen der Woche beschäftigt sind, wenn auf einen dieser Wochentage ein Wochenfeiertag fällt. Dies gilt jedoch nur dann, wenn die Arbeitszeit regelmäßig auf den Wochentag gelegt war, auf den dann der Wochenfeiertag fällt.

Gesetz über die Lohnfortzahlung an Feiertagen.

I. Senat. Urteil vom 9. 7. 1959 i. S. St. L. (Bekl.) w. B. (Kl.)
1 AZR 4/58.

I. Arbeitsgericht Ludwigshafen. — II. Landesarbeitsgericht Mainz.

Die Klägerin ist als Putzfrau auf dem Schlachthof der Beklagten tätig. Sie hat in der Woche 34 Stunden zu arbeiten, und zwar zur Erledigung der Reinigungsarbeiten an den Schlachttagen. Die Beklagte läßt in der Woche vier Schlachttage, regelmäßig an den Wochentagen von Montag bis Donnerstag, abhalten.

Für die Arbeiter der Beklagten gilt eine am 9. Januar 1956 abgeschlossene und am 29. Januar 1956 in Kraft getretene Betriebsvereinbarung, nach der die Dauer der dienstplanmäßigen Arbeitszeit der Arbeiter, die weniger als 48 Stunden wöchentlich arbeiten, im Einzelarbeitsvertrag zu regeln ist. Die Lage dieser Dienstzeit richtet sich nach den betrieblichen Bedürfnissen.

In den Wochen, in denen auf einen der vier ersten Wochentage, die bei der Beklagten Schlachttage waren, ein Wochenfeiertag fiel, hat die Beklagte diesen Schlachttag auf einen anderen Wochentag verlegt. Die Klägerin wurde dann an diesem anderen Wochentag zu den ihr an den Schlachttagen obliegenden Reinigungsarbeiten eingesetzt und bekam diese Arbeit auch tarifgerecht bezahlt. Für den Wochenfeiertag, der als Schlachttag weggefallen war, erhielt sie keine Bezahlung. Auch in den Wochen mit einem Wochenfeiertag kam sie jedoch auf die Bezahlung von 34 Stunden dadurch, daß sie dann an dem anderen Wochentag, an dem sie sonst dienstfrei gehabt hätte und auf den der Schlachttag verlegt war, gearbeitet hat. In der Zeit vom 1. November 1955 bis zum 31. Mai 1956 sind auf diese Weise sieben auf Wochenfeiertage fallende Schlachttage verlegt worden.

Die Klägerin verlangt die Bezahlung dieser Wochenfeiertage in der rechnerisch unstreitigen Höhe von 81,25 DM.

Das Arbeitsgericht hat die Klage abgewiesen. Das Landesarbeitsgericht hat nach dem Klageantrag erkannt. Die Revision der Beklagten ist zurückgewiesen worden.

Aus den Gründen:

Das Landesarbeitsgericht geht davon aus, daß die Klägerin an jedem der vier Schlachttage der Woche je 8½ Stunden zu arbeiten hatte und daß diese vier Schlachttage in den Wochen ohne Wochenfeiertag regelmäßig in ständiger Übung auf die Wochentage von Montag bis Donnerstag gelegt waren. Hieraus entnimmt das Landesarbeitsgericht, es sei Inhalt des Einzelarbeitsvertrages der Klägerin geworden, daß ihre nach dem Arbeitsvertrag zu leistenden Arbeitstage mit je 8½ Stunden auf diese vier Wochentage (Montag bis Donnerstag) festgelegt waren, daß die Klägerin also an diesen Wochentagen zu arbeiten gehabt habe.

An diese, jedenfalls rechtlich mögliche, tatsächliche Auslegung des zwischen den Parteien zustande gekommenen Arbeitsvertrages ist der Senat gebunden. Der Senat kann deshalb insbesondere von sich aus nicht nachprüfen, ob die Klägerin nur für die Schlachttage, ohne Rücksicht auf den Wochentag, auf den sie fielen, angestellt war und deshalb nur an solchen Tagen, die auch Schlachttage waren, einen Anspruch auf Beschäftigung hatte, oder ob die Klägerin nach dem Inhalt ihres Arbeitsvertrages gerade an den Tagen von Montag bis Donnerstag und nur an diesen Tagen zu arbeiten hatte. Von letzterem muß der Senat vielmehr nach der ihn bindenden Auslegung, die das Landesarbeitsgericht der einzelvertraglichen Abmachung der Parteien gegeben hat, ausgehen.

In den Wochen mit Wochenfeiertagen an einem der Tage zwischen Montag und Donnerstag hat nun die Beklagte den regelmäßigen Schlachttag, der auf den Wochenfeiertag gefallen wäre, auf den Freitag verlegt. Diese Verlegung des regelmäßigen Schlachttages und damit die Verlegung des regelmäßigen Arbeitstages der Klägerin war die unmittelbare Folge davon, daß eben der sonst übliche Schlachttag als solcher wegen des Gebots der Feiertagsruhe nicht abgehalten und die Klägerin an diesem Tage nicht beschäftigt werden konnte. Durch den Feiertag ist somit auch die Arbeit der Klägerin, die sie an diesem, dann aber verlegten, Schlachttag zu leisten gehabt hätte, ausgefallen. Der Wochenfeiertag ist die unmittelbare Ursache des Arbeitsausfalls der Klägerin an diesem Wochentag, an dem sie sonst nach ihrem Arbeitsvertrag zu arbeiten gehabt hätte. Das rechtfertigt den Anspruch der Klägerin auf Bezahlung der an den Wochenfeiertagen ausgefallenen Arbeit.

Dem kann die Beklagte nicht entgegenhalten, daß eine Verlegung des Arbeitstages der Klägerin überhaupt nicht stattgefunden habe, daß vielmehr der Arbeitstag der Klägerin begrifflich nur der Schlachttag sein könne, weil nur an einem Schlachttag Arbeit für die Klägerin anfalle. Dem widerspricht die das Revisionsgericht bindende tatsächliche Auslegung des Landesarbeitsgerichts, daß sich die Arbeitspflicht der Klägerin eben auf die Wochentage Montag bis Donnerstag arbeitsvertraglich konkretisiert hatte, daß also die Klägerin gerade an diesen Tagen und nur an diesen Tagen zu arbeiten hatte. Damit ist die von der Klägerin zu leistende Arbeit infolge des Feiertages ausgefallen, obwohl die Klägerin an einem anderen Wochentag beschäftigt worden ist.

Sinn des Gesetzes über die Feiertagsbezahlung ist es, die Rechtsstellung des Arbeitnehmers durch den Arbeitsausfall am Feiertag weder zu verschlechtern noch zu verbessern (vgl. BAG 3, 207 ff.). Der Arbeitnehmer soll hinsichtlich des Lohnes so gestellt sein, als hätte er an diesem Tage, an dem die Arbeit wegen des Feiertages ausgefallen ist, gearbeitet. Eine Verschlechterung der Rechtslage der Klägerin würde dann eintreten, wenn sie die wegen des Wochenfeiertages ausgefallene Arbeitszeit nicht bezahlt bekäme. Dem kann nicht entgegengehalten werden, daß die Klägerin auch in den Wochen mit Wochenfeiertagen durch die Verlegung des wegen des Feiertages ausfallenden Schlachttages auf einen anderen Wochentag und ihre Arbeit an diesem anderen Wochentag auf die gleiche Zahl von 34 Stunden und damit auf den Lohn gekommen sei, den sie in den Wochen ohne Wochenfeiertag erzielt habe. Auch kann der Klägerin nicht entgegengehalten werden, daß sie, wenn sie Bezahlung des Wochenfeiertages verlangen könnte, in den Wochen mit Wochenfeiertagen statt auf einen Lohn für 34 Stunden auf einen solchen für 42½ Stunden kommen würde. Daß die Klägerin in den Wochen mit Wochenfeiertagen auf den gleichen Lohn wie in Wochen ohne Wochenfeiertage gekommen ist und bei Bezahlung sowohl des ausgefallenen Arbeitstages wie des an dem für diese Woche anberaumten besonderen Schlachttages auf einen höheren Lohn als in den Wochen ohne Wochenfeiertag kommt, beruht darauf, daß sie in diesen Wochen an einem Wochentag zusätzlich gearbeitet hat, an dem sie nach der Auslegung, die das Landesarbeitsgericht dem Einzelarbeitsvertrag der Klägerin gegeben hat, nicht zu arbeiten hatte. Es entspricht dem Sinn des Gesetzes über die Lohnzahlung an Feiertagen, daß der Arbeitnehmer in den Genuß des Feiertages kommt und gerade für den Feiertag das Arbeitsentgelt erhält, ohne dafür eine Arbeit leisten zu müssen. Diesem Sinn des Gesetzes würde es widersprechen, wenn der Arbeitnehmer, dessen Arbeit wegen des Feiertages ausgefallen ist, nur dann in den Genuß des gleichen Lohnes wie in einer Woche ohne einen Wochenfeiertag käme, wenn er eine zusätzliche Arbeit an einem anderen Wochentag zu leisten hätte, an dem er sonst nicht gearbeitet hätte. Leistet er eine solche zusätzliche Arbeit, so ist diese auch zusätzlich zu bezahlen.

Die Beklagte kann sich auch nicht zur Rechtfertigung ihrer Ansicht auf die am 29. Januar 1956 in Kraft getretene Betriebsvereinbarung vom 9. Januar 1956 berufen. Es ist zunächst darauf hinzuweisen, daß diese Betriebsvereinbarung nicht für alle Tage gilt, für die die Klägerin Ansprüche geltend macht. Auch diese Betriebsvereinbarung gibt der Beklagten ein freies Bestimmungsrecht hinsichtlich der Festlegung der Arbeitszeit und deren Verlegung auf einen anderen Wochentag in den Wochen mit Wochenfeiertagen der Klägerin gegenüber deshalb nicht, weil deren Arbeitstage und deren Arbeitszeit nach der tatsächlichen Auslegung des Landesarbeitsgerichts einzelvertraglich auf die Wochentage Montag bis Donnerstag festgelegt sind. Das Recht zur Bestimmung der Arbeitszeit nach den betrieblichen Bedürfnissen geben diese Betriebsvereinbarung und auch das allgemeine Direktionsrecht der Beklagten als Arbeitgeber nur dann, wenn eine Regelung der Arbeitstage und der Arbeitszeit im

Einzelarbeitsvertrag nicht erfolgt ist. Wenn nach der Auslegung des Landesarbeitsgerichts, an die der Senat gebunden ist, im Einzelarbeitsvertrag der Klägerin deren Arbeitstage und deren Arbeitszeit auf die Wochentage von Montag bis Donnerstag festgelegt sind, kann die Beklagte weder auf Grund der Betriebsvereinbarung noch auf Grund des allgemeinen Direktionsrechts die Arbeitstage abweichend von dieser einzelvertraglich vorgenommenen Regelung bestimmen.

13

1. Der Arbeitnehmer hat den Anspruch auf Feiertagsbezahlung nur dann, wenn der Feiertag die alleinige Ursache für den Arbeitsausfall ist.

2. Nach dem RTV Bau ist ein Arbeitsausfall aus witterungsbedingten Gründen nicht zu bezahlen.

3. Hätte an einem Feiertag die Arbeit wegen der Wetterlage ausfallen müssen, so steht dem Arbeitnehmer der Anspruch auf Feiertagsbezahlung nicht zu. Eine Anordnung des Arbeitgebers auf Einstellung der Arbeiten am gesetzlichen Feiertag ist weder möglich noch erforderlich.

4. Hat an dem Feiertag Schlechtwetter geherrscht, so ist zu prüfen, ob der Arbeitgeber nach seinem Verhalten in früheren vergleichbaren Fällen bei einer solchen Wetterlage die Arbeit hätte einstellen lassen, wenn der Feiertag Werktag gewesen wäre. Weiter ist zu prüfen, wie sich ein verständiger Arbeitgeber in solchen Fällen verhalten hätte.

Gesetz zur Regelung der Lohnzahlung an Feiertagen § 1.

I. Senat. Urteil vom 16. 7. 1959 i. S. W. (Bekl.) w. B. u. a. (Kl.)
1 AZR 582/57.

I. Arbeitsgericht Mainz. — II. Landesarbeitsgericht Mainz.

Die Kläger waren im Winter 1956 bei der Beklagten als Bauarbeiter beschäftigt. Sie hatten ihre Arbeit bis unmittelbar vor Weihnachten 1956 verrichet und wurden am 27. Dezember 1956 von der Beklagten entlassen, weil durch eingetretenes Frostwetter die Fortsetzung der Arbeit unmöglich wurde. Mit der Klage beanspruchen die Kläger die Zahlung des Lohnes für den 25. und 26. Dezember 1956.

Das Arbeitsgericht hat den Klägern den von ihnen geltend gemachten Anspruch nur für den ersten Feiertag zugebilligt und für den zweiten Feiertag die Klage abgewiesen. Am erster Feiertag sei eine Arbeit im Hinblick auf die Wetterverhältnisse noch möglich gewesen, am zweiten

Feiertag nicht mehr. Auf die von beiden Parteien eingelegte Berufung hat das Landesarbeitsgericht der Klage in vollem Umfang stattgegeben. Die Revision der Beklagten führte zur Aufhebung und Zurückverweisung.

Aus den Gründen:

Nach § 1 des Gesetzes zur Regelung der Lohnzahlung an Feiertagen vom 2. August 1951 (BGBl. I S. 479) ist für die Arbeitszeit, die infolge eines gesetzlichen Feiertages ausfällt, vom Arbeitgeber den Arbeitnehmern der Arbeitsverdienst zu zahlen, den sie ohne den Arbeitsausfall erhalten hätten. Voraussetzung für den Anspruch auf Feiertagsbezahlung ist sonach, daß die Arbeit infolge des Feiertages ausgefallen ist. Es gilt das sogenannte Lohnausfallprinzip. Deshalb ist der Anspruch auf Bezahlung eines Feiertages dann nicht gegeben, wenn der Feiertag auf einen Wochentag fällt, an dem nach der betrieblichen Regelung ohnehin nicht gearbeitet worden wäre, oder wenn der Feiertag auf einen Wochentag fällt, an dem ein Arbeitnehmer nach seinem Arbeitsvertrag nicht zu beschäftigen war und für den er daher auch keinen Lohnanspruch hatte. Gleiches gilt, wenn die Arbeit an dem Wochenfeiertag, wenn dieser ein Arbeitstag gewesen wäre, aus sonstigen Gründen nicht hätte geleistet werden können und der Arbeitnehmer dann im Hinblick auf den Ausfall seiner Arbeit einen Lohnanspruch nicht gehabt hätte. Sinn des Gesetzes über die Lohnzahlung an Feiertagen ist es sonach nur, dem Arbeitnehmer den Lohnanspruch zu erhalten, den er hätte, wenn seine Arbeit nicht gerade wegen des Feiertages ausgefallen wäre (vgl. Nikisch, Arbeitsrecht, 2. Auflage, Bd. 1 S. 286 f.; Hueck-Nipperdey, Lehrbuch des Arbeitsrechts, 6. Aufl., Bd. 1 S. 247; Denecke, Arbeitszeitordnung, 4. Aufl., Anm. 10 zu § 105 a GewO; Neumann, Recht der Arbeit 1952, S. 179). Auch der Zweite Senat des Bundesarbeitsgerichts hat in der Entscheidung vom 21. Dezember 1954 (BAG I, 241 [244]) ausgeführt, Sinn der Regelung des Feiertagslohnzahlungsgesetzes sei, daß dann ein Lohnausfall nicht eintreten soll, wenn der gesetzliche Feiertag allein der Grund für den Ausfall der Arbeit ist. Sind andere Gründe für den Ausfall der Arbeit maßgebend, so kann das Gesetz zur Regelung der Lohnzahlung an Feiertagen nicht eingreifen.

Die Beklagte macht nun geltend, die Arbeit am 25. und 26. Dezember 1956 wäre auch dann im Hinblick auf die Wetterlage ausgefallen, wenn diese beiden Tage keine gesetzlichen Feiertage gewesen wären.

Im Baugewerbe führen nach dem für allgemeinverbindlich erklärten Rahmentarifvertrag für das Baugewerbe vom 17. April 1955 in der Fassung von 1955, der hier anzuwenden ist, Schlechtwettertage, die die Fortsetzung der Arbeit in der Zeit vom 15. Oktober bis 31. März unmöglich machen, zum Verlust des Lohnanspruchs. Dies ergibt sich aus § 2 Ziff. 5 RTV („mit Rücksicht darauf, daß Lohn nicht weitergezahlt wird") und aus § 4 II RTV („Witterungseinflüsse gelten nicht als betriebliche Störungen im Sinne dieser Bestimmung"). Schlechtwetter im Sinne dieser Bestimmung liegt dann vor, wenn

a) atmosphärische Einwirkungen (Regen, Schnee, Frost usw.) so stark oder so nachhaltig sind, daß die Arbeit nicht fortgesetzt oder die Fortsetzung nicht zugemutet werden kann,

b) die Folgewirkungen der ungünstigen Witterung die Arbeit so erschweren, daß die Aufnahme oder Fortsetzung der Arbeit technisch unmöglich ist oder nicht zugemutet werden kann.

Das Landesarbeitsgericht hat nicht erörtert, ob die Wetterverhältnisse am 25. und 26. Dezember 1956 so gelagert waren, daß die Voraussetzungen dieser Regelung vorlagen. Es ist der Auffassung, daß sich die Beklagte auf diese Wetterlage deshalb nicht berufen könne, weil sie eine Entscheidung nach § 2 Ziff. 5 letzter Absatz RTV nicht getroffen habe.

Nach dieser tariflichen Bestimmung entscheidet der Arbeitgeber nach pflichtmäßigem Ermessen nach Beratung mit dem Auftraggeber (Bauleiter) und der Betriebsvertretung über die Frage, ob die Arbeit mit Rücksicht auf die Witterung einzustellen, fortzuführen oder wiederaufzunehmen ist. Das Landesarbeitsgericht ist der Auffassung, daß eine solche Entscheidung v o r der Einstellung der Arbeit erfolgen müsse. Eine solche Entscheidung habe aber die Beklagte vor dem Weihnachtsfest nicht getroffen, deshalb sei die Arbeit an den Weihnachtstagen nicht wegen der Witterungseinflüsse, sondern eben wegen der Feiertage ausgefallen; daher sei der Anspruch gerechtfertigt.

Der Auffassung des Landesarbeitsgerichts, daß Schlechtwetter allein noch nicht zur Arbeitseinstellung führt, sondern daß eine Entscheidung des Arbeitgebers nach § 2 Ziff. 5 letzter Absatz hinzukommen muß, tritt der Senat in den Fällen bei, in denen es sich um normale Werktage handelt, an denen ein gesetzliches Verbot der Arbeit nicht entgegensteht. In solchen Fällen haben die Arbeitnehmer in der Tat ein schutzwertes Interesse daran, rechtzeitig v o r h e r von einer Arbeitseinstellung wegen Schlechtwetters unterrichtet zu werden. Dies gilt auch dann, wenn die Entscheidung des Arbeitgebers eine Reihe zusammenhängender Tage betrifft, in die auch Feiertage fallen.

Sofern aber feststeht, daß an bestimmten Wochentagen deshalb nicht gearbeitet wird, weil der Arbeit an diesen Tagen ein gesetzliches Verbot entgegensteht, eben das Gebot der Feiertagsruhe (gesetzliche Feiertage), kommt eine Erklärung des Arbeitgebers, daß an diesen Tagen wegen Schlechtwetters nicht gearbeitet werden solle, nicht in Frage. Eine solche Erklärung, in der der Arbeitgeber seinen Arbeitnehmern eröffnen würde, die Arbeitnehmer könnten wegen Schlechtwetters nicht arbeiten, wäre sinnlos, da die Arbeitnehmer von vornherein wissen, daß sie an den Feiertagen nicht arbeiten; eine solche Erklärung würde ins Leere stoßen, weil die Arbeitnehmer ohnehin bereits wegen des Feiertages nicht zur Arbeit erscheinen und nicht arbeiten.

In einem solchen Fall ist somit zu prüfen, ob der Arbeitsausfall allein durch den Feiertag eingetreten ist (dann ist die ausgefallene Arbeitszeit nach dem Gesetz zur Regelung der Lohnzahlung an Feiertagen zu bezahlen) oder aber ob wegen des Schlechtwetters an diesem Tag nicht hätte gearbeitet werden können, so daß der Arbeitnehmer ohnehin keinen Lohn bezogen hätte (dann scheidet ein Anspruch auf Bezahlung des Feiertages aus, weil der Arbeitnehmer durch den Feiertag keinen Lohnausfall erlitten hat).

Das Landesarbeitsgericht hat diese Frage von seinem nicht zutreffen-Rechtsstandpunkt aus nicht geprüft. Eine solche Prüfung ist aber erforderlich.

Bei der erneuten Verhandlung wird das Landesarbeitsgericht zu prüfen haben, ob die Wetterlage am 25. und 26. Dezember 1956 eine Arbeit auch dann ausgeschlossen hätte, wenn es sich bei diesen Tagen nicht um gesetzliche Feiertage gehandelt hätte. Das Landesarbeitsgericht wird in diesem Zusammenhang auch zu erörtern haben, ob die Kläger bei dem offenbar nicht sehr erheblichen Frost mit solchen Arbeiten hätten beschäftigt werden können, die unter der herrschenden Wetterlage erledigt werden konnten. Das Landesarbeitsgericht wird weiter zu ermitteln haben, wie sich die Beklagte bei einem vergleichbaren Wetter in früheren Fällen verhalten hat. Hat die Beklagte bei einem vergleichbaren Wetter in früheren Fällen die Arbeit nicht einstellen lassen, so hätte sie sich am 25. und 26. Dezember 1956, wenn diese Tage Arbeitstage gewesen wären, entsprechend verhalten müssen. Es würde mit den Pflichten des Arbeitgebers unvereinbar sein, wenn er, nachdem er sonst bei vergleichbarem Wetter hat weiter arbeiten lassen, für die Feiertage sich darauf berufen würde, er hätte bei der gleichen Wetterlage nicht weiter arbeiten lassen. Das Landesarbeitsgericht wird weiter zu prüfen haben, wie sich ein verständiger Arbeitgeber des Baugewerbes bei einer solchen Wetterlage zu verhalten pflegt. Hätte ein solcher Arbeitgeber bei einem Wetter wie an den hier streitigen Tagen dann arbeiten lassen, wenn es sich um gewöhnliche Arbeitstage gehandelt hätte, so kann sich auch die Beklagte nicht darauf berufen, daß sie zur Einstellung der Arbeit an den beiden Weihnachtstagen wegen der an diesen Tagen bestehenden Wetterlage befugt gewesen wäre.

Eine Vorlage des Rechtsstreits an den Großen Senat wegen einer etwaigen Abweichung von der Entscheidung des Zweiten Senats vom 12. November 1958 — 2 AZR 427/57 — (BAG 7, 33 ff.) war nicht geboten. Einmal hat sich der Zweite Senat in seinem Urteil nicht mit dem Gesetz zur Regelung der Lohnzahlung an Feiertagen der Bundesrepublik und dem RTV für das Baugewerbe beschäftigt, sondern mit dem Feiertagslohnzahlungsgesetz des Landes Berlin und der Reichstarifordnung für das Baugewerbe. Zum anderen aber ist der erkennende Senat hinsichtlich der Entscheidungen von Rechtsfragen aus dem Feiertagsrecht in vollem Umfange an die Stelle des Zweiten Senats getreten, so daß er ohne Anrufung des Großen Senats in der Sache selbst entscheiden kann (vgl. Urteil des erkennenden Senats vom 22. Januar 1959 — 1 AZR 478/55 —, BAG 7, 186 [192], sowie Wieczorek, GVG 1957, § 136 Anm. B II; BGH 13. 3. 1956, DVBl. 1956, S. 759, 761; BGH 17. 9. 1958, NJW 1958, S. 1982 ff.; BGHZ 9, 179; BGHStr. 7, 104; BGHStr. 8, 66).

14

Die Arbeitnehmer privatrechtlich selbständiger Gesellschaften der Gemeinden und Gemeindeverbände fallen nicht unter § 63 Abs. 1 des Regelungsgesetzes (BAG 3, 124 wird aufgegeben).

Regelungsgesetz § 63 Abs. 1.

III. Senat. Urteil vom 29. 7. 1959 i. S. K. E. M. AG (Bekl.) w. Dr. L. (Kl.) 3 AZR 210/57.

I. Arbeitsgericht Hagen/Westf. — II. Landesarbeitsgericht Hamm/Westf.

Der Kläger trat im August 1933 in den Dienst der Beklagten. Durch Vertrag vom 15. Juni 1937 wurde er als Syndikus angestellt. Für diesen Vertrag wurde eine Laufzeit von jeweils drei Jahren mit sechsmonatiger Kündigungsfrist vereinbart. Ferner wurde dem Kläger ein Anspruch auf Ruhegeld und Hinterbliebenenversorgung nach den Satzungen der Ruhegehalts-, Witwen- und Waisenkasse für die Angestellten der Beklagten gewährt. Im Jahre 1940 wurde diese Ruhegehaltskasse auf die Beklagte übertragen, die die Erfüllung der laufenden und künftigen Versorgungsansprüche als unmittelbare Verpflichtung übernahm. Es galten nunmehr die Richtlinien über die Ruhegeld- und Hinterbliebenenversorgung der Angestellten der Beklagten, nach denen den Angestellten eine lebenslängliche Versorgung nach zehnjähriger Dienstzeit auf der Grundlage ihres Gehalts zusteht.

Der Kläger war von 1940 an Soldat und kehrte am 22. Februar 1946 aus der Kriegsgefangenschaft zurück. Wegen seiner Zugehörigkeit zur NSDAP entließ ihn die Beklagte mit Schreiben vom 8. Juni 1945 fristlos aus ihren Diensten. Das Schreiben ging den Schwiegereltern des Klägers zu, die es ihm nach seiner Rückkehr aus der Gefangenschaft übergaben.

Der Kläger behauptet, ihm sei vom Vorstand der Beklagten im Jahre 1938 und später wiederholt zugesagt worden, daß ihm ein Versorgungsanspruch auch dann zustehen solle, wenn er unfreiwillig aus den Diensten der Beklagten ausscheiden würde. Ein Anspruch solle nur dann entfallen, wenn er einen Grund zur fristlosen Entlassung geben würde.

Der Kläger meint, die Kündigung vom 8. Juni 1945 sei rechtsunwirksam. Seine Parteizugehörigkeit sei auch kein schuldhafter Grund für eine fristlose Entlassung. Er könne daher Versorgungsbezüge fordern.

Der Kläger hat beantragt, festzustellen, daß er gegen die Beklagte Anspruch auf Zahlung von Versorgungsbezügen unter Zugrundelegung der jeweiligen Richtlinien und Satzungen der Beklagten habe. Die Beklagte hat die Behauptung des Klägers über eine zusätzliche Versorgungsverpflichtung bestritten. Er könne nach ihrer Auffassung nur Ruhegeld beanspruchen, wenn er noch in ihren Diensten stünde und das 65. Lebensjahr vollendet oder seine Arbeitsunfähigkeit nachgewiesen hätte.

Das Arbeitsgericht hat die Klage abgewiesen, weil der Kläger einen von ihm zu vertretenden Grund zur fristlosen Entlassung wegen seiner Zugehörigkeit zur NSDAP gegeben habe.

In der Berufungsinstanz hat der Kläger beantragt, unter Abänderung des Urteils des Arbeitsgerichts festzustellen, daß ihm gegen die Beklagte Ansprüche gemäß dem Regelungsgesetz zu Art. 131 des Grundgesetzes zustehen,

hilfsweise

1. festzustellen, daß der Kläger gegen die Beklagte Anspruch auf Zahlung von Versorgungsbezügen unter Zugrundelegung der jeweiligen Richtlinien der Beklagten über die Ruhegeld- und Hinterbliebenenversorgung der Angestellten hat,
2. die Beklagte zu verurteilen, Auskunft über die rechnerische Grundlage der vorbezeichneten Ansprüche zu erteilen.

Er behauptet, die Beklagte habe ihm zugesichert, daß ihm nur aus wichtigem Grunde gekündigt werden könne. Die Beklagte sei ein kommunaler Betrieb, dessen Aktien bis auf einen geringen Rest von 3,7 % in öffentlicher Hand seien. Ihm stünden daher Ansprüche aus dem Regelungsgesetz zu.

Die Beklagte meint, sie falle als Aktiengesellschaft nicht unter das Regelungsgesetz. Es gehörten auch 8 % des Aktienkapitals einer privaten Gesellschaft.

Das Landesarbeitsgericht hat auf die Berufung des Klägers das Urteil des Arbeitsgerichts abgeändert und festgestellt, daß dem Kläger Ansprüche gegen die Beklagte gemäß dem Regelungsgesetz zustehen.

Die Revision der Beklagten führte zur Klageabweisung des Hauptantrages und zur Zurückverweisung an die Vorinstanz wegen des Hilfsantrages des Klägers.

Aus den Gründen:

I. Das Berufungsgericht ist unter Hinweis auf die Entscheidung des Senats vom 23. Oktober 1956 (BAG 3, 124) der Ansicht, daß die Beklagte als Aktiengesellschaft, deren Aktienkapital sich fast völlig in öffentlicher Hand befindet und deren Aufgabe, die Versorgung der Bevölkerung mit Elektrizitätsenergie, zur Daseinsvorsorge rechne, unter die Bestimmung des § 63 Abs. 1 Regelungsgesetz falle. Dieser Auffassung kann nicht gefolgt werden. Der Senat vermag nach erneuter Prüfung den Rechtsgrundsatz des Urteils vom 23. Oktober 1956, daß § 63 Regelungsgesetz Anwendung finde auf Arbeitnehmer kommunaler Versorgungsbetriebe mit eigener Rechtspersönlichkeit, deren Anteile sämtlich in der Hand der Kommunen sind, nicht aufrechtzuerhalten.

1. Zum Begriff des öffentlichen Dienstes im Sinne des Regelungsgesetzes ist in zwei Urteilen des Senats vom 18. März 1958 (BAG 5, 264 betreffend den öffentlichen Dienst bei den in der Anlage A zu § 2 Regelungsgesetz aufgeführten Körperschaften, Anstalten und Stiftungen des öffentlichen Rechts und BAG 6, 45 betreffend den öffentlichen Dienst im Sinne des § 63 Abs. 1 Regelungsgesetz) ausgeführt worden, daß das Regelungsgestz den öffentlichen Dienst als gegeben erachtet, wenn ein öffentlicher Dienstherr am 8. Mai 1945 vorhanden war. Das bedeutet, daß zum öffentlichen Dienst im Sinne des Kapitels I alle Beamten, Angestellten und Arbeiter gehören, die entweder bei den in § 1 Abs. 1 Ziffer 1 genannten Dienststellen öffentlich-rechtlicher Körperschaften oder bei den in der Anlage A zu § 2 aufgeführten Körperschaften, Anstalten und Stiftungen des öffentlichen Rechts sowie sonstigen Einrichtungen

tätig waren. Nach Kapitel II des Regelungsgesetzes liegt öffentlicher Dienst dann vor, wenn ein öffentlich-rechtlicher Dienstherr vorhanden war, d. h. die Bahn und Post nach § 62 Abs. 1 des Regelungsgesetzes, die Länder, Gemeinden, Gemeindeverbände und sonstige Körperschaften, Anstalten und Stiftungen des öffentlichen Rechts im Bundesgebiet nach § 63 Abs. 1, sowie frühere Reichsverwaltungen nach §§ 62 Abs. 2 und 63 Abs. 2 Regelungsgesetz. Daß daneben zum Begriff des öffentlichen Dienstes noch erforderlich sei, daß die von diesen öffentlichrechtlichen Dienstherren beschäftigten Personen auch einen Dienst verrichtet haben, der zum öffentlichen Dienst im materiellen Sinne rechne, kann nach der Systematik des Regelungsgesetzes, wie des Näheren in BAG 6, 45 ausgeführt worden ist, nicht angenommen werden.

2. Bei Zugrundelegung des vorstehenden Begriffs des öffentlichen Dienstes im Sinne des Regelungsgesetzes können die privatrechtlichen Gesellschaften der Gemeinden, weil sie keine öffentlich-rechtlichen Dienstherren sind, nicht unter das Regelungsgesetz fallen, und die von ihnen Beschäftigten können Ansprüche aus diesem Gesetz nicht herleiten. Es fragt sich jedoch, ob in einer ergänzenden Auslegung des § 63 Abs. 1 Regelungsgesetz diese privatrechtlichen Gesellschaften unter bestimmten Voraussetzungen den Gemeinden gleichgestellt werden können, indem ihre Betriebe gewissermaßen ohne Rücksicht auf die eigene Rechtspersönlichkeit der Gesellschaften als Betriebe der Gemeinden selbst betrachtet werden, wozu dann eine Veranlassung bestehen könnte, wenn es billig und deshalb rechtlich geboten erscheinen würde, die Beschäftigten dieser rechtlich selbständigen kommunalen Gesellschaften mit denen der Gemeinde selbst gleich zu behandeln. Zu einer solchen Auffassung ist im Ergebnis die Entscheidung des Senats vom 23. Oktober 1956 gelangt.

Auf Grund der erneuten Nachprüfung ist der Senat jedoch nunmehr der Ansicht, daß eine solche Auslegung des § 63 Abs. 1 Regelungsgesetz insbesondere nach den späteren gesetzlichen Änderungen der Anlage A zu § 2 des Regelungsgesetzes von der Rechtsprechung nicht vorgenommen werden kann. Die Beschäftigten der Wirtschaftsbetriebe der Kommunen, die von diesen selbst, wenn auch von den eigentlichen Verwaltungsaufgaben getrennt, geführt werden (sogenannte Regiebetriebe), fallen unter das Regelungsgesetz, da sie einen öffentlich-rechtlichen Dienstherrn, die Gemeinde selbst, haben. Bei den privatrechtlich organisierten Wirtschaftsgesellschaften der Gemeinden (sogenannten Eigengesellschaften) dagegen fehlt es gerade wegen dieser Rechtsform auch dann, wenn die Gemeinde das Gesellschaftskapital ganz oder überwiegend in der Hand hatte, an dieser öffentlich-rechtlichen Dienstherreneigenschaft.

Auf die Regelung des § 1 Abs. 1 AOGÖ, die solche der Versorgung dienende Gesellschaften der Gemeinden erfaßte, wenn diese am Kapital mit mehr als der Hälfte beteiligt waren oder durch Stimmenmehrheit in Organen oder sonst entscheidenden Einfluß auf die Leitung der Betriebe ausübten, kann es hier nicht ankommen, denn das Regelungsgesetz hat, wie oben dargelegt, seinen Anwendungsbereich in anderer Weise begrenzt.

In der Anlage A zu § 2 Regelungsgesetz sind durch die Änderungsgesetze zum Regelungsgesetz vom 19. August 1953 (BGBl. I S. 980), Art I Nr. 66, und vom 11. September 1957 (BGBl. I S. 1275), Art. I Nr. 75, allerdings auch Gesellschaften von Kommunen, die als Gesellschaften mit beschränkter Haftung oder Aktiengesellschaften geführt worden sind, aufgenommen worden (vgl. Nr. 40, 61 bis 73, 101 bis 109 der Anlage A). Es handelt sich hierbei um einzelne, namentlich aufgeführte Gesellschaften, von denen auch eine größere Anzahl zu den sogenannten Versorgungsbetrieben (Betriebe der Versorgung mit Gas, Wasser und Elektrizität sowie des Verkehrs) zählen. Aus der beschränkten Auswahl der Aufnahme dieser Gesellschaften in die Anlage A muß notwendigerweise gefolgert werden, daß n i c h t a l l e Eigengesellschaften der Kommunen, auch wenn sie Versorgungsaufgaben dienten, in die Anlage A aufgenommen werden sollten. In diesem Falle hätte eine globale Aufnahme dieser Gesellschaften in die Anlage A nahegelegen, wie sich sonst in der Anlage A mehrfach die gattungsweise Aufzählung von Einrichtungen findet (vgl. Nr. 3, 6, 7, 9, 10, 12, 13, 14, 23, 25, 32, 38, 41, 53). Aus den Protokollen des Beamtenausschusses des Bundestages, der sich mit der Ergänzung der Anlage A befaßte, ergibt sich, daß zahlreiche Anträge auf Aufnahme von Einrichtungen in die Anlage A gestellt worden sind, denen nicht stattgegeben wurde (vgl. Protokoll der 18. Sitzung des Unterausschusses vom 19. Juni 1957). Als entscheidend für die Aufnahme in die Anlage A wird u. a. angegeben, daß eine Einrichtung mit einer anderen juristischen Person des öffentlichen Rechts so eng verbunden war, daß sie gleichsam nur als unselbständiger Teil derselben angesehen werden konnte (vgl. Kurzprotokoll Nr. 264 des Ausschusses für Beamtenrecht vom 24. Juni 1953). Die beschränkte Auswahl der in die Anlage A aufgenommenen Gesellschaften der Kommunen ergibt jedenfalls, daß der Gesetzgeber die Aufnahme aller Gesellschaften, die sich mit Versorgungsaufgaben befassen, nicht gewollt hat. Aus der Aufnahme der einzelnen Gesellschaften ist auch weiter zu schließen, daß von dem Begriff der Gemeinden oder der Gemeindeverbände in § 1 Abs. 1 Ziff. 1b des Regelungsgesetzes die Eigengesellschaften der Gemeinden und Gemeindeverbände nicht mit umfaßt sind, denn sonst wäre ihre Aufnahme in die Anlage A nicht nötig gewesen.

Wenn aber in Kapitel I des Regelungsgesetzes die rechtlich selbständigen Gesellschaften nicht unter den Begriff der Gemeinden und Gemeindeverbände fallen, kann für Kapitel II nichts anderes gelten. Der Begriff Gemeinden und Gemeindeverbände in § 63 Abs. 1 Regelungsgesetz läßt sich von demselben Begriff in § 1 Abs. 1 Ziffer 1 b Regelungsgesetz nicht verschieden auslegen. Danach ergibt sich, daß das Regelungsgesetz weder nach Kapitel I noch nach Kapitel II die Beschäftigten der rechtlich selbständigen Gesellschaften der Gemeinden und Gemeindeverbände durch die Anführung dieser Gemeinden und Gemeindeverbände bereits erfaßt. Nach Kapitel I besteht gegenüber Kapitel II nur insofern ein Unterschied, als die in der Anlage A zu § 2 aufgeführten Gesellschaften der Gemeinden wegen dieser besonderen Aufzählung in den Geltungsbereich des Gesetzes eingeschlossen werden.

Nach dieser Regelung des Gesetzes, insbesondere auf Grund der Ergänzung durch das Zweite Änderungsgesetz, sprechen gegen eine ergänzende Auslegung der maßgebenden Bestimmung des § 63 Abs. 1 für das Kapitel II des Regelungsgesetzes so erhebliche Gründe, daß der Senat seine frühere gegensätzliche Ansicht nicht aufrecht erhalten kann. Der Gesetzgeber hat das Problem der rechtlich selbständigen Gesellschaften der Gemeinden hinsichtlich ihrer Aufnahme in das Regelungsgesetz sehr wohl erkannt, was sich aus ihrer, wenn auch nur ausnahmsweisen Aufnahme in die Anlage A zu § 2 des Regelungsgesetzes ergibt. An dem Wortlaut des § 63 Abs. 1 Regelungsgesetz ist aber durch die Änderungsgesetze in dieser Hinsicht nichts geändert worden (*Anders* hatte in einem Artikel in „Die öffentliche Verwaltung", 1953, Heft 3, S. 65, die Einbeziehung kommunaler Verkehrs- und Versorgungsbetriebe vorgeschlagen). Aus diesem Verhalten des Gesetzgebers ist — obwohl im Zeitpunkte des Zweiten Änderungsgesetzes vom 11. September 1957 das Urteil des Bundesarbeitsgerichts vom 23. Oktober 1956 bekannt war — zu folgern, daß er für § 63 Regelungsgesetz die Aufnahme von rechtlich selbständigen Gesellschaften der Kommunen abgelehnt hat. Dieser deutlich erkennbare Wille des Gesetzgebers muß von der Rechtsprechung beachtet werden und steht einer Auslegung des § 63 Regelungsgesetz entgegen (so auch Dietz in der Festschrift für Alfred Hueck, S. 123 ff.). Es können daher bei der Anwendung des § 63 Abs. 1 Regelungsgesetz auch die Fälle keine Berücksichtigung finden, in denen zwischen der Kommune und ihrer rechtlich selbständigen Wirtschaftsgesellschaft infolge einer tatsächlichen Gestaltung eine so enge Verbindung besteht, daß die Gesellschaft praktisch nur einen unselbständigen Teil der Gemeinde selbst bildet, was den Gestzgeber bewogen haben mag, derartige untergegangene privatrechtlich selbständige Gesellschaften in die Anlage A zu § 2 Regelungsgesetz aufzunehmen. Wenn der Senat es sonst in seiner Rechtsprechung zum Regelungsgesetz auf die Berücksichtigung der tatsächlichen Verhältnisse abgestellt hat, sieht er sich doch hier gegenüber der bestimmten gesetzlichen Regelung an ihrer Ausweitung gehindert. Der Gedanke der Rechtssicherheit, der den Gesetzgeber bei der Normierung des öffentlichen Dienstes im Sinne des Regelungsgesetzes allgemein und insbesondere im Sinne seines § 63 Abs. 1 Regelungsgesetz nach der Meinung des Senats geleitet hat, muß für die Rechtsprechung entscheidend sein. Es würde einer ausdehnenden Auslegung auch entgegenstehen, daß hierfür überzeugende Grenzen nicht zu finden sind. Wenn man die völlige finanzielle Beherrschung einer Wirtschaftsgesellschaft durch eine Gemeinde anerkennen würde, so würde es in der gleichen Richtung liegen, bereits eine offensichtlich überwiegende oder sogar nur eine zahlenmäßig überwiegende Beteiligung oder gar einen tatsächlich überwiegenden Einfluß genügen zu lassen. Es würde weiter die Frage entstehen, welche Arten von Gesellschaften, an denen die öffentliche Hand beteiligt ist, unter Kapitel II des Regelungsgesetzes fallen sollen, ob nur Versorgungs- und Verkehrsgesellschaften oder auch andere Gesellschaften, wie etwa Hafengesellschaften, Pfandleihen, Meßämter oder andere Wirtschaftsunternehmen. Bei der Vielfalt der Erscheinungsformen, in denen die Gemeinden ihre Aufgaben unmittelbar oder mittelbar erfüllen, bietet der Gesichtspunkt der Daseinsvorsorge keinerlei sichere Abgrenzung. Auch der Gedanke, daß die Aufgabe der Versorgung auf die an der privatrechtlichen Gesellschaft beteiligte Kommune beschränkt sein müsse, ist bei der vor allem in den hochindustrialisierten Gebieten bestehenden Verflechtung zu einer Abgrenzung ungeeignet.

Es muß nach alledem angenommen werden, daß die privatrechtlich selbständigen Wirtschaftsbetriebe der Gemeinden und Gemeindeverbände nicht unter § 63 Abs. 1 Regelungsgesetz fallen und daß deshalb deren Arbeitnehmer auch keine Ansprüche aus dem Regelungsgesetz haben.

Soweit in dem Urteil des Senats vom 14. August 1958 — 3 AZR 229/56 — AP Nr. 15 zu § 63 RegelungsG —, das den besonders gelagerten Einzelfall eines rechtsfähigen Vereins betrifft, hiervon abweichende Rechtsgrundsätze aufgestellt worden sind, werden diese gleichsfalls nicht aufrechterhalten.

II. Das angefochtene Urteil, das feststellt, daß dem Kläger gegen die Beklagte Ansprüche nach dem Regelungsgesetz zustehen, mußte danach aufgehoben werden. Die Klage ist hinsichtlich des Hauptantrages unbegründet und mußte abgewiesen werden.

Wegen des vom Kläger gestellten Hilfsantrags, zu dem das Landesarbeitsgericht noch nicht Stellung genommen hat, mußte die Sache zur erneuten Verhandlung und Entscheidung, auch über die Kosten der Revision, in die Vorinstanz zurückverwiesen werden.

15

1. Zum Bestehenbleiben desselben Arbeitsverhältnisses bei Änderung seines Inhalts und der Tätigkeit des Arbeitnehmers.

2. Die Auslegung eines Einzelarbeitsvertrages, der ganz auf eine tarifvertragliche Regelung Bezug nimmt, ist vom Revisionsgericht in vollem Umfang nachprüfbar.

3. Zur Rechtsgültigkeit von Mankoregelungen.

GG Art. 2 Abs. 1; BGB § 305; BGB § 157; ZPO § 549 Abs. 1; ArbGG § 73 Abs. 1; Manteltarifvertrag zwischen Fa. H. M. & Co AG, Berlin, und G. N., G., G., L. Berlin, vom 30. Juni 1958 § 12.

II. Senat. Urteil vom 12. 8. 1959 i. S. M. AG (Bekl.) w. T. (Kl.)
2 AZR 75/59.

I. Arbeitsgericht Berlin. — II. Landesarbeitsgericht Berlin.

Die gewerkschaftlich nicht organisierte, heute 54 Jahre alte Klägerin wurde von der Beklagten, die Herstellung von Lebensmitteln sowie einen entsprechenden Groß- und Einzelhandel betreibt, am 1. Juli 1956 als Verkäuferin eingestellt. Die Klägerin unterzeichnete am 24. November 1956 folgendes Schreiben:

Hiermit bestätige ich den Empfang der Vereinbarung zum Lohn- und Gehaltstarifvertrag vom 20. Oktober 1955, abgeschlossen am 18. Oktober 1956.

Gleichzeitig bestätige ich, Kenntnis genommen zu haben, daß Bestandteile meines Arbeitsvertrages sind:

a) Der Manteltarif vom 27. Februar 1951.
b) Die protokollarischen Feststellungen vom 20. April 1951 zum Manteltarifvertrag vom 27. Februar 1951.
c) Der Lohn- und Gehaltstarifvertrag vom 20. Oktober 1955.

d) Die Vereinbarung zum Lohn- und Gehaltstarifvertrag vom 20. Oktober 1955, abgeschlossen am 18. Oktober 1956.

Bei einer eventuellen Kündigung dieser Verträge und Vereinbarungen tritt jeweils der neu abgeschlossene Vertrag in Kraft."

Die in diesem Schreiben bezeichneten Tarifverträge sind als Firmentarifverträge zwischen der Beklagten einerseits und der Gewerkschaft Nahrung, Genuß, Gaststätten, Landesleitung Berlin, andererseits abgeschlossen. Zwischen denselben Tarifpartnern wurde am 30. Juni 1958 der ab 1. Juli 1958 geltende MTV 58 abgeschlossen, der den vorausgehenden MTV 51 ablöste.

Ab Februar 1957 übernahm die Klägerin als Leiterin eine Filiale der Beklagten. Das Arbeitsverhältnis endete infolge fristgerechter Kündigung seitens der Beklagten mit dem 30. September 1958.

Die Klägerin erhielt als Verkäuferin zuerst 308,20 DM und dann 319,30 DM monatliches Gehalt; als Filialleiterin erhielt sie dazu monatlich einen Zuschlag von 77,25 DM und eine Umsatzprovision von von $^{2}/_{3}$ % des Filialumsatzes; diese Umsatzprovision der Klägerin betrug im Jahre 1957 monatlich zwischen 20,– und 70,– DM, durchschnittlich 50,– DM monatlich.

Nachdem die Klägerin Fillialleiterin geworden war, behielt die Beklagte monatlich Teilbeträge vom Arbeitsverdienst der Klägerin in Höhe von zusammen 300,– DM als Kaution zurück, deren Rückzahlung die Klägerin nunmehr nach Beendigung des Arbeitsverhältnisses mit der vorliegenden Klage verlangt. Die Beklagte lehnte die Zahlung unter Hinweis auf § 12 MTV 58 ab, weil die Kaution wegen des in der Filiale der Klägerin am 28. Juli 1958 festgestellten Fehlbetrages in Höhe von 903,03 DM verfallen sei.

§ 12 I MTV hat folgenden Inhalt:

„Besondere Bestimmungen für die Belegschaft in den Verkaufsstellen.

Für die Angestellten in den Verkaufsstellen gelten zusätzlich folgende besondere Bestimmungen:

I. Einstellung und Übernahme der Verkaufsstellen Kaution und Mankofonds.

1. Nach Abschluß des Anstellungsvertrages wird den haftenden Angestellten in den Verkaufsstellen der Warenbestand, das Bargeld, das Inventar und sonstige Gegenstände gegen Quittung durch einen Beauftragten der Firma übergeben.
   Nach der Übergabe tragen diese Verkaufsangestellten die volle Verantwortung für das Bargeld, den Warenbestand, das

Inventar und sonstige ihnen übergebene Gegenstände. Sie haben für Fehlmengen und Fehlbeträge aufzukommen.

2. Die haftenden Verkaufsangestellten haben vor Übernahme des Warenlagers eine Kaution in Höhe von DM-W 300,—, in Sonderfällen, die mit dem Betriebsrat vereinbart werden, in besonders festzusetzenden höheren Beträgen, zu stellen. Die Firma verzinst den Betrag mit den banküblichen Zinsen für langfristige Anlagen.

3. Den haftenden Verkaufsangestellten wird von ihrem Gehalt laufend monatlich DM-W 2,— einbehalten und an einen Mankofonds der Firma eingezahlt. Die Firma zahlt in diesen Fonds je haftenden Verkaufsangestellten weitere DM-W 8,— monatlich ein.

4. Bei Inventuren werden den Verkaufsstellen die in den betreffenden Inventuren festgestellten Bestände belastet. Gegenüber dem Sollbestand eventuell festgestellte Plusbeträge werden ebenfalls dem Mankofonds buchmäßig zugeführt.

5. Etwaige Fehlbeträge, die sich bei Inventuren der Verkaufsstellen ergeben, werden aus der Kaution des oder der haftenden Verkaufsangestellten und dem Mankofonds der Firma abgedeckt, und zwar nach folgenden Richtlinien:

   a) Fehlbeträge bis zu DM-W 150,— werden der Firma aus dem Mankofonds ohne weitere Prüfung der Verkaufsstelle ersetzt;

   b) Fehlbeträge von mehr als DM-W 150,— bis einschließlich DM-W 300,— werden in erster Linie aus dem Mankofonds gedeckt, aber in der Regel erst nach einer weiteren Kontrollinventur in der Verkaufsstelle. Die Kaution wird nur in Anspruch genommen, wenn diese Nachprüfung ergibt, daß der haftende Verkaufsangestellte das Manko grob fahrlässig verursacht hat;

   c) Für Fehlbeträge von mehr als DM-W 300,— haftet in erster Linie die Kaution. Dadurch nicht gedeckte Beträge werden aus dem Mankofonds ersetzt. Im übrigen werden im Einvernehmen mit dem Betriebsrat die erforderlichen arbeitsrechtlichen Folgerungen gezogen.

   d) Dasselbe wie im Falle c) gilt für Fehlbeträge in jeder Höhe, wenn sie nach dem Revisionsbericht auf widerrechtlichen Entnahmen oder Veräußerungen beruhen.

6. Im Januar eines jeden Jahres wird der Fonds des vergangenen Kalenderjahres bis auf einen Grundstock von DM-W 3000,– aufgelöst. Die durch die Auflösung freiwerdenden Beträge werden als Prämien an die an dem Fonds mit Einzahlung beteiligten Verkaufsangestellten mit folgender Maßgabe verteilt: Es werden nur solche Angestellten berücksichtigt, bei denen im vergangenen Kalenderjahr die Summe der Minusbeträge, die im Einzelfall DM-W 150,– nicht überschreiten dürfen, durch Plusbeträge aufgehoben wird und der evtl. Gesamt-Minussaldo nicht den Betrag ihrer eigenen Einzahlung in den Mankofonds überschreitet oder bei denen sich insgesamt ein Plus ergibt.
   Die Verteilung erfolgt in dem Verhältnis, wie die Angestellten Beträge in den Mankofonds eingezahlt haben.
   Mit den sich danach ergebenden Beträgen wird bei den an der Ausschüttung beteiligten Angestellten zunächst die Kaution auf DM-W300,– aufgefüllt und dann der Rest an die Beteiligten ausgezahlt.
7. Der Mankofonds wird von einem Ausschuß verwaltet. In ihn entsenden die Gewerkschaftsleitung und der Betriebsrat je zwei Mitglieder. Der Vorsitz wechselt zwischen diesen beiden Gruppen von Mitgliedern am 1. Januar, 1. April, 1. Juli und 1. Oktober jeden Jahres.
   Jedes Ausschußmitglied hat eine Stimme. Bei Stimmgleichheit entscheidet die Stimme des Vorsitzenden.
   Der Vorsitzende hat die übrigen Ausschußmitglieder mit einer Frist von in der Regel einem Werktag formlos einzuladen."

Das Arbeitsgericht hat die Klage abgewiesen, das Landesarbeitsgericht hat ihr stattgegeben. Es hält die Mankoregelung des MTV 58 wegen Sittenwidrigkeit (§ 138 BGB) für nichtig und damit die Weigerung der Beklagten, die Kaution zurückzuzahlen, für unbegründet.

Die Revision der Beklagten führte zur Klageabweisung.

Aus den Gründen:

I. Mit Recht geht das Landesarbeitsgericht davon aus, daß die im Tatbestand bezeichneten Tarifverträge Inhalt des Arbeitsverhältnisses der Klägerin geworden sind, und zwar kraft ausdrücklicher, im Einzelarbeitsvertrag niedergelegter Vereinbarung, gegen deren rechtliche Zulässigkeit bei dem Grundsatz der Vertragsfreiheit keine Bedenken bestehen. Die Bezugnahme des Einzelarbeitsvertrages deckt dabei nicht nur die ausdrücklich genannten Tarifverträge, sondern auch die jeweiligen Abänderungen dieser Tarifverträge, nämlich hier die Ablösung des MTV 51 durch den MTV 58, so daß der Inhalt des letzteren kraft einzelvertraglicher Absprache die Grundlage des Arbeitsverhältnisses der Klägerin bildet.

Die Manteltarifverträge 51 und 58 blieben auch wirksame Grundlage des Arbeitsverhältnisses, als die Klägerin nach ihrer anfänglichen Tätigkeit als Verkäuferin ab Februar 1957 die Leitung einer Filiale übernahm und damit auch die in den Tarifverträgen vorgesehenen „besonderen Bestimmungen für die Belegschaft in den Verkaufsstellen" und so insbesondere auch diejenigen für die sogenannten haftenden Angestellten — worunter die Klägerin als Filialleiterin, von den Parteien nicht angezweifelt, fiel — maßgeblich wurden. Die Klägerin kann sich nicht darauf berufen, sie sei zu den Bedingungen des MTV 51 eingestellt worden und die Ablösung des MTV 51 durch den MTV 58 sei ihr nicht bekannt gewesen; sie kann sich auch nicht darauf berufen, daß ihr die für Filialleiter geltenden Tarifvertragsbestimmungen nicht bekannt gewesen seien, weil sie als Verkäuferin angestellt worden sei. Die Klägerin war jederzeit in der Lage, sich unschwer über den gesamten Inhalt der einschlägigen Tarifverträge und damit über den Inhalt ihres Einzelarbeitsvertrages zu unterrichten; sie war auch ohne unzumutbare Anforderungen in der Lage, die Änderungen dieser Tarifverträge nach dem MTV 58 zu erkennen und so diese Änderungen zu erfahren, da nach § 14 Ziff. 6 MTV 58 die Beklagte verpflichtet war, den MTV 58 an sichtbarer Stelle in der Firma auszuhängen. Daß der Aushang selbst nicht erfolgt sei, ist nicht vorgetragen worden. Nach allen Erfahrungssätzen über die Unterrichtung innerhalb menschlicher Gruppen wird sich nämlich der Abschluß eines neuen Firmentarifes und sein Aushang innerhalb der Firmenbelegschaft sofort herumsprechen. Auch war, entgegen der in den Vorinstanzen zum Ausdruck gekommenen Ansicht der Klägerin, weder bei Änderung der als Grundlage vereinbarten Tarifverträge noch bei Änderung der Stellung der Klägerin von der Verkäuferin zur Filialleiterin eine ausdrückliche Abänderung oder gar ein Neuabschluß des Arbeitsvertrages erforderlich. Bei einer lebenswirklichen Betrachtung hat zwischen der Klägerin und der Beklagten seinem Wesen nach immer nur ein und dasselbe Arbeitsverhältnis bestanden. Was die Änderung seiner näheren Regelung als solche angeht, ist sie von Anfang an mit einbezogen worden. Was die Änderung in der Stellung der Klägerin betrifft, so hält sich der Aufstieg von der Verkäuferin zur Filialleiterin im Rahmen dessen, womit nicht zuletzt auch bei dem Alter der Klägerin gerechnet werden kann. Unter diesen Umständen würde aber ein Zwang zur ausdrücklichen Abänderung des Arbeitsvertrages gekünstelt und damit nicht sachgerecht wirken, auch auf eine Unmündigkeitserklärung des Arbeitnehmers und, wenn man die Dinge allseitig sehen zu müssen glaubt, hinsichtlich des Arbeitgebers auf die Bescheinigung seiner Unfähigkeit hinauslaufen, über den Inhalt des Arbeitsvertrages sonst nicht unterrichtet zu sein.

II. Das Landesarbeitsgericht bejaht den Anspruch der Klägerin auf Rückzahlung der Kaution, weil die Bestimmung des MTV 58, auf die sich die Beklagte zur Ablehnung des geltend gemachten Anspruchs stützt (§ 12 I Ziff. 5 c), wegen Sittenwidrigkeit nichtig sei.

Diese Auffassung ist nicht frei von Rechtsfehlern.

III. Für das Revisionsgericht stellte sich zunächst die Frage, wieweit die vom Landesarbeitsgericht vorgenommene Auslegung der entscheidenden Tarifvertragsbestimmungen im Revisionsverfahren nachprüfbar ist. Der Arbeitsvertrag der Klägerin ist ein Einzelarbeitsvertrag. Die von einem Urteil zweiter Instanz vorgenommene Auslegung eines Einzelarbeitsvertrages ist von dem Revisionsgericht grundsätzlich nur beschränkt dahin nachprüfbar, ob sie Verstöße gegen Denkgesetze, allgemeine Auslegungsregeln oder Erfahrungssätze enthält. Das kann aber nicht gelten, wenn es sich, wie hier, bei dem auszulegenden Arbeitsvertrag um einen Einzelarbeitsvertrag handelt, der in allem auf eine tarifvertragliche Regelung Bezug nimmt; denn andernfalls besteht die Möglichkeit und Gefahr einer gespaltenen Auslegung, wenn einmal ein normativ von jenen Tarifregelungen beherrschter Arbeitsvertrag in Rede steht, und gerade einer der Hauptzwecke der Revisionsinstanz, nämlich die Wahrung der Rechtseinheit, wäre so gefährdet. Es ergäbe sich übrigens auch die unvertretbare und unbillige Lage, daß der Arbeitsvertrag der organisierten Arbeitnehmer oder der kraft Allgemeinverbindlichkeit unter die Tarifvertragsregelung einbezogenen Arbeitnehmer der vollen Nachprüfbarkeit durch das Revisionsgericht zugänglich wäre, während ein Einzelarbeitsvertrag gleichen Inhalts, der selbst auch in denselben Tarifvertragsbestimmungen gründet, nur in dem schon oben beschriebenen engen Rahmen zur Nachprüfung gestellt werden könnte. Das Revisionsgericht ist daher jedenfalls aus den angegebenen Gründen nicht an die vom Landesarbeitsgericht gegebene Auslegung des Arbeitsvertrages der Klägerin gebunden, und der Senat brauchte nicht der Frage nachzugehen, ob es sich bei dem Arbeitsvertrag der Klägerin nicht auch vielleicht um einen sogenannten typischen Arbeitsvertrag handelt, der ebenfalls der vollen Nachprüfbarkeit durch das Revisionsgericht unterliegt.

IV. Die zulässige selbständige Auslegung des Arbeitsvertrages der Klägerin durch das Revisionsgericht führt im vorliegenden Falle zu einem anderen Ergebnis als im angefochtenen Urteil.

Nach Auffassung des Landesarbeitsgerichts bedeutet § 12 I Ziff. 1 zweiter Absatz MTV 58, daß den haftenden Angestellten das volle Risiko für Verluste aller Art ohne Rücksicht auf eigenes Verschulden oder das Verschulden der Hilfskräfte, ja auch das Risiko für Zufall und Betriebsgefahren übertragen werde. Diese Auslegung findet aber weder im Wortlaut der Tarifvertragsbestimmung noch im Zusammenhang mit anderen Tarifvertragsbestimmungen eine Stütze. Vielmehr bedeutet das Tragen der vollen Verantwortung bereits vom Sprachlichen her, daß der Betreffende gerade auch hier in der Lage sein muß, auf das Geschehen irgendwie in bestimmender Weise Einfluß zu nehmen, d. h., daß er überhaupt die Möglichkeit haben muß, den Eintritt eines Schadens zu verhindern. Es erscheint ganz und gar unwahrscheinlich und widerspricht der Verkehrssitte — und es ist durchaus nicht, wie das Landesarbeitsgericht meint, „offenbar" —, daß die Tarifvertragsparteien dem Angestellten auch die Haftung für Zufall aufbürden wollten, daß also der Angestellte in schlechterdings außerhalb seiner Einflußsphäre liegenden Fällen — etwa von Brand, Einsturz, Einbruchdiebstahl, Frost- oder Wassereinbruch — den dabei entstandenen Schaden an Waren, Geräten und übergebenem Inventar tragen solle. Eine Auslegung des § 12 I Ziff. 1 zweiter Absatz MTV 58 nach Treu und Glauben mit Rücksicht auf die Verkehrssitte führt vielmehr dazu, daß nach dem Willen der Tarifvertragsparteien der Angestellte nicht nur für die im Verkehr erforderliche Sorgfalt, sondern für die größtmögliche Sorgfalt einstehen soll, d. h. jedweden Grad von Verschulden und damit auch den geringsten Grad an Fahrlässigkeit vertreten muß. Wenn nach § 12 I Ziff. 5 Buchst. d MTV 58 der Angestellte schlechthin für jeden auf widerrechtlichen Entnahmen oder Veräußerungen beruhenden Fehlbetrag einstehen muß — die dabei erfolgende Berufung auf den Revisionsbericht kann die gerichtliche Nachprüfung nicht ausschließen —, spricht das nicht gegen eine solche Haftung. Ein Vergleich mit § 12 I Ziff. 5 Buchst. a sowie Buchst. b Satz 2 MTV 58 zeigt, daß hier nur an vorsätzliche widerrechtliche Handlungen gedacht sein kann. Da die Haftung wegen Vorsatzes nach § 276 Abs. 2 BGB dem Schuldner nicht im voraus erlassen werden kann, ist § 12 I Ziff. 5 Buchst. d MTV 58, soweit er eine Deckung aus dem Mankofonds vorsieht, auch nur als eine die erste vorläufige Schadensregulierung herbeiführende Vorschrift anzusehen. Der Senat hat — hier abgesehen von der im nachfolgenden behandelten Frage eines wirtschaftlichen Ausgleichs — keine Bedenken, eine derartige Verschärfung des Sorgfaltsmaßstabes auch bei einem Arbeitsvertrage für rechtlich zulässig anzusehen. Von der Klägerin, die als Filialleiterin schon betont eine Sorgfaltspflicht walten lassen mußte, wurde nichts verlangt, was nicht im Bereich des grundsätzlich Vertretbaren und Zumutbaren liegt. Auch die Belastung eines Angestellten mit einem unaufgeklärten Fehlbetrag an Waren oder Geld ist grundsätzlich rechtlich möglich und zulässig. Wenn der Angestellte über den Verbleib der ihm anvertrauten Gelder, Waren und Einrichtungsgegenstände keine Auskunft zu geben vermag, muß an sich angenommen werden, daß ihn, wenn auch unter Umständen ganz geringes, Verschulden jedenfalls wegen des Fehlens ausreichender Kontrolle und Beaufsichtigung trifft. Eine derartige Ausgestaltung der Mankoregelung enthält damit nicht zuletzt eine den besonderen Verhältnissen des Betriebes in einem Filialgeschäft — und bei der Eigenart der Beklagten, die nach dem Eingang des MTV 51 und des MTV 58 Fabrikation wie Großhandel als auch den Einzelhandel in ihren eigenen Verkaufsstellen betreibt, kann es sich bei den Verkaufsstellen des § 12 MTV 58 nur um Filialbetriebe handeln — sinnvoll angepaßte Beweislastverteilung zwischen Arbeitnehmer und Arbeitgeber.

Nach richtiger Auslegung des § 12 I Ziff. 1 zweiter Absatz MTV 58 haftet der Angestellte demnach immer nur für Verschulden, allerdings auch für den geringsten Grad des Verschuldens, aber nicht für Zufall oder höhere Gewalt, deren Vorliegen jedoch der Angestellte, gegebenenfalls mit Hilfe des Beweises des ersten Anscheins, nachweisen müßte.

Im Gegensatz zur Ansicht des Landesarbeitsgerichts befreit die Mankoregelung des MTV 58 die Beklagte auch nicht vom „gesamten Betriebsrisiko für die Verkaufsstellenhaltung" und bürdet es dem Personal auf. Diese Beurteilung steht offenbar im Zusammenhang mit der verfehlten Betrachtung des Landesarbeitsgerichtes, daß die „haftenden Angestellten" schlechthin für Verluste aller Art und ohne Rücksicht auf Verschulden aufzukommen hätten. Sie trifft aber auch nicht gegenüber der Ausdehnung der Haftung für Fälle auch des kleinsten Verschuldens zu. Eine nicht vertretbare Verschiebung einer Belastung des Arbeitgebers zu seinen Gunsten und zu Lasten des Arbeitnehmers ist nicht eingetreten.

Einmal trägt Fehlbeträge in den Verkaufsstellen in Höhe bis zu 150,— DM die Beklagte selbst über den Mankofonds zu $^{4}/_{5}$. Das Gleiche gilt für Fehlbeträge von 150,— bis 300,— DM, es sei denn, daß der Angestellte grob fahrlässig handelt und mit seiner Kaution einspringen muß. Fehlbeträge über 300,— DM trägt zunächst der Angestellte mit seiner Kaution bis zur Höhe von 300,— DM; den darüber hinausgehenden Betrag trägt wiederum die Beklagte zu 4/5. Wenn ein Fehlbetrag auf widerrechtlichen Entnahmen oder Veräußerungen, d. h. nach dem oben Gesagten auf vorsätzlichen Handlungen dieser Art beruht, so haftet, unbeschadet dessen, daß die Haftung wegen Vorsatzes nicht ausgeschlossen werden kann, im Wege einer ersten Regulierung die Kaution des betreffenden Angestellten bis zu 300,— DM, und den 300,— DM übersteigenden Betrag übernimmt die Beklagte über den Mankofonds mit 4/5 zu ihren Lasten. Nach diesen Regeln überschreitet das Risiko des Angestellten, abgesehen vom Fall der den Angestellten zu Recht voll treffenden widerrechtlichen vorsätzlichen Handlung, daher nicht den Betrag von jährlich 324,— DM, auch wenn der Fehlbetrag wesentlich höher liegen sollte. Dabei ist noch zu berücksichtigen, daß der nicht zur Haftung herangezogene Kautionsbetrag immer wieder ohne diesbezügliche erneute Belastung des Angestellten für das jeweils folgende Jahr, da schon eingezahlt, übertragen wird.

Vor allem liegt in der sehr erheblichen Beschränkung der Mankohaftung nach § 12 I Ziff. 5 MTV 58, die selbst dann noch gegeben ist, wenn nach § 12 I Ziff. 5 Buchst. b Satz 2 der Kautionsbetrag herangezogen wird, für die Klägerin und alle „haftenden Angestelten" im Hinblick auf das Einstehenmüssen schon für geringstes Verschulden auch ein angemessener wirtschaftlicher Vorteil. Ein solcher Vorteil muß als Ausgleich gewährt werden, nachdem die Haftungsausdehnung der Angestellten dem Beklagten als Arbeitgeber und Unternehmer wegen des bei ihm eintretenden Wegfalls sonst von ihm zu tragender Nachteile ein ihm nach den allgemeinen Regeln der Rechtsordnung sonst nicht zustehenden Vorteil zu Lasten der Angestellten einbringt (vgl. BAG AP Nr. 4 zu § 611 BGB Haftung des Arbeitnehmers). Der Ausgleich selbst liegt eben in der nach der vorgesehenen Regelung andererseits auch eintretenden Beschränkung der Haftung für gewöhnliche Fahrlässigkeit und auch für grobe Fahrlässigkeit (§ 12 I Ziff. 5 Buchst. a, Buchst. b, Buchst. c).

Darüber hinaus hat jedenfalls die Klägerin auch noch einen weiteren Ausgleich. Sie hat anläßlich der Übernahme der Filiale ein um monatlich 77,25 DM erhöhtes Gehalt bekommen und ferner pro Monat durchschnittlich 50,— DM Umsatzprovision. Selbst wenn man die Gehaltserhöhung als Äquivalent nur für die besondere Tätigkeit der Filialleiterin betrachtet, so bleibt immerhin für die Klägerin eine jährliche Einkommenserhöhung von rund 600,— DM. Dieser Betrag stellt nach Auffassung des Senats schon für sich allein einen angemessenen wirtschaftlichen Ausgleich für das von ihr in der Mankoregelung übernommene Risiko dar.

Soweit der Mankofonds aus Beträgen aller haftenden Angestellten gespeist wird und diese Angestellten damit im gegebenen Fall für das Manko des anderen „haftenden Angestellten" miteintreten müssen, darf nicht außer acht gelassen werden, daß nach § 12 I Ziff. 6 MTV 58 eine Auszahlung aus dem Mankofonds für jedes voraufgegangene Kalenderjahr erfolgt. Wenn ein eigenes Manko der auszahlungsberechtigten Angestellten bestimmte Ausmaße und Begrenzungen nicht überschreiten darf, so tritt doch auch die Mankohaftung selbst für, wenn ggfs. auch nur ganz geringfügiges, eigenes schuldhaftes Verhalten ein. Da bei der jeweiligen Auflösung des Fonds die freiwerdenden Beträge „an die an dem Fonds mit Einzahlung beteiligten Verkaufsangestellten" verteilt werden und die Verteilung in dem Verhältnis erfolgt, wie die Angestellten Beträge eingezahlt haben, kommen auch diejenigen Angestellten bei der Auszahlung zum Zuge, die im voraufgegangenen Kalenderjahr bestimmte Einzahlungen leisteten, dann aber als Arbeitnehmer der Beklagten ausschieden. Wenn wegen zu großer Beanspruchung des Mankofonds und unter Berücksichtigung dessen, daß ein Grundstock von 3000,— DM jeweils erhalten bleiben soll, einmal eine Auszahlung nicht vorgenommen werden könnte, darf nicht übersehen werden, daß die Kaution selbst wegen des anschließend noch näher zu erwähnenden § 12 III Ziff. 1 MTV 58 im Ergebnis immer nur für eigenes Verschulden des Angestellten herangezogen wird und der verbleibende Betrag von jährlich 24,— DM jedenfalls verhältnismäßig geringfügig ist. Er spielt die Rolle eines Versicherungsbeitrages, nachdem den einzelnen Angestellten eben nur eine beschränkte Mankohaftung trifft. Gegenüber der Übernahme aller ihrer Risiken haben die „haftenden Angestellten" auch jedenfalls den oben schon erwähnten wirtschaftlichen Ausgleich, selbst wenn sie — was aber völlig unwahrscheinlich ist — anders als die Klägerin nicht auch noch weitere wirtschaftliche Vorteile hätten.

Es muß hier nicht darauf eingegangen werden, wie es in diesem Zusammenhang mit der Vorschrift des § 12 I Ziff. 5 Buchst. d MTV 58 steht, wonach bei wörtlicher Auslegung im Falle von widerrechtlichen vorsätzlichen Entnahmen und Veräußerungen wegen des 300,— DM übersteigenden Fehlbetrages der Mankofonds in Anspruch genommen und dadurch die übrigen „haftenden Angestellten" zu 2/10 des aus dem Fonds zu ersetzenden Betrages unmittelbar und durch geringere Ausschüttungen des Fonds am Jahresende mittelbar nachteilig betroffen würden. Es mag auch unentschieden bleiben, ob die Beklagte nicht aus anderen, allgemeinen Rechtsgründen verpflichtet ist, den Mankofonds so weit aufzufüllen, wie sie von dem zum Schadenersatz verpflichteten Angestellten noch Ersatz zu erhalten vermag. Denn selbst wenn diese Tarifvertragsvorschrift unter diesem Blickwinkel nichtig sein sollte, so wird davon jedoch nicht auch die Nichtigkeit der Bestimmung in sonstiger Hinsicht und die Nichtigkeit der gesamten Mankoregelung oder gar des Tarifvertrages überhaupt hergeleitet werden können. Es ist vielmehr gerade bei Tarifverträgen regelmäßig zu vermuten, daß das übrige Rechtsgeschäft — und der Tarifvertrag ist im Sinne des § 139 BGB ein Rechtsgeschäft — auch ohne den nichtigen Teil vorgenommen sein würde (BAG 1, 258 [272]). Insoweit kehrt sich bei Tarifverträgen die nicht zwingende Vermutung des § 139 BGB um, und die Partei, die weitergehende oder volle Nichtigkeit für sich in Anspruch nimmt, ist dafür darlegungs- und beweispflichtig (Hueck-Nipperdey, Lehrbuch des Arbeitsrechts, 6. Aufl., II. Bd. S. 279; BAG a. a O.). Für Gesamtnichtigkeit der Mankoregelung oder des Tarifvertrages hat die Klägerin aber nichts dargelegt.

Zusammenfassend ist daher festzustellen, daß die Mankoregelung des MTV 58 jedenfalls in § 12 I Ziff. 5 c, der den vorliegenden Sachverhalt trifft, nicht sittenwidrig ist.

V. Findet danach § 12 I Ziff. 5 c MTV 58 auf das Arbeitsverhältnis der Klägerin Anwendung, so ist ihr Anspruch auf Rückzahlung der Kaution nicht gegeben.

Die Rechtsgrundlage für den von der Klägerin geltend gemachten Anspruch ist in § 12 III Ziff. 1 MTV 58 enthalten. Der Anspruch auf Rückzahlung der Kaution nach der rechtlichen Beendigung des Arbeitsverhältnisses besteht aber, wie der Wortlaut der Tarifvertragsbestimmung erkennen läßt, nur in der Höhe, wie der Kautionsbetrag nicht durch Lastschriften wegen eventueller Fehlbeträge gemindert ist. Der Anspruch aus § 12 III Ziff. 1 MTV 58 geht also nur auf einen Saldo, der sich aus der Abrechnung des Kautionskontos zu Gunsten der Klägerin ergibt. Daß dieses Kautionskonto der Klägerin bei der Beendigung ihres Arbeitsverhältnisses rechtmäßig keinen Betrag zu Gunsten der Klägerin auswies, ergibt sich aus den Ausführungen zu IV. Die Klägerin hat nicht vorgetragen, daß etwa außerhalb ihrer Arbeitszeit, in der aber doch die Filiale geöffnet war oder etwa sonst, z. B. mit Aufräumungsarbeiten, Dienste in ihr zu entrichten waren, das Manko entstanden sei, daß es überhaupt durch andere Bedienstete erwachsen sei, und daß sie, die Klägerin, in jedem Falle die Kontrollen vorgenomen habe, die wegen der Möglichkeit der eben genannten Vorkommnisse jedenfalls immer wieder einmal vorzunehmen sind.

16

Weist der Arbeitgeber einem Angestellten, dessen Arbeitsverhältnis der TO.A unterliegt, einseitig eine Beschäftigung zu, die tariflich geringer bewertet ist als die bisher ausgeübte Tätigkeit, so behält der Angestellte den Anspruch auf die der bisherigen Tätigkeit entsprechende Vergütung, sofern er sich nicht mit der geringeren, der neuen Beschäftigung entsprechenden Vergütung ausdrücklich oder stillschweigend einverstanden erklärt (Bestätigung des Urteils vom 14. Januar 1959 — 4 AZR 68/56 — BAG 7, 182).

TO.A Anlage 1.

IV. Senat. Urteil vom 13. 8. 1959 i. S. K. (Kl.) w. L. N. (Bekl.)
4 AZR 407/58.

I. Arbeitsgericht Wuppertal. — II. Landesarbeitsgericht Düsseldorf.

Der Kläger gehörte früher der Polizei der Stadt Wuppertal als Verwaltungsangestellter an; durch Dienstvertrag vom 23. Februar 1951 war er in die VergGr. VIII TO.A eingereiht.

Im Zuge der Neuordnung der Polizei gemäß dem Gesetz über die Organisation und die Zuständigkeit der Polizei im Lande Nordrhein-Westfalen vom 11. August 1953 (GVBl. S. 330) wurde der Kläger durch Dienstvertrag vom 28. Dezember 1953 mit Wirkung vom 1. Oktober 1953 als Angestellter unter Einreihung in die VergGr. VIIII TO.A in den Dienst des beklagten Landes übernommen.

Bis zum 8. Oktober 1956 war der Kläger mit der Verwaltung des Magazins der Instandsetzungswerkstatt eines Kraftfahrzeugparks beschäftigt. Auf eine im Juli 1956 vom Kläger erhobene Klage wurde rechtskräftig festgestellt, daß dem Kläger vom Beklagten für die Zeit vom 1. November 1953 bis zum 8. Oktober 1956 das Gehalt nach der VergGr. VII TO.A zu zahlen ist. Während jenes Rechtsstreits versetzte der Beklagte den Kläger zur Kriminalpolizei. Dort versieht er seit dem 9. Oktober 1956 in einer Personalaktenstelle Aufgaben, die den Tätigkeitsmerkmalen der VergGr. VIII TO.A entsprechen; er hat seitdem auch nur die Bezüge nach dieser Vergütungsgruppe erhalten.

Mit der Klage begehrt der Kläger die Feststellung, daß das beklagte Land verpflichtet ist, ihm über den 8. Oktober 1956 hinaus bis zu einer Vertragsänderung das Gehalt nach der VergGr. VII TO.A zu zahlen.

Beide Vorinstanzen haben die Klage abgewiesen. Die Revision führte zur Verurteilung.

Aus den Gründen:

Das Landarbeitsgericht geht davon aus, daß in dem Arbeitsvertrage des Klägers eine Vergütung nach der VergGr. VIII TO.A vereinbart ist. Es führt aus, der Kläger könnte darüber hinausgehende Vergütungsansprüche nur stellen, wenn eine für ihn günstigere spätere vertragliche Regelung vorläge oder wenn die im Arbeitsvertrag getroffene Vergütungsabrede durch positive Tarifnormen verdrängt wäre. Das sei während der Zeitspanne vom 1. November 1953 bis 8. Oktober 1956 der Fall gewesen, für die dem Kläger auf Grund der zwingend-ergänzenden Normen der TO.A die Vergütung nach der VergGr. VII zugestanden habe. Da aber Tarifnormen nicht in den Arbeitsvertrag eingingen, habe diese gesetzesgleiche Einwirkung der Vergütungsordnung der TO.A auf das Arbeitsverhältnis der Parteien für den Kläger nur so lange den Anspruch auf die Vergütung nach der VergGr. VII TO.A begründen können, wie seine überwiegende Tätigkeit den Tätigkeitsmerkmalen dieser Vergütungsgruppe entsprochen habe. Mit dem Wegfall der tatbestandsmäßigen Voraussetzungen sei auch der tarifrechtliche Anspruch auf Entlohnung seiner Dienste nach der höheren Vergütungsgruppe entfallen. Nunmehr sei wieder die im Arbeitsvertrag vom 28. Dezember 1953 getroffene Vergütungsabrede maßgebend. Denn infolge der Zurückführung der Tätigkeitsmerkmale auf eine der getroffenen Vergütungsabrede entsprechende Wertigkeit ende die Verdrängung einer tarifwidrigen oder tarifwidrig gewordenen Vergütungsabrede durch zwingend-ergänzende tarifliche Rechtsnormen. Da seit dem 9. Oktober 1956 die Tätigkeit des Klägers unstreitig den Tätigkeitsmerkmalen der VergGr. VIII TO.A entsprochen habe, sei die im Arbeitsvertrage enthaltene Vergütungsabrede von diesem Zeitpunkt an nicht mehr tarifwidrig.

Diese Ausführungen sind nicht frei von Rechtsirrtum. Wohl ist es richtig, daß Tarifnormen nicht zum Inhalt des Arbeitsvertrages werden, sondern das Arbeitsverhältnis als Mindestbedingungen zwingend und unmittelbar beherrschen und entgegenstehende, d. h. dem Arbeitnehmer ungünstigere Abreden verdrängen (vgl. Hueck-Nipperdey, Lehrbuch des Arbeitsrechts, 6. Aufl., 2. Bd., § 27, II; Nikisch, Arbeitsrecht, 2. Aufl., 2. Bd., § 78, IV 3). Das Berufungsgericht verkennt hierbei aber, daß die

Tarifordnung A nicht nur den Vergütungsanspruch für die geleistete Arbeit regelt, sondern durch die Einreihung des Angestellten in die in der Anlage 1 aufgeführten Vergütungsgruppen auch die ihm zustehende laufende Vergütung bestimmt, wie im tariffreien Arbeitsverhältnis das Monatsgehalt des Angestellten als wiederkehrende Leistung vereinbart wird oder nach § 612 Abs. 2 BGB als vereinbart gilt. Entspricht die vereinbarte Vergütung den tariflichen Bestimmungen, so bleibt der Arbeitsvertrag maßgebend: die nicht tarifwidrige Vergütungsabrede bestimmt die Vergütungsgruppe; die verdrängende und zwingend-ergänzende Einwirkung der tariflichen Mindestnormen auf das Arbeitsverhältnis tritt dann nicht ein. Erfüllt aber die dem Angestellten übertragene überwiegende Tätigkeit die Merkmale einer höheren Vergütungsgruppe als der vereinbarten, so ist die tarifwidrige Vergütungsabrede unwirksam; die das Arbeitsverhältnis unmittelbar und zwingend beherrschenden Mindestnormen der Tarifordnung verdrängen sie und treten mit normativer Wirkung an ihre Stelle (vgl. Hueck-Nipperdey-Tophoven, Tarifvertragsgesetz, 3. Aufl., § 4 Anm. 44, 45; für die Tarifordnungen Hueck-Nipperdey-Dietz, Komm. zum AOG, 4. Aufl., § 32 Anm. 173, 174 und die dort zitierte Rechtsprechung des Reichsarbeitsgerichts).

In der Zeit vom 1. November 1953 bis zum 8. Oktober 1956 hat nun, wie im vorliegenden Rechtsstreit zwischen den Parteien unstreitig ist, die dem Kläger übertragene und von ihm ausgeübte Tätigkeit im Magazin der Instandsetzungswerkstatt den Tätigkeitsmerkmalen der VergGr. VII TO.A entsprochen. Die im Dienstvertrag vom 28. Dezember 1953 getroffene Abrede über die Einreihung des Klägers in die VergGr. VIII TO.A ist daher unwirksam. An ihrer Stelle bestimmen die zwingend-ergänzenden Vorschriften der Vergütungsordnung der TO.A die dem Kläger zustehende Vergütungsgruppe mit normativer Wirkung, für die es eines konstitutiven Einstufungsaktes auch dort nicht bedarf, wo § 3 TO.A nicht infolge tarifvertraglicher Regelungen außer Kraft getreten ist (vgl. BAG AP Nr. 7 zu § 3 TO.A und BAG 4, 340 = AP Nr. 7 zu § 1 TO.A, beide mit Anm. von Neumann-Duesberg; Hueck-Nipperdey, a. a. O., § 26, V 4 d).

Wird somit der auf dem Arbeitsvertrage beruhende Anspruch des Klägers auf Vergütung nach einer bestimmten Vergütungsgruppe normativ durch die Vergütungsordnung der TO.A bestimmt (vgl. Hueck-Nipperdey, a. a. O., § 27 II), so konnte die unwirksame, durch die Tarifnorm verdrängte vertragliche Vergütungsabrede nicht, wie das Landesarbeitsgericht meint, dadurch wieder aufleben, daß der Beklagte dem Kläder einseitig eine Arbeit zuwies, die nunmehr den Tätigkeitsmerkmalen der im Arbeitsvertrage vereinbarten geringeren Vergütungsgruppe entsprach. Hierzu bedurfte es vielmehr, wie der erkennende Senat bereits in seinem zur Veröffentlichung bestimmten Urteil vom 14. Januar 1959 — 4 AZR 68/56 (BAG 7, 182) ausgesprochen hat, einer Vertragsänderung.

Daß in der Versetzung des Klägers auf einen den Tätigkeitsmerkmalen der VergGr. VIII TO.A entsprechenden Dienstposten bei der Kriminalpolizei eine Änderungskündigung nicht zu erblicken ist, hat das Berufungsgericht ohne Rechtsverstoß festgestellt. Eine stillschweigende Einigung der Parteien, daß der Kläger vom 9. Oktober 1956 ab nur nach der VergGr. VIII TO.A beschäftigt werden solle, ist weder vom Beklagten behauptet, noch bietet dafür der festgestellte Sachverhalt einen Anhalt. Vielmehr hat der Kläger dem Beklagten bereits während des Vorprozesses durch Schreiben seines Anwalts vom 6. November 1956 mitgeteilt, daß die Zahlungsansprüche auch für die Zukunft erhoben und notfalls in einem besonderen Rechtsstreit eingeklagt würden.

17

Ist ein Arbeitnehmer im öffentlichen Dienst bei der von ihm auszuführenden Arbeit der Gefahr einer Gesundheitsschädigung durch Witterungsunbilden ausgesetzt, die nur durch Verwendung von Kleidungsstücken an Stelle oder über der sonstigen Kleidung vermieden werden kann, so hat er gemäß § 14 Satz 1 und 2 ATO Anspruch auf unentgeltliche Gestellung von hierzu geeigneten Kleidungsstücken zur Benutzung bei der in Frage kommenden Arbeit (Schutzkleidung).

2. Die Bestimmung von Art und Beschaffenheit der Schutzkleidung sowie der Tätigkeiten, für die sie zu liefern ist, durch Dienstordnung gemäß § 14 Satz 3 ATO ist nicht Voraussetzung für den Anspruch auf Gestellung von Schutzkleidung.

ATO § 14.

IV. Senat. Urteil vom 19. 8. 1959 i. S. L. Sch.–H. (Bekl.) w. V. (Kl.)
4 AZR 619/56.

I. Arbeitsgericht Elmshorn. — II. Landesarbeitsgericht Kiel.

Der Kläger ist beim Kulturamt I. als behördlich geprüfter Vermessungstechniker tätig. Er ist mit Vermessungsaufgaben in Flurbereinigungs- und Siedlungsverfahren beschäftigt. Die dabei notwendig werdenden Vermessungen im freien Gelände werden im wesentlichen im Frühjahr,

Herbst und Winter durchgeführt. Hierbei trägt der Kläger durchweg einen Wettermantel und Gummistiefel, die von ihm selbst beschafft werden. Im Laufe des Jahres 1955 hat er 3 Paar Gummistiefel im Dienst verbraucht.

Der Kläger macht geltend, da er seine Arbeit auf Äckern, Wiesen und teilweise moorigem Gelände bei jedem Wetter zu verrichten habe, könne er ohne hochschäftiges, wasserdichtes Schuhwerk und ohne einen festen Wettermantel seine Aufgaben im Außendienst ohne Gesundheitsgefährdung nicht erfüllen; das beklagte Land habe ihm daher gemäß § 14 ATO Schutzkleidung zu liefern. Der Kläger hat beantragt, das beklagte Land zu verurteilen, ihm bei Außendienst ein Paar Gummistiefel und einen Wettermantel zur Verfügung zu stellen.

Das beklagte Land hat um Abweisung der Klage gebeten. Es hält einen Rechtsanspruch des Klägers auf Schutzkleidung nicht für gegeben und meint, das Begehren des Klägers laufe auf die Beschaffung von Berufskleidung aus öffentlichen Mitteln hinaus.

Das Arbeitsgericht hat der Klage stattgegeben. Berufung und Revision des beklagten Landes blieben erfolglos.

Aus den Gründen:

Zutreffend sieht das Berufungsgericht die Grundlage des Klaganspruchs in § 14 der nach ihrem § 1 Abs. 1 auf das Arbeitsverhältnis des Klägers Anwendung findenden ATO. Dort ist in S. 1 und 2 bestimmt:

> „Schutzkleidung wird unentgeltlich geliefert und bleibt Eigentum der Verwaltung (des Betriebes). Als Schutzkleidung sind die Kleidungsstücke anzusehen, die bei bestimmten Tätigkeiten an bestimmten Arbeitsplätzen an Stelle oder über der sonstigen Kleidung zum Schutze des Belegschaftsmitgliedes gegen Witterungsunbilden und andere gesundheitliche Gefahren oder außergewöhnliche Beschmutzung getragen werden müssen."

Nach Wortlaut und Sinn des Satz 1 begründet diese Vorschrift eine Verpflichtung des öffentlichen Arbeitgebers, dem in seinen Diensten tätigen Arbeitnehmer Schutzkleidung neben seinen Bezügen unentgeltlich zur Verfügung zu stellen. Wenn nun Satz 2 ausführt, was unter Schutzkleidung verstanden werden soll, so legt er in der Form einer Begriffsbestimmung zugleich die Voraussetzungen, unter denen die Verpflichtung gemäß Satz 1 entsteht, sowie deren Inhalt fest.

Als „bestimmte Tätigkeit an bestimmten Arbeitsplätzen" i. S. dieser Vorschrift kommt aber nicht lediglich die von einem Arbeitnehmer auf

Grund seines Arbeitsvertrags zu verrichtende Arbeit in ihrer Gesamtheit in Betracht, wie anscheinend die Revision meint. Eine solche Auffassung findet im Wortlaut der Vorschrift keine Stütze. Vielmehr kommt dadurch, daß nicht nur von Arbeitsplätzen, sondern von bestimmten Tätigkeiten an bestimmten Arbeitsplätzen gesprochen wird, zum Ausdruck, daß auf die jeweilige einzelne Tätigkeit abzustellen ist. Von dieser Auffassung gehen auch die seiner Zeit erlassenen Dienstordnungen aus. Z. B. sieht die Besondere Dienstordnung (BDO) zur ATO für die Gefolgschaftsmitglieder im öffentlichen Dienst für die Betriebe und Verwaltungen im Geschäftsbereich des RuPrMdI vom 14. November 1938 (RMBl. i. V. 1938, S. 1886) in Nr. 10 zu § 14 ATO in Verbindung mit den zum Inhalt dieser Bestimmung gehörenden Richtlinien des RFM für die Beschaffung und Unterhaltung der von Beamten und Arbeitern im Dienst zu tragenden Schutzkleidung vom 30. November 1926 (RFBl. 1927, S. 41) auch bei Ausschnitten aus der arbeitsvertraglichen Tätigkeit eines Arbeitnehmers Schutzkleidung vor, wie etwa Arbeitsanzüge für Maschinisten bei der inneren Reinigung von Dampfkesseln oder für Kraftwagenführer bei Reinigungs- und Instandsetzungsarbeiten.

Kann demnach auch ein Teil der dem Arbeitnehmer im Rahmen seines Arbeitsvertrags obliegenden Gesamtaufgaben begrifflich zu den „bestimmten Tätigkeiten an bestimmten Arbeitsplätzen" gehören, so muß es sich aber in jedem Fall um eine solche Tätigkeit handeln, bei der mit der Arbeit eine Gesundheitsgefährdung des Arbeitnehmers durch Witterungsunbilden oder andere Umstände oder eine außergewöhnliche Beschmutzung verbunden ist, wie sich aus § 14 S. 2 ATO ergibt. Zur Abwehr der mit einer solchen Tätigkeit verbundenen gesundheitsschädlichen Einflüsse oder zur Verhinderung außergewöhnlicher Beschmutzung muß das Tragen von Kleidungsstücken an Stelle oder über der sonstigen Kleidung notwendig sein. Der Anspruch des Arbeitnehmers richtet sich demnach auf die Gewährung solcher Kleidungsstücke, die zur Abwehr der in § 14 Satz 2 ATO genannten Gefahren geeignet und ausreichend sind.

Der Annahme eines sich bereits aus § 14 Satz 1 und 2 a. a. O. ergebenden Anspruchs auf Schutzkleidung steht nicht entgegen, daß nach Satz 3 a. a. O. die Art und Beschaffenheit der Schutzkleidung und der Tätigkeiten, für die sie geliefert wird, durch Dienstordnung (DO) bestimmt werden soll. Wenn die ATO die Festlegung der die Lieferung von Schutzkleidung betreffenden Einzelheiten der Bestimmung durch DO überlassen hat, so ist das offensichtlich deshalb geschehen, weil sie selbst angesichts der Vielzahl der von ihr erfaßten Betriebe und Verwaltungen und der etwa für eine Schutzkleidung in Betracht kommenden Arbeiten sowie der kaum übersehbaren Möglichkeiten für die Art und Beschaffenheit von Schutzkleidung eine ins einzelne gehende Regelung gar nicht treffen konnte. Die Anordnung des Satzes 3 a. a. O. besagt aber nicht, daß der dort vorgesehenen näheren Bestimmung durch DO die Bedeutung einer weiteren anspruchsbegründenden Voraussetzung über § 14 Satz 1 und 2 ATO hinaus zukomme. Der öffentliche Arbeitgeber war nämlich im Rahmen des AOGÖ zum Erlaß einer solchen DO wohl ermächtigt, nicht aber verpflichtet (vgl. dazu Hueck-Nipperdey-Dietz, AOGÖ, 4. Aufl., § 16 Anm. 2). Angesichts der Regelung des § 14 Satz 1 und 2 ATO kann jedoch nicht angenommen werden, daß ein Arbeitnehmer mit einer den Voraussetzungen des Satz 2 a. a. O. entsprechenden Tätigkeit von der Gestellung von Schutzkleidung ausgeschlossen sein sollte, wenn sein Arbeitgeber die in Satz 3 a. a. O. vorgesehene Bestimmung nicht vorgenommen hatte.

Daß von der Aufführung einer Tätigkeit oder der Schutzkleidung in einer DO ein Anspruch nicht abhängig gemacht werden sollte, wird auch daran deutlich, wie beispielsweise in Nr. 10 zu § 14 ATO der bereits erwähnten BDO des RMdI vom 14. November 1938 in Verbindung mit den Richtlinien des RFM vom 30. November 1926 und in Nr. 9 zu § 14 ATO der Gemeinsamen Dienstordnung für die Gefolgschaftsmitglieder bei den der Dienstaufsicht des RMfE unterstehenden Reichs- und Überwachungsstellen vom 5. November 1938 (LwRMBl. 1938, Beil. zu Nr. 48, S. 1106) die Bestimmung zur Schutzkleidung gemäß § 14 Satz 3 ATO getroffen worden ist. Soweit sich diese Dienstordnungen nicht überhaupt, wie die GDO vom 5. November 1938, mit einer beispielhaften Aufzählung begnügen, erfolgt ihre Regelung weiterhin nur „grundsätzlich" oder „im allgemeinen" oder als „Anhalt" (vgl. z. B. Ziff. 1, 8, 11, 12, 16 der Richtlinien vom 30. November 1926).

Hiernach bedeutet die durch § 14 Satz 3 ATO der DO zugewiesene Festlegung der die Schutzkleidung betreffenden Einzelheiten lediglich die Konkretisierung des in Satz 1 und 2 a. a. O. begründeten Anspruchs nach Art und Umfang. Daher berührt es den Anspruch des Klägers nicht, daß, wie das Berufungsgericht zutreffend ausführt, eine DO, die im vorliegenden Falle Schutzkleidung gewährt, für das Arbeitsverhältnis des Klägers nicht besteht.

Es erübrigt sich auch eine Heranziehung des § 315 BGB zur Konkretisierung eines Anspruchs des Klägers anstelle der fehlenden DO, wie sie das Landesarbeitsgericht für erforderlich hält. Das wäre dann geboten, wenn § 14 Satz 1 und 2 ATO nach Art einer Blankettvorschrift einer

Ausfüllung bedürften. Das ist aber nicht der Fall. Denn wie oben dargelegt, ist der Anspruch des Arbeitnehmers im öffentlichen Dienst auf Schutzkleidung bereits in den angeführten Vorschriften hinreichend bestimmt normiert.

Daß dessen Voraussetzungen gegeben sind, folgt aus den mit einer Prozeßrüge nicht angegriffenen, bindenden Feststellungen des Berufungsgerichts. Wie das angefochtene Urteil ausführt, vollzieht sich der Außendienst des Klägers im Frühjahr, Herbst und Winter bei häufigem Wind und Regen auf Sturzäckern, Wiesen usw. in Nässe und Schmutz von einem solchen Ausmaß, daß nur wasserdichtes Schuhwerk mit hohem Schaft genügenden Schutz bietet. Auch ohne Regen sind seine Vermessungsaufgaben wegen der an Gras und Sträuchern haftenden Nässe ohne Gesundheitsgefährdung nur bei Verwendung von wasserdichten hohen Stiefeln durchführbar. Selbst durch Unterbrechung der Arbeit bei einsetzendem Regen kann sich der Kläger nicht davor schützen, durchnäßt zu werden, weil vor allem die Arbeiten in Flurbereinigungssachen bei der verhältnismäßig dünnen Besiedlung von Schleswig-Holstein nicht in der Nähe von Bauerngehöften stattfinden und daher der Kläger in der Regel nicht noch rechtzeitig einen Unterschlupf erreichen kann.

Nach den Feststellungen des Berufungsgerichts müssen also die einen Teil der arbeitsvertraglichen Aufgaben des Klägers darstellenden vermessungstechnischen Außenarbeiten in einem westlichen Bezirk von Schleswig-Holstein nahezu stets bei außerordentlicher Nässe ausgeführt werden, so daß der Kläger der Gefahr einer Gesundheitsschädigung ausgesetzt ist. Wenn das Landesarbeitsgericht zur Abwehr dieser Gefahr Gummistiefel und Wettermantel für erforderlich und ausreichend und das beklagte Land für verpflichtet hält, diese dem Kläger bei Außendienst als Schutzkleidung zur Verfügung zu stellen, so sind nach allem rechtliche Bedenken hiergegen nicht zu erheben.

18

Ist eine Mußvoraussetzung für die Berufung zum Bundesarbeitsrichter nachträglich entfallen, so kann der Bundesarbeitsrichter sein Amt durch eine an den Bundesminister für Arbeit und Sozialordnung gerichtete Erklärung niederlegen. Alsdann ist kein Raum mehr für das Amtsenthebungsverfahren der §§ 43 Abs. 3, 21 Abs. 5 ArbGG.

ArbGG §§ 43, 21, 24.

I. Senat. Beschluß vom 28. 8. 1959 i. S. D.
1 AR 361/59.

Aus den Gründen:

Dem Antrag des Bundesministers für Arbeit und Sozialordnung, den vom Hessischen Minister für Arbeit, Volkswohlfahrt und Gesundheitswesen mit Wirkung vom 1. Mai 1959 unter Berufung in das Beamtenverhältnis auf Widerruf zum Vorsitzenden beim Arbeitsgericht Frankfurt am Main ernannten K. D. gemäß § 43 Abs. 3 ArbGG in Verbindung mit § 21 Abs. 5 ArbGG seines Amtes als Bundesarbeitsrichter zu entheben, konnte nicht stattgegeben werden, weil Herr K. D. mit Schreiben vom 5. Mai 1959 an den Bundesminister für Arbeit und Sozialordnung sein Amt als Bundesarbeitsrichter rechtswirksam niedergelegt hat und mit dem Zugang dieses Schreibens bei dem Bundesminister für Arbeit und Sozialordnung sein Amt bereits erloschen ist. Eine Amtsenthebung ist daher nicht mehr möglich.

Nachdem Herr D. zum Vorsitzenden eines Arbeitsgerichts und damit zum Berufsrichter ernannt worden ist, kann er nicht mehr Bundesarbeitsrichter als nichtberufsrichterlicher Beisitzer (§ 41 Abs. 1 ArbGG) sein. Das folgt entweder aus der unmittelbaren Anwendung des § 21 Abs. 3 ArbGG, wenn man zu den dort aufgeführten Beamten eines Gerichts für Arbeitssachen auch die Berufsrichter bei den Gerichten für Arbeitssachen zählt. Aber auch wenn man entsprechend der neueren Rechtsauffassung und Terminologie die Berufsrichter von den Beamten unterscheidet und ihr Rechtsverhältnis zum Staat nicht als Beamtenverhältnis, sondern als Richtertum charakterisiert, ist jedenfalls § 21 Abs. 3 ArbGG entsprechend auch auf die Berufsrichter anzuwenden. Zweck dieser Vorschrift ist es, Interessenkollisionen zu vermeiden (vgl. Dersch-Volkmar, Arbeitsgerichtsgesetz, 6. Aufl., § 21 Anm. 11). Dieser Zweck würde vereitelt werden, wenn man die Berufsrichter nicht zu den Beamten im Sinne des § 21 Abs. 3 ArbGG rechnen würde.

Wird ein Bundesarbeitsrichter während der Dauer seines Amtes Berufsrichter, so fällt damit nachträglich eine Mußvoraussetzung für seine Berufung fort (vgl. Dietz-Nikisch, Arbeitsgerichtsgesetz, § 21 Anm. 6; Dersch-Volkmar, a. a. O., § 21 Anm. 2). Es ist richtig, daß § 21 Abs. 5 ArbGG in Verbindung mit § 43 Abs. 3 ArbGG für diesen Fall die Amtsenthebung durch den Ersten Senat des Bundesarbeitsgerichts auf Antrag des Bundesministers für Arbeit und Sozialordnung vorsieht. Wie sich aus dem Wortlaut und Sinn des Begriffs „seines Amtes zu entheben" ergibt, ist hier jedoch in erster Linie an Fälle gedacht, in denen der Betroffene nicht sofort und freiwillig die Konsequenzen aus der veränderten Rechtslage zieht. Es kann daher nicht der Sinn der Vorschrift sein, ein besonderes Amtsenthebungsverfahren einzuleiten, wenn der Betroffene selbst bei Wegfall einer zwingenden Voraussetzung der Berufung sein Amt niederlegt (im Ergebnis ebenso Dietz-Nikisch, a. a. O., § 24 Anm. 3, 5, 11). Den gleichen Rechtsstandpunkt hat auch der Bundesminister für Arbeit mit Erlaß vom 5. November 1955 — Gesch.-Z: Pers. BAG III/60/55 — vertreten, als der bisherige Bundesarbeitsrichter Professor Dr. Dr. B. wegen seiner Ernennung zum Bundesrichter am Bundesarbeitsgericht sein Amt als Bundesarbeitsrichter niederlegte.

Der Senat hat keinen Zweifel, daß in dem nach objektiven Gesichtspunkten auszulegenden (§ 133 BGB) Schreiben des Herrn D. vom 5. Mai 1959 die Amtsniederlegung erklärt worden ist. Herr D. stellt darin keineswegs den Antrag auf Amtsenthebung, sondern teilt mit, daß er wegen seiner Ernennung zum Arbeitsgerichtsvorsitzenden nicht mehr als Bundesarbeitsrichter tätig sein könne, und bittet ferner darum, einen Nachfolger für ihn auszuwählen. Darin liegt aber die Erklärung, sein Amt niederlegen zu wollen. Mit dem Zugang dieses Schreibens beim Bundesminister für Arbeit und Sozialordnung ist sein Amt als Bundesarbeitsrichter erloschen.

Dagegen kann auch nicht eingewendet werden, daß in § 24 ArbGG, der abschließend die Gründe aufzählt, aus denen das Amt des Arbeitsrichters abgelehnt oder niedergelegt werden kann (vgl. Dietz-Nikisch, a. a. O., § 24 Anm. 1), der Fall des § 21 Abs. 3 ArbGG nicht aufgeführt ist. Die Amtsniederlegung wegen Wegfalls einer zwingenden Voraussetzung der Berufung ist eine Selbstverständlichkeit für den pflichtbewußten Staatsbürger, der das Amt eines Bundesarbeitsrichters innehat. Ihm die Betätigung eines solchen selbstverständlichen Entschlusses zur Amtsniederlegung zu nehmen und ihn auf das Amtsenthebungsverfahren zu verweisen, ist weder notwendig noch angemessen. Dadurch wird auch nicht der Zweck des § 24 ArbGG umgangen. Diese Vorschrift will nur gewährleisten, daß sich niemand seiner staatsbürgerlichen Pflicht, das Amt des Arbeitsrichters zu übernehmen und auszuüben, aus Gründen entzieht, die nicht vom Gesetzgeber ausdrücklich als beachtlich anerkannt worden sind. Sieht das Gesetz aber vor, daß ein Arbeitsrichter seines Amtes enthoben werden muß, weil nachträglich eine Voraussetzung für seine Berufung entfallen ist, so genügt die freiwillige Amtsniederlegung lediglich diesem gesetzgeberischen Zweck, ohne daß dadurch eine unzulässige Ausdehnung der Niederlegungsgründe des § 24 ArbGG geschaffen wird. Nur bei einem nachträglichen Fortfall einer Mußvoraussetzung für die Berufung zum Arbeitsrichter ist daher die Amtsniederlegung unabhängig von den in § 24 ArbGG abschließend normierten Gründen zulässig. Deshalb ist es auch ausgeschlossen, daß durch eine willkürliche Niederlegung des Amtes als Beisitzer die Vorschrift des Art. 101 Abs. 1 Satz 2 GG, daß niemand seinem gesetzlichen Richter entzogen werden darf, umgangen werden könnte.

Die Wirksamkeit der Amtsniederlegung wird auch nicht durch § 24 Abs. 2 ArbGG berührt. Da sich nach Auffassung des Senats die Befugnis zur Amtsniederlegung nicht aus § 24 ArbGG, sondern aus den dargelegten rechtlichen Gründen ergibt, scheidet auch die Vorschrift des § 24 Abs. 2 ArbGG im vorliegenden Fall aus. Selbst wenn man aber § 24 Abs. 2 ArbGG anwenden würde, so wäre der Bundesminister für Arbeit und Sozialordnung im Benehmen mit dem Präsidenten des Bundesarbeitsgerichts rechtlich verpflichtet, die Amtsniederlegung als berechtigt anzuerkennen, weil eine zwingende Voraussetzung für die Berufung in das Amt weggefallen ist.

19

1. Die Ausschlußklausel des § 16 Abs. 3 MTV für die Arbeiter im Hess. Braunkohlenbergbau vom 25. März 1952 bezieht sich auf alle Ansprüche aus dem Arbeitsverhältnis, und zwar einschließlich der Lohnansprüche, soweit es sich bei letzteren weder um die Frage der richtigen Auszahlung noch um die Frage der unrichtigen Ermittlung oder Errechnung handelt.

2. Ob ein Hauer den Gedingerichtsatz erreicht hat, richtet sich nicht in allen Fällen nach dem Durchschnittsverdienst während des Lohnabrechnungszeitraumes. Bei Verlegung innerhalb des Lohnabrechnungszeitraumes an einen anderen Betriebspunkt ist vielmehr getrennt für jeden Betriebspunkt festzustellen, ob der Bergmann im Durchschnitt den Gedingerichtsatz erreicht hat, was sich, unbeschadet des Abrechnungszeitraumes, nach seiner Durchschnittsleistung am jeweiligen Betriebsort im Vergleich zu dem für den jeweiligen Betriebsort festgesetzten Gedingerichtsatz richtet.

3. § 6 Abs. 4 Satz 3 des in Ziffer 1 genannten MTV gewährt Gedingearbeitern grundsätzlich mindestens den Zeitlohnsatz der Lohngruppe II MTV. Dieser Satz darf nur nach Maßgabe des § 8 MTV im Einvernehmen mit dem Betriebsrat wegen vorsätzlicher Zurückhaltung mit der Arbeitsleistung oder wegen alters- oder invaliditätsbedingter oder

wegen einer durch besondere Verhältnisse gegebenen Minderleistungsfähigkeit gekürzt werden.

4. Sofern in § 8 MTV eine Erweiterung des Mitbestimmungsrechts des Betriebsrats in sozialen Angelegenheiten über den in § 56 BetrVG normierten Rahmen hinaus liegt, bestehen gegen die diesbezügliche Wirksamkeit des Tarifvertrags keine Bedenken.

5. Sinn der in § 8 MTV vorgeschriebenen Einschaltung des Betriebsrats ist es, ihm die Möglichkeit zur sachgerechten Stellungnahme bei beabsichtigter Minderentlohnung zu geben. Ist der Betriebsrat übergangen worden und ist seit dem die Minderentlohnung rechtfertigenden Ereignis so lange Zeit verstrichen, daß eine sachgerechte Stellungnahme des Betriebsrats nicht mehr möglich ist, so bleibt jede Minderentlohnung ausgeschlossen.

BGB § 317; BetrVG §§ 50, 56, 57, 59; ZPO § 565 Abs. 3 Ziff. 1.
Manteltarifvertrag für die Arbeiter im Hessischen Braunkohlenbergbau vom 25. März 1952 §§ 5, 6, 8, 16;
Lohntarifvertrag für die Arbeiter im Hessischen Braunkohlenbergbau vom 18. Oktober 1955;
Arbeitsordnung für die im Hessischen Braunkohlenbergbau beschäftigten Arbeiter und Tarifangestellten vom 12. Januar 1953 §§ 23, 25, 26, 27, 31.

II. Senat. Urteil vom 24. 9. 1959 i. S. K. (Kl.) w. P.E. AG. (Bekl.)
2 AZR 28/57.

I. Arbeitsgericht Gießen. — II. Landesarbeitsgericht Frankfurt a. M.

Der Kläger ist seit 1946 als Bergmann in den Braunkohlenbergbaubetrieben der Beklagten beschäftigt. Da beide Parteien tarifgebunden sind, regelt sich das Arbeitsverhältnis des Klägers nach dem zwischen der Industriegewerkschaft Bergbau und dem Arbeitgeberverband des Hessischen Bergbaus e. V. abgeschlossenen Manteltarifvertrag vom 25. März 1952 (MTV), der zwischen denselben Tarifvertragsparteien als Tarifvertrag abgeschlossenen und neben dem MTV geltenden Arbeitsordnung für die im Hessischen Braunkohlenbergbau beschäftigten Arbeiter und Tarifangestellten vom 12. Januar 1953 (AO) und dem ebenfalls zwischen denselben Tarifvertragsparteien abgeschlossenen Lohntarifvertrag für die Arbeiter im Hessischen Braunkohlenbergbau vom 18. Oktober 1955 (LTV). In der Zeit bis zum 19. November 1955 arbeitete der Kläger als Hauer im Gedinge in der Betriebsanlage W. und erzielte im November bei 16 verfahrenen Schichten einen Durchschnittslohn von 19,30 DM je Schicht. Wegen notwendiger Umbauarbeiten mußte die

Kohlenförderung auf der Grube W. für die Zeit vom 21. bis 29. November 1955 stillgelegt werden. Mit Wirkung vom 21. November 1955 wurde der Kläger daher zur Grube H. verlegt und dort in der Flügelstrecke 6 im Westfeld der Grube als Hauer eingesetzt. Dort arbeiteten bereits, und zwar gruppengedingemäßig, vier Partien, bestehend aus je einem Hauer und einem Schlepper. Bei der Beklagten wird der Lohn monatlich abgerechnet, wobei der nach dem Gedinge errechnete Restbetrag, nachdem vorher Abschlagszahlungen gewährt wurden, am 15. des folgenden Monats gezahlt wird.

Der Kläger vertritt die Auffassung, ein wirksames Gedinge sei in der Flügelstrecke 6 mangels Einhaltung der Schriftform weder mit ihm selbst noch überhaupt zustande gekommen. Aus diesem Grunde könne er den Zeitlohn eines Hauers fordern. Selbst wenn ein solches Gedinge zustande gekommen sei, sei es aber für ihn nicht verbindlich. Auch sei es nicht richtig gesetzt worden. Selbst bei äußerster Kraftanstrengung sei es ihm nicht möglich gewesen, auf Grube H. den Gedingerichtsatz zu erreichen. Da ihn an der Nichterreichung des Gedingerichtsatzes keine Schuld treffe, könne er den Ecklohn der Lohngruppe II MTV gemäß § 6 Abs. 4 Satz 3 MTV fordern. Der Kläger begehrt die Zahlung des Unterschiedsbetrages zwischen dem von ihm in der Zeit vom 21. bis 25. November 1955 erreichten Lohn von täglich 10,54 DM und dem Hauerschichtlohn der Lohngruppe II MTV in der rechnerisch unstreitigen Höhe von täglich 2,98 DM oder von insgesamt 14,90 DM.

Demgegenüber vertritt die Beklagte die Auffassung, seit Juli 1955 sei mit den vier Partien in der Flügelstrecke 6 ein wirksames Gedinge mit einem Gedingerichtsatz von 15,52 DM vereinbart worden. Hieran sei auch der Kläger gebunden. Das Gedinge sei auch richtig gesetzt worden, weil der Durchschnittsverdienst der — außer dem Kläger — in der Flügelstrecke 6 eingesetzten Hauer 16,12 DM und bei Außerachtlassung des 29. November 1955 sogar 16,82 DM betragen habe. Auch in den späteren Monaten (Dezember 1955 und Januar 1956) seien an dem gleichen Arbeitsort ohne Änderung des Gedinges 16,— DM bzw. 16,96 DM verdient worden. Wenn der Kläger, der übrigens trotz der geringen Leistung an jenen fünf Tagen immer noch im November 1955 einen durchschnittlichen Verdienst von 18,58 DM je Schicht erzielt habe, in der fraglichen Zeit so auffällig weniger verdiente, so müsse daraus der Schluß gezogen werden, daß er mit seiner Arbeitsleistung zurückgehalten habe.

Beide Vorinstanzen haben die Klage abgewiesen. Das Landesarbeitsgericht hat angenommen, daß mit den Hauern in der Flügelstrecke 6 ein wirksames Gedinge zustande gekommen und daß der Kläger in dieses eingetreten sei. Es hat den Kläger dafür beweispflichtig gehalten, daß ihn an der Minderleistung kein Verschulden treffe. Dieser Beweislast habe der Kläger nicht genügt. In diesem Falle könne die Minderleistung zu einer Kürzung des Lohnes gemäß § 6 Abs. 4 Satz 3 MTV führen, ohne daß es eines Verfahrens im Sinne des § 8 MTV bedürfe. Die in § 8 MTV vorgesehene Mitwirkung des Betriebsrates sei nämlich nur für Fälle vorsätzlicher Zurückhaltung mit der Arbeitsleistung oder bei Minderleistung infolge Alter, Invalidität oder infolge besonderer Verhältnisse vorgesehen. Keiner dieser Fälle liege aber hier vor. Außerdem habe der Kläger seinen Anspruch verspätet geltend gemacht und sei gemäß § 16 Abs. 2 MTV mit ihm ausgeschlossen.

Die Revision des Klägers führte zur Verurteilung der Beklagten.

Aus den Gründen:

I. Das Landesarbeitsgericht hat angenommen, daß die Ausschlußfrist des § 16 Abs. 2 MTV und die des gleichlautenden § 23 AO eingreife. Das ist aber nicht der Fall.

§ 16 Abs. 2 MTV und § 23 Abs. 2 AO beziehen sich nur auf die „unrichtige Ermittlung oder Errechnung" der Lohnansprüche. Wäre, wie dies das Landesarbeitsgericht angenommen hat, auch die unrichtige Anwendung der einschlägigen Tarifnormen, mit anderen Worten: die untertarifliche Entlohnung gemeint, dann wäre der Nebensatz „soweit Beschwerden wegen unrichtiger Ermittlung oder Errechnung erhoben werden" überhaupt überflüssig. Dieser Zusatz trägt aber gegenüber den zu Anfang dieses Absatzes genannten „sämtlichen Lohnansprüchen" deutlich einschränkenden Charakter. Lohnansprüche brauchen eben nicht auf jeden Fall spätestens zwei Wochen nach Fälligkeit geltend gemacht zu werden, sondern nur bei Beschwerden der näher bezeichneten Art. Gemeint ist damit das Rechenwerk und die Ermittlung der tatsächlichen Grundlagen der Lohnberechnung. Das ist eindeutig, soweit von „Errechnung" die Rede ist. Aber auch die „Ermittlung" ist nach der angegebenen Fassung des MTV und der AO in einem eingeschränkten Sinne zu verstehen. Nach dem allgemeinen Sprachgebrauch bezieht sich das Wort „Ermittlung" nur auf die Feststellung tatsächlicher Verhältnisse, nicht aber auf die Rechtsanwendung. Im vorliegenden Fall besteht über die tatsächlichen Grundlagen des Lohnes selbst kein Streit.

Für diese Auslegung spricht auch die Systematik des § 16 MTV in seiner Gesamtheit, wobei zu berücksichtigen ist, daß in seinem Absatz 2 eine verhältnismäßig kurze Ausschlußfrist von zwei Wochen nach Fälligkeit normiert ist. Die Nichtübereinstimmung von Lohntüte bzw. Lohnstreifen und ausgezahltem Betrag kann sofort festgestellt werden und muß demzufolge sofort vorgebracht werden (Abs. 1); für beide Parteien des Arbeitsvertrages besteht ferner ein berechtigtes Interesse und auch die ohne weiteres gegebene Möglichkeit hierzu, innerhalb von zwei Wochen die tatsächlichen Grundlagen des Lohnes im Streitfalle festzustellen, während nach Ablauf von zwei Wochen sich solchen Feststellungen erhebliche Schwierigkeiten in den Weg legen, und zwar nicht zuletzt auch bei Arbeiten im Gedinge. Dagegen ist es auch nach Ablauf dieser letzteren Frist durchaus möglich, die richtige Rechtsanwendung zu überprüfen. Steht — wie hier — die richtige Anwendung der einschlägigen Tarifnormen in Rede, so sollen beide Parteien des Arbeitsvertrages innerhalb der in § 16 Abs. 3 MTV genannten Drei-Monatsfrist die Möglichkeit haben, sich unterrichten zu können, was innerhalb der in Abs. 2 genannten Zwei-Wochenfrist in wenigstens sehr vielen Fällen kaum durchzuführen wäre. § 16 Abs. 3 MTV bezieht sich demnach auf alle Ansprüche aus dem Arbeitsverhältnis, einschließlich der Lohnansprüche, soweit es sich bei letzteren weder um die Frage der richtigen Auszahlung noch um die Frage der unrichtigen Ermittlung oder Errechnung handelt. Die Ansicht des Landesarbeitsgerichts, § 16 Abs. 3 MTV beziehe sich überhaupt nicht auf Lohnansprüche, geht fehl. Im vorliegenden Fall ist die Drei-Monatsfrist gewahrt. Sie begann mit der Fälligkeit, nämlich mit dem 15. Dezember 1955, und endete am 15. März 1956.

In gleicher Richtung hat der Senat bereits mit Urteil vom 10. Oktober 1957 (BAG 5, 323 [330, 331]) zu der fast wortgleichen Vorschrift des § 33 MTV für die Arbeiter im rheinisch-westfälischen Steinkohlenbergbau vom 7. April 1953 entschieden. Auch im Schrifttum wird die gleiche Ansicht vertreten (vgl. Boldt, Das Recht des Bergmanns, 2. Aufl., 1948, S. 131).

II. Für die weitere Frage, ob dem Kläger die Differenz zwischen dem für die Zeit vom 21. bis 25. November 1955 erhaltenen Lohn und dem Ecklohn der Lohngruppe II MTV zusteht oder nicht, kann es dahingestellt bleiben, ob mit dem Kläger ein wirksames Gedinge vereinbart war und ob er in ein wirksam vereinbartes Gedinge eingerückt ist.

1. Der Kläger arbeitete unstreitig bis zu seiner Verlegung am 19. November 1955 im Gedinge. Das Landesarbeitsgericht hat zutreffend erkannt, daß das bis dahin für den Kläger gültige Gedinge mit seiner Verlegung seine Wirksamkeit verlor. Jedes Gedinge bezieht sich auf einen Betriebspunkt (§ 26 Abs. 4 und 5 AO). Gemäß § 6 Abs. 5 MTV wird das Gedinge unter Berücksichtigung der örtlichen Verhältnisse vereinbart. Der gemeinsame Abschluß einer Mehrzahl von Gedingen setzt gleichartige Abbauverhältnisse voraus (§ 25 Abs. 5 AO). Kennzeichnend ist auch der Abschluß des Gedinges „vor Ort" (§ 26 Abs. 4 AO). Wenn § 31 Abs. 1 Satz 2 AO bestimmt, daß der „Gedingeabschluß" (richtiger: das Gedinge) endigt, wenn die Arbeit beendet wird, so ergibt sich nach alledem für den Kläger, daß mit seiner Verlegung von einem Betriebspunkt an einen anderen Betriebspunkt das bis dahin für ihn bestandene Gedinge außer Kraft trat.

Aus dieser engen rechtlichen Verknüpfung zwischen dem jeweiligen örtlichen Abbau und dem Gedinge ergibt sich zugleich, wie das Landesarbeitsgericht zutreffend erkannt hat, daß die Meinung der Beklagten unrichtig ist, nach welcher der Kläger schon deshalb einen Anspruch nicht geltend machen könne, weil er innerhalb des Lohnabrechnungszeitraumes November 1955 im Durchschnitt 18,58 DM, also mehr als den Gedingerichtsatz, verdient habe. Ob ein Hauer den Gedingerichtsatz erreicht hat, richtet sich nicht in allen Fällen nach dem Durchschnittsverdienst während des Lohnabrechnungszeitraums. Bei Verlegung innerhalb des Lohnabrechnungszeitraumes an einen anderen Betriebspunkt ist vielmehr getrennt für jeden Betriebspunkt festzustellen, ob der Bergmann im Durchschnitt den Gedingerichtsatz erreicht hat, was sich, unbeschadet des Abrechnungszeitraumes, nach seiner Durchschnittsleistung am jeweiligen Betriebsort im Vergleich zu dem für den jeweiligen Betriebsort festgesetzten Gedingerichtsatz richtet. Das entspricht mangels anderer Abmachungen der Bedeutung des Betriebspunktes für die Gedingevereinbarung.

2. Der Kläger kann nun während seiner Tätigkeit auf Grube H. in der in Rede stehenden Zeit nur entweder ein Zeitlohnarbeiter oder ein Gedingearbeiter gewesen sein. War mit ihm ein wirksames Gedinge nicht vereinbart, so war er, da dieserhalb etwa eingreifende Regelungen und Abmachungen nicht vorliegen, Zeitlohnarbeiter, und ihm gebührte als Hauer der Lohn nach Lohngruppe II MTV. Gemäß § 5 Abs. 1 Satz 2 MTV dürfen die im LTV aufgeführten Lohnsätze nur in den in § 8 MTV aufgeführten Fällen unterschritten werden, was jedenfalls im Falle des

Zeitlohnverhältnisses von vornherein eindeutig ist. § 8 MTV setzt voraus, daß ein Fall vorsätzlicher Zurückhaltung der Arbeitsleistung vorlag, was von der Beklagten selbst nicht behauptet worden ist; ferner setzt § 8 MTV voraus, daß die Lohnkürzungen im Einvernehmen mit dem Betriebsrat erfolgten. Unstreitig ist aber hier der Betriebsrat zur Lohnkürzung gegenüber dem Kläger nicht gehört worden. Es wird später noch auszuführen sein, daß gegen die Wirksamkeit des § 8 MTV, durch welche Tarifnorm dem Betriebsrat ein über § 56 des Betriebsverfassungsgesetzes hinausgehendes Mitbestimmungsrecht in sozialen Angelegenheiten eingeräumt wird, keine Bedenken bestehen.

Sollte aber mit dem Kläger ein Gedinge vereinbart werden, und kam es noch nicht zu einem Abschluß, so steht dem Kläger der geltend gemachte Mindestlohn seiner Lohngruppe gemäß § 27 Abs. 2 AO zu, wonach dann ein Anspruch auf den tariflichen Mindestlohn der in Frage kommenden Lohngruppe, hier also auf den Ecklohn der Lohngruppe II MTV, besteht. Daß die in § 27 Abs. 2 Satz 2 AO normierte Ausnahme wegen Verschuldens der Gedingearbeiter gegeben sei, ist schon deshalb nicht anzunehmen, weil die Beklagte nicht vorgetragen hat, daß sie, was weiter noch erforderlich gewesen wäre, den Kläger auf die Folge einer Minderentlohnung zuvor aufmerksam gemacht habe.

War aber mit dem Kläger ein wirksames Gedinge vereinbart worden oder war er in ein wirksam bestehendes Gedinge eingerückt, so gebührte ihm auch in diesem Fall als Gedingearbeiter gemäß § 6 Abs. 4 Satz 3 MTV der garantierte Zeitlohn nach der für ihn maßgeblichen Lohngruppe II MTV.

3. Beide Vorinstanzen haben nun angenommen, daß dem Kläger als Gedingearbeiter der Ecklohn der Lohngruppe II MTV deshalb nicht zustehe, weil er nicht ohne eigenes Verschulden die Gedingeleistung nicht erreicht habe. Die hiergegen gerichtete Rüge greift durch. § 6 Abs. 4 Satz 3 MTV, wonach Gedingearbeitern, die ohne eigenes Verschulden die Gedingeleistung nicht erreicht haben, der Anspruch auf den Ecklohn der Lohngruppe II MTV zusteht, eröffnet nämlich nicht neben § 8 MTV einen weiteren Weg zur Unterschreitung des Zeitlohnsatzes. Das ergibt sich aus § 5 Abs. 1 Satz 2 MTV.

Nach § 5 Abs. 1 Satz 2 MTV gelten die im jeweils gültigen Lohntarif aufgeführten Lohnsätze als Mindestsätze und dürfen n u r in den in § 8 MTV aufgeführten Fällen unterschritten werden. Diese Vorschrift gilt nicht etwa nur für Zeitlohnarbeiter, sondern auch für Gedingearbeiter. Die §§ 5 bis 13 MTV regeln den Lohn und die Nebenleistungen des

Arbeitgebers. Innerhalb dieses Komplexes ist § 5 MTV die erste Vorschrift. Schon dies spricht dafür, daß die dort enthaltenen Regelungen Geltung für das gesamte Gebiet der Entlohnung beanspruchen. Dies wird auch durch die Überschrift „Entlohnung" des § 5 MTV, die Bestandteil des Tarifvertrages ist, unterstrichen. Hätte § 5 MTV nur den Zeitlöhner erfassen wollen, so hätte seine Überschrift im Interesse der Klarheit nicht „Entlohnung" lauten dürfen, sondern „Zeitlohn" oder „Schichtlohn". Der Begriff „Entlohnung" ist der gegebene Oberbegriff für Zeitlohn und Gedinge.

Wenn § 5 Abs. 2 bis 6 MTV die Einteilung der Arbeitnehmer in Lohngruppen nach den Tätigkeitsmerkmalen normiert, so ist diese Einteilung nicht nur für Zeitlohnarbeiter erforderlich, sondern auch für Gedingearbeiter. Erst die in § 5 Abs. 6 Ziff. 2 MTV erfolgte Definition des Begriffs „Hauer" in Verbindung mit der in § 5 Abs. 3 Ziff. 3 MTV erfolgten Einteilung in die Lohngruppe II MTV ermöglicht die Anwendung des § 6 Abs. 4 MTV, wonach im Durchschnitt jeder Anlage der Gedingelohn der Hauer 15 % über dem tariflichen Zeitlohn (Gedingerichtsatz) liegen muß. § 5 MTV enthält also schon insoweit Vorschriften, die dem § 6 MTV mit seiner näheren Regelung der Gedingelohnform vorgegeben sind.

§ 5 MTV befaßt sich auch keineswegs nur mit Zeitlöhnern, sondern ausdrücklich in Abs. 7 Buchst. b und in Abs. 8 auch mit Gedingearbeitern.

Bezieht sich demnach § 5 MTV in seiner Gesamtheit ebenfalls auf Gedingearbeiter, so gilt auch für Gedingearbeiter, wenn und soweit ihnen überhaupt ein Mindestsatz zugebilligt wird, daß dieser Mindestsatz nur in den in § 8 MTV aufgeführten Fällen unterschritten werden darf. § 6 Abs. 4 Satz 3 MTV gewährt aber grundsätzlich Gedingearbeitern einen Mindestsatz, nämlich den Zeitlohnsatz der Lohngruppe II MTV. Diese Zeitlohngarantie ist die primäre und grundlegende Funktion der Vorschrift. Regelmäßige Wirkung dieser Tarifvorschrift soll sein, daß der Gedingearbeiter für die von ihm aufgewendete Zeit ohne Rücksicht auf das Arbeitsergebnis einen Gegenwert erhält, der ihm ein bestimmtes Existenzminimum sichert. Er soll nicht schlechter stehen als ein Zeitlohnarbeiter, bei dem es für die Frage der Lohnhöhe ebenfalls nicht auf das Arbeitsergebnis ankommt. Jede andere Auslegung, die darauf hinausläuft, dem Gedingearbeiter grundsätzlich nur den seiner Leistung entsprechenden Lohn zu gewähren und diesen Lohn als tariflichen Lohnsatz zu bezeichnen, verkennt das Verhältnis von Regel und Ausnahme.

Wie bei jedem Zeitlohnarbeiter wird aber mit § 6 Abs. 4 Satz 3 MTV auch beim Gedingearbeiter eine Ausnahme für den Fall der schuldhaften Minderleistung vorgesehen. Würden nämlich die Worte „ohne eigenes Verschulden" hier fehlen, so hätte der Gedingearbeiter möglicherweise selbst in Fällen vorsätzlicher Zurückhaltung der Arbeitsleistung Anspruch auf den Ecklohn der Lohngruppe II MTV, und der Arbeitgeber wäre vielleicht allein auf den Weg der Arglisteinrede oder der Aufrechnung mit einem Schadensersatzanspruch angewiesen. § 5 Abs. 1 Satz 2 MTV gewährt dagegen einen anderen, allerdings auch nur einen einzigen Weg zur Unterschreitung des Mindestsatzes. Die in § 6 Abs. 4 Satz 3 MTV enthaltenen Worte „ohne eigenes Verschulden" können demnach nur im Zusammenhang mit der durch § 5 Abs. 1 Satz 2 MTV in Bezug genommenen Vorschrift des § 8 MTV verstanden werden, mit anderen Worten: Der einzige Fall, in welchem ein Gedingearbeiter nicht den Ecklohn der Lohngruppe II MTV als Mindestlohn erhält, ist der, daß im Einvernehmen mit dem Betriebsrat der Lohn gekürzt wird wegen vorsätzlicher Zurückhaltung mit der Arbeitsleistung sowie wegen alters- oder invaliditätsbedingter oder wegen einer durch besondere Verhältnisse gegebenen Minderleistungsfähigkeit.

Dem steht nicht entgegen, daß in § 6 Abs. 4 Satz 3 MTV von Verschulden schlechthin die Rede ist, während in § 8 MTV lediglich von Fällen vorsätzlicher Zurückhaltung der Arbeitsleistung gesprochen wird. Mag nach der allgemeinen Terminologie der Begriff „Verschulden" den Oberbegriff für Fahrlässigkeit und Vorsatz bilden, so wird hier doch durch die gerade nach der Systematik des MTV seinem § 6 vorgegebene Norm des § 5 Abs. 1 Satz 2 MTV dieser allgemeine Begriffsinhalt ausgeschlossen.

Diese Regelung erscheint auch sinnvoll im Hinblick auf die besonderen Arbeitsverhältnisse eines unter Tage arbeitenden Gedingearbeiters. Es ist ein allgemeiner Erfahrungssatz, daß dort das Arbeitsergebnis von zahlreichen Faktoren, wie z. B. den geologischen und den Wetterverhältnissen, abhängig ist und beeinträchtigt werden kann. Völlige Klarheit über die wirklichen Ursachen einer Minderleistung ist unter diesen Umständen nur selten zu erlangen. Insbesondere wird es kaum jemals möglich sein, mit der erforderlichen Sicherheit festzustellen, daß die Minderleistung die Folge eines leicht fahrlässigen Verhaltens des Bergmannes ist. Nichts liegt näher, als unter solchen tatsächlichen Arbeitsverhältnissen die Unterschreitung des tariflichen Mindestlohnes von dem Vorliegen in die Augen springender Merkmale abhängig zu machen. Hätten die

Tarifvertragsparteien neben § 8 MTV in § 6 MTV einen weiteren Weg zur Unterschreitung des als Mindestlohn garantierten Zeitlohnsatzes eröffnen wollen, so hätten sie dies bei der gegebenen Fassung ihres Tarifvertrages und den tatsächlichen Verhältnissen zumindest deutlicher zum Ausdruck bringen müssen.

4. Gegen die Wirksamkeit einer in § 8 MTV normierten Erweiterung des Mitbestimmungsrechtes des Betriebsrats in sozialen Angelegenheiten gegenüber dem in § 56 BetrVG geregelten allgemeinen Mitbestimmungsrecht bestehen keine Bedenken, so daß dieserhalb nichts gegen die Gültigkeit jener Vorschrift und damit von dieser Seite her auch nichts gegen die oben aufgezeigte Beschränkung des Verschuldens beim Gedingearbeiter hergeleitet werden könnte. Durch Tarifvertrag können, wie § 4 Abs. 1 Satz 2 TVG hervorhebt, betriebliche und betriebsverfassungsrechtliche Fragen geregelt werden. Die in § 56 BetrVG vorgesehene gesetzliche Regelung der Mitbestimmung des Betriebsrates gilt nur, „soweit eine gesetzliche oder tarifliche Bestimmung nicht besteht". Dieser Nebensatz hat seine Stellung vor den Worten „in folgenden Angelegenheiten mitzubestimmen". Mit der vom Gesetzgeber vorgenommenen Überschrift „Soziale Angelegenheiten" des Zweiten Abschnittes des Vierten Teiles des Betriebsverfassungsgesetzes, in dem sich § 56 BetrVG selbst findet, ist das allgemeine Gebiet der dortigen Rgelungen angegeben. Der Nebensatz ist daher auch auf den ganzen Bereich der sozialen Angelegenheiten bezogen. Dann kann aber die hier in Rede stehende Fassung des Eingangssatzes des § 56 BetrVG nur bedeuten, daß insbesondere durch tarifliche Regelungen der Kreis der sozialen Angelegenheiten, bei denen der Betriebsrat mitzubestimmen hat, anders und insbesondere in einer gegenüber dem Betriebsverfassungsgesetz erweiternden Art und Weise bestimmt werden kann. Eine Erweiterung des gleichberechtigten und erzwingbaren Mitbestimmungsrechts in sozialen Angelegenheiten wäre nur dann nicht möglich, wenn der Nebensatz im Eingang des § 56 BetrVG hinter den Worten „in folgenden Angelegenheiten" stünde. In diesem Falle wäre der Anfang der unmittelbar nach dem Betriebsverfassungsgesetz mitbestimmungspflichtigen Angelegenheiten auf die unter § 56 Buchst. a bis h BetrVG angegebenen Tatbestände beschränkt, und es wäre im Betriebsverfassungsgesetz lediglich die Möglichkeit einer Aufweichung der Mitbestimmung vorgesehen (ebenso offensichtlich auch Walter, BB 1953, 89 [91/92]). Ob eine Erweiterung des Mitbestimmungsrechts des Betriebsrates wenigstens in sozialen Angelegenheiten auch auf Grund des gegenüber dem Betriebsverfassungsgesetz

älteren § 1 Abs. 1 TVG möglich ist, braucht unter diesen Umständen nicht näher geprüft zu werden (bejahend Hueck-Nipperdey-Tophoven, TVG, 3. Auflage, § 1 Anm. 53 c). Ebenso muß nicht untersucht werden, ob sich auch aus § 57 BetrVG und § 59 BetrVG (so Dietz, BetrVG, 2. Auflage, Vorbem. § 49 Anm. 37) oder aus § 50 Abs. 5 BetrVG (so Hueck in BB 1952, 925 [928]) die Möglichkeit ergibt, das Mitbestimmungsrecht des Betriebsrats in sozialen Angelegenheiten durch einen Tarifvertrag erweitern zu können. Der von Galperin-Siebert, BetrVG, 3. Aufl., Vorbemerkung § 56 Anm. 51 vertretenen Auffassung, daß eine Erweiterung des Mitbestimmungsrechts des Betriebsrats in sozialen Angelegenheiten durch Tarifvertrag schlechterdings unmöglich sei, vermag der Senat nicht zu folgen.

Im übrigen ist es nach der Fassung des Tarifvertrages nicht auszuschließen, daß mit § 8 MTV dem Betriebsrat überhaupt nicht eine betriebsverfassungsrechtliche Mit bestimmungsfunktion, sondern zusammen mit dem Arbeitgeber eine individualrechtliche Bestimmungsfunktion im Hinblick auf § 317 BGB zugewiesen wurde. Gerade die Mitwirkung des Betriebsrats in dieser atypischen Funktion bei der Bestimmung untertariflicher Entlohnung der infolge Alters oder Invalidität oder aus sonstigen Gründen Minderleistungsfähigen, ferner bei der Anrechnung von willkürlicher Arbeitsversäumnis auf den Urlaub und in ähnlichen Fällen, ist im Schrifttum bisher nicht ernstlich in Frage gestellt worden. Die Bestimmung der Leistung soll durch einen Vertragsschließenden und die Betriebsvertretung gemeinsam erfolgen. Im Sinne des Gesetzes läge hier die Überlassung der Bestimmung an einen „Dritten" zum mindesten analog § 317 BGB vor, und zwar auch dann, wenn sich die Bestimmung an gewisse Richtlinien halten muß und wenn gewisse Umstände vorher festzustellen sind. Zur Bestimmung der Leistung bedarf es dann gemäß § 317 Abs. 2 Satz 1 BGB der Übereinstimmung zwischen Arbeitgeber und Betriebsvertretung (vgl. Hueck-Nipperdey, Lehrbuch, 6. Aufl., Band II, Seite 222). Auch unter diesem Gesichtspunkt gewinnt die Vorschrift des § 8 MTV ihre sinnvolle Bedeutung bei der Anwendung auf Fälle von Minderleistung. In der Praxis des Arbeitslebens im Bergbau ist das Gruppengedinge gegenüber dem Einmanngedinge der häufigere Fall; die Minderleistung eines Gedingearbeiters belastet vor allem auch die mit ihm im gleichen Gedinge arbeitenden anderen Bergleute. Dann aber ist die Betriebsvertretung wie kein anderes Organ sonst dazu berufen, die in diesem Zusammenhang auftauchenden Fälle von Drückebergerei zu brandmarken.

5. Da der Betriebsrat unstreitig nicht eingeschaltet worden ist, fehlt es, wenn der Kläger Gedingearbeiter war, an den Voraussetzungen, unter welchen die Zeitlohngarantie des § 6 Abs. 4 Satz 3 MTV ihre Wirksamkeit verliert. Dem Kläger steht danach in jedem Fall der Ecklohn der Lohngruppe II MTV zu. Das angefochtene Urteil war damit aufzuheben. Einer Zurückverweisung bedurfte es unter keinen Umständen, da die Beklagte eben selbst nicht behauptet hat, der Kläger habe vorsätzlich mit seiner Arbeitsleistung zurückgehalten. Im übrigen könnte die in § 8 MTV vorgeschriebene Einschaltung des Betriebsrates jetzt, nachdem fast vier Jahre seit Ablauf des streitigen Zeitraumes verstrichen sind, auch nicht mehr nachgeholt werden. Der Betriebsrat wäre nicht mehr in der Lage, sachgerecht Stellung zu nehmen. Der Sinn der in § 8 MTV vorgeschriebenen Einschaltung des Betriebsrates ist es aber, ihm die Möglichkeit zur sachgerechten Stellungnahme und zur gütlichen Bereinigung des Falles zu geben. Gemäß § 565 Abs. 3 Ziffer 1 ZPO war daher der Senat in der Lage, selbst zu entscheiden und dem Kläger den geltend gemachten Lohn zuzusprechen.

20

1. Der Kündigungsschutz für einen Schwerbeschädigten beginnt nicht erst in dem Zeitpunkt, in dem die Schwerbeschädigteneigenschaft durch einen Rentenbescheid behördlich anerkannt wird, sondern schon dann, wenn diese Eigenschaft tatsächlich gegeben ist (vgl. Urteil des Zweiten Senats vom 13. 2. 1958, BAG 5, 208).

2. Die durch Tatsachen ausreichend begründete Besorgnis des Arbeitgebers, daß ein wegen seelischer Erkrankung in klinischer Behandlung gewesener Arbeitnehmer künftig neue Schübe seiner Krankheit erleiden werde, kann eine ordentliche Kündigung sozial rechtfertigen.

SchwBeschG §§ 1, 14; KSchG § 1 Abs. 2.

III. Senat. Urteil vom 6. Oktober 1959 i. S. N. (Kl.) w. St. B. (Bekl.)
3 AZR 313/56.

I. Arbeitsgericht Bremen. — II. Landesarbeitsgericht Bremen.

Der im Jahre 1923 geborene Kläger trat nach bestandener Diplom-Ingenieur-Prüfung am 1. Juli 1950 als technischer Angestellter in den Dienst der Beklagten. Er wurde zuletzt nach der Vergütungsgruppe III der TO.A bezahlt. Im März 1954 erlitt er einen Nervenzusammenbruch und war danach mehrere Monate in der Städtischen Nervenklinik. Nachdem er seinen Dienst im August 1954 wieder angetreten hatte, wurde er am 1. September 1954 aus dienstlichen Gründen und zu seiner persönlichen Entlastung vom Bauamt B. an das Stadtplanungsamt versetzt. Ein Gutachten von Dr. S. beim Hauptgesundheitsamt der Beklagten vom 11. März 1955 kam zu dem Ergebnis, daß der Kläger wegen eines psychischen Defektzustandes nach durchgemachter endogener Psychose für seinen Dienst als Ingenieur dienstunfähig sei. Aus diesem Grunde kündigte ihm die Beklagte durch Schreiben vom 14. Mai 1955 mit Zustimmung des Betriebsrats zum 30. September 1955.

Gegen diese Kündigung hat der Kläger am 3. Juni 1955 Klage erhoben. Er hat geltend gemacht, die Kündigung sei nichtig, weil die erforderliche Zustimmung der Hauptfürsorgestelle fehle. Er habe nämlich im Jahre 1943 als Soldat im Zweiten Weltkrieg durch Wehrdienstunfall eine Schulterverrenkung erlitten. Dadurch sei er um mehr als 50 % in seiner Erwerbsfähigkeit beschränkt. Er sei auch als Schwerbeschädigter anerkannt worden. Die Kündigung sei außerdem sozialwidrig. Denn der behauptete Kündigungsgrund seiner Dienstunfähigkeit treffe nicht zu, da die Nervenkrankheit im Zeitpunkt der Kündigung bereits geheilt gewesen sei.

Das Arbeitsgericht hat die Klage als unbegründet abgewiesen, das Landesarbeitsgericht die Berufung des Klägers zurückgewiesen. Die Revision des Klägers führte zur Aufhebung und Zurückverweisung.

Aus den Gründen:

I. Soweit der Kläger sein Feststellungsbegehren auf seine angebliche Eigenschaft als Schwerbeschädigter im Sinne von § 1 Abs. 1 Buchst. a des Schwerbeschädigtengesetzes von 1953 stützt, führt das angefochtene Urteil aus, daß der Kündigungsschutz des § 14 dieses Gestzes nicht schon dann gegeben sei, wenn jemand tatsächlich Schwerkriegsbeschädigter ist, sondern erst von dem Zeitpunkt an, in dem diese Eigenschaft förmlich anerkannt worden ist, insbesondere durch einen Rentenbescheid. Dieser Rechtsansicht vermag sich der Senat nicht anzuschließen. Er folgt vielmehr der gegenteiligen Ansicht des Zweiten Senats des Bundesarbeitsgerichts im Urteil vom 13. Februar 1958 (BAG 5, 208), die dahin geht, daß die Schwerbeschädigteneigenschaft durch einen Anerkennungsbescheid nicht begründet, sondern nur bewiesen wird. Dem haben auch Gotzen in AP Nr. 11 zu § 14 SchwBeschG und Gift in SAE 1959 Nr. 29 zugestimmt, während Schroeder-Printzen in ArbuR 1958 S. 319 dies im wesentlichen aus denselben Gründen ablehnt, die das angefochtene Urteil heranzieht.

Der erkennende Senat glaubt in dieser allerdings recht umstritten gewesenen Rechtsfrage der Auffassung des Zweiten Senats zunächst deshalb den Vorzug geben zu müssen, weil der Wortlaut des § 1 SchwBeschG von 1953 für sie spricht: („Schwerbeschädigte im Sinne dieses Gesetzes sind Deutsche, die infolge einer gesundheitlichen Schädigung usw. nicht nur vorübergehend um wenigstens 50 vom Hundert in ihrer Erwerbsfähigkeit gemindert sind".). Daß die Schwerbeschädigteneigenschaft behördlich anerkannt sein müsse, um Rechtswirkungen erzeugen zu können, sagt das Gesetz nicht und kann auch nicht als vom Gesetzgeber stillschweigend gewollt unterstellt werden. Auch § 39 Abs. 1 a SchwBeschG ermächtigt die Bundesregierung nur, Vorschriften über die Voraussetzungen der Anerkennung der Schwerbeschädigteneigenschaft und über das Verfahren zu erlassen, aber nicht auch über die Voraussetzungen der Schwerbeschädigteneigenschaft selbst, die bereits in § 1 des Gesetzes zusammengestellt sind. Daher kann auch dem auf dieser Ermächtigung beruhenden § 1 der Ersten Durchführungsverordnung zum Schwerbeschädigtengesetz, wonach es als Voraussetzung für die Anerkennung der Schwerbeschädigteneigenschaft genügt, daß durch unanfechtbar gewordene Verwaltungs- oder Gerichtsentscheidung eine Schwerbeschädigtenrente zuerkannt worden ist, nicht eine von dem Sinn des § 1 des Gesetzes abweichende Bedeutung beigemessen werden. Ebensowenig läßt sich aus § 24 des Gesetzes, wonach Schwerbeschädigte, bei denen der Grad der Minderung ihrer Erwerbsfähigkeit auf weniger als 50 v. H. herabgesetzt wird, den Schutz des Gesetzes noch für ein Jahr nach Eintritt der Rechtskraft des Festsetzungsbescheides genießen, zwingend folgern, daß dann dieser Schutz auch erst mit Erlaß eines Feststellungsbescheides beginnen könne. Denn § 24 ist nur eine das Ende des Schutzes aus sozialen Gründen hinausschiebende Sondervorschrift. Aus ihr ist nicht zu entnehmen, daß auch der Beginn des Schutzes an die Voraussetzung eines Feststellungsbescheides geknüpft werden soll.

Allerdings ist es für den Arbeitgeber mißlich, wenn er nicht von vornherein weiß und auch nicht alsbald sicher feststellen kann, ob ein Arbeitnehmer, dem er kündigen will, tatsächlich den Schutz des Schwerbeschädigtengesetzes genießt oder nicht, wenn er also in einem Fall wie hier im unklaren darüber ist, ob er um die Zustimmung der Hauptfürsorgestelle nachsuchen muß, bevor er die Kündigung wirksam aussprechen kann. Noch unbefriedigender als diese vorübergehende Rechtsunsicherheit wäre es aber, wenn ein Arbeitnehmer, der tatsächlich Schwerbeschädigter ist und nachher auch als solcher anerkannt wird, während der Schwebezeit schutzlos bliebe. Auch aus diesem Grunde verdient die Auffassung, die dem Urteil des Zweiten Senats vom 13. Februar 1958 zu Grunde liegt, den Vorzug vor der des angefochtenen Urteils. Sie gestaltet den Kündigungsschutz für Schwerbeschädigte in erster Linie nach dem wirklichen Befund und wird damit dem sozialen Grundgedanken dieses Schutzgesetzes besser gerecht.

II. Das Berufungsgericht hat, was auch von seinem Standpunkt aus richtig war, sodann geprüft, ob eine der von dem Kläger in Bezug genommenen Urkunden aus der Zeit vor der Kündigung als Anerkennung seiner Schwerbeschädigteneigenschaft im Sinne von § 1 Abs. 1 Buchst. a SchwBeschG anzusehen ist. Es hat dies verneint, indem es ausführt, daß weder die Bescheinigung des Reservelazaretts Bremen vom 4. Dezember 1945 noch der vom Landkreis O. daraufhin ausgestellte Schwerbeschädigtenausweis vom 30. Januar 1946, noch die Bescheinigung des Gesundheitsamts B. vom 9. Januar 1952 eine solche Anerkennung sei. Diese Ausführungen lassen keinen Rechtsirrtum erkennen. Der Ansicht der Revision, daß wenigstens der vom Landkreis O. ausgestellte Ausweis vom 30. Januar 1946 ausreichen müsse, kann nicht gefolgt werden. Dieser Ausweis kommt auch, worauf es nach der oben unter I begründeten Auffassung nunmehr ankommt, nach seiner Geltungsdauer und seinem Inhalt nicht als Beweis dafür in Betracht, daß der Kläger im Zeitpunkt der Kündigung vom 14. Mai 1955 tatsächlich Schwerkriegsbeschädigter war. Dazu gehört nämlich, wie das angefochtene Urteil mit Recht hervorhebt, nicht nur eine wenigstens 50%ige Minderung der Erwerbsfähigkeit, sondern auch der Nachweis, daß die Wehrdienstbeschädigung des Klägers mindestens eine wesentliche Teilursache der Erwerbsminderung war. Der Ausweis vom 30. Januar 1946 beruhte auf der Bescheinigung des Reservelazaretts B. vom 4. Dezember 1945, die dem Kläger nur vorläufig die Versehrtenstufe II zuerkannte. Er galt auch nach der Feststellung des angefochtenen Urteils nur bis zum 31. Dezember 1948 und sollte dem Kläger nur die Benutzung der Schwerbeschädigtenabteile der Eisenbahn, den Besuch von kulturellen Veranstaltungen und bevorzugte Abfertigung verschaffen. Er hat deshalb nicht entfernt denselben Beweiswert wie die rechtskräftige Zuerkennung einer Schwerbeschädigtenrente, wie sie nach § 1 der Ersten Durchführungsverordnung zum Beweis der Schwerbeschädigteneigenschaft ausreicht.

Ob der Kläger wirklich Schwerbeschädigter ist und war, wird voraussichtlich in seinem Rentenverfahren endgültig geklärt werden. Dieses Verfahren ist zur Zeit beim Bundessozialgericht anhängig, nachdem das Sozialgericht und das Landessozialgericht Bremen den Rentenantrag des

Klägers abgelehnt haben. Dringt der Kläger mit seiner Revision in einer Weise durch, daß seine Schwerbeschädigteneigenschaft schon für den Zeitpunkt der Kündigung festgestellt wird, dann muß er auch mit seiner gegenwärtigen Klage bei den Arbeitsgerichten Erfolg haben. Wird seine Revision jedoch vom Bundessozialgericht zurückgewiesen, dann wird vermutlich § 14 SchwBeschG als Klagegrund entfallen.

III. Die hiernach durch § 565 ZPO gebotene Zurückverweisung der Sache an das Landesarbeitsgericht würde sich aber erübrigen, wenn der weitere selbständige Klagegrund, nämlich die vom Kläger geltend gemachte Sozialwidrigkeit der Kündigung (§ 1 Abs. 2 KSchG) die gegenwärtige Klage rechtfertigt. Das Berufungsgericht hat das verneint. Es hat hierzu ausgeführt, daß zwar nach dem Ergebnis der Beweisaufnahme im Zeitpunkt der Kündigung weder eine absolute Dienstunfähigkeit des Klägers noch ein derartiges Abfallen seiner Leistungen festgestellt werden könne, daß dadurch eine Beendigung des Arbeitsverhältnisses bedingt worden wäre. Nach dem Ergebnis der Beweisaufnahme müsse aber festgestellt werden, daß der Kläger auch noch nach seiner Entlassung aus der Nervenklinik offenkundig unter Wahnvorstellungen gelitten habe. Dadurch sei die Fortdauer seiner seelischen Erkrankung zur Zeit der Kündigung bewiesen, und der Beklagten könne nicht angesonnen werden, ihn in seiner besonders verantwortungsvollen Arbeit bei der Stadtplanung weiter zu beschäftigen. Der Beklagten müsse gestattet werden, sich vom Kläger zu trennen, zumal da sie mit dem Auftreten neuer Schübe seiner Krankheit habe rechnen müssen.

Diese Begründung rechtfertigt die Abweisung der Klage, soweit sie als Kündigungsschutzklage erhoben ist. Die Angriffe der Revision hiergegen können nicht durchdringen. Wenn auch die Beklagte als Kündigungsgrund in ihrem Kündigungsschreiben nur Dienstunfähigkeit des Klägers infolge Erkrankung angegeben hatte, so hinderte dies das Landesarbeitsgericht nicht, zwar die Dienstunfähigkeit und ein erhebliches Absinken der Leistungen des Klägers zu verneinen, gleichwohl aber die Fortdauer der Krankheit festzustellen und im Sinne der Beklagten die Besorgnis einer zeitweiligen Verschlimmerung der Krankheit zu hegen. Darin liegt weder das Heranziehen eines von der Beklagten gar nicht geltend gemachten Kündigungsgrundes, noch ein innerer Widerspruch. Daß das Landesarbeitsgericht die von ihm festgestellten Symptome einer Fortdauer der Krankheit, nämlich die wahnhaften Vorstellungen des Klägers, er werde von seinem Schwiegervater bestrahlt, in der Klinik habe Leichengeruch geherrscht, und er habe Schweinsborsten in der

Wurst gefunden, überbewertet habe, ist ein im Revisionsverfahren unzulässiger Angriff gegen die Beweiswürdigung der Tatsacheninstanz. Ein nervenärztliches Gutachten brauchte das Landesarbeitsgericht nach der Zeugenvernehmung nicht mehr einzuholen, da es den Sachverhalt hinsichtlich des Gesundheitszustandes des Klägers als genügend geklärt ansehen und sich zutrauen konnte, die notwendigen Schlüsse daraus selbst zu ziehen. Der Kläger hat auch nach der Beweisaufnahme keinen Antrag gestellt, noch einen Sachverständigen zu hören, und in seiner Revisionsbegründung nicht förmlich gerügt, daß kein Sachverständiger gehört worden sei, sondern nur bemerkt, der Kläger hätte es begrüßt, wenn die in seine Gesundheit und Leistungsfähigkeit gesetzten Zweifel durch das Gutachten eines kompetenten sachverständigen Arztes geklärt worden wären. Selbst wenn aber ein nervenärztliches Gutachten, dessen Einholung ganz im Ermessen des Landesarbeitsgerichts stand, zu dem vom angefochtenen Urteil abweichenden Ergebnis gekommen wäre, daß die Krankheit des Klägers zur Zeit der Kündigung schon völlig abgeklungen war, würde auch dies nichts daran ändern können, daß die Beklagte, nachdem der Kläger nun einmal wegen seiner seelischen Erkrankung monatelang in klinischer Behandlung gestanden hatte und nachdem sich gewisse Symptome für eine Fortdauer der Erkrankung gezeigt hatten, von ihrem Standpunkt aus mit der Gefahr neuer Krankheitsschübe rechnen mußte und schon deswegen, wie das Landesarbeitsgericht ohne Rechtsirrtum annimmt, zur Wahrung ihrer berechtigten Interessen zur Kündigung schreiten durfte, ohne damit sozialwidrig zu handeln.

Hiernach muß es bei der Zurückverweisung der Sache bleiben, damit die Schwerbeschädigteneigenschaft des Klägers geklärt werden kann.

21

Für die Eingruppierung von Meistern und technischen Angestellten in die durch den Tarifvertrag vom 14. Juni 1956 neu geregelten Vergütungsgruppen der TO.A kommt es auf die Erfüllung der Tätigkeitsmerkmale an; es findet also nicht eine automatische Höhergruppierung auf Grund der bisherigen Einstufung statt.

Tarifvertrag für die Eingruppierung von Meistern und technischen Angestellten (öffentlicher Dienst) vom 14. Juni 1956 § 5 Abs. 1 und VergGr. VI a TO.A.

IV. Senat. Urteil vom 7. 10. 1959 i. S. W. (Kl.) w. St. C. (Bekl.)
4 AZR 299/58

I. Arbeitsgericht Bamberg. — II. Landesarbeitsgericht Bayern (Nürnberg).

Der Kläger hat eine abgeschlossene Lehre als Zimmermann. Die handwerkliche Meisterprüfung hat er nicht abgelegt. Seit 1953 ist er in der Tiefbauabteilung der Beklagten als sogenannter zweiter Straßenbaumeister beschäftigt. Er erhält die Bezüge nach der VergGr. VI a TO.A.

Der Kläger ist der Ansicht, daß er auf Grund des Tarifvertrages für die Eingruppierung von Meistern und technischen Angestellten vom 14. Juni 1956 (TV 56), an den beide Parteien tarifgebunden sind, Anspruch auf die Vergütung nach der VergGr. V a TO.A habe. Er meint, dieser Anspruch stehe ihm schon deshalb zu, weil er beim Inkrafttreten des Tarifvertrages in die VergGr. VI a TO.A (alter Fassung) eingestuft gewesen sei und die Tätigkeitsmerkmale dieser Gruppe mit den durch den TV 56 neugefaßten Tätigkeitsmerkmalen der VergGr. V a TO.A im wesentlichen übereinstimmten. Mit der Klage begehrt der Kläger die Feststellung, daß die Beklagte verpflichtet ist, ihn ab 1. Mai 1956 nach der VergGr. V a TO.A zu bezahlen.

Die Beklagte hat bestritten, daß der Kläger die Tätigkeitsmerkmale der begehrten Vergütungsgruppe erfülle, und hat vorgetragen, der Kläger sei bei seiner Einstellung in die VergGr. VI a TO.A übertariflich eingestuft worden, weil er aus der Privatwirtschaft übernommen worden sei und sich nicht habe schlechter stehen sollen.

Die Klage blieb in allen Instanzen erfolglos.

Aus den Gründen:

I. Das Berufungsgericht geht zu Recht davon aus, daß der Tarifvertrag für die Eingruppierung von Meistern und technischen Angestellten vom 14. Juni 1956 nicht, wie die Revision meint, eine automatische Höhergruppierung derjenigen von diesem Tarifvertrag erfaßten Angestellten herbeigeführt hat, die bei seinem Inkrafttreten in eine der neu geregelten Vergütungsgruppen der TO.A eingestuft waren. Das gilt insbesondere auch für diejenigen Fälle, in denen die Tätigkeitsmerkmale der Vergütungsgruppe, in die der Angestellte bisher eingereiht war, unverändert oder mit nur unwesentlichen Änderungen oder auch mit erleichterten Anforderungen in eine höhere Vergütungsgruppe übernommen worden sind.

An dem Grundsatz der TO.A., daß für die Einreihung in eine der Vergütungsgruppen der Wert der Leistung, d. h. die Erfüllung der

Tätigkeitsmerkmale durch die überwiegende Tätigkeit, entscheidend ist, hat der TV 56 nichts geändert, und zwar auch nicht für die beim Inkrafttreten des Tarifvertrages bestehenden Arbeitsverhältnisse. Denn in der Übergangsbestimmung des § 5 Abs. 1 heißt es: „Im Dienst befindliche Angestellte, die nach diesem Tarifvertrag die Tätigkeitsmerkmale einer höheren als ihrer bisherigen Vergütungsgruppe erfüllen, rücken mit Inkrafttreten dieses Tarifvertrages in die höhere Vergütungsgruppe auf." Diese Bestimmung stellt es für das Aufrücken in eine höhere Vergütungsgruppe nicht darauf ab, wie der Angestellte bisher eingestuft war, sondern allein darauf, ob er nach dem neuen Tarifvertrag die Tätigkeitsmerkmale der höheren Gruppe erfüllt. Auf die bisherige Einreihung der Angestellten ist allein in der weiteren Bestimmung des § 5 Abs. 2 Bedacht genommen, und zwar soll die Einreihung derjenigen Angestellten, die bis zum 30. April 1956, d. h. bis zum Inkrafttreten des Tarifvertrages, günstiger als nach diesem Tarifvertrage eingereiht waren, unberührt bleiben.

Der Revision ist zwar zuzugeben, daß es der Bestimmung des § 5 Abs. 1 des TV 56 nicht bedurft hätte; sie spricht nur etwas aus, was sich ohnehin aus der normativen Wirkung des Tarifvertrages ergibt. Es mag sein, daß darauf hingewiesen werden sollte, daß es zu einem tarifgerechten Aufrücken keiner Erklärung des Arbeitgebers bedürfe; vielleicht sollte auch mit Rücksicht darauf, daß, wie die Parteien vorgetragen haben, ein automatisches Aufrücken der im Dienst stehenden Angestellten Gegenstand der Tarifverhandlungen gewesen war, ausdrücklich herausgestellt werden, daß es auf die Erfüllung der Tätigkeitsmerkmale ankomme. Es kann jedoch dahinstehen, aus welchen Erwägungen die Tarifpartner die Bestimmung des § 5 Abs. 1 in den Tarifvertrag aufgenommen haben. Denn jedenfalls kann ihr deshalb, weil sie überflüssig ist, nicht ein mit ihrem eindeutigen Wortlaut unvereinbarer Sinn untergelegt werden.

Angesichts der Eindeutigkeit dieser Bestimmung ist auch die Verfahrensrüge der Revision unbegründet, das Berufungsgericht habe einen vom Kläger benannten Zeugen nicht darüber vernommen, daß die Tarifpartner ein automatisches Aufrücken der im Dienst stehenden Angestellten gewollt hätten. Denn ein Wille der Tarifpartner, der in dem Tarifvertrag keinen irgendwie erkennbaren Ausdruck gefunden hat, ist bei der Auslegung unbeachtlich (vgl. BAG AP Nr. 4, 10 zu § 1 TVG Auslegung).

Kommt es sonach allein darauf an, ob der Kläger die Tätigkeitsmerkmale der begehrten VergGr. V a TO.A nach dem Tarifvertrag vom

14. Juni 1956 erfüllt, so ist es auch unerheblich, aus welchen Gründen der Kläger gegebenenfalls vor dem Inkrafttreten dieses Vertrages in die VergGr. VI a TO.A übertariflich eingestuft war.

II. Wenn das Berufungsgericht zu dem Ergebnis gelangt, daß der Kläger die Tätigkeitsmerkmale der VergGr. V a TO.A (neu) nicht erfülle, so läßt das einen Rechtsirrtum nicht erkennen.

Mangels der in der ersten Alternative geforderten Ausbildung fällt der Kläger nicht unter die technischen Angestellten mit technischer Ausbildung nach Nr. 2 der Bemerkung zu allen Vergütungsgruppen, die sich in einer Berufstätigkeit von mindestens einem Jahr bewährt haben. In Betracht kommt daher allein die zweite Alternative: sonstige Angestellte, die auf Grund gleichwertiger Fähigkeiten und ihrer Erfahrungen entsprechende Tätigkeiten ausüben.

Demgemäß stellt es das Berufungsgericht zutreffend zunächst darauf ab, ob der Kläger über Fähigkeiten verfügt, die denen der in der ersten Alternative genannten technischen Angestellten gleichwertig sind. Diese müssen nach dem Klammerzusatz zur vollwertigen Dienstleistung in nachstehenden Arbeitsgebieten befähigt sein: Aufstellung und Prüfung von Entwürfen nicht nur einfacher Art einschließlich Massen-, Kosten- und statischen Berechnungen und Verdingungsunterlagen, Bearbeitung der damit zusammenhängenden laufenden technischen Angelegenheiten — auch im technischen Rechnungswesen —, örtliche Bauleitung oder Mitwirkung bei der Leitung von Bauten und Bauabschnitten sowie deren Abrechnung. Das Berufungsgericht stellt auf Grund der Aussagen der im ersten Rechtszuge vernommenen Zeugen und des eigenen Sachvortrags des Klägers fest, daß der Kläger solche Kenntnisse weder durch seine handwerkliche Berufsausbildung bis zum Zimmermannsgesellen noch durch seine Tätigkeit bei der Beklagten erworben hat. Die Tätigkeit des Klägers liegt auf dem im Klammerzusatz bezeichneten Gebiet der örtlichen Bauleitung und Abrechnung. Das Berufungsgericht hat daher zu Recht geprüft, ob von dem Kläger solche Fähigkeiten und Leistungen (entsprechende Tätigkeit) gefordert werden, wie sie im Klammerzusatz der Tätigkeitsmerkmale zur näheren Umschreibung der in der ersten Alternative geforderten einjährigen Berufsbewährung aufgeführt sind. Wenn das Berufungsgericht das verneint, so läßt das einen revisiblen Verstoß nicht erkennen. In tatsächlicher Beziehung legt es seiner Beurteilung die sich nicht widersprechenden Aussagen der beiden vernommenen Zeugen zugrunde. Danach obliegt dem Kläger die Erstellung oder Prüfung von Entwürfen und Berechnungen, wie sie in den tariflichen

Tätigkeitsmerkmalen näher bezeichnet sind, nicht; der Kläger hatte das auch selbst nicht behauptet. Die Straßenbauarbeiten, die der Kläger zu leiten hat, werden ohne zeichnerische Tätigkeit und ohne Aufstellung von Berechnungen durchgeführt. Wenn hiernach das Berufungsgericht es verneint hat, daß der Kläger gleichwertige Fähigkeiten wie die in der ersten Alternative der Tarifnorm genannten Angestellten einzusetzen und eine entsprechende Tätigkeit auszuüben habe, so ist darin weder eine Verkennung tariflicher Begriffe noch ein Verstoß gegen Denkgesetze oder Erfahrungssätze noch eine offensichtlich fehlerhafte Bewertung zu erblicken.

22

1. Eine wirksame ordentliche Kündigung ist in aller Regel keine zu Schadenersatz verpflichtende schuldhafte Vertragsverletzung.

2. Eine wirksame ordentliche Kündigung kann eine zum Schadenersatz verpflichtende schuldhafte Vertragsverletzung sein, wenn sie gegen eine — vertraglich oder gesetzlich begründete — schuldrechtliche Kündigungsbeschränkung verstößt.

3. Das Kündigungsschutzgesetz konkretisiert die Frage, inwieweit ein Arbeitgeber bei Ausspruch einer ordentlichen Kündigung nach Treu und Glauben auf den Arbeitsplatzschutz des Arbeitnehmers Rücksicht nehmen muß, abschließend mit einem positiven und negativen Inhalt. Bei den Arbeitnehmern, auf die das Kündigungsschutzgesetz Anwendung findet, handelt der Arbeitgeber schon gegen Treu und Glauben, wenn er bei Ausspruch einer Kündigung nicht die Schranken des § 1 Abs. 2 KSchG wahrt (positive Konkretisierung von § 242 BGB durch das KSchG). Bei den Arbeitnehmern, auf die das Kündigungsschutzgesetz keine Anwendung findet, verstößt ein Arbeitgeber nicht schon deshalb gegen § 242 BGB, weil die ordentliche Kündigung dem Arbeitnehmer den Arbeitsplatz nimmt. Ein Verstoß gegen Treu und Glauben liegt im zweiten Fall dann erst vor, wenn die Kündigung aus sonstigen Gründen (z. B. Willkür, gegensätzliches Verhalten und dergl.) nicht mehr vom Recht gebilligt werden kann.

4. Aus dem Gesichtspunkt des Verschuldens bei Vertragsabschluß ist ein Arbeitgeber zur Vermeidung einer Schadenersatzpflicht gehalten, bei Verhandlungen über den Abschluß eines Arbeitsvertrages mit einem künftigen Arbeitnehmer auf dessen Belange in zumutbarem und durch Fürsorgegesichtspunkte bestimmtem Umfang Rücksicht zu nehmen. Das setzt aber voraus, daß der künftige Arbeitnehmer besondere Wünsche

erkennen läßt oder daß allgemein bei ihm erkennbar eine besondere Situation vorliegt, die eine entsprechende Rücksichtnahme gebietet.

BGB §§ 242, 615; KSchG §§ 1, 21.

II. Senat. Urteil vom 8. 10. 1959 i. S. P. (Bekl.) w. H. (Kl.)
2 AZR 501/56.

I. Arbeitsgericht Essen. — II. Landesarbeitsgericht Düsseldorf.

Die Klägerin war seit dem 21. Januar 1954 in Essen als erste Verkäuferin bei einer Firma K. gegen ein Gehalt von 400,— DM zuzüglich einer Prämie von 140,— bis 150,— DM monatlich tätig. Ein Teil des Betriebes der Firma K. wurde am 15. Oktober 1955 von der Firma H. übernommen, wobei zwischen dieser und der Klägerin vereinbart war, daß auch die Klägerin übernommen werde.

Um diese Zeit suchte die Beklagte in einer Zeitungsannonce eine Verkäuferin für ihr Ladengeschäft in Essen, worauf sich die Klägerin bewarb. Nach zwei Besprechungen, wobei u. a. auch erörtert wurde, daß die Klägerin wohl von der Firma H. übernommen würde, kam es dann zu der Vereinbarung zwischen den Parteien, daß die Klägerin ab 1. November 1955 als Verkäuferin mit einem monatlichen Gehalt von 550,— DM bei der Beklagten eingestellt werde. Als Kündigungsfrist für beide Teile wurde dabei eine Frist von einem Monat vereinbart.

Die Klägerin nahm am 1. November 1955 bei der Beklagten, bei der mehr als 5 Belegschaftsmitglieder beschäftigt sind, ihre Arbeit auf. Mit Schreiben vom 15. November 1955 kündigte die Beklagte der Klägerin zum 31. Dezember 1955, wobei sie sich gleichzeitig mit einem früheren Ausscheiden der Klägerin einverstanden erklärte. Kurze Zeit nach der Kündigung erschien die Klägerin nicht mehr zum Dienst. Mit Datum vom 12. Dezember 1955 schrieb sie der Beklagten folgendes:

„... Beigefügt übersende ich Ihnen Bescheinigung meiner Krankenkasse über meine Arbeitsunfähigkeit für die Zeit vom 17. 11. 1955 bis zum 14. 12. 1955. Wie Ihre Lösung des Dienstverhältnisses ohne Angabe eines mir nicht triftig erscheinenden Grundes erfolgte, wollen Sie sich bitte der Mühe unterziehen, mir mitzuteilen, was Sie zur Aufgabe des Vertrages veranlaßte.

Eine Wiederaufnahme der Arbeit bis zum Ultimo ds. Mts. dürfte wohl für beide Teile ein kaum verträgliches Betriebsklima herbeiführen.

Ich bitte daher, sich dahingehend zu äußern und erwarte Ihren diesbezüglichen Bescheid."

Die Klägerin war dann bis zum 31. August 1956 arbeitslos. Am 1. September 1956 trat sie eine neue Stelle an. Sie stand zu dieser Zeit im 53. Lebensjahr.

Die Klägerin hat behauptet, für die Kündigung habe nicht der geringste Anlaß vorgelegen. Abgesehen davon, daß sie durch Zeugnisse nachweisen könne, daß sie eine erstklassige Kraft sei, habe die Beklagte in der kurzen Zeit ihrer Beschäftigung keine Möglichkeit gehabt, ihre Leistungen zu prüfen. Ihr Anliegen sei es gewesen, wie bei der Firma K. so auch bei der Beklagten in einem kleineren Geschäft zu arbeiten, und sie habe sich dadurch bewegen lassen, den mit der Firma H. bereits fest abgeschlossenen Arbeitsvertrag aufzulösen und bei der Beklagten anzufangen. Die Klägerin hat die Ansicht vertreten, die ihr gegenüber ausgesprochene Kündigung verstoße gegen die guten Sitten und sei deshalb nichtig. Sie hat jedoch weiter vorgetragen, sie lege auf die Aufrechterhaltung des Arbeitsverhältnisses keinen Wert, da ihr nicht zuzumuten gewesen sei, das Arbeitsverhältnis fortzusetzen. Sie hat behauptet, infolge der Aufgabe ihres Arbeitsplatzes bei der Beklagten sei ihr — unter Berücksichtigung des ihr gewährten Arbeitslosengeldes — ein Schaden von mindestens 2500,— DM entstanden. In Höhe von 1500,— DM ist dieser Schaden der Klägerin zwischen den Parteien unstreitig. Mit der am 30. April 1956 beim Arbeitsgericht erhobenen Klage hat die Klägerin Feststellung dahin begehrt, daß die Beklagte verpflichtet ist, allen Schaden zu ersetzen, der der Klägerin aus der Kündigung vom 15. November 1955 entstanden ist und noch entstehen wird. In der Berufungsinstanz hat sie statt dessen beantragt, die Beklagte zur Zahlung eines Teilbetrages von 1500,— DM zu verurteilen.

Die Beklagte hat zu ihren beidinstanzlichen Klageabweisungsanträgen behauptet, die Kündigung sei deshalb ausgesprochen worden, weil sich herausgestellt habe, daß eine einwandfreie Zusammenarbeit der Klägerin mit den übrigen bei ihr schon sehr lange beschäftigten Belegschaftsmitgliedern nicht gewährleistet sei. In der zweiten Instanz hat sie dazu noch behauptet, in den ersten Tagen ihrer Beschäftigung habe sich die Klägerin an einem in einer Schublade aufbewahrten Buch mit Aufzeichnungen über Zahlungsrückstände alter Kunden zu schaffen gemacht. Die Führung dieses Buches sei ausschließlich Angelegenheit der Erstverkäuferin der Beklagten gewesen. Diese habe den Vorfall der Beklagten erst kurz vor Ausspruch der Kündigung mitgeteilt, und das sei dann der akute Anlaß für die Kündigung gewesen. Später habe sie, die Beklagte, dann noch erfahren, daß sich eine Kundin über die Klägerin beklagt habe. Es ist zwischen den Parteien unstreitig, daß die

Beklagte die Klägerin wegen der Angelegenheit bezüglich des Buches in der Schublade nicht zur Rede gestellt hat. Die Beklagte hat hierzu die Ansicht vertreten, die Klägerin habe, weil das im Betriebe der Beklagten so üblich, wissen müssen, daß sie nicht in die Rechte der Erstverkäuferin habe eingreifen dürfen. Sie hat erklärt, aus dem Vorgehen der Klägerin habe sie den Schluß gezogen, daß ein gutes Zusammenarbeiten zwischen ihren langjährig beschäftigten alten Angestellten und der Klägerin bei der besonderen Note ihres Geschäftes nicht gewährleistet sein würde. Sie hat schließlich die Ansicht vertreten, etwaige Ansprüche der Klägerin seien verwirkt.

Das Landesarbeitsgericht hat unter Abänderung des erstinstanzlichen klageabweisenden Urteils die Beklagte zur Zahlung von 1500,– DM verurteilt. Auf die Revision der Beklagten hat das BAG das erstinstanzliche Urteil wiederhergestellt.

Aus den Gründen:

I. Der von der Klägerin verfolgte Zahlungsanspruch läßt sich nicht aus § 615 Satz 1 BGB rechtfertigen. Diese Vorschrift gewährt dem Arbeitnehmer einen Vergütungsanspruch nach näherer Maßgabe des § 615 Satz 2 BGB unter der Voraussetzung, daß das Arbeitsverhältnis zwischen den Parteien fortbesteht und der Arbeitgeber mit der Annahme der Dienste des Arbeitnehmers in Verzug gekommen ist (vgl. Ziffer 5 der Entscheidungsgründe des Urteils des Zweiten Senats des Bundesarbeitsgerichts vom 6. November 1958 — 2 AZR 354/55 — BAG 7, 4 [13]). Die Klägerin hat nicht vorgetragen, daß sie der Beklagten ihre Dienste tatsächlich oder wörtlich (§§ 294, 295 BGB) nach dem 31. Dezember 1955 angeboten und sie dadurch — im Falle der Unwirksamkeit der Kündigung und des Fortbestandes des Arbeitsverhältnisses — in Annahmeverzug gesetzt habe. Da es somit in jedem Fall an einer Darlegung der vollständigen Voraussetzungen des § 615 Satz 1 BGB für den dort geregelten Vergütungsanspruch fehlt, scheidet diese Vorschrift als Anspruchsgrundlage für das Klagebegehren aus, ohne daß es insoweit noch einer Entscheidung darüber bedarf, ob die Kündigung unwirksam war und deshalb das Arbeitsverhältnis der Parteien über den 31. Dezember 1955 hinaus fortbestanden hat.

II. Auch aus dem Gesichtspunkt des Schadenersatzes wegen schuldhafter Vertragsverletzung, hier einer Fürsorgepflichtverletzung der Beklagten, läßt sich der Anspruch nicht rechtfertigen.

1. Das Landesarbeitsgericht hat angenommen, die Beklagte sei aus dem Gesichtspunkt der Fürsorge gehalten gewesen, der im Lebensalter

schon fortgeschrittenen Klägerin nicht aus einem Anlaß zu kündigen, der auf eine schuldhafte Fürsorgepflichtverletzung der Beklagten zurückgehe. Es hat eine schuldhafte Fürsorgepflichtverletzung der Beklagten darin gesehen, daß diese die Klägerin nicht genügend in ihren neuen Pflichtenkreis und in ihre Stellung zu dem Stamm des übrigen Personals eingeführt und die Klägerin zu den gegen sie erhobenen Vorwürfen nicht gehört habe. Es hat weiter angenommen, diese schuldhafte Fürsorgepflichtverletzung der Beklagten habe zur Kündigung vom 15. November 1955 und damit zu dem Schaden der Klägerin — der, nachdem die Klägerin selbst ihr Arbeitslosengeld berücksichtigt wissen will, nur in ihrem verdienstlosen Zustand begründet sein kann — geführt.

2. Diese Ausführungen des Landesarbeitsgerichts können nur so verstanden werden, daß es annimmt, die Kündigung vom 15. November 1955 zum 31. Dezember 1955 sei zwar wirksam und habe daher zu einer rechtlichen Beendigung des Arbeitsverhältnisses der Parteien zum 31. Dezember 1955 geführt, sie sei aber trotz ihrer Wirksamkeit eine schuldhafte Vertragsverletzung der Beklagten gewesen, weil sie auf eine schuldhafte Fürsorgepflichtverletzung der Beklagten zurückgehe und die Beklagte vertraglich gehalten gewesen sei, nicht aus einem solchen Anlaß wirksam zu kündigen. Das Landesarbeitsgericht nimmt also nicht an, die Kündigung sei unwirksam gewesen, und es nimmt ebenfalls nicht an, die Kündigung habe das Arbeitsverhältnis der Parteien nicht beendet.

3. Ob das Landesarbeitsgericht zu Recht oder zu Unrecht eine Unwirksamkeit der hier in Betracht kommenden Kündigung verneint hat, muß im vorliegenden Rechtsstreit dahinstehen. Für den Fall, daß die Kündigung der Beklagten aus irgendeinem rechtlichen Gesichtspunkt nichtig gewesen und durch sie das Arbeitsverhältnis der Parteien nicht beendet worden sein sollte, kann die Klägerin daraus den von ihr in diesem Rechtsstreit verfolgten Zahlungsanspruch in keinem Falle herleiten. Denn in einem solchen Fall würde ihr Arbeitsverhältnis mit der Beklagten über den 31. Dezember 1955 hinaus fortbestanden haben. Sie konnte dann für die nach dem 31. Dezember 1955 liegende Zeit Gehalt nach der bereits erörterten Vorschrift des § 615 Satz 1 BGB nur dann verlangen, wenn sie ihre Arbeitskraft der Beklagten nach näherer Maßgabe der §§ 294, 295 BGB anbot, was sie aber nicht getan hat.

4. Somit kann das Zahlungsbegehren der Klägerin nur dann gerechtfertigt sein, wenn die Annahme des Landesarbeitsgerichts richtig ist, es sei zu einer wirksamen Auflösung des Arbeitsverhältnisses der Parteien zum 31. Dezember 1955 gekommen und es sei der Beklagten

als schuldhafte und zu Schadenersatz verpflichtende Vertragsverletzung zuzurechnen, daß es zu der Vertragsauflösung kam, wenn also, mit anderen Worten gesagt, der Beklagten die im Wege der ordnungsmäßigen Kündigung geschehene wirksame Beendigung des Arbeitsverhältnisses als schuldhafter Vertragsverstoß vorgeworfen werden kann. Diese Annahme des Landesarbeitsgerichts ist indessen fehlerhaft.

a) Im Gegensatz zu einem Auflösungsverschulden, wie es als schuldhafte Vertragsverletzung wegen vorzeitiger Beendigung eines Arbeitsverhältnisses auf Grund einer außerordentlichen Kündigung nach näherer Maßgabe des Rechtsgedankens des § 628 Abs. 2 BGB und des § 70 Abs. 2 HGB gegeben sein kann (vgl. BAG 6, 280 [287] mit weiteren Nachweisen), ist die Beendigung eines Arbeitsvertragsverhältnisses im Wege einer wirksamen ordentlichen Kündigung oder im Wege einer von den Parteien vereinbarten Aufhebung regelmäßig keine Vertragsverletzung. Eine solche Annahme verbietet sich in aller Regel deshalb, weil die Vertragsbeendigung im Wege einer wirksamen ordentlichen Kündigung oder im Wege der Parteivereinbarung das von der Rechtsordnung zur Verfügung gestellte und daher legitime Mittel ist, um ein Arbeitsvertragsverhältnis beenden zu können. Die Anwendung dieser Mittel zur Herbeiführung des rechtlichen Endes eines Arbeitsvertragsverhältnisses ist deshalb in aller Regel kein Vertragsverstoß desjenigen, der sie anwendet, weil das Gesetz oder der Vertrag es gerade gestatten, so zu verfahren. Eine vom Gesetz oder vom Arbeitsvertrag gestattete Vertragsbeendigung kann aber begrifflich keine Vertragsverletzung sein.

b) Eine Ausnahme erleiden die soeben dargelegten Grundsätze nur dann, wenn eine sog. schuldrechtliche Kündigungsbeschränkung gegeben ist. Das Wesen schuldrechtlicher Kündigungsbeschränkungen besteht darin, daß eine Kündigung, für sich genommen, wirksam ausgesprochen werden kann, der Ausspruch einer solchen an sich wirksamen Kündigung aber gegen — gesetzlich oder vertraglich begründete — schuldrechtliche Pflichten des Kündigenden aus seinem Arbeitsvertragsverhältnis und damit gegen vertragliche Pflichten verstößt und ein derartiger Verstoß bei Verschulden des Kündigenden zu einer Schadenersatzpflicht des Kündigenden aus dem Gesichtspunkt der schuldhaften Vertragsverletzung führen kann. Der Verstoß gegen schuldrechtliche Kündigungsbeschränkungen findet seine Sanktion also nicht, wie bei sogenannten dinglichen Kündigungsbeschränkungen, in der Nichtigkeit oder Unwirksamkeit der Kündigung selbst, sondern lediglich in — schuldrechtlichen — Schadenersatzfolgen. Solche Fälle enthalten z. B. die §§ 627 Abs. 2, 671 Abs. 2,

712 Abs. 2 Halbsatz 2, 723 Abs. 2, 2226 Satz 3 BGB (vgl. dazu Molitor, Die Kündigung, 2. Aufl., 1951, S. 194 ff. [197]). Kraft der Vertragsfreiheit sind derartige Kündigungsbeschränkungen auch in anderer Form denkbar, so derart, daß ein an sich dinglich Kündigungsberechtigter gegenüber dem Kündigungsgegner oder gegenüber einem Dritten oder auch beiden gegenüber sich verpflichtet, von einer an sich gegebenen dinglichen Kündigungsmöglichkeit bei Vermeidung der Schadenersatzfolge im Falle der schuldhaften Verletzung der eingegangenen Verpflichtung keinen Gebrauch zu machen. Darauf hat Molitor, a. a. O., S. 194 ff., im einzelnen hingewiesen, worauf hiermit Bezug genommen werden kann.

c) Mit Recht wendet sich aber die Revision dagegen, daß das Landesarbeitsgericht eine solche — nach dem bisher Ausgeführten rechtlich mögliche — schuldrechtliche Kündigungsbeschränkung im Verhältnis zwischen den Parteien angenommen hat. Die darin liegende Vertragsauslegung durch das Landesarbeitsgericht kann von dem Revisionsgericht neben anderem auch darauf überprüft werden, ob sie gegen gesetzliche oder allgemein anerkannte Auslegungsgrundsätze verstößt. Die Annahme des Landesarbeitsgerichts, die Beklagte sei, nicht zuletzt bei Vermeidung von Schadenersatzfolgen, vertraglich gehalten gewesen, von ihrem Kündigungsrecht keinen Gebrauch zu machen, wenn die Kündigung auf eine Fürsorgepflichtverletzung der Beklagten zurückgehe, findet in dem vom Landesarbeitsgericht festgestellten Sachverhalt und dem vom angefochtenen Urteil in bezug genommenen beiderseitigen Parteivortrag keinerlei Anhalt.

Eine ausdrückliche Absprache des vom Landesarbeitsgericht angenommenen Inhaltes ist vom Landesarbeitsgericht nicht festgestellt worden. Der Umstand, daß die Klägerin in schon vorgerücktem Alter ihren bisherigen Arbeitsplatz verlassen hat und bei der Beklagten tätig wurde, reicht für die Annahme, damit habe die Beklagte für die Klägerin erkennbar die vom Landesarbeitsgericht angenommene schuldrechtliche Verpflichtung übernommen, nicht aus Anlaß einer eigenen Fürsorgepflichtverletzung von der vereinbarten Möglichkeit einer — selbstverständlich wirksamen — Kündigung mit Monatsfrist Gebrauch zu machen, keineswegs aus. Denn es ist nichts dafür festgestellt, daß die Parteien bei Vertragsabschluß überhaupt an einen solchen, immerhin besonderen Fall gedacht und ihn erkennbar zum Anlaß genommen hätten, eine entsprechende schuldrechtliche Kündigungsbeschränkung zu vereinbaren.

Auch nach den Auslegungsmaßstäben des § 157 BGB läßt sich eine schuldrechtliche Kündigungsbeschränkung des vom Landesarbeitsgericht angenommenen Inhaltes nicht herleiten. Eine sogenannte ergänzende Vertragsauslegung, die insoweit allein in diesem Zusammenhang in Betracht zu ziehen ist, kann sich nicht auf die vom Landesarbeitsgericht in den Vordergrund seiner Überlegungen gestellte einseitige Betrachtung beschränken, daß eine ältere Angestellte, die ihren bisherigen Arbeitsplatz verläßt und ein neues Arbeitsverhältnis eingeht, das vorab nicht dem Kündigungsschutzgesetz unterliegt, schutzbedürftig vor Kündigungen ist, die auf Fürsorgepflichtverletzungen des Arbeitgebers zurückgehen. Sie muß auch in Betracht ziehen, daß die Klägerin sich von sich aus bei der Beklagten um den neuen Arbeitsplatz beworben hat, dabei eine beiderseitige Kündigungsfrist von einem Monat vereinbart worden ist, die also kürzer war als die vom Gesetz in § 66 Abs. 1 HGB regelmäßig vorgesehene Kündigungsfrist von 6 Wochen zum Quartalsende. Weiter muß dabei in Betracht gezogen werden, daß die Klägerin keinerlei tatsächlichen Anhaltspunkt dafür vorgetragen hat dahingehend, sie habe darauf vertraut, bei der Beklagten einen neuen und dauernden Arbeitsplatz zu erhalten und es sei ihr an einer solchen Dauerstellung besonders gelegen gewesen. Der Umstand, daß sie ihren bis dahin innegehabten Arbeitsplatz, auf dem sie Kündigungsschutz genoß, mit einem nicht durch das Kündigungsschutzgesetz geschützten Arbeitsplatz vertauschte, ohne dabei einen erkennbaren finanziellen Vorteil zu haben, und daß sie dabei nicht auf längere Kündigungsfrist Wert legte, sondern die vereinbarte noch kürzer als die in § 66 Abs. 1 HGB enthaltene Regelfrist war, läßt auch bei Berücksichtigung des Umstandes, daß die Klägerin nach ihrem Vorbringen in einem kleineren Geschäft arbeiten wollte, mindestens in gleicher Weise den Schluß zu, daß ihr an einer besonderen schuldrechtlichen Absicherung gegen als solche wirksame Kündigungen ebensowenig gelegen war wie der Beklagten. Diese Umstände verbieten eine ergänzende Vertragsauslegung mit einem Inhalt, wie ihn das Landesarbeitsgericht möglicherweise in Betracht gezogen hat. Denn auch eine ergänzende Vertragsauslegung darf nur zu solchen Annahmen führen, die in den Erklärungen und in den Gesamtumständen, unter denen sie abgegeben sind, einen Anhalt finden. Daran fehlt es hier aber aus den dargelegten Gründen.

Zusammengefaßt ergibt sich somit insoweit, daß aus dem Inhalt des zwischen den Parteien geschlossenen Vertrages die vom Landesarbeitsgericht angenommene schuldrechtliche Kündigungsbeschränkung nicht als vereinbart zu entnehmen ist.

5. Auch der Leistungsmaßstab des § 242 BGB kann nicht zu der vom Landesarbeitsgericht angenommenen schuldrechtlichen Kündigungsbeschränkung der Beklagten führen.

a) Diese allumfassende Rechtsvorschrift stellt jede Rechtsausübung unter die Grenzen von Treu und Glauben und damit unter den Gedanken eines sittlichen Rechts. Ihr Anwendungsbereich ist vielgestaltig und nahezu unübersehbar, ihre Spannweite sehr groß; auf der einen Seite ihres Wirkungsbereichs ist sie eine letzte Sicherheitsvorschrift dort, wo formales Recht zum sittlichen Unrecht wird und wo allgemeine sittliche Vorstellungen und höherwertigere schützenswerte Interessen es gebieten, der Rechtsausübung des einzelnen aus ethischer Sicht oder aus übergeordneten Gesichtspunkten oder schlechthin aus Gründen der Vernunft Schranken zu setzen, deren Überschreitung nicht mehr Rechtens ist. Auf der anderen Seite ihres Wirkungsbereichs ordnet und moduliert sie im kleinen im Interesse des Rechtsfriedens der einzelnen. Ihrem Wirkungsbereich ist auch die Frage unterworfen, inwieweit Kündigungen gegen Treu und Glauben verstoßen und, worauf es bisher nach dem Erörterten für den hier verfolgten Schadenersatzanspruch allein ankommt, inwieweit schuldrechtliche Kündigungsbeschränkungen aus dem Gesichtspunkt von Treu und Glauben sich ergeben können.

b) Trotz dieser soeben hervorgehobenen allumfassenden Geltung des § 242 BGB muß jedoch für die Frage, inwieweit ordentliche Kündigungen seitens eines Arbeitgebers gegen § 242 BGB verstoßen können, folgendes beachtet werden:

Soweit in Betracht kommt, inwieweit bei ordentlichen Kündigungen ein Arbeitgeber nach Treu und Glauben auf die Erhaltung des Arbeitsplatzes seines Arbeitnehmers Rücksicht nehmen muß, ist diese Frage vom Kündigungsschutzgesetz im Interesse der Typisierung und damit im Interesse der Rechtssicherheit im Arbeitsleben abschließend in § 1 Abs. 2 KSchG mit seiner Mißbilligung der nicht personen-, nicht verhaltens- und der nicht betriebsbedingten Kündigung konkretisiert. Das Kündigungsschutzgesetz konkretisiert die Frage, inwieweit ein Arbeitgeber bei Ausspruch einer ordentlichen Kündigung auf die Erhaltung des Arbeitsplatzes für den Arbeitnehmer zur Vermeidung des Vorwurfes der Sozialwidrigkeit und damit zur Vermeidung eines Verstoßes gegen § 242 BGB Rücksicht nehmen muß, mit einem positiven und einem negativen Inhalt. Bei dem Kreis der Arbeitnehmer, auf den das Kündigungsschutzgesetz Anwendung findet (§§ 1 Abs. 1, 21 KSchG), handelt ein Arbeitgeber schon dann sozialwidrig und damit treuwidrig, wenn er mittels einer ordentlichen Kündigung den Arbeitsplatz des Arbeitnehmers angreift und dabei die in § 1 Abs. 2 KSchG aufgestellten Schranken nicht einhält (positive Konkretisierung des Arbeitsplatzschutzes aus § 242 BGB durch das Kündigungsschutzgesetz). Bei ordentlichen Kündigungen gegenüber Arbeitnehmern, die nicht zu dem vom Kündigungsschutzgesetz und damit zu dem privilegierten geschützten Personenkreis gehören, ist eine Kündigung nicht schon deshalb sozial- und damit treuwidrig, weil dabei die Schranken verletzt werden, die § 1 Abs. 2 KSchG für den vom Kündigungsschutzgesetz geschützten Personenkreis aufstellt (negative Konkretisierung des Arbeitsplatzschutzes aus § 242 BGB). Es ist mit dem Gedanken von Treu und Glauben jedenfalls sehr wohl vereinbar, wenn der Gesetzgeber den allgemeinen Schutz des Arbeitsplatzes des Arbeitnehmers u. a. von einer im Zusammenhang dieser Entscheidung allein interessierenden bestimmten Mindestdauer der Betriebs- oder Unternehmenszugehörigkeit des Arbeitnehmers abhängig macht und damit eine Verdichtung der personalen Beziehungen zwischen Arbeitnehmer und Arbeitgeber Voraussetzung des Kündigungsschutzes nach dem Kündigungsschutzgesetz sein läßt. Eine Festlegung der Zeitdauer ist dabei im Interesse einer Zweifelsfälle vermeidenden und der Rechtsklarheit dienenden Ordnung und damit gerade auch nach dem Grundsatz von Treu und Glauben ohne weiteres angebracht. Da aber hiernach das Kündigungsschutzgesetz die Vorschrift des § 242 BGB nur insoweit abschließend typisierend — positiv und negativ — konkretisiert, als dabei Sozialwidrigkeit im Sinne eines Treueverstoßes gegenüber den Arbeitsplatzschutzbelangen des Arbeitnehmers in Betracht kommt, behält § 242 BGB seinen vom Kündigungsschutzgesetz nicht — positiv und negativ — konkretisierten allgemeinen Geltungsbereich im übrigen. Das hat zur Folge, daß Treueverstöße des Arbeitgebers bei der Vornahme von ordentlichen Kündigungen, soweit diese sich nicht aus der Frage nach Rücksichtnahme auf den Arbeitsplatzschutz des Arbeitnehmers selbst, sondern aus anderen besonderen Gründen und Anlässen ergeben (z. B. gegensätzliches Verhalten), sich eine Überprüfung nach den allgemeinen Maßstäben des § 242 BGB gefallen lassen müssen, nicht dagegen mehr eine solche schon aus dem Gesichtspunkt, ob die Kündigung den Arbeitsplatzschutzinteressen des Arbeitnehmers Rechnung trägt (vgl. Hueck-Nipperdey, Lehrbuch des Arbeitsrechts, 6. Aufl., Bd. I 1959, § 56 IX 2 S. 506 zu Fußnote 80 mit weiteren Nachweisen; Larenz in Anmerkung zum Urteil des Zweiten Senates des Bundesarbeitsgerichts vom 12. Dezember 1957 — 2 AZR 574/55 — AP Nr. 2 zu § 276 BGB Verschulden bei Vertragsabschluß = BAG 5, 182 ff.).

c) Da die Klägerin wegen ihrer nur kurzen Betriebszugehörigkeit nicht zu dem durch das Kündigungsschutzgesetz in ihrem Arbeitsplatz privilegierten geschützten Kreis von Arbeitnehmern gehört, ergibt sich aus der soeben erörterten negativen Konkretisierung des Arbeitsplatzschutzes des § 242 BGB, daß der durch die Kündigung herbeigeführte Arbeitsplatzverlust der Klägerin für sich und allein genommen kein Gesichtspunkt ist, eine schuldrechtliche Kündigungsbeschränkung gegen die Beklagte aus dem Gesichtspunkt des § 242 BGB in Betracht zu ziehen. Auch besondere Umstände, die wegen ihres Hinzutretens zu dem Arbeitsplatzverlust der Klägerin eine Prüfung des Verhaltens der Beklagten aus dem allgemeinen Gesichtspunkt von Treu und Glauben und in diesem Zusammenhang die Inbetrachtnahme einer schuldrechtlichen Kündigungsschutzbeschränkung rechtfertigen könnten, sind von der Klägerin nicht geltend gemacht. Soweit in diesem Zusammenhang das Landesarbeitsgericht in Betracht gezogen hat, daß die Beklagte die Klägerin in ihren Arbeitsbereich hätte einführen müssen und daß dann es nicht zu dem Kündigungsanlaß gekommen wäre, bedeutet es keinen Verstoß der Beklagten gegen die Maßstäbe des § 242 BGB, wenn die Beklagte anders verfuhr. Sie brauchte nicht damit zu rechnen, daß die Klägerin sich an Rechnungsunterlagen zu schaffen machte, mit deren Bearbeitung sie nicht beauftragt war, und daß dadurch unter den übrigen Arbeitnehmern eine Verstimmung entstand. Mit ihrer Kündigung machte die Beklagte, wie zusammenfassend festzustellen ist, nur in einem Stadium, in dem sich ihre personalen Beziehungen zur Klägerin noch nicht sonderlich verdichtet hatten, von einem legalen Lösungsrecht Gebrauch, wie es der Arbeitsvertrag mit der Klägerin vorsah.

d) Ergibt sich somit, daß auch aus § 242 BGB keine schuldrechtliche Kündigungsbeschränkung gegen die Beklagte herzuleiten ist, so ist für die Annahme, die Beklagte habe mit der Kündigung eine zu Schadenersatz verpflichtende Vertragsverletzung begangen, kein Raum.

III. Daß schließlich der Gesichtspunkt des Verschuldens bei Vertragsabschluß den von der Klägerin verfolgten Zahlungsanspruch nicht zu rechtfertigen vermag, hat das Landesarbeitsgericht selbst zutreffend ausgeführt. Die Haftung aus dem Gesichtspunkt des Verschuldens bei Vertragsabschluß beruht auf dem allgemeinen Gedanken, daß bei Vertragsverhandlungen in zumutbarem Umfang und mit verkehrsüblicher Sorgfalt auf die Belange des Geschäftsgegners Rücksicht zu nehmen ist. Auch ein Arbeitgeber ist daher gehalten, bei Verhandlungen über den Abschluß eines Arbeitsvertrages mit einem künftigen Arbeitnehmer auf dessen Belange in zumutbarem und durch Fürsorgegesichtspunkte bestimmten Umfang Rücksicht zu nehmen (BAG 2, 217 ff. [219] und 5, 182 ff. [185]). Solche Rücksichtnahme setzt aber voraus, daß der künftige Arbeitnehmer besondere Wünsche erkennen läßt oder daß allgemein bei ihm erkennbar eine besondere Situation vorliegt, die eine entsprechende Rücksichtnahme gebietet. Daß das hier der Fall gewesen sei, hat aber die Klägerin nicht geltend gemacht.

IV. Es ergibt sich somit, daß keinerlei rechtliche Gesichtspunkte das Klagebegehren zu tragen vermögen.

23

1. Das Arbeitsverhältnis ist, unbeschadet seines personalen Charakters, auf dem wirtschaftlichen Austausch von Arbeit gegen Entgelt aufgebaut. Der Grundsatz, daß nur die tatsächlich geleistete Arbeit zu vergüten ist, wohnt an sich jedem Arbeitsverhältnis wesensgemäß inne.

2. Die Bestimmungen des Manteltarifvertrages für die Angestellten in der Eisen-, Metall- und Elektroindustrie Nordrhein-Westfalens vom 2. 4. 1952 (Ang.-RTV) lassen die Regel „Ohne Arbeit kein Entgelt" grundsätzlich unberührt.

3. Probleme der vertragsgemäßen Arbeitsleistung, wenn die Arbeitsverrichtung innerhalb einer Arbeitsgruppe zu erfüllen ist.

4. Probleme der Weiterzahlung des Arbeitsentgelts an die die Arbeit anbietenden Arbeitnehmer, wenn auf Anregung des Betriebsrats ein entschädigungsloser Ausfall der Arbeitszeit erfolgt.

5. § 56 Abs. 1 Buchst. a BetrVG gibt dem Betriebsrat nicht die Möglichkeit, die Dauer der Arbeitszeit zu bestimmen.

6. Mit § 2 Ziff. 3 Ang.-RTV ist auch die Arbeitszeitregelung des § 2 Ziff. 7 des Manteltarifvertrages für die Arbeiter in der Eisen-, Metall- und Elektroindustrie Nordrhein-Westfalens (Arb.-RTV) in Bezug genommen.

7. Die Bezugnahme eines Tarifvertrages auf einen bestimmten anderen bereits bestehenden, den Tarifvertragsparteien bekannten Tarifvertrag ist zulässig. Durch eine solche Bezugnahme wird, wenn der bezugnehmende und der in Bezug genommene Tarifvertrag selbst schriftlich abgeschlossen sind, ferner auch die Schriftform des § 1 Abs. 2 TVG gewahrt.

8. Die Tarifvertragsparteien haben die Möglichkeit, in Erweiterung des in § 56 BetrVG vorgesehenen Mitbestimmungsrechts des Betriebsrates auch einen Ausfall der Arbeitszeit im Zusammenhang mit Volks-

festen auf Grund entsprechender Abmachungen zwischen dem Betriebsrat und dem Arbeitgeber vorzusehen.

9. Zur Anwendung des Gleichbehandlungsgrundsatzes.

BGB § 611; MTV für die Angestellten in der Eisen-, Metall- und Elektroindustrie Nordrhein-Westfalens vom 2. 4. 1952 (Ang.-RTV) §§ 2, 3, 7; BGB § 616; BGB § 293; BGB § 615; BetrVG § 56 Abs. 1 Buchst. a; Ang.-RTV § 2 Ziff. 3; MTV für die Arbeiter in der Eisen-, Metall- und Elektroindustrie Nordrhein-Westfalens vom 12. 1. 1952 (Arb.-RTV) § 2 Ziff. 7; TVG § 1; BetrVG §§ 56, 59; BGB § 242.

II. Senat. Urteil vom 8. 10. 1959 i. S. K. (Kl.) w. Fa. B. AG. (Bekl.) 2 AZR 503/56.

I. Arbeitsgericht Krefeld. — II. Landesarbeitsgericht Düsseldorf.

Der Kläger ist bei der Beklagten als technischer Angestellter beschäftigt; er arbeitet im Betriebe als Vorzeichner.

Nachdem im Jahre 1955 nur 27 % der Arbeiter am Rosenmontag zur Arbeit erschienen waren, von denen ein weiteres Drittel bis zum Mittag den Betrieb bereits wieder verlassen hatte, sprach sich 1956 der Betriebsrat in seiner Sitzung vom 6. Februar 1956 für eine Betriebsruhe am Rosenmontag aus. Der Betriebsratsvorsitzende wurde beauftragt, in diesem Sinne mit der Betriebsleitung zu verhandeln. Es kam zwischen Betriebsrat und Betriebsleitung ein Übereinkommen zustande, daß am Rosenmontag 1956 in den Werkstätten der Beklagten die Arbeit entgeltlos ausfallen, in der Verwaltungsabteilung dagegen gearbeitet werden solle. Dementsprechend wurde verfahren.

Der Kläger erschien am Rosenmontag zur Arbeit; die Beklagte ließ ihn jedoch nicht arbeiten. Sie zog ihm vom Februargehalt wegen des Arbeitsausfalles am Rosenmontag 8/200 seines Gehalts mit 23,— DM ab. Bei den Werkmeistern, die sich am Rosenmontag, wie an jedem anderen Montag, zu einer 1—2-stündigen Besprechung über die Arbeitseinteilung der laufenden Woche getroffen, im übrigen aber ebenfalls nicht gearbeitet hatten, wurde ein Gehaltsabzug nicht vorgenommen.

Der Kläger fordert mit der Klage Zahlung der ihm vom Februargehalt abgezogenen 23,— DM.

Den bei dem Kläger vorgenommenen Abzug rechtfertigt die Beklagte unter Hinweis auf den für das Arbeitsverhältnis des Klägers maßgebenden Manteltarifvertrag für die Angestellten in der Eisen-, Metall- und Elektroindustrie Nordrhein-Westfalens vom 2. April 1952 (Ang.-RTV). Dort ist in § 2 Ziff. 3 für die Gruppe der mit der Arbeiterschaft unmittelbar zusammenarbeitenden Betriebsangestellten, zu der der Kläger unstreitig gehört, folgendes bestimmt:

„Für Werkmeister und sonstige Betriebsangestellte, die mit der Arbeiterschaft unmittelbar zusammenarbeiten, gilt die für die Arbeiter des betreffenden Betriebes oder der betreffenden Betriebsabteilung festgesetzte Arbeitszeit."

In dem für die Arbeiterschaft der Beklagten maßgebenden Manteltarifvertrag für Betriebe der Eisen-, Metall- und Elektroindustrie Nordrhein-Westfalens vom 12. Januar 1952 (Arb.-RTV), der in § 2 die Arbeitszeit der Arbeiter regelt, ist in der dortigen Ziff. 7 bestimmt:

„An Werktagen vor und nach gesetzlichen Feiertagen sowie aus besonderen Anlässen können im Einvernehmen mit dem Betriebsrat Arbeitsschichten oder Arbeitsstunden ausfallen."

Die Klage blieb in allen Instanzen erfolglos.

Aus den Gründen:

Das Landesarbeitsgericht hat den Anspruch des Klägers auf Zahlung der ihm vom Februargehalt abgezogenen 23,— DM mit der Begründung abgewiesen, daß grundsätzlich der Lohnanspruch entfalle, wenn keine Arbeit geleistet werde, der Kläger also für die am Rosenmontag nicht geleistete Arbeit auch kein Entgelt verlangen könne. Den Ausfall der Arbeit am Rosenmontag habe der Betriebsrat mit der Betriebsleitung auf Grund der ihn hierzu ermächtigenden tariflichen Bestimmungen rechtswirksam vereinbart.

Die Revision bekämpft diese Ausführungen, indem sie geltend macht, daß bei dem Monatsgehalt des Angestellten eine unmittelbare Beziehung zwischen seiner regelmäßigen Arbeitszeit und dem Entgelt fehle und daß deshalb der gelegentliche Ausfall von Arbeitszeit den Gehaltsanspruch nicht mindere, wie auch die tarifliche Regelung im Falle von Kurzarbeit zeige. Ebenso wie nach der hier vorliegenden tariflichen Regelung eine gelegentliche Überschreitung der Arbeitszeit keinen Mehranspruch des Angestellten auslöse, so trete auch bei gelegentlicher Unterschreitung kein Ausfall ein. Das Landesarbeitsgericht habe mit seiner Annahme, durch die Vereinbarung zwischen Werksleitung und Betriebsrat sei die Arbeitspflicht des Klägers und mit ihr die Vergütungspflicht der Beklagten für den Rosenmontag 1956 beseitigt worden, die Bestimmung des § 2 Ziff. 3 Ang.-RTV verkannt: Diese betreffe lediglich die Verteilung der Arbeitszeit im Rahmen der unter § 2 Ziff. 1 Ang.-RTV festgelegten gesamten Arbeitszeit der Angestellten, verweise aber nicht auf die tarifliche Regelung des Arb.-RTV, was rechtlich auch nicht zulässig gewesen wäre. § 2 Ziff. 7 Arb.-RTV sei — wenn überhaupt — nur für die unter den Geltungsbereich dieses Tarifvertrages fallenden Arbeiter gültig, aber nicht auch für die Angestellten. Die Beklagte habe somit das Arbeitsangebot des Klägers unberechtigt abgelehnt. Mit Rücksicht darauf, daß die Beklagte den Werkmeistern trotz einer nur 1 bis 2-stündigen Arbeit am Rosenmontag den vollen Februarlohn ohne Abzug gezahlt hat, sei sie zumindest wegen des Gebots der Gleichbehandlung zur Zahlung an den Kläger verpflichtet.

Diese Angriffe der Revision vermögen das vom Landesarbeitsgericht gewonnene Ergebnis nicht zu erschüttern.

I. Die Berechnung des Arbeitsengelts nach dem Zeitabschnitt eines Monats besagt nicht, daß dem auf Monatslohn oder Monatsgehalt angestellten Arbeitnehmer der Monatslohn oder das Monatsgehalt auch dann voll zusteht, wenn er in dem betreffenden Monat nicht voll gearbeitet hat. Denn das Arbeitsverhältnis ist — unter Wahrung seines personalen Charakters — auf dem wirtschaftlichen Austausch von Arbeit gegen Lohn bzw. Gehalt aufgebaut (vgl. Hueck-Nipperdey, Lehrbuch des Arbeitsrechts, 6. Aufl., Bd. I S. 115—118, insbesondere S. 118). Auch wenn die in vielen Tarifverträgen übliche Klausel, daß nur die tatsächlich geleistete Arbeit zu vergüten ist, in dem hier maßgebenden Ang.-RTV fehlt, so wohnt doch ihr Grundsatz an sich jedem Arbeitsverhältnis wesensgemäß inne, gleichgültig nach welchen Zeitabschnitten, ob Monaten, Wochen oder Stunden, das Arbeitsentgelt berechnet wird. Hat der auf Monatsentgelt angestellte Arbeitnehmer an einzelnen Tagen des Monats nicht gearbeitet, so mindert sich im Maßstab des § 323 Abs. 1 zweiter Halbsatz BGB sein Gehaltsanspruch. Der Kläger kann also, da er am Rosenmontag tatsächlich nicht gearbeitet hat, nur dann eine diesen Tag mitumspannende Bezahlung verlangen, wenn eine besondere Bestimmung, sei sie einzelvertraglicher, betriebsvereinbarungsmäßiger, tariflicher oder gesetzlicher Art, Platz greift, die ihm eine Lohnfortzahlung auch ohne Arbeitsleistung sichert. Dabei scheiden hier eine Betriebsvereinbarung und eine einzelvertragliche Abmachung von vornherein aus.

II. Tarifliche Ansprüche dieser Art bestehen aber auch nicht.

1. § 2 Ziff. 1 Ang.-RTV, der bestimmt, daß die regelmäßige Arbeitszeit die Dauer von 8 Stunden täglich, d. h. von 48 Stunden an den sechs Werktagen der Woche, nicht überschreiten darf, gibt in Verbindung mit dem Gehaltstarifvertrag dem Angestellten keine — unabhängig

von seiner Leistung bestehende — Garantie auf den Monatslohn. Das ergibt sich aus § 5 Ziff. 2 Ang.-RTV, der die Bezahlung der Kurzarbeit regelt und in seinem Satz 1 allgemein bestimmt, daß angeordnete Kurzarbeit nicht unter 45 Stunden wöchentlich noch nicht zu einer Verminderung des Monatsgehalts führt. Dieser Bestimmung, die sich nach ihrer ganzen Fassung als eine besondere Regelung und damit als Vergünstigung für die von ihr erfaßten Angestellten kennzeichnet, hätte es nicht bedurft, wenn dem Monatsgehaltsempfänger das monatlich berechnete Gehalt auch bei Arbeitsausfall voll zu bezahlen wäre.

Der Ausfall des Rosenmontags läßt sich auch nicht etwa unter diese die Kurzarbeit regelnde Bestimmung mit der Rechtsfolge pressen, daß drei Stunden des ausgefallenen Rosenmontags als noch innerhalb der Toleranzgrenze der 45 Stunden liegend voll bezahlt werden müßten. Denn jene Bestimmung setzt nach ihrem insoweit eindeutigen Wortlaut voraus, daß „Kurzarbeit" in Rede steht, mit welchem Begriff in der Rechtsterminologie ein fester Inhalt verbunden ist, der bei einem Arbeitsausfall der hier in Rede stehenden Art jedoch nicht gegeben ist (siehe BAG 5, 338 [341] = AP Nr. 13 zu § 1 TVG Auslegung mit zust. Anmerkung von Tophoven). Eine ausdehnende Auslegung dieser, eine Ausnahme von dem Grundsatz „Ohne Arbeit kein Lohn" darstellenden, für einen eng umgrenzten Sachverhalt zugeschnittenen Bestimmung auf einen wirtschaftlich und interessemäßig völlig anders liegenden Sachverhalt scheidet aus.

2. Aus § 3 Ziff. 1 Abs. 2 Ang.-RTV läßt sich der Anspruch des Klägers nicht herleiten. § 3 Ziff. 1 Abs. 2, erster Halbsatz Ang.-RTV bestimmt, daß eine gelegentliche, d. h. nicht regelmäßig wiederkehrende Überschreitung der regelmäßigen Arbeitszeit bis zu 12 Stunden im Monat mit dem Monatsgehalt abgegolten wird. Aus dieser Bestimmung will der Kläger folgern, daß ein gelegentlicher Arbeitsausfall bis zu 12 Stunden oder doch jedenfalls ein Arbeitsausfall in dem hier interessierenden Rahmen bis zu 8 Stunden, mögen auch diese 8 Stunden auf einen vollen Arbeitstag entfallen, nicht zu einer Gehaltskürzung führen dürfe.

Dem vermag der Senat nicht beizupflichten. Als korrespondierendes Gegenstück zu § 3 Ziff. 1 Abs. 2 Ang.-RTV regeln andere Vorschriften den nicht verschuldeten Arbeitsausfall in einem dem Angestellten günstigen Sinne.

Ist der Angestellte durch Krankheit oder andere in seiner Person liegende unverschuldete Gründe an der Arbeitsleistung verhindert, so greift § 7 Ang.-RTV ein, der die Regelung des § 616 BGB wiederholt.

Den Ausfall wegen Kurzarbeit regelt § 5 Ang.-RTV. Die eben genannten Bestimmungen bilden, nachdem sie nun einmal ebenso wie § 3 Ziff. 1 Abs. 2, erster Halbsatz Ang.-RTV in diesen Tarifvertrag aufgenommen sind und das Zuschlagswesen für die regelmäßige Mehrarbeit sowie für die Nacht-, Sonn- und Feiertagsarbeit in den §§ 3, 4 Ang.-RTV besonders geregelt ist, das Gegenstück zu der Regelung des § 3 Ziff. 1 Abs. 2 Ang.-RTV. Für eine erweiternde Auslegung dieser Bestimmungen auf die Fälle des gelegentlichen Arbeitsausfalls ist also kein Raum mehr. Der Tarifvertrag, dessen Normierungen die Parteien in deren Gesamtheit gewollt haben, muß als eine Einheit gesehen werden, und dem entsprechen die hier in Rede stehenden Vorschriften sachlich einander. Demgegenüber ist es gleichgültig, ob sie auch äußerlich zusammen aufgeführt werden oder nicht.

Vor allem aber ist in § 3 Ziff. 1 Abs. 2, erster Halbsatz Ang.-RTV nur die gelegentliche stundenweise Überschreitung der Arbeitszeit ins Auge gefaßt und jedenfalls nicht die zusätzliche Arbeit an einem freien Tage, die diesen selbst zu einem vollen Arbeitstag machen würde. Unter einer gelegentlichen Überschreitung der Arbeitszeit wird allgemein eben nur die nicht regelmäßige Mehrarbeit verstanden, die der normalen Arbeitszeit eines Arbeitstages an diesem Arbeitstag selbst angehängt wird (siehe wieder BAG 5, 338 [341] = AP Nr. 13 zu § 1 TVG Auslegung). Sollte etwas anderes gemeint sein, hätten die Tarifvertragsparteien das zum Ausdruck bringen müssen. Es kann deshalb § 3 Ziff. 1 Abs. 2, erster Halbsatz Ang.-RTV nicht entsprechend für den Arbeitsausfall eines ganzen Tages herangezogen werden.

3. § 7 Ang.-RTV und die ihm inhaltsgleiche Bestimmung des § 616 BGB greifen ebenfalls nicht Platz. Denn am Rosenmontag ist die Arbeit des Klägers, zwar aus Gründen, die letztlich ihre Ursache in der Belegschaft hatten, nicht aber aus Gründen, die gerade in seiner, des Klägers, Person lagen, ausgefallen. Auf Gründe, die nicht in der Person des Angestellten liegen, lassen sich diese Bestimmungen nicht ausdehnen. Vielmehr sind die auf die persönlichen Umstände des Angestellten Rücksicht nehmenden Bestimmungen ein Ausfluß der personellen Struktur des Arbeitsverhältnisses, die eine Ausdehnung auf betriebliche Umstände nicht zulassen (siehe auch Staudinger-Nipperdey-Mohnen, § 616 Anm. 12 mit weiteren Nachweisen).

III.

Auch auf die gesetzlichen Bestimmungen des Annahmeverzuges (§ 615 BGB) vermag sich der Kläger nicht zu stützen. Der Kläger ist zwar am Rosenmontag zur Arbeit erschienen und hat arbeiten wollen; er hätte auch, wie in der Klageschrift vorgetragen und von der Beklagten nicht bestritten worden ist, trotz der Arbeitsruhe der Arbeiter im Betriebe arbeiten können. Dennoch war die Beklagte nicht im Annahmeverzug. In Annahmeverzug gerät der Gläubiger nur dann, wenn ihm der Schuldner die geschuldete Leistung, so wie er sie zu erbringen hat, anbietet.

An diesen Voraussetzungen könnte es entweder aus tatsächlichen oder aus rechtlichen Gründen fehlen, und zwar aus tatsächlichen, wenn der Kläger am Rosenmontag seine Arbeit nicht so, wie er sie vertragsgemäß zu bewirken hat, angeboten hätte, und aus rechtlichen Gründen, wenn am Rosenmontag gar keine Arbeitspflicht bestand und der Kläger daher an diesem Tage gar keine Leistung zu bewirken hatte (§ 293 BGB).

1. Es ist schon zweifelhaft, ob in tatsächlicher Beziehung der Kläger am Rosenmontag seine Dienste in der Weise angeboten hat, wie er sie üblicherweise vertraglich zu leisten hat. Es ist zwar, da die Beklagte dem Klagevortrag des Klägers, er habe im Betrieb am Rosenmontag arbeiten können, nicht widersprochen hat, davon auszugehen, daß der Kläger tatsächlich hätte arbeiten können. Damit ist aber noch nicht gesagt, daß er auch die vertraglich ihm obliegende Leistung hätte erbringen können. Denn er gehörte zu der Gruppe von Angestellten, die zusammen mit den Arbeitern arbeiten (vgl. § 2 Ziff. 3 Ang.-RTV), was — da sonst die Bestimmung des § 2 Ziff. 3 Ang.-RTV nicht zu verstehen wäre — nicht nur als ein räumliches, sondern als ein organisatorisch sinnvolles Zusammenarbeiten zu verstehen ist. Als Angestellter dieser Gruppe hätte der Kläger zwar am Rosenmontag in den Betriebsräumen etwas tun und möglicherweise auch für die nächsten Tage etwas vorarbeiten können; es wäre aber vielleicht doch nicht diejenige Arbeit gewesen, die er nach seinem Arbeitsvertrage, nämlich Arbeit in sinnvollem Zusammenarbeiten mit den Arbeitern, zu leisten hatte.

Dabei erhebt sich allerdings die Frage, ob die Beklagte sich darauf berufen darf, daß die Arbeiterschaft, wenn der Kläger ohne sie die ihm vertragsmäßig obliegende Leistung nicht erbringen kann, am Rosenmontag nicht zur Arbeit erschienen ist. Wäre die Initiative zu dem Ausfall der Arbeit allein von der Beklagten ausgegangen, so wäre der Fall möglicherweise anders zu beurteilen. Hier hatte aber der Betriebsrat, belehrt durch die Erfahrung des Vorjahres, in dem von Anfang an mehr als $^2/_3$ der Arbeiterschaft am Rosenmontag gefehlt hatten, beschlossen, der Betriebsleitung den entschädigungslosen Ausfall des

Rosenmontags für die Betriebsabteilung vorzuschlagen. Darauf war die Beklagte eingegangen. Mag der Arbeitsausfall schließlich auch nur für die Werkstätten und nicht auch für die Verwaltungsabteilung vereinbart worden sein, so bleibt doch bestehen, daß die Anregung letztlich doch immer vom Betriebsrat ausging. Es handelte sich also um einen aus der Sphäre der Arbeitnehmer stammenden Vorgang; das gilt auch ohne Rücksicht darauf, ob der Betriebsrat zu einem solchen Vorgehen legitimiert ist oder nicht, da er immer als Repräsentant der Belegschaft handelt. Ähnlich wie nach der Betriebsrisikolehre der Arbeitgeber sich wegen der Nicht-Lohnzahlung auf ein aus der Sphäre der Arbeitnehmer stammendes Arbeitshindernis (z. B. den Streik im Versorgungsbetrieb) berufen darf (vgl. BAG 3, 346 ff. u. AP Nr. 4 zu § 615 BGB Betriebsrisiko), würde es daher auch hier der Beklagten nicht verwehrt sein, sich darauf zu berufen, daß infolge des Nichterscheinens der Arbeiter am Rosenmontag der Kläger gar nicht in der ihm vertraglich obliegenden Weise zu arbeiten in der Lage war.

In die nähere Prüfung der aufgeworfenen Fragen braucht jedoch nicht eingetreten zu werden, da es an einer anderen Voraussetzung des Annahmeverzuges fehlt.

2. Die Beklagte ist schon deshalb nicht in Annahmeverzug geraten, weil am Rosenmontag keine Verpflichtung des Klägers zur Arbeit bestand. Demgemäß war die Beklagte auch nicht gehalten, eine ihr nicht geschuldete Arbeitsleistung anzunehmen. Denn der Betriebsrat hatte mit der Betriebsleitung die Arbeitsruhe für den Rosenmontag vereinbart, und das war auch für den Kläger bindend.

a) Aus dem Betriebsverfassungsgesetz läßt sich allerdings die Befugnis des Betriebsrats zu dieser Regelung nicht herleiten. In § 56 Abs. 1 Buchst. a) BetrVG ist dem Betriebsrat das Recht der Mitbestimmung bei der Festlegung des Beginns und des Endes der Arbeitszeit sowie der Pausen eingeräumt. Damit hat der Betriebsrat nur die Möglichkeit, die anderweit normierte Arbeitszeit zu verteilen und zu verlegen. Er hat hiernach aber nicht die Möglichkeit, die Dauer der Arbeitszeit zu bestimmen. Die Formulierung des Gesetzes ist eindeutig. (Siehe Dietz, BetrVG, 2. Aufl., § 56 Anm. 16; Galperin-Siebert, BetrVG, 3. Aufl., § 56 Anm. 28 ff. A. A. Fitting-Kraegeloh, BetrVG', 4. Aufl., § 56 Anm. 16; auch Hueck-Nipperdey, Lehrbuch, 6. Auflage, Band II, S. 825/826).

b) Wohl aber ergibt sich die Befugnis des Betriebsrats zu dem zwischen ihm und der Betriebsleitung vereinbarten entgeltlosen Ausfall der Arbeitszeit am Rosenmontag aus § 2 Ziff. 3 Ang.-RTV in Verbindung mit § 2 Ziff. 7 Arb.-RTV.

Wenn in § 2 Ziff. 3 Ang.-RTV bestimmt ist, daß für Werkmeister und sonstige Betriebsangestellte, die mit der Arbeiterschaft unmittelbar zusammenarbeiten, die für die Arbeiter des Betriebes oder der Betriebsabteilung festgesetzte Arbeitszeit gilt, so sollte damit nicht nur die Möglichkeit einer zeitlichen Verschiebung der in § 2 Ziff. 1 Ang.-RTV normierten Arbeitszeit der Angestellten geschaffen werden. Vielmehr handelt es sich dabei um eine eigenständige, die Arbeitszeit der Werkmeister und ähnlicher Angestellter auf die Arbeitszeit der Arbeiter festlegende Bestimmung.

Das ergibt der Aufbau und eine sinnvolle Auslegung des gesamten § 2 Ang.-RTV. In § 2 Ziff. 1 Ang.-RTV ist festgelegt, daß die regelmäßige Arbeitszeit die Dauer von 8 Stunden täglich, d. h. von 48 Stunden an sechs Werktagen wöchentlich, nicht überschreiten darf. In Ziff. 2 ist die Verteilung dieser regelmäßigen Arbeitszeit geregelt. Dabei kann die Bestimmung der Ziff. 2 Abs. 2 (Arbeitsschluß am Sonnabend nicht nach 14.00 Uhr) nur eingehalten werden, wenn von der in Ziff. 1 aufgestellten Ausgangsregel (nicht über 8 Stunden täglich) abgewichen wird. Die Bestimmung der Ziff. 2 ist also nur dann ein Unterfall der Ziff. 1, wenn man auf die dortige weitere und zusätzliche Bestimmung von der 48-Stundenwoche zurückgreift. Sicher aber ist Ziff. 3 kein Unterfall weder von Ziff. 1 noch von Ziff. 2, sondern eine selbständige Bestimmung. Während sich Ziff. 2 mit der *Verteilung* der Arbeitszeit für die übrigen Angestellten beschäftigt, bestimmt Ziff. 3, daß für die Werkmeister und die anderen hier genannten Angestellten die für die Arbeiter *festgesetzte* Arbeitszeit mitgilt. „Verteilung" in Ziff. 2 ist dem eindeutigen Wortlaut nach etwas anderes als „festgesetzt" in Ziff. 3. So erklärt sich auch, daß die letztere Vorschrift sich in einer besonderen Ziffer findet, die neben der Bestimmung der regelmäßigen Arbeitszeit als solcher in Ziffer 1 und der Verteilung der regelmäßigen Arbeitszeit in Ziffer 2 ihren eigenen Platz hat. Unter Berücksichtigung des Unterschiedes im Wortlaut und im systematischen Aufbau des § 2 kann der Sinn der Ziff. 3 nur der sein, eine unbedingte Bindung der Arbeitszeit der Werkmeister und der sonstigen in Rede stehenden Angestellten an die Arbeitszeit der Arbeiter zu erzielen. § 2 Ziff. 3 soll somit die Möglichkeit schaffen, daß für die in dieser Ziffer angesprochenen Angestellten eine ganz andere Arbeitszeit gilt als für die übrigen Angestellten, etwa die 5-Tage-Woche für Arbeiter und die mit ihnen zusammenarbeitenden Angestellten, die 6-Tage-Woche dagegen für die übrigen Angestellten.

Eine solche Verweisung, wie sie des näheren § 2 Ziff. 3 Ang.-RTV hinsichtlich der Arbeitszeit der mit der Arbeiterschaft unmittelbar zusammenarbeitenden Angestellten auf die für die Betriebsarbeiter geltende Regelung vornimmt, ist zulässig. Damit sind jedenfalls die nach dem Arb.-RTV vorgesehenen Arbeitszeiten der Arbeiter in Bezug genommen.

Hier haben die Tarifpartner des Ang.-RTV zwar den Arb.-RTV nicht ausdrücklich erwähnt. Aber durch ihre Verweisung in § 2 Ziff. 3 auf die für die Arbeiterschaft geltende Regelung haben sie auf den kurz zuvor, am 12. Januar 1952, abgeschlossenen Arb.-RTV verwiesen; der Ang.-RTV wurde, wie schon gesagt, am 2. April 1952 abgeschlossen. Der Arb.-RTV enthält nun seinerseits die besondere Regelung seines § 2 Ziff. 7 zum Ausfall von Arbeitszeit. Es muß in diesem Zusammenhang insbesondere auch beachtet werden, daß, bis auf die beim Abschluß des Ang.-RTV noch mitwirkende DAG, dieselben Tarifpartner, die den Ang.-RTV abgeschlossen haben, auch den Arb.-RTV vereinbarten.

Es wäre zwar ohne Wirkung auf die Angestellten, wenn sich eine dem § 2 Ziff. 3 Ang.-RTV entsprechende Bestimmung im Arb.-RTV und nicht im Ang.-RTV befände, da der persönliche Geltungsbereich des ersteren Tarifvertrags die Angestellten nicht umfaßt. In seiner Entscheidung (BAG 3, 303 [308]) läßt es das Bundesarbeitsgericht auch dahingestellt, ob die Bezugnahme eines Tarifvertrages auf einen bestimmten anderen Tarifvertrag möglich ist. Diese — damals offengelassene — Frage ist aber in Übereinstimmung mit den in der Rechtslehre zu dieser Entscheidung laut gewordenen Stimmen (vgl. Hueck, AR-Blattei, Tarifvertrag IV zu Entscheidung 8; Gumpert, BB 56, 959; Mendigo, AuR 57, 28) zu bejahen. Denn wenn die Tarifvertragsparteien den Inhalt eines anderen Tarifvertrages, den sie für bestimmte Fälle als maßgebend erklären wollen, in ihren Tarifvertrag wörtlich wiederholend aufnehmen und ihn damit für ihre Mitglieder bindend machen können, so wäre es allzu formal, sie zu diesem umständlichen Verfahren zu zwingen, statt ihnen einfacht die Verweisung auf einen anderen bereits vorliegenden Tarifvertrag zu gestatten. Hier ist von vornherein eindeutig, welche Regelung Inhalt des Tarifvertrages ist, und etwaige Bedenken wegen der Rechtsklarheit des Tarifvertrages scheiden also aus. Die den fraglichen Tarifvertrag abschließenden Parteien bestimmen insbesondere auch selbst und ohne jede mittelbare oder unmittelbare Delegation auf die Parteien eines anderen Tarifvertrages die von ihnen zu setzenden Normen, wenn sie sich den Inhalt eines schon in der Welt befindlichen anderen Tarifvertrags zu eigen machen (vgl. BAG 3, 303 [308]). Es ist daher auch gleichgültig, daß der Ang.-RTV neben seinem sonstigen betrieblichen Geltungsbereich die Betriebe der Zentralheizungsindustrie mitumfaßt, während der Arb.-RTV, der in seinem betrieblichen Geltungsbereich sonst mit dem Ang.-RTV übereinstimmt, diese Betriebe ausnimmt.

Durch diese Verweisung ist auch die in § 1 Abs. 2 TVG vorgeschriebene Schriftform gewahrt. Zwar ist dem Senat nicht bekannt, ob der Arb.-RTV dem Ang.-RTV als Anlage beigefügt war, was das Reichsarbeitsgericht zur Erfüllung der Schriftform gefordert hat (vgl. RAG ARS 17, 237). Aber auf die Anheftung dieses Vertrages kann es nicht entscheidend ankommen, wenn die in bezug genommene Regelung als solche in gehöriger Schriftform festgelegt und bekannt ist und der bezugnehmende Tarifvertrag selbst schriftlich abgefaßt ist (vgl. Nipperdey in ARS 17, 241; LAG Mannheim, BB 54, 804). In einem solchen Fall ist der Zweck des § 1 Abs. 2 TVG, nämlich den Inhalt des Tarifvertiages selbst genügend sicher zu bestimmen und vielleicht auch die Tarifvertragsparteien vor übereilten Vertragsabschlüssen abzuhalten (siehe RAG ARS 17, 237 [240]), erfüllt.

Ist aber hiernach in § 2 Ziff. 3 Ang.-RTV formgültig und rechtswirksam auf die Arbeitszeitregelung im Arb.-RTV verwiesen, so ist damit die gesamte für die Arbeiter geltende Arbeitszeitregelung in Bezug genommen, also auch mit den in § 2 Arb.-RTV vorgesehenen Erweiterungen und Ausfällen. Damit ist aber dann auch die in § 2 Ziff. 7 Arb.-RTV geschaffene Möglichkeit eines entgeltlosen Ausfalls der Arbeitszeit durch Vereinbarung zwischen Betriebsrat und Betriebsleitung in Bezug genommen.

Diese Möglichkeit selbst konnte dem Betriebsrat auch durch Tarifvertrag eingeräumt werden.

Durch Tarifvertrag können, wie § 4 Abs. 1 Satz 2 TVG hervorhebt, betriebliche und betriebsverfassungsrechtliche Fragen geregelt werden. Die in § 56 BetrVG vorgesehene gesetzliche Regelung der Mitbestimmung des Betriebsrats gilt nur, „soweit eine gesetzliche oder tarifliche Bestimmung nicht besteht". Dieser Nebensatz hat seine Stellung vor den Worten „in folgenden Angelegenheiten mitzubestimmen". Mit der Überschrift „Soziale Angelegenheiten" des Zweiten Abschnittes des Vierten Teils des BetrVG, in dem sich § 56 BetrVG selbst findet, ist das allgemeine Gebiet der dortigen Regelungen angegeben. Der Nebensatz ist daher auch auf den ganzen Bereich der sozialen Angelegenheiten bezogen. Dann kann aber die hier in Rede stehende Fassung des Eingangssatzes des § 56 BetrVG nur bedeuten, daß insbesondere durch tarifliche Regelungen der Kreis der sozialen Angelegenheiten, bei denen der Betriebsrat mitzubestimmen hat, anders und insbesondere in einer gegenüber dem BetrVG erweiternden Art und Weise bestimmt werden kann. Eine Erweiterung des gleichberechtigten und erzwingbaren Mitbestimmungsrechts in sozialen Angelegenheiten wäre nur dann nicht möglich, wenn der Nebensatz im Eingang des § 56 BetrVG hinter den Worten „in folgenden Angelegenheiten" stünde. In diesem Falle wäre der Anfang der unmittelbar nach dem BetrVG mitbestimmungspflichtigen Angelegenheiten auf die unter § 56 Buchst. a) bis h) angegebenen Tatbestände beschränkt, und es wäre im BetrVG lediglich die Möglichkeit einer Aufweichung der Mitbestimmung vorgesehen. (Ebenso offensichtlich auch Walter, BB, 1953, 91/92.) Ob eine Erweiterung des Mitbestimmungsrechts des Betriebsrates wenigstens in sozialen Angelegenheiten auch auf Grund des gegenüber dem BetrVG älteren § 1 Abs. 1 TVG möglich ist, braucht unter diesen Umständen nicht näher geprüft zu werden. (Bejahend Hueck-Nipperdey-Tophoven, TVG, 3. Aufl., § 1 Anm. 53 c.) Ebenso muß nicht untersucht werden, ob sich auch aus § 57 BetrVG und § 59 BetrVG (so Dietz, BetrVG, 2. Aufl., Vorbem. § 49 Anm. 37) oder aus § 50 Abs. 5 BetrVG (so Hueck, BB, 1952, 928) die Möglichkeit ergibt, das Mitbestimmungsrecht des Betriebsrats in sozialen Angelegenheiten durch einen Tarifvertrag erweitern zu können. (Eine Erweiterung des Mitbestimmungsrechtes in sozialen Angelegenheiten durch Tarifvertrag lehnen unbedingt ab Galperin-Siebert, BetrVG, 3. Aufl., Vorbem. § 56 Anm. 51.)

Die Tarifvertragsparteien haben also die Möglichkeit, nicht nur Beginn, Ende und Pausen der Arbeitszeit zu regeln, sondern auch einen Ausfall der Arbeitszeit auf Grund entsprechender Abmachungen zwischen dem Betriebsrat und dem Arbeitgeber vorzusehen. Unter sozialen Angelegenheiten versteht nämlich das BetrVG das gesamte Gebiet der Arbeitsbedingungen im weitesten Sinne (Hueck-Nipperdey, Lehrbuch, 6. Aufl., Bd. II S. 823), wie sich jedenfalls schon daraus ergibt, daß im unmittelbaren Zusammenhang mit der Ordnung des Mitbestimmungsrechts in sozialen Angelegenheiten § 59 BetrVG neben Arbeitsentgelten des weiteren schlechthin von sonstigen Arbeitsbedingungen spricht.

Es ist somit als zulässig anzusehen, wenn in § 2 Ziff. 7 Arb.-RTV dem Betriebsrat das Recht eingeräumt worden ist, für Wochentage vor oder nach Feiertagen oder für besondere Anlässe, wie es z. B. Volksfeste sind, einen ersatzlosen Ausfall der Arbeitszeit mit der Betriebsleitung zu vereinbaren. Die Ersatzlosigkeit des Wegfalls kommt dabei zwar dem Arbeitgeber zugute, aber das steht in einem unmittelbaren Zusammenhang mit dem nach dem Tatbestand der Vorschrift der Belegschaft zugute kommenden Arbeitsausfall selbst (siehe das zur Aufnahme in die Amtl. Sammlung des Gerichts bestimmte Urteil des Senats in Sachen 2 AZR 268/56 vom 5. März 1959 — BAG 7, 280 [288, 289]).

Die Ausschlußnorm des § 59 BetrVG greift jedenfalls schon deswegen nicht Platz, da hier der Tarifvertrag selbst eine solche Vereinbarung ausdrücklich vorsieht. Der Schriftform des § 52 Abs. 2 BetrVG bedurfte diese Vereinbarung nicht, weil es sich nicht um eine Aufstellung genereller Regelungen handelt, sondern um eine ganz bestimmte Einzelmaßnahme hinsichtlich eines ganz bestimmten Einzelvorfalls. Hier ist die der Klarheit der Abmachung und ihrer sicheren Festlegung dienende Schriftform nicht erforderlich, so daß man von einer Betriebsvereinbarung, die nun einmal jener Form bedarf, nicht reden kann. (Ebenso Fitting-Kraegeloh, BetrVG, 4. Aufl., § 52 Anm. 14; a. A. Hueck-Nipperdey, Lehrbuch, Bd. II, S. 781/782. Nicht ganz eindeutig Galperin-Siebert, BetrVG, § 52 Anm. 13.) Der zulassende Tarifvertrag selbst verlangt auch nicht die Schriftform.

War hiernach der Betriebsrat im Einvernehmen mit der Betriebsleitung befugt, die Arbeit für die Arbeiterschaft am Rosenmontag entgeltlos ausfallen zu lassen, und galt dieser Ausfall wegen der Verweisung in § 2 Ziff. 3 Ang.-RTV auf die Arbeitszeitregelung der Arbeiter auch für die in dieser Bestimmung erfaßte Gruppe von Angestellten, so bestand für den Kläger, der zu dieser Gruppe gehört, am Rosenmontag keine Verpflichtung zur Arbeitsleistung. Demzufolge war die Beklagte nicht gehalten, die ihr vom Kläger angebotene Arbeit anzunehmen, und sie brauchte bei Nichtannahme nicht zu bezahlen.

IV.

Auch aus dem Grundsatz der Gleichbehandlung kann der Kläger seinen Anspruch nicht herleiten. Die Werkmeister, auf die der Kläger verweist, haben am Rosenmontag tatsächlich gearbeitet, wenn auch nur 1—2 Stunden. Der Kläger hat aber, wie die in § 2 Ziff. 3 Ang.-RTV erwähnten „sonstigen Betriebsangestellten, die mit der Arbeiterschaft unmittelbar zusammenarbeiten" an diesem Tage überhaupt nicht gearbeitet. Damit entfällt schon die Grundlage für einen aus dem Gleichbehandlungsgrundsatz hergeleiteten Anspruch. Auch wenn die Beklagte die Werkmeister überbezahlt haben sollte, so ist daraus für den Kläger noch kein Anspruch auf sein unverkürztes Gehalt herzuleiten. Der Kläger gehört nicht zu den Werkmeistern, sondern zu den sonstigen mit der Arbeiterschaft unmittelbar zusammenarbeitenden Betriebsangestellten. Wenn die Werkmeister, die in dem Betriebsgeschehen eine funktionell besondere Stellung einnehmen, eine Vergünstigung erfahren haben, so ist es keine Willkür, erhalten die Angehörigen der ferner noch in § 2 Ziff. 3 Ang.-RTV genannten Gruppe eine Vergünstigung nicht. Daß auch nur bei einem dieser Gruppe die Beklagte den Abzug für die am Rosenmontag ausgefallene Arbeitszeit unterlassen habe, hat der Kläger nicht behauptet.

24

1. Für die Beurteilung der Frage, ob ein Tatsachenvortrag in der Berufungsinstanz im Sinne der §§ 529 Abs. 2 ZPO, 67 ArbGG „neu" ist oder nicht, entfaltet der Tatbestand des erstinstanzlichen Urteils gegenüber dem Revisionsgericht die Bindungswirkung des § 314 ZPO.

2. Soweit nicht ein Tarifvertrag eingreift oder ein anderes einzelvertraglich vereinbart ist oder unter dem Gesichtspunkt der Gleichbehandlung gefordert werden kann, richtet sich die Vergütung der in freien, gemeinnützigen Kranken- und Pflegeanstalten Beschäftigten nach den TO.A-Gehalts-Sätzen von 1945.

ZPO §§ 314, 320, 529 Abs. 2; ArbGG § 67; TO für die freien, gemeinnützigen Kranken- und Pflegeanstalten vom 20. Juli 1944 (FKrT) §§ 1, 2; TO für die Belegschaftsmitglieder in den Krankenanstalten des Reichs pp vom 2. Dezember 1939 (KrT) i. d. F. vom 18. Juni 1944 §§ 2, 7 Abs. 1 Anlage 1 Vergütungsgruppe II; TOA § 3 Anlage I; TVG §§ 3, 5; BGB § 242.

II. Senat. Urteil vom 8. 10. 1959 i. S. Dr. B. (Kl.) w. St. W.–H. e. V. (Bekl.) 2 AZR 48/57.

I. Arbeitsgericht Wilhelmshaven. — II. Landesarbeitsgericht Hannover.

Der beklagte Verein betreibt in W. ein Krankenhaus. Er ist Mitglied des Caritasverbandes e. V. bei dem Bistum Münster. Dieser wiederum ist Mitglied des Caritasverbandes e. V. für die Bundesrepublik Deutschland.

Der Kläger hat die Approbation als Arzt am 1. Mai 1939 erhalten. Er ist seit dem 2. März 1948 Facharzt für Chirurgie.

Im Juni 1953 trat der Kläger in die Dienste des Beklagten. Im Dienstvertrag heißt es zu Ziffer 2 u. a.:

„Der Inhalt dieses Vertrages bestimmt sich nach den Richtlinien für Dienstverträge nachgeordneter Ärzte in den Anstalten und Einrichtungen des Deutschen Caritasverbandes vom 1. Januar 1953 (Sonderheft 7 der Caritas-Korrespondenz), soweit nachstehend nichts anderes vereinbart ist.

Die vorstehend genannten Richtlinien, die dem Mitarbeiter ausgehändigt worden sind, sind Bestandteil dieses Vertrages und werden von ihm als solcher ausdrücklich anerkannt."

Ende November 1955 schied der Kläger beim Beklagten aus. Er begehrt eine Gehaltsnachzahlung für den gesamten Beschäftigungszeitraum.

Die an den Kläger bis dahin gezahlten Bezüge entsprachen den — nach 1945 wiederholt erhöhten — Sätzen der Richtlinien des Deutschen Caritasverbandes. Die Vergütung liegt über den Sätzen der Vergütungsgruppe II TO.A nach dem Stand des Jahres 1945.

Der Kläger hat behauptet, er habe beim Beklagten als erster Assistenzarzt bzw. als ständiger Vertreter des leitenden Arztes Dienst getan und mehr als 35 Betten betreut. Mit seiner Behauptung nimmt der Kläger für sich die Erfüllung der Tätigkeitsmerkmale der Vergütungsgruppe II TO.A in Anspruch. Er vertritt die Auffassung, auf sein Dienstverhältnis finde die Tarifordnung für die Freien Gemeinnützigen Kranken- und Pflegeanstalten vom 20. Juli 1944 (Reichsarbeitsblatt 1944 IV Seite 275) Anwendung (FKrT). Diese Tarifordnung nimmt in ihrem § 2 die Tarifordnung für Belegschaftsmitglieder in den Krankenanstalten des Reichs pp. vom 2. Dezember 1939 (KrT) — jetzt anwendbar in der Fassung der dritten Änderung vom 18. Juni 1944 (Reichsarbeitsblatt 1940 IV Seite 73 und Seite 1483; 1943 IV Seite 342; 1944 IV Seite 174) — in Bezug. Der Kläger meint, die in § 2 der KrT erfolgte Inbezugnahme der TO.A „einschließlich der Änderungen und Ergänzungen in der jeweiligen Fassung" habe die Bedeutung, daß er — der Kläger — an den durch mehrere Tarifverträge seit 1949 wiederholt vereinbarten Gehaltserhöhungen im Bereich des öffentlichen Dienstes teilnehme, obgleich er nicht Mitglied einer der Gewerkschaften ist, die auf Arbeitnehmerseite diese Lohnerhöhungen im Bereich des öffentlichen Dienstes vereinbart haben, und obgleich keiner dieser Tarifverträge für allgemeinverbindlich erklärt ist.

Sein Nachzahlungsanspruch, so meint der Kläger weiter, rechtfertige sich auch deshalb, weil am 13. Juli 1951 zwischen dem Deutschen Caritasverband einerseits und dem Marburger Bund andererseits, dem der Kläger als Mitglied angehört, mündlich vereinbart sei, daß die Gehaltssätze für Assistenzärzte in den genannten Richtlinien des Deutschen Caritasverbandes um 20 % zu erhöhen seien. Aus dieser Vereinbarung ergebe sich, so meint der Kläger, die Pflicht des Beklagten, ihm — dem Kläger — im gesamten Beschäftigungszeitraum ein um 20 % höheres als das gezahlte Gehalt zu gewähren.

Unabhängig von jener Vereinbarung folge die Pflicht des Beklagten, ein um 20 % höheres als das gezahlte Gehalt zu gewähren, angesichts der gestiegenen Lebenshaltungskosten auch schon aus dem Grundsatz von Treu und Glauben im Rechtsverkehr.

Zwischen den Parteien besteht, was die rechnerische Höhe der Klagforderung betrifft, Einigkeit darüber, daß dem Kläger mindestens der Klagebetrag zusteht, wenn auch nur eine der vom Kläger vertretenen Rechtsauffassungen zutrifft.

Der Kläger hat beantragt, die Beklagte zur Zahlung von 1722,35 DM brutto zu verurteilen.

Die Beklagte hat Klagabweisung begehrt. Sie hat die Behauptungen des Klägers über Art und Umfang seiner Tätigkeit bestritten sowie seine Behauptungen über das Zustandekommen der Vereinbarung vom 13. Juli 1951. Sie meint, die FKrT sei eine Norm typisch nationalsozialistischen Inhalts, weil sie darauf abgezielt habe, die konfessionellen Krankenpflegeeinrichtungen zu vernichten.

Das Arbeitsgericht hat die Klage abgewiesen. Es hat die Arbeitnehmereigenschaft des Klägers in Zweifel gezogen, sodann die FKrT für nicht mehr anwendbar angesehen, darüber hinaus aber die genannte Inbezugnahme der TO.A nebst deren Änderungen und Ergänzungen in der jeweiligen Fassung dahin ausgelegt, daß sie sich nur auf Tarifordnungen, nicht aber auf Tarifverträge erstrecke. Der vom Kläger behaupteten Vereinbarung vom 13. Juli 1951 fehle der Charakter eines Tarifvertrages mangels Wahrung der in § 1 TVG verlangten Schriftform. Auch ein Vertrag zu Gunsten Dritter könne in dieser Vereinbarung nicht gesehen werden, weil sie nur darauf gerichtet gewesen sei, eine Teuerungszulage zu empfehlen, ohne jedoch eine Bindung auszusprechen. Auch aus dem Grundsatz von Treu und Glauben ergebe sich für den Kläger kein Nachzahlungsanspruch.

Mit seiner Berufung hat der Kläger diese Auffassungen bekämpft und seine Rechtsauffassungen weiter verfolgt. In einem nach Ablauf der Berufungsbegründungsfrist beim Landesarbeitsgericht eingegangenen Schriftsatz vom 5. November 1956 hat der Kläger ausführen lassen:

„Im übrigen rechtfertigt sich der Anspruch auf die Gewährung der Teuerungszulagen auch durch betriebliche Übung, indem der Beklagte den Gehältern der angestellten Ärzte die Reichsbesoldungsordnung zu Grunde gelegt hat, wodurch die Teuerungszulagen zur Reichsbesoldungsordnung automatisch auch für die angestellten Ärzte Platz greifen."

Berufung und Revision des Klägers sind zurückgewiesen worden.

Aus den Gründen:

I. Formelles Recht soll das Landesarbeitsgericht dadurch verletzt haben, daß es den Sachvortrag des Klägers im oben zitierten letzten Absatz seines Schriftsatzes vom 5. November 1956 als verspätet gemäß § 529 Abs. 2 und 3 ZPO und gemäß § 67 ArbGG zurückgewiesen hat. Die Revision trägt hierzu in erster Linie vor, der Sachvortrag sei nicht verspätet; denn in Wirklichkeit habe der Kläger schon in der ersten Instanz mündlich vorgetragen, er stütze seinen Anspruch auch auf den Grundsatz der Gleichbehandlung, weil der Beklagte seine Assistenzärzte nach der Reichsbesoldungsordnung besolde.

Diese Verfahrensrüge ist nicht begründet, so daß nicht weiter zu untersuchen ist, ob das Vorbringen des Klägers den geltend gemachten Anspruch überhaupt zu tragen vermag.

Die Revision übersieht die Bindung des Gerichts an den Tatbestand des erstinstanzlichen Urteils (§ 314 ZPO). Neu ist ein Vorbringen, wenn es in der Vorderinstanz nicht vorgetragen war. Ob das der Fall ist, muß sich gemäß §§ 313 Abs. 1 Ziff. 3 Abs. 2, 314 ZPO aus dem Tatbestand des angefochtenen Urteils einschließlich der darin in Bezug genommenen Schriftsätze und der Anlagen derselben sowie aus dem Sitzungsprotokoll ergeben (siehe auch Rosenberg, Lehrbuch, 7. Auflage, § 137 III 2a, S. 659). Jedoch enthalten weder der Tatbestand des erstinstanzlichen Urteils noch die Verhandlungsprotokolle noch die im erstinstanzlichen Urteil in Bezug genommenen Schriftsätze des Klägers auch nur ein einziges Wort eines Sachvortrages, der einen auf Verletzung des Grundsatzes der Gleichbehandlung gestützten Anspruch rechtfertigen könnte. Dann aber mußte das Landesarbeitsgericht den Sachvortrag im Schriftsatz vom 5. November 1956 als neu behandeln. War etwa in Wirklichkeit der Tatbestand des erstinstanzlichen Urteils insoweit unrichtig, wäre es Aufgabe des Klägers gewesen, innerhalb der Frist des § 320 ZPO einen Berichtigungsantrag anzubringen. Da er dies nicht getan hat, entfaltet der Tatbestand des erstinstanzlichen Urteils in diesem Zusammenhang der Frage des neuen Vortrags auch für die Revisionsinstanz zu der Beurteilung, ob das Vorbringen des Klägers in der Berufungsinstanz wirklich neu war oder nicht, Bindungswirkung. Der Tatbestand liefert in negativer Hinsicht Beweis dafür, daß der Kläger zum Gesichtspunkt der Gleichbehandlung nichts vorgetragen hat. Dieser Beweis kann nur durch das Sitzungsprotokoll entkräftet werden (§ 314 Satz 2 ZPO).

War aber das Vorbringen des Klägers neu, so unterlag die nachträgliche Zulassung dieses Vorbringens zumindest den Schranken des § 67 ArbGG. Der Kläger hat im Schriftsatz vom 5. November 1956 nicht Tatsachen vorgetragen, welche erst nach der Berufungsbegründung entstanden sind. Dann war es der freien Überzeugung des Landesarbeitsgerichts überlassen, darüber zu entscheiden, ob das verspätete Vorbringen nicht auf Verschulden der Partei beruhte. Anhaltspunkte dafür, daß das Landesarbeitsgericht insoweit sein Ermessen rechtsmißbräuchlich ausgeübt hat, sind von der Revision nicht vorgetragen.

II. 1. Auch in materiell-rechtlicher Hinsicht unterliegt das angefochtene Urteil keinen Bedenken. Der Anspruch auf Gehaltsnachzahlung kann nicht aus einem Tarifvertrag abgeleitet werden, und zwar schon deshalb nicht, weil der Beklagte nicht Mitglied einer Tarifvertragspartei ist, die auf Arbeitgeberseite einen Tarifvertrag über die Vergütung der Assistenzärzte abgeschlossen hat. Ohne Rechtsfehler haben auch beide Vorinstanzen der vom Kläger behaupteten Vereinbarung zwischen dem Deutschen Caritasverband und dem Marburger Bund vom 13. Juli 1951 den Charakter eines Tarifvertrages abgesprochen, weil es an der in § 1 TVG zwingend vorgeschriebenen Schriftform jener Vereinbarung unstreitig fehlt.

2. Jene Vereinbarung vom 13. Juli 1951 ist vom angefochtenen Urteil im Ergebnis zutreffend auch nicht als Anspruchsgrundlage im Sinne des § 328 BGB angesehen worden. Dabei kann es dahingestellt bleiben, ob das Revisionsgericht an die im angefochtenen Urteil getroffene Feststellung gebunden ist, daß nämlich der Deutsche Caritasverband insoweit ohne Vollmacht des Beklagten gehandelt hat, oder ob nicht der Deutsche Caritasverband insoweit die Grundsätze der Anscheinsvollmacht gegen sich gelten lassen müßte; denn in jedem Fall hätte ein echter Vertrag zu Gunsten Dritter vorausgesetzt, daß die Vertragsschließenden hierbei erkennbar den Willen äußerten, daß der Kläger und die anderen Assistenzärzte aus dieser Vereinbarung unmittelbar Rechte für sich herleiten durften. Ein derartiger Verpflichtungswille ist aber vom Kläger nicht behauptet worden. Das erstinstanzliche Urteil hat das Vorliegen eines solchen Verpflichtungswillens verneint. Der Kläger hat diese Ausführungen des erstinstanzlichen Urteils in seiner Berufungsbegründung nicht mehr angegriffen. Vor allem aber liegt im Sachvortrag des Klägers, es seien in der von ihm behaupteten Vereinbarung vom 13. Juli 1951 die Richt-

liniensätze erhöht worden, selbst gleichzeitig der weitere Sachvortrag, daß zwischen den Vertragsschließenden gerade nicht ein echter Vertrag zu Gunsten Dritter zustande kam. Denn es liegt, falls nichts Gegenteiliges dargelegt wird und vorliegt, im Wesen einer Richtlinie, daß sie nur eine Empfehlung darstellt und es der konkreten Einzelvereinbarung überläßt, dieser Empfehlung zu folgen.

3. Ebenfalls zu Unrecht rügt der Kläger die Verletzung des § 2 FKrT. Diese Tarifordnung ist, wie das Bundesarbeitsgericht bereits mehrfach entschieden hat, über den Zusammenbruch des Jahres 1945 hinaus in Kraft geblieben (BAG 3, 231 [233—235]; zur KrT vgl. BAG 4, 333 [337]). Der vorliegende Fall gibt keine Veranlassung, insoweit erneut in eine Prüfung einzutreten.

Die FKrT erfaßt ihrem Geltungsbereich nach das Arbeitsverhältnis des Klägers, weil er ein „auf Privatdienstvertrag Beschäftigter einer Gemeinnützigen Krankenanstalt" war (§ 1 Abs. 1 und Abs. 2 Buchst. a FKrT). Der Kläger war auch nicht gemäß § 1 Abs. 3 Buchst. a FKrT als „Arzt in leitender Stellung" aus dem Geltungsbereich herausgenommen, weil, die Richtigkeit seiner diesbezüglichen Behauptung unterstellt, der Stellvertreter eines leitenden Arztes nicht selbst leitender Arzt im Sinne dieser Vorschrift ist. Schließlich war das Krankenhaus des Beklagten nicht aus dem Geltungsbereich herausgenommen worden, weil die beiden einzigen wirksam erlassenen (siehe BAG 3, 231 [239]) Herausnahmeanordnungen, ergangen seitens der Präsidenten des Landesarbeitsamtes Westfalen/Lippe und des Landesarbeitsamtes Nordrheinprovinz unter dem 5. Januar 1946 bzw. unter dem 3. April 1946, nur innerhalb des örtlichen Zuständigkeitsbereiches dieser beiden Landesarbeitsamts-Bezirke Geltung haben können.

Ob eine der genannten Tarifordnungen durch einen Tarifvertrag verdrängt ist, brauchte nicht geprüft zu werden, weil keine der beiden Parteien im Verlaufe dieses Rechtsstreits vorgetragen hat, es bestehe ein solcher Tarifvertrag. Nur wenn die Parteien zum Ausdruck bringen, es könnte sich aus einem Tarifvertrag ein Einfluß auf die zu treffende Entscheidung ergeben, sind die Gerichte in Arbeitssachen gehalten, einem solchen Vortrag nach Maßgabe des § 293 ZPO nachzugehen (BAG 4, 37 [39]).

Wird nun weiter die Richtigkeit der klägerischen Behauptung, nach welcher er ein Assistenzarzt war, der mindestens 35 Betten betreute, unterstellt, so erfüllte der Kläger die Tätigkeitsmerkmale der Vergütungsgruppe II der Vergütungsordnung der KrT (§ 7 Abs. 1 Anl. 1 KrT). Gemäß § 2 Abs. 1 KrT richtete sich dann die Höhe der Vergütung „nach der Tarifordnung A (TO.A) für Belegschaftsmitglieder im öffentlichen Dienst einschließlich der Änderungen und Ergänzungen in der jeweiligen Fassung".

Das angefochtene Urteil legt jedoch zutreffend diese Tarifnorm dahin aus, daß sie ihre Begrenzung im System der Tarifordnungen findet. Bei der Auslegung des Inhalts einer tariflichen Norm ist zunächst von deren Wortlaut auszugehen (BAG 5, 107 [113]). Tarifverträge sind keine „Änderungen und Ergänzungen" einer Tarifordnung. Beide Begriffe, wie hier bezogen auf die Tarifordnungen, waren dem Reichstreuhänder durchaus geläufig, denn er war dauernd mit „Änderungen und Ergänzungen" der von ihm erlassenen Tarifordnungen befaßt, wie ein Blick in den Teil IV des Reichsarbeitsblattes lehrt. Insbesondere ist die KrT selbst wiederholt geändert und ergänzt worden. Abgesehen davon, daß der Reichstreuhänder bei Schaffung der KrT naturgemäß an eine Rückkehr zum System der Kollektivverträge nicht hat denken können, haben aber auch Tarifverträge nicht die Wirkung, daß sie Tarifordnungen „ändern" oder „ergänzen". Das Tarifvertragsgesetz gewährt weder den Arbeitsbehörden der Länder (vgl. Hueck-Nipperdey, Lehrbuch des Arbeitsrechts, 6. Aufl., Bd. II S. 280 Anm. 43) noch den Tarifvertragsparteien die Befugnis zur Änderung einer Tarifordnung. Im ersteren Falle besteht nur eine Aufhebungsbefugnis, im letzteren Falle nur eine Neu-Regelungsbefugnis mit der Wirkung der partiellen oder totalen Beseitigung der Tarifordnung.

Danach steht bereits der Wortlaut der genannten FKrT der vom Kläger gewünschten Auslegung entgegen. Der Senat hat aber auch noch geprüft, ob etwa Systematik oder Sinn und Zweck der KrT in der vom Kläger gewünschten Richtung Anhaltspunkte enthalten (vgl. Enneccerus-Nipperdey, Lehrbuch des Bürgerlichen Rechts, 15. Aufl., Bd. I, 1 § 56 II Seite 334).

Die gesamte KrT, insbesondere aber derjenige Teil, der sich auf die Vergütung bezieht, will erreichen, daß die in Krankenanstalten Beschäftigten einen Anspruch auf mindestens die gleichen Arbeitsbedingungen haben, wie sie für die in Verwaltungen und Betrieben der öffentlichen Hand beschäftigten und unter die TO.A fallenden Angestellten auch gelten. Hieran hat sich nichts geändert. Die dem Geltungsbereich der TO.A unterliegenden Angestellten haben einen Anspruch auf die tarifvertraglichen Erhöhungen der Vergütungssätze der Anlage I nur dann, wenn sie Mitglieder einer der am Abschluß des Tarifvertrages beteiligten Gewerkschaften sind (BAG AP Nr. 30 zu § 3 TO.A). Außenseiter nehmen an den tarifvertraglichen Erhöhungen der

Vergütungssätze nach Anlage I der TO.A nicht kraft normativer Wirkung teil (BAG 4, 340 [343]). Die Höhe ihres Vergütungsanspruchs richtet sich, wenn nicht ein anderes einzelvertraglich vereinbart ist oder vielleicht unter dem Gesichtspunkt der Gleichbehandlung gefordert werden kann, nach den TO.A-Gehaltssätzen von 1945. Die Anlage 1 zur TO.A mit ihren Vergütungsgruppen hat nämlich nach wie vor normative Bedeutung. Diese nach wie vor bestehende normative Wirkung der TO.A begründet das Recht auch des Außenseiters auf Bezahlung nach der Vergütungsgruppe, deren Tätigkeitsmerkmale er erfüllt (BAG 4, 340 [343]; BAG AP Nr. 30 zu § 3 TO.A). Das kann aber dann nur bedeuten, daß der Außenseiter Anspruch auf Bezahlung nach den Sätzen hat, wie sie zuletzt als Sätze der Tarifordnung bestanden (siehe auch BAG AP Nr. 30 zu § 3 TO.A.). Eine Anerkennung der normativen Wirkung der Vergütungsgruppen ohne Anerkennung der normativen Wirkung der tarifordnungsmäßigen Vergütungssätze wäre sinnlos.

Der Kläger kann auch nicht in analoger Anwendung des § 2 KrT die durch Tarifvertrag geprägten Vergütungssätze für sich in Anspruch nehmen. Nach Rückkehr zum System der Kollektivverträge werden die Arbeitsbedingungen der Arbeitnehmer durch Tarifverträge normiert; dies jedoch nur dann, wenn entweder beide Parteien des Einzelarbeitsvertrages Mitglied der Tarifvertragsparteien sind oder der Tarifvertrag für allgemeinverbindlich erklärt ist. Die vom Kläger geforderte analoge Anwendung des § 2 KrT scheiterte an den klar entgegenstehenden Bestimmungen der §§ 3 und 5 TVG. Es ist mit dem Wesen des Tarifvertragssystems in unserem Arbeitsrecht nicht zu vereinbaren, durch analoge Anwendung einer Tarifordnung die fehlende Tarifbindung der Parteien zu überbrücken.

IV. Der Kläger kann auch nicht aus seinem Anstellungsvertrage selbst irgendwelche Rechte für sich herleiten. Der Anstellungsvertrag enthält keine Anhaltspunkte für eine wenigstens stillschweigende Inbezugnahme der tarifvertraglichen Vergütungssätze; er verweist vielmehr ausdrücklich in Ziffer 4 auf die in Ziffer 2 genannten Richtlinien des Caritasverbandes vom 1. Januar 1953, nach welchen der Kläger unstreitig seine Vergütung erhalten hat. Anhaltspunkte dafür, daß unter dem Gesichtspunkt einer grundstürzenden Änderung der Verhältnisse eine Ergänzung dieses Vertrages in Betracht kommen könnte, fehlen, weil während der Vertragsdauer (1953 bis 1955) eine derartige grundstürzende Änderung der Verhältnisse nicht eingetreten ist.

25

Das Urlaubsentgelt des auf Fixum und Provision angestellten Handlungsgehilfen bestimmt sich nach dem Fixum und den Provisionen, die er mutmaßlich während der Urlaubszeit verdient hätte.

Provisionen aus vor dem Urlaub abgeschlossenen Geschäften, die erst während des Urlaubs fällig werden, bleiben bei der Berechnung des Urlaubsentgelts außer Ansatz.

HGB § 65.

I. Senat. Urteil vom 16. 10. 1959 i. S. T. (Kl.) w. Fa. A. J. F. KG. (Bekl.)
1 AZR 496/57.

I. Arbeitsgericht Köln. — II. Landesarbeitsgericht Düsseldorf (Köln).

Der Kläger war vom 17. September 1951 bis Mitte 1956 bei der Beklagten, die sich mit dem Verkauf von Volkswagen befaßt, als Angestellter tätig. Ihm oblag der Verkauf von Kraftfahrzeugen. Für seine Tätigkeit erhielt er neben einem festen Monatsgehalt von 250,— DM eine Provision für jeden von ihm verkauften Wagen. Die Provision wurde nicht bei dem Abschluß des Kaufvertrages, sondern erst bei Auslieferung des Wagens an den Käufer gezahlt.

In den Jahren 1954 und 1955 nahm der Kläger einen Erholungsurlaub von je 16 Tagen in Anspruch, im Jahre 1956 einen solchen von acht Tagen. Die Beklagte gewährte dem Kläger für diese Urlaubstage ein Urlaubsgeld nach folgender Berechnung:

a) für jeden Urlaubstag 1/25 des Fixums = 10,— DM,

b) Auszahlung der Provisionen, die während des Urlaubs durch Auslieferung der Wagen, die der Kläger bereits vor dem Urlaub verkauft hatte, fällig wurden,

c) 1/300 des durchschnittlichen Jahresverdienstes des Klägers für jeden Urlaubstag, wobei jedoch von der sich so ergebenden Summe die Beträge abgezogen wurden, die dem Kläger während des Urlaubs im Hinblick auf die zu dieser Zeit erfolgte Auslieferung der vor dem Urlaub verkauften Wagen zukamen.

Die Beklagte hat so für insgesamt 40 Urlaubstage, die der Kläger in den Jahren 1954 bis 1956 genommen hat, als Urlaubsentgelt insgesamt 784,21 DM gezahlt.

Der Kläger ist der Ansicht, ihm gebühre ein Betrag von insgesamt 1676,16 DM. Er verlangt mit der Klage die Differenz von 891,95 DM. Die Beklagte bittet um Klageabweisung.

Das Arbeitsgericht hat nach dem Klageantrag erkannt.

Das Landesarbeitsgericht hat die Klage abgewiesen. Die Revision des Klägers führte zur Aufhebung und Zurückverweisung.

Aus den Gründen:

Auf das Arbeitsverhältnis, das zwischen den Parteien bestanden hat, findet die Arbeitsordnung für sämtliche Betriebe der Beklagten vom 17. November 1955 Anwendung. Nach § 25 dieser Arbeitsordnung richtet sich die Urlaubsdauer für alle Arbeitnehmer nach den für den Betrieb geltenden gesetzlichen und tariflichen Bestimmungen. Auf das Arbeitsverhältnis der Parteien ist weiterhin der Rahmentarifvertrag für die Angestellten des Kraftfahrzeuggewerbes in der Bundesrepublik Deutschland vom 30. Juni 1952 anwendbar. Nach § 5 Ziff. 8 dieses RTV ist während des Urlaubs der regelmäßige Arbeitsverdienst weiterzuzahlen. Als solcher gilt der Verdienst, den der Angestellte bei Arbeitsleistung erzielt hätte.

Nach dieser Regelung, die allgemeinen urlaubsrechtlichen Grundsätzen entspricht, hat also der Kläger als Urlaubsentgelt den Betrag zu erhalten, den er verdient hätte, wenn er während des Urlaubs die nach seinem Arbeitsvertrag geschuldete Tätigkeit erbracht hätte. Der beurlaubte Arbeitnehmer soll während des Urlaubs in seinem Einkommen aus dem Arbeitsverhältnis nicht besser, aber auch nicht schlechter gestellt sein, als er stehen würde, wenn er während der Urlaubstage gearbeitet hätte. Das Urlaubsentgelt muß also dem Betrag entsprechen, den der Kläger verdient hätte, wenn er während des Urlaubs gearbeitet hätte.

Für die Berechnung des Urlaubsentgelts scheiden damit alle Einnahmen aus, die der Kläger aus den Provisionen aus solchen Geschäften, die er vor dem Urlaub abgeschlossen hat, erzielt. Diese Einnahmen beruhen auf einer tatsächlichen Arbeitsleistung des Klägers während der Zeit, in der er nicht beurlaubt war und seine vertragsmäßigen Leistungen erbracht hat. Der Kläger hat dadurch, daß er während seiner Arbeitszeit Kraftfahrzeugverkäufe vermittelt und abgeschlossen hat, durch diese seine Arbeit einen Anspruch auf die Provisionen aus diesen Geschäften erworben, der zwar bedingt von der Ausführung des Geschäfts und betagt bis zu dieser Ausführung des Geschäfts war. Diese Bedingung und Betagung des Anspruchs ändern aber nichts daran, daß der Anspruch als solcher bereits durch die Arbeit des Klägers erworben war. Dadurch, daß der Anspruch des Klägers auf die Provisionen erst fällig wurde, als die Kraftfahrzeuge ausgeliefert wurden, wird sonach nichts daran geändert, daß es sich um eine durch tatsächliche Arbeitsleistung des Klägers verdiente Vergütung handelt.

Daß die Provision aus den vor dem Urlaub abgeschlossenen Geschäften zum Teil auch für eine Leistung bei Auslieferung der Fahrzeuge gezahlt werde, also für eine Leistung, die der Kläger während des Urlaubs nicht erbracht hat, hat die Beklagte zwar zunächst vorgetragen. Dem hat der Kläger jedoch entgegengehalten, daß die Beklagte niemals, wenn der Verkäufer eine Mitwirkung bei der Auslieferung und den dabei zu beachtenden Formalitäten nicht geleistet hätte, die Provision gekürzt habe. Dem ist die Beklagte nicht mehr entgegengetreten. Gilt sonach diese Behauptung des Klägers als zugestanden, so kann die Beklagte nicht jetzt behaupten, daß die während des Urlaubs fällig werdenden Provisionen aus Geschäften, die vor dem Urlaub abgeschlossen waren, zum Teil eine Vergütung für eine Tätigkeit bei der Auslieferung der Fahrzeuge und damit dem Fälligwerden der bereits früher durch tatsächliche Arbeitsleistung verdienten Provisionen darstellen sollen. Dem widerspricht ihre eigene Handhabung, die Provision aus den vom angestellten Verkäufer vermittelten oder abgeschlossenen Geschäften auch dann ungekürzt zu zahlen, wenn der Verkäufer bei der Auslieferung der Fahrzeuge nicht erneut in irgendeiner Form tätig wurde.

Ist sonach die Provision aus vor dem Urlaub abgeschlossenen Geschäften, die in den Urlaubstagen durch die dann erfolgende Auslieferung der Fahrzeuge fällig wird, bereits vor dem Urlaub eben für die Vermittlung oder den Abschluß der Geschäfte voll verdient, und zwar durch tatsächliche Arbeitsleistung, so hat sie, wie auch das Landesarbeitsgericht zutreffend erkennt, mit der Urlaubsvergütung, d. h. einer Vergütung für solche Arbeit, die im Hinblick auf den Urlaub nicht geleistet wurde, nichts zu tun.

Die Urlaubsvergütung des gegen Fixum und Provisionen angestellten Verkäufers richtet sich vielmehr eben nach dem Fixum und nach den Provisionen, die der Verkäufer aus Geschäften, die er während des Urlaubs vorgenommen hätte, wegen seines Urlaubs und der darauf beruhenden Nichtleistung von Arbeit aber nicht vorgenommen hat, erzielt hätte.

Zwischen den Parteien besteht kein Streit darüber, daß der Kläger zunächst für jeden Arbeitstag, den er infolge seines Urlaubs nicht geleistet hat, $1/25$ seines Fixums zu bekommen hat. Er hat aber daneben auch Beträge in Höhe der Provisionen zu bekommen, die er erzielt hätte, wenn er während des Urlaubs gearbeitet hätte. Dies verkennt offenbar auch das Landesarbeitsgericht nicht. Rechtsirrtümlich sind aber die Ausführungen des Landesarbeitsgerichts insoweit, als es aus den besonderen tatsächlichen Verhältnissen zu der Ansicht kommen zu müssen glaubt, im vorliegenden Falle könne der Kläger Provisionen aus wegen des Urlaubs nicht zustande gekommenen Geschäften nicht verlangen. Das Landesarbeitsgericht bezeichnet die Möglichkeit, daß der Kläger während der Tage, an denen er beurlaubt war, neue provisionspflichtige Geschäfte abgeschlossen hätte, als „angesichts der bekannten langen Lieferzeiten bei VW-Neuwagen" so vage, daß sie bei einem Jahresurlaub von 16 Tagen nicht ernstlich in Betracht gezogen werden könne. Der Ausfall aus nicht zustande gekommenen Geschäften lasse sich mit Hilfe der tariflichen Bestimmungen weder erfassen noch berechnen, weil danach nur das als Urlaubsvergütung zu gewähren sei, was der Angestellte bei Arbeitsleistung erzielt hätte. Bei fiktiver Arbeitsleistung während der Urlaubszeit hätte der Angestellte nach der Auffassung des Landesarbeitsgerichts zwar Provisionsanwartschaften erwerben können, die sich jedoch im Urlaubsmonat nicht ausgezahlt hätten, d. h. er hätte insoweit im Urlaubsmonat nicht mehr und nicht weniger als sein Fixum und die aus der Vorzeit resultierenden und in den Urlaubsmonat fallenden Provisionszahlungen erzielt.

Diese Rechtsauffassung des Landesarbeitsgerichts ist schon deshalb fehlerhaft, weil nach der Lebenserfahrung davon auszugehen ist, daß der Kläger, wenn er während seines Urlaubs gearbeitet hätte, ebenso provisionspflichtige Geschäfte zustande gebracht hätte, wie er dies in vergleichbaren früheren Zeitabschnitten getan hat. Dem kann nicht entgegengehalten werden, daß im Hinblick auf die Lieferfristen des Volkswagenwerkes jeder Verkäufer nur ein beschränktes Kontingent zum Absatz an seine Kunden zur Verfügung gehabt habe. Es entspricht der Lebenserfahrung, daß Volkswagen auch bei langen Lieferfristen abgesetzt werden. Bei Erschöpfung des zur Zeit vorhandenen Kontingents wird auf die folgenden Kontingente vorgegriffen. Dies wäre auch der Fall gewesen, wenn der Kläger bereits vor seinem Urlaub das zu dieser Zeit gegebene Kontingent erschöpft hätte. Er hätte also alsdann Geschäfte über Lieferungen aus späteren Zuteilungen des Volkswagenwerkes abgeschlossen.

Unter Zugrundelegung dieser Rechtsauffassung wird das Landesarbeitsgericht den Sachverhalt erneut zu prüfen haben. Sollte es nicht zu eindeutigen Feststellungen darüber kommen können, wieviel Fahrzeuge der Kläger an den Tagen, an denen er in den Jahren 1954 bis 1956 beurlaubt war, hätte verkaufen können, so wird das Landesarbeitsgericht insoweit gemäß § 287 ZPO zu verfahren haben. Als Grundlage für eine

Entscheidung nach § 287 ZPO kommen Einnahmen des Klägers in Betracht, die er aus provisionspflichtigen Geschäften in den betreffenden Jahren gehabt hat. Das Landesarbeitsgericht wird sonach die gesamten Provisionseinnahmen in den Jahren 1954, 1955 und 1956 für jedes dieser Jahre festzustellen haben, den sich so ergebenden Betrag durch die Zahl der Arbeitstage des Klägers teilen müssen (wobei als Arbeitstage nur die Tage zu werten sind, an denen der Kläger tatsächlich gearbeitet hat, insbesondere nicht auch die Tage, an denen er in Urlaub war) und so den durchschnittlichen Tagesverdienst aus Provisionen in den einzelnen Jahren zu ermitteln haben. Dieser durchschnittliche Tagesverdienst (sofern genauere Feststellungen nicht möglich sind) zuzüglich des auf den Arbeitstag entfallenden Teiles des monatlichen Fixums stellt die Urlaubsvergütung für jeden Urlaubstag des Klägers dar.

26

1. Hat bei Arbeitsplatzwechsel der ausgeschiedene Arbeitnehmer sowohl einen Urlaubsanspruch gegen den neuen Arbeitgeber wie einen Urlaubsabgeltungsanspruch gegen den früheren Arbeitgeber, so muß der Arbeitnehmer zunächst den Urlaubsanspruch gegen den neuen Arbeitgeber geltend machen. Der frühere Arbeitgeber kann ihn auf diesen Anspruch verweisen.

2. Maßgebend ist der Tag der letzten mündlichen Verhandlung vor dem Landesarbeitsgericht. Der frühere Arbeitgeber, der auf Urlaubsabgeltung in Anspruch genommen ist, kann den Arbeitnehmer nicht auf Urlaubsansprüche verweisen, die der Arbeitnehmer in diesem Zeitpunkt noch nicht erworben hat.

Hamburger Urlaubsgesetz § 6.

I. Senat. Urteil vom 16. 10. 1959 i. S. G. (Bekl.) w. S. (Kl.)
1 AZR 529/58.

I. Arbeitsgericht Hamburg. — II. Landesarbeitsgericht Hamburg.

Der Kläger war vom 12. August 1952 bis zum 19. Februar 1955 als Tischler bei dem Beklagten tätig. Er ist auf Grund eigener Kündigung ausgeschieden. Bei diesem Ausscheiden hat ihm der Beklagte für das Urlaubsjahr 1955 eine Urlaubsabgeltung für zwei Tage gewährt. Mit der am 17. März 1955 bei Gericht eingegangenen Klage verlangt der Kläger die Auszahlung einer Urlaubsabgeltung für weitere zehn Urlaubstage in der rechnerisch unstreitigen Höhe von 154,40 DM; er stützt diesen Anspruch auf die Vorschriften des Hamburger Urlaubsgesetzes.

Der Beklagte bittet um Klageabweisung. Er ist der Ansicht, der Kläger müsse sich an seinen neuen Arbeitgeber halten, bei dem er sofort im Anschluß an das frühere Arbeitsverhältnis eingetreten sei. Es sei auch rechtsmißbräuchlich, wenn der Kläger trotz einer Beschäftigungsdauer von nur 1½ Monaten im Urlaubsjahr 1955 eine Urlaubsabgeltung für den vollen Urlaub des Jahres 1955 von dem Beklagten verlange.

Alle Instanzen haben nach dem Klageantrag erkannt.

Aus den Gründen:

I. Die mit der Klage verfolgten Urlaubsansprüche und die sich aus diesen ergebenden Urlaubsabgeltungsansprüche für das Urlaubsjahr 1955 richten sich nach den Vorschriften des Hamburger Urlaubsgesetzes vom 27. Januar 1951, gegen dessen Vereinbarkeit mit dem Grundgesetz nach der Entscheidung des Bundesverfassungsgerichts vom 22. April 1958 (AP Nr. 2 zu § 1 UrlaubsG Hamburg) keine Bedenken mehr bestehen.

Nach § 4 dieses Gesetzes ist das Urlaubsjahr das Kalenderjahr. Nach § 6 Abs. 3 ist eine Abgeltung des Urlaubs durch Geldzahlung nur statthaft, wenn der Urlaub wegen Beendigung des Arbeitsverhältnisses nicht mehr als Freizeit gewährt werden kann. Schließlich kann nach § 6 Abs. 4 der Arbeitnehmer für ein Urlaubsjahr nur einmal den gesetzlichen Urlaub verlangen. Der Arbeitnehmer, der von einem Arbeitgeber im Falle des Arbeitsplatzwechsels den vollen Urlaub oder die volle Urlaubsabgeltung erhalten hat, kann sonach gegen den anderen Arbeitgeber weder Ansprüche auf Urlaub noch solche auf Urlaubsabgeltung erheben.

Nach § 5 Abs. 1 des Hamburger Urlaubsgesetzes entsteht der Urlaubsanspruch eines Arbeitnehmers gegen den Arbeitgeber dann, wenn der Arbeitnehmer bereits vor Beginn des Urlaubsjahres sechs Monate bei diesem Arbeitgeber beschäftigt war, am 1. Januar des Urlaubsjahres. Eine Wartefrist braucht nur einmal nach der Einstellung in den Betrieb eingehalten zu werden, sie braucht aber nicht in jedem der folgenden weiteren Urlaubsjahre wiederum erreicht zu werden, sofern eben der Arbeitnehmer bereits vor Beginn dieses Urlaubsjahres die Wartefrist erfüllt hatte. Da nach den Vorschriften des Hamburger Urlaubsgesetzes das Kalenderjahr gleichzeitig das Urlaubsjahr ist, hat der Kläger bereits am 1. Januar 1955 gegen den Beklagten den Anspruch auf den vollen Urlaub für das Jahr 1955 erworben (vgl. BAG 3, 60). Da weiterhin der Beklagte dem Kläger vor dem Ausscheiden diesen Urlaub nicht gewährt und auch nur eine Urlaubsabgeltung für zwei Urlaubstage gezahlt hat und der Beklagte wegen des Ausscheidens des Klägers aus seinem Betrieb den Urlaub für das Jahr 1955 dem Kläger auch nicht mehr gewähren kann, ist der Kläger grundsätzlich befugt, neben der ihm bereits gewährten Urlaubsabgeltung für zwei Urlaubstage auch noch die Urlaubsabgeltung für weitere zehn Tage zu beanspruchen. Dem Kläger steht also grundsätzlich ein solcher Urlaubsabgeltungsanspruch für zehn Urlaubstage zu.

Die Geltendmachung dieses danach aus dem Hamburger Urlaubsgesetz gerechtfertigten Anspruchs kann auch nicht als rechtsmißbräuchlich angesehen werden. Ein solcher Rechtsmißbrauch liegt nicht bereits darin, daß der Kläger den Anspruch geltend gemacht hat, obwohl er nur 1½ Monate bei dem Beklagten tätig gewesen ist. Denn wenn das Hamburger Urlaubsgesetz diesen Anspruch auf den Urlaub bereits am 1. Januar des Kalenderjahres den Arbeitnehmern, die bereits vorher die sechsmonatige Wartefrist erfüllt haben, einräumt, kann es nicht als rechtsmißbräuchlich angesehen werden, wenn der Arbeitnehmer dieses ihm durch das Gesetz eingeräumte Recht geltend macht. Dies gilt auch dann, wenn der Anspruch sich nicht auf Freizeitgewährung, sondern auf Urlaubsabgeltung richtet.

II. Zwar bestimmt das Hamburger Urlaubsgesetz in § 6 Abs. 4, daß der Arbeitnehmer für ein Urlaubsjahr nur einmal den gesetzlichen Urlaub erhalten kann. Gewährt also im Falle des Arbeitsplatzwechsels während des Urlaubsjahres entweder der erste Arbeitgeber oder der zweite Arbeitgeber Urlaub oder auch nur eine Urlaubsabgeltung für den erdienten Urlaub, so kann gegen den anderen Arbeitgeber nicht noch zusätzlich ein Urlaubs- oder Urlaubsabgeltungsanspruch erhoben werden. Wie der Senat bereits in der Entscheidung vom 5. Dezember 1957 (AP Nr. 21 zu § 611 BGB Urlaubsrecht) und ihm folgend auch der Zweite Senat in der Entscheidung vom 25. November 1958 (BAG 7, 76 [78—81]) ausgeführt haben, kann der Arbeitnehmer, dem im Falle des Arbeitsplatzwechsels gegen den einen Arbeitgeber ein Freizeitanspruch und gegen den anderen Arbeitgeber ein Urlaubsabgeltungsanspruch zusteht, grundsätzlich nur den Freizeitanspruch erheben. Der Anspruch auf Freizeitgewährung gegen den einen Arbeitgeber geht sonach dem Anspruch auf Abgeltung eines nicht gewährten Urlaubs gegen den anderen Arbeitgeber vor. Dem Anspruch auf Urlaubsabgeltung gegen den ersten Arbeitgeber im Falle des Arbeitsplatzwechsels während des Urlaubsjahres kann also von diesem entgegengehalten werden, daß der Arbeitnehmer einen Anspruch auf Gewährung bezahlter Freizeit gegen den zweiten Arbeitgeber bereits erworben habe. An dieser Rechtsprechung hält der erkennende Senat auch in dieser Sache fest. Der Vorrang des Freizeitanspruchs vor dem

Urlaubsabgeltungsanspruch folgt daraus, daß Sinn des Urlaubes ist, dem Arbeitnehmer durch Freizeitgewährung unter Fortzahlung des Entgelts die Möglichkeit zu geben, sich von geleisteter Arbeit zu erholen und sich für zu leistende Arbeit wieder zu kräftigen. Diesem Ziel wird die tatsächliche Gewährung von Freizeit weitaus besser gerecht als die Abgeltung des Urlaubs durch Geldzahlung, die im übrigen auch nach § 6 Abs. 3 des Hamburger Urlaubsgesetzes nur unter besonderen Voraussetzungen zulässig ist. Deshalb kann, wie bereits ausgeführt, der erste Arbeitgeber, der von seinem ausgeschiedenen Arbeitnehmer auf Urlaubsabgeltung in Anspruch genommen wird, diesem Arbeitnehmer entgegenhalten, er müsse zunächst dem Urlaubszweck entsprechend sich wegen eines ihm bereits erwachsenen Urlaubsanspruchs an den neuen Arbeitgeber halten.

Eine solche Befugnis des ersten Arbeitgebers, der dem bei ihm ausgeschiedenen Arbeitnehmer nach den Vorschriften des Hamburger Urlaubsgesetzes eine Abgeltung für den nicht gewährten Urlaub schuldet, setzt aber voraus, daß der ausgeschiedene Arbeitnehmer bereits in ein neues Arbeitsverhältnis eingetreten ist und aus diesem Arbeitsverhältnis bereits einen auf Freizeitgewährung gerichteten Urlaubsanspruch gegen den neuen Arbeitgeber erheben kann. Hat der ausgeschiedene Arbeitnehmer einen Freizeitanspruch gegen den neuen Arbeitgeber noch nicht erworben, so kann der erste Arbeitgeber den Arbeitnehmer auch nicht auf einen solchen Anspruch verweisen, um seiner eigenen Inanspruchnahme wegen der von ihm geschuldeten Urlaubsabgeltung zu entgehen.

Dafür, ob der ausgeschiedene Arbeitnehmer einen neuen auf Freizeitgewährung gerichteten Urlaubsanspruch gegen seinen nunmehrigen Arbeitgeber erworben hat, sind die Verhältnisse am Schluß der letzten mündlichen Verhandlung in der Tatsacheninstanz maßgebend. Im Zeitpunkt der letzten mündlichen Verhandlung vor dem Landesarbeitsgericht, die mit dem am 9. Juni 1955 verkündeten Urteil abschloß, konnte der Kläger, der am 19. Februar 1955 aus dem Arbeitsverhältnis mit dem Beklagten ausgeschieden war, noch keinen auf Freizeitgewährung gerichteten Urlaubsanspruch gegen einen neuen Arbeitgeber erworben haben. Die Wartezeit von sechs Monaten, die § 5 des Hamburger Urlaubsgesetzes für den Erwerb des vollen Urlaubsanspruchs setzt, konnte noch nicht erfüllt sein. Daß der Kläger einen Anspruch auf Gewährung wenigstens eines anteiligen Urlaubs gegen den neuen Arbeitgeber nach § 5 Abs. 3 des Hamburger Urlaubsgesetzes erworben hätte, ist nicht ersichtlich. Denn es ist nicht vorgetragen, daß der Kläger einen erneuten Arbeitsplatzwechsel in der Zeit zwischen dem Ausscheiden aus dem

Betrieb des Beklagten (19. Februar 1955) und der letzten mündlichen Verhandlung vor dem Landesarbeitsgericht (9. Juni 1955) vorgenommen hätte.

Ist sonach nicht davon auszugehen, daß dem Kläger nach dem Ausscheiden aus dem Beschäftigungsverhältnis bei dem Beklagten ein Freizeitanspruch gegen den neuen Arbeitgeber bis zum Schluß der letzten mündlichen Verhandlung vor dem Landesarbeitsgericht erwachsen ist, so bestand kein Wahlrecht des Klägers zwischen einem solchen Freizeitanspruch gegen den neuen Arbeitgeber und einem Urlaubsabgeltungsanspruch gegen den Beklagten. Der Beklagte kann daher den Kläger nicht auf einen tatsächlich noch nicht bestehenden Anspruch auf Gewährung von Freizeit gegen den neuen Arbeitgeber verweisen. Insbesondere kann der Beklagte den Kläger nicht darauf verweisen, daß er bei weiterer Arbeit im Jahre 1955 bei dem neuen Arbeitgeber gegen diesen nach Schluß der letzten mündlichen Verhandlung vor dem Landesarbeitsgericht einen Freizeitanspruch erwerben werde.

Der Beklagte muß sonach den nach dem Hamburger Urlaubsgesetz gegebenen Urlaubsabgeltungsanspruch (§ 6 Abs. 3) erfüllen.

27

Die Kündigung gegenüber einem Arbeitnehmer, die unter Verletzung der Vorschriften über den Kündigungsschutz bei Massenentlassungen (§§ 15 ff. KSchG) erfolgt, ist nur dann unwirksam, wenn der gekündigte Arbeitnehmer sich auf die Unwirksamkeit beruft (Bestätigung der Urteile des Zweiten Senates des Bundesarbeitsgerichts vom 6. November 1958 — 2 AZR 354/55 — und vom 13. Dezember 1958 — 2 AZR 557/55 — BAG 7, 4 ff. und AP Nr. 2 zu § 15 KSchG).

KSchG §§ 15 ff.; AVAVG (a. F.) §§ 113, 93; AVAVG (n. F.) § 80; BGB § 615.

II. Senat. Urteil vom 23. 10. 1959 i. S. Fa. P. & Z. KG (Bekl.) w. B. f. A. u. A. (Kl.) 2 AZR 181/56.

I. Arbeitsgericht Berlin. — II. Landesarbeitsgericht Berlin.

Die beklagte Bauunternehmerin mit ihrem Sitz in Berlin entließ in der Zeit zwischen dem 4. und 15. September 1954 17 von ihren etwa 300 Arbeitnehmern. Am 14. September 1954 beantragte sie beim Landesarbeitsamt die Genehmigung zur Entlassung von weiteren 18 Arbeitern zum 18. September 1954 und zugleich die rückwirkende Genehmigung für die in der Zeit vom 4. bis 15. September getätigten Entlassungen. Das Landesarbeitsamt erteilte die beantragte Genehmigung dahin, daß insgesamt 35 Entlassungen mit Ablauf des 14. September 1954 vorgenommen werden konnten, und lehnte eine weitergehende Rückwirkung der Genehmigung ab. Der gegen die Ablehnung des weitergehenden Antrages von der Beklagten erhobene Widerspruch blieb erfolglos. Hiergegen hat die Beklagte keine Klage beim Sozialgericht erhoben.

Die Klägerin hat an einige der zwischen dem 4. und 10. September 1954 entlassenen Arbeitnehmer Arbeitslosenunterstützung im Gesamtbetrag von 174,65 DM bezahlt. Die von der Klägerin geforderte Erstattung dieses Betrages lehnte die Beklagte ab.

Die Klägerin hat die Ansicht vertreten, die Kündigungen dieser Arbeitnehmer seien erst ab dem 14. September 1954 wirksam und vorher unwirksam gewesen. Unter Berufung auf § 113 AVAVG (a. F.) hat sie mit der am 20. Mai 1955 beim Arbeitsgericht eingegangenen Klage Zahlung von 174,65 DM verlangt.

Die Beklagte hat zu ihrem Klageabweisungsantrag geltend gemacht, für den von der Klägerin verfolgten Anspruch seien die Arbeitsgerichte nicht zuständig. In der Sache selbst hat sie die Ansicht vertreten, die Entlassungen in der Zeit zwischen dem 4. bis 10. September 1954 seien nicht genehmigungsbedürftig und wirksam gewesen, da allein mit ihnen die Freiquote zulässiger Entlassungen noch nicht überschritten gewesen sei. Das spätere Überschreiten der zulässigen Freiquote für Entlassungen habe den Entlassungen in der Zeit zwischen dem 4. bis 14. September 1954 ihre Wirksamkeit nicht nachträglich nehmen können. Aber selbst im Falle der Unwirksamkeit der Entlassungen in der Zeit vom 4. bis 14. September 1954 sei der Erstattungsanspruch der Klägerin nicht gerechtfertigt, weil die Annahmeverzugsvoraussetzungen der §§ 615, 293 ff. BGB nicht gegeben gewesen seien, den betreffenden Arbeitnehmern daher kein Vergütungsanspruch zugestanden habe und deshalb die Klägerin auf Grund des § 113 AVAVG (a. F.) einen Erstattungsanspruch gegen die Beklagte nicht habe erwerben können. Es ist zwischen den Parteien unstreitig, daß die betreffenden Arbeitnehmer nach ihrer Entlassung der Beklagten ihre Dienste nicht weiter angeboten und fernerhin eine Ausgleichsquittung des Inhaltes unterschrieben haben, sie hätten keine weiteren Ansprüche gegen die Beklagte mehr.

In den beiden Vorinstanzen ist die Beklagte unterlegen. Ihre Revision führte zur Klageabweisung.

Aus den Gründen:

1. Für die Berechtigung des von der Klägerin gegen die Beklagte verfolgten Verlangens auf Erstattung der an die betreffenden Arbeit-

nehmer erbrachten Leistungen ist für die im vorliegenden Rechtsstreit in Rede stehenden Berliner Verhältnisse und für den dabei bedeutsamen Zeitraum — 1954 — von § 113 AVAVG in der Fassung vom 12. Oktober 1929 — RGBl. I, 162 [179] — auszugehen. Zur näheren Begründung wird auf Ziffer 1 der Entscheidungsgründe des Urteils des Zweiten Senates des Bundesarbeitsgerichts vom 6. November 1958 — 2 AZR 354/55 — BAG 7, 4 [5, 6] — verwiesen.

2. Daß für den von der Klägerin gemäß § 113 AVAVG 1929 verfolgten Erstattungsanspruch für den hier in Betracht kommenden Zeitraum jedenfalls für Berlin der Rechtsweg vor den Arbeitsgerichten gegeben ist, hat der Senat in der soeben erwähnten Entscheidung vom 6. November 1958 — 2 AZR 354/55 — BAG 7, 4 [6—10] — ebenfalls ausgesprochen, worauf verwiesen wird (vgl. auch die Urteile des Zweiten Senates des Bundesarbeitsgerichts vom 20. Juni 1958 — 2 AZR 271/55 und 2 AZR 197/56 — AP Nr. 1 und Nr. 5 zu § 113 AVAVG (a. F.) — und vom 13. Dezember 1958 — 2 AZR 557/55 — AP Nr. 2 zu § 15 KSchG).

3. Die materielle Begründetheit der Klage hängt davon ab, ob die Arbeitnehmer, an die die Klägerin Arbeitslosenunterstützung bezahlt hat und hinsichtlich deren sie nunmehr die entsprechende Erstattung von der Beklagten verlangt, ihrerseits gegen die Beklagte einen Vergütungsanspruch hatten, der auf die Klägerin übergegangen ist. Denn wie der Senat in seinen Urteilen vom 20. Juni 1958 — 2 AZR 271/55 und 2 AZR 197/56 — AP Nr. 1 und Nr. 5 zu § 113 AVAVG (a. F.) — und in seinen Urteilen vom 6. Nov. 1958 — 2 AZR 354/55 — BAG 7, 4 [13] — und vom 13. Dezember 1958 — 2 AZR 557/55 — AP Nr. 2 zu § 15 KSchG — mit ausführlicher und hiermit in Bezug genommener Begründung dargelegt hat, setzt ein Erstattungsanspruch der Klägerin nach § 113 AVAVG (a. F.) voraus, daß vom Arbeitsamt nach näherer Maßgabe des AVAVG Leistungen an einen „Arbeitslosen" gewährt werden, der noch Bezüge aus seinem Arbeitsverhältnis vom Arbeitgeber zu fordern hat und der daher gemäß § 113 Abs. 1 AVAVG (a. F.) keine Leistungen erhalten soll. Nur wenn gerade auch diese letzteren Voraussetzungen gegeben sind, tritt, wie aus § 113 Abs. 2 AVAVG (a. F.) hervorgeht, die Legalzession der Vergütungsansprüche des „Arbeitslosen" gegen den Arbeitgeber auf die Klägerin mit der Gewährung der Arbeitslosenunterstützung ein (vgl. insbesondere die Urteile des Zweiten Senates des Bundesarbeitsgerichts vom 20. Juni 1958 — 2 AZR 197/56 — AP Nr. 5 zu § 113 AVAVG (a. F.) — und vom 6. November 1958 — 2 AZR 354/55 — BAG 7, 4 [12]). Damit ergibt sich, daß der Zahlungs-

anspruch der Klägerin nur gegeben sein kann, wenn die von ihr unterstützten und hier in Betracht kommenden Arbeitnehmer ihrerseits gegen die Beklagte noch einen Vergütungsanspruch hatten.

4. a) Einen solchen Vergütungsanspruch der von der Klägerin unterstützten Arbeitnehmer hat das Landesarbeitsgericht angenommen. Seine Begründung geht dahin, die hier in Frage kommenden Entlassungen der Arbeitnehmer seien gemäß § 16 Abs. 1 KSchG für die hier in Rede stehende Zeit unwirksam gewesen, weil die Beklagte insgesamt innerhalb von 4 Wochen mehr als die nach § 15 Abs. 1 KSchG zulässige Freizahl von Arbeitnehmern ohne vorherige Anzeige an das Arbeitsamt entlassen habe und die spätere Anzeige nur zu einer Genehmigung des Landesarbeitsamtes ab 14. September 1954 geführt habe. Dabei spiele es keine Rolle, ob die Beklagte anläßlich der zwischen dem 4. und 14. September geschehenen Entlassungen, die sich noch innerhalb der in § 15 Abs. 1 KSchG geregelten genehmigungsfreien Zahl hielten, habe überblicken können, daß durch die weiteren Entlassungen vom 14. September 1954 die in § 15 Abs. 1 KSchG geregelte Freizahl überschritten würde. Es hat weiter angenommen, die Beklagte sei auch in Annahmeverzug gekommen. Es hat hierzu ausgeführt, das zum Eintritt des Gläubigerverzuges nach § 293 BGB erforderliche Leistungsangebot der Arbeitnehmer habe darin gelegen, daß die Arbeitnehmer bis zum Zeitpunkt ihrer Entlassung Dienste geleistet hätten und bereit gewesen seien, diese Dienste weiter zu leisten, und daß dies der Beklagten bekannt gewesen sei. Dies sei i. S. der Verzugsvorschriften stets dann als Angebot anzusehen, wenn die Entlassung, die zur Nichtleistung der Dienste führe, unberechtigt gewesen sei, wie das hier vorliege.

b) Richtig ist die Annahme des Landesarbeitsgerichts, sämtliche in der Gesamtheit von 4 Wochen von der Beklagten getätigten Entlassungen seien auch dann anzeigepflichtig gewesen, wenn bei den Entlassungen in der Zeit vom 4. bis 14. September die Beklagte noch nicht überblicken konnte, ob sie die nach § 15 Abs. 1 KSchG vorgesehene Freizahl demnächst in einem Gesamtzeitraum von 4 Wochen überschreiten werde (vgl. Urteil des Bundessozialgerichts vom 9. Dezember 1958 — 7 RAr 117/55 — AP Nr. 3 zu § 15 KSchG, mit zustimmender Anmerkung von Herschel). Unrichtig ist jedoch die Annahme des Landesarbeitsgerichts, daraus folge die Unwirksamkeit der hier in Betracht kommenden Kündigungen in der Zeit zwischen dem 4. und 10. September 1954 schlechthin. Wie der Senat in seinem Urteil vom 6. November 1958 — 2 AZR 354/55 — BAG 7, 4 [13—20] — ausgesprochen und durch das weitere Urteil vom 13. Dezember 1958 — 2 AZR 557/55 — AP Nr. 2 zu § 15

KSchG — bestätigt hat, führt eine Kündigung gegenüber einem Arbeitnehmer, die unter Verletzung der Vorschriften über den Kündigungsschutz bei Massenentlassungen erfolgt, nur dann zur Unwirksamkeit der Kündigung, wenn der gekündigte Arbeitnehmer sich darauf beruft. An dieser Rechtsprechung des Senates, auf die hiermit zur Vermeidung von Wiederholungen verwiesen wird, ist aus den in den beiden genannten Urteilen eingehend dargelegten Gründen festzuhalten. Die in den genannten Urteilen gegebenen Begründungen des Senates sind nur noch durch den rechtssystematischen Gesichtspunkt zu ergänzen, daß die Reaktionsmöglichkeit, die der Arbeitnehmer hat, wenn er sich auf die Unwirksamkeit der Kündigung wegen Verletzung der Kündigungsschutzvorschriften bei Massenentlassungen berufen will, eine sogenannte Potestativbedingung ist, die der Gekündigte für die Herbeiführung der Unwirksamkeit einer solchen Kündigung setzen muß. (Zum Begriff der Potestativbedingung vgl. Enneccerus-Nipperdey, Allgemeiner Teil des Bürgerlichen Rechts, 15. Aufl., Band 2, § 194 IV 2 S. 1190.)

c) Zu einer anderen Beurteilung geben auch die Besprechungen der beiden genannten Urteile des Senates durch Molitor (AP, Anmerkung zu Nr. 2 zu § 15 KSchG) und Herschel (AR-Blattei, Kündigungsschutz, Entscheidungen 37) keinen Anlaß.

Molitor stimmt den beiden Entscheidungen jedenfalls im Ergebnis zu; er deutet sogar an, daß gerade dann, wenn — wie hier — durch nachträgliches Überschreiten der Freigrenzen des § 15 Abs. 1 KSchG das Verfahren der §§ 15 ff. KSchG erforderlich wird, es nicht dem Sinn des Gesetzes entsprechen könne, die vor der Überschreitung der Freigrenze ausgesprochenen Kündigungen ohne weiteres als unwirksam in Betracht zu ziehen. Soweit Molitor in der Begründung einen anderen Weg geht und gegen die Begründungen des Senates in den genannten Urteilen Bedenken allgemeinerer und rechtsgrundsätzlicher Art äußert, vermag der Senat dem nicht zu folgen. Molitors Erwägungen gehen zusammengefaßt einmal dahin, die §§ 15 ff. KSchG hätten im Falle ihrer Nichtbeachtung durch den Arbeitgeber überhaupt keine privatrechtliche Bedeutung für die Frage der Wirksamkeit der trotzdem ausgesprochenen Kündigungen; demnach sei die Annahme des Senates unrichtig, daß der unter Verstoß gegen §§ 15 ff. KSchG gekündigte Arbeitnehmer die Möglichkeit habe, sich aus diesem Gesichtspunkt auf die Unwirksamkeit der Kündigung zu berufen. Diese Ansicht Molitors ist jedoch mit der Überschrift des Dritten Abschnittes des Kündigungsschutzgesetzes „Kündigungsschutz bei Massenentlassungen" in Verbindung mit dem eindeutigen Wortlaut von § 16 Abs. 1 und Abs. 2 KSchG, der ausdrücklich auf die „Wirksamkeit" einer Entlassung abstellt und daher somit Kündigungen meint, schlechterdings unvereinbar. Diese Ansicht wird auch von Herschel-Steinmann, die Molitor für seine Ansicht anführt, in dieser Form nicht vertreten (vgl. Herschel-Steinmann, KSchG, 4. Aufl., 1958, Vorbem. 2 vor § 15 KSchG; § 15 Anm. 7, 8; § 16 Anm. 6). Molitor meint weiter, es müsse Be-Bedenken erwecken, die Frage der Gültigkeit oder Ungültigkeit einer Kündigung davon abhängig zu machen, ob der Kündigungsempfänger sich auf die Unwirksamkeit der Kündigung beruft oder nicht. Soweit er damit zu erwägen geben will, daß das Sichberufen oder Nichtberufen auf einen Unwirksamkeitsgrund nur in exzeptionellen Fällen (z. B. §§ 111 Satz 2, 174 Satz 1, 180 Satz 2, 182 Abs. 3, 1831 Satz 2 BGB) von der bürgerlichen Rechtsordnung als Auslösungstatbestand für die Herbeiführung der Unwirksamkeit bzw. Wirksamkeit eines Rechtsgeschäftes selbst angesehen werde, übersieht er, daß gerade für die arbeitsrechtliche Kündigung § 6 KSchG denselben Weg geht; dessen Gesamtregelung muß nämlich ebenfalls dahin verstanden werden, daß sozialwidrige Kündigungen nur dann unwirksam bleiben, wenn sich der gekündigte Arbeitnehmer hierauf fristgerecht und im Wege der Klage ausdrücklich beruft. Der Senat vermag daher nicht einzusehen, wieso es rechtssystematisch bedenklich sein soll, auch für die hier in Rede stehenden Fälle des Verstoßes gegen die Kündigungsschutzvorschriften aus Anlaß von Massenentlassungen davon auszugehen, daß derartige Verstöße nur dann zu einer Unwirksamkeit der Kündigung führen, wenn der Arbeitnehmer sich darauf beruft. Die Ansicht des Senates führt neben anderem zu dem lebenspraktischen Ergebnis, daß nach seiner Begründung dann jedenfalls eine Kündigung nicht unwirksam ist und auch rechtlich kein Arbeitsverhältnis mehr besteht, wenn der Arbeitnehmer eine Unwirksamkeit der Kündigung für sich nicht in Anspruch nimmt. Die Ansicht Molitors müßte dagegen zu der Annahme führen, daß Arbeitsverhältnisse rechtlich bestehen bleiben, an deren Erhaltung die an dem Arbeitsvertragsverhältnis Beteiligten kein Interesse haben, die keine praktische Bedeutung mehr besitzen und von deren Bestehenbleiben sie oftmals gar nichts wissen. Das erscheint weder zweckmäßig noch sinnvoll. Damit sind nach Ansicht des Senates die beiden Ausgangspunkte erschüttert, von denen die übrige Kritik Molitors ausgeht.

Auch die Bedenken von Herschel, a. a. O., vermögen den Senat nicht zu überzeugen. Seine Gesamtbedenken rühren ebenfalls daher, daß er sich nicht mit dem Gedanken befreunden will, daß es Unwirksamkeitsgründe für Kündigungen geben kann, die erst dann zur Unwirksamkeit führen, wenn der Gekündigte sich darauf beruft, und die nicht zur Unwirksamkeit führen, wenn der Gekündigte sich nicht darauf beruft. Insoweit kann zunächst darauf verwiesen werden, was oben zu den gleichgelagerten Bedenken Molitors ausgeführt worden ist. Soweit Herschel die Frage aufwirft, ob es nicht sinnvoller sei, bei Verstoß gegen §§ 15 ff. KSchG eine stets gegebene Unwirksamkeit der Kündigungen anzunehmen und den Arbeitnehmer auf eine — ordentliche oder außerordentliche — Gegenkündigung zu verweisen, so erscheint dem Senat gerade ein solcher Weg wenig sinnvoll; wenn ein Arbeitgeber mit seiner Kündigung — wenn auch unter Verstoß gegen §§ 15 ff. KSchG — seinen Willen zur Lösung des Arbeitsverhältnisses sichtbar und unmißverständlich zum Ausdruck gebracht hat und der Arbeitnehmer nicht im gegenteiligen Sinne reagiert, sondern „geht", so verliert die von Herschel erhobene Forderung nach einer Gegenkündigung des Arbeitnehmers, an der niemand dann mehr ein schutzwertes Klärungs- und Sicherheitsinteresse haben kann, maßgeblich an innerem Sinn. Wenn Herschel weiter darauf verweist, daß der Arbeitnehmer, der sich auf die Unwirksamkeit einer unter der Verletzung der §§ 15 ff. KSchG ausgesprochenen Kündigung nicht beruft, nach § 80 AVAVG (n. F.) (= § 93 AVAVG (a. F.) Gefahr laufe, für 24 Tage das Arbeitslosengeld zu verlieren, so wird nach Ansicht des Senates dann, wenn der Arbeitnehmer „geht", also nach voraufgegangener Kündigung seitens des Arbeitgebers, § 80 AVAVG (n. F.) jedenfalls in vielen Fällen nicht zur Anwendung kommen. Kommt diese Vorschrift aber zur Anwendung, so muß der Arbeitnehmer das als Folge der ihm zustehenden und nach dem Aufbau der §§ 15 ff. KSchG eindeutig anerkannten Gestaltungs- und Entschließungsfreiheit auf sich nehmen. Soweit Herschel den genannten Urteilen des Senates weiter vorwirft, sie trügen nicht dem Gesichtspunkt Rechnung, daß die Entschließungsfreiheit des Arbeitnehmers im Hinblick auf geordnete Arbeitsmarktverhältnisse im Gemeininteresse eingeschränkt sein könne, vermag der Senat ein solches „Gemeininteresse" nach dem Aufbau der sich, wie in den früheren Entscheidungen ausgeführt, an den Arbeitgeber richtenden §§ 15 ff. KSchG jedenfalls nicht in der Form zu erkennen, daß der einzelne Arbeitnehmer gleichsam arbeitsmarktmäßig „bewirtschaftet" und dadurch in seiner eigenen Entschließungsfreiheit beschränkt werden soll. Soweit bei den Überlegungen Herschels der Wunsch eine Rolle spielen sollte, mittels seiner Begründung der Bundesanstalt die Realisierung von Erstattungsansprüchen gegen den Arbeitgeber nach näherer Maßgabe der §§ 113 Abs. 2 AVAVG (a. F.), 96 Abs. 2 AVAVG (n. F.) zu erleichtern, ist das kein rechtlicher Gesichtspunkt, der nach geltendem Recht eine Rolle spielen kann. Denn die

Bundesanstalt befindet sich nach geltendem Recht in der Rolle des gesetzlichen Zessionars. Das verbietet es, ihre Zessionarinteressen in der Weise in den Vordergrund zu schieben, daß sie sich rechts- und zessionsbegründend in die Rechtsbeziehungen zwischen Arbeitnehmer und Arbeitgeber auswirkt. Soweit Herschel beanstandet, der Senat lege dem Arbeitnehmer eine Reaktions„pflicht" auf, trifft das nicht zu. Der Senat hat nach Wortlaut und Sinn nur von einer Reaktions„möglichkeit" des Arbeitnehmers gesprochen; von ihr kann ein Arbeitnehmer formlos und innerhalb einer nach Treu und Glauben recht sicher zu bestimmenden kurzen Überlegungsfrist durchaus Gebrauch machen. Wie es sich auswirkt, wenn er von seiner Reaktionsmöglichkeit nichts weiß, braucht hier nicht entschieden zu werden, weil nicht vorgetragen und nicht festgestellt ist, daß die von der Klägerin unterstützten Arbeitnehmer wegen Unkenntnis untätig geblieben sind. Für solche Fälle muß im übrigen stets folgendes in Betracht gezogen werden: die vom Gesetz vorgesehene Mitwirkung des Betriebsrates bei Massenentlassungen (vgl. § 66 Abs. 2 BetrVG, § 15 Abs. 1 KSchG) sowie der Umstand, daß sich das Überschreiten der Freigrenzen des § 15 Abs. 1 KSchG erfahrungsgemäß „herumspricht", und zwar auch dann und bei dem zunächst betroffenen Personenkreis, wenn, wie hier, eine Massenentlassung im gesetzlichen Sinn erst durch weitere, später erfolgende Entlassungen eintritt, gewährleisten typisch, daß der Arbeitnehmer von seinen Reaktionsmöglichkeiten Gebrauch machen kann. Im übrigen kann ihn gerade die Bundesanstalt darauf hinweisen lassen. Die übrigen Fragen Herschels hat der Senat gesehen. Sie zu beantworten gibt der vorliegende Rechtsstreit bei seinem Sachverhalt keinen Anlaß, zumal auch die Besprechung keine näheren Einzelgründe gegen die Richtigkeit der Begründung des Senates in den genannten Urteilen anführt.

d) Aus dem bisher Ausgeführten folgt aber dann für den vorliegenden Rechtsstreit, daß arbeitsvertragliche Vergütungsansprüche der von der Klägerin unterstützten Arbeitnehmer deshalb nicht in Frage kommen können, weil diese sich nicht auf einen Kündigungsschutz wegen Verletzung der Kündigungsschutzvorschriften bei Massenentlassungen berufen haben. Soweit das Landesarbeitsgericht in anderem Zusammenhang ausgeführt hat, darin, daß die Arbeitnehmer bis zum Wirksamwerden ihrer Entlassung ihre Dienste geleistet haben und bereit waren, diese Dienste weiter zu leisten, was der Beklagten bekannt gewesen sei, liege stets ein Angebot zur Fortsetzung der Dienste, reicht das, selbst sofern das eine tatsächliche Feststellung und nicht nur eine rechtliche Konstruktion des Landesarbeitsgerichts ist, nicht aus, um daraus eine Berufung der betreffenden Arbeitnehmer auf die Unwirksamkeit der hier in Betracht kommenden Kündigungen zu entnehmen. Nach der vom angefochtenen Urteil in Bezug genommenen, unwidersprochen gebliebenen und daher unstreitigen Darstellung der Beklagten muß vielmehr davon ausgegangen werden, daß die betreffenden Arbeitnehmer nach ihrer Entlassung der Beklagten ihre Dienste nicht angeboten und sogar die oben im Tatbestand dieses Urteils erwähnte Ausgleichsquittung unterschrieben haben. Daraus kann nur der Schluß gezogen werden, daß sie sich nicht auf eine etwaige Unwirksamkeit der Kündigungen berufen haben. Das hat zur Folge, daß die Kündigungen wirksam waren; damit ist die Annahme, den betreffenden Arbeitnehmern hätten noch Vergütungsansprüche aus dem Gesichtspunkt des Annahmeverzuges der Beklagten zugestanden, die infolge der Zessionswirkung des § 113 Abs. 2 AVAVG (a. F.) auf die Klägerin übergegangen seien, unmöglich, weil ein Annahmeverzug begrifflich den rechtlichen Fortbestand des Vertragsverhältnisses — hier eines Arbeitsverhältnisses der betreffenden Arbeitnehmer mit der Beklagten — voraussetzt. Dies ist aber nach allem nicht der Fall. Somit ist kein in den Zessionsbereich des § 113 Abs. 2 AVAVG (a. F.) einbezogener arbeitsvertraglicher Vergütungsanspruch der von der Klägerin unterstützten Arbeitnehmer ersichtlich.

5. Die Klägerin hat auch nichts dafür dargelegt, daß die Beklagte vorsätzlich oder fahrlässig in einer Bescheinigung, zu deren Ausstellung sie nach § 170 Abs. 2 AVAVG (a. F.) verpflichtet war, falsche oder unvollständige Angaben gemacht und dadurch gegen § 218 a AVAVG (a. F.) verstoßen habe und daß solche Angaben ursächlich dafür gewesen seien, daß daraufhin die Klägerin die betreffenden Arbeitnehmer unterstützt hat. Somit kann auch § 218 a AVAVG (a. F.) als Anspruchsgrundlage für das Klagebegehren nicht in Betracht gezogen werden (vgl. dazu Urteil des Ersten Senates des Bundesarbeitsgerichts vom 29. November 1957 — 1 AZR 35/56 — AP Nr. 3 zu § 4 TVG Ausschlußfristen — und Ziffer 7 der Entscheidungsgründe des Urteils des Zweiten Senates des Bundesarbeitsgerichts vom 6. November 1958 — 2 AZR 354/55 — BAG 7, 4 [19, 20]). —

6. Da es somit an einer Anspruchsgrundlage für das Begehren der Klägerin fehlt, war unter Aufhebung der beiden vorinstanzlichen Urteile die Klage abzuweisen.

28

1. Die Prozeßführungsbefugnis einer niedersächsischen Gemeinde in einem Arbeitsrechtsstreit einer angestellten Lehrerin wird durch § 5 der Überleitungsverordnung zu den §§ 10, 12, 26, 27, 28 und 30 des Niedersächsischen Schulverwaltungsgesetzes, wonach bei Rechtsstreitigkeiten mit den im nichtstaatlichen Dienstverhältnis stehenden Lehrern der öffentlichen Schulen an die Stelle der bisher zur Vertretung der Schulträger berufenen Dienststellen solche des Landes treten, nicht in Frage gestellt. Diese Vorschrift regelt nur die Vertretung in Rechtsstreitigkeiten der genannten Art.

2. Wenn § 20 des Niedersächsischen Schulverwaltungsgesetzes bestimmt, daß die Lehrer im unmittelbaren Staatsdienst stehen, so bezieht sich das nicht auf die Lehrer, die bei Erlaß des Gesetzes nicht im Staatsdienst standen, sondern Beamte einer Gemeinde waren oder mit einer Gemeinde einen privatrechtlichen Anstellungsvertrag abgeschlossen hatten.

3. Die Tätigkeit einer angestellten Lehrerin ist nicht unter den einzelnen Merkmalen aufgeführt, die in der Anlage 1 zur TO.A und in der Anlage E zur ADO Nr. 2 zu § 3 TO.A verzeichnet sind. Auch der Erlaß des Reichsministers für Wissenschaft, Erziehung und Volksbildung vom 1. September 1943 (MBlWEV S. 293) ist für die Einstufung einer angestellten Lehrerin keine maßgebliche Rechtsquelle. Die richtige Einstufung einer angestellten Lehrerin kann vielmehr nur im Wege der Lückenausfüllung gefunden werden.

4. Eine gemeinsame Dienstordnung für die Schulbehörden des Reichs, zu deren Erlaß der Reichsminister für Wissenschaft, Erziehung und Volksbildung (RMfWEV) als Verwaltungsspitze unter den Voraussetzungen des § 16 Abs. 2 AOGÖ berechtigt war, ist eine autonome Satzung des einheitlichen Verbandes, der von allen Angehörigen der durch gemeinsame Verwaltung oder Dienstaufsicht zusammengefaßten Dienstgemeinschaften gebildet wird.

5. Mit dem Wegfall des RMfWEV als Verwaltungsspitze und der gemeinsamen Verwaltung der Schulen des Reichs zerfiel der Verband, für den das autonome Satzungsrecht galt. Dieses gilt daher nicht für Schulbehörden der Länder der Bundesrepublik weiter.

Vorläufige Niedersächsische Verfassung Art. 28 Abs. 2, 44 Abs. 3; Niedersächsische Gemeindeordnung § 62; Niedersächsisches Schulverwaltungsgesetz vom 19. Mai 1954 (GVBl. S. 29) §§ 10, 12, 26, 27, 28, 30; Überleitungsverordnungen zum Niedersächsischen Schulverwaltungsgesetz §§ 1, 5; AOGÖ § 16; TO.A § 3, Anlage 1 zur TO.A; Anlage E zur ADO Nr. 2 zu § 3 TO.A.

IV. Senat. Urteil vom 28. 10. 1959 i. S. St. H. (Bekl.) w. D. (Kl.) 4 AZR 30/57.

I. Arbeitsgericht Hildesheim. — II. Landesarbeitsgericht Hannover.

Die Klägerin besuchte nach Ablegung der Reifeprüfung 1 Jahr lang die Seminarklasse des städtischen Oberlyzeums in K. und erhielt im Jahre 1925 das Zeugnis der Lehrbefähigung für Lyzeen, Höhere Mädchenschulen, Mittelschulen und Volksschulen. Im Jahre 1949 wurde sie von der Beklagten als vollbeschäftigte wissenschaftliche Lehrerin angestellt. Sie unterrichtete in den Fächern Deutsch, Englisch, Französisch, evangelische Religion, Mathematik und Erdkunde. Die Klägerin erhielt ab 1. April 1952 Bezüge nach der VergGr. VII TO.A, ab 1. April 1954 nach der VergGr. VI b TO.A und seit dem 16. Juli 1955 nach der VergGr. IV TO.A.

Mit ihrer Klage begehrt die Klägerin die Differenz zwischen der von ihr in Anspruch genommenen Vergütung nach der Gruppe IV TO.A und dem tatsächlich erhaltenen Arbeitsentgelt für die Zeit vom 1. Januar 1953 bis zum 15. Juli 1955.

Die Klägerin hat ihren Ansprüchen die Berechnung der Beklagten im Schriftsatz vom 27. Februar 1956 zugrunde gelegt und beantragt, die Beklagte zur Zahlung von 6083,90 DM nebst 4 % Zinsen seit 15. April 1954 zu verurteilen.

Die Klage ist zunächst dem von der Klägerin als gesetzlichen Vertreter der Beklagten bezeichneten Verwaltungsausschuß der Beklagten sowie dem Regierungspräsidenten in Hildesheim zugestellt, später aber nur noch gegen die Beklagte, vertreten durch den Verwaltungsausschuß, gerichtet worden.

Die Beklagte hat um Klageabweisung gebeten. Sie verneint unter Hinweis auf die Bestimmungen des Niedersächsischen Schulverwaltungsgesetzes ihre Prozeßführungsbefugnis und leugnet ihre Passivlegitimation.

Sie hat bestritten, daß die Klägerin die Tätigkeitsmerkmale der VergGr. IV TO.A erfüllt habe. Der Höhe der geltend gemachten Ansprüche hat sie ihre eigene Berechnung im Schriftsatz vom 27. Februar 1955 zur Nachprüfung des Gerichts entgegengestellt.

Im übrigen ist die Beklagte der Ansicht, der Klageanspruch sei verwirkt, weil die Klägerin ihre Ansprüche zu spät vorgebracht habe.

Das Arbeitsgericht hat der Klage stattgegeben. In der Berufungsinstanz hat die Beklagte durch ihren Stadtdirektor dem Regierungspräsidenten in Hildesheim Vollmacht zur Vertretung im Rechtsstreit erteilt.

Das Landesarbeitsgericht hat die Berufung der Beklagten zurückgewiesen. Die Revision der Beklagten führte zur Aufhebung und Zurückverweisung des Rechtsstreites.

Aus den Gründen:

1. Zu Recht ist das Landesarbeitsgericht davon ausgegangen, daß die Prozeßführungsbefugnis (vgl. Baumbach-Lauterbach, Komm. z. ZPO, 25. Aufl. Gr. § 50, Bem. 4 A) der Beklagten durch § 5 der Überleitungsverordnung zu den §§ 10, 12, 26, 27, 28 und 30 des niedersächsischen Schulverwaltungsgesetzes (SchVG) vom 23. März 1955 (Nds. GVBl. S. 99) nicht in Frage gestellt wird. Wenn nach dieser Bestimmung bei Rechtsstreitigkeiten mit den im nichtstaatlichen Dienstverhältnis stehenden Lehrern der öffentlichen Schulen an die Stelle der bisher zur Vertretung der Schulträger berufenen Dienststellen solche des Landes treten, so liegt darin kein Eingriff in die Parteistellung der Kommunen. Diese Regelung betrifft vielmehr, wie der Wortlaut eindeutig ergibt, lediglich die Vertretung in Rechtsstreitigkeiten der genannten Art.

Entgegen der Ansicht des Landesarbeitsgerichts ist jedoch der Regierungspräsident als die nach § 26 des SchVG zuständige Dienststelle des Landes nicht gesetzlicher Vertreter der Beklagten geworden. Die gesetzliche Vertretung der Gemeinden liegt in Niedersachsen beim Verwaltungsausschuß (§ 62 niedersächsische Gemeindeordnung). Die Landesregierung konnte im Wege einer Überleitungsverordnung nichts Abweichendes bestimmen. Abgesehen davon, daß § 31 SchVG als Rechtsgrundlage der Überleitungsverordnung keine Ermächtigung hierfür enthält, würde eine solche Regelung auch gegen das den Gemeinden nach Art. 28 Abs. 2 GG und Art. 44 Abs. 3 der vorläufigen niedersächsischen Verfassung vom 13. April 1951 garantierte Recht der eigenverantwortlichen Selbstverwaltung verstoßen, das das Recht der Personalhoheit wie das der freien Auswahl der Vertreter mit umfaßt (vgl. Peters, Handbuch der kommunalen Wissenschaft und Praxis, Bd. 1, S. 121 f.). Daß an eine im Widerspruch zur Gemeindeordnung stehende Regelung der gesetzlichen Vertretung auch gar nicht gedacht war, ergibt deutlich der Runderlaß des Niedersächsischen Kultusministers vom 30. Juli 1956 (MBl. 1956, S. 587 f.), in welchem es für erforderlich gehalten wird, daß die

Gemeinden die zuständige staatliche Schulaufsichtsbehörde in Rechtsstreitigkeiten mit ihren Lehrern mit „Vollmacht zur Vertretung im Prozeß versehen".

Die Beklagte hat demgemäß auch im vorliegenden Rechtsstreit dem Regierungspräsidenten in Hildesheim ausdrücklich rechtsgeschäftliche Vertretungsmacht erteilt. Die gesetzliche Vertretung der Beklagten liegt jedoch wie auch sonst bei ihrem Verwaltungsausschuß. Diesem ist die Klage zugestellt worden, und er hat sich im gesamten Verlauf des Prozesses durch einen Prozeßbevollmächtigten vertreten lassen. Die Beklagte kann sich deshalb nicht darauf berufen, sie sei im Prozeß nicht nach den gesetzlichen Vorschriften vertreten gewesen.

2. Zu Recht hat das Landesarbeitsgericht die Passivlegitimation der Beklagten bejaht. Es hat dazu ausgeführt: Durch den Abschluß des Dienstvertrages mit der Klägerin habe sich die Beklagte zur Zahlung der vereinbarten Vergütung verpflichtet. Sie allein könne daher auch von der Klägerin in Anspruch genommen werden. § 26 SchVG ordne keine gesetzliche privative Schuldübernahme an und beseitige nicht das Vertragsverhältnis zwischen den Parteien. § 1 Abs. 1 Nr. 2 der Überleitungsverordnung vom 7. August 1954 (Nds. GVBl., S. 74) bestätige, daß der Beklagten die Entscheidungsbefugnisse erhalten geblieben seien, die ihr vor dem Inkrafttreten des SchVG zugestanden hätten.

Demgegenüber meint die Beklagte, daß sie durch § 26 SchVG von ihrer Zahlungsverpflichtung befreit worden sei. Es handele sich bei dieser Bestimmung nicht um eine nur das Verhältnis zwischen Land und Gemeinde berührende Regelung. Vielmehr seien die nichtstaatlichen Lehrkräfte in allen Rechten und Pflichten den staatlichen Lehrkräften gleichgestellt worden, könnten also auch nur vom Land Zahlung ihrer Bezüge verlangen. Bei den Gemeinden seien, auch wenn man sie noch formal als Vertragspartner ansehen wolle, keinerlei Befugnisse verblieben.

Diese Auffassung der Revision ist irrig. § 20 SchVG bestimmt zwar, daß die Lehrer im unmittelbaren Staatsdienst stehen. Das bezieht sich aber nicht auf diejenigen Lehrer, die bei Erlaß des Gesetzes nicht im Staatsdienst standen, sondern z. B. entweder Beamte einer Gemeinde oder Angestellte auf Grund eines mit einer Gemeinde abgeschlossenen privatrechtlichen Anstellungsvertrages waren. Dies folgt aus § 26 SchVG. Nach dieser Vorschrift bleiben nämlich die im nichtstaatlichen Dienst stehenden Lehrkräfte bis auf weiteres in ihrem bisherigen Dienstverhältnis. Auch aus § 26 Abs. 1 Satz 2 SchVG kann die Revision nichts für ihre Rechtsauffassung herleiten. Denn diese Bestimmung besagt nur, daß das Land — im Verhältnis zu den Gemeinden — die dienstherrlichen Befugnisse aus diesen Dienstverhältnissen, d. h. alle Befugnisse, welche den Gemeinden als Dienstherrn zustehen (§ 1 Abs. 1 Nr. 2 der ÜberleitungsVO vom 7. August 1954), wahrnimmt, nicht aber, daß sie auf das Land übergegangen sind.

Wollte man diese Vorschriften im Sinne der Beklagten verstehen, dann würden gegen ihre Wirksamkeit schwerwiegende verfassungsrechtliche Bedenken bestehen. Sie würden das Recht der freien Auswahl des Arbeitsplatzes (Art. 12 Abs. 1 GG) erheblich beeinträchtigen, wenn den Lehrern im Anstellungsverhältnis von Gesetzes wegen ohne ihr Einverständnis ein neuer Arbeitgeber aufgedrängt würde. Auch könnte darin eine unzulässige Aushöhlung des verfassungsmäßig gewährleisteten Selbstverwaltungsrechts der Gemeinden erblickt werden. Schließlich würde eine Auslegung der vorgenannten Bestimmungen des SchVG im Sinne der Beklagten in Widerspruch zum Dienstvertragsrecht des BGB, mithin zu Bundesrecht, stehen; der Landesgesetzgeber kann nämlich nicht, auch nicht für begrenzte Fälle, das bundesrechtlich geregelte Arbeitsvertragsrecht hinsichtlich der Weisungsbefugnis ändern. Mag Schulrecht auch Landesrecht sein; die Anstellungsverhältnisse des Lehrpersonals gehören nicht dem Schulrecht, sondern dem Arbeitsrecht an, sofern ein privatrechtlicher Anstellungsvertrag vorliegt.

Eine der Ansicht der Beklagten folgende, dem Verfassungsrecht zuwiderlaufende Auslegung der fraglichen Bestimmungen ist jedoch nicht geboten. Wie der Senat (Urteil vom 11. März 1959 — 4 AZR 248/56 — AP Nr. 16 zu Art. 12 GG) in Übereinstimmung mit dem Bundesverfassungsgericht (BVerfG 2, 267 [282]; vgl. auch BVerfG in AP Nr. 2 zu § 18 Bundesversicherungsanstaltsgesetz für Angestellte) entschieden hat, sind Gesetze und sonstige Rechtsvorschriften nach Möglichkeit verfassungskonform auszulegen. Eine solche Auslegung ist auch hier möglich und geboten. Der niedersächsische Gesetzgeber hat danach nicht etwa den Gemeinden ihre dienstherrlichen Befugnisse genommen und auf das Land übertragen. Er hat in § 26 SchVG vielmehr nur bestimmt, daß diese Befugnisse vom Lande wahrgenommen werden. Auch § 1 Abs. 1 Nr. 2 der Überleitungsverordnung vom 7. August 1954 geht davon aus, daß die vom Land wahrzunehmenden Entscheidungen dem Schulträger als Vertragspartner weiter „zustehen". Das bedeutet, daß das Land nicht etwa kraft Gesetzes Arbeitgeber der kommunalen Lehrkräfte wurde. Vielmehr ist darin eine nur das Verhältnis zwischen Land und Gemeinden berührende interne Bindung der Gemeinden zu sehen, sich in der Ausübung der ihnen verbleibenden Befugnisse nach den Richtlinien und Weisungen des Landes zu richten. Darin liegt kein unzulässiger Eingriff in das Vertragsverhältnis der Parteien; denn dem Arbeitnehmer gegenüber bleibt allein die Gemeinde als Arbeitgeber zur Vertragserfüllung verpflichtet. Deshalb gelten etwa vom Land in bezug auf das Dienstverhältnis getroffene Entscheidungen dem Arbeitnehmer gegenüber auch nur als solche des Arbeitgebers, sofern dieser sich die Entscheidungen, für den Arbeitnehmer erkenntlich, als seine zu eigen macht.

Ebensowenig verstößt diese Regelung gegen das Selbstverwaltungsrecht der Gemeinden. Das folgt schon daraus, daß sie ihre Rechtfertigung in der Übernahme der persönlichen Schullasten auch hinsichtlich der im nichtstaatlichen Dienstverhältnis stehenden Lehrkräfte durch das Land findet (§ 10 SchVG). Sie kann um so weniger als ein Verstoß gegen das Selbstverwaltungsrecht der Gemeinden angesehen werden, als sie ausweislich der Gesetzesmaterialien (vgl. Landtagsdrucksache, 2. Wahlperiode, Nr. 1128, S. 2086, Sitzungsprotokoll der 55. Sitzung vom 7. Oktober 1953, Spalte 3539 f. und der 70. Sitzung vom 10. April 1954, Spalte 4523 f.; der 91. Sitzung des Ausschusses für innere Verwaltung vom 23. März 1954, S. 5 f.) im Interesse der Gemeinden getroffen worden ist, um ihnen Ausgleichsabgaben nach dem Gesetz zur Regelung der Rechtsverhältnisse der unter Art. 131 GG fallenden Personen zu ersparen, wobei hier unerörtert bleiben kann, ob und wie ein solches Vorgehen mit den einschlägigen Bundesbestimmungen vereinbar ist.

Die Beklagte ist hiernach Vertragspartnerin der Klägerin geblieben und deshalb auch nach Erlaß des SchVG für die erhobenen Ansprüche passiv legitimiert.

3. Dem Landesarbeitsgericht ist darin beizutreten, daß auf das Dienstverhältnis der Klägerin die TO.A Anwendung findet. Nach den Feststellungen der Vorinstanz war die Klägerin in einer ihre Arbeitskraft überwiegend beanspruchenden, nach § 1 des Reichsangestelltenversicherungsgesetzes versicherungspflichtigen Beschäftigung in der Verwaltung einer Gemeinde von mehr als 10 000 Einwohnern tätig. Die Voraussetzungen des § 1 Abs. 1 Buchst. c TO.A sind danach gegeben.

Zuzustimmen ist dem Landesarbeitsgericht weiter darin, daß die Tätigkeit der Klägerin nicht unter den einzelnen Merkmalen aufgeführt ist, die in der Anlage 1 zur TO.A und in der Anlage E zur ADO Nr. 2 zu § 3 TO.A (RGBl. 1938, Teil I, S. 487) verzeichnet sind. Das gilt auch von den jeweils ersten Fallgruppen der VergGr. VI b, V b und IV TO.A; denn die dort verwendeten Tätigkeitsmerkmale (gründliche vielseitige Fachkenntnisse, selbständige Leistungen, selbständige Tätigkeit, Stellen von besonderer Bedeutung, besonders verantwortliche Stellung) sind auf die Tätigkeit einer angestellten Lehrerin nicht zugeschnitten. In diesen Fallgruppen ist offensichtlich unmittelbar nur das eigentliche Büropersonal im weiteren Sinn angesprochen, jedenfalls soweit der Innendienst in Betracht kommt. Um zu einer tarifgemäßen Vergütung zu kommen, meint nun das Landesarbeitsgericht, die Einordnung der Klägerin unter die Vergütungsgruppen der TO.A anhand des Erlasses des Reichsministers für Wissenschaft, Erziehung und Volksbildung (RMfWEV) vom 1. September 1943 (MBlWEV S. 293), den es als Ansicht der beteiligten Berufskreise würdigt, vornehmen zu sollen und ferner Parallelen zum Besoldungsrecht der beamteten Lehrkräfte ziehen zu können. Hiergegen bestehen durchgreifende Bedenken.

In Ministerialerlassen die Meinung der beteiligten Berufskreise zu sehen, ist schon deshalb bedenklich, weil sie nur von einem der Vertragspartner, nämlich dem Arbeitgeber, herausgegeben werden und die Anschauungen der Arbeitnehmerseite, insbesondere der Gewerkschaften, in ihnen in der Regel keinen Ausdruck zu finden pflegen. Zu den beteiligten Berufskreisen gehören aber die Arbeitnehmer nicht weniger als die Arbeitgeber. Zudem kann die Anschauung der Berufskreise auch stets nur als Erkenntnisquelle zur Auslegung der in den Tätigkeitsmerkmalen enthaltenen unbestimmten Rechtsbegriffe herangezogen werden und die Eingruppierung auf Grund der tariflichen Merkmale nicht ersetzen. Sie wäre, wenn sie im Gegensatz zu den tariflichen Vorschriften stehen würde, sogar unbeachtlich, wie der erkennende Senat bereits in BAG 7, 125 [132] ausgesprochen hat. Deshalb ist die richtige Vergütungsgruppe in jedem Falle zunächst anhand der Tätigkeitsmerkmale der Vergütungsordnung oder nach den besonderen Bestimmungen einer etwa bestehenden Dienstordnung zu ermitteln. Bei der Auslegung der in Frage kommenden Tarifnormen kann dann unter Umständen unterstützend die Anschauung der beteiligten Berufskreise verwertet werden. Sie kann aber nicht, wie es das Landesarbeitsgericht in Ansehung des Erlasses vom 1. September 1943 getan hat, unmittelbar zur Feststellung der richtigen Vergütungsgruppe herangezogen werden. Das würde darauf hinauslaufen, der Meinung der beteiligten Berufskreise eine anspruchsbegründende Wirkung beizulegen, sie also einer Dienstordnung i. S. des § 16 AOGÖ gleichzustellen, während sie doch nicht mehr als ein Hilfsmittel für die Auslegung der Tarifnormen sein kann, aus denen allein der Anspruch herzuleiten ist. Das gilt auch dann, wenn der Tarif eine Tätigkeit nicht unmittelbar erfaßt und die richtige Vergütungsgruppe deshalb im Wege der Lückenausfüllung ermittelt werden muß. In diesem

Falle kann die Auffassung der beteiligten Berufskreise die vergleichende Wertung in Frage kommender artverwandter Tätigkeiten nicht ersetzen. Deshalb durfte sich das Landesarbeitsgericht auch dann nicht entscheidend auf den Erlaß vom 1. September 1943 stützen, wenn in ihm tatsächlich eine übereinstimmende Meinung der beteiligten Berufskreise zum Ausdruck gekommen wäre.

Der Erlaß des RMfWEV vom 1. September 1943 stellt auch kein für das Arbeitsverhältnis der Klägerin verbindliches normatives Dienstordnungsrecht dar. Zwar spricht manches dafür, in diesem Erlaß, der im Einvernehmen mit verschiedenen Reichsministern, dem Preußischen Finanzminister und dem Reichstreuhänder der Arbeit ergangen ist, eine Dienstordnung zu sehen. Durch ihn sollten die Beschäftigungsverhältnisse der angestellten Lehrkräfte und die diesen zustehende Vergütung ersichtlich mit Anspruch auf allgemeine Geltung einheitlich geregelt werden. Diese Frage kann indessen unentschieden bleiben; denn jedenfalls ist eine solche Dienstordnung heute kein geltendes Recht mehr, weil ihr Geltungsbereich weggefallen ist. Sie konnte nämlich, da der Tatbestand des § 16 Abs. 1 AOGÖ nicht gegeben war, nur auf der Rechtsgrundlage des § 16 Abs. 2 AOGÖ ergehen. Der RMfWEV war zu ihrem Erlaß befugt, weil die staatlichen Schulbehörden seiner gemeinsamen Verwaltung unterstanden. Für diesen durch die gemeinsame Unterordnung unter den Reichsminister gekennzeichneten Verband, der von allen Angehörigen der durch die gemeinsame Verwaltung zusammengefaßten Dienstgemeinschaften gebildet wird, stellte sie ihrem Wesen nach autonomes Satzungsrecht dar (vgl. Hueck-Nipperdey-Dietz, AOG, 4. Aufl., § 16 AOGÖ Anm. 11). Sie konnte daher auch nur so lange Rechtswirkungen zeitigen, wie der Verband, für den sie erlassen war, Bestand hatte. Mit dem Wegfall des RMfWEV als Verwaltungsspitze der staatlichen Schulbehörden und mit dem Übergang der Zuständigkeiten im Unterrichtswesen auf die Länder nach dem Zusammenbruch zerfiel dieser einheitliche Verband. Damit war auch der in § 16 Abs. 2 AOGÖ vorausgesetzte Geltungsbereich einer solchen Dienstordnung weggefallen. Sie konnte nach Auflösung der gemeinsamen Unterrichtsverwaltung des Reichs nicht etwa für die einzelnen Schulbehörden der Länder, die keinen einheitlichen Verband bilden, der mit dem früheren identisch wäre, in Kraft bleiben, da es hierfür an einer Rechtsgrundlage fehlt.

Abgesehen davon kann der Erlaß vom 1. September 1943 für k o m m u n a l e Lehrkräfte auch deshalb keine Geltung als Dienstordnung beanspruchen, weil er nur die Verwaltungen erfaßte, die dem RMfWEV unmittelbar unterstanden. Das waren die ihm untergeordneten staatlichen Schulbehörden. Die Kommunalverwaltungen gehörten nicht dazu. Zuständiger Fachminister für sie war vielmehr allenfalls der Reichsminister des Innern. Wenn auch der fragliche Erlaß im Einvernehmen mit dem Reichsminister des Innern ergangen ist, so bedeutet das doch nicht, daß er dadurch auch für dessen Verwaltungsbereich Geltung erlangt hat, wobei unterstellt sei, die Gemeinden hätten zum Verwaltungs- oder Dienstaufsichtsbereich des Reichsministers des Innern gehört (§ 16 Abs. 2 AOGÖ).

Zudem könnte eine solche Dienstordnung auf Lehrkräfte, die heute als Angestellte im kommunalen Dienst stehen, auch deshalb keine Anwendung finden, weil es zur Zeit ihres Erlasses kommunale Lehrkräfte nicht gab. Das öffentliche Schulwesen war vielmehr Sache des Reiches. Durch Art. II § 5 Abs. 1 Satz 2 des Gesetzes über die Vereinheitlichung im Behördenaufbau vom 5. Juli 1939 (RGBl. I, S. 1197) waren die Volksschullehrer, durch Art. III § 13 des Gesetzes zur Ergänzung des Reichsbesoldungsrechts usw. vom 30. April 1943 (RGBl. I, S. 189 [194]) auch die Mittelschullehrer, unmittelbare Reichsbeamte geworden. Der Erlaß vom 1. September 1943 bestimmt nun, daß die Dienstverträge der ausnahmsweise nicht im Beamten-, sondern im Angestelltenverhältnis beschäftigten Lehrkräfte von d e m Dienstvorgesetzten abzuschließen sind, der für die Einstellung der beamteten Lehrkräfte zuständig ist. Da beamtete Lehrkräfte nur als Beamte des Reichs eingestellt werden konnten, ihr Dienstvorgesetzter also dienstherrliche Funktionen des Reichs wahrnahm, traten auch die angestellten Lehrkräfte mit Abschluß ihres Dienstvertrages in den Dienst des Reiches. Gemeinden konnten danach Lehrkräfte im privatrechtlichen Anstellungsverhältnis nicht mehr einstellen. Infolgedessen konnte sich der Erlaß vom 1. September 1943 gar nicht an die Gemeinden richten. Selbst wenn dem entgegen Lehrer von Gemeinden vor dem 8. Mai 1945 angestellt worden sein sollten, so wurden ihre Arbeitsverhältnisse von dem vorgenannten Erlaß eben nicht erfaßt. Wie der Senat wiederholt (vgl. AP Nr. 3, 4 und 5 zu § 16 AOGÖ) ausgesprochen hat, gehen die Dienstordnungen, wenn die von ihrem Geltungsbereich erfaßten Behörden weggefallen sind, auch nicht von selbst auf andere Behörden über, welche die gleichen oder entsprechende Funktionen erfüllen. Deshalb hat der Erlaß vom 1. September 1943 in Ansehung der Gemeinden nicht etwa mit d e m Zeitpunkt die Wirkung einer Dienstordnung erlangt, in dem die Gemeinden Dienstherren der angestellten Lehrkräfte geworden sind.

Kommt es hiernach für die Eingruppierung der Klägerin nicht auf die vom Landesarbeitsgericht herangezogenen Ministerialerlasse an, dann hat auch die vom Landesarbeitsgericht weiter geprüfte Frage der Lehrbefähigung, auf welche die Erlasse abstellen, keine entscheidende Bedeutung. Maßgeblich ist nach dem Grundsatz des § 3 TO.A vielmehr allein die von der Klägerin überwiegend ausgeübte Tätigkeit. Das hat das Landesarbeitsgericht auch dadurch verkannt, daß es seine Entscheidung weiter auf eine vergleichsweise Heranziehung der Besoldung für die beamteten Lehrkräfte stützt. Wie der Senat mehrfach (vgl. AP Nr. 19 zu § 3 TO.A und BAG 7, 64 [66 ff.]) entschieden hat, unterscheidet sich die Besoldung der Beamten grundsätzlich von der allein nach den Tätigkeitsmerkmalen ausgerichteten Vergütung der Angestellten; beide können, mangels entsprechender materiell-rechtlicher Vorschriften, miteinander nicht in Vergleich gesetzt werden. Das gilt nicht nur im Hinblick auf die unterschiedliche Anzahl der Besoldungsgruppen einerseits und der Vergütungsgruppen andererseits, sondern auch hinsichtlich der Gehaltssätze, die kein einheitliches Bild ergeben.

4. Scheidet hiernach auch ein Vergleich zwischen den Besoldungs- und Vergütungsgruppen aus, so ist, da die Tätigkeit der Klägerin in den Vergütungsordnungen zur TO.A nicht aufgeführt ist, die Eingruppierung im Wege einer sinngemäßen Lückenausfüllung vorzunehmen (BAG 4, 17). Dabei muß beachtet werden, wie im Tarifgefüge der TO.A solche Tätigkeiten bewertet werden, die der ausgeübten Tätigkeit artverwandt und deshalb vergleichbar sind. Das Landesarbeitsgericht hat dahingehende Überlegungen nicht angestellt. Da sie auf tatsächlichem Gebiet liegende Fragen zum Gegenstand haben und der festgestellte Sachverhalt ihre Beurteilung durch das Revisionsgericht nicht gestattet, konnte der Senat die richtige Einreihung der Klägerin nicht selbst vornehmen, sondern mußte unter Aufhebung des Berufungsurteils die Sache zur anderweiten Verhandlung und Entscheidung an das Landesarbeitsgericht zurückverweisen.

In der erneuten Verhandlung wird das Landesarbeitsgericht zunächst zu prüfen haben, welche der in den Anlagen 1 zur TO.A und E zur ADO Nr. 2 zu § 3 TO.A genannten Tätigkeitsmerkmale mit der Arbeit der Klägerin am ehesten vergleichbar sind. In Betracht können hier insbesondere alle Beschäftigungen kommen, die eine Lehrtätigkeit oder ein der Lehrtätigkeit verwandtes Aufgabengebiet zum Gegenstand haben, wie z. B. aus der Anlage 1 in VergGr. IV die wissenschaftlichen Assistentinnen ohne abgeschlossene Hochschulbildung an Hochschulinstituten sowie an Versuchs-, Forschungs- und höheren Lehranstalten, in VergGr. V und VI b die medizinisch-technischen Assistentinnen mit hauptamtlicher Lehrtätigkeit, in VergGr. VI b die Weblehrmeisterinnen, die Gewerbelehrer und Lehrer bei den Vollzugsanstalten, in VergGr. VII die Webmeisterinnen als Lehrkräfte an Webschulen und sonstigen landwirtschaftlichen Fachschulen, in VergGr. VIII die Turnlehrerinnen und Handarbeitslehrerinnen ohne staatliche Prüfungen; aus der Anlage E die in verschiedene Vergütungsgruppen eingereihten Turn- und Sportlehrer sowie die Wanderhaushaltslehrerinnen der VergGr. VII und die Leiterinnen der Stickschulen der VergGr. VIII.

Das Landesarbeitsgericht wird, nachdem es genaue tatsächliche Feststellungen nicht nur über die Tätigkeit der Klägerin, sondern auch über die Tätigkeit von in vergleichbaren Tätigkeitsgruppen beschäftigten Personen getroffen hat, anhand dieses Ordnungsschemas die der TO.A entsprechende Eingruppierung vornehmen müssen. Notfalls wird es sich hierbei eines Sachverständigen zu bedienen haben, wenn es etwa dem Gericht notwendig erscheint, darüber Aufschluß zu erlangen, ob die Tätigkeit der Klägerin z. B. eher vergleichbar ist der einer wissenschaftlichen Assistentin, wie sie in der VergGr. IV genannt ist, oder aber der einer Gewerbelehrerin, wie sie in der VergGr. VI b aufgeführt ist. Bei einer solchen wertenden Vergleichung könnte sich auch ergeben, daß die Tätigkeit der Klägerin sich zwischen diesen beiden Vergütungsgruppen bewegt. Immer muß dabei berücksichtigt werden, ob, evtl. in welchem Maße, die zur Lückenausfüllung herangezogenen Fallgruppen den Akzent mehr auf die pädagogische Seite der Tätigkeit oder auf den Inhalt der Wissens- oder Fertigkeitsvermittlung legen. Zuletzt erst kann gegebenenfalls auch auf die ersten Fallgruppen der VergGr. VIII—IV zwecks Lückenausfüllung zurückgegriffen werden. Je nach dem Ergebnis dieser Prüfung ist dann die Einreihung vorzunehmen, wobei unberücksichtigt zu bleiben hat, ob die Klägerin auch zu höherwertigen Aufgaben befähigt ist; denn entscheidend ist nur die der Klägerin abverlangte Leistung.

5. Hinsichtlich der Höhe der Klageforderung wird das Berufungsgericht auch weiterhin davon ausgehen können, daß sich der bisherige Sachvortrag der Beklagten nicht als ein substantiiertes Bestreiten darstellt. Ihre früheren Einwendungen bezogen sich nicht auf die Berechnung selbst, sondern auf den Grund des Anspruchs. Das ergibt sich schon aus dem Verhandlungsprotokoll vom 3. August 1956, nach welchem die Höhe der Klageforderung unstreitig ist. Eine Berichtigung des Protokolls ist nicht erfolgt. Wenn die Beklagte mit ihrer späteren Einlassung ohne nähere Begründung die Richtigkeit der von ihr aufgestellten und von der Klägerin übernommenen Berechnung zur Höhe der Klageforderung in Frage stellt, so kann sie damit nicht gehört werden.

6. Entgegen der Auffassung der Beklagten ist die Klageforderung auch nicht verwirkt. Eine Verwirkung scheidet angesichts der kurzen Verjährungsfrist von zwei Jahren in der Regel ohnehin aus. Das Bundesarbeitsgericht hat zudem immer wieder (vgl. BAG AP Nr. 3, 4 und 10 zu § 242 BGB Verwirkung sowie BAG 6, 165 [167]) betont, daß die Grundsätze der Verwirkung im Arbeitsrecht nur mit großer Vorsicht angewendet werden dürfen. Voraussetzung ist stets, daß sich die Verfolgung von Ansprüchen nach dem früheren Verhalten des Arbeitnehmers als Gläubigers als Rechtsmißbrauch darstellt, weil der Arbeitgeber und Schuldner nicht mehr mit der Geltendmachung der Forderung rechnen konnte und sich hierauf einstellen durfte. Die bloße Unterlassung der Geltendmachung eines Anspruchs kann eine solche Erwartung beim Gläubiger grundsätzlich nicht auslösen. Daß die danach erforderlichen Voraussetzungen für eine Verwirkung vorliegen, hat die Beklagte selbst nicht vorgetragen.

29

Wissenschaftliche Angestellte mit abgeschlossener Hochschulbildung und entsprechender Tätigkeit fallen auch im Forstverwaltungsdienst unter die erste Fallgruppe der Tätigkeitsmerkmale der VergGr. III TO. A.

TO.A Anlage 1 (VergGr. III).

IV. Senat. Urteil vom 4. 11. 1959 i. S. L. N. (Bekl.) w. Ch. (Kl.) 4 AZR 180/57.

I. Arbeitsgericht Hannover. — II. Landesarbeitsgericht Hannover.

Der Kläger ist Forstmeister zur Wiederverwendung. Seit dem 1. Juni 1953 ist er bei dem beklagten Lande im Angestelltenverhältnis als Standortkartierer beschäftigt; er erhält die Vergütung nach der VergGr. IV TO. A.

Zu den Aufgaben eines Standortkartierers gehört die Erstattung ausführlicher forstwissenschaftlicher Fachgutachten für die Holzartenwahl in bestimmten abgegrenzten Gebieten (Forstämtern), die Festlegung der Standorttypengrenzen, die Aufnahme von Bodenprofilen und die Auswertung von Nährstoffanalysen. Zwischen den Parteien ist unstreitig, daß die Tätigkeit eines Standortkartierers eine akademische Ausbildung und das Staatsexamen für den höheren Forstdienst erfordert. Der Kläger besitzt eine solche abgeschlossene forstwissenschaftliche Hochschulbildung.

Mit der Klage begehrt der Kläger die Feststellung, daß das beklagte Land verpflichtet ist, dem Kläger seit dem 1. Juni 1953 die Vergütung nach der VergGr. III TO. A zu zahlen. Das beklagte Land hat Klageabweisung beantragt. Es ist der Auffassung, die Einreihung von Angestellten im Forstverwaltungsdienst in die VergGr. III oder IV TO.A richte sich ausschließlich nach den für diese Angestellten aufgestellten besonderen Tätigkeitsmerkmalen, so daß es nicht darauf ankomme, ob der Angestellte eine abgeschlossene Hochschulbildung besitze und eine entsprechende Tätigkeit ausübe. Danach sei der Kläger in der VergGr. IV (jetzt IV b) TO. A richtig eingestuft, weil er hinsichtlich seiner Leistung den Forstassessoren gleichzustellen sei. In der Forstverwaltung des Beklagten seien nämlich mit der Standortkartierung außer dem Kläger nur beamtete Forstassessoren und im Angestelltenverhältnis stehende Assessoren des Forstdienstes beschäftigt.

Alle Instanzen haben der Klage entsprochen.

Aus den Gründen:

Zwischen den Parteien ist unstreitig, daß die vom Kläger seit dem 1. Juni 1953 ausgeübte Tätigkeit seiner abgeschlossenen forstwissenschaftlichen Hochschulbildung entspricht. Ohne Rechtsirrtum zieht das Landesarbeitsgericht daraus den Schluß, daß dem Kläger die Vergütung nach der VergGr. III TO. A zusteht, weil seine Tätigkeit die für diese Vergütungsgruppe in der ersten Alternative der ersten Fallgruppe aufgestellten Merkmale erfüllt (wissenschaftliche Angestellte mit abgeschlossener Hochschulbildung mit entsprechender Tätigkeit).

Zu Unrecht bekämpft die Revision die Auffassung des Berufungsgerichts, daß diesem tariflichen Anspruch des Klägers die in den VergGr. III und IV (jetzt IV b) TO. A enthaltenen besonderen Regelungen für Angestellte im Forstverwaltungsdienst nicht entgegenstehen. Danach sind Angestellte im Forstverwaltungsdienst, die hinsichtlich ihrer Leistungen den Forstmeistern im (Reichs- oder preußischen) Staatsdienst gleichzustellen sind, in die VergGr. III TO. A einzureihen; in der VergGr. IV (IV b) TO. A sind Angestellte im Forstverwaltungsdienst aufgeführt, die hinsichtlich ihrer Leistung den Forstassessoren gleichzustellen sind. Entgegen der Ansicht der Revision handelt es sich hierbei nicht um speziellere Normen, die die Anwendung der Tätigkeitsmerkmale der Akademiker auf die Angestellten im Forstverwaltungsdienst ausschließen.

Eine Normenkonkurrenz im Sinne der sogenannten Gesetzeskonkurrenz liegt vor, wenn ein Tatbestand unter mehrere Bestimmungen gebracht werden kann, die an ihn verschiedene Rechtsfolgen knüpfen. Regelt eine speziellere Vorschrift bestimmte Fälle, so können diese Fälle dadurch von einer allgemeinen Regel ausgenommen sein; das ist jeweils Sache der Auslegung (vgl. Enneccerus-Nipperdey, Allg. Teil des Bürgerlichen Rechts,

§ 60 I 3, II). Um solche speziellere Normen gegenüber den für alle Verwaltungen im Geltungsbereich der TO. A geltenden Tätigkeitsmerkmalen der „wissenschaftlichen Angestellten mit abgeschlossener Hochschulbildung mit entsprechender Tätigkeit" handelt es sich aber bei den in den VergGr. III und IV (IV b) TO. A aufgestellten Tätigkeitsmerkmalen für Angestellte im Forstverwaltungsdienst nicht. Denn wie das Landesarbeitsgericht zutreffend ausführt und auch von der Revision nicht in Zweifel gezogen wird, ist bei diesen Merkmalen allein darauf abgestellt, ob der Angestellte hinsichtlich seiner Leistungen den Forstmeistern bzw. den Forstassessoren gleichzustellen ist; dagegen wird in diesen Tätigkeitsmerkmalen eine abgeschlossene Hochschulbildung nicht vorausgesetzt. Diese Fallgruppen bilden daher keine Sonderregelung für die Forstverwaltung gegenüber der Gruppe der Angestellten mit abgeschlossener Hochschulbildung und entsprechender Tätigkeit. Sie regeln vielmehr gerade die Vergütung für Angestellte ohne abgeschlossene Hochschulbildung, soweit sie hinsichtlich der von ihnen zu erbringenden Leistungen den Forstmeistern bzw. Forstassessoren, also bestimmten beamteten Akademikergruppen, gleichzustellen sind. Daß diese Fallgruppen etwa eine Ausnahmeregelung für Angestellte mit abgeschlossener Hochschulbildung und entsprechender Tätigkeit darstellen sollten, soweit solche Angestellte in der Forstverwaltung beschäftigt sind, kommt weder im Wortlaut zum Ausdruck, noch kann es dem Aufbau der Vergütungsordnung entnommen werden. Schließlich ist auch kein vernünftiger Grund ersichtlich, aus dem in der Tarifordnung die Tätigkeit der Angestellten mit abgeschlossener Hochschulbildung im Forstverwaltungsdienst grundsätzlich hätte geringer bewertet werden sollen als die anderer Akademiker, z. B. eines Diplomvolkswirts.

Dem Kläger steht somit die Vergütung nach der VergGr. III TO. A zu, weil er die Tätigkeitsmerkmale der ersten Fallgruppe (erste Alternative) dieser Vergütungsgruppe erfüllt.

30

1. § 133 ab GewO ist geltendes Recht.

2. Für die Bestimmung der nach § 133 ab Abs. 1 GewO maßgeblichen Gehaltsgrenze sind die vom Statistischen Bundesamt veröffentlichten Preisindexzahlen für die Lebenshaltung, die die heutigen DM-Preise mit den RM-Preisen von 1938 vergleichen, heranzuziehen.

3. Dabei bleiben Trennungsentschädigungen außer Betracht.

GewO §§ 133 aa, 133 ab; HGB § 68; Zweite Verordnung zur Neuregelung der im HGB und in der GewO vorgesehenen Gehaltsgrenzen vom 23. Oktober 1923 (RGBl. I, 990) § 3.

II. Senat. Urteil vom 5. 11. 1959 i. S. Fa. K. & Sohn (Bekl.) w. L. (Kl.)
2 AZR 529/56.

I. Arbeitsgericht Hagen/Westf. — II. Landesarbeitsgericht Hamm/Westf.

Der Kläger wurde von der Beklagten ab 1. Januar 1956 als Betriebsingenieur für die Stangen- und Drahtzieherei der Beklagten eingestellt. Das vom Kläger bestätigte Einstellungsschreiben der Beklagten vom 29. November 1955 lautete in seinem hier interessierenden Teil wie folgt:

„Wir waren uns bereits einig, eine angemessene Probezeit vorzusehen, die wir auf 1/2 Jahr bemessen möchten. Innerhalb dieser Frist soll eine etwaige Lösung des Arbeitsverhältnisses beiderseits mit dreiwöchiger Kündigung möglich sein.

Als Gehalt würden wir Ihnen monatlich

Eintausend DM

zahlen, wobei wir die Abgeltung für getrennte Haushaltsführung einbezogen haben. Mit Ablauf der Probezeit gelten für das Arbeitsverhältnis die üblichen Bestimmungen einer sechswöchigen Kündigung zum Quartalsschluß bei dreiwöchigem Urlaub (18 Werktage) . . .“

Am 9. April 1956 kündigte die Beklagte das Arbeitsverhältnis zum 30. April 1956.

Der Kläger hat geltend gemacht, gemäß § 133 aa Abs. 1 und 2 GewO habe ihm nur mit Monatsfrist zum Monatsende gekündigt werden können. Diese Vorschrift werde auch nicht durch § 133 ab Abs. 1 GewO ausgeschlossen; sein Gehalt habe eine Trennungsentschädigung enthalten, die mit mindestens 100,— DM monatlich anzusetzen sei, und nach dem Abzug der Trennungsentschädigung überschreite sein Gehalt nicht die in § 133 ab Abs. 1 GewO vorgesehene Grenze. Mit der Anfang Mai 1956 erhobenen Klage hat er in erster Instanz beantragt festzustellen, daß durch die Kündigung vom 9. April 1956 das Arbeitsverhältnis nicht aufgelöst worden ist. Auf das klageabweisende Urteil des Arbeitsgerichts hin hat er in der Berufungsinstanz Verurteilung der Beklagten zur Zahlung von 1000,— DM für den Monat Mai 1956 verlangt. Die Beklagte hat zu ihren beidinstanzlichen Klageabweisungsanträgen geltend gemacht, gemäß § 133 ab Abs. 1 GewO habe dem Kläger in der geschehenen Weise mit Dreiwochenfrist gekündigt werden können, weil das mit ihm vereinbarte Gehalt die nach dieser Vorschrift zu beachtende Mindestgrenze überschreite. Sie hat behauptet, in dem mit dem Kläger vereinbarten Gehalt sei keine Trennungsentschädigung enthalten gewesen, was schon daraus hervorgehe, daß nicht die Absicht bestanden habe, das Gehalt des Klägers bei Umzug zu reduzieren. Mit der in dem oben mitgeteilten Anstellungsschreiben gewählten Formulierung habe sie lediglich zum Ausdruck bringen wollen, daß außer dem reichlich bemessenen Gehalt keine sonstigen Zuwendungen vorgesehen seien, da sie und andere Firmen wiederholt die Erfahrung gemacht hätten, daß Neueingestellte zunächst auf die Einstellungsbedingungen eingegangen seien, später dann aber besondere Zuwendungen erstrebt hätten.

Das Landesarbeitsgericht hat die Beklagte zur Zahlung von 1000,– DM verurteilt. Die Revision der Beklagten ist zurückgewiesen worden.

Aus den Gründen:

1. Die Berechtigung des Klagebegehrens hängt, was das Landesarbeitsgericht nicht erörtert hat, wovon es aber möglicherweise ausgeht, gemäß § 615 Satz 1 BGB davon ab, ob das Arbeitsverhältnis der Parteien für den Monat Mai 1956 fortbestanden und der Kläger die Beklagte nach näherer Maßgabe der §§ 293 ff. BGB in Annahmeverzug gesetzt hat. Daß der Kläger die Beklagte in Annahmeverzug gesetzt hat, hat das Landesarbeitsgericht nicht ausdrücklich festgestellt. Aus den in seinen Entscheidungsgründen in Bezug genommenen Prozeßakten ergibt sich jedoch, daß der Kläger bereits mit Datum vom 26. April 1956 dem Arbeitsgericht mitgeteilt hat, er erhebe hiermit zur Fristwahrung gegen die Beklagte Kündigungswiderrufsklage, bitte aber um Aussetzung des Verfahrens, da noch eine außergerichtliche Einigung zu vermuten sei. Dieses Schreiben des Klägers in Verbindung mit der dann am 12. Mai 1956 geschehenen Klageeinreichung gibt einen hinlänglichen tatsächlichen Anhalt dafür, daß der Kläger der Beklagten seine Dienste nach näherer Maßgabe der §§ 293 ff. BGB angeboten hat.

Somit hängt die Berechtigung des Klagebegehrens nur noch davon ab, ob trotz der Kündigung vom 9. April 1956 das Arbeitsverhältnis der Parteien über den 30. April 1956 hinaus während des Monats Mai 1956 fortbestanden hat. Ein Wirksamwerden der Kündigung vom 9. April 1956 aus dem Gesichtspunkt der nicht fristgerechten Klageerhebung gemäß § 6 KSchG scheidet dabei klar aus, weil das Arbeitsverhältnis der Parteien noch keine sechs Monate bestand und somit die Zeitvoraussetzungen des § 1 Abs. 1 KSchG für eine Anwendung des Kündigungsschutzgesetzes nicht gegeben sind, die Kündigung vom 9. April 1956 zudem auch gar nicht aus dem Gesichtspunkt der Sozialwidrigkeit, sondern ausschließlich wegen Nichtwahrung der erforderlichen Frist angegriffen wird (§ 11 Abs. 4 KSchG).

2. Das Landesarbeitsgericht hat den Fortbestand des Arbeitsverhältnisses der Parteien während des Monats Mai bejaht.

Es hat ausgeführt, gemäß § 133 aa Abs. 1 und Abs. 2 GewO könne bei gewerblichen Angestellten nur eine beiderseitig gleiche Mindestkündigungsfrist von einem Monat zum Monatsende vereinbart werden und daher wirke die Kündigung vom 9. April 1956 erst zum 31. Mai 1956.

Es hat weiter ausgeführt, durch § 133 ab Abs. 1 GewO werde hieran nichts geändert. Es sei schon zweifelhaft, ob diese Vorschrift überhaupt noch als gültiges Recht angesprochen werden könne, da sie auf Vorstellungen beruhe, von denen angesichts der inzwischen eingetretenen sozialen Strukturwandlungen nicht mehr ausgegangen werden könne. Auch müßten gegen eine Anwendung von § 133 ab Abs. 1 GewO Bedenken daraus hergeleitet werden, daß die gemäß § 3 der Zweiten Verordnung zur Neuregelung der im HGB und in der GewO vorgesehenen Gehaltsgrenzen vom 23. Oktober 1923 (RGBl. I, 990) bei § 133 ab Abs. 1 GewO zu berücksichtigende „Reichsindexziffer für Lebenshaltungskosten" zuletzt für 1938 festgestellt worden sei. Wenn man die zuletzt für 1938 festgestellte Reichsindexziffer mit den heutigen vom Statistischen Bundesamt veröffentlichten Preisindexziffern für Lebenshaltungskosten multipliziere, um die für § 133 ab Abs. 1 GewO maßgebliche Grenze zu gewinnen, gehe man möglicherweise von anderen statistischen Unterlagen aus als bei der Reichsindexziffer im Sinne der Verordnung vom 23. Oktober 1923.

Es hat schließlich ausgeführt, selbst wenn man die nach § 133 ab Abs. 1 GewO maßgebliche Grenze dadurch errechne, daß man die Reichsindexziffer von 1938 (125,6) mit der Preisindexzahl von 1956 (175) multipliziere und damit zu einer für § 133 ab Abs. 1 GewO maßgeblichen Gehaltsgrenze von 10 990,— DM komme, so erreiche das Gehalt des Klägers diesen Betrag nicht; denn es enthalte in Wahrheit einen monatlichen Betrag von 100,— DM als Unkostenbeitrag für das Getrenntleben des Klägers. Dieser sei bei der Errechnung der in § 133 ab Abs. 1 GewO maßgeblichen Gehaltsgrenze nicht zu berücksichtigen. Das echte Gehalt des Klägers betrage somit nur 12 × 900,— DM = 10 800,— DM, womit es unter der dann nach § 133 ab Abs. 1 GewO maßgeblichen Grenze bleibe, so daß § 133 ab Abs. 1 GewO nicht zur Anwendung komme und es bei der Mindestkündigungsfrist des § 133 aa Abs. 1 und 2 GewO für das Arbeitsverhältnis der Parteien verbleibe.

3. Im Ergebnis ist dem Landesarbeitsgericht beizutreten.

a) Soweit das Landesarbeitsgericht grundsätzlich Zweifel hegt, § 133 ab Abs. 1 GewO überhaupt zur Anwendung zu bringen und damit die rechtliche Möglichkeit der Zulässigkeit einer kürzeren Kündigungsfrist, als in § 133 aa Abs. 1, 2 GewO geregelt, überhaupt in Betracht zu ziehen, kann ihm freilich nicht gefolgt werden. Der Gesetzgeber hat trotz vor nicht allzu langer Zeit ergangenen Änderungen des Titels VII der Gewerbeordnung (Gesetz vom 29. September 1953 — BGBl. I, 1459 —) weder den § 133 ab GewO noch auch trotz einer Reihe von neuerlichen Änderungen des Handelsgesetzbuches die dem § 133 ab GewO inhaltlich voll entsprechende Vorschrift des § 68 HGB geändert. Damit ist der gesetzgeberische Geltungswille für diese Vorschriften eindeutig. Eine gegenteilige Ansicht würde schroff außer acht lassen, daß der Gesetzgeber, der ein Gesetz teilweise abändert, durch die Nichtabänderung von Teilen desselben Gesetzes den Rechtsgeltungswillen der nicht abgeänderten Gesetzesteile mit der erforderlichen Rechtsklarheit zum Ausdruck bringt. Diesem Umstand muß das an das Gesetz gebundene Gericht (Art. 20 Abs. 3 GG) gewichtige Bedeutung beimessen. Im übrigen haben sich, wenn man den eben erwähnten Gesichtspunkt einmal außer Betracht lassen will, auch die tatsächlichen Verhältnisse entgegen der Ansicht des Landesarbeitsgerichts keineswegs so entscheidend geändert, daß eine vom Gesetzeswortlaut abweichende und damit abändernde Rechtsfindung (vgl. dazu Enneccerus-Nipperdey, Allg. Teil, 15. Aufl., Bd. I, 1959, § 51 II 4d S. 320) in Betracht gezogen werden könnte. Die dem § 68 Abs. 1 HGB nachgebildete (vgl. Landmann-Rohmer, GewO, Bd. II, 11. Aufl., 1956, § 133 aa Anm. 1) Vorschrift des § 133 ab Abs. 1 GewO geht neben anderem (vgl. Boldt-Steffens, GewO, 1955, § 133 ab Anm. 1) davon aus, daß höher bezahlte Angestellte ihre Kündigungsbedingungen mit dem Arbeitgeber frei ausgestalten können, also in der Regel in der Lage sind, sich vor der Vereinbarung unangemessen kurzer Kündigungsfristen durch Herbeiführung entsprechender Abmachungen selbst zu schützen und deshalb des Mindestkündigungsschutzes des § 133 aa Abs. 1 und Abs. 2 (§ 67 Abs. 1 und Abs. 2 HGB) entbehren können. Diese Grundvorstellung des Gesetzgebers findet auch heute noch in der sozialen Erfahrungswelt ihre Bestätigung. Die seit Erlaß des § 133 ab GewO zweifellos gegebenen Strukturwandlungen unseres Sozial- und Arbeitslebens haben insoweit zu einer Änderung geführt, daß die Zahl der höher bezahlten Angestellten, absolut und prozentual genommen, größer geworden ist, als das bei Einführung der §§ 133 ab GewO, 68 HGB der Fall war. Trotzdem bleibt von der gesetzlichen Konzeption bestehen, daß höher bezahlte Angestellte nach wie vor regelmäßig durchaus in der

Lage sind, eine ihnen notwendig erscheinende Kündigungssicherung in einem solchen Umfang auszuhandeln, daß sie des Mindestkündigungsschutzes der §§ 133 aa GewO, 67 HGB entbehren können. Sie sind auch keinesfalls weniger mündig und schutzbedürftiger als die höher bezahlten Angestellten um die Jahrhundertwende. Diese Überlegungen genügen, um darzulegen, daß § 133 ab GewO grundsätzlich noch Geltung beanspruchen kann. Wenn, wie das Landesarbeitsgericht meint, heute auch ein Facharbeiter einen Lohn verdienen kann, der die hier in Rede stehende Grenze überschreitet, ändert dies nichts daran, daß der Fortgeltungswille des § 133 ab Abs. 1 GewO besteht und daß die der Regelung zugrunde liegende Vorstellung nach wie vor wirksam und zutreffend ist.

Soweit die Feststellung einer Reichsindexziffer für Lebenshaltungskosten gemäß § 3 der Zweiten Verordnung zur Neuregelung der im Handelsgesetzbuch und in der Gewerbeordnung vorgesehenen Gehaltsgrenzen vom 23. Oktober 1923 — RGBl. I, 990 — nicht mehr erfolgt, ist das ebenfalls kein Grund, um § 133 ab GewO nicht mehr anzuwenden. Der soeben festgestellte, doch nach seiner grundlegenden Seite bestehende Fortgeltungswille des Gesetzes gebietet es, nachdem die Reichsindexziffern ausbleiben, im Wege der ergänzenden Gesetzesauslegung die mit § 133 ab GewO ins Auge gefaßten Gehaltsgrenzen nach ähnlichen Gesichtspunkten zu bestimmen, wie sie den Reichsindexziffern zugrunde lagen. Hier bieten sich die Preisindexziffern des Statistischen Bundesamtes für die Lebenshaltung, die die heutigen DM-Preise mit den RM-Preisen von 1938 vergleichen, geradezu an. Das öffentliche Leben hat sich seit Kriegsende daran gewöhnt, für zahlreiche ähnlich gelagerte Fragen von den vom Statistischen Bundesamt veröffentlichten Preisindexzahlen für Lebenshaltungskosten auszugehen und von dort aus Vergleiche zu früheren Indexstichtagen zu ziehen. Mit diesen Preisindexzahlen läßt sich auch dem vom Gesetz mit §§ 133 ab GewO, 68 HGB verfolgten Zweck jedenfalls hinreichend Rechnung tragen und lassen sich demnach auch die Grenzen ermitteln, von denen §§ 133 ab GewO, 68 HGB ausgehen. Eine in dieser Richtung gehende Lückenausfüllung begegnet vor allem deshalb keinen Bedenken, weil angenommen werden kann, daß ein hypothetischer Gesetzgeber die durch den Ausfall der Reichsindexziffern gegebene Gesetzeslücke ebenfalls durch eine Verweisung auf die heutigen Preisindexziffern für Lebenshaltungskosten ausfüllen würde. Daß in dieser Form die in §§ 133 ab GewO, 68 HGB genannten Gehaltsgrenzen schon heute zu bestimmen sind, wird auch in der Rechtslehre durchweg vertreten (vgl. Hueck-Nipperdey, Lehrbuch des Arbeitsrechts, 6. Aufl., Bd. 1, 1959, § 38 II A 2 a zu Fußnote 13, S. 230; § 58 III 4 a zu Fußnote 17, S. 520;

Nikisch, Arbeitsrecht, Bd. 1, 2. Aufl., 1955, S. 584, Fußnote 36 und S. 586, Fußnote 43; Baumbach-Duden, HGB, 13. Aufl., 1959, §§ 67—69 Anm. 2 B; Würdinger in RGRK z. HGB, 2. Aufl. 1953, § 68 Anm. 1, § 74 a Anm. 6; Reichel, AR-Blattei „Gehaltsgrenzen I"; Schlegelberger, HGB, 3. Aufl., Bd. I, 1955, § 68 Anm. 2; Teichmann, Mitteilungen des Deutschen Arbeitsgerichtsverbandes 1955, Nr. 12 S. 9 ff.; Staudinger-Nipperdey, BGB, 11. Aufl., 1958, Vorbem. 86 vor § 620; Heymann-Kötter, HGB, 20. Aufl., 1950, § 68 Anm. 3; Boldt-Steffens, GewO, 1955, § 133 ab Anm. II; Landmann-Rohmer, GewO, Bd. 2, 11. Aufl., 1956, § 133 ab, Anm. 1).

b) Ist somit davon auszugehen, daß eine rechtliche Anwendung von § 133 ab GewO keinen Gültigkeitsbedenken unterliegen kann, so ergibt sich nach den von den beiden Vorinstanzen zutreffend angestellten Berechnungen (vgl. dazu Baumbach-Duden, HGB, 13. Aufl., 1959, §§ 67 bis 69, Anm. 2 B), daß die Zulässigkeit der zwischen den Parteien vereinbarten Kündigungsfrist von 3 Wochen davon abhängt, ob das Jahresgehalt des Klägers höher als 10 990,— DM war oder nicht. Wenn das Landesarbeitsgericht für diese Frage es darauf abgestellt hat, ob in dem zwischen den Parteien vereinbarten Gehalt von monatlich 1000,— DM eine Trennungsentschädigung enthalten war oder nicht, so ist das zutreffend. Die Regelung der §§ 133 ab GewO, 68 HGB muß man unter dem Blickpunkt sehen, daß damit der sogenannte „höher bezahlte Angestellte" gemeint ist. Für die Frage, ob jemand „höher bezahlter Angestellter" im Sinne dieser Vorschriften ist, können aber nicht die Bezüge eines Arbeitnehmers maßgebend sein, die nicht das eigentliche Entgelt für seine Arbeit darstellen und die damit nicht die wirtschaftlich selbständige Situation des sogenannten höheren Angestellten bestimmen, sondern die nur wegen der besonderen Umstände gezahlt werden, unter denen er seine Arbeit leisten muß. Trennungsentschädigungen werden aber nicht im eigentlichen Sinne für die Arbeit, sondern nur der besonderen Umstände wegen gezahlt, unter denen die Arbeit geleistet werden muß. Sie prägen damit nicht die wirtschaftliche Situation des Angestellten. Trennungsentschädigungen sind daher bei der Frage, inwieweit die Bezüge eines Angestellten die Grenzen des § 133 ab GewO erreichen, nicht zu berücksichtigen.

c) Das Landesarbeitsgericht hat das Schreiben der Beklagten vom 29. November 1955, das die zwischen den Parteien getroffenen Entgeltabsprachen wiedergibt, dahin ausgelegt, daß in das Gehalt von 1000,— DM eine Trennungsentschädigung in Höhe von 100,— DM einbezogen war. Ohne Erfolg rügt die Revision, damit habe das Landesarbeitsgericht § 157

BGB verletzt. Wenn das Schreiben der Beklagten vom 29. November 1955 davon spricht, in das Gehalt von 1000,— DM sei die „Abgeltung für getrennte Haushaltsführung einbezogen", so besagt das nach allem, was Worte überhaupt ausdrücken können, daß bei der Gehaltsfestsetzung ein Betrag für getrennte Haushaltsführung mit angesetzt worden ist, mit dem Betrag von 1000,— DM auch die Unkosten für getrennte Haushaltsführung „abgegolten" werden. Bei dieser Fassung des Schreibens vom 29. November 1955 konnte das Landesarbeitsgericht somit ohne Verstoß gegen Denkgesetze, Erfahrungssätze und ohne Verstoß gegen gesetzliche und allgemein anerkannte Auslegungsregeln zu der von ihm getroffenen Auslegung dem Grunde nach und auch der Höhe nach kommen.

d) Damit steht somit fest, daß die Beklagte mit dem Kläger eine Kündigungsfrist nur nach näherer Maßgabe des § 133aa GewO vereinbaren konnte. Die Vereinbarung einer kürzeren Frist war nichtig. Das führt aber dazu, daß dann von einer solchen Kündigungsfrist auszugehen ist, die die Parteien bei gesetzesgerechtem Verhalten voraussichtlich vereinbart haben würden (vgl. die Nachweise bei Staudinger-Nipperdey, BGB, 11. Aufl., Vorbem. 86 vor § 620; Hueck-Nipperdey a. a. O., Bd. I, § 58 III 6 S. 322 zu Fußnote 31; zur Unanwendbarkeit der Regel des § 139 BGB siehe BAG 1, 128 [133]). Dem ist das Landesarbeitsgericht dadurch gerecht geworden, daß es im Hinblick auf die — unzulässig — vereinbarte kurze Kündigungsfrist von 3 Wochen die einer Parteivereinbarung zugängliche Kündigungsfrist nach näherer Maßgabe des § 133 aa GewO zugrunde gelegt hat. Demnach konnte das Arbeitsverhältnis der Parteien auf Grund der Kündigung vom 9. April 1956 nicht vor dem 31. Mai 1956 beendet werden.

4. Ergibt sich somit zusammengefaßt, daß der Fortbestand des Arbeitsverhältnisses der Parteien für den Monat Mai 1956 und auch der Annahmeverzug der Beklagten gegeben sind, so rechtfertigt das die vom Landesarbeitsgericht getroffene Verurteilung der Beklagten.

31

Hat im Falle des Arbeitsplatzwechsels während des Urlaubsjahres der Arbeitnehmer sowohl einen Urlaubsabgeltungsanspruch gegen seinen ersten Arbeitgeber wie einen Urlaubsanspruch gegen den zweiten Arbeitgeber, so kann der erste Arbeitgeber, der auf Urlaubsabgeltung in Anspruch genommen wird, den Arbeitnehmer auf den Urlaubsanspruch gegen den zweiten Arbeitgeber verweisen. Der erste Arbeitgeber kann auch dann die Erfüllung des Urlaubsabgeltungsanspruchs verweigern, wenn der

Arbeitnehmer den Urlaubsanspruch oder den Urlaubsabgeltungsanspruch gegen den zweiten Arbeitgeber schuldhaft nicht geltend gemacht hat und infolge Fristablaufs nicht mehr geltend machen kann.

BGB § 611 Urlaubsrecht; Urlaubsgesetz Rheinland-Pfalz § 2.

I. Senat. Urteil vom 6. 11. 1959 i. S. Fa. Sch. & D. (Bekl.) w. R. (Kl.) 1 AZR 340/58.

I. Arbeitsgericht Neuwied/Rh. — II. Landesarbeitsgericht Mainz.

Der am 29. August 1939 geborene Kläger war in der Zeit vom 13. März 1957 bis zum 6. August 1957 bei der Beklagten tätig. Die Beklagte gewährte ihm unmittelbar vor seinem Ausscheiden einen anteiligen Urlaub von zwölf Tagen. Alsbald nach seinem Ausscheiden trat der Kläger als Arbeitnehmer in ein Arbeitsverhältnis bei einem anderen Arbeitgeber.

Die Parteien sind tarifgebunden an den Rahmentarifvertrag für die Steine- und Erden-Industrie vom 15.April und 16. Mai 1957.

Dort finden sich über den Urlaub folgende Bestimmungen:

„§ 10 I Ziff. 3

Der volle Urlaubsanspruch für neu- und wiedereingestellte Arbeitnehmer über 18 Jahre entsteht erstmalig nach einer sechsmonatigen ununterbrochenen Dauer des Arbeitsverhältnisses (Wartezeit).

§ 10 I Ziff. 4

Arbeitnehmer unter 18 Jahren haben in jedem Kalenderjahr, in dem vor Vollendung des 18. Lebensjahres das Lehr- oder Arbeitsverhältnis länger als drei Monate ohne Unterbrechung bestanden hat, Urlaubsanspruch als Jugendliche.

§ 10 I Ziff. 7

Ist das Eintrittsjahr zugleich Austrittsjahr, so erhält der Arbeitnehmer für jeden angefangenen Beschäftigungsmonat 1/12 des ihm zustehenden Urlaubs, auch wenn die Wartezeit von 6 Monaten erfüllt ist.

§ 10 IV Ziff. 3

Der Urlaubsanspruch — ausgenommen ein im Vorjahr erworbener anteiliger Urlaubsanspruch — erlischt mit Ablauf des 31. März des folgenden Jahres, wenn er nicht erfolglos geltend gemacht worden ist. Dieses gilt nicht, soweit gesetzliche Bestimmungen entgegenstehen."

Der Kläger ist der Ansicht, die Beklagte schulde ihm nach den Vorschriften des Urlaubsgesetzes des Landes Rheinland-Pfalz vom 8. Oktober 1948 eine Urlaubsabgeltung für weitere zwölf Tage in der rechnerisch unstreitigen Höhe von 305,40 DM. Diesen Betrag macht er mit der Klage geltend.

Die Beklagte bittet um Klageabweisung; sie ist der Ansicht, dem Kläger stehe ein solcher Urlaubsabgeltungsanspruch nicht zu, da er im Urlaubsjahr 1957 nur fünf Monate bei ihr gearbeitet habe; auch müsse sich der Kläger wegen weiterer Urlaubsansprüche an seinen neuen Arbeitgeber halten.

Beide Vorinstanzen haben nach dem Klageantrag erkannt. Die Revision der Beklagten führte zur Aufhebung und Zurückverweisung.

Aus den Gründen:

I. Nach § 1 des Landesgesetzes des Landes Rheinland-Pfalz zur Regelung des Urlaubs (Urlaubsgesetz) vom 8. Oktober 1948 (GVOBl. 1948 S. 370) hat jeder Arbeitnehmer in der privaten Wirtschaft und im öffentlichen Dienst einen Anspruch auf bezahlten Erholungsurlaub. Dieser Urlaub beträgt für erwachsene Arbeitnehmer mindestens zwölf Arbeitstage, für jugendliche Arbeitnehmer nach § 2 des Gesetzes mindestens 24 Arbeitstage. Der Kläger ist als jugendlicher Arbeitnehmer im Sinne der Vorschriften dieses Gesetzes anzusehen; denn er war vor Vollendung des 18. Lebensjahres bei der Beklagten tätig.

Die Revision vertritt nun die Auffassung, daß nach dem Urlaubsgesetz des Landes Rheinland-Pfalz der jugendliche Arbeitnehmer, der im Laufe des Urlaubsjahres seinen Arbeitsplatz wechselt, gegen den Arbeitgeber nur einen Anspruch auf anteiligen Urlaub habe. Der dem jugendlichen Arbeitnehmer in einem solchen Fall zu gewährende Urlaub sei in der Weise zu errechnen, daß der Arbeitnehmer nur so viel Zwölftel des gesamten Urlaubs von 24 Tagen zu beanspruchen habe, wie er Monate im Arbeitsverhältnis zu dem Arbeitgeber gestanden habe. Daraus folge, daß der Kläger von der Beklagten allenfalls zehn Tage Urlaub zu bekommen gehabt habe und durch die Gewährung einer Freizeit von zwölf Tagen somit befriedigt sei.

Der Senat konnte dieser Auffassung der Revision nicht folgen. Es ist zwar richtig, daß eine Reihe der Urlaubsgesetze der Länder den Zwölftelungsgrundsatz für den Fall des Arbeitsplatzwechsels während des Urlaubsjahres eingeführt haben. Der Senat hat aber wiederholt, u. a. in seinen Entscheidungen zu den Hausarbeitstagsgesetzen der Länder, ausgesprochen, daß jedes Landesgesetz aus sich selbst heraus auszulegen und anzuwenden sei (vgl. BAG 3, 163 [166, 167] und BAG 5, 187 [189]). Bestimmungen über die Urlaubszwölftelung in Urlaubsgesetzen anderer Länder können daher nicht ohne weiteres zur Auslegung auch des Urlaubsgesetzes des Landes Rheinland-Pfalz herangezogen werden. Ausdrücklich ist der Grundsatz der Urlaubszwölftelung in dem Urlaubsgesetz des Landes Rheinland-Pfalz nicht ausgesprochen. Auch ist nicht ersichtlich, daß er in diesem Gesetz stillschweigend oder dem Sinne nach zum Ausdruck gekommen wäre. Der Senat muß daher davon ausgehen, daß jugendliche Arbeitnehmer im Lande Rheinland-Pfalz — abgesehen von Fällen offenbaren Mißbrauchs — schon dann den gesetzlich festgelegten Anspruch auf den Jugendurlaub in Höhe von 24 Arbeitstagen haben, wenn sie in dem Urlaubsjahr vor Vollendung des 18. Lebensjahres tätig gewesen sind. Diese Voraussetzungen erfüllt der Kläger.

II. Nun bestimmt allerdings § 6 des Urlaubsgesetzes des Landes Rheinland-Pfalz, daß die Regelung von Einzelheiten, insbesondere eine Urlaubsstaffelung auf der Grundlage des Mindesturlaubsanspruchs dieses Gesetzes, der vertraglichen Vereinbarung vorbehalten ist. Aus § 10 I Ziffer 7 des Rahmentarifvertrags für die Steine- und Erden-Industrie vom 15. April und 16. Mai 1957 leitet die Revision her, daß jedenfalls auf Grund dieser tariflichen Regelung auch für jugendliche Arbeitnehmer dann die Urlaubszwölftelung gelte, wenn das Eintrittsjahr zugleich das Austrittsjahr sei.

Die genannte tarifliche Vorschrift ist auf jugendliche Arbeitnehmer jedoch nicht anzuwenden. Diese Auslegung des Tarifvertrages ist geboten, weil § 10 I Ziff. 7 mit der Festlegung der Zwölftelung die Erwähnung der Wartezeit von sechs Monaten verbindet. Die tarifliche Vorschrift gewährt Urlaubsansprüche nach dem Grundsatz der Zwölftelung, „auch wenn die Wartezeit von sechs Monaten nicht erfüllt ist". Eine solche Wartezeit von sechs Monaten haben nach § 10 I Ziff. 3 nur erwachsene Arbeitnehmer zurückzulegen, bevor sie einen Anspruch auf den Urlaub geltend machen können. Für jugendliche Arbeitnehmer gilt demgegenüber § 10 I Ziff. 4. Sie haben den Urlaubsanspruch als Jugendliche, wenn „vor Vollendung des 18. Lebensjahres das Lehr- oder Arbeitsverhältnis länger als drei Monate ohne Unterbrechung bestanden hat". Es ist der Revision allerdings zuzugeben, daß die Bedeutung der Vorschrift in § 10 I Ziff. 7 nicht völlig eindeutig ist. Denkbar ist immerhin auch die Auslegung, daß der Satz, „auch wenn die Wartezeit von sechs Monaten nicht erfüllt ist", für jugendliche Arbeitnehmer zwar nicht anwendbar ist, daß aber gleichwohl die Bestimmung im übrigen auch für jugendliche Arbeitnehmer gelten soll. Ist aber die Auslegung der Bestimmung auch nur zweifelhaft, so ist jedenfalls eine Auslegung dahin, daß jugendliche Arbeitnehmer dem Zwölftelungsgrundsatz unterworfen und damit ungünstiger als nach dem Urlaubsgesetz gestellt werden, für das der Zwölftelungsgrundsatz nicht gilt, nicht zulässig. Die Beschränkung gerade des Jugendurlaubs im Wege der Zwölftelung kann nur dann als tariflich vereinbart angesehen werden, wenn sich eine solche Beschränkung aus der tariflichen Norm völlig eindeutig ergibt. An einer solchen Eindeutigkeit fehlt es aber bei der Regelung in § 10 I Ziff. 7.

Von der Zweideutigkeit der Vorschrift sind offenbar auch die Tarifparteien überzeugt gewesen, wenn sie nunmehr in dem nachfolgenden, am 1. April 1958 in Kraft getretenen Tarifvertrag die unklare Bestimmung ausdrücklich dahin tariflich klargestellt haben, daß für Jugendliche dieser Zwölftelungsgrundsatz nicht gelten soll.

Somit hat es bei der gesetzlichen Regelung sein Bewenden. Daraus folgt, daß dem Kläger der auf das Urlaubsgesetz des Landes Rheinland-Pfalz unmittelbar gestützte Anspruch auf Gewährung weiterer zwölf Urlaubstage gegen die Beklagte zugestanden hat.

III. Das Landesarbeitsgericht hat jedoch der Tatsache, daß der Kläger im unmittelbaren Anschluß an das Arbeitsverhältnis mit der Beklagten noch im August 1957 ein anderes Arbeitsverhältnis eingegangen ist, bei seiner Entscheidung nicht hinreichend Rechnung getragen.

Wie der Senat bereits mehrfach ausgeführt hat, insbesondere in der Entscheidung AP Nr. 21 zu § 611 BGB Urlaubsrecht, kann der auf Urlaubsabgeltung in Anspruch genommene Arbeitgeber im Falle des Arbeitsplatzwechsels während des Urlaubsjahres den Arbeitnehmer grundsätzlich auf den Urlaubsanspruch verweisen, den dieser Arbeitnehmer für das gleiche Urlaubsjahr aus einem neu begründeten, zeitlich nachfolgenden Arbeitsverhältnis gegen einen neuen Arbeitgeber erworben hat. Der Senat sieht sich veranlaßt, die in dieser Richtung aufgestellten Grundsätze dahin zu ergänzen, daß der Abgeltungsanspruch gegen den bisherigen Arbeitgeber nicht nur dann erlischt, wenn der neue Arbeitgeber tatsächlich Urlaub oder auch zulässigerweise eine Urlaubsabgeltung gewährt, sondern auch dann, wenn der Arbeitnehmer es schuldhaft unterläßt, den neuen Arbeitgeber auf Freizeitgewährung oder Urlaubsabgeltung in Anspruch zu nehmen. Dem Sinn des Urlaubs entspricht es, wie der Senat bereits verschiedentlich ausgeführt hat, den Arbeitnehmer zu veranlassen, die ihm zustehende Freizeit auch tatsächlich zu nehmen. Die Freizeitgewährung dient in weitaus besserem Maße als die Urlaubsabgeltung dazu, dem

Arbeitnehmer Gelegenheit zu geben, sich von geleisteter Arbeit zu erholen und sich für zu leistende Arbeit wieder zu kräftigen. Dem entspricht es, daß der Arbeitnehmer Freizeitgewährungsansprüche vor Urlaubsabgeltungsansprüchen geltend machen muß. Muß er aber den Freizeitanspruch gegen den neuen Arbeitgeber vor dem Urlaubsabgeltungsanspruch gegen den alten Arbeitgeber geltend machen, so ist es eine notwendige Folge dieses Grundsatzes, daß der Arbeitnehmer, der den Freizeitanspruch gegen den neuen Arbeitgeber schuldhaft nicht erhoben hat, auch mit einem Urlaubsabgeltungsanspruch gegen den früheren Arbeitgeber ausgeschlossen ist.

Es ist davon auszugehen, daß der Kläger, der das neue Arbeitsverhältnis noch im August 1957 begründet hat, auch gegen den neuen Arbeitgeber nach den Vorschriften des Urlaubsgesetzes des Landes Rheinland-Pfalz und des Rahmentarifvertrages für die Steine- und Erden-Industrie noch Urlaubsansprüche für das Jahr 1957 erworben hat, auf die jedoch nach allgemeinen Grundsätzen des Urlaubsrechts die zwölf Urlaubstage anzurechnen sind, die die Beklagte dem Kläger unstreitig gewährt hat.

Bei diesen Urlaubsansprüchen des Klägers handelt es sich um solche auf Gewährung von Jugendurlaub. Nach § 2 des Urlaubsgesetzes Rheinland-Pfalz reicht es zur Begründung des Anspruchs auf Gewährung von Jugendurlaub aus, daß der Arbeitnehmer überhaupt in dem Urlaubsjahr vor Vollendung des 18. Lebensjahres tätig gewesen ist.

Einmal spricht manches dafür, den § 10 I Ziff. 4 des Rahmentarifvertrages dahin auszulegen, daß im Kalenderjahr überhaupt ein Lehr- oder Arbeitsverhältnis bestanden haben muß, nicht aber dahin, daß dieses Lehr- oder Arbeitsverhältnis gerade mit dem Arbeitgeber bestanden hat, der auf Gewährung von Jugendurlaub in Anspruch genommen wird. Ist aber die Regelung des Tarifvertrages dahin zu verstehen, daß der Anspruch auf Jugendurlaub gegen den jeweiligen Arbeitgeber davon abhängig gemacht ist, daß das Arbeitsverhältnis mit d i e s e m Arbeitgeber mehr als drei Monate vor Vollendung des 18. Lebensjahres durch den Jugendlichen bestanden haben muß, so würde diese tarifliche Regelung mit der zwingenden Vorschrift des § 2 des Urlaubsgesetzes des Landes Rheinland-Pfalz in Widerspruch stehen und deshalb nichtig sein. Durch § 6 des genannten Urlaubsgesetzes wäre die tarifliche Vorschrift bei einer solchen Auslegung nicht gedeckt.

Aus den Feststellungen des Landesarbeitsgerichts ergibt sich nicht, aus welchen Gründen der Kläger diesen Urlaubsanspruch gegen den neuen Arbeitgeber nicht verfolgt hat. Das Landesarbeitsgericht wird also den Gründen für dieses Verhalten des Klägers nachzugehen haben. Dabei wird insbesondere zu prüfen sein, ob die Vorschriften des § 10 I Ziff. 3 des Rahmentarifvertrages für die Steine- und Erden-Industrie auch das neue Arbeitsverhältnis im Hinblick auf beiderseitige Tarifgebundenheit ergreifen. Nach dieser Vorschrift erlischt der Urlaubsanspruch — ausgenommen ein im Vorjahr erworbener anteiliger Urlaubsanspruch — mit dem 31. März des folgenden Jahres. Der von dem Kläger erworbene Anspruch auf anteiligen Urlaub aus 1957 würde nach dieser Regelung nicht am 31. März 1958, sondern am 31. März 1959 erloschen sein. Zur Zeit der letzten mündlichen Verhandlung vor dem Landesarbeitsgericht hatte sonach der Kläger auch nach dieser tariflichen Vorschrift noch einen Anspruch auf anteiligen Jugendurlaub gegen seinen neuen Arbeitgeber. Auf diesen Anspruch konnte ihn die Beklagte zunächst verweisen. Sollte nach dieser tariflichen Vorschrift der Urlaubsanspruch des Klägers nunmehr am 31. März 1959 erloschen sein, so wird das Landesarbeitsgericht zu prüfen haben, ob den Kläger an diesem Erlöschen ein Verschulden insofern trifft, als er diesen Urlaubsanspruch dem neuen Arbeitgeber gegenüber rechtzeitig hätte geltend machen müssen. Ein Verschulden könnte insbesondere dann zu verneinen sein, wenn der Kläger aus einem entschuldbaren Rechtsirrtum angenommen hat, daß in erster Linie die Beklagte zur Urlaubsabgeltung verpflichtet sei und ein Anspruch auf einen anteiligen Urlaub gegen den zweiten Arbeitgeber für das Urlaubsjahr 1957 nicht in Frage komme. Ein Verschulden würde weiter dann ausscheiden, wenn eine Geltendmachung des Urlaubsanspruchs gegen den zweiten Arbeitgeber dem Kläger deshalb nicht zumutbar gewesen sein sollte, weil dadurch das zweite im August 1957 begonnene Arbeitsverhältnis gefährdet worden wäre. Dagegen würde der Kläger schuldhaft gehandelt haben, wenn er bewußt und in Kenntnis des allgemeinen Grundsatzes, daß der Urlaubsanspruch in erster Linie auf Arbeitsbefreiung für die Zwecke der Erholung geht, sein Interesse am Gelderwerb über das Interesse an der Freizeitgewährung gestellt hätte.

Das Landesarbeitsgericht wird, sonach ausgehend davon, daß der Kläger durch die Begründung eines neuen Arbeitsverhältnisses im August 1957 einen neuen Urlaubsanspruch gegen seinen neuen Arbeitgeber erworben hat, prüfen müssen, welche Gründe den Kläger veranlaßt haben, diesen Urlaubsanspruch nicht geltend zu machen, vielmehr auf der Verfolgung eines Urlaubsabgeltungsanspruchs gegen die Beklagte zu beharren.

32

1. Eine Betriebsstillegung im Sinne des § 13 KSchG liegt auch dann vor, wenn zwar der bisherige Betriebszweck weiterverfolgt wird, aber eine nicht ganz unerhebliche räumliche Verlegung des Betriebes, verbun-

den mit der Auflösung der alten Betriebsgemeinschaft und dem Aufbau einer im wesentlichen neuen Belegschaft erfolgt.

2. Die Kündigung eines Betriebsratsmitgliedes ist bei Betriebsstilllegung zulässig, ohne daß noch geprüft werden müßte, ob die Kündigung erforderlich war.

KSchG § 13.

I. Senat. Urteil vom 6. 11. 1959 i. Sa. Fa. D.-G GmbH (Bekl.) w. K. u. A. (Kl.) 1 AZR 329/59.

I. Arbeitsgericht Mannheim.
II. Landesarbeitsgericht Baden-Württemberg (Mannheim).

Die Beklagte stellte in ihrem Betrieb in Mannheim-Waldhof chemisch-pharmazeutische Glaswaren her. Die Betriebsräume hatte sie von der Firma B., die auch den größten Teil ihrer Produktion abnahm, gemietet. In dem Betrieb waren 1956/57 der Betriebsleiter H., der Buchhalter W., der Kläger K. als Schlosser und wenig mehr als 20 Arbeiterinnen, darunter die beiden Klägerinnen, beschäftigt. Die Kläger waren sämtlich Mitglieder des Betriebsrats, der Kläger K. war dessen Vorsitzender.

Mit Schreiben vom 25. Januar 1957 teilte die Beklagte dem Kläger K. als dem Betriebsratsvorsitzenden mit, der Mietvertrag mit der Firma B. sei am 30. April 1957 gelöst worden; sie müsse deshalb den Mannheimer Betrieb schließen und der Belegschaft zu diesem Termin kündigen; sie beabsichtige, in einem firmeneigenen Gebäude in Langen eine Fabrikation von chemisch-pharmazeutischen Glaswaren in Verbindung mit der Herstellung und Reparatur von Maschinen aufzuziehen. Abschließend bat sie in dem Schreiben um eine Stellungnahme zu den angekündigten Maßnahmen und zu dem beigefügten Antrag an das Arbeitsamt auf Zustimmung zur Betriebsstillegung.

Der Betriebsrat war mit der Verlegung des Betriebes nach Langen und den beabsichtigten Kündigungen nicht einverstanden. Es kam zu Spannungen zwischen Betriebsrat und Betriebsleitung. Da eine Einigung nicht erzielt werden konnte, rief der Betriebsrat gemäß § 72 Abs. 2 BetrVG die Vermittlungsstelle an.

In den Verhandlungen vor der Vermittlungsstelle brachte die Beklagte zum Ausdruck, daß sie nicht abgeneigt sei, einen Teil der Belegschaft, der gewillt sei, mit nach Langen zu gehen, dort zu beschäftigen. Dabei wurde auch die Möglichkeit erörtert, diesen Teil der Belegschaft mit einem Omnibus jeweils von Mannheim nach Langen bringen zu lassen. In eine von der Vermittlungsstelle ausgelegte Liste, in welche sich diejenigen Arbeitnehmer eintragen sollten, die in Langen weiterarbeiten wollten, trug sich nur die Arbeiterin M. ein. Der Kläger K. hatte der Belegschaft abgeraten, sich in die Liste einzuschreiben.

Trotz mehrerer Verhandlungen und Vergleichsversuche kam eine Einigung vor der Vermittlungsstelle nicht zustande. Diese stimmte daraufhin von sich aus in ihrem Einigungsvorschlag der Verlegung des Betriebes zu. Der Einigungsvorschlag ist beim Arbeitsgericht Mannheim hinterlegt.

Der Betrieb wurde über den zunächst genannten Termin — den 30. April 1957 — hinaus weiter geführt. Am 3. Juni 1957 kündigte die Beklagte dem größten Teil der Belegschaft, darunter auch den beiden Klägerinnen, zum 30. Juni 1957. Dem Kläger K. kündigte sie am 16. Juni 1957 ebenfalls zum 30. Juni 1957. Den beiden Arbeiterinnen H., denen die Beklagte ursprünglich nicht gekündigt hatte, weil sie mit nach Langen gehen wollten, und der wegen Krankheit schon länger vom Betrieb abwesenden Arbeiterin W. kündigte die Beklagte erst am 3. Juli 1957 zum 27. Juli. Die Geschwister H. wurden sofort von der Arbeit freigestellt, Frau W. konnte wegen Krankheit ohnehin nicht arbeiten.

Außer dem Betriebsleiter H. und dem Buchhalter W. schied lediglich die Arbeiterin M. nicht aus den Diensten der Beklagten aus. Sie wurde aber schon Anfang Juni 1957 beurlaubt und dann ab 12. August 1957 in Langen beschäftigt.

Im Monat Juli 1957 begann die Räumung des Betriebes in Mannheim. Die Maschinen, die Materialien und Einrichtungsgegenstände brachte eine Speditionsfirma nach Langen. Spätestens im September 1957 nahm die Beklagte dort die Erzeugung von chemisch-pharmazeutischen Glaswaren wieder auf. Maschinen werden allerdings nicht hergestellt. Von der Mannheimer Belegschaft arbeiten in Langen nur der Betriebsleiter H., der Buchhalter W., und die Arbeiterin M. Die wesentlich verkleinerte Belegschaft ist neu und vom Arbeitsamt Langen zugewiesen.

Die Kläger erstreben mit ihren am 24. Juni 1956 eingegangenen Klagen die Feststellung der Unwirksamkeit der Kündigungen.

Sie haben vorgetragen, die Kündigungen seien unzulässig gewesen, weil die Voraussetzungen des § 13 KSchG nicht gegeben seien; insbesondere handele es sich bei der Verlegung des Betriebes nach Langen nicht um eine Betriebsstillegung. Im übrigen sei ihre Entlassung auch nicht erforderlich gewesen; denn noch im Juli 1957 sei in Mannheim produziert worden, der Umzug habe lediglich vorübergehende Einschränkungen notwendig gemacht. Für alle Kläger sei auch beim Umzug und bei der Produktionsaufnahme in Langen noch Arbeit vorhanden gewesen, insbesondere für den Kläger K. als Schlosser.

Die Kläger haben deshalb in erster Instanz beantragt, festzustellen, daß die Kündigung des Klägers K. vom 16. Juni 1957 und die Kündigungen der Klägerinnen H. und K. vom 3. Juni 1957 nichtig sind.

Die Beklagte hat Klageabweisung beantragt. Sie hat vorgetragen, mit der Verlegung des Betriebes nach Langen sei eine Betriebsstillegung verbunden gewesen. Der jetzt in Langen eingerichtete Betrieb sei mit dem Mannheimer Betrieb nicht identisch. Das ergebe sich schon daraus, daß nur eine Arbeiterin von Mannheim in Langen weiterarbeite. Außerdem habe sie schon frühzeitig eine Änderung des Betriebszweckes angekündigt. Auch die eingetretene Betriebsunterbrechung müsse berücksichtigt werden. Erst Anfang September habe der Betriebsleiter H. in Langen zwei Maschinen in Gang gebracht; neue Arbeitskräfte seien erst Ende September eingestellt worden. Die Unterbrechung habe spätestens am 3. Juli 1957 begonnen. Beim Umzug und in Langen habe für die Kläger keine Beschäftigungsmöglichkeit mehr bestanden. Durch die Verringerung der Belegschaft seien im übrigen die Ämter der Betriebsratsmitglieder erloschen, und damit sei auch deren besonderer Kündigungsschutz entfallen.

In den beiden Vorinstanzen hatten die Klagen Erfolg. Die Revision der Beklagten führte zur Klageabweisung.

Aus den Gründen:

I. Den Klägern, die auf Feststellung der Unwirksamkeit der gegen sie ausgesprochenen Kündigungen klagen, konnte, da sie z. Zt. der Kündigungen Mitglieder des Betriebsrates waren, nur unter den Voraussetzungen des § 13 KSchG gekündigt werden. Nach § 13 KSchG kann Betriebsratsmitgliedern, wenn — wie hier — eine fristlose Kündigung aus wichtigem Grunde nicht in Rede steht, nur im Falle der Betriebsstillegung gekündigt werden.

Das Landesarbeitsgericht hat angenommen, daß die Verlegung des Betriebes der Beklagten von Mannheim nach Langen eine auf den 30. Juni 1957 zu datierende Betriebsstillegung im Sinne des § 13 KSchG sei, weil durch Belegschaftswechsel die Identität zwischen altem und neuem Betrieb zerstört worden sei. Das Landesarbeitsgericht hat aber dennoch den Klageanträgen gemäß die Unwirksamkeit der strittigen Kündigungen festgestellt, weil es angenommen hat, daß die Betriebsstillegung allein zur Kündigung von Betriebsratsmitgliedern noch nicht ausreiche, daß vielmehr die Kündigung auch noch erforderlich sein müsse. An diesem vom Landesarbeitsgericht für nötig befundenen Merkmal der Erforderlichkeit fehle es, da die Kläger mit Umräumungsarbeiten auch noch nach dem 30. Juni 1957 hätten beschäftigt werden können.

Die Revision der Beklagten bekämpft die Ansicht des Landesarbeitsgerichts, daß der Arbeitgeber zur Kündigung von Betriebsratsmitgliedern außer der Betriebsstillegung auch noch die Erforderlichkeit der Kündigung nachweisen müsse. Die Kläger hingegen halten es für rechtsirrig, in der Verlegung des Betriebes von Mannheim nach Langen eine Betriebsstilllegung im Sinne des § 13 KSchG zu sehen.

II. 1. Zutreffend ist das Landesarbeitsgericht bei der Prüfung der Frage, ob in der Verlegung des Betriebes von Mannheim nach Langen eine Betriebsstillegung im Sinne des § 13 KSchG liegt, von der unstreitigen Tatsache ausgegangen, daß von den mehr als 20 Belegschaftsmitgliedern des Mannheimer Betriebes nur der Betriebsleiter H., der Buchhalter W. und die Arbeiterin M. in Langen beschäftigt werden und die übrige Belegschaft in Langen aus neuen vom dortigen Arbeitsamt vermittelten Arbeitskräften besteht. Dadurch ist, wie das Landesarbeitsgericht mit Recht angenommen hat, die zwischen der Beklagten und der Belegschaft des Mannheimer Betriebes bestehende Betriebsgemeinschaft aufgelöst worden. Diese Auflösung ist zwar nicht durch die Aufgabe des bisherigen Betriebszwecks veranlaßt worden; denn die Beklagte stellt in Langen ebenso wie zuvor in Mannheim chemisch-pharmazeutische Glaswaren her. Eine Betriebsstillegung liegt jedoch nicht nur bei Aufgabe des alten Betriebszwecks vor, sondern auch dann, wenn der bisherige Betriebszweck zwar weiter verfolgt wird, aber eine nicht unerhebliche räumliche Verlegung des Betriebes vorgenommen wird und damit die Auflösung der alten Betriebsgemeinschaft und der Aufbau einer im wesentlichen neuen Belegschaft verbunden ist. Dann fehlt die Identität zwischen der alten und der neuen Betriebsgemeinschaft und damit auch — jedenfalls auf dem hier interessierenden arbeits- und betriebsverfassungsrechtlichen Gebiete — die Identität zwischen dem alten und dem neuen Betrieb (Hueck-Nipperdey, Lehrbuch des Arbeitsrechts, Bd. 1, 6. Aufl., 1959, § 65 V 1, S. 625 und Bd. 2, § 72 III 1 b, S. 874; Hueck, KSchG, 3. Aufl., 1954, Anm. 22 zu § 13; Nikisch, Arbeitsrecht, 2. Aufl., 1955 Bd. 1, § 45 I 1, S. 531; Dietz, BetrVG, Anm. 22 zu § 72; Monjau-Heimeier, KSchG, Anm. 3 zu § 13, S. 135; Sellmann, SchwBeschG, 1954, Anm. 11 zu § 18; Willrodt-Gotzen, SchwBeschG, 1953, Anm. 11 zu § 18). Das Landesarbeitsgericht hat somit zutreffend eine Betriebsstillegung bejaht.

Auf die von den Klägern aufgeworfene Frage, ob der Arbeitgeber bei einer derartigen Verlegung seines Betriebes seinen bisherigen Arbeitnehmern einschließlich der Betriebsratsmitglieder auch dann kündigen kann, wenn die Belegschaft an den neuen Betriebsort mitzugehen bereit ist, brauchte der Senat nicht einzugehen; denn hier haben alle Belegschaftsmitglieder bis auf eines durch Nichteinzeichnung in die von der Vermittlungsstelle ausgelegte Liste ihren Willen bekundet, nicht nach Langen zu gehen. Hätten die Arbeiter nach dem Spruch der Vermittlungsstelle ihre Auffassung ändern wollen, so hätten sie dies der Beklagten mit voller Klarheit zum Ausdruck bringen müssen. Die Erklärung ihrer Bereitwilligkeit, beim Umzug zu helfen, genügte dazu nicht.

2. Bei Betriebsstillegung ist gemäß § 13 Abs. 2 KSchG die Kündigung der Betriebsratmitglieder grundsätzlich frühestens zum Zeitpunkt der Stilllegung zulässig. Die Beklagte hat die Kündigungen der Kläger zum 30. Juni 1957 ausgesprochen. Nach den Feststellungen des Landesarbeitsgerichts ist der Mannheimer Betrieb Ende Juni 1957 zum Erliegen gekommen. Mit Ablauf dieses Monats ist der wesentlichste Teil der Belegschaft ausgeschieden. Ohne Rechtsirrtum hat danach das Landesarbeitsgericht den 30. Juni 1957 als Zeitpunkt der Stillegung angenommen.

3. Rechtsirrig ist dagegen die Ansicht des Landesarbeitsgerichts, daß die Kündigung eines Betriebsratsmitgliedes auch im Falle einer Betriebsstillegung nur dann zulässig sei, wenn sie sich als erforderlich erweist. Damit hat das Landesarbeitsgericht den Wortlaut und den rechtlichen Gehalt des § 13 KSchG verkannt.

Von betrieblichen Erfordernissen ist in § 13 Abs. 2 KSchG nur für den Ausnahmefall die Rede, daß Betriebsratsmitglieder bei Betriebsstillegung schon vor dem Zeitpunkt der Stillegung entlassen werden sollen. Das ist aber nur bei zwingender betrieblicher Notwendigkeit möglich. Für den Regelfall aber, daß Betriebsratsmitglieder erst mit der Betriebsstilllegung ausscheiden, schreibt § 13 Abs. 2 eine Untersuchung darüber, ob die Kündigung betrieblich erforderlich ist, nicht vor.

Die Notwendigkeit einer solchen Untersuchung läßt sich auch nicht, wie das Landesarbeitsgericht meint, aus dem Sinn des Gesetzes herleiten. Der in § 13 KSchG den Betriebsratsmitgliedern gewährte Schutz dient nicht deren persönlichen Interessen, sondern dem Interesse der Arbeitnehmerschaft an der unabhängigen und durch keine willkürlichen Maßnahmen des Arbeitgebers bedrohten Amtsführung des Betriebsrates (RAG ARS 36, 24 [27]; Hueck, KSchG, Anm. 34 zu § 13; Herschel-Steinmann. KSchG, Anm. 1 zu § 13).

Der Kündigungsschutz wird dem Betriebsratsmitglied somit um seines Amtes willen gewährt. Der Betriebsrat ist Organ der Arbeitnehmerschaft eines Betriebes; nur von der Belegschaft dieses Betriebes empfängt er seine Legitimation. Seine Amtsbefugnisse sind auf den Betrieb beschränkt, für den er gewählt ist. Das Amt ist abhängig vom Bestehen des Betriebes.

Wird die zwischen dem Arbeitgeber und dem Arbeitnehmer bestehende betriebliche Schaffensgemeinschaft aufgelöst und damit der Betrieb stillgelegt, so wird auch dem Betriebsrat die Grundlage seiner Existenz entzogen. Damit endet zugleich das Amt des Betriebsrates und demzufolge auch der besondere Kündigungsschutz des § 13 KSchG für die den Betriebsrat bildenden Arbeitnehmer.

Demgemäß bestimmt auch § 13 Abs. 2 KSchG gar nicht etwa, daß der gesteigerte Kündigungsschutz der Betriebsratsmitglieder bei einer Betriebsstillegung entfalle. Das sieht das Gesetz vielmehr als selbstverständliche Folge des Funktionsendes an. § 13 Abs. 2 KSchG bestimmt lediglich den Zeitpunkt, zu dem die Kündigung frühestens ausgesprochen werden darf. Ohne diese Bestimmung in § 13 Abs. 2 KSchG könnte der Arbeitgeber, der gemäß § 13 Abs. 1 KSchG einem Betriebsratsmitglied während seines Amtes auch für einen nach Beendigung des Amtes liegenden Zeitraum nicht kündigen darf (Hueck, KSchG, Anm. 11 zu § 13; Herschel-Steinmann, KSchG, Anm. 3 zu § 13, S. 171; für das frühere Recht: RAG ARS 14, 56 [59] und 16, 489 [490]), dem Betriebsratsmitglied auch nicht zum Zeitpunkt der Stillegung kündigen. Er müßte vielmehr bis zur Stillegung warten und müßte dann auch noch die Kündigungsfrist einhalten, sofern die Stillegung nicht gerade ein wichtiger Grund zur fristlosen Entlassung des Arbeitsverhältnisses ist, was durchaus nicht immer der Fall zu sein braucht. Diese Folge zu vermeiden, ist Sinn und Zweck des § 13 Abs. 2 KSchG. Dann aber entbehrt es jeden vernünftigen Grundes, den mit dem Amte verbundenen und nur um des Amtes willen gewährten Kündigungsschutz noch über den Zeitpunkt der Beendigung des Amtes auszudehnen. Es darf also bei einem Betriebsratsmitglied, dessen Amt mit der Stillegung des Betriebes endet, nicht noch nach der Erforderlichkeit der Kündigung gefragt werden.

Aus der vom Landesarbeitsgericht angeführten Entscheidung des Dritten Senates (BAG 3, 155) läßt sich für den hier gegebenen Fall nichts herleiten; denn der Sachverhalt lag dort völlig anders als hier. Hier handelt es sich um eine Kündigung von Betriebsratsmitgliedern bei Stillegung und damit um eine ordentliche Kündigung (BAG 3, 341 [343]; BAG 5, 354 [356]; LAG Hamm AP 54 Nr. 7; Hueck, KSchG, Anm. 25 zu § 13; Nikisch, Arbeitsrecht, 2. Aufl., 1955, Bd. 1, § 52 I 4, S. 657; Herschel-Steinmann, KSchG, 1958, Anm. 18 und 19 zu § 13). Dort handelte es sich um nicht dem Betriebsrat angehörende Arbeitnehmer, denen wegen einer mehr als 15jährigen Betriebszugehörigkeit kraft Tarifvertrages nur noch mit der außerordentlichen Kündigung aus wichtigem Grunde gekündigt werden konnte. Bei ihnen lag es nahe, trotz der Stillegung des

Betriebes, in dem sie bisher gearbeitet haben, die Frage aufzuwerfen, ob dem Arbeitgeber zuzumuten ist, die ihm durch langjährige treue Arbeit verbundenen Arbeitnehmer in einem anderen Betrieb seines gesamten Unternehmens zu beschäftigen. Den hier in Rede stehenden Klägern dagegen war kraft Gesetzes in § 13 KSchG ein besonderer Kündigungsschutz nur ihres Amtes wegen bewilligt, so daß, wenn ihr Amt mit der Stillegung des Betriebes endete, nichts dafür sprach, zu überlegen, ob dem Arbeitgeber zuzumuten sei, sie noch weiter mit Abwicklungsarbeiten oder gar in einem anderen Betrieb, dessen Belegschaft sie nicht als Betriebsrat gewählt hatte, zu beschäftigen.

Aus § 13 KSchG läßt sich somit die von den Klägern begehrte Feststellung einer Unwirksamkeit der ihnen zum Zeitpunkt der Stillegung des Betriebes ausgesprochenen Kündigung nicht herleiten.

III. Auch § 1 KSchG ist keine geeignete Klagegrundlage. Die in der Rechtslehre streitige Frage, ob überhaupt dann, wenn die Kündigung eines Betriebsratsmitgliedes wegen Betriebsstillegung nach § 13 KSchG zulässig ist, noch der allgemeine Kündigungsschutz des § 1 KSchG eingreift (vgl. Hueck, KSchG, 3. Aufl., § 13, Anm. 30), brauchte der Senat nicht zu entscheiden, da die Anwendung des § 1 KSchG zu keinem anderen Ergebnis führen würde als seine Nichtanwendung. Die Kündigungen halten sowohl einer Nachprüfung aus § 1 Abs. 2 wie auch aus Abs. 3 KSchG stand. Die Kündigungen der Kläger waren durch die Stillegung des Mannheimer Betriebes betriebsbedingt gem. § 1 Abs. 2 KSchG. Ob für die Kläger noch eine Beschäftigungsmöglichkeit in dem neu errichteten Langener Betrieb bestand, ist unerheblich, da für die Frage der die Kündigungen rechtfertigenden dringenden Erfordernisse im Sinne des § 1 Abs. 2 KSchG nur die Verhältnisse des Beschäftigungsbetriebes in Mannheim maßgebend sind. Hinzu kommt, daß alle Betriebsratsmitglieder bis auf eines durch Nichteinzeichnung in die von der Vermittlungsstelle ausgelegte Liste ihren Willen bekundet haben, nicht von Mannheim nach Langen zu gehen, und sie auch nach dem Spruch der Vermittlungsstelle dem Arbeitgeber eine Änderung ihres Willens nicht erklärt haben.

Auch auf § 1 Abs. 3 KSchG können sich die Kläger nicht stützen. Eine Auswahl der zu kündigenden Arbeitnehmer unter sozialen Gesichtspunkten schied schon deshalb aus, weil nahezu sämtliche Arbeiter des Betriebes entlassen worden sind und das Arbeitsverhältnis mit der Arbeiterin M. nur deshalb fortgesetzt worden ist, weil sie sich bereit erklärt hatte, im Langener Betrieb weiterzuarbeiten.

33

1. Dienstordnungen, die auf Grund des AOGÖ erlassen worden sind, führen als autonome Satzung auch nach der Aufhebung dieses Gesetzes ihr Eigenleben weiter, sofern ihre normative Wirkung nicht aus anderen Gründen weggefallen ist.

2. Eine unter der Herrschaft des AOGÖ erlassene gemeinsame Dienstordnung kann keinesfalls Betriebe und Unternehmen mit eigener Rechtspersönlichkeit (§ 1 Abs. 1c AOGÖ) erfassen, die niemals der gemeinsamen Dienstaufsicht unterstanden haben, auf Grund deren die Dienstordnung überhaupt nur erlassen werden konnte (§ 16 Abs. 2 AOGÖ).

AOGÖ § 16; ATO § 1; TO.A § 1; KRG Nr. 56, Art. I.

IV. Senat. Urteil vom 11. 11. 1959 i. S. H. (Kl.) w. O. L. GmbH (Bekl.) 4 AZR 188/57.

I. Arbeitsgericht Kiel. — II. Landesarbeitsgericht Kiel.

Die beklagte Landsiedlungs-GmbH ist im Jahre 1947 gegründet worden. Seit dem 29. März 1952 ist die öffentliche Hand am Kapital der Beklagten mit mehr als der Hälfte beteiligt, und zwar zunächst allein das Land Schleswig-Holstein, seit dem 24. Februar 1954 die Bundesrepublik und das Land Schleswig-Holstein zu je einem Drittel.

Der Kläger ist seit dem 26. Juni 1950 als Buchhalter bei der Beklagten beschäftigt. Durch Vertrag vom 1. Juli 1952 haben die Parteien das Gehalt des Klägers auf 480 DM festgesetzt, eine Regelung über Urlaub und Kündigungsfrist getroffen und Abweichungen von diesem Vertrage einer neuen Vereinbarung mit dem Vorstand der Beklagten vorbehalten.

Der Kläger hat im ersten Rechtszuge die Feststellung beantragt, daß auf sein Arbeitsverhältnis ab 1. Juli 1952 die Bestimmungen der ATO und der TO.A sowie die dazu ergangenen Dienstordnungen und ergänzenden und erläuternden Bestimmungen nach Maßgabe der „Besonderen Dienstordnung für Gefolgschaftsmitglieder von Siedlungsunternehmen" (Runderlaß des Reichsministers für Ernährung und Landwirtschaft vom 17. Dezember 1938, LwRMBl. S. 1131) anzuwenden sind. Die Beklagte ist dagegen der Auffassung, der bezeichnete Runderlaß stelle keine wirksame Dienstordnung dar, jedenfalls aber könne eine solche nicht auf die zu der Beklagten bestehenden Dienstverhältnisse Anwendung finden.

Das Arbeitsgericht hat nach dem Klageantrage erkannt. Im zweiten Rechtszuge hat der Kläger die Klage auf die Feststellung beschränkt, daß ab 1. Juli 1952 auf sein Arbeitsverhältnis die Bestimmungen der TO.A sowie die dazu ergangenen Dienstordnungen anzuwenden sind. Das

Landesarbeitsgericht hat die Klage abgewiesen. Die Revision des Klägers ist zurückgewiesen worden.

Aus den Gründen:

Das Landesarbeitsgericht geht zutreffend davon aus, daß die Entscheidung davon abhängt, ob die TO.A für das Arbeitsverhältnis des Klägers auf Grund des Erlasses des Reichsministers für Ernährung und Landwirtschaft vom 17. Dezember 1938 kraft Dienstordnung gilt. Unmittelbar findet die TO.A als Tarifordnung auf das Arbeitsverhältnis des Klägers keine Anwendung. Denn während die ATO, um deren Anwendung die Parteien im zweiten Rechtszuge nicht mehr gestritten haben, alle bei öffentlichen Verwaltungen und Betrieben im Sinne des AOGÖ beschäftigten Angestellten erfaßt (§ 1 ATO), erstreckt sich der Geltungsbereich der TO.A nur auf die im § 1 TO.A im einzelnen aufgezählten Verwaltungen und Betriebe. Zu diesen gehört die Beklagte nicht. Insbesondere fällt die Beklagte als Siedlungsunternehmen mit eigener Rechtspersönlichkeit (GmbH) entgegen der Meinung der Revision nicht unter die Verwaltungen oder Betriebe des Landes Schleswig-Holstein oder der Bundesrepublik. Hierfür genügt die Beteiligung der öffentlichen Hand am Kapital der Beklagten und deren Zweckbestimmung nicht. Eine solche ausdehnende Auslegung läge nicht im Sinne der TO.A. Das ergibt sich deutlich daraus, daß Betriebe mit eigener Rechtspersönlichkeit, die unter das AOGÖ fallen (was sich nach § 1 Abs. 1c AOGÖ nach der Kapitalbeteiligung oder dem sonstigen entscheidenden Einfluß der öffentlichen Hand richtet), auf Grund ihrer Zweckbestimmung nach § 1 Abs. 1 Buchst. 1 TO.A nur dann vom Geltungsbereich der TO.A erfaßt werden, wenn sie Zwecken der Gemeinde oder Gemeindeverbänden dienen.

In der durch den Erlaß des Reichsministers für Ernährung und Landwirtschaft vom 17. Dezember 1938 bekannt gemachten „Besonderen Dienstordnung für Gefolgschaftsmitglieder von Siedlungsunternehmen" heißt es unter Nr. 1, daß „die nachstehenden Rechtsvorschriften" für diejenigen bei der Neubildung deutschen Bauerntums tätigen Siedlungsunternehmen gelten, bei denen am Kapital Verwaltungen des Reichs, der Länder, der Gemeinden, der sonstigen Körperschaften, Stiftungen und Anstalten des öffentlichen Rechts mit mehr als der Hälfte unmittelbar oder mittelbar beteiligt sind. Unter den anschließend genannten Vorschriften ist die TO.A nebst den dazugehörenden Bestimmungen der ADO mit Ausnahme des § 16 Abs. 4 und 5 TO.A und der dazugehörenden Bestimmungen der ADO aufgeführt. Da eine andere Rechtsgrundlage für die Anwendung der Bestimmungen der TO.A auf das Arbeitsverhältnis des Klägers nicht in

Betracht kommt, hängt die Entscheidung über den Feststellungsantrag des Klägers, wie das Landesarbeitsgericht zutreffend ausführt, davon ab, ob der Erlaß vom 17. Dezember 1938 eine wirksame Dienstordnung für die in dem Erlaß bezeichneten Siedlungsunternehmen darstellt, ob eine solche Dienstordnung auch wirksam geblieben ist und schließlich, ob auch die Beklagte von ihr erfaßt wird.

Daß Dienstordnungen, die auf Grund des § 16 AOGÖ erlassen worden sind, durch das Kontrollratsgesetz Nr. 56 vom 30. Juni 1947 nicht aufgehoben worden sind, hat das Bundesarbeitsgericht schon mehrfach ausgesprochen. Das gilt nicht nur für solche Dienstordnungen, die als Ergänzungen von Tarifordnungen anzusehen sind (vgl. BAG 1, 250), sondern, was das Berufungsgericht offen läßt, auch für solche Dienstordnungen, auf die nicht in einer Tarifordnung wegen weiterer Regelung verwiesen ist. Denn die Dienstordnungen sind nicht, wie es nach Art. I KRG Nr. 56 für ihr Außerkrafttreten erforderlich wäre, „zusätzlich" oder „zur Durchführung" des AOGÖ erlassene Bestimmungen; sie führen als auf Grund des AOGÖ erlassene autonome Satzung auch nach der Aufhebung dieses Gesetzes ihr Eigenleben weiter, sofern ihre normative Wirkung nicht aus anderen Gründen weggefallen ist (vgl. BAG 4, 6 = AP Nr. 1 zu § 16 AOGÖ mit Anm. von Neumann-Duesberg; Schnorr in Anm. zu AP Nr. 3 zu § 3 TO.A).

Das Berufungsgericht hat es offengelassen, ob der Erlaß des Reichsministers für Ernährung und Landwirtschaft vom 17. Dezember 1938 sich nach seinem Wortlaut und Sinn die unmittelbare Wirkung einer Dienstordnung beilegen oder nur die einzelnen Siedlungsunternehmen anweisen wollte, Einzeldienstordnungen nach einer „Musterdienstordnung" zu erlassen. Es führt zutreffend aus, daß die als "Besondere Dienstordnung" bezeichnete Anlage des Erlasses die Wirksamkeit einer Dienstordnung nur als „gemeinsame Dienstordnung" nach § 16 Abs. 2 AOGÖ erlangt haben kann, da der Reichsminister für Ernährung und Landwirtschaft nicht der „Führer" der einzelnen Siedlungsunternehmen im Sinne von § 16 Abs. 1 AOGÖ war. Ihm ist weiter darin beizupflichten, daß auch § 16 Abs. 2 Satz 1 AOGÖ als Rechtsgrundlage einer gemeinsamen Dienstordnung ausscheidet, weil die in dem Erlaß bezeichneten Siedlungsunternehmen nicht unter der gemeinsamen Verwaltung des Reichsministers für Ernährung und Landwirtschaft standen.

Das Landesarbeitsgericht sieht schließlich auch eine gemeinsame Dienstaufsicht, die Voraussetzung für den Erlaß einer gemeinsamen Dienstordnung nach §16 Abs. 2 Satz 2 AOGÖ ist, nicht als gegeben an. Ob das richtig ist, bedürfte noch eingehender Untersuchung. Es wäre näher zu erörtern, ob die eigene Rechtspersönlichkeit der Siedlungsunternehmen, wie das Landesarbeitsgericht meint, bereits begrifflich eine Dienstaufsicht ausschließt, insbesondere dann, wenn die Siedlungsunternehmen als öffentlich-rechtliche Körperschaften „kraft Wesens“ anzusehen sind (so Huber, Wirtschaftsverwaltungsrecht, 2. Aufl., Bd. 1 S. 239). Es wäre weiter darauf einzugehen, inwieweit etwa der Begriff der Dienstaufsicht im Sinne des § 16 Abs. 2 Satz 2 AOGÖ sich mit dem Begriff der Staatsaufsicht deckt. Käme man zu dem Ergebnis, daß der Erlaß als gemeinsame Dienstordnung für die damals (bis 1945) bestehenden Siedlungsunternehmen wirksam gewesen sei, so erhöbe sich die weitere Frage, ob eine solche gemeinsame Dienstordnung zwar nicht durch die Aufhebung des AOGÖ, wohl aber mit dem Wegfall der gemeinsamen Dienstaufsicht des Reichsministers für Ernährung und Landwirtschaft — sofern eine solche bestanden haben sollte — weggefallen ist; denn wenn man die gemeinsame Dienstordnung als autonome Verbandssatzung auffaßt, nämlich als Satzung des einheitlichen Verbandes, der von allen Angehörigen der durch gemeinsame Verwaltung oder Dienstaufsicht zusammengefaßten Dienstgemeinschaften gebildet wird (so Hueck-Nipperdey-Dietz, 4. Aufl., Anm. 11 zu § 16 AOGÖ), so ist mit dem Wegfall der gemeinsamen Verwaltung oder Dienstaufsicht auch der Verband weggefallen, zu dem der Arbeitnehmer gehören müßte, wenn sein Arbeitsverhältnis von der gemeinsamen Dienstordnung erfaßt werden sollte.

Indessen nötigt der vorliegende Streitfall nicht zu einer Entscheidung dieser Fragen. Denn jedenfalls konnte die erst im Jahre 1947 gegründete Beklagte nicht von einer vom Reichsminister für Ernährung und Landwirtschaft für Siedlungsunternehmen erlassenen gemeinsamen Dienstordnung erfaßt werden. Anders wäre es, wenn es sich um die unmittelbare Anwendung der TO.A als Tarifordnung handelte; denn als weitergeltende Rechtsverordnung erstreckt sich die TO.A in ihrem Geltungsbereich auch auf Dienstverhältnisse bei neu errichteten Verwaltungen und Betrieben. Dagegen kann eine früher erlassene gemeinsame Dienstordnung keinesfalls solche Betriebe mit eigener Rechtspersönlichkeit im Sinne des § 1 Abs. 1c AOGÖ erfassen, die niemals derjenigen gemeinsamen Dienstaufsicht unterstanden haben, auf Grund deren nach § 16 Abs. 2 AOGÖ die Dienstordnung überhaupt nur erlassen werden konnte, und zwar eben nur für die dieser Dienstaufsicht unterliegende Gruppe von Betrieben; inwieweit das auch für neu errichtete unselbständige Verwaltungen und Betriebe gilt, kann hier unerörtert bleiben. Da die Beklagte erst im Jahre 1947 gegründet worden ist, hat sie schon deshalb niemals einer Dienstaufsicht des Reichsministers für Ernährung und Landwirtschaft unterstehen können;

sie konnte auch nicht mehr in einen etwa durch eine solche Dienstaufsicht früher gebildeten Verband hineinwachsen. Das vom Berufungsgericht gewonnene Ergebnis, daß der Erlaß vom 17. Dezember 1938 als Dienstordnung keine Anwendung auf die Beklagte finden kann, erweist sich daher als richtig.

34

1. Bei Prozentempfängern richtet sich das Urlaubsentgelt auch nach den Bedienungsprozenten, nicht nur nach dem Garantielohn.

2. Werden einem Arbeitnehmer mehr Urlaubstage gewährt, als er zu beanspruchen hat, so kann der Arbeitgeber zwar mangels anderweitiger tarifvertraglicher oder einzelvertraglicher Vereinbarung ein zuviel gezahltes Urlaubsentgelt nicht zurückfordern. Jedoch sind Ansprüche auf Nachzahlung von Urlaubsentgelt nicht gegeben, wenn inzwischen feststeht, daß mehr Freizeit gewährt worden ist, als der Arbeitnehmer zu beanspruchen hatte.

3. Zur Frage der Verwirkung im Arbeitsrecht.

BGB § 611 Urlaubsrecht.

I. Senat. Urteil vom 13. 11. 1959 i. S. Sch. (Bekl.) w. K. (Kl.)
1 AZR 320/57.

I. Arbeitsgericht Stuttgart. — II. Landesarbeitsgericht Stuttgart.

Die Klägerin war vom 16. Oktober 1953 bis zum 31. August 1955 als Bedienungskraft in dem Tagescafé des Beklagten tätig. Sie wurde nach Bedienungsprozenten besoldet; außerdem war ihr ein Garantielohn von 180,— DM zugesichert. Dem Arbeitsverhältnis lag ein schriftlicher Arbeitsvertrag vom 15. Oktober 1953 zugrunde. Darin heißt es:

„Sie unterliegen den tariflichen Bestimmungen des Deutschen Konditorenverbandes und nicht des Gaststättengewerbes, da wir dem Gaststättengewerbe nicht angeschlossen sind."

Das Café wurde morgens um 8.00 Uhr geöffnet und abends um 19.00 Uhr geschlossen. An den Sonntagen wurde das Café um 11.00 Uhr geöffnet. An diesen Tagen war jedoch nur ein Teil des Bedienungspersonals zur Arbeit eingesetzt. Die Arbeitskräfte, die am Sonntag von der Arbeit freigestellt waren, erhielten in der auf den Sonntag folgenden Woche einen halben freien Tag. Die Bedienungskräfte, die am Sonntag arbeiteten, erhielten in der auf den Sonntag folgenden Woche in der Regel einen vollen freien Tag, den sie im Einvernehmen mit ihren Arbeitskolleginnen festsetzen konnten. Fiel jedoch in die betreffende Woche ein Wochenfeiertag, so gewährte der Beklagte diesen Bedienungskräften in dieser Woche keinen zusätzlichen freien Tag.

Im Jahre 1954 erhielt die Klägerin einen Urlaub von 12 Arbeitstagen, im Jahre 1955 einen solchen von 13 Arbeitstagen. Das Urlaubsgeld berechnete der Beklagte in beiden Jahren nach dem Garantielohn ohne Berücksichtigung der Bedienungsprozente mit täglich 8,65 DM.

Während der Dauer des Arbeitsverhältnisses verdiente die Klägerin durch ihre Beschäftigung beim Beklagten insgesamt 8769,57 DM. Das entsprach einem Tagesdurchschnitt von 15,33 DM.

Mit der Klage verlangt die Klägerin vom Beklagten noch ein weiteres Urlaubsentgelt, indem sie für die Berechnung nicht den Garantielohn, sondern den Tagesdurchschnittsverdienst zugrunde legt. Weiter verlangt sie mit der Klage die Bezahlung für neun Wochenfeiertage, und zwar für jene Wochen, an denen sie trotz Leistung des Sonntagsdienstes keinen freien Tag erhalten hatte, sondern vom Beklagten auf die jeweiligen Wochenfeiertage verwiesen worden war. Der Höhe nach sind beide im Streit befindlichen Klagebeträge unstreitig.

Das Arbeitsgericht hat der Klägerin die von ihr verfolgten Ansprüche nur für das Jahr 1955 zugebilligt, wegen der Jahre 1953 und 1954 aber die Ansprüche als verwirkt abgewiesen. Auf die Berufung der Klägerin hat das Landesarbeitsgericht dem Klageanspruch, soweit er noch im Streit befindlich ist, in vollem Umfang stattgegeben. Die Revision des Beklagten hatte nur teilweise Erfolg.

Aus den Gründen:

I. Es ist davon auszugehen, daß nach dem mit der Klägerin am 15. Oktober 1953 geschlossenen Arbeitsvertrag auf dieses Arbeitsverhältnis „die tariflichen Bestimmungen des Deutschen Konditorenverbandes“ Anwendung finden sollten.

1. Es ist den Parteien eines Arbeitsverhältnisses unbenommen, kraft einzelvertraglicher Vereinbarung zu bestimmen, daß die beiderseitigen Rechte und Pflichten sich nach den Regelungen eines Tarifvertrages bestimmen sollen, an den die Parteien weder kraft Mitgliedschaft zu den vertragschließenden Organisationen noch kraft Allgemeinverbindlicherklärung gebunden sind. Liegt eine solche Vereinbarung vor, so gilt der in Bezug genommene Tarifvertrag zwar nicht kraft normativer Tarifwirkung, wohl aber kraft dieser einzelvertraglichen Vereinbarung.

2. Es kann dahingestellt bleiben, ob die hier vorliegende einzelvertragliche Bezugnahme auf „die tariflichen Bestimmungen des Deutschen Konditorenverbandes“ ausreichend bestimmt ist, um tarifliche Bestimmungen des Deutschen Konditorenverbandes zum Inhalt des Arbeits-

verhältnisses der Parteien zu machen. Aus dem Arbeitsvertrag ergibt sich nicht, welche tariflichen Bestimmungen mit dieser Bezugnahme gemeint sind. Es ist möglich, daß in dem bereits am 15. Oktober 1953 geschlossenen Arbeitsvertrag die Bestimmungen des Mantel- und Lohntarifvertrages für das Konditorenhandwerk im Lande Baden, der zwischen dem Landesinnungsverband der selbständigen Konditorenverbände und der Vereinigung der Arbeitnehmer des Konditorenhandwerks im Lande Baden mit Wirkung von 1. Januar 1953 abgeschlossen ist, gemeint sein sollten. Zwar erstreckte sich dieser Tarifvertrag räumlich nur auf das frühere Land Baden und damit nicht auf die Stadt Stuttgart, in der das Arbeitsverhältnis bestand. Gleichwohl wäre es denkbar, daß auch ein nicht in diesem Raum geltender Tarifvertrag einzelvertraglich dem Arbeitsverhältnis zugrunde gelegt werden sollte. Möglich ist auch, daß diese Bezugnahme sich auf den Mantel- und Lohntarifvertrag für das Konditorenhandwerk im Lande Baden-Württemberg, der ab 1. Januar 1954 in Kraft war, beziehen sollte. Dann läge die Bezugnahme auf einen Tarifvertrag vor, der am Tage des Abschlusses des Arbeitsverhältnisses noch nicht vereinbart war. Auch dies wäre nicht grundsätzlich unzulässig, denn die Parteien eines Arbeitsverhältnisses können im Rahmen der Vertragsfreiheit auch bestimmen, daß kraft einzelvertraglicher Abrede die in einem späteren Tarifvertrag geregelten Arbeitsbedingungen auch für ihr bereits jetzt bestehendes Arbeitsverhältnis gelten sollen.

Ob die hier bestehenden Unklarheiten, welche tariflichen Bestimmungen mit der Bezugnahme in dem Arbeitsvertrag gemeint sein sollen, der Wirksamkeit dieser Bezugnahme entgegenstehen, kann jedoch dahingestellt bleiben.

Auch kann dahingestellt bleiben, ob die Regelungen eines „Tarifvertrages“, der als solcher wegen mangelnder Tariffähigkeit einer der vertragschließenden Parteien unwirksam ist und dem deshalb keine normative Wirkung nach dem TVG zukommen kann, gleichwohl kraft einer vor der Feststellung der Unwirksamkeit dieses Tarifvertrages zustande gekommenen einzelvertraglichen Vereinbarung für ein Arbeitsverhältnis gelten, wenn auf diese Regelungen in dem Einzelarbeitsvertrag Bezug genommen ist. Wie sich aus der rechtskräftigen Entscheidung des Arbeitsgerichts Karlsruhe vom 15. Juni 1955 in dem auf Antrag der Gewerkschaft Nahrung, Genuß, Gaststätten gegen die Vereinigung der Arbeitnehmer des Konditorenhandwerks Baden-Württemberg (VAK) gemäß § 2 Abs. 1 Nr. 5 ArbGG eingeleiteten Verfahren (III Ca B 1/55) ergibt, war die Vereinigung der Arbeitnehmer des Konditorenhandwerks im Lande Baden-Württemberg, die als vertragschließende Partei in dem Tarifvertrag vom

15. Dezember 1953 aufgetreten ist, nicht tariffähig. Den von der VAK mit den Landesinnungsverbänden der selbständigen Konditoren in Baden und in Württemberg am 15. Dezember 1953 geschlossenen Vereinbarungen kommen sonach nicht die Wirkungen eines Tarifvertrages nach dem TVG zu.

Denn auch wenn man unterstellt, daß die Regelungen in den genannten „Tarifverträgen" kraft einzelvertraglicher Vereinbarung auf das Arbeitsverhältnis zwischen den Parteien Anwendung finden, führt das nicht dazu, daß die Urlaubsvergütung der Klägerin sich lediglich nach dem sogenannten Garantielohn bestimmt.

Zwar erklären sowohl der erwähnte „Tarifvertrag" für das Land Baden wie der „Tarifvertrag" für Baden-Württemberg in § 10, daß der Betriebsinhaber für jeden Urlaubstag an das Belegschaftsmitglied vor Antritt des Urlaubs den 26. Teil des Garantielohnes in bar auszuzahlen hat. Das Urlaubsentgelt des Prozentempfängers soll sich danach also n u r nach dem Garantielohn richten; daß der Prozentempfänger aus den Bedienungsprozenten in der Regel erheblich höhere Einnahmen hat, wenn er nicht beurlaubt ist, soll unberücksichtigt bleiben.

Eine solche Regelung ist als einzelvertragliche Vereinbarung nichtig; sie wäre auch als Tarifnorm nichtig. Denn sie verstößt gegen zwingende Grundsätze des Urlaubsrechts. Der Senat hat bereits in BAG 6, 90 ausgeführt, daß eine tarifliche Regelung, nach der der Prozentempfänger während des ihm zustehenden Urlaubs für jeden Urlaubstag nur 1/26 des Garantielohnes, nicht aber auch einen Ausgleich für die wegen der Freistellung von der Arbeit wegfallenden Prozente erhalten soll, dazu führt, daß der Prozentempfänger während des Urlaubs nicht auf die Einnahmen kommt, die er im Falle der Arbeitsleistung erzielt hätte. Der Garantielohn bleibt in aller Regel hinter dem tatsächlich erzielten Arbeitsverdienst des Prozentempfängers zurück. Er soll dem Prozentempfänger lediglich ein Mindesteinkommen gewährleisten, entspricht aber nicht dem tatsächlichen regelmäßig erzielten Einkommen dieses Arbeitnehmers. Eine tarifliche oder einzelvertragliche Bestimmung, die den beurlaubten Prozentempfänger auf den Garantielohn beschränkt, ihm also nicht die volle bei Arbeitsleistung erzielte Vergütung während des Urlaubs zukommen läßt, steht mit dem allgemeinen Grundsatz des Urlaubsrechts in unvereinbarem Widerspruch, nach dem der Arbeitnehmer während des Urlaubs das Entgelt zu erhalten hat, das er verdient hätte, wenn er gearbeitet hätte (vgl. BAG AP Nr. 6 zu § 611 BGB Urlaubsrecht; Hueck-Nipperdey, Lehrbuch des Arbeitsrechts 1957, Bd. I, S. 393 ff.). Der Arbeitnehmer soll sich im Urlaub grundsätzlich nicht schlechter stehen, als wenn er ohne Urlaub im Arbeitsverhältnis gearbeitet hätte (Dersch, Die Urlaubsgesetze 1954, S. 208 Anm. 348). Er soll in die Lage versetzt sein, die Urlaubsfreizeit im gewohnten Lebenszuschnitt zu verbringen (BAG 3, 52 [55]). Vereinbarungen, die den Arbeitnehmer während des Urlaubs in seinen Bezügen beschränken, ihm also nur geringere Bezüge zukommen lassen, als er sie erzielt hätte, wenn er, statt den Urlaub in Anspruch zu nehmen, gearbeitet hätte, sind als Verstoß gegen zwingende Grundsätze des Urlaubsrechts nach § 134 BGB nichtig.

3. Dieser Auffassung läßt sich auch nicht mit der Erwägung begegnen, daß der Arbeitgeber dem Prozentempfänger als Vergütung aus dem Arbeitsverhältnis nur den sogenannten Garantielohn schulde und ihm auch während der Arbeit nicht eine bestimmte höhere Einnahme aus Bedienungsprozenten garantiere und daß deshalb der Arbeitgeber nicht während und wegen des Urlaubs des Arbeitnehmers stärker belastet werden könne, als er dem arbeitenden Arbeitnehmer gegenüber nach den von ihm im Arbeitsvertrag übernommenen Pflichten belastet sei. Zum Inhalt des Arbeitsverhältnisses des Prozentempfängers gehört es, daß der Arbeitgeber dem Arbeitnehmer nicht nur mindestens den Garantielohn zu zahlen hat, sondern es gehört dazu auch, daß er dem Arbeitnehmer die Gelegenheit zur Erzielung von Bedienungsprozenten einräumen muß. Auch das ist eine dem Arbeitgeber obliegende Leistung aus dem Arbeitsverhältnis; sie ist im Urlaub in der Form zu gewähren, daß der Arbeitnehmer die entsprechenden Bedienungsprozente, die er während der Urlaubszeit verdient hätte, vom Arbeitgeber vergütet erhält.

4. Die Ausführungen des Beklagten, mit denen er die Gewährung des Urlaubsentgelts nur nach dem Garantielohn rechtfertigen will, greifen demgegenüber nicht durch:

a) Das Verbot der Umsatz- und Gewinnbeteiligung bei weiblichen Arbeitnehmern steht der Berechnung des Urlaubsentgelts nach den Bedienungsprozenten nicht entgegen. Bei diesen Bedienungsprozenten handelt es sich um keine Beteiligung am Umsatz oder Gewinn, sondern um ein Entgelt für die Dienstleistung des Bedienungspersonals dem Gast gegenüber, die allgemein üblich im Gaststättengewerbe gewährt wird und auch von dem Beklagten jahrelang den bei ihm beschäftigten Bedienungskräften gewährt worden ist.

b) Der Beklagte kann die Klägerin auch nicht auf Mehrverdienst verweisen, den sie vor oder nach ihrem eigenen Urlaub dadurch erzielen kann und erzielt, daß sie dann eine nunmehr beurlaubte Kollegin vertreten kann und damit höhere Einnahmen hat. Dies scheitert daran, daß der Beklagte der Klägerin das Entgelt zu zahlen hat, das sie während ihres eigenen Urlaubs verdient hätte. Er kann also die Klägerin nicht auf solche

Einnahmen verweisen, die die Klägerin außerhalb ihres Urlaubs während der Arbeitszeit durch erhöhte Arbeitsleistung erzielen kann.

5. Unstreitig betrug der durchschnittliche Verdienst der Klägerin während ihrer Arbeit täglich 15,33 DM. Diesen Betrag muß der Beklagte auch für jeden Urlaubstag als Urlaubsentgelt zahlen. Er kann sich nicht darauf berufen, daß darin eine Überstundenvergütung oder eine Abgeltung für Überstunden enthalten sei. Der Beklagte muß während des Urlaubs das zahlen, was die Klägerin bei Arbeitsleistung erzielt hätte. Dazu gehört auch ein Überstundenentgelt, wenn, wie dies hier der Fall war, in dem Betrieb regelmäßig täglich Überstunden geleistet werden. Ein Arbeitnehmer, in dessen Betrieb regelmäßig Überstunden geleistet werden, die er auch geleistet hat und weiter geleistet hätte, wenn er nicht auf Urlaub gewesen wäre, hat den Anspruch auf das Überstundenentgelt auch während des Urlaubs (vgl. BAG AP Nr. 1 zu § 5 Urlaubsgesetz Niedersachsen).

6. Sonach ist davon auszugehen, daß die Klägerin Bezahlung der ihr gewährten Urlaubstage mit durchschnittlich 15,33 DM verlangen kann.

Daraus folgt, daß die Nachforderung der Klägerin für das Jahr 1954 mit 79,76 DM gerechtfertigt war.

7. Für das Jahr 1955 hat das Landesarbeitsgericht aber verkannt, daß die Klägerin bereits Ende August 1955 aus dem Arbeitsverhältnis ausgeschieden ist. Sie hatte zwar bereits vorher einen Urlaub von 13 Tagen in Anspruch genommen; sie konnte aber einen Urlaub in dieser Höhe von dem Beklagten für das Jahr 1955 nicht verlangen, da, wie sich durch ihr Ausscheiden Ende August 1955 herausgestellt hat, das Arbeitsverhältnis nicht während des ganzen Urlaubsjahres 1955 von Bestand geblieben ist.

Nach dem Urlaubsgesetz des Landes Württemberg-Baden vom 6. August 1947 gilt das Prinzip der Urlaubszwölftelung. § 2 Abs. 2 dieses Gesetzes bestimmt, daß der Arbeitnehmer, der innerhalb des Urlaubsjahres mehr als sechs, aber weniger als zwölf Monate tätig ist, für jeden Monat $^1/_{12}$ des gesetzlichen Urlaubs von zwölf Tagen zu beanspruchen hat. Nach dieser Regelung, die im übrigen auch nach den vorerwähnten „Tarifverträgen" gelten soll, steht also der Klägerin für das Urlaubsjahr 1955 im Hinblick auf ihr Ausscheiden am 31. August 1955 nur ein Urlaubsanspruch in Höhe von acht Tagen gegen den Beklagten zu, nicht ein solcher in Höhe von 13 Tagen. Die Klägerin hat also für das Jahr 1955 fünf Tage Urlaub zuviel erhalten.

Dem steht nicht entgegen, daß die seit 1953 bei dem Beklagten beschäftigte Klägerin die Wartezeit des § 2 Abs. 1 Satz 4 Urlaubsgesetz Württemberg-Baden bereits erfüllt hatte. Nach der Fassung des § 2 Abs. 2

des hier maßgebenden Gesetzes gilt vielmehr auch für das Austrittsjahr trotz erfüllter Wartezeit die Urlaubszwölftelung.

Dies wirkt sich auf den Urlaubsvergütungsanspruch der Klägerin für das Jahr 1955 aus.

Der Beklagte ist zwar mangels besonderer tarifvertraglicher oder einzelvertraglicher Vereinbarung nicht berechtigt, das Urlaubsentgelt in Höhe von 8,65 DM, das er der Klägerin für die im Jahre 1955 zuviel gewährten fünf Urlaubstage ausgezahlt hat, zurückzufordern.

Andererseits ist aber der Beklagte nicht verpflichtet, für diese fünf Tage der Klägerin den Differenzbetrag zwischen den von ihm gezahlten 8,65 DM täglich und den von der Klägerin verlangten 15,33 DM mit je 6,68 DM nachzuzahlen. Durch das Ausscheiden der Klägerin am 31. August 1955 hat sich herausgestellt, daß ein Rechtsanspruch auf Gewährung und Bezahlung dieser fünf als Urlaub gewährten Arbeitstage nicht besteht. Damit ist der Rechtsgrund für den von der Klägerin verfolgten Zahlungsanspruch weggefallen, Erfüllung kann insoweit nicht mehr verlangt werden. Es dreht sich hier nicht um die Frage, ob der Beklagte ein zuviel gezahltes Urlaubsgeld zurückverlangen kann, sondern um die Frage, ob der Beklagte, nachdem sich herausgestellt hat, daß die Klägerin zuviel Urlaubstage bekommen hat, gehalten ist, auch diese zuviel gewährten Urlaubstage noch nachträglich mit dem arbeitstäglichen Durchschnittsverdienst zu bezahlen. Diese Frage ist zu verneinen, da eine Rechtsgrundlage für den von der Klägerin verfolgten Anspruch zu der Zeit, als sie diesen erstmals nach Beendigung des Arbeitsverhältnisses mit der im Dezember 1955 erhobenen Klage geltend machte, nicht mehr gegeben war. Die Tatsache allein, daß der Beklagte mehr Urlaubstage gewährt hat, als er zu gewähren hatte, und die Klägerin die ihr gewährte Freizeit auch in Anspruch genommen hat, rechtfertigt einen Anspruch auf Nachzahlung einer bisher für diese Tage nicht gewährten Urlaubsvergütung nicht. Hätte der Arbeitgeber die Urlaubstage nicht gewährt, die, wie sich nachträglich herausgestellt hat, nicht zu gewähren waren, so hätte ein Anspruch auf Urlaubsgewährung auch nicht erhoben werden können. Hätte der Arbeitgeber nur Freizeit, aber nicht Bezahlung gewährt, so hätte nachträglich Urlaubsgeld nicht gefordert werden können, da sich inzwischen herausgestellt hatte, daß der Urlaub insoweit nicht geschuldet war. Dann muß aber Gleiches gelten für den Fall, daß ein zu niedriges Urlaubsgeld gewährt worden ist.

Dem kann auch nicht entgegengehalten werden, die Klägerin habe dadurch, daß sie die von dem Beklagten ihr gewährten 13 Urlaubstage in Anspruch genommen habe, ihren Freizeitanspruch für das Urlaubsjahr

1955, der nach dem Urlaubsgesetz des Landes Württemberg-Baden auf zwölf Tage geht, voll in Anspruch genommen; sie müsse deshalb, da sie auch von einem späteren Arbeitgeber wegen der bereits erfolgten vollen Erfüllung des Freizeitanspruchs keinen anteiligen Urlaub mehr fordern könne, wegen der Inanspruchnahme und des Verbrauches des vollen Urlaubs bereits während des Arbeitsverhältnisses mit dem Beklagten die volle Urlaubsvergütung von dem Beklagten erhalten. Es trifft zwar zu, daß die Klägerin gegen einen neuen Arbeitgeber keinen Anspruch auf Urlaubsabgeltung erwerben könnte (vgl. BAG 3, 60 [62]), so daß sie nicht die Differenz des ihr gebührenden Urlaubsentgeltes zu dem ihr von dem Beklagten mit je 8,65 DM für die fünf Tage gezahlten Urlaubsentgelt von einem späteren Arbeitgeber verlangen könnte. Für ein späteres Arbeitsverhältnis der Klägerin noch im Urlaubsjahr 1955 ist aber davon auszugehen, daß der Urlaubsanspruch für dieses Urlaubsjahr durch die von dem Beklagten gewährte Freizeit nur insoweit erfüllt ist, als sie von diesem Freizeit und volle Urlaubsvergütung erhalten hat. Da der Beklagte aber die volle Urlaubsvergütung für nur acht Tage entrichten muß, ist auch der Freizeitanspruch der Klägerin nur in dieser Höhe untergegangen, nicht in Höhe von 13 Tagen. Hat also die Klägerin noch im Jahre 1955 einen anteiligen Freizeitanspruch gegen einen neuen Arbeitgeber nach gesetzlicher oder tariflicher Regelung erworben, so steht dem die von dem Beklagten gewährte Freizeit nur in Höhe der voll bezahlten acht Tage gegenüber; nur insoweit ist ihr Freizeitanspruch bereits während des Arbeitsverhältnisses mit dem Beklagten verbraucht.

8. Zusammenfassend ist also festzustellen, daß die Klägerin wohl für das Jahr 1954 den vollen Anspruch auf Nachzahlung eines Teiles des nicht gewährten Urlaubsentgeltes hat, daß ihr weiter dieser Anspruch für die acht Urlaubstage im Jahre 1955 zusteht, die sie im Hinblick auf die Urlaubszwölftelung bei einem Ausscheiden Ende August 1955 für das Urlaubsjahr 1955 zu beanspruchen hatte, nicht aber für die fünf Urlaubstage, die sie gegenüber der Regelung des Urlaubsgesetzes für das Land Württemberg-Baden vom 6. August 1947 zuviel erhalten hat. Mit einem Teilbetrag von 33,40 DM (= fünf mal 6,68 DM) war also die Klägerin hinsichtlich des von ihr verfolgten Anspruchs auf Nachzahlung von Urlaubsgeld abzuweisen.

II. Soweit der Beklagte zur Bezahlung von Feiertagsgeld für neun Feiertage in den Jahren 1953 bis 1955 verurteilt ist, mußte die Revision zurückgewiesen werden.

Nach dem Gesetz zur Regelung der Lohnzahlung an Feiertagen vom 2. August 1951 hat der Arbeitgeber für die Arbeitszeit, die infolge eines gesetzlichen Feiertages ausgefallen ist, den Arbeitsverdienst zu zahlen, den der Arbeitnehmer ohne den Arbeitsausfall erhalten hätte. Aus den tatsächlichen Feststellungen des Landesarbeitsgerichts ergibt sich, daß die Arbeit an den Wochenfeiertagen, deren Bezahlung die Klägerin von dem Beklagten verlangt, eben wegen des Feiertages ausgefallen ist. Der Beklagte kann die Klägerin nicht darauf verweisen, daß sie durch zusätzliche Sonntagsarbeit oder durch die Verlegung des ihr wegen einer Sonntagsarbeit in der Woche zustehenden freien Tages auf den Wochenfeiertag einen Verdienstausfall hätte vermeiden können. Sinn des Feiertagsgesetzes ist es, bei Arbeitsausfall wegen eines Wochenfeiertages den Arbeitnehmern einen Anspruch auf Bezahlung dieses Feiertages zu geben, sie also so zu stellen, als hätten sie gerade an dem Wochenfeiertag, der ohne die Feiertagsruhe für sie ein Arbeitstag gewesen wäre, gearbeitet. Nur dann, wenn die Arbeit an dem Wochenfeiertag ohnehin, also nicht wegen des Wochenfeiertages, ausgefallen wäre, dieser Wochenfeiertag also kein zu bezahlender Arbeitstag gewesen wäre, entfiele ein Anspruch der Klägerin auf die Bezahlung dieses Wochenfeiertages. Dies könnte dann der Fall sein, wenn nach einer zwischen der Klägerin und dem Beklagten vorher allgemein getroffenen Vereinbarung der wegen einer geleisteten Sonntagsarbeit zu gewährende freie Tag stets auf einen bestimmten Wochentag gelegt worden wäre und wenn dann dieser im voraus als freier Tag festgelegte Wochentag in einer einzelnen Woche ein Wochenfeiertag gewesen wäre. So ist es aber hier nicht. Die freien Tage, die die am Sonntag im Betrieb des Beklagten eingesetzte Arbeitskraft an einem Wochentag erhalten mußte, waren nicht auf bestimmte Wochentage im voraus festgesetzt worden. Vielmehr wurde insoweit eine Einigung zwischen der Klägerin und ihren Kolleginnen für den einzelnen Fall getroffen. Deshalb kann der Beklagte die Klägerin nicht darauf verweisen, daß sie gerade in d e n Wochen, in die ein Wochenfeiertag fiel, ihren freien Tag auf den Wochenfeiertag hätte legen und so einen Verdienstausfall wegen des Feiertages vermeiden müssen.

III. Zutreffend hat das Landesarbeitsgericht auch erkannt, daß die von der Klägerin verfolgten Ansprüche für die Jahre 1953 und 1954 nicht verwirkt sind. Die Verwirkung arbeitsrechtlicher Ansprüche kann zwar dann eintreten, wenn der Arbeitnehmer mit der Geltendmachung der ihm zustehenden Ansprüche übermäßig lange zögert. Dies allein reicht aber zur Annahme einer Verwirkung nicht aus. Es muß hinzukommen, daß der Arbeitnehmer durch sein ganzes Verhalten in dem Arbeitgeber die Überzeugung erweckt, er werde den Anspruch nicht mehr geltend machen, weiterhin, daß der Arbeitgeber sich, auch in seinem Verhalten nach außen, auf diese ihm erkennbare Willensrichtung des Arbeitnehmers einstellt, und schließlich, daß dem Arbeitgeber die Erfüllung des nachträglich erhobenen Anspruchs nach Treu und Glauben nicht mehr zugemutet werden kann. Es mag zutreffen, daß der Beklagte rechtsirrig von der Annahme ausgegangen ist, die Klägerin könne und werde als Urlaubsentgelt nur den Garantielohn verlangen und auch nachträglich keine Ansprüche auf Feiertagsbezahlung mehr erheben. Das allein reicht aber zur Annahme einer Verwirkung nicht aus.

35

1. Wird bei einem Prozeßvergleich das den Vergleich beurkundende Protokoll nicht den Beteiligten vorgelesen und ist in dem Protokoll nicht vermerkt, daß dies geschehen und die Genehmigung erfolgt ist (§§ 160 Abs. 2 Ziff. 1,162 ZPO), so führt ein solcher Vergleich nicht zur Beendigung des anhängigen Rechtsstreits. Seine prozessuale Ungültigkeit ist in demselben Verfahren geltend zu machen.

2. Ein unter Nichtbeachtung von §§ 160 Abs. 2 Ziff. 1, 162 ZPO geschlossener Prozeßvergleich führt nicht ohne weiteres zur Ungültigkeit des darin enthaltenen materiell-rechtlichen Vergleichs im Sinne von § 779 BGB.

ZPO §§ 794 Abs. 1 Ziffer 1, 160 Abs. 2 Ziffer 1, 162, 561, 314, 256; BGB §§ 779, 119, 123, 139, 154 Abs. 2; Arbeitsplatzwechsel-VO § 2 Ziff. 1; 8. DVO und 9. DVO zur Arbeitsplatzwechsel-VO vom 14. 8. 1944/22. 2. 1945 — RGBl. I 1944 S. 176, 1945 S. 31; Kontrollratsbefehl Nr. 3.

II. Senat. Urteil vom 26. 11. 1959 i. S. B. (Kl.) w. B. R. Z. (Bekl.) 2AZR 242/57.

I. Arbeitsgericht Würzburg. — II. Landesarbeitsgericht Bayern.

1. Der Kläger, der bereits von 1923 bis 1934 bei einer Rechtsvorgängerin der Beklagten tätig war, wurde im November 1945 als Leiter der Würzburger Filiale der Beklagten angestellt. Mit Schreiben vom 25. November 1947 und vom 14. Januar 1948 legte ihm die Beklagte nahe, zum 30. Juni 1948 bzw. zum 31. Dezember 1948 zu kündigen. In dem Schreiben vom 14. Januar 1948 brachte die Beklagte zum Ausdruck, ihr Entschluß, sich vom Kläger zu trennen, sei aus den verschiedensten, von ihr im einzelnen aufgeführten Gründen, die nach Ansicht der Beklagten zur fristlosen Kündigung berechtigten, unabänderlich, und sie behalte sich ihrerseits alle diesbezüglichen Rechte vor. Sie untersagte dem Kläger auch ab sofort bis zum endgültigen Zeitpunkt seines Ausscheidens

jede dienstliche Handlung und kündigte ihm den Widerruf der ihm erteilten Vollmachten an.

Daraufhin erhob der Kläger mit Schriftsatz vom 12. Februar 1948 beim Arbeitsgericht Würzburg Klage mit dem Antrag

1. festzustellen, daß der Beklagten ein Recht zur fristlosen Entlassung aus den von ihr behaupteten Gründen gegenüber dem Kläger nicht zusteht;
2. die Beklagte zu verurteilen, die mit Schreiben vom 14. Januar 1948 ausgesprochene Dienstenthebung und das Arbeitsverbot für den Kläger sofort aufzuheben;
3. die Beklagte zu verurteilen, den angedrohten Widerruf der dem Kläger erteilten Vollmachten zu unterlassen.

Am 15. Juli 1948 schlossen die Parteien vor dem Arbeitsgericht Würzburg alsdann folgenden Vergleich:

„1. Beklagte gewährt dem Kläger vom 1. 1. 1949 ein monatliches Ruhegehalt von 300,— DM.
2. Damit sind sämtliche Ansprüche, welche Namen sie auch führen mögen, erloschen.
3. Bis zum 31. 12. 1948 erhält der Kläger das bisher bezogene Gehalt von 750,— DM.
4. Für diesen Vergleich holt die Beklagte die Zustimmung ihres Vorstandes bis zum 22. Juli 1948 ein.
5. Der Kläger verzichtet auf Rücktritt."

Dieser in das Sitzungsprotokoll aufgenommene Vergleich ist von dem Vorsitzenden des Arbeitsgerichts und vom Urkundsbeamten unterschrieben. Einen Vermerk, daß der beurkundete Vergleich den Parteien vorgelesen und von ihnen genehmigt worden sei, enthält das Sitzungsprotokoll nicht. Mit Schriftsatz vom 20. Juli 1948 stimmte die Beklagte dem Vergleich zu.

Bei Abschluß dieses Vergleichs spielte auch die Frage eine Rolle, inwieweit zu einer ordentlichen Kündigung seitens der Beklagten das Arbeitsamt nach den damaligen gesetzlichen Regelungen seine Zustimmung geben müsse. Die Beklagte hatte im Vergleichstermin vor Vergleichsabschluß ein Schreiben des Arbeitsamtes Würzburg vom 16. Juni 1948 vorgelegt, das folgenden Inhalt hatte:

„Betr.: Zustimmung zur Kündigung des F., B,

Ihrem Antrag auf Zustimmung zur Kündigung kann aus arbeitseinsatzmäßigen Gründen nicht stattgegeben werden. Soweit arbeitsrechtliche Gründe zur Kündigung vorhanden sind, ist es nicht Sache des Arbeitsamtes, darüber zu entscheiden. Hierfür ist einzig und allein das Arbeitsgericht zuständig.

gez. M
Oberregierungsrat"

2. Mit Schreiben vom 24. August 1950 an die Beklagte erklärte der Kläger, er fechte den Vergleich vom 15. Juli 1948 wegen Irrtums an, und in der Folgezeit nahm er die dem Vergleich vom 15. Juli 1948 entsprechenden Zahlungen der Beklagten „nur unter Vorbehalt" an. Die Vergleichsanfechtung vom 24. August 1950 begründete der Kläger damit, er sei bei Vergleichsabschluß davon ausgegangen, das Arbeitsamt habe nach der Arbeitsplatzwechselverordnung mit dem von der Beklagten im Vergleichstermin vorgelegten Schreiben vom 16. Juni 1948 der von der Beklagten beabsichtigten Kündigung seines Arbeitsverhältnisses zugestimmt. Das sei aber ausweislich des Inhalts der bei den Prozeßakten befindlichen Abschrift des Schreibens vom 16. Juni 1948 nicht der Fall gewesen.

3. Unter Berufung auf diese Anfechtungserklärung vom 24. August 1950 und auch auf den Gesichtspunkt der Anfechtung wegen arglistiger Täuschung erhob der Kläger im Juni 1954 unter dem Aktenzeichen Prozeßregister I 105/55 vor dem Arbeitsgericht Würzburg eine Feststellungsklage gegen die Beklagte mit dem Hauptantrag, festzustellen, daß der zwischen den Parteien am 15. Juli 1948 vor dem Arbeitsgericht Würzburg abgeschlossene Vergleich rechtsungültig sei, und dem von ihm als Hilfsantrag bezeichneten weiteren Antrag, die Beklagte zu verurteilen, ihm für die Zeit vom 1. Januar 1952 bis 31. Mai 1955 eine Ruhegehaltsnachzahlung von 4020,— DM zu leisten und ihm ab 1. Juni 1955 ein Ruhegehalt von 420,— DM zu gewähren. Diese Klage ist vom Arbeitsgericht Würzburg durch Urteil vom 24. Mai 1955 abgewiesen worden, und zwar hinsichtlich des Hauptantrages als unzulässig wegen fehlenden Feststellungsinteresses und hinsichtlich des Hilfsantrages als unbegründet. In dem hieraus entstandenen Berufungsverfahren vor dem Landesarbeitsgericht Bayern — Sitz Nürnberg — haben die Parteien dann am 10. Oktober 1956 einen Vergleich des Inhaltes geschlossen, daß der Kläger mit Einverständnis der Beklagten die Klage zurücknehme und die erstattungsfähigen Kosten der Berufungsinstanz übernehme.

4. Im März 1956 hat der Kläger die Fortsetzung des oben zu 1 genannten Prozesses beantragt. Mit der Begründung, der Vergleich vom

15. Juli 1948 sei auf Grund der am 24. August 1950 erklärten Anfechtung und aus weiteren Rechtsgründen hinfällig, hat er beantragt,

1. festzustellen, daß der Beklagten ein Recht zur fristlosen Entlassung gegenüber dem Kläger aus den von der Beklagten behaupteten Gründen nicht zusteht und daß das Arbeitsverhältnis zwischen dem Kläger und der Beklagten fortbesteht;
2. die Beklagte zu verurteilen, die mit Schreiben vom 14. Januar 1948 ausgesprochene Dienstenthebung des Klägers und das Arbeitsverbot aufzuheben;
3. die Beklagte zu verurteilen, den angedrohten Widerruf der Vollmachten des Klägers zu unterlassen;
4. hilfsweise hat der Kläger beantragt, die Beklagte zu verurteilen, an den Kläger 29 700,— DM nebst 4 % Zinsen hiervon seit dem 1. September 1955 als Differenz zwischen dem in der Zeit vom 1. Januar 1949 bis zum 1. Juli 1954 erhaltenen Ruhegeld und seinem früheren Gehalt zu zahlen.

Der Kläger ist in allen Instanzen unterlegen.

Aus den Gründen:

I. 1. In prozessualer Beziehung ist der vorliegende Rechtsstreit zunächst dadurch gekennzeichnet, daß der Kläger den im Jahre 1948 vor dem Arbeitsgericht Würzburg angestrengten Prozeß trotz des darin am 15. Juli 1948 geschlossenen Vergleichs mit den alten Anträgen und dazu mit zwei neuen Anträgen (Feststellung des Fortbestandes seines Arbeitsverhältnisses sowie dem „hilfsweise" gestellten Zahlungsantrag) fortsetzt.

Entgegen der Ansicht der Beklagten, die eine solche Prozeßfortsetzung für unzulässig hält, sind rechtlich-prozessuale Bedenken dagegen nicht zu erheben.

Wie das Bundesarbeitsgericht in seinen Urteilen vom 24. Juni 1955 — 1 AZR 2/53 — AP Nr. 1 zu § 794 ZPO mit Anm. von Pohle; vom 30. Mai 1956 — 2 AZR 178/54 — BAG 3, 43 [44] = AP Nr. 2 zu § 794 ZPO mit Anm. von Pohle; vom 9. Mai 1957 — 2 AZR 67/55 — BAG 4, 84 [85] = AP Nr. 3 zu § 794 ZPO mit Anm. von Pohle im einzelnen ausgeführt hat, ist der Streit über den Widerruf und über die Wirksamkeit eines Prozeßvergleichs jedenfalls grundsätzlich in demselben Verfahren auszutragen. An dieser Rechtsprechung ist insbesondere für einen Fall wie den vorliegenden festzuhalten; es ist das bisherige Verfahren fortzusetzen. Während die bisher vom Bundesarbeitsgericht entschiedenen Fälle solche Prozeßvergleiche betrafen, bei denen der Prozeßvergleich selbst formgerecht beurkundet worden war und sich deshalb die Frage ergeben konnte, ob trotzdem noch für einen aus materiell-rechtlichen Gründen sich ergebenden Streit über die Gültigkeit des Prozeßvergleichs im Wege der Verfahrensfortsetzung Raum sei, steht im vorliegenden Fall gemäß §§ 561 Abs. 1, 314 Satz 2 ZPO auch für das Revisionsgericht fest, daß eine gültige Prozeßbeendigung des seinerzeit beim Arbeitsgericht Würzburg anhängig gemachten Verfahrens durch den Vergleich vom 15. Juli 1948 nicht erfolgt ist. Denn der Vergleich vom 15. Juli 1948 ist nicht in der Form beurkundet worden, wie das §§ 160 Abs. 2 Ziff. 1, 162 ZPO vorschreiben. Nach diesen Vorschriften muß das Protokoll, in das ein Prozeßvergleich aufgenommen worden ist, den Parteien vorgelesen oder zur Durchsicht vorgelegt werden, und es ist in dem Protokoll zu vermerken, daß dies geschehen und die Genehmigung erfolgt ist. An einem solchen Vermerk über die Vorlesung und Genehmigung des Vergleichs vom 15. Juli 1948 fehlt es aber in dem Protokoll vom 15. Juli 1948. Für einen solchen Fall nimmt die herrschende Meinung in Rechtsprechung und Literatur mit Recht an, daß eine Prozeßbeendigung dann nicht eingetreten ist (BGHZ 14, 381 [386]; 16, 388 [390]; Rosenberg, Lehrbuch d. DZPR, 7. Aufl., 1956, 128 I 2 bß S. 602; Stein-Jonas, ZPO, 18. Aufl., § 162 Anm. III zu Fußnote 6; Delbrück, LM § 794 Abs. 1 Ziff. 1 ZPO Nr. 6). Andere (insbes. Baumgärtel, Wesen und Begriff der Prozeßhandlung einer Partei im Zivilprozeß, 1957, S. 202 zu Fußnote 124 mit weiteren Nachweisen) vertreten die Ansicht, die Ordnungsmäßigkeit der Protokollierung betreffe lediglich die Vollstreckbarkeitswirkung, sei aber nicht Voraussetzung für den Eintritt der Prozeßbeendigung. Diese trete mit den Erklärungen der Parteien an das Gericht ein, und bei ihnen sei die Klarheit der Prozeßlage auch ohne Protokollierung gewahrt, zumal auch bei der Klagerücknahme, der Erledigungserklärung sowie bei dem in § 160 Abs. 2 Ziff. 1 ZPO aufgeführten Anerkenntnis die Protokollierung ebenfalls nicht Wirksamkeitsvoraussetzung sei. Diese Begründung ist nicht überzeugend. Ob die letztgenannte Annahme Baumgärtels zutrifft, ist schon zweifelhaft, braucht aber hier nicht näher erörtert zu werden. Gerade weil bei einem Prozeßvergleich — im Gegensatz zur Klagerücknahme und der Erledigungserklärung — in der Regel beiderseits materiell-rechtliche Erklärungen abgegeben werden, also ein materiell-rechtlicher Vergleich im Sinne des § 779 BGB geschlossen wird, dem oftmals ausführliche und gegensätzliche Verhandlungen darüber vorausgehen, inwieweit nun der eine oder andere Teil materiell-rechtlich nachgeben soll, ist es ein Gebot der Rechtssicherheit, daß dann der endgültige Vergleichsinhalt in einwandfreier Form den Parteien zum Bewußtsein gebracht wird. Durch

Wahrung der Formerfordernisse der §§ 160 Abs. 2 Ziffer 1, 162 ZPO wird verhindert, daß nach allem üblichen Hin- und Hergerede den Parteien doch möglicherweise unklar bleibt, ob, worüber und wie sie sich im Endergebnis verglichen haben. Nur materiell-rechtlich gesehen unterliegt ein Vergleich zwar keinen gesetzlichen Formvorschriften, die eben genannten Umstände sind aber bei einem Prozeßvergleich deswegen bedeutsam, weil er das Prozeßverfahren beenden soll. Es wird auch verhindert, daß ein Prozeßvergleich mit seiner Funktion der Prozeßbeendigung übereilt abgeschlossen wird, weil bei Beachtung der Formvorschriften der §§ 160, 162 ZPO jede Partei Gelegenheit hat, sich den Vergleich noch einmal zu überlegen, ehe sie ihn „genehmigt". Nicht zuletzt tritt die Beachtung der Formvorschrift des § 162 ZPO auch dem — zweifellos in der Praxis hin und wieder festzustellenden — Mißstand entgegen, daß Gerichte einer Partei einen Prozeßvergleich aufnötigen und gleichsam vordiktieren, ohne ihre endgültige Zustimmung abzuwarten. Unter diesen Gesichtspunkten gewinnt die Formschrift der §§ 160 Abs. 2 Ziff. 1, 162 ZPO die vom Gesetzgeber wohlüberlegte und der Rechtsklarheit dienende Bedeutung, daß sie gewahrt werden muß, wenn ein prozeßbeendender Prozeßvergleich angenommen werden soll.

Aus dem bisher Erörterten folgt entgegen der Ansicht der Beklagten, daß gegen die Fortsetzung des beim Arbeitsgericht Würzburg rechtshängig gewordenen Verfahrens durch den Kläger keine prozessualen Bedenken bestehen.

2. Als weiteres prozessuales und von Amts wegen zu beachtendes Bedenken ergibt sich die Frage, ob für die vom Kläger mit dem jetzigen Inhalt gestellten Anträge das Rechtsschutzinteresse anzuerkennen ist. Es ist von der Revisionsinstanz jedenfalls zu prüfen, ob das Rechtsschutzinteresse im Zeitpunkt der letzten mündlichen Verhandlung der Tatsacheninstanz gegeben war (vgl. BAG AP Nr. 4^2 zu § 611 BGB Lehrer, Dozenten).

a) Ein Rechtsschutzinteresse und ein Interesse an der alsbaldigen Feststellung im Sinne von § 256 ZPO ist anzuerkennen, soweit der Kläger die Feststellung begehrt, daß sein Arbeitsverhältnis mit der Beklagten fortbesteht. Denn die Klärung dieser Frage dient der Klarstellung, ob er aus einem etwaigen fortbestehenden Arbeitsverhältnis als Grundlage für alle möglichen sonstigen Ansprüche noch Rechte herleiten kann. Damit wird vor allem klargestellt, inwieweit Gehaltszahlungsansprüche des Klägers aus dem Gesichtspunkt des Annahmeverzuges nach § 615 BGB in Betracht kommen, was begrifflich voraussetzt, daß ein Arbeitsverhältnis noch besteht, ferner ob er ggf. Ruhegehaltsansprüche erheben kann.

b) Hinsichtlich des „hilfsweise" gestellten Zahlungsantrages kann in Betracht gezogen werden, daß der Kläger damit einen sog. uneigentlichen Eventualantrag in der Weise verfolgt, daß er ihn zugesprochen erhalten will, falls sein Begehren auf Feststellung des Fortbestandes des Arbeitsverhältnisses mit der Beklagten sich als begründet erweist (zum uneigentlichen Eventualantrag vgl. BAG 7, 165 [168, 169] und BAG 7, 304 [312]).

c) Hinsichtlich des Feststellungsantrages, soweit er das Recht der Beklagten zur fristlosen Entlassung betrifft, und hinsichtlich der zwei Verurteilungsanträge, soweit sie die Aufhebung der Dienstenthebung und des Arbeitsverbotes und die Unterlassung des angedrohten Widerrufs der Vollmachten betreffen, fehlt es jedoch am Feststellungsinteresse im Sinne von § 256 ZPO bzw. am Rechtsschutzinteresse.

Soweit der Kläger festgestellt wissen will, daß der Beklagten kein Recht zur fristlosen Entlassung aus den von ihr in den Jahren 1947/1948 in Anspruch genommenen Gründen zusteht, hat sich die Beklagte solcher Kündigungsgründe nicht mehr berühmt, seitdem es zu dem Vergleich vom 15. Juli 1948 gekommen war. Seither hat sie sich lediglich noch darauf berufen, auf Grund dieses Vergleiches vom 15. Juli 1948 sei das Arbeitsverhältnis mit dem Kläger beendet. Sie hat auch nicht hilfsweise geltend gemacht, im Falle der materiellen Ungültigkeit des Vergleiches vom 15. Juli 1948 und des damit gegebenen Fortbestandes des Arbeitsverhältnisses mit dem Kläger könne oder werde sie ein solches Arbeitsverhältnis auf Grund der seinerzeit in Aussicht gestellten Kündigungsgründe fristlos beenden. Unter diesen Umständen ist kein Interesse des Klägers an der alsbaldigen Feststellung des von ihm verfolgten Begehrens im Sinne des § 256 ZPO ersichtlich.

Mit den Anträgen auf Verurteilung der Beklagten zur Aufhebung der Dienstenthebung und des Arbeitsverbotes und zur Unterlassung des angedrohten Widerrufs der Vollmachten verfolgt der Kläger ein Begehren, an dessen Realisierung er im Jahre 1948, als sein Rechtsstreit mit der Beklagten anlief, jedenfalls sehr wahrscheinlich ein rechtliches Interesse haben konnte. Damals war er etwa 59 Jahre alt. Der bei der letzten mündlichen Verhandlung vor dem Landesarbeitsgericht etwa 69 Jahre alte Kläger hat aber nichts dafür dargelegt, welches vernünftige Interesse er bei diesem Alter noch an der Realisierung dieser von ihm verfolgten Verurteilungen in jenem für das Vorliegen des Rechtsschutzinteresses bedeutsamen Zeitpunkt der letzten mündlichen Verhandlung vor dem Landesarbeitsgericht (andernfalls käme sogar der Zeitpunkt der letzten mündlichen Verhandlung vor dem Revisionsgericht in Betracht) überhaupt noch haben könnte, und daß ihm an mehr gelegen ist als daran, daß er im

Falle des Annahmeverzuges der Beklagten gemäß § 615 BGB sein Gehalt und ggf. Ruhegehalt erhält. Deshalb ist nach der Lebenserfahrung für diese Anträge anzunehmen, daß er sie ohne rechtliches Interesse und nur aus Rechthaberei geltend macht.

3. Aus dem zu Ziff. I 2 dieser Entscheidungsgründe Ausgeführten folgt daher, daß die Revision des Klägers jedenfalls insoweit unbegründet ist, als er mit ihr den Antrag verfolgt, festzustellen, daß der Beklagten ein Recht zur fristlosen Entlassung gegenüber dem Kläger aus den von der Beklagten behaupteten Gründen nicht zusteht, und soweit er die Verurteilung der Beklagten dahin will, die mit Schreiben vom 14. Januar 1948 ausgesprochene Dienstenthebung und das Arbeitsverbot aufzuheben und den angedrohten Widerruf der Vollmachten des Klägers zu unterlassen. Diese Klagen sind unzulässig. Dies bei der Zurückweisung der Revision auszusprechen, erscheint aus Gründen der Rechtsklarheit zweckmäßig (vgl. insoweit BAG 8, 20 [25]).

II. 1. In materiell-rechtlicher Beziehung ist als erstes zu sagen, daß die oben zu I 1 dieser Entscheidungsgründe erörterte prozessuale Ungültigkeit des Vergleichs vom 15. Juli 1948 als Prozeßvergleich für sich genommen unberührt läßt, ob die Parteien sich am 15. Juli 1948 materiell-rechtlich gemäß § 779 BGB über eine Aufhebung des bis dahin bestehenden Arbeitsverhältnisses der Parteien und eine Ruhegehaltszahlung nach näherer Maßgabe des Vergleichs vom 15. Juli 1948 geeinigt haben. Wie der Senat in den bereits erwähnten Entscheidungen vom 30. Mai 1956 — 2 AZR 178/54 — BAG 3, 43 [44] — und vom 9. Mai 1957 — 2 AZR 67/55 — BAG 4, 84 [85] — ausgeführt hat, ist einem Prozeßvergleich eine Doppelnatur wesenseigen; er enthält sowohl eine Prozeßhandlung, deren Wirksamkeit sich nach den — hier nicht erfüllten — Vorschriften des Prozeßrechts richtet, als auch ein Rechtsgeschäft des materiellen Rechts, für das auch die Regeln des materiellen Rechts gelten. Dabei ergibt sich, daß ein materiell unwirksamer oder unwirksam gewordener Vergleich der Prozeßhandlung ebenfalls ihre Wirksamkeit nimmt (BAG 4, 84 [85]), aber nicht umgekehrt ein prozessual unwirksamer Vergleich, wie er hier vorliegt, ohne weiteres und ipso iure die materiell-rechtliche Vergleichsabsprache zerstört. Die Prozeßhandlung ist nur die Begleitform für einen materiell-rechtlichen Vergleich; sie verliert ihren Sinn, wenn der materiell-rechtliche Inhalt des Vergleiches von der Rechtsordnung nicht gebilligt oder wenn der Vergleich von den Parteien aufgehoben wird (BAG 4, 84 [85]). Für den umgekehrten Fall läßt sich das nicht sagen, weil auch ein prozessual unwirksamer Vergleich immer noch gemäß § 779 BGB als materiell-rechtlicher Vergleich eine von der Rechtsordnung anerkannte Funktion erfüllt. Der Umstand, daß von Parteien ein Vergleich als „P r o z e ß“ - Vergleich geschlossen wird, kann freilich unter Umständen bedeuten, daß die Parteien damit den materiell-rechtlichen Vergleich mit dem „Prozeß“-Vergleich untrennbar verbinden wollen und einen bloßen materiell-rechtlichen Vergleich im Sinne von § 779 BGB ohne Abschluß im Wege des Prozeßvergleichs nicht getätigt hätten (§ 139 BGB). Ein solcher Umstand kann insbesondere unter dem Gesichtspunkt in Betracht gezogen werden, daß damit die Parteien eines Prozeßvergleichs eine für die Gültigkeit des Vergleichs konstitutive Form im Sinne des § 154 Abs. 2 BGB vereinbart haben, bei deren Nichteinhaltung der Vergleich ungültig sein soll. Von einem solchen — rechtlich durchaus möglichen — Parteiwillen ist indessen nicht ohne weiteres auszugehen. Funktional lassen sich beim Prozeßvergleich die prozessualen Zwecke der Prozeßbeendigung und der Schaffung eines vollstreckbaren Titels im Sinne von § 794 Abs. 1 Ziff. 1 ZPO einerseits und der Zweck der sachlichen und damit materiell-rechtlichen Regelung von Rechtsbeziehungen im Sinne von § 779 BGB ohne weiteres trennen; die oben erörterte Bedeutung des Formerfordernisses der §§ 160 Abs. 2 Ziff. 1, 162 ZPO berührt nur den Prozeßvergleich als „Prozeß“-Vergleich. Dabei liegt der Sache nach in der Regel der Schwerpunkt der Parteiinteressen auf der sachlichen und materiell-rechtlichen vergleichsweisen Regelung von Rechtsbeziehungen. Diese Überlegungen führen dazu, für den Regelfall und solange, wie hier, nichts Gegenteiliges geltend gemacht ist, davon auszugehen, daß nach dem hypothetischen Parteiwillen die materielle Gültigkeit eines Vergleiches nicht unter der Ungültigkeit der Prozeßhandlung leiden soll; dies gilt um so mehr, als bei einem materiell-gültigen und prozessual ungültigen Vergleich die Vergleichsparteien im Streitfall ohne weiteres in der Lage sind, auf Grund der materiell-gültigen Vergleichsabrede und der damit gegebenen sachlichen Regelung ihrer Rechtsbeziehungen ihre Rechte aus dem Vergleich im Prozeßwege durchzusetzen und damit den bis dahin fehlenden Titel durch ein Urteil zu ersetzen.

2. Ist somit davon auszugehen, daß die prozessuale Ungültigkeit des Vergleichs vom 15. Juli 1948 nicht ohne weiteres auch zur materiellen Ungültigkeit des Vergleiches vom 15. Juli 1948 führt, so hängt die Berechtigung der nach oben zu I 2 und 3 dieser Entscheidungsgründe noch verbleibenden Anträge des Klägers davon ab, ob der Vergleich vom 15. Juli 1948 aus einem sonstigen Grunde rechtsungültig war oder geworden ist. Ist der materiell-rechtliche Vergleich vom 15. Juli 1948 rechtsbeständig, dann ergibt sich aus ihm, daß die Parteien mit ihm damals im Wege der vertraglichen Absprache eine Beendigung des Arbeitsverhält-

nisses des Klägers mit der Beklagten vereinbart haben und daß dem Kläger jedenfalls heute nur noch die in dem Vergleich näher genannten Ruhegehaltsansprüche zustehen. Solchenfalls ist keine Anspruchsgrundlage ersichtlich, aus der heraus der Kläger Feststellung des Inhaltes verlangen kann, daß sein Arbeitsverhältnis mit der Beklagten fortbesteht. Dann scheidet auch ein Zahlungsbegehren des Klägers eindeutig aus.

3. Der Vergleich vom 15. Juli 1948 ist nicht deshalb ungültig, weil ihm das Arbeitsamt nicht zugestimmt hat.

a) Wie das Landesarbeitsgericht zutreffend ausgeführt hat, bestimmte § 2 Ziff. 1 der Arbeitsplatzwechsel-Verordnung vom 1. September 1939 — RGBl. I, 1685 —, daß die vereinbarte Aufhebung eines Arbeitsvertragsverhältnisses keiner Zustimmung des Arbeitsamtes bedurfte.

b) Soweit § 1 der 8. DVO zur Arbeitsplatzwechsel-VO vom 11. August 1944 — RGBl. I, 176 — auch die einverständliche Aufhebung eines Arbeitsvertragsverhältnisses von der Zustimmung des Arbeitsamtes abhängig machte, war diese Regelung ausweislich des Vorspruchs der Verordnung auf den damaligen „totalen" Kriegseinsatz abgestellt und auf 6 Monate befristet (§ 2 a. a. O.). Ihre Geltungsdauer ist durch die 9. DVO zur Arbeitsplatzwechsel-VO vom 22. Februar 1945 — RGBl. I, 31 — noch einmal bis zum 31. Dezember 1945 verlängert worden; die Gesamtregelung verlor aber mit Kriegsende ihren Sinn und ihre Geltung und galt jedenfalls am 15. Juli 1948 nicht mehr.

c) Ob schließlich der KR-Befehl Nr. 3 eine Zustimmung des Arbeitsamtes zur einverständlichen Auflösung eines Arbeitsvertragsverhältnisses notwendig machte, war zwar lange Zeit streitig. Schon auf Grund der Ausführungen von Fitting (Betriebsberater 1948, 208) ergab sich aber, daß dies nicht der Fall war und die gegenteilige Annahme auf einem falschen Verständnis und auf einer falschen Übersetzung der fremdsprachlichen Gesetzestexte beruhte. Die darüber ausdrücklich befragte amerikanische und britische Militärregierung haben dies bestätigt, worauf die Praxis der Arbeitseinsatzbehörden, die Rechtsprechung und auch die Lehre denselben Standpunkt eingenommen haben. Insoweit wird im übrigen auf die Nachweise in RdA 1949 S. 217 Fußnote 1 und auf RdA 1949 S. 137 und S. 216 Bezug genommen.

4. a) Um eine Ungültigkeit des Vergleiches vom 15. Juli 1948 nach § 779 BGB in Betracht zu ziehen, müßte festgestellt werden können, daß beide Parteien bei Vergleichsabschluß übereinstimmend als feststehend davon ausgegangen seien, ohne die im Vergleich vereinbarte Aufhebung des Arbeitsverhältnisses werde das Arbeitsamt zu einer Kündigung seitens der Beklagten seine Zustimmung erteilen bzw. habe sie schon erteilt, oder

mit anderen Worten gesagt, daß beide Parteien den Vergleich auf der Grundlage abgeschlossen hatten, ohne Vergleichsabschluß könne die Beklagte auch das Arbeitsverhältnis durch Kündigung zu beenden versuchen und daran sei sie nicht durch das Fehlen der arbeitsamtlichen Zustimmung gehindert.

b) Daß die Parteien von einer solchen übereinstimmenden Vergleichsgrundlage bei Abschluß des Vergleichs vom 15. Juli 1948 ausgegangen seien, hat das Landesarbeitsgericht aber nicht festgestellt. Nach dem eigenen Sachvortrag des Klägers hat bei Vergleichsabschluß der Prozeßvertreter der Beklagten das Schreiben des Arbeitsamtes vom 16. Juni 1948 n i c h t als Zustimmung, also nicht als für seine Partei günstig bewertet, während der amtierende Richter anderer Ansicht gewesen ist. Hieraus ergibt sich also gerade, daß die Parteien hinsichtlich der Frage, wie sich das Arbeitsamt im Falle einer Kündigung seitens der Beklagten verhalten habe oder verhalten werde, bei Vergleichsabschluß keine übereinstimmende gemeinsame Vorstellung hatten, somit von einer gemeinsamen Vergleichsgrundlage nicht gesprochen werden kann. Auf das spätere Verhalten und die späteren Vorstellungen des Klägers kann es nicht ankommen.

c) Ist somit in tatsächlicher Beziehung davon auszugehen, daß bei Vergleichsabschluß die Parteien hinsichtlich der Frage, ob das Arbeitsamt einer Kündigung seitens der Beklagten zustimmen werde oder zugestimmt habe, keine gemeinsame Vorstellung hatten, so scheidet damit die Möglichkeit der Annahme einer gemeinsamen Vergleichsgrundlage im Sinne des § 779 BGB, für deren Vorliegen der K l ä g e r als derjenige, der hieraus Rechte herleiten will, auch beweispflichtig ist, ohne weiteres aus. Damit entfällt die Möglichkeit, eine Unwirksamkeit des Vergleichs nach § 779 BGB in Betracht zu ziehen.

5. Ebenfalls schon aus tatsächlichen Gründen ist auch eine wirksame Vergleichsanfechtung durch den Kläger zu verneinen.

a) Wenn, wie dargelegt, in tatsächlicher Beziehung davon auszugehen ist, daß bei Vergleichsabschluß die Parteien die Zustimmungsbereitschaft des Arbeitsamtes sogar unterschiedlich beurteilten, ist nicht ersichtlich, wieso dann ein Erklärungs- oder Inhaltsirrtum des Klägers im Sinne von § 119 Abs. 1 BGB in Betracht zu ziehen sei. Über die Bedeutung der Erklärung, die er bei Vergleichsabschluß abgegeben hat, war er nicht im Irrtum, und er hat sie auch in der geschehenen Form abgeben wollen. Selbst wenn man ein Fehlen der Zustimmung des Arbeitsamtes als verkehrswesentliche Eigenschaft im Sinne von § 119 Abs. 2 BGB in Betracht ziehen wollte, was großen Bedenken begegnen müßte, kommt eine Irrtumsanfechtung auch nach § 119 Abs. 2 BGB wiederum deshalb nicht in Betracht, weil eben nicht festgestellt ist, daß der Kläger hierüber geirrt hat, wofür wiederum auch er beweispflichtig ist.

b) Eine wirksame Vergleichsanfechtung durch den Kläger aus dem Gesichtspunkt der arglistigen Täuschung im Sinne von § 123 Abs. 1 BGB scheidet klar aus, weil nicht festgestellt ist, daß die Beklagte den Kläger über die Haltung des Arbeitsamtes getäuscht habe. Soweit der Kläger behauptet hat, der amtierende Richter, und damit ein Dritter im Sinne von § 123 Abs. 2 BGB, habe ihn getäuscht, steht weder dieses noch vor allem fest, daß, wie das nach § 123 Abs. 2 BGB erforderlich wäre, die Beklagte eine solche Täuschungshandlung des amtierenden Richters gekannt hätte oder hätte erkennen müssen.

6. Somit ist kein rechtlicher Gesichtspunkt ersichtlich, der zu einer Unwirksamkeit des Vergleiches vom 15. Juli 1948 führen kann. Das führt nach dem zu II 2 dieser Entscheidungsgründe Ausgeführten zur Verneinung des Antrages des Klägers auf Feststellung des Fortbestandes seines Arbeitsverhältnisses mit der Beklagten, damit auch zur Verneinung seines Zahlungsanspruchs.

36

1. Vereinbarungen, namentlich tarifliche Bestimmungen, daß zuviel erhaltenes Urlaubsgeld von dem Arbeitnehmer zurückgewährt werden muß, sind mangels entgegenstehender (gesetzlicher) Vorschriften zulässig.

2. Sind Vereinbarungen wie zu 1 nicht klar und eindeutig getroffen, so braucht das angesichts des Zwölftelungsprinzips zuviel erhaltene Urlaubsgeld vom Arbeitnehmer nicht zurückgewährt zu werden.

BGB § 611 Urlaub.

I. Senat. Urteil vom 27. 11. 1959 i. S. Fa. Sch. (Bekl.) w. L. (Kl.)
1 AZR 355/57.

I. Arbeitsgericht Stuttgart. — II. Landesarbeitsgericht Baden-Württemberg (Stuttgart).

Der Kläger war seit dem 6. März 1955 als Lithograph bei der Beklagten in Stuttgart beschäftigt, schied jedoch auf Grund einer von ihm ausgesprochenen ordentlichen Kündigung vom 13. Juli 1956 am 27. Juli 1956 aus dem Arbeitsverhältnis aus. Er hatte für das Urlaubsjahr 1956 bereits in der Zeit vom 7. bis 22. Mai 1956 den vollen Jahresurlaub genommen. Die Beklagte hatte ihm auch die Urlaubsbezahlung für die volle Zeit des von ihm in Anspruch genommenen Urlaubs gewährt.

Bei der Auszahlung des Lohnes für die Zeit vom 30. Juni 1956 bis zum 27. Juli 1956, der sich auf brutto 464,60 DM stellte und von dem beim Ausscheiden des Klägers noch 155,89 DM zu zahlen waren, behielt die Beklagte für fünf „überzogene" Urlaubstage netto 71,75 DM ein.

Um diesen Betrag von 71,75 DM streiten die Parteien in diesem Verfahren.

Das Arbeitsverhältnis der Parteien wurde beherrscht von dem Manteltarifvertrag für das graphische Gewerbe vom 1. Januar 1955 und den Durchführungsbestimmungen zu diesem MTV.

In dem MTV und in den Durchführungsbestimmungen ist folgendes bestimmt:

„§ 10 MTV:

1. Jeder Arbeitnehmer hat in jedem Kalenderjahr (Urlaubsjahr) bei 12monatiger Beschäftigung unter Fortzahlung des Lohnes einmal Anspruch auf Gewährung des vollen tariflichen Erholungsurlaubs (Jahresurlaub).

2. Für jeden Kalendermonat Beschäftigungsdauer im gleichen Betrieb entsteht Anspruch auf $^{1}/_{12}$ des Urlaubs."

In den Durchführungsbestimmungen wird hierzu ausgeführt:

„1. Entsprechend seinem Erholungszweck ist der Urlaub zusammenhängend zu gewähren. Ausnahmen sind hiervon nur mit Zustimmung des Arbeitnehmers zulässig.

2. Diese Bestimmung soll nicht dazu führen, daß dem Arbeitnehmer im Kalenderjahr der Urlaub ratenweise gewährt wird, vielmehr soll der Arbeitnehmer im Laufe des Kalenderjahres den ihm tariflich zustehenden Urlaub zusammenhängend erhalten. Dies kann sich dahin auswirken, daß beim Ausscheiden des Arbeitnehmers im Laufe des Kalenderjahres er mehr Urlaub erhalten hat, als ihm bis dahin tariflich zustand. In solchen Fällen gelten die ihm für die nach dem Ausscheiden liegenden Monate des Kalenderjahres gewährten Urlaubsanteile als Vorschuß.

Kündigt nach einem im Sinne des Abs. 1 zum Teil vorschußweise gewährten Urlaub im Laufe des Kalenderjahres ein Arbeitnehmer, kann der Arbeitgeber diesen Vorschuß auf die Urlaubsbezahlung, soweit er die nach Beendigung des Arbeitsverhältnisses liegende Zeit des Kalenderjahres betrifft, vom Arbeitnehmer zurückverlangen bzw. bei der letzten Lohnzahlung einbehalten. Dies gilt nicht, wenn die Kündigung des Arbeitnehmers auf Verschulden des Arbeitgebers beruht, welches den Arbeitnehmer zur fristlosen Kündigung des Arbeitsverhältnisses berechtigen würde. In diesem Falle ist der für das restliche Kalenderjahr gezahlte Vorschuß auf die Urlaubsbezahlung zugunsten des Arbeitnehmers verfallen."

Der Kläger hat vorgetragen, die tarifliche Regelung, nach der ein im Urlaubsjahr ausscheidender Arbeitnehmer, der seinen Urlaub im Zeitpunkt des Ausscheidens schon voll erhalten habe, einen Teil der ihm gewährten Urlaubsbezahlung zurückgewähren müsse, sei nichtig. Sie verstoße gegen das Aufrechnungsverbot des § 394 BGB und beschränke die Kündigungsbefugnis des Arbeitnehmers unbillig.

Der Kläger hat deshalb beantragt, die Beklagte zur Zahlung von 71,75 DM zu verurteilen.

Die Beklagte hat um Klageabweisung gebeten. Sie hat ausgeführt, die tarifliche Bestimmung sei gültig, sie verstoße auch nicht gegen das Aufrechnungsverbot des § 394 BGB und beschränke so, wie sie ausgestaltet sei, auch nicht unbillig die Kündigungsmöglichkeiten des Arbeitnehmers.

Das Arbeitsgericht hat die Klage abgewiesen, das Landesarbeitsgericht hat nach dem Klageantrag erkannt. Die Revision der Beklagten hatte Erfolg.

Aus den Gründen:

Der Tarifvertrag für das graphische Gewerbe beruht auf dem Grundsatz der sogenannten Urlaubszwölfteilung. Der Arbeitnehmer erlangt den Urlaubsanspruch in der Weise, daß er für jeden Kalendermonat der Beschäftigungsdauer im gleichen Betrieb den Anspruch auf ein Zwölftel des Jahresurlaubs erwirbt. Er kommt also auf den vollen Jahresurlaub nur bei voller Beschäftigung während des ganzen Urlaubsjahres. Eine solche Urlaubszwölfteilung ist auch in dem Urlaubsgesetz des Landes Württemberg-Baden vom 6. August 1947 in der Fassung vom 6. April 1949 und vom 3. April 1950 festgelegt. Dort heißt es in § 2, daß ein Arbeitnehmer, der innerhalb des Urlaubsjahres mehr als sechs, aber weniger als zwölf Monate tätig ist, für jeden Monat $^1/_{12}$ des gesetzlichen Urlaubs zu beanspruchen habe.

Nach der genannten tariflichen Bestimmung soll der Arbeitnehmer, der durch eigene Kündigung im Laufe des Kalenderjahres (Urlaubsjahr) aus dem Arbeitsverhältnis ausscheidet, nachdem er zuvor bereits seinen vollen Jahresurlaub in Anspruch genommen und auch die volle Urlaubsbezahlung erhalten hat, zur Rückzahlung des Urlaubsentgelts insoweit verpflichtet sein, als sich das Urlaubsentgelt auf die Urlaubstage bezieht, die der Arbeitnehmer im Zeitpunkte seines Ausscheidens in dem Urlaubsjahr noch nicht durch Dienstleistung erdient hatte.

Diese tarifliche Regelung der im Falle des Arbeitsplatzwechsels während des Urlaubsjahres eintretenden Verpflichtung zur Rückzahlung eines überzahlten Urlaubsentgelts hält das Landesarbeitsgericht zu Unrecht für nichtig.

Es trifft zwar zu, daß in der Rechtsprechung des Reichsarbeitsgerichts (vgl. RAG in ARS 34, 21; 38, 40) aus dem „Wesen des Urlaubs", aus der „Einheit des Urlaubsanspruchs als Anspruch auf vergütete Freizeitgewährung" abgeleitet worden ist, daß bei einer Urlaubsgewährung weder, was in der Natur der Sache liegt, die Freizeitgewährung noch aber auch das für die Urlaubszeit gewährte Urlaubsentgelt zurückgefordert werden könne, wenn sich hinterher herausstellt, daß dem Arbeitnehmer ein längerer Urlaub erteilt ist, als er ihn zu beanspruchen hatte. Das Schrifttum ist im Ergebnis dieser Auffassung weitgehend beigetreten, vgl. Hueck bei Hueck-Nipperdey, Lehrbuch, 6. Aufl., I S. 411; Nikisch, Lehrbuch, 2. Aufl., I S. 450 und Anm. zu AP Nr. 3 zu § 394 BGB; Dersch, Urlaubsgesetze, 1954 Bem. 637a; ders. AP 52 Nr. 205, S. 416.

Der Senat ist jedoch nicht der Auffassung, daß sich ein solcher Grundsatz mit zwingender Notwendigkeit aus dem Wesen des Urlaubs ergeben müsse. Weder fordert die vom Senat bestätigte Auffassung von der höchst persönlichen Natur des Urlaubsanspruchs, der nicht abtretbar ist, einen solchen zwingenden Grundsatz, noch ergibt er sich etwa daraus, daß eine Trennung von Freizeitanspruch und Anspruch auf Urlaubsentgelt in keinem Falle möglich sei. Ein solches Prinzip kann nach Beendigung des Arbeitsverhältnisses anerkanntermaßen nicht durchgeführt werden. Vor allem aber hat dieser Einheitsgedanke nur da seine Berechtigung, wo der Anspruch auch wirklich besteht. Daraus, daß eine Rückgewähr der tatsächlich gewährten Freizeit nicht erfolgen kann, ist nicht notwendig zu schließen, daß der Arbeitnehmer, der ohne rechtliche Verpflichtung des Arbeitgebers einen längeren als den ihm gebührenden Urlaub erhalten hat, nicht gehalten sein könne, jedenfalls das zuviel erhaltene Urlaubsentgelt zurückzuzahlen. Auch die Herleitung des Urlaubsanspruchs aus der Fürsorgepflicht und die Ablehnung der sogenannten „Entgeltstheorie" kann nicht dazu führen, daß einem Partner des Arbeitsverhältnisses etwas belassen werden m ü s s e, worauf er keinen Anspruch hatte. In der erwähnten Rechtsprechung des Reichsarbeitsgerichts (namentlich ARS 38, 40) wird zu Unrecht davon ausgegangen, daß die betreffenden Tarifbestimmungen „den als einheitlichen Anspruch auf bezahlte Freizeitgewährung anzusehenden Urlaubsanspruch zuerst schaffen und dann durch die nur bedingte Gewährung der Urlaubsvergütung wieder vernichten". Aus diesem „Widerspruch" wird die Folgerung gezogen, daß das Recht, das dem Arbeitnehmer zuerst gegeben worden sei, nicht mehr rückgängig gemacht werden könne. Diese These, die auch die Literatur beeinflußt hat, ist aber unzutreffend. Es handelt sich eben gerade nicht um ein vorbehaltlos und unbedingt gewährtes Recht. Vielmehr ist bei dem Zwölftelungsprinzip ein Urlaubsanspruch nur gemäß der Beschäftigungsdauer gegeben (hier § 10 Abs. 2 MTV). Bejaht man aber einen (vorläufigen) Anspruch auf volle Jahresurlaubsgewährung z. B. in der Haupturlaubszeit, so ist jedenfalls mit Ausscheiden des Arbeitnehmers vor Jahresschluß der rechtliche Grund für den zuviel erhaltenen Urlaub und das zuviel erhaltene Urlaubsgeld weggefallen (§ 812 Abs. 1 Satz 2 BGB). § 814 BGB scheidet solchenfalls aus.

Damit ist allerdings noch nicht gesagt, daß in diesen Fällen der Arbeitnehmer tatsächlich das zuviel erhaltene Urlaubsgeld nach § 812 BGB herausgeben muß.

Das ist zu verneinen in den Ländern, deren Urlaubsgesetze den Rückgewähranspruch ausdrücklich versagen (Bayern, Art. 9 Abs. 2 Satz 2; Berlin, § 8 Abs. 3 Satz 2; Niedersachsen, § 3 Abs. 3; Nordrhein-Westfalen, § 5 Abs. 3 Satz 1). Daß diese Urlaubsgesetze eine ausdrückliche Bestimmung vorsehen, läßt jedoch darauf schließen, daß eine solche Regelung sich nicht als selbstverständlich aus dem Wesen des Urlaubs ergibt.

Für das übrige Bundesgebiet konnte es der Senat dahingestellt sein lassen, ob — wie Hueck bei Hueck-Nipperdey, Lehrbuch, 6. Aufl., I S. 411 annimmt — der Anspruch des Arbeitgebers gegen den Arbeitnehmer aus § 812 BGB daran scheitert, daß der Arbeitnehmer nicht bereichert ist, weil er, wenn er keinen Urlaub erhalten hätte, den gleichen Betrag als Lohn verdient haben würde.

Jedoch folgt, nicht aus dem Wesen des Urlaubs und daher nicht als zwingender Grundsatz, aber aus der Auslegung des Parteiwillens *im Zweifel* eine Verneinung der Rückgewährpflicht des zuviel erhaltenen Urlaubsentgelts.

In den Ausnahmefällen, in denen der Arbeitgeber schon bei Urlaubsgewährung weiß, daß der Arbeitnehmer vorzeitig ausscheiden wird, scheitert der Rückforderungsanspruch schon an § 814 BGB. Im übrigen geht der Arbeitgeber, der vor dem Zeitpunkt des voll erdienten Urlaubs die bezahlte Freizeit im Interesse des Arbeitnehmers oder im Betriebsinteresse voll gewährt, im Zweifel ein bewußtes und tragbares Risiko ein. Er muß mit der Möglichkeit des Ausscheidens des Arbeitnehmers vor Jahresschluß rechnen, und er rechnet mit dem Verbrauch des Urlaubsgeldes für Ausgaben des Arbeitnehmers, die sonst nicht gemacht worden wären. Er verzichtet also im Zweifel stillschweigend auf etwaige Rückerstattungsansprüche. Der Arbeitnehmer hat den entsprechenden Wunsch und Willen.

Auf der anderen Seite muß es aber namentlich den Parteien eines Tarifvertrages, die meist in ihren Verträgen die Urlaubsfrage überhaupt ordnen, freistehen, eine besondere Regelung der Rückgewähr zuviel erhaltenen Urlaubsgeldes zu treffen, soweit nicht zwingendes Recht (so die genannten Bestimmungen einiger Urlaubsgesetze) entgegenstehen.

Es bedarf also, wenn eine Verpflichtung zur Rückzahlung „überzogenen" Urlaubsgeldes begründet werden soll, einer eindeutigen tariflichen (oder einzelvertraglichen) Vereinbarung. Diese Vereinbarung begründet eine vertragliche Verpflichtung, auf die die Regeln über ungerechtfertigte Bereicherung (§§ 812 ff. BGB) nicht anzuwenden sind. Eine Freiheit für solche Vereinbarungen liegt auch durchaus im Interesse der Sache. Sie ermöglicht es eindeutig, daß der Arbeitnehmer trotz Bestehens des Grundsatzes der Urlaubszwölftelung den bezahlten Urlaub zusammenhängend bereits zu einer Zeit erhalten kann, zu der er noch nicht zwölf Monate im Jahr im Betrieb des Arbeitgebers tätig ist und deshalb noch keinen vollen Urlaubsanspruch erdient hat. Damit wirkt sich eine solche Regelung auch zugunsten des Arbeitnehmers aus.

Insbesondere hatte der Senat zu berücksichtigen, daß das Urlaubsrecht in Deutschland lange Jahre ohne gesetzliche Grundlage auf kollektivrechtlicher Ebene durch die Sozialpartner entwickelt worden ist. Sie haben sich um die Gestaltung dieser wichtigen Rechtsmaterie und damit um den Grundsatz der Gewährung des bezahlten Erholungsurlaubs an jeden Arbeitnehmer, der dem deutschen Arbeitsrecht untersteht, große Verdienste erworben. Insbesondere den Sozialpartnern muß es deshalb auch in der hier einschlägigen Frage freistehen, in freier Vereinbarung eine vernünftige und angemessene Regelung auf einem noch im Fluß befindlichen Gebiet zu treffen.

Dies gilt auch von der hier vorliegenden tariflichen Regelung für das graphische Gewerbe. Es kann ohne weiteres davon ausgegangen werden, daß die vertragschließende Gewerkschaft der Vereinbarung der Rückgewähr zuviel gewährten Urlaubsgeldes nicht zugestimmt hätte, wenn diese Abrede wirklich, wie der Vorderrichter annimmt, dem Wesen des Urlaubs widerspräche. Die Vereinbarung ist im einzelnen so ausgestaltet, daß sie den Interessen von Arbeitgeber und Arbeitnehmer in angemessener Weise Rechnung trägt. Aus der Gesamtregelung ergibt sich, daß der Arbeitnehmer nur dann zur Rückzahlung eines überzogenen Urlaubsentgelts verpflichtet ist, wenn das Arbeitsverhältnis durch seine eigene freie Kündigung während des Urlaubsjahres vor Erwerb des Anspruchs auf den vollen Urlaub endet. Eine Rückzahlungspflicht besteht nach dem Tarifvertrag also dann nicht, wenn das Arbeitsverhältnis aus anderen Gründen als durch Kündigung seitens des Arbeitnehmers endet, insbesondere nicht im Fall der Kündigung durch den Arbeitgeber. Auch bei einer von dem

Arbeitnehmer ausgesprochenen Kündigung entfällt die tarifliche Verpflichtung dann, wenn seine Kündigung auf Verschulden des Arbeitgebers beruht, das den Arbeitnehmer zur fristlosen Kündigung des Arbeitsverhältnisses berechtigen würde. Eine solche Regelung verstößt insbesondere nicht gegen das Grundrecht der freien Wahl des Arbeitsplatzes und erschwert die Kündigungsmöglichkeiten nicht unbillig zum Nachteil des Arbeitnehmers.

Auch § 394 BGB steht im vorliegenden Fall der von der Beklagten vorgenommenen Einbehaltung des überzogenen Urlaubsentgelts nicht entgegen. Es handelt sich nicht um die Aufrechnung mit einer Gegenforderung im Sinne des § 394 BGB, sondern um die Einbehaltung eines zuviel gezahlten Betrages. Daß eine solche „Vorschußanrechnung" bei der Abrechnung zwischen den Parteien des Arbeitsverhältnisses keine Aufrechnung ist, entspricht anerkannter Lehre im Schrifttum (vgl. Hueck-Nipperdey, Lehrbuch, 6. Aufl., I, S. 259, 262). Die Lohnforderung ist in Höhe des gewährten Betrages im voraus getilgt. Im übrigen wären hier nach dem Zahlenwerk, das die Vorinstanzen festgestellt haben, auch gegen eine Aufrechnung Bedenken nicht zu erheben.

Der Senat verweist im übrigen auf seine Entscheidung AP Nr. 3 zu § 394 BGB.

Die Entscheidung BAG 2, 322 [324] betraf eine andere tarifrechtliche Regelung. Soweit aber dort eine andere Rechtsansicht zum Ausdruck kommt, als sie in der vorliegenden Entscheidung vertreten wird, wird sie vom Senat nicht aufrechterhalten.

37

1. Die regelmäßige wöchentliche Arbeitszeit der Röntgenassistentinnen beträgt auch im Bereich des Rahmentarifvertrags für den öffentlichen Dienst in Berlin gemäß § 4 Abs. 1 Buchst. a) KrT 42 Wochenstunden.

2. Die gesetzliche Höchstarbeitszeit für Röntgenassistentinnen bei den als gemeinnützig anerkannten Krankenpflegeanstalten beläuft sich gemäß § 2 Abs. 1 S. 1 in Verb. mit § 1 der VO über die Arbeitszeit in Krankenpflegeanstalten vom 13. Februar 1924 grundsätzlich auf 60 Wochenstunden.

3. § 9 Ziff. 4 RTV, wonach, soweit bei Beschäftigten regelmäßig und in erheblichem Umfang Arbeitsbereitschaft vorliegt, Näheres über ihre Bewertung als Arbeitszeit unter Berücksichtigung der tatsächlichen Verhältnisse bestimmt werden kann, enthält keine Ermächtigung des Arbeitgebers zur einseitigen Festsetzung einer Vergütung für Arbeitsbereitschaft, sondern hat nur arbeitszeitrechtliche Bedeutung.

4. Regelmäßige Überstunden i. S. der Nr. 3 Buchst. B ADO zu § 2 TO.A liegen nur vor, wenn von dem einzelnen Arbeitnehmer Überstunden in jeder von mindestens drei aufeinanderfolgenden Wochen verrichtet worden sind.

5. Tariflich oder gesetzlich verbotene Mehr- (Über-)arbeit, die mit Wissen und Willen des Arbeitgebers geleistet wird, ist grundsätzlich nach den gleichen Regeln zu behandeln, wie sie für zulässige Überstunden gelten. Die Höhe der Vergütung richtet sich, sofern Tarifnormen eingreifen, nach diesen, im übrigen nach dem, was vereinbart oder für solche Arbeit angemessen ist.

6. Bei der Auslegung einer Tarifnorm hat eine bestehende Tarifübung Berücksichtigung zu finden.

BGB § 612; VO über die Arbeitszeit in Krankenpflegeanstalten vom 13. Februar 1924 §§ 1, 2 Abs. 1; Rahmentarifvertrag für die im öffentlichen Dienst von Berlin stehenden Beschäftigten (RTV) vom 24. Januar 1949 § 9 Ziff. 1, 3, 4, § 27 Ziff. 1; KrT § 4 Abs. 1 Buchst. a); ADO Nr. 3 zu § 2 TO.A.

IV. Senat. Urteil vom 2. 12. 1959 i. S. B. (Bekl.) w. G. (Kl.)
4 AZR 400/58.

I. Arbeitsgericht Berlin. — II. Landesarbeitsgericht Berlin.

Die Klägerin steht seit 1945 als Röntgenassistentin beim Städtischen Krankenhaus, einem Unfallkrankenhaus, im Dienst des Beklagten. Für ihr Arbeitsverhältnis gelten kraft einzelvertraglicher Vereinbarung die Tarifbestimmungen für den Berliner öffentlichen Dienst, insbesondere der Rahmentarifvertrag vom 24. Januar 1949 (RTV). Die Klägerin erhält Vergütung nach VergGr. VIb TO.A und ist auf Grund tariflicher Regelung versorgungsberechtigt.

In der Zeit vom 1. April bis 31. Dezember 1955 war die Klägerin im Wechsel mit den übrigen im Krankenhaus tätigen Röntgenassistentinnen über ihren üblichen Dienst von 42 Wochenstunden hinaus zur Bereitschaft, die vom Schluß des normalen Arbeitstages (14 Uhr) bis zum Arbeitsbeginn am nächsten Tag (8 Uhr) dauerte, eingeteilt, um die in dieser Zeit anfallenden Röntgenarbeiten auszuführen. Die dabei in durchschnittlich 4—6 Fällen notwendig werdende Tätigkeit wurde mit 7 Stunden veranschlagt und durch eine entsprechende Freizeit am folgenden Tage abgegolten. Ob und in welchem Umfang sich die Klägerin im übrigen während ihrer Bereitschaft noch mit anderen Arbeiten aus ihrem Aufgabenbereich befassen mußte, ist streitig. Soweit sie nicht in Anspruch genommen war, konnte sie schlafen oder sonst ihre Zeit nach Belieben verwenden, mußte aber im

Krankenhaus anwesend sein. Die von der Klägerin zwischen dem 1. April und 31. Dezember 1955 in Bereitschaft verbrachte Zeit, für die sie Freizeit nicht erhalten hat, beläuft sich auf 403¼ Stunden.

Die Klägerin ist der Ansicht, bei dieser Inanspruchnahme handele es sich um Mehrarbeit, die nach Nr. 3 ADO zu § 2 TO.A und dem Tarifvertrag vom 19. Dezember 1953 mit 2,40 DM je Stunde zu vergüten sei. Die Klägerin hat beantragt, den Beklagten zu verurteilen, an sie 967,80 DM zu zahlen. Der Beklagte hat um Abweisung der Klage gebeten. Er macht geltend, die 42 Wochenstunden überschreitende, durch Freizeit nicht abgegoltene Anwesenheit der Klägerin im Krankenhaus sei keine Arbeitsleistung, sondern eine Bereitschaft in der Form der Schlafwache. Es lägen daher keine Überstunden vor, für deren Vergütung im übrigen auch die tariflichen Voraussetzungen fehlten. Die Verlängerung der Gesamtbeschäftigungszeit der Klägerin, die der Beklagte in Ausübung des ihm durch den RTV eingeräumten Ermessens vorgenommen habe, sei nach der Verordnung über die Arbeitszeit in Krankenpflegeanstalten vom 13. Februar 1924 zulässig. Als Vergütung sei ein Satz von 1,50 DM je Stunde angemessen, so daß der Klägerin für den Klagezeitraum nur noch ein Betrag von 43,50 DM zustehe.

In den beiden Vorinstanzen hatte die Klage Erfolg. Die Revision der Beklagten führte zur Aufhebung und Zurückverweisung.

Aus den Gründen:

Bei den 403¼ Stunden, die die Klägerin im Klagezeitraum ohne Abgeltung durch Freizeit über eine Arbeitszeit von 42 Wochenstunden hinaus auf Grund ihrer Heranziehung zur Bereitschaft geleistet hat, handelt es sich um Überstunden. Gemäß § 9 Ziff. 3 erster Halbsatz RTV, der auf das Arbeitsverhältnis zwischen den Parteien Anwendung findet, ist Mehrarbeit diejenige Arbeit, die über die regelmäßige Arbeitszeit hinaus geleistet wird („Überstundenarbeit" im Sinne wie BAG 8, 25 ff. [30 ff.]). Ob und in welchem Umfang die Klägerin Mehrarbeit erbracht hat, hängt also davon ab, welches die für ihr Arbeitsverhältnis regelmäßige Arbeitszeit ist. Das Arbeitsverhältnis der Klägerin als Röntgenassistentin in einem Krankenhaus des Beklagten unterliegt, wie das angefochtene Urteil richtig ausführt, der Tarifordnung für Belegschaftsmitglieder in den Kranken-, Heil- und Pflegeanstalten des Reichs, der Länder, der Gemeinden (Gemeindeverbände) und der Träger der Reichsversicherung (KrT) vom 2. Dezember 1939 i. d. F. der 3. Änderung vom 18. Juni 1944 (RABl. 1940, S. IV 73; 1944, S. IV 174) gemäß § 1 Abs. 1 a. a. O. Nach § 4 Abs. 1 Buchst. a) KrT beträgt bei Röntgenassistentinnen die regelmäßige Arbeitszeit ausschließlich der Pausen täglich $7^1/_2$ und wöchentlich 42 Stunden, soweit sie in erheblichem Umfang im Röntgendienst beschäftigt sind. Das ist bei der Klägerin nach den Feststellungen des Berufungsurteils der Fall.

Dem Landesarbeitsgericht ist auch darin beizupflichten, daß § 4 Abs. 1 Buchst. a) KrT nicht durch § 9 Ziff. 1 in Verbindung mit § 27 Ziff. 1 RTV und § 9 TVG für Groß-Berlin vom 12. September 1950 (GVBl. S. 417) verdrängt worden ist. Durch § 27 Ziff. 1 RTV wird klargestellt, daß durch die entsprechenden Neuregelungen des Tarifvertrags die ATO und die dem RTV entgegenstehenden Bestimmungen der TO.A und der KrT gemäß § 9 Abs. 1 TVG außer Kraft getreten sind und die zur TO.A und KrT ergangenen Vorschriften der ADO, GDO und BDO für die unter den Tarifvertrag fallenden Angestellten und Arbeiter mittelbar ihre Geltung insoweit verloren haben, als die entsprechenden Materien nunmehr tarifvertraglich geregelt worden sind. Ob dazu auch § 4 Abs. 1 Buchst. a) KrT gehört, richtet sich nach dem durch Auslegung zu ermittelnden sachlichen Umfang der Regelung des § 9 Ziff. 1 S. 1 RTV (vgl. Hueck-Nipperdey, Lehrbuch des Arbeitsrechts, 6. Aufl., Bd. II, § 19 II 4b; Hueck-Nipperdey-Tophoven, TVG, 3. Aufl., § 9 Anm. 2). Zwar setzt diese Vorschrift entsprechend dem in § 1 Ziff. 1 umschriebenen Geltungsbereich des RTV ihrem Wortlaut nach die regelmäßige Arbeitszeit für a l l e bei den öffentlichen Verwaltungen, Anstalten und Betrieben des Beklagten tätigen Angestellten auf 48 Wochenstunden fest. Zu beachten ist jedoch, daß § 9 Ziff. 1 RTV an die Stelle des § 8 Abs. 1 ATO getreten ist. Neben der allgemeinen Arbeitszeitregelung dieser Bestimmung gilt § 4 Abs. 1 Buchstabe a) KrT als Sondervorschrift für einen bestimmten Beruf. Wenn in Abänderung dieser Rechtslage für den Bereich des RTV auch die genannte KrT-Norm durch die a l l g e m e i n e Arbeitszeitregelung des § 9 Ziff. 1 S. 1 RTV ersetzt werden sollte, so hätte das im Tarifvertrag deutlich erkennbar zum Ausdruck gebracht werden müssen. Das ist aber nicht geschehen. Gegen die Fortgeltung des § 4 Abs. 1 Buchst. a) KrT spricht nicht § 9 Ziff. 1 S. 2 und Ziff. 2 RTV. Denn wenn dort einerseits eine kürzere Arbeitszeit als in Ziff. 1 S. 1 zum Schutze der Jugendlichen bis zu 18 Jahren festgesetzt und andererseits für einzelne Berufszweige eine längere als die 48-Stunden-Woche zugelassen ist, so folgt daraus noch nicht, daß nach dem Willen der Tarifvertragsparteien andere Abweichungen von der Regel des § 9 Ziff. 1 S. 1 a. a. O., insbesondere die in Rede stehende, ausgeschlossen sein sollten. Diese Auffassung findet ihre Bestätigung in der gerade hinsichtlich der hier zu beantwortenden Frage bestehenden Tarifübung, die zwar nicht, wie das Landesarbeitsgericht meint, die Arbeitsgerichte bindet, aber doch bei der Auslegung des § 9 Ziff. 1 S. 1 RTV zu berücksichtigen ist (vgl. RAG 14, 10 [16]; 16, 129 [136]; Hueck-Nipperdey, a. a. O., Bd. II § 18 V 2e). Wie das Berufungsgericht ausdrücklich feststellt, sind nämlich die Tarifvertragsparteien selbst in jahrelanger Übung von dem Fortbestand der Arbeitszeitregelung des § 4 Abs. 1 Buchstabe a) KrT als einer durch die Arbeitszeitregelung des RTV nicht angetasteten tariflichen Sonderregelung ausgegangen (vgl. hierzu auch Enneccerus-Nipperdey, Allgemeiner Teil des bürgerlichen Rechts, 14. Auflage, Erster Halbband, § 13 III, 1 und § 60 I, 3).

Gilt demnach für das Arbeitsverhältnis der Klägerin die 42-Stunden-Woche als die regelmäßige Arbeitszeit, so sind die im Klagezeitraum darüber hinaus geleisteten 403¹/₄ Stunden gemäß § 9 Ziff. 3 RTV Mehrarbeit (Überstunden), wie das Landesarbeitsgericht insoweit zutreffend angenommen hat.

Nach den Feststellungen des angefochtenen Urteils ist die Klägerin unstreitig im Besitze einer Anwartschaft auf eine über die reichsgesetzliche Versicherungspflicht hinausgehende Alters- und Hinterbliebenenversorgung unter Beteiligung des Arbeitgebers. Aus den Verweisungen des § 9 Ziff. 3 RTV, wonach der Ausgleich von Mehrarbeit nach den besonderen, für den einzelnen Arbeitnehmer geltenden tariflichen Bestimmungen vorzunehmen ist, sowie aus § 2 Abs. 1 KrT und der ADO hierzu folgt, daß im vorliegenden Falle für eine Vergütung von Überstunden nur die Nr. 3 Buchst. B ADO zu § 2 TO.A in Betracht kommt. Der sich im Rahmen der KrT mit der Abgeltung von Überstunden befassende § 6 gilt für den Personenkreis des § 4 KrT, zu dem die Klägerin gehört, nicht. Mit Recht nimmt das Landesarbeitsgericht an, daß gegen die Fortgeltung der Nr. 3 ADO zu § 2 TO.A keine Bedenken bestehen. Insbesondere ist diese Vorschrift nicht durch die KRDir. Nr. 26 vom 26. Januar 1946 (vgl. BAG 8, 63 [70]) und das KRGes. Nr. 56 vom 30. Juni 1947 (vgl. BAG 5, 86 [89]) außer Kraft gesetzt worden. Sie ist schließlich nicht gemäß § 27 Ziff. 1 RTV verdrängt worden, weil dieser Tarifvertrag keine selbständige Vergütungsregelung für Mehrarbeit im Sinne des Tarifs enthält.

Fehlerhaft ist es aber, wenn das Berufungsgericht der Klage stattgibt, ohne zu prüfen, ob die Klägerin überhaupt in den geltend gemachten Überstunden zu berufsentsprechenden Arbeiten verwendet worden ist. Denn ein Anspruch auf Überstundenvergütung gemäß der Nr. 3 Buchst. B ADO zu § 2 TO.A ist nur insoweit gegeben, als die Überarbeit in den vertraglich geschuldeten Dienstleistungen besteht (vgl. BAG 8, 25 ff.). Das Landesarbeitsgericht verkennt auch den Begriff der „regelmäßigen Überstunden" i. S. der angeführten Tarifbestimmung, indem es weiter ausführt, hierfür genüge es, daß der öffentliche Arbeitgeber zur Erfüllung seiner normalen Aufgaben nach einem Dienstplan, sei es auch außerhalb dreier zusammenhängender Wochen, regelmäßig und allgemein von seinen Arbeitnehmern im Wechsel die Ableistung von Überstunden verlange.

Wenn Nr. 3 Buchst. B ADO zu § 2 TO.A einen Vergütungsanspruch von der Ableistung regelmäßiger, d. h. nach dieser Vorschrift solcher Überstunden abhängig macht, die für die Zeit von mindestens drei zusammenhängenden Wochen gefordert worden sind, so kommt es dabei nämlich nicht auf die in einem Dienstplan, sei es ganz oder zum Teil, zusammengefaßte Belegschaft, wie das Landesarbeitsgericht anscheinend glaubt, sondern nur auf den einzelnen Arbeitnehmer an. Das folgt daraus, daß sich die Leistung und Abgeltung von Überstunden wie die Vergütung geleisteter Arbeitsstunden überhaupt, mit deren Regelung sich die Nr. 3 ADO einschließlich des Buchstaben B befaßt, immer nur vom einzelnen Arbeitnehmer her bestimmen läßt. In der Person des einzelnen Arbeitnehmers müssen daher jeweils die Voraussetzungen des Buchst. B a. a. O. erfüllt sein, wenn ein Vergütungsanspruch aus dieser Bestimmung erwachsen soll. Es reicht infolgedessen nicht aus, wenn bei allgemein für die Belegschaft angeordneter Mehrarbeit ein Arbeitnehmer etwa nach einem sich über mehr als drei Wochen erstreckenden Dienstplan im Wechsel mit seinen Berufskollegen zu Überstundenleistungen herangezogen wird, sofern seine Inanspruchnahme nicht in jeder von mindestens drei aufeinanderfolgenden Wochen stattfindet, wie es die Nr. 3 Buchst. B ADO für *ihren* Begriff der regelmäßigen Überstunden einschränkend verlangt. Eine andere Auffassung dieser als Ausnahmevorschrift anzusehenden und daher eng auszulegenden Bestimmung würde entgegen der Nr. 3 Buchstabe A b ADO dazu führen, daß im Ergebnis *jede* Überstunde abzugelten wäre. Das ist aber unter den Voraussetzungen des § 2 Abs. 3 S. 2 TO.A nur für solche Bedienstete vorgesehen, die weder nach §§ 11—14 AVG versicherungsfrei sind noch eine Anwartschaft auf Versorgung der dort näher bezeichneten Art haben.

Im Einzelfall kann allerdings die Nichtberücksichtigung von Unterbrechungen eines sonst durchweg mit Überstunden i. S. der Nr. 3 Buchst. B ADO angefüllten Zeitraums nach Treu und Glauben geboten sein, wenn die Unterbrechungen etwa auf Krankheit, Urlaub oder einem gleichzustellenden Grunde beruhen oder vom Arbeitgeber absichtlich zur Einsparung von Überstundenvergütungen unter bewußter Umgehung der genannten ADO-Vorschrift herbeigeführt worden sind. Ein Vergütungsanspruch besteht aber auch dann, wenn die Mehrarbeit als tarifwidrig verlangt und erbracht anzusehen ist, weil die Arbeitszeit der Klägerin nach § 4 Abs. 1

Buchst. a) KrT wöchentlich 42 Stunden nicht überschreiten darf. Die Vereinbarung tariflich verbotener Mehr- (Über-)arbeit ist zwar gemäß § 134 BGB nichtig (vgl. Hueck-Nipperdey, a. a. O., Bd. II, § 15 II 5d). Der Arbeitnehmer kann ihre Leistung verweigern. Wenn und solange er sie aber mit Wissen und Willen des Arbeitgebers durchführt, kann dieser sich auf die Nichtigkeit der Vereinbarung, die eine Bindung nur für die Zukunft, nicht aber für die Vergangenheit ausschließt, nicht berufen, um dadurch seiner Pflicht zur Vergütung der empfangenen Leistungen zu entgehen. Tarifwidrig geleistete Mehr- (Über-)arbeit ist vielmehr grundsätzlich nach den gleichen Regeln zu behandeln, wie sie für tariflich zulässige Überstunden gelten. Die Höhe der Vergütung richtet sich, sofern Tarifnormen eingreifen, nach diesen, im übrigen nach dem, was vereinbart oder für solche Arbeit angemessen ist (vgl. Nipperdey in „Die Reichsgerichtspraxis im deutschen Rechtsleben", 1929, Bd. IV S. 210; Hueck-Nipperdey, a. a. O., Bd. I, §§ 21 IV 4, 32 III 3, 40 III 4b, ee; Bd. II § 15 II 5d Anm. 78; Nikisch, ArbR, 2. Aufl., Bd. I, §§ 23 II 5, 6, III 1, 29 V 6).

Entsprechendes gilt, sofern die Klägerin etwa auch zu Dienstleistungen über die Grenzen der für sie geltenden gesetzlichen Höchstarbeitszeit hinaus herangezogen worden ist (vgl. die gerade angeführte Literatur). Diese bestimmt sich für Röntgenassistentinnen bei den als gemeinnützig anerkannten Krankenpflegeanstalten, zu denen nach dem Erlaß des Preußischen Ministers für Volkswohlfahrt vom 25. März 1925 (MinBl. der Handels- und Gewerbeverwaltung 1925, S. 157) auch die Krankenhäuser der Stadt Berlin gehören, nach § 2 Abs. 1 S. 1 in Verbindung mit § 1 der Verordnung über die Arbeitszeit in Krankenpflegeanstalten vom 13. Februar 1924 (RGBl. I, S. 66). Danach beträgt die gesetzliche Höchstarbeitszeit der Klägerin einschließlich der Sonn- und Feiertage, die Pausen nicht eingerechnet, wöchentlich 60 Stunden, sofern nicht etwas anderes vereinbart ist. Daß eine solche in der Verordnung vorgesehene Vereinbarung getroffen worden ist, ist nicht ersichtlich. Ob im Sinne des § 2 Abs. 1 S. 1 a. a. O. auch durch Tarifordnung etwas Abweichendes über die Höchstarbeitszeit bestimmt werden konnte, kann hier dahingestellt bleiben. Denn die im vorliegenden Fall allein in Betracht kommende KrT besagt über die Höchstarbeitszeit im Sinne des § 2 Abs. 1 Satz 1 a. a. O. von Röntgenassistentinnen nichts.

Soweit die Bereitschaft der Klägerin nach den Ausführungen des Landesarbeitsgerichts darin bestand, im Krankenhaus anwesend zu sein, um etwa notwendig werdende (durch Freizeit abgegoltene) Röntgenarbeiten zu verrichten, wobei sie außerhalb der Zeiten tatsächlicher Inanspruchnahme schlafen oder sich nach Belieben beschäftigen konnte, handelt es sich nicht um eine für die Klägerin normale vertragliche Arbeitsleistung. Daß darin keine „Rufbereitschaft", die für den Bereich des öffentlichen Dienstes bisher offenbar nur in § 62 Nr. 30 des Bundesmanteltarifvertrags für die Arbeiter gemeindlicher Verwaltungen und Betriebe vom 22. Mai 1953 tariflich geregelt ist, erblickt werden kann, weil die Klägerin in der Wahl ihres Aufenthaltsorts nicht frei, sondern an das Krankenhaus gebunden war, hat das Berufungsgericht richtig erkannt. Entgegen der Ansicht des angefochtenen Urteils liegt aber auch keine „Arbeitsbereitschaft" vor. Diese besteht nämlich, wie der Senat bereits mehrfach ausgesprochen hat (vgl. BAG 8, 25 [27, 28] und BAG 8, 63 [71]), nur in Zeiten, in denen vom Arbeitnehmer eine wache Achtsamkeit, wenn auch im Zustand der Entspannung, verlangt wird. Das trifft für die hier in Rede stehende Bereitschaftsaufgabe der Klägerin nicht zu. Denn dafür, daß sie sich auch dann, wenn sie keine Röntgen- oder sonstigen Arbeiten ausführen mußte, stets in „wacher Achtsamkeit" befunden hat, ergeben die Feststellungen des Berufungsurteils keinen Anhalt. Vielmehr handelt es sich nach der Rechtsprechung des Senats in Fällen, in denen sich der Arbeitnehmer, wie hier, an einer vom Arbeitgeber bestimmten Stelle innerhalb (oder außerhalb) des Betriebes aufzuhalten hat, damit er erforderlichenfalls seine volle Arbeitstätigkeit aufnehmen kann, um „Bereitschaftsdienst". Die durch solchen Dienst entstandenen Überstunden sind, weil sie keine volle vertragliche Arbeitsleistung enthalten, nicht gemäß Nr. 3 Buchst. B ADO zu § 2 TO.A abzugelten (vgl. BAG 8, 25 [30]).

Ihre Vergütung ist im vorliegenden Falle auch nicht durch § 9 Ziff. 4 RTV in der Weise geregelt, daß etwa die Bewertung des Bereitschaftsdienstes als Arbeitszeit und damit zugleich ihre Bewertung als Arbeitsleistung hinsichtlich der Vergütung in das pflichtgemäße Ermessen des Beklagten gestellt ist, wie die Revision anscheinend geltend machen will. Nach § 9 Ziff. 4 a. a. O. kann, soweit bei Beschäftigten regelmäßig und in erheblichem Umfang Arbeitsbereitschaft vorliegt, über ihre Bewertung als Arbeitszeit Näheres unter Berücksichtigung der tatsächlichen Verhältnisse bestimmt werden. Selbst wenn man unterstellt, daß hier die „Arbeitsbereitschaft" den „Bereitschaftsdienst" mit umfaßt, setzt die Anwendung dieser Vorschrift ebenso wie § 8 Abs. 3 ATO, mit dem sie auch im Wortlaut weitgehend übereinstimmt, nach ihrem Zusammenhang mit den Bestimmungen des § 9 über die regelmäßige Arbeitszeit voraus, daß die Arbeitsbereitschaft in diese regelmäßige Arbeitszeit fällt. Davon kann aber nach den Feststellungen des Berufungsurteils keine Rede sein. Darüber hinaus besitzt § 9 Ziff. 4 RTV — wie § 9 überhaupt — nur rein arbeitszeitrechtliche, nicht aber unmittelbar vergütungsrechtliche Bedeutung. Denn für § 9 Ziff. 4 gilt auch in dieser Beziehung nichts anderes als für § 8 Abs. 3 ATO, den er ersetzt. Diese Vorschrift überläßt die Bestimmung, in welchem Umfang Arbeitsbereitschaft arbeitszeitrechtlich als echte Arbeitszeit anzusehen ist, mit Rücksicht auf die Vielfalt und die Verschiedenartigkeit der im Einzelfall zu berücksichtigenden Umstände der Regelung durch Arbeitsvertrag oder Dienstordnung. Damit bestimmt die ATO aber nicht zugleich auch, daß die Festsetzung der Vergütung für die Arbeitsbereitschaft durch Arbeitsvertrag oder Dienstordnung erfolgen solle. Denn dazu hatte die Tarifordnung keinen Anlaß, weil eine solche Festsetzung ohnehin schon auf Grund der Vertragsfreiheit durch die Arbeitsvertragsparteien oder in einer Dienstordnung gemäß § 16 AOGÖ erfolgen konnte, soweit keine tarifliche Regelung bestand. In gleicher Weise enthält auch der dem § 8 Abs. 3 ATO nachgebildete § 9 Ziff. 4 RTV keine Ermächtigung des Beklagten zur Festsetzung einer Vergütung für Arbeitsbereitschaft. Daher kommt diese Vorschrift zur Beantwortung der Frage, wie der von der Klägerin geleistete Bereitschaftsdienst abzugelten ist, überhaupt nicht in Betracht. Was der Klägerin für die Ableistung des Bereitschaftsdienstes außerhalb der regelmäßigen tariflichen Arbeitszeit geschuldet wird, richtet sich nach dem, was vereinbart worden ist, oder mangels einer vereinbarten Vergütung nach § 612 BGB; dies gilt auch dann, wenn der Bereitschaftsdienst tariflich oder gesetzlich verboten war, wie schon des näheren oben ausgeführt worden ist.

Aus dem angefochtenen Urteil ist aber nicht ersichtlich, inwieweit die Klägerin in den geltend gemachten Überstunden, wie sie behauptet und der Beklagte bestreitet, Aufgaben erledigt hat, die zu ihren normalen vertraglichen Dienstleistungen gehören, also sog. Vollarbeit sind (z. B. Entwickeln, Trocknen, Beschneiden, Beschriften von Röntgenaufnahmen u. ä.), und inwieweit es sich lediglich um die Ableistung von reinem Bereitschaftsdienst gehandelt hat. Ebenso fehlt es an Feststellungen darüber, ob die Überstunden jeweils für die Zeit von drei zusammenhängenden Wochen erbracht worden sind. Darauf kommt es aber nach den vorstehenden Ausführungen an. Da das Revisionsgericht nicht in der Lage ist, die fehlenden Feststellungen selbst vorzunehmen, mußte das angefochtene Urteil nicht nur aufgehoben, sondern die Sache auch zur anderweiten Verhandlung und Entscheidung an das Landesarbeitsgericht zurückverwiesen werden (§§ 564 Abs. 1, 565 Abs. 1 ZPO).

Bei der Prüfung, ob und inwieweit der Klägerin Überstundenvergütung für Vollarbeit zusteht, wird das Berufungsgericht zu beachten haben, daß ein Anspruch zwar die Anordnung von Überstunden durch den Arbeitgeber oder seinen weisungsbefugten Vertreter voraussetzt, daß hierzu aber die Zuweisung von Arbeit, die in der normalen Arbeitszeit nicht erledigt werden kann (vgl. BAG 5, 86 [92 f.]), u. U. auch die Duldung der Überarbeit durch den Arbeitgeber oder seinen Vertreter in Kenntnis derselben genügt. Im übrigen wird das Landesarbeitsgericht, soweit eine Vereinbarung über die Abgeltung des Bereitschaftsdienstes nicht vorliegt, davon auszugehen haben, daß gemäß § 612 Abs. 1 BGB eine Vergütung allein dann als stillschweigend vereinbart gilt, wenn die Dienstleistung den Umständen nach nur gegen eine Vergütung zu erwarten ist. Bei der Prüfung, ob das für die Klägerin zutrifft, wird das Landesarbeitsgericht nicht übersehen dürfen, daß Nr. 3 Buchst. B ADO zu § 2 TO.A selbst bei Verrichtung der vollen vertraglichen Arbeit nur unter bestimmten Voraussetzungen, insbesondere nur bei Ableistung der Überstunden in mindestens drei zusammenhängenden Wochen, einen Abgeltungsanspruch gewährt. Das wird im Rahmen des § 612 Abs. 1 BGB erst recht gelten, wenn die Vergütung lediglich von Bereitschaftsdienst in Frage steht. Ist an sich ein Anspruch zu bejahen, so wird schließlich zu beachten sein, daß nach der Rechtsprechung des Senats nur eine angemessene Vergütung geschuldet wird, die unter billiger Berücksichtigung der tatsächlichen Verhältnisse festzustellen ist.

38

1. Nach Nr. 14 des Tarifvertrages vom 12. Juni 1956 sowie den entsprechenden Bestimmungen der späteren einschlägigen Tarifverträge betreffend Urlaub der Angestellten der Bundesrepublik Deutschland braucht der Hausarbeitstag nicht gewährt zu werden, wenn durch die regelmäßige Diensteinteilung ein freier Arbeitstag gewonnen wird. Es ist gleichgültig, ob dies durch Arbeitszeitverlegung oder Arbeitszeitverkürzung erreicht wird.

2. Das Hessische Beamtengesetz und die auf ihm beruhende Urlaubsverordnung gelten nicht für Bundesbedienstete.

Gesetz über die Rechtsstellung der Beamten und Angestellten im öffentlichen Dienste des Landes Hessen (HBG) in der Fassung vom 25. Juni 1948 (GVBl. S. 101) §§ 22, 106; Urlaubsverordnung für die Beamten und Angestellten des öffentlichen Dienstes im Lande Hessen vom 26. Febr. 1949 (GVBl. S. 23) in der Fassung der Änderungsverordnung vom 21. Mai 1952 (GVBl. S. 117) § 15; Tarifvertrag vom 12. Juni 1956 zwischen der Bundesrepublik Deutschland und der Gewerkschaft Öffentliche Dienste, Transport und Verkehr sowie der Deutschen Angestelltengewerkschaft Nr. 14.

I. Senat. Urteil vom 4. 12. 1959 i. S. B. D. (Bekl.) w. Sch. (Kl.)
1 AZR 400/59.

I. Arbeitsgericht Frankfurt am Main.
II. Landesarbeitsgericht Frankfurt am Main.

Die Klägerin ist Verwaltungsangestellte der Beklagten beim Bundesamt für gewerbliche Wirtschaft, einer dem Bundeswirtschaftsministerium nachgeordneten und weisungsgebundenen Behörde mit dem Sitz in Frankfurt/Main. Sie hat einen eigenen Hausstand und erhielt bis einschließlich September 1956 monatlich einen Hausarbeitstag.

Ab 1. Okt. 1956 wurde bei ihrer Behörde die 96-stündige Arbeitszeit innerhalb von zwei Wochen so verteilt, daß jeder zweite Samstag arbeitsfrei wurde, Mit der Einführung dieses umschichtig freien Samstags (sogenannter roulierender Samstag) lehnte die Beklagte die weitere Erteilung des Hausarbeitstages ab. Sie berief sich auf den zwischen ihr, vertreten durch die Bundesminister der Finanzen und des Innern, einerseits und der Gewerkschaft Öffentliche Dienste, Transport und Verkehr sowie der Deutschen Angestelltengewerkschaft andererseits abgeschlossenen Tarifvertrag vom 12. Juni 1956. Dieser traf unter Nr. 14 folgende Regelung:

„Urlaub, der abgesehen von den Fällen der Ziffer 13 lediglich den persönlichen Interessen der Arbeitnehmer dient, ist grundsätzlich auf den Jahresurlaub anzurechnen. Wird dieser überschritten, so werden die Dienstbezüge entsprechend gekürzt. In Abweichung hiervon können weibliche Arbeitnehmer mit eigenem Hausstand auf Verlangen, soweit dringende dienstliche Gründe nicht entgegenstehen, zur Erledigung häuslicher oder persönlicher Angelegenheiten im Kalendermonat einen Hausarbeitstag (freien Arbeitstag), wenn die Frau ein oder mehrere Kinder unter 14 Jahren im gemeinsamen Haushalt ohne ausreichende Hilfe betreuen muß, 2 Hausarbeitstage im gleichen Zeitraum erhalten. Für diesen Fall werden die Dienstbezüge nicht gekürzt. Bleibt infolge der regelmäßigen Diensteinteilung mindestens ein Arbeitstag im Kalendermonat von der Arbeit frei, so wird der Hausarbeitstag nicht gewährt, es sei denn, daß es sich hierbei um einen Ausgleich für geleistete Nacht-, Sonn- oder Feiertagsarbeit handelt."

Diese Bestimmung war schon in den vorangegangenen Tarifverträgen enthalten und wurde auch in den gegenwärtig geltenden Tarifvertrag vom 1. Juli 1958 unter § 1 Nr. 14 aufgenommen.

Die Klägerin macht mit der Klage den Anspruch auf Abgeltung der ihr seit dem 1. Oktober 1956 bis zum 30. September 1958 nicht mehr gewährten Hausarbeitstage geltend. Sie ist der Ansicht, daß nach Nr. 14 des Tarifvertrages durch den roulierenden Samstag ohne Arbeitszeitverkürzung der Anspruch auf den Hausarbeitstag nicht entfalle. Eine andere Auslegung würde vor allem der Hessischen Urlaubsverordnung widersprechen, die als partielles Bundesrecht auch für die in Hessen tätigen Bundesbediensteten gelte, tarifvertraglichen Bestimmungen vorgehe und den Anspruch stütze. Die Klägerin hat beantragt, die Beklagte zur Zahlung von 541,30 DM zu verurteilen.

Das Arbeitsgericht hat die Klage abgewiesen, das Landesarbeitsgericht hat dagegen die Beklagte antragsgemäß zur Zahlung verurteilt. Die Revision der Beklagten führte zur Wiederherstellung des erstinstanzlichen Urteils.

Aus den Gründen:

I. Die Klägerin kann den von ihr geltend gemachten Abgeltungsanspruch nicht auf den zwischen der Beklagten, vertreten durch die Bundesminister der Finanzen und des Innern, einerseits und der Gewerkschaft Öffentliche Dienste, Transport und Verkehr sowie der Deutschen Angestelltengewerkschaft andererseits abgeschlossenen Tarifvertrag vom 12. Juni 1956 sowie die entsprechenden gleichlautenden Bestimmungen der späteren Tarifverträge vom 31. Mai 1957 und 1. Juli 1958 stützen. Die Klägerin ist zwar unstreitig tarifgebunden, so daß die Hausarbeitstagsregelung der Nr. 14 des Tarifvertrages an sich auf sie anzuwenden ist. Ob diese Regelung, die als Kannvorschrift gefaßt ist, überhaupt einen Rechtsanspruch auf den Hausarbeitstag gewährt, brauchte der Senat nicht zu entscheiden. Denn auch, wenn man das Bestehen eines Rechtsanspruchs bejaht, ist er jedenfalls seit dem 1. Oktober 1956 entfallen, weil durch die Einführung des sogenannten roulierenden Samstags jeder zweite Samstag im Monat arbeitsfrei wurde.

Nach Nr. 14 des Tarifvertrages wird der Hausarbeitstag dann nicht gewährt, wenn nach der regelmäßigen Diensteinteilung im Kalendermonat ein oder mehrere Arbeitstage von der Arbeit frei bleiben. Es kommt also nur darauf an, daß durch die regelmäßige Diensteinteilung ein freier Arbeitstag gewonnen worden ist; dagegen ist es gleichgültig, ob dies durch Arbeitszeitverlegung, Arbeitszeitverkürzung oder beides zugleich erreicht wird. Nur dann soll ein frei gewordener Arbeitstag nicht als Hausarbeitstag angerechnet werden, wenn er als Ausgleich für geleistete Nacht-, Sonn- oder Feiertagsarbeit gewährt worden ist. Gerade der Hinweis auf die Arbeit an Sonn- und Feiertagen beweist, daß die Tarifvertragsparteien diese Tage in Gegensatz zu den als Hausarbeitstage in Betracht kommenden Werktagen setzen wollten. Würde z. B. ein Wochenfeiertag auf den Samstag fallen oder eine Angestellte am Sonntag arbeiten und dafür an einem Wochentag arbeitsfrei sein, so würde der Anspruch auf den Hausarbeitstag deswegen nicht entfallen.

Zu Unrecht beruft sich die Klägerin auf die Entscheidung des Senats vom 14. Juni 1957 zu dem Hausarbeitstagsgesetz von Niedersachsen (AP Nr. 5 zu § 1 HausarbTagsG Niedersachsen), die nur aus der besonderen Regelung dieses Gesetzes zu erklären ist. § 1 Abs. 1 Satz 2 des Hausarbeitstagsgesetzes von Niedersachsen verlangt als Voraussetzung für den Anspruch u. a., daß die Frau „an keinem Werktag arbeitsfrei ‘ ist. Da der Begriff „arbeitsfrei" im niedersächsischen Hausarbeitstagsgesetz nicht näher bestimmt ist, mußte der Senat ihn aus dem Sinn und Zweck dieses Gesetzes selbst auslegen. Er kam dabei zu dem Ergebnis, daß ein „arbeitsfrei" nicht vorliegt, wenn ein freier Werktag bei voller, d. h. 48-stündiger Wochenarbeitszeit nur durch Arbeitszeitverlegung gewonnen wird. Diese für das niedersächsische Hausarbeitstagsgesetz zutreffende Auslegung kann jedoch nicht auf den Tarifvertrag vom 12. Juni 1956 übertragen werden. Denn im Gegensatz zum Hausarbeitstagsgesetz von Niedersachsen hat der Tarifvertrag selbst bestimmt, unter welchen Voraussetzungen Arbeitstage von der Arbeit frei sind. Das ist nur dann nicht der Fall, wenn der freie Tag sich daraus ergibt, daß er als Ausgleich für geleistete Nacht-, Sonn- oder Feiertagsarbeit gewährt wird. Diese Ausnahmen sind eindeutig und erschöpfend. Sie gelten nicht für den Fall, daß durch Arbeitszeitverlegung ein freier Arbeitstag gewonnen wird.

II. Die Klägerin kann den von ihr geltend gemachten Anspruch auch nicht auf die Urlaubsverordnung für die Beamten und Angestellten des öffentlichen Dienstes im Lande Hessen vom 26. Februar 1949 (GVBl. S. 23) in der Fassung der Verordnung zur Änderung der Urlaubsverordnung für die Beamten und Angestellten des öffentlichen Dienstes im Lande Hessen vom 21. Mai 1952 (GVBl. S. 117) stützen, die auf Grund der §§ 22 und 106 des Gesetzes über die Rechtsstellung der Beamten und Angestellten im öffentlichen Dienst des Landes Hessen (HBG) in der Fassung vom 25. Juni 1948 (GVBl. S. 101) erlassen worden ist. Der hier in Betracht kommende § 15 der Urlaubsverordnung lautet:

„Weibliche Bedienstete mit eigenem Hausstand können auf Verlangen, soweit dringende dienstliche Gründe nicht entgegenstehen, zur Erledigung häuslicher und persönlicher Angelegenheiten im Monat einen freien Arbeitstag (Hausarbeitstag) und, wenn sie ein oder mehrere Kinder unter 14 Jahren im eigenen Hausstand ohne ausreichende Hilfe betreuen müssen, zwei Hausarbeitstage erhalten. Eine Kürzung der Dienstbezüge findet nicht statt."

Der Senat konnte es dahingestellt sein lassen, ob die Ermächtigung des § 106 HBG und demzufolge die auf ihm beruhende Urlaubsverordnung mit den Bestimmungen der Hessischen Verfassung, insbesondere mit den Art. 107 und 118 in Einklang steht. Er brauchte auch nicht zu prüfen, ob die Urlaubsverordnung nach den im Zeitpunkt ihres Erlasses bestehenden Gesetzgebungskompetenzbestimmungen überhaupt die rechtliche Möglichkeit hatte, Rechtsverhältnisse von Bundesangestellten zu regeln. Zu Unrecht beruft sich in dieser Hinsicht das Berufungsgericht auf frühere Entscheidungen des Senats zu den Hausarbeitstagsgesetzen (AP Nr. 1 zu § 86 BVerfGG; BAG 1, 63) und zu dem Urlaubsgesetz Niedersachsen (AP Nr. 1 zu § 5 UrlaubsG Niedersachsen). In jenen Entscheidungen hat der Senat ausgesprochen, daß allgemeines Arbeitsrecht eines Landes innerhalb seines Herrschaftsbereiches grundsätzlich für alle in seinem Bereich tätigen Arbeitnehmer und für alle in seinem Bereich befindlichen Betriebe und Behörden gilt, also auch Bedienstete des Bundes und der bundesunmittelbaren Körperschaften erfaßt. Diese Rechtsprechung beschränkt sich jedoch auf allgemeines Landesarbeitsrecht, das von vornherein in dem betreffenden Land für alle Arbeitnehmer innerhalb des Landes gelten soll. Sie gilt nicht für Gesetze, die sich von vornherein nur auf den öffentlichen Dienst beziehen und eine Spezialregelung innerhalb des Landes enthalten.

Bei einer Regelung, wie sie die Hessische Urlaubsverordnung vorsieht, kommt es daher entscheidend darauf an, ob sie sich allein auf die Bediensteten des eigenen Landes und der der Landesaufsicht unterliegenden öffentlichen Körperschaften und Anstalten bezieht oder ob sie darüber hinaus auch Bedienstete des Bundes oder einer dem Bunde unmittelbar unterstellten Körperschaft erfassen will.

Legt man die hier maßgebenden Bestimmungen des HBG und der darauf beruhenden Urlaubsverordnung nach ihrem Wortlaut, Sinn und Zweck aus, so sind sie in ihrem Geltungsbereich auf die Bediensteten des Landes Hessen und der seiner Dienstaufsicht unterliegenden öffentlichen Körperschaften und Anstalten beschränkt. Dafür spricht zunächst die Benennung des HBG, das die entscheidende Delegationsgrundlage für die Hessische Urlaubsverordnung enthält. Dieses Gesetz bezeichnet sich ausdrücklich als „Gesetz über die Rechtsstellung der Beamten und Angestellten im öffentlichen Dienste d e s L a n d e s H e s s e n". Allerdings heißt es in § 1 Abs. 1 des Gesetzes:

„Dieses Gesetz gilt für alle Behörden, alle Amts- und Dienststellen von Behörden sowie für alle öffentlich-rechtlichen Körperschaften im Lande Hessen. Ausgenommen sind die Verwaltungen der Eisenbahn, der Post, der Telegrafie und des Rundfunks."

Es fragt sich somit, ob durch diese Bestimmung der Kreis der Personen erweitert ist, den das HBG erfassen wollte. Maßgeblich ist die Zeit der Entstehung des Gesetzes, also das Jahr 1946; denn damals wurde das erste Beamtengesetz erlassen (vgl. Gesetz über die Rechtsstellung der Beamten und Angestellten im öffentlichen Dienste des Landes Groß-Hessen vom 12. November 1946, GVBl. S. 205). Auf dieses Gesetz kommt es an, da in den späteren Fassungen die hier maßgebenden Vorschriften lediglich wiederholt worden sind. Die ursprüngliche Gesetzesfassung wurde gemäß der Anweisung der Militärregierung in Kraft gesetzt (vgl. § 108 des Gesetzes vom 12. November 1946). Das Gesetz nimmt ausdrücklich Einrichtungen von seiner Geltung aus, die auf Überlandesebene bestanden, nämlich die Verwaltungen der Eisenbahn, der Post, der Telegrafie und des Rundfunks. Vor allem aber weist das HBG eine große Anzahl von Vorschriften auf, die offensichtlich nicht auf Bedienstete angewendet werden können, die einer zentralen Körperschaft, wie nunmehr der Bundesrepublik, angehören, so daß nicht angenommen werden kann, das Gesetz habe auch diese Personen erfassen sollen. Der Senat verweist insbesondere auf die §§ 11, 19—21, 23, 24, 30, 31, 36, 76, 81 und 103. Alle diese Bestimmungen bevollmächtigten Stellen des Landes zu Handlungen, die den Bediensteten gegenüber vorgenommen werden. Es erscheint nicht möglich anzunehmen, daß die betreffenden Landesstellen diese Maßnahmen auch für solche Angestellte sollten treffen können, die mit dem Land oder den ihm unterstellten Körperschaften gar nichts zu tun haben. Es kommt hinzu, daß das Hessische Personalamt, dem umfangreiche Befugnisse nach dem HBG zustehen, eine spezifisch hessische Einrichtung ist, der offensichtlich keine Kompetenzen für andere als Landesbedienstete zugesprochen werden sollten.

Daß der hessische Gesetzgeber selber dieser Auffassung ist, wird namentlich auch dadurch bestätigt, daß er seine Urlaubsverordnung bis in die letzte Zeit mehrfach geändert hat, in einer Zeit also, in der völlig gefestigte Verhältnisse in den Beziehungen zwischen Bund und Ländern bestanden und die Rechtsverhältnisse der Bediensteten der Bundesrepublik und ihres unmittelbaren Rechtsvorgängers, des Vereinigten Wirtschaftsgebietes, durch gesetzliche und tarifliche Vorschriften auf zentraler oder Bundesebene geregelt waren. Das gleiche gilt von der Neufassung des HBG im Jahre 1954.

Schließlich ergibt sich auch aus § 2 in Verbindung mit § 1 Abs. 2 HBG nichts anderes. Wenn dort gesagt wird, die Geltung des Gesetzes werde nicht dadurch ausgeschlossen, daß eine Behörde, eine Amts- oder Dienststelle oder eine öffentlich-rechtliche Körperschaft vor oder bis zum Inkrafttreten des Gesetzes mittelbar oder unmittelbar dem Deutschen Reich, dem preußischen oder hessischen oder einem anderen Gliedstaat unterstand oder ein Organ einer Gemeinde oder eines Gemeindeverbandes ist oder gewesen ist, so erklärt sich diese Erstreckung des HBG daraus, daß die bisherigen Dienstherren von Bediensteten dieser Körperschaften fortgefallen waren und ein Eingreifen des hessischen Gesetzgebers insoweit damals notwendig war. Jedoch ist zu beachten, daß sich die Regelung des § 1 Abs. 2 HBG nach seinem klaren Wortlaut ausschließlich auf Körperschaften bezieht, die v o r oder b i s zum Inkrafttreten des HBG nicht dem Lande Hessen unterstanden. Aus dieser Bestimmung ergibt sich somit nichts für Körperschaften, die nach Inkrafttreten des HBG gegründet worden sind und von vornherein dem Lande Hessen nicht unterstanden, wie die Bundesrepublik Deutschland. Die hier vertretene Auslegung des HBG wird auch von E h r i g in seinem Kommentar zum HBG geteilt, der gleichfalls der Auffassung ist, daß die Vorschriften des HBG nicht auf den öffentlichen Dienst des Bundes angewendet werden können (vgl. E h r i g , Kommentar zum Hessischen Beamtengesetz, 1956, § 1 Anm. 2).

III. Daß der Anspruch auch nicht auf die Freizeitanordnung vom 22. Oktober 1943 (RABl. III S. 325) gestützt werden kann, ergibt sich schon aus deren § 2 Abs. 3, der im Lande Hessen jedenfalls für Bundesbedienstete in Kraft geblieben ist. Hiernach besteht ein Anspruch auf Vergütung für die durch den Hausarbeitstag ausfallende Arbeitszeit nicht. Damit scheidet aber auch ein Anspruch auf Abgeltung aus, um den es im Streitfall allein noch geht, nachdem die Klägerin bereits in erster Instanz ihren Feststellungsantrag zurückgenommen hatte.

IV. Andere Anspruchsgrundlagen sind nicht ersichtlich, so daß die Klage keinen Erfolg haben konnte.

39

1. Der Kläger muß die Rüge der sachlichen Unzuständigkeit im Sinne von § 528 Satz 2 ZPO nicht unbedingt vor der Verhandlung zur Hauptsache erheben; es genügt, wenn sie in der ersten Instanz überhaupt erhoben wird.

2. Bei Prüfung der sachlichen Zuständigkeit kommt es auf die Rechtsansicht des Klägers nicht an. Die Arbeitsgerichte sind nur dann zuständig, wenn der Sachvortrag des Klägers schlüssig die Voraussetzun-

gen der §§ 2 ff. ArbGG erfüllt (Abweichungen von BAG 1, 102; 5, 139; BAG AP Nr. 14 zu § 2 ArbGG).

3. Ein nichtiges Beamtenverhältnis kann in der Regel nicht in ein Arbeitsverhältnis umgedeutet werden.

4. Bei einer Verweisung an das zuständige Gericht ist für die Bestimmung dieses Gerichts in der Regel das Recht maßgebend, das bei Ausspruch der Verweisung gilt.

5. Für Ersatzansprüche wegen Verletzung beamtenrechtlicher Fürsorgepflichten sind im Zweifel die Verwaltungsgerichte zuständig.

Bay. Beamtengesetz Art. 9 Nichtiges Beamtenverhältnis; BGB §§ 140, 839; GG Art. 34; ArbGG § 2 Zuständigkeitsprüfung, § 5 Abs. 1 Satz 2, § 45 Abs. 2 Satz 1, § 48a; ZPO § 528 Satz 2; BRRG §§ 126, 137; GVG § 71 Abs. 2 Nr. 1.

III. Senat. Urteil vom 8. 12. 1959 i. S. K. (Kl.) w. L. B. (Bekl.) 3 AZR 323/56.

I. Arbeitsgericht Regensburg. — II. Landesarbeitsgericht Bayern (München).

Der im Jahre 1914 geborene Kläger trat am 14. November 1946 in die Dienste der Landpolizei von Bayern. Mit Wirkung vom 1. Dezember 1946 wurde er auf Grund einer Sammelverfügung der Chefdienststelle Niederbayern/Oberpfalz vom 16. Dezember 1946 zum Wachtmeister auf Probe ernannt und dem Landpolizei-Hauptposten E. zugeteilt.

Am 13. August 1947 hatte der Kläger einen schweren Unfall. An diesem Tage fand aus Anlaß der Beförderung einiger Kollegen des Klägers im Aufenthaltsraum des Dienstgebäudes der Landpolizei in E. ein Kameradschaftsabend statt. Die Feier dauerte etwa bis Mitternacht. Die beiden diensthabenden Polizisten und der Kläger blieben im Dienstgebäude zurück. Der Kläger wollte nicht mehr in seine etwa zehn Minuten vom Dienstgebäude entfernte Wohnung gehen, weil er am nächsten Morgen um 8.00 Uhr Dienst hatte. Er unterhielt sich noch bis etwa 2.30 Uhr mit den beiden anderen Polizisten und legte sich dann im zweiten Stock des Dienstgebäudes in einem sogenannten Ledigenzimmer schlafen. Etwa um 3.00 Uhr stellten Kollegen des Klägers fest, daß dieser verletzt auf der Straße unter dem Fenster des Dienstzimmers lag. Er war mit Hemd und Hose bekleidet; das Bewußtsein hatte er nicht verloren. Er hatte am ersten und vierten Lendenwirbelkörper einen Kompressionsbruch, außerdem Knochenbrüche an beiden Unterarmen. Wie es zu dem Sturz aus dem Fenster gekommen war, konnte nicht festgestellt werden.

Nach dem Unfall wurde der Kläger mit Wirkung vom 1. November 1947 durch Urkunde der Chefdienststelle vom 28. November 1947 zum

Oberwachtmeister ernannt. Am 26. März 1948 erhielt er eine Urkunde des Präsidenten der Landpolizei im Regierungsbezirk Niederbayern/Oberpfalz vom 1. März 1948, nach der ihm für die Zeit vom Tage seines Dienstantritts am 14. November 1946 an die Eigenschaft eines Beamten im Probedienst zuerkannt wurde; begründet war dies in der Urkunde damit, daß die Berufung des Klägers in das Beamtenverhältnis aus einem von ihm nicht zu vertretenden Grunde bisher unterblieben sei.

Mit Verfügung vom 26. Mai 1948 wurde der Kläger von der Chefdienststelle Niederbayern/Oberpfalz mit Wirkung vom 30. Juni 1948 aus den Diensten der Landpolizei entlassen; zur Begründung wurde gesagt, daß nach polizeiärztlichem Gutachten mit einer Wiederherstellung seiner Dienstfähigkeit innerhalb eines Jahres nicht zu rechnen sei.

Der Kläger erhob Klage beim Verwaltungsgericht. Er begehrte die Feststellung, daß er Beamter im Probedienst, und zwar Oberwachtmeister der Landpolizei geworden sei. Das Verwaltungsgericht wies die Klage ab. In der zweiten Instanz änderte der Kläger seine Klage; nunmehr beantragte er die Feststellung, daß er vom Zeitpunkt seiner Entlassung an als in den Ruhestand versetzt gelte. Der Bayerische Verwaltungsgerichtshof entschied durch rechtskräftig gewordenes Urteil vom 11. Januar 1954 ebenfalls zu Ungunsten des Klägers. Er führte aus, der Kläger sei kein Beamter geworden, weil es an einer formgerechten Urkunde gefehlt habe. Aber auch die Artikel 68 f. des bayerischen Polizeiorganisationsgesetzes seien nicht anwendbar; in diesen Vorschriften sei zwar vorgesehen, daß auch Polizisten, die nicht rechtswirksam zum Beamten ernannt worden seien, dann in den Ruhestand versetzt werden könnten, wenn sie sich eine Dienstunfähigkeit in Ausübung oder in Veranlassung des Dienstes zugezogen hätten; der Kläger habe aber keinen Dienstunfall erlitten.

Schon vorher im Jahre 1952 hat der Kläger die gegenwärtige Klage beim Arbeitsgericht erhoben. Er hat beantragt, das beklagte Land zur Zahlung von 30 129 DM zu verurteilen. Das Arbeitsgericht hat der Klage stattgegeben. Zur Begründung hat es unter anderem ausgeführt: Da die Beamtenernennungen unwirksam gewesen seien, habe der Kläger in einem Arbeitsverhältnis gestanden; die Entlassungsverfügung vom 26. Mai 1948 könne zwar als eine fristlose Entlassung angesehen werden; als solche sei sie aber unwirksam, weil sie erst elf Monate nach dem Unfall, also erst nach einer verhältnismäßig langen Zeit und nach einer nochmaligen Beförderung des Klägers ausgesprochen worden sei; als eine ordentliche Kündigung könne die Entlassungsverfügung nicht angesehen werden. Auf die Berufung des beklagten Landes hat das Landesarbeitsgericht das Urteil des Arbeitsgerichts aufgehoben und die Klage wegen Fehlens der sachlichen Zuständigkeit der Arbeitsgerichte als unzulässig abgewiesen.

Auf die Revision des Klägers hat das Bundesarbeitsgericht den Rechtsstreit an das zuständige Verwaltungsgericht verwiesen.

Aus den Gründen:

Die Arbeitsgerichte sind für die vorliegende Klage sachlich nicht zuständig.

1. Das Arbeitsgericht hat im Termin am 14. November 1955, in dem dann das der Klage stattgebende Urteil ergangen ist, vor der mündlichen Verhandlung einen „Beschluß" verkündet, in dem es die Einrede der sachlichen Unzuständigkeit der Arbeitsgerichte für unbegründet erklärt. Dieser Beschluß hat gegenüber dem Urteil keine selbständige Bedeutung. Er nimmt nur einen Teil der Gründe vorweg, aus denen das Arbeitsgericht in seinem Urteil vom gleichen Tage dazu gekommen ist, seine Zuständigkeit zu bejahen. Nach seinem Inhalt bedeutet der „Beschluß" keine gerichtliche Entscheidung, sondern gibt den Parteien nur vor Eintritt in die mündliche Verhandlung die Auffassung des Gerichts zu einem Streitpunkt bekannt. Eine der Rechtskraft fähige bindende Entscheidung über die von der Beklagten erhobene prozeßhindernde Einrede der sachlichen Unzuständigkeit des Arbeitsgerichts (§ 274 Abs. 2 Nr. 1 ZPO) hätte nur nach besonderer Verhandlung über diesen Punkt, jedenfalls aber nur durch Zwischenurteil ergehen können (§§ 275, 303 ZPO). Ein solches Zwischenurteil hat aber das Arbeitsgericht nicht erlassen und ersichtlich auch nicht erlassen wollen, zumal es im gleichen Termin schon zum Endurteil gekommen ist. Hiernach war das Landesarbeitsgericht durch den erwähnten Beschluß nicht gehindert, die sachliche Zuständigkeit erneut zu prüfen.

2. Das beklagte Land hat auch das Recht, die sachliche Unzuständigkeit der Arbeitsgerichte zu rügen, nicht verloren. Nach § 528 Satz 1 ZPO dürfen allerdings in der Berufungsinstanz prozeßhindernde Einreden, auf welche die Partei wirksam verzichten kann, nur geltend gemacht werden, wenn die Partei glaubhaft macht, daß sie ohne ihr Verschulden außerstande gewesen sei, sie im ersten Rechtszuge vorzubringen. Das gleiche gilt nach § 528 Satz 2, wenn bei vermögensrechtlichen Ansprüchen für die Klage ein ausschließlicher Gerichtsstand oder die Zuständigkeit eines Arbeitsgerichts begründet ist, von der Einrede der Unzuständigkeit des Gerichts, sofern der Beklagte im ersten Rechtszug zur Hauptsache mündlich verhandelt hat; eine Prüfung der Zuständigkeit von Amts wegen findet nicht statt.

Ob diese Vorschriften nur für das Verhältnis der Arbeitsgerichtsbarkeit zur Zivilgerichtsbarkeit und umgekehrt oder auch im Verhältnis zu den anderen Gerichtsbarkeiten Gültigkeit haben (vgl. BAG 6, 260; 6, 300), kann hier dahingestellt bleiben. Denn das beklagte Land hat die Rüge der sachlichen Unzuständigkeit rechtzeitig erhoben. Nach Ansicht des Bundesgerichtshofs (BGHZ 14, 72) genügt es, wenn die Unzuständigkeit in der ersten Instanz überhaupt geltend gemacht worden ist. Wieczorek (ZPO § 528 Anm. B II a) verlangt hingegen, daß der Beklagte die Rüge der Unzuständigkeit erheben muß, bevor er zur Hauptsache mündlich verhandelt. Das war hier nicht der Fall, da das beklagte Land in der ersten Instanz die Einrede der Unzuständigkeit der Arbeitsgerichte erst im Termin am 17. Oktober 1955 erhoben hat, nachdem vorher schon am 6. Juni 1955 die streitige Verhandlung eröffnet worden war.

Der Bundesgerichtshof stützt seine Ansicht auf § 274 ZPO. Nach Absatz 1 dieser Vorschrift müsse der Beklagte prozeßhindernde Einreden anbringen, bevor er zur Hauptsache verhandele. Nach Absatz 3 seien jedoch solche prozeßhindernden Einreden, auf die der Beklagte wirksam nicht verzichten könne, auch nach Beginn der mündlichen Verhandlung zur Hauptsache zulässig. Die Einrede der Unzuständigkeit des angerufenen Gerichts sei unverzichtbar, wenn ein ausschließlicher Gerichtsstand für die Klage begründet sei (§ 40 Abs. 2 ZPO). Es könne nicht angenommen werden, daß das in § 274 Abs. 3 ZPO ausdrücklich erwähnte Recht durch die Bestimmung des § 528 Satz 2 ZPO — zum mindesten zu einem Teil — entwertet werden sollte. Der Beklagte verliere in den Rechtsmittelinstanzen die Einrede der Unzuständigkeit nur dann, wenn er sie in der ersten Instanz überhaupt nicht erhoben habe.

Dieser Ansicht des Bundesgerichtshofs schließt sich der erkennende Senat an. Der Wortlaut des § 528 scheint allerdings, wenn man ihn für sich allein betrachtet, für die Ansicht von Wieczorek zu sprechen. Der Sinn dieser Vorschrift kann aber, wie der Bundesgerichtshof zutreffend hervorhebt, nicht dahin verstanden werden, einem Beklagten über § 528 Satz 2 ein Recht zu nehmen, das ihm durch § 274 Abs. 3 ausdrücklich gegeben wird. Es muß genügen, daß das verklagte Land in der l e t z t e n mündlichen Verhandlung vor dem Arbeitsgericht, auf die das Urteil ergangen ist und die mit den vorangegangenen Verhandlungen eine Einheit bildet, die sachliche Unzuständigkeit des Arbeitsgerichts gerügt hat.

Das Landesarbeitsgericht konnte daher die Zuständigkeit der Arbeitsgerichte prüfen.

3. Der Zweite Senat des Bundesarbeitsgerichts hat in seinem Urteil vom 7. Oktober 1954 (BAG 1, 102) gesagt, zur Begründung der Zuständigkeit der Arbeitsgerichte genüge es, daß nach den Rechtsausführungen des Klägers ein Anspruch zur Entscheidung steht, für den die Arbeitsgerichte zuständig sind, sofern ein solcher Anspruch überhaupt rechtlich möglich sein. Eine ähnliche Auffassung hat der erkennende Senat in seinem Urteil vom 29. März 1956 (AP Nr. 14 zu § 2 ArbGG) vertreten, in dem er ein angeblich vorliegendes privatrechtliches Dienstverhältnis zur Begründung der arbeitsgerichtlichen Zuständigkeit genügen ließ. In einer weiteren Entscheidung vom 6. Februar 1958 (BAG 5, 139) knüpft der Zweite Senat an seine frühere vom 7. Oktober 1954 an und billigt sie mit der allerdings schon einschränkenden Wendung, es genüge, daß der Klagevortrag für einen arbeitsrechtlichen Anspruch wenigstens Raum lasse. Alle diese Urteile sind von dem Bestreben geleitet, die Entscheidung über die Zuständigkeit nicht mit der sachlichen Entscheidung über den Anspruch zu verquicken, einem Kläger, der sich für einen Arbeitnehmer hält, eine sachliche Entscheidung der Arbeitsgerichte zu gewähren, und einander widersprechende Entscheidungen der Arbeitsgerichte und der ordentlichen Gerichte zu vermeiden.

Indessen kann an der Ansicht, daß bei der Zuständigkeitsentscheidung nicht nur der Sachvortrag, sondern auch die Rechtsausführungen des Klägers berücksichtigt werden müßten, nicht festgehalten werden. Unser Prozeßrecht im allgemeinen und die Zivilprozeßordnung im besonderen enthalten das Prinzip der Trennung von Tatsachen und Rechtsansichten als unentbehrliche Grundlage der Rechtsfindung. Sache der Parteien ist es, den Tatsachenstoff beizubringen, Sache des Gerichts, das Recht darauf anzuwenden. Zu Rechtsausführungen sind die Parteien in den Tatsacheninstanzen nicht verpflichtet. Machen sie aber Rechtsausführungen, so sind die Gerichte nicht daran gebunden. Kein Gericht darf sich eine Rechtsansicht einer Partei zu eigen machen, die es für unrichtig hält. Dies gilt ganz allgemein und daher auch für die Prüfung der Zuständigkeit, z. B. wie hier für die Frage, ob ein Beamtenverhältnis oder ein Arbeitsverhältnis vorliegt. Es duldet keine Ausnahme, insbesondere nicht aus bloßer Zweckmäßigkeit.

Der Senat gibt deshalb die von ihm in AP Nr. 14 zu § 2 ArbGG vertretene Ansicht auf, daß ein angeblich, d. h. nach der Rechtsansicht des Klägers vorliegendes Arbeitsverhältnis genüge, um die Zuständigkeit der Arbeitsgerichte zu begründen. Er weicht damit auch von der entsprechenden Ansicht des Zweiten Senats in BAG 1, 102 und 5, 139 ab. Der Zweite Senat hat sein Einverständnis mit dieser Abweichung erklärt.

Es war daher nicht notwendig, den Großen Senat anzurufen (§ 7 Abs. 2 Satz 2 der Geschäftsordnung des Bundesarbeitsgerichts; RGZ 143, 330; BGHZ 16,1).

Auf die weitere Frage, ob es für die Zuständigkeit der Arbeitsgerichte genügt, daß der Kläger das Vorliegen eines Arbeitsverhältnisses schlüssig darlegt, oder ob er seine dahingehenden tatsächlichen Behauptungen im Falle des Bestreitens auch zu beweisen hat (so der Zweite Senat in BAG 6, 160, 163), kommt es hier nicht an. Denn die Tatsachen, aus denen der Kläger das Bestehen eines Arbeitsverhältnisses und damit die Zuständigkeit der Arbeitsgerichte herleiten will, sind hier unstreitig.

4. In dem Verwaltungsgerichtsverfahren des Klägers gegen das beklagte Land hat sich der Verwaltungsgerichtshof in seinem rechtskräftig gewordenen Urteil vom 11. Januar 1954 auf den Standpunkt gestellt, daß der Kläger kein Beamter geworden sei, weil es an einer formgerechten Urkunde fehle. Der Kläger hatte in jenem Verfahren auf Feststellung geklagt, daß er vom Zeitpunkt seiner Entlassung an als in den Ruhestand versetzt gelte. Dieser Antrag begrenzt den Streitgegenstand des verwaltungsgerichtlichen Verfahrens. Es steht deshalb rechtskräftig fest, daß der Kläger nicht als in den Ruhestand versetzt gilt. Die Ansicht des Verwaltungsgerichtshofs, daß die Ernennungen des Klägers zum Beamten nichtig gewesen seien, ist nur ein Entscheidungsgrund. In Rechtsprechung und Schrifttum wird allgemein anerkannt, daß die Entscheidungsgründe an der Rechtskraftwirkung nicht teilnehmen (BGH in LM Nr. 2 zu § 322 ZPO; Stein-Jonas, ZPO, 18. Aufl., § 322 Anm. V mit weiteren Hinweisen). Dies gilt als allgemeiner Grundsatz auch für Entscheidungen der Verwaltungsgerichte (vgl. Eyermann-Fröhler, VGG, 2. Aufl., § 84 Anm. 2a bb). Die Nichtigkeit der Ernennung des Klägers zum Beamten ist hiernach noch nicht rechtskräftig festgestellt worden. Sie braucht hier auch nicht festgestellt zu werden, weil zunächst nur zu entscheiden ist, ob für die vorliegende Klage die Arbeitsgerichte sachlich zuständig sind. War nämlich der Kläger wirksam Beamter geworden, dann sind die Arbeitsgerichte für seine Ansprüche ersichtlich nicht zuständig (§ 5 Abs. 2 ArbGG). Sind seine Ernennungen dagegen nichtig, dann sind die Arbeitsgerichte ebenfalls unzuständig.

In der bisherigen Rechtsprechung wurde allerdings das nichtige Beamtenverhältnis in der Regel ohne weiteres in ein Arbeitsverhältnis umgedeutet, entweder in ein echtes Arbeitsverhältnis (so RAG in ARS 38, 3) oder in ein faktisches Arbeitsverhältnis (so LAG Frankfurt in NJW 54, 248), woraus sich dann die Zuständigkeit der Arbeitsgerichte ergab. Gegen eine solche Umdeutung bestehen jedoch durchgreifende rechtliche Bedenken.

Nach § 140 BGB kann ein nichtiges Rechtsgeschäft in ein anderes Rechtsgeschäft, dessen Erfordernissen es im übrigen entspricht, umgedeutet werden, wenn anzunehmen ist, daß die Parteien dessen Geltung bei Kenntnis der Nichtigkeit gewollt haben würden. Der Rechtsgedanke des § 140 BGB ist nach allgemeiner Meinung auch auf Verwaltungsakte anwendbar (OVG Münster, VerwRspr. 5, 157 mit weiteren Hinweisen). Bei der Umdeutung kommt es nicht auf den wirklichen, sondern auf den mutmaßlichen Willen der Beteiligten an (Enneccerus-Nipperdey, 14. Aufl., § 202 V). Die Parteien des vorliegenden Rechtsstreites mußten also mutmaßlich ein Arbeitsverhältnis gewollt haben. Besondere Umstände des Einzelfalles, die hierauf hindeuten könnten, sind nicht ersichtlich. Die Mutmaßung könnte also nur darauf gestützt werden, daß sowohl auf seiten des Dienstherren als des Bediensteten j e d e r , sofern das beabsichtigte Beamtenverhältnis nichtig sein sollte, ein Arbeitsverhältnis gewollt haben würde. Ein solcher Schluß ist aber — ohne besondere hierauf hindeutende Umstände, an denen es aber fehlt — nicht gerechtfertigt; denn die Mutmaßung kann nicht losgelöst von der sich dann ergebenden Gesamtrechtslage aufgestellt werden. Zwischen dem Beamtenverhältnis und dem Arbeitsverhältnis bestehen aber so große rechtliche Unterschiede, daß die Umdeutung eines nichtigen Beamtenverhältnisses in ein Arbeitsverhältnis in der Regel dem mutmaßlichen Willen der Beteiligten nicht gerecht werden kann. Dies zeigt gerade der vorliegende Fall. Würde man hier das Beamtenverhältnis in ein Arbeitsverhältnis umdeuten, dann könnte man entgegen der Ansicht des Klägers nicht umhin, auch die ihm gegenüber ausgesprochene Entlassung in eine arbeitsrechtliche Kündigung umzudeuten. Gegen diese Kündigung hätte der Kläger nach den §§ 3, 11 KSchG innerhalb von drei Wochen nach Zugang des Entlassungsschreibens Klage beim Arbeitsgericht erheben müssen. Dazu wäre der Kläger nicht in der Lage gewesen, weil er erst lange später im Verlauf des Verwaltungsrechtsstreits von der Unwirksamkeit seiner Beamtenernennung etwas erfahren hat. Aus diesem Grunde hätte zwar das Arbeitsgericht seine zwangsläufig verspätete Kündigungsschutzklage nach § 4 KSchG nachträglich zulassen können. Der Antrag auf Zulassung der verspäteten Klage kann aber in keinem Falle mehr gestellt werden, wenn — vom Ende der versäumten Drei-Wochen-Frist an gerechnet — sechs Monate verstrichen sind (§ 4 Abs. 3 Satz 2 KSchG). Hier hat der Kläger erst vier Jahre nach der Entlassung Klage beim Arbeitsgericht erhoben. Mit einer so verspäteten Kündigungsschutzklage hätte er daher von vornherein nicht durchdringen können. Zwar hat das Bundeskündigungsschutzgesetz bei Ausspruch der Entlassung am 26. Mai 1948 noch nicht gegolten. Insoweit war aber die Rechtslage nach dem hier anwendbaren bayerischen Kündigungsschutzgesetz dieselbe (Art. 3, 13 des Gesetzes vom 1. 8. 1947, GVBl. S. 165), wenn man davon absieht, daß der Antrag auf Zulassung der verspäteten Klage nach diesem Gesetz schon innerhalb von zwei Monaten gestellt werden mußte.

Der Kläger kann deshalb seine Ansprüche nicht aus einem Arbeitsverhältnis herleiten. Er hat aber seiner Klage nicht nur eine arbeitsrechtliche Begründung gegeben. Hilfsweise macht er geltend, daß das beklagte Land ihm Schadensersatz leisten müsse, weil es die ihm bei seiner Einstellung gemachten Zusicherungen nicht eingehalten und ihn außerdem nicht ordnungsgemäß sozialversichert habe. Diese Ansprüche kann der Kläger nur aus einem öffentlich-rechtlichen Rechtsverhältnis herleiten, wobei es hier dahingestellt bleiben kann, ob man in derartigen Fällen mit dem angefochtenen Urteil, dem Landesverwaltungsgericht Rheinland-Pfalz (DVBl. 52, 596) und dem Bayerischen Verwaltungsgerichtshof (Entscheidungssammlung d. Bay. VGH 7, 110) ein beamtenähnliches Gewaltverhältnis, oder mit Schröcker (DVBl. 57, 661) ein faktisches Beamtenverhältnis annimmt oder ob man derartige Ansprüche mit dem Bundesgerichtshof (BGHZ 23, 36) aus der Verletzung vorbeamtenrechtlicher Pflichten herleitet.

Da der Kläger hiernach seine Ansprüche nur auf öffentlich-rechtliche Rechtsvorgänge stützen kann, kommt auch eine Anwendung des § 5 Abs. 1 Satz 2 ArbGG nicht in Betracht. Diese Vorschrift begründet die arbeitsgerichtliche Zuständigkeit für die sogenannten arbeitnehmerähnlichen Personen. Der Kläger war zwar wirtschaftlich unselbständig und könnte deshalb an sich als eine arbeitnehmerähnliche Person angesehen werden. Für Streitigkeiten von arbeitnehmerähnlichen Personen sind aber die Arbeitsgerichte nur dann zuständig, wenn es sich um bürgerliche Rechtsstreitigkeiten handelt. Das zeigt schon der Wortlaut des § 5 Abs. 1 ArbGG, der keine eigene Zuständigkeit begründet, sondern lediglich die arbeitnehmerähnlichen Personen den Arbeitnehmern gleichstellt. Eine arbeitnehmerähnliche Person kann deshalb ebenso wie ein echter Arbeitnehmer vor den Arbeitsgerichten nur dann klagen, wenn sie im Sinne von § 2 ArbGG Ansprüche aus einem bürgerlichen Rechtsverhältnis geltend macht.

5. Der Kläger hat für den Fall, daß die Arbeitsgerichte nicht zuständig sein sollten, den Antrag gestellt, den Rechtsstreit an das zuständige ordentliche Gericht, vorsorglich an das zuständige Verwaltungsgericht zu

verweisen. Diesen Antrag konnte er in der Revisionsinstanz noch stellen (BGHZ 16, 345).

Für die vorliegende Klage sind die Verwaltungsgerichte zuständig. Da eine Umdeutung ausscheidet, kann der Kläger seinen Anspruch nur auf die Verletzung beamtenrechtlicher Fürsorgepflichten oder „vorbeamtenrechtlicher" Pflichten stützen. Für Rechtsstreitigkeiten aus einem Beamtenverhältnis sind seit dem 1. September 1957 nur noch die Verwaltungsgerichte zuständig. Das folgt aus dem § 126 Beamtenrechtsrahmengesetz vom 1. Juli 1957 (BGBl. S. 647; abgekürzt BRRG), der auch für Landesbeamte unmittelbar gilt. Für die frühere Zeit wären die ordentlichen Gerichte zuständig gewesen, weil es sich hier um eine vermögensrechtliche Streitigkeit handelt (Art. 157 Bayerisches Beamtengesetz i. d. F. v. 26. 11. 1954, GVBl. S. 301). Da der Rechtsstreit schon vor dem 1. September 1957 anhängig gemacht wurde, fragt es sich, welche der erwähnten Vorschriften anwendbar ist.

§ 137 Satz 1 BRRG bestimmt, daß der Rechtsweg und das gerichtliche Verfahren sich nach den Vorschriften des früheren Rechts richten, wenn der Lauf einer Frist für die Einlegung eines Rechtsbehelfs oder für die Erhebung der Klage vor dem Inkrafttreten des BRRG begonnen hat. Eine unmittelbare Anwendung dieser Vorschrift kommt hier nicht in Betracht. Denn im Zusammenhang mit der Verweisung gibt es keine Frist, auf die man es hier abstellen könnte. Aus § 137 BRRG kann jedoch ohne weiteres der Rechtsgedanke entnommen werden, daß bei einer Verweisung an eine andere Gerichtsbarkeit das Recht maßgebend ist, das bei Ausspruch der Verweisung in Kraft ist. Für die Entscheidung des vorliegenden Rechtsstreits sind daher nach § 126 BRRG die Verwaltungsgerichte zuständig.

Diese Rechtsansicht steht auch nicht in Widerspruch zu der Entscheidung des Bundesgerichtshofs in BGHZ 23, 36. In diesem Urteil hat der Bundesgerichtshof die Ansicht vertreten, daß für Schadensersatzansprüche, die unmittelbar aus einer Zusicherung auf Einstellung als Beamter hergeleitet werden, die Landgerichte ausschließlich zuständig seien. Der Bundesgerichtshof stützt seine Entscheidung auf § 71 Abs. 2 Nr. 1 GVG. Nach dieser Vorschrift sind die Landgerichte ausschließlich zuständig für Ansprüche, die auf Grund der Beamtengesetze gegen den Fiskus erhoben werden. Daß zu dieser Art von Ansprüchen auch Klagen wegen Verletzung von Zusicherungen auf Beamtenernennung gehören, hat der Bundesgerichtshof in der erwähnten Entscheidung in Übereinstimmung mit der Ansicht des erkennenden Senats angenommen. In der Zuständigkeitsfrage hat sich jedoch inzwischen die Rechtslage geändert. Der Bundesgerichtshof hat sein Urteil am 20. Dezember 1956 gefällt, also zu einem Zeitpunkt, als das

BRRG noch nicht erlassen war. § 126 Abs. 1 BRRG, der bestimmt, daß für alle Klagen der Beamten aus dem Beamtenverhältnis der Verwaltungsrechtsweg gegeben ist, weicht von der Regelung des § 71 Abs. 2 Nr. 1 GVG ab. Der Gesetzgeber hat diese Vorschrift nicht ausdrücklich aufgehoben. Es ist jedoch ein allgemein anerkannter Rechtsgrundsatz, daß eine neuere Rechtsnorm eine gleichwertige ältere Rechtsnorm verdrängt, ohne daß es einer ausdrücklichen Aufhebung bedarf (Enneccerus-Nipperdey, 15. Aufl., § 45 I).

6. Der Kläger hat beantragt, den Rechtsstreit an das zuständige ordentliche Gericht, hilfsweise an das zuständige Verwaltungsgericht zu verweisen. Ansprüche der vorliegenden Art sind im Zweifel und in erster Linie aus der Verletzung beamtenrechtlicher Fürsorgepflichten und nicht aus der Verletzung von Amtshaftungspflichten im Sinne von Art. 34 GG, § 839 BGB herzuleiten (vgl. Idel, NJW 55, 1302). Der gegenteiligen Ansicht des Bundesgerichtshofs (BGHZ 29, 310), daß Ersatzansprüche wegen Verletzung der beamtenrechtlichen Fürsorgepflicht nur aus § 839 BGB und Art. 34 GG herzuleiten sind, vermochte sich der Senat nicht anzuschließen. Deshalb war der Rechtsstreit gemäß § 48a Abs. 3 ArbGG an das zuständige Verwaltungsgericht zu verweisen, das auch über die Kosten des arbeitsgerichtlichen Verfahrens zu entscheiden haben wird.

Örtlich zuständig ist das Verwaltungsgericht Regensburg. In Fällen der vorliegenden Art ist nach § 26 Abs. 1 Nr. 4 des bayerischen Verwaltungsgerichtsgesetzes dasjenige Verwaltungsgericht zuständig, in dessen Bezirk die den Beklagten vertretende Behörde oder Stelle ihren Sitz hat. Hier wird das beklagte Land von der Regierung in Niederbayern vertreten, deren Sitz in Regensburg liegt.

40

1. Nach dem Tarifvertrag über die Eingruppierung von Meistern und technischen Angestellten vom 14. Juni 1956 rücken Angestellte nicht automatisch auf Grund ihrer bisherigen Einreihung in eine höhere Vergütungsgruppe auf; Voraussetzung für ein Aufrücken ist die Erfüllung der in dem Tarifvertrage normierten Tätigkeitsmerkmale der höheren Vergütungsgruppe (Bestätigung des Urteils vom 7. Oktober 1959 — 4 AZR 299/58 — BAG 8, 128 [130]).

2. Angestellte, die überwiegend mit technischem Zeichnen beschäftigt sind, fallen nicht unter die Tätigkeitsmerkmale der vermessungstechnischen Angestellten; sie werden daher von dem Tarifvertrag vom 14. Juni 1956 nicht erfaßt.

TO.A Anlage 1 (VergGr. V a — Vermessungstechniker — in der Fassung des Tarifvertrages vom 14. Juni 1956).

IV. Senat. Urteil vom 9. 12. 1959 i. S. St. E. (Bekl.) w. D. (Kl.) 4 AZR 588/57.

I. Arbeitsgericht Nürnberg. — II. Landesarbeitsgericht Bayern (Nürnberg).

Der Kläger ist seit 1936 bei der Beklagten als Angestellter beschäftigt. Seit dem 1. Januar 1953 erhält er die Bezüge nach der VergGr. VIa TO.A. Seine vorwiegende Tätigkeit besteht im technischen Zeichnen. Er führt auch Vermessungen durch; so hat er unter anderem sämtliche im Stadtgebiet der Beklagten verlegten Kabelleitungen sowie die Erweiterungen im Freileitungs- und Straßenbeleuchtungsnetz vermessen und dadurch die für seine Zeichnungen benötigten Zahlenwerte ermittelt.

Der Kläger ist der Auffassung, er sei, da ihn die Beklagte 1953 vorbehaltlos in die VergGr. VIa TO.A eingereiht habe, mit dem Inkrafttreten des Tarifvertrages über die Eingruppierung von Meistern und technischen Angestellten vom 14. Juni 1956 automatisch in die VergGr. Va TO.A aufgerückt; er meint, daß er als vermessungstechnischer Angestellter die Tätigkeitsmerkmale dieser Vergütungsgruppe auch erfülle. Mit der Klage begehrt er die Feststellung, daß die Beklagte verpflichtet sei, ihn ab 1. Mai 1956 nach der VergGr. Va TO.A zu entlohnen.

Die Beklagte hat bestritten, daß der Kläger die Tätigkeitsmerkmale der VergGr. Va TO.A (neu) erfülle. Sie ist der Meinung, daß der Kläger als technischer Zeichner von dem Tarifvertrag vom 14. Juni 1956 nicht erfaßt werde.

Das Arbeitsgericht hat die Klage abgewiesen. Das Landesarbeitsgericht hat auf die Berufung des Klägers nach dem Klageantrage erkannt. Die Revision der Beklagten hatte Erfolg.

Aus den Gründen:

Das Landesarbeitsgericht führt zur Begründung seiner Ansicht, daß dem Kläger seit dem Inkrafttreten des Tarifvertrages vom 14. Juni 1956 die Vergütung nach der VergGr. Va TO.A zustehe, folgendes aus: Für die Einreihung des Klägers in die VergGr. VIa TO.A am 1. Januar 1953 sei die selbständige Erarbeitung der für seine Zeichnungen notwendigen Unterlagen ausschlaggebend gewesen. Durch diese Einreihung sei dem Kläger bestätigt worden, daß er die Tätigkeitsmerkmale der VergGr. VIa erfülle. Eine übertarifliche Bezahlung stehe daher nicht in Frage. Die Bezahlung nach der Gruppe, zu der die Tätigkeitsmerkmale gehörten, sei nur die tariflich notwendige Konsequenz. Es sei nur danach zu suchen, in welcher

Vergütungsgruppe des neuen Tarifs die dem Kläger anerkannten Tätigkeitsmerkmale jetzt ständen. Das sei die Gruppe Va. Der im Dienst befindliche Angestellte, dem die Erfüllung bestimmter Tätigkeitsmerkmale vertraglich bestätigt sei, rücke in die höhere Gruppe auf, wenn seine Tätigkeitsmerkmale aufgerückt seien. Denn nach § 5 des Tarifvertrages vom 14. Juni 1956 rückten im Dienst befindliche Angestellte, die nach diesem Tarifvertrag die Tätigkeitsmerkmale einer höheren als ihrer Vergütungsgruppe erfüllten, mit Inkrafttreten des Tarifvertrages in die höhere Vergütungsgruppe auf. Wenn nun heute die Beklagte, um eine automatische Anhebung des Klägers nach der VergGr. Va TO.A zu verhindern, behaupte, er sei am 1. Januar 1953 bei der Einreihung in die VergGr. VIa TO.A nicht richtig eingestuft worden, so verstoße das gegen Treu und Glauben. Denn die Beklagte, die die Höhergruppierung des Klägers auf Grund seiner Fähigkeiten vorgenommen habe, würde den Kläger zwar Arbeiten der jetzigen VergGr. Va verrichten lassen, ihn aber nur niedriger entlohnen. Da die Beklagte eine Änderungskündigung nicht ausgesprochen habe, sei sie an die Einreihung vom Jahre 1953 gebunden; eine Mißachtung des damaligen Anerkenntnisses sei ohne jegliche Kündigung nicht möglich.

Das ist in verschiedener Hinsicht rechtsirrig. Das Landesarbeitsgericht unterscheidet nicht klar zwischen dem tariflichen Vergütungsanspruch und einer arbeitsvertraglichen Vergütungsabrede und gelangt dadurch zu unrichtigen Schlußfolgerungen. Der tarifliche Vergütungsanspruch steht dem Angestellten als unabdingbarer Mindestanspruch zu, weil die Tarifnorm sein Arbeitsverhältnis zwingend-ergänzend beherrscht; das gilt für den Anspruch aus der Tarifordnung ebenso wie für den Anspruch nach dem Tarifvertrag vom 14. Juni 1956. Dieser tarifliche Anspruch ist allein abhängig von der Erfüllung der tariflichen Norm, insbesondere also der tariflichen Tätigkeitsmerkmale. Daher kann dem Kläger ein Anspruch aus dem Tarifvertrage vom 14. Juni 1956 auf die Bezüge nach der VergGr. Va nur zustehen, wenn er die durch den Tarifvertrag neu gefaßten Tätigkeitsmerkmale dieser Vergütungsgruppe erfüllt. Etwas anderes bestimmt auch dieser Tarifvertrag in seinen Übergangsbestimmungen nicht. Insbesondere rückt ein beim Inkrafttreten des Tarifvertrages im Dienst stehender Angestellter nicht etwa „automatisch" auf, weil er in eine bestimmte Vergütungsgruppe eingereiht war und die Tätigkeitsmerkmale dieser Gruppe durch den Tarifvertrag einer höheren Vergütungsgruppe zugewiesen worden sind. Vielmehr macht der im angefochtenen Urteil angeführte § 5 des Tarifvertrages vom 14. Juni 1956 das Aufrücken ausdrücklich davon abhängig, daß der Angestellte nach diesem Tarifvertrag die Tätigkeitsmerkmale einer höheren als seiner bisherigen Vergütungsgruppe erfüllt (vgl. hierzu des näheren das zur Veröffentlichung bestimmte Urteil des erkennenden Senats vom 7. Oktober 1959 — 4 AZR 299/58 — BAG 8, 128 [130]).

Hatte ein Angestellter die Tätigkeitsmerkmale seiner bisherigen Vergütungsgruppe erfüllt und sind deren Tätigkeitsmerkmale durch den Tarifvertrag vom 14. Juni 1956 unverändert oder mit erleichterten Voraussetzungen in eine höhere Vergütungsgruppe übernommen worden, so ist der Angestellte allerdings mit dem Inkrafttreten des Tarifvertrages „automatisch" in die höhere Gruppe aufgerückt. Das ist aber nicht eine an die bisherige Eingruppierung geknüpfte Folge, sondern allein die aus der Erfüllung der Tätigkeitsmerkmale sich ergebende Normenwirkung des Tarifvertrages. Den ihm obliegenden Nachweis der Erfüllung der Tätigkeitsmerkmale kann der Angestellte in einem solchen Falle entweder dadurch erbringen, daß er nachweist, seine seit dem 1. Mai 1956 ausgeübte Tätigkeit entspreche den neuen Merkmalen der höheren Gruppe, oder auch durch den Beweis, daß seine bis zum Inkrafttreten des Tarifvertrages ausgeübte Tätigkeit den inhaltsgleichen Merkmalen der Gruppe entsprochen habe, in die er bisher eingereiht war. Die Feststellung der für den Tarifanspruch vorausgesetzten Erfüllung der Tätigkeitsmerkmale kann aber, wenn diese bestritten ist, nicht durch die Feststellung ersetzt werden, daß der Arbeitgeber durch die frühere Einreihung des Angestellten die Erfüllung der Tätigkeitsmerkmale der Einreihungsgruppe vertraglich „anerkannt" habe. Denn der tarifliche Anspruch ist von einer getroffenen Vergütungsabrede unabhängig und kann als solcher, da er auf Normenwirkung beruht, nicht durch eine Vergütungsabrede begründet werden. Daher verstößt ein Arbeitgeber auch nicht gegen Treu und Glauben, wenn er gegenüber der Geltendmachung eines tariflichen Anspruchs bestreitet, daß dessen tariflich normierte Voraussetzungen — die Tätigkeitsmerkmale — erfüllt seien.

Unabhängig von der Erfüllung der Tätigkeitsmerkmale könnte der Kläger also auf die Vergütung der VergGr. Va TO.A nur einen vertraglichen Anspruch haben. Welche arbeitsvertraglichen Ansprüche sich möglicherweise aus einer vertraglichen „Anerkennung" der Erfüllung bestimmter tariflicher Tätigkeitsmerkmale ergeben könnten, kann hierbei unerörtert bleiben. Denn für den vorliegenden Sachverhalt erweist sich die Annahme des Landesarbeitsgerichts, die Beklagte habe durch die frühere Einreihung des Klägers in die VergGr. VIa TO.A (alt) die Erfüllung der Tätigkeitsmerkmale dieser Gruppe vertraglich anerkannt, schon denkgesetzlich als falsch. Das Landesarbeitsgericht spricht zwar von der Anerkennung der Erfüllung bestimmter Tätigkeitsmerkmale, bezeichnet diese aber nicht näher. Offenbar meint es, da es den Kläger als vermessungstechnischen Angestellten bezeichnet, die Fallgruppen der Vermessungstechniker, die auch allein für die vom Kläger ausgeübte Tätigkeit in der VergGr. VIa TO.A (alt) in Betracht gezogen werden können. Beide Fallgruppen der Vermessungstechniker in der VergGr. VIa (alt) erforderten aber, worauf schon das erstinstanzliche Urteil hingewiesen hatte, entweder eine abgeschlossene Fachschulausbildung oder eine dieser gleichwertige behördliche Prüfung; gleichwertige Kräfte ohne Fachschulbildung oder Prüfung waren nicht aufgeführt. Die vom Landesarbeitsgericht angenommene vertragliche Anerkennung der Erfüllung von Tätigkeitsmerkmalen müßte sich also darauf erstreckt haben, daß der Kläger eine abgeschlossene Fachschulbildung oder eine gleichwertige behördliche Prüfung aufzuweisen habe. Beides ist unstreitig nicht der Fall. Die frühere Einstufung des Klägers war daher, wie das Arbeitsgericht zutreffend ausgeführt hatte, offensichtlich übertariflich. Es kann dahingestellt bleiben, ob etwa die Beklagte irrig die Tätigkeitsmerkmale der VergGr. VIa (alt) für erfüllt angesehen hat oder ob sie dem Kläger die Vergütung nach dieser Gruppe auch unabhängig von der Erfüllung der Tätigkeitsmerkmale gewähren wollte. Denn keinesfalls kann der Arbeitsvertrag des Klägers dahin ausgelegt werden, daß die Gewährung der VergGr. VIa auch die Verpflichtung zur übertariflichen Gewährung der Bezüge einer höheren Gruppe einschließe, wenn durch Tarifvertrag eine Verschiebung des Tarifgefüges eintreten sollte. Dann aber verstößt es auch nicht gegen Treu und Glauben, wenn die Beklagte es ablehnt, anläßlich einer den Kläger nicht erfassenden Tarifverbesserung ihm eine entsprechend höhere übertarifliche Vergütung zu gewähren. Die Notwendigkeit einer Änderungskündigung käme überhaupt erst in Betracht, wenn die Beklagte sich von der Verpflichtung zur Entlohnung gemäß der vorgenommenen Einreihung, also nach der VergGr. VIa TO.A, lossagen wollte.

Somit hängt der Anspruch des Klägers auf die Bezüge der VergGr. Va TO.A allein davon ab, ob seine Tätigkeit die durch den Tarifvertrag vom 14. Juni 1956 neu normierten Merkmale dieser Vergütungsgruppe erfüllt. Das Landesarbeitsgericht hat das in seinen weiteren Ausführungen ohne ausreichende Begründung bejaht. Es weist richtig darauf hin, daß in den neuen Merkmalen der VerGr. Va nicht nur vermessungstechnische und landkartentechnische Angestellte mit technischer Ausbildung nach Nr. 2 der Bemerkung zu allen Vergütungsgruppen oder mit einer gleichwertigen behördlichen Prüfung, jeweils mit mindestens einjähriger Berufsbewährung, aufgeführt sind, sondern auch sonstige Angestellte, die auf Grund gleichwertiger Fähigkeiten und ihrer

Erfahrungen entsprechende Tätigkeiten ausüben. Das angefochtene Urteil sagt aber nichts darüber, inwiefern vom Kläger der Einsatz gleichwertiger Fähigkeiten verlangt wird, wie sie Angestellte mit der bezeichneten Fachausbildung oder einer gleichwertigen behördlichen Prüfung besitzen. Es führt dazu nur aus, daß von einem vermessungstechnischen Angestellten die Befähigung zu photogrammetrischen Auswertungen und Entzerrungen sowie zu kartographischen Entwurfs- und Fortführungsarbeiten nicht zu fordern sei. Inwieweit das zutrifft, bedurfte keiner Erörterung. Auch war es nicht erforderlich, die Sache zu weiteren Feststellungen an die Vorinstanz zurückzuverweisen. Denn nach den das Revisionsgericht bindenden Feststellungen des angefochtenen Urteils ist der Kläger nicht überwiegend mit vermessungstechnischen Arbeiten beschäftigt, wie es der tarifliche Anspruch auf die Vergütung eines vermessungstechnischen Angestellten voraussetzt. Vielmehr ist nach den Feststellungen des Landesarbeitsgerichts die vorwiegende Tätigkeit des Klägers das Zeichnen; seine vermessungstechnischen Arbeiten sind nur Vorarbeit für seine zeichnerische Haupttätigkeit. Danach fällt der Kläger tariflich nicht unter die Vermessungstechniker, sondern unter die technischen Zeichner. Deren Vergütung ist aber durch den Tarifvertrag vom 14. Juni 1956 nicht neu geregelt worden. Ihre Tätigkeitsmerkmale sind vielmehr unverändert geblieben und gehen nach wie vor nicht über die VergGr. VII TO.A hinaus (Zeichner für besonders schwierige und verantwortungsvolle vermessungstechnische Arbeiten).

41

1. Das Tätigkeitsmerkmal des Handwerksmeisters im Tarifvertrag über die Eingruppierung von Meistern und technischen Angestellten vom 14. Juni 1956 setzt die Ablegung der Meisterprüfung vor einem bei einer Handwerkskammer gebildeten Prüfungsausschuß voraus; das Tätigkeitsmerkmal des Industriemeisters erfordert die entsprechende Prüfung vor einer Industrie- und Handelskammer.

2. Soweit der Tarifvertrag vom 14. Juni 1956 für die Einreihung von Handwerksmeistern, Industriemeistern oder sonstigen Meistern in die VergGr. VI b TO.A die Beaufsichtigung einer großen Arbeitsstätte voraussetzt, ist unter der Arbeitsstätte nicht die Dienststelle zu verstehen, in der der Angestellte beschäftigt ist, sondern der von ihm beaufsichtigte Arbeitsbereich.

3. Der Tarifvertrag über die Eingruppierung von Meistern und technischen Angestellten vom 14. Juni 1956 bietet keinen Anhalt für die Ansicht, daß im Dienst befindliche Angestellte allein auf Grund ihrer bis-

herigen Einreihung in eine Vergütungsgruppe der TO.A in die nächsthöhere Vergütungsgruppe von selbst aufrücken sollen, wenn sie nunmehr in letzterer genannt sind. Immer ist die Erfüllung der Tätigkeitsmerkmale für das tarifliche Aufrücken in eine höhere Vergütungsgruppe maßgebend.

TO.A Anlage 1 (VergGr. VIb in der Fassung des Tarifvertrages über die Eingruppierung von Meistern und technischen Angestellten vom 14. Juni 1956).

IV. Senat. Urteil vom 9. 12. 1959 i. S. F. B. (Bekl.) w. M. (Kl.) 4 AZR 595/57.

I. Arbeitsgericht Weiden. — II. Landesarbeitsgericht Bayern (Nürnberg).

Der während des Revisionsverfahrens verstorbene Kläger war Elektroinstallateur und hatte im Jahre 1923 am Technikum in Ilmenau die Prüfung als Werkmeister für Elektroinstallation abgelegt. Seit 1945 war er in der Strafanstalt A. beschäftigt. Er erhielt seit dem 1. Juni 1951 die Vergütung nach der VergGr. VII TO.A. Seine Tätigkeit erstreckte sich auf die Installation und Wartung elektrischer Anlagen; dabei waren ihm Handwerker und Facharbeiter aus den Reihen der Gefangenen unterstellt.

Auf Grund des Tarifvertrages vom 14. Juni 1956 über die Eingruppierung von Meistern und technischen Angestellten (TV 56) hat der Kläger mit der Klage die Feststellung verlangt, daß er ab 1. Mai 1956 in die VergGr. VIb TO.A einzustufen sei. Der Beklagte hat bestritten, daß der Kläger die tarifvertraglichen Tätigkeitsmerkmale dieser Vergütungsgruppe erfülle. Das Arbeitsgericht hat die Klage abgewiesen, das Landesarbeitsgericht hat dagegen festgestellt, daß der Beklagte verpflichtet ist, den Kläger ab 1. Mai 1956 nach der VergGr. VIb TO.A zu entlohnen. Auf die Revision des Beklagten ist das Urteil des Landesarbeitsgerichts aufgehoben und die Sache zur anderweiten Verhandlung und Entscheidung an die Vorinstanz zurückverwiesen worden.

Aus den Gründen:

Das Landesarbeitsgericht nimmt an, der Kläger falle nach seiner Tätigkeit unter die durch den TV 56 neu normierten Merkmale der VergGr. VI b TO.A, und zwar sowohl unter die Fallgruppe der „Handwerksmeister, sofern sie große Arbeitsstätten zu beaufsichtigen haben, in denen Handwerker oder Facharbeiter beschäftigt sind", wie unter die Fallgruppe der „Handwerksmeister, die sich aus der Vergütungsgruppe VII dadurch herausheben, daß sie an einer besonders wichtigen Arbeitsstätte mit einem höheren Maß von Verantwortlichkeit beschäftigt sind". Hierzu wird in den Entscheidungsgründen unter anderem gesagt, der Kläger sei unstreitig Handwerksmeister. Damit soll aber nicht eine weitere, d. h.

nicht schon im Tatbestand enthaltene tatsächliche Feststellung getroffen werden. Vielmehr kann sich das nur auf den im Tatbestand als unstreitig wiedergegebenen beruflichen Ausbildungsgang des Klägers beziehen, daß nämlich der Kläger „gelernter Elektroinstallateur" ist und 1923 am Technikum in Ilmenau die Prüfung als Werkmeister für Elektroinstallation abgelegt hat. Das Landesarbeitsgericht hat also den (im TV 56 nicht mehr verwendeten) Begriff des Werkmeisters mit dem des Handwerksmeisters gleichgesetzt. Das ist rechtsirrig. Es ist kein Anhalt dafür gegeben, daß der Begriff des Handwerksmeisters im TV 56 in einem anderen Sinn zu verstehen sei als in der Handwerksordnung vom Jahre 1953. Danach darf sich als Meister eines bestimmten Handwerks nur derjenige bezeichnen, der für dieses Handwerk die Meisterprüfung vor einem bei einer Handwerkskammer gebildeten Prüfungsausschuß bestanden hat (§§ 46, 42 HO). Der Werkmeister dagegen kann ein Handwerksmeister sein, braucht es aber nicht zu sein; auch ist der Werkmeistertitel nicht wie der des Handwerksmeisters geschützt. Daß der Kläger die handwerkliche Prüfung zum Elektroinstallateurmeister oder eine andere handwerkliche Meisterprüfung abgelegt habe, hat das Landesarbeitsgericht nicht festgestellt. Damit fehlt es an der Erfüllung eines wesentlichen Merkmals der vom Landesarbeitsgericht herangezogenen beiden Fallgruppen. Unter die in denselben Fallgruppen mit sonst gleichen Tätigkeitsmerkmalen genannten Industriemeister fällt der Kläger ebenfalls nicht, da er die entsprechende Prüfung vor einer Industrie- und Handelskammer nicht abgelegt hat. Schon hiernach scheiden nach den vom Landesarbeitsgericht getroffenen Feststellungen die von ihm herangezogenen beiden Fallgruppen für die Einstufung des Klägers aus, so daß es unerörtert bleiben kann, ob die Tätigkeit des Klägers auch hinsichtlich der übrigen Tätigkeitsmerkmale fehlerhaft bewertet ist.

Zusätzlich hat das Landesarbeitsgericht seine Entscheidung damit begründet, daß nach § 5 des TV 56 im Dienst befindliche Angestellte, die nach diesem Tarifvertrag die Tätigkeitsmerkmale einer höheren als ihrer bisherigen Vergütungsgruppe erfüllen, mit Inkrafttreten des Tarifvertrages in die höhere Vergütungsgruppe aufrücken; daraus folge, daß der Kläger, der bisher nach VergGr. VII TO.A entlohnt worden sei, mit Inkrafttreten des Tarifvertrages automatisch in die VergGr. VIb TO.A aufgerückt sei. Diese Folgerung ist irrig. Der Tarifvertrag bietet keinen Anhalt für die Auffassung, daß im Dienst stehende Angestellte allein auf Grund ihrer bisherigen Einreihung in eine Vergütungsgruppe der TO.A in die nächsthöhere Gruppe aufrücken sollen. Vielmehr ergibt sich aus der angeführten Bestimmung des § 5 im Gegenteil, daß, wie auch sonst für das tarifliche

Aufrücken in eine höhere Vergütungsgruppe, die Erfüllung der Tätigkeitsmerkmale dieser Gruppe Voraussetzung ist (vgl. hierzu das Urteil des erkennenden Senats vom 7. Oktober 1959 — 4 AZR 299/58 — BAG 8, 128 [130]).

Läßt sich somit das der Klage stattgebende Berufungsurteil nicht aufrechterhalten, so ist andererseits die Klage auch nicht zur Abweisung reif. Als Anspruchsgrundlage kommt nämlich noch die folgende, vom Landesarbeitsgericht nicht erörterte Fallgruppe der VergGr. VI b TO.A (in der Fassung des TV 56) in Betracht: „Meister mit langjähriger Bewährung in der VergGr. VII oder einer dieser Gruppe entsprechenden Tätigkeit außerhalb des Geltungsbereichs dieses Tarifvertrages, sofern sie große Arbeitsstätten (Bereiche, Werkstätten, Abteilungen oder Betriebe) zu beaufsichtigen haben, in denen Handwerker oder Facharbeiter beschäftigt sind". Bei den hier genannten Meistern handelt es sich um Angestellte, die auf Grund ihrer Tätigkeit im Betrieb als Meister bezeichnet zu werden pflegen (sog. Funktionsmeister); eine Meisterprüfung wird bei ihnen nicht vorausgesetzt. Im übrigen läßt sich erst auf Grund weiterer Feststellungen beurteilen, ob die Tätigkeit des Klägers den Merkmalen dieser Fallgruppe entsprach. Nach der Protokollnotiz der Tarifpartner zum TV 56 sind Meister im Sinne dieses Tarifvertrages nur solche auf handwerklichem Gebiet tätige Arbeitnehmer, die eine angestelltenversicherungspflichtige Tätigkeit ausüben; das wird das Landesarbeitsgericht für die Tätigkeit des Klägers als Vorfrage selbst zu entscheiden haben (vgl. § 3 AVG). Da sich die Eingruppierung nach der überwiegend ausgeübten Tätigkeit richtet, bedarf es weiter der Feststellung, ob der Kläger überwiegend die in der Tarifnorm beschriebene Aufsichtstätigkeit ausgeübt hat oder überwiegend selbst körperlich tätig gewesen ist.

Die geforderte Beaufsichtigung großer Arbeitsstätten (Bereiche, Werkstätten, Abteilungen oder Betriebe), in denen Handwerker oder Facharbeiter beschäftigt sind, erscheint auch unter den Merkmalen der vom Landesarbeitsgericht zuerst herangezogenen Fallgruppe. Dort hat das Berufungsgericht dieses Tätigkeitsmerkmal als unstreitig gegeben angesehen. Ob das verfahrensrechtlich zulässig war, braucht hier nicht erörtert zu werden. Wenn sich das Landesarbeitsgericht dabei aber allein darauf stützt, daß das bayerische Justizministerium vor dem Rechtsstreit in einem an die Gewerkschaft des Klägers gerichteten Schreiben anerkannt habe, es handele sich bei der Strafanstalt A. um eine große Arbeitsstätte, so läßt das auf eine Verkennung dieses tariflichen Begriffs schließen. Denn bei diesem Begriff handelt es sich nicht um die Dienststelle, in der der Meister beschäftigt ist, sondern um die Arbeitsstätte, die seiner Aufsicht unterstellt ist. Ob es sich bei dem dem Kläger zugewiesenen Arbeitsbereich um eine große Arbeitsstätte im Sinne der Tarifnorm handelt, wird das Berufungsgericht noch zu prüfen haben. Dabei wird auch zu berücksichtigen sein, daß die Aufsicht über eine größere Gruppe von Handwerkern, Facharbeitern oder sonstigen handwerklich tätigen Arbeitern bereits zu den Aufgaben eines Meisters in der VergGr. VII gehört.

42

1. Auch wenn es sich bei der beklagten Partei um eine Körperschaft des öffentlichen Rechts handelt, ist, falls eine Bezifferung der Klageansprüche möglich ist, eine Feststellungsklage nur dann zulässig, wenn zu erwarten ist, daß durch den Prozeß der gesamte Streitkomplex erledigt wird.

2. Der Arbeitgeber des öffentlichen Dienstes kann die Arbeitsverhältnisse seiner Arbeitnehmer diesen gegenüber nicht durch Erlasse einseitig normieren.

3. Auch eine Körperschaft des öffentlichen Rechts handelt nicht schon darum treuwidrig, weil sie gegenüber begründeten Forderungen ihrer Arbeitnehmer die Einrede der Verjährung erhebt.

4. Der Arbeitgeber des öffentlichen Dienstes ist jedenfalls dann nicht kraft seiner Fürsorgepflicht gehalten, seine Arbeitnehmer über etwaige Ansprüche zu belehren, wenn darüber rechtlich verschiedene Ansichten möglich sind.

BGB §§ 196, 202, 203, 242; ZPO § 256; ATO § 7;
TOK § 24; TO.A § 20 Abs. 3.

IV. Senat. Urteil vom 16. 12. 1959 i. S. B. (Kl.) w. L. H. (Bekl.)
4 AZR 392/57.

I. Arbeitsgericht Wiesbaden. — II. Landesarbeitsgericht Frankfurt/Main.

Der Kläger trat als Orchestermitglied am 15. August 1946 in den Dienst der vom beklagten Land unterhaltenen Staatskapelle in W. Die vom Kläger abgeleistete Wehr- und Kriegsdienstzeit wurde ihm erst mit Wirkung vom 1. Januar 1951 angerechnet, nachdem die Anrechnung durch Erlaß vom 6. Juli 1951 generell verfügt worden war.

Der Kläger vertritt die Ansicht, gemäß § 24 TOK und § 7 Abs. 2 ATO hätte ihm die Wehr- und Kriegsdienstzeit schon mit Wirkung vom 1. Dezember 1946 angerechnet werden müssen. Sein Gehalt würde dann für die Zeit vom 1. Dezember 1946 bis zum 31. Dezember 1950 entsprechend höher gewesen sein. Deswegen schulde ihm das beklagte Land für den vorgenannten Zeitraum noch 519,01 RM und 1100,– DM Gehaltsdifferenz.

Mit der am 17. Mai 1955 eingereichten Klage hat der Kläger das beklagte Land auf Zahlung der vorgenannten Beträge in Anspruch genommen. Im Laufe der ersten Instanz ist er zur Feststellungsklage übergegangen und hat beantragt, festzustellen, daß das beklagte Land verpflichtet ist, die Vergütung des Klägers mit Wirkung vom 1. Dezember 1946 unter Berücksichtigung der Dienstzeiten im Sinne der §§ 24 TOK und 7 Abs. 2 und 3 ATO festzusetzen. Das beklagte Land hat gebeten, die Klage abzuweisen, und vorgetragen, die Anrechnung der Wehr- und Kriegsdienstzeit sei durch Anordnung der Militärregierung verboten und deshalb in der streitigen Zeit unzulässig gewesen; außerdem sei die Forderung des Klägers verjährt.

Das Arbeitsgericht hat der Klage stattgegeben. In der Berufungsinstanz hat der Kläger beantragt, die Berufung zurückzuweisen, und den Hilfsantrag gestellt, das beklagte Land zu verurteilen, an den Kläger 519,01 RM und 1100,– DM zu zahlen. Das Landesarbeitsgericht hat die Klage abgewiesen. Die Revision des Klägers ist zurückgewiesen worden.

Aus den Gründen:

Das Landesarbeitsgericht hat ausgeführt, der Feststellungsantrag sei unzulässig, weil es am Feststellungsinteresse fehle. Über das Dienstalter des Klägers werde nicht mehr gestritten, hierüber bestehe vielmehr bereits seit 1951 Einigkeit. Dem Kläger gehe es nur noch um die Gehaltsdifferenz für die Jahre 1946 bis 1950. Diese könne der Kläger, der bereits in der Klageschrift den Betrag beziffert habe, im Wege der Leistungsklage geltend machen. Durch eine Leistungsklage würde also der gesamte Streitfall endgültig erledigt werden. Es sei deshalb ohne Belang, daß es sich bei der beklagten Partei um eine Körperschaft des öffentlichen Rechts handele, von der angenommen werden könne, daß sie sich auch einem Feststellungsurteil beugen würde.

Demgegenüber weist die Revision darauf hin, es gehe hier nicht nur um die Gehaltszahlung, sondern um den „konstanten Rahmen eines Dauerschuldverhältnisses“. Der Kläger könne nicht übersehen, ob ihm nicht unabhängig von der Vergütungsseite Nachteile dadurch entstehen könnten, daß seine Dienstzeit erst seit 1951 nach den tariflichen Vorschriften berechnet worden sei.

Dieser Vortrag des Klägers ist jedoch nicht geeignet, ein Feststellungsinteresse darzutun. Er berücksichtigt nicht, daß der Feststellungsantrag sich ausdrücklich auf die Vergütung bezieht, die der Kläger für die Zeit vom 1. Dezember 1946 bis zum 31. Dezember 1950 nachfordert, nicht aber, wie die Revision meint, etwa auch generell darauf, daß der Kläger primär die Feststellung der Verpflichtung des beklagten Landes verlange, seine Kriegs- und Wehrdienstzeit überhaupt anzurechnen. Der „konstante Rahmen eines Dauerschuldverhältnisses", wie sich die Revision ausdrückt, ist also nicht Gegenstand des Feststellungsantrages. Dem steht schon sein Wortlaut entgegen. Es fehlt aber auch an allen Anhaltspunkten dafür, daß der Feststellungsantrag im Sinne der Revision ausgelegt werden könnte. Vielmehr deuten die Klageschrift, in der der Zahlungsanspruch allein erhoben worden ist, sowie der Hilfsantrag, in dem dieser Zahlungsanspruch wiederkehrt, eindeutig darauf hin, daß der Anspruch des Feststellungsantrags und der auf Leistung im Hilfsantrag in Wahrheit inhaltlich identisch sind. Es handelt sich in Wahrheit also nur um die Frage der Gehaltsnachzahlung. Infolgedessen hätte der Kläger bei seiner ursprünglich erhobenen Leistungsklage verbleiben können und müssen.

Der Ansicht der Revision, man könne gegenüber juristischen Personen des öffentlichen Rechts, insbesondere gegen Bund, Länder und Gemeinden, in einem erweiterten Umfang mit der Feststellungsklage vorgehen, weil diese normalerweise auch einem Feststellungserkenntnis Folge leisten würden und nicht erst zu einer Leistung verurteilt zu werden brauchten, kann der Senat in dieser Allgemeinheit nicht beipflichten. Zwar kann das Feststellungsinteresse nicht ausnahmslos schon deshalb verneint werden, weil eine entsprechende Leistungsklage erhoben werden kann. Die Durchführung eines Feststellungsverfahrens muß dann aber auch nach den Besonderheiten des einzelnen Falles zu einer abschließenden oder doch prozeßwirtschaftlich sinnvollen Entscheidung des zwischen den Parteien bestehenden Streits führen; nur dann kann das Feststellungsinteresse bejaht werden. Das ist aber nicht der Fall, wenn, wie hier, durch eine Feststellungsklage und ein dementsprechendes Urteil über die Zahlungspflicht des Beklagten der Kern des Streites gar nicht entschieden wird.

Im Streitfall kommt nämlich dem Umstand, daß es sich bei der beklagten Partei um das Land Hessen, eine juristische Person des öffentlichen Rechts handelt, keine entscheidende Bedeutung zu; denn mit einer gerichtlichen Feststellung würde der Streit im ganzen keineswegs ausgeräumt sein. Das beklagte Land würde einem dem Feststellungsantrag folgenden Erkenntnis nicht nachkommen und die begehrte Vergütung keineswegs zahlen. Denn es hat im Laufe des Prozesses, bevor der Kläger im ersten Rechtszug zur Feststellungsklage überging, gegenüber der ursprünglich allein erhobenen Zahlungsklage die Einrede der Verjährung erhoben. Es wäre also hierüber ein zweiter Prozeß notwendig, weil im Rahmen einer Feststellungsklage über die Einrede der Verjährung und die damit zusammenhängenden Probleme nicht zu entscheiden ist (vgl. Baumbach-Lauterbach, Komm. z. ZPO, 25 Aufl. § 256, Anm. 1 A und Stein-Jonas, ZPO, 18. Aufl. § 256, I 3).

Mit Recht hat das Landesarbeitsgericht den hilfsweise geltend gemachten Zahlungsanspruch als unbegründet abgewiesen. Denn die Einrede der Verjährung greift durch.

Der Gehaltsanspruch des Klägers unterliegt der kurzen Verjährung von zwei Jahren (§196 Abs. 1 Ziff. 8 BGB). Aber auch eine Schadenersatzforderung, die beispielsweise aus dem Gesichtspunkt schuldhafter Fürsorgepflichtverletzung geltend gemacht wird und an die Stelle der Gehaltsforderung getreten ist, unterliegt derselben Verjährungsfrist (vgl. Hueck-Nipperdey, Lehrbuch des Arbeitsrechts, 6. Aufl. Bd. I, § 40 VIII, S. 265 und die dort in Anm. 125 angeführte Rechtsprechung; Nikisch, Arbeitsrecht, 2. Aufl. 1. Bd., § 29 VIII 1, S. 315). Es kann daher dahingestellt bleiben, ob etwa der Klageanspruch im Hilfsantrag auch als Schadenersatzanspruch wegen Verletzung der Fürsorgepflicht des beklagten Landes, wie der Kläger meint, Bestand haben könnte. Denn auch dieser Anspruch richtet sich auf die begehrte, aber entgangene Vergütung. Die Verjährungsfrist begann für die eingeklagten Gehaltsansprüche jeweils mit Schluß des Kalenderjahres zu laufen, in dem sie entstanden waren (§ 201 BGB), so daß sie bei Klageerhebung (1955), auch unter Berücksichtigung der Vorschriften über die Verjährungshemmung aus Anlaß des Krieges, die auch in den Nachkriegsjahren zunächst weitergalten (vgl. Gesetz über den Ablauf der durch Kriegs- oder Nachkriegsvorschriften gehemmten Fristen v. 28. Dezember 1950, BGBl. S. 821; Gesetz zur Ergänzung des vorgenannten Gesetzes vom 30. März 1951, BGBl. S. 213), längst verjährt waren.

Der Kläger meint nun unter Hinweis auf § 202 Abs. 1 BGB, die Verjährung sei noch immer gehemmt. Das ist jedoch unrichtig.

Gemäß § 202 Abs. 1 BGB ist die Verjährung gehemmt, solange die Leistung gestundet oder der Verpflichtete aus einem anderen Grunde vorübergehend zur Verweigerung der Leistung berechtigt ist. Daß die vom beklagten Land dem Kläger nach dessen Rechtsauffassung geschuldete Leistung, nämlich die Vergütung für die Zeit vom 1. Dezember 1946 bis zum 31. Dezember 1950, nicht gestundet worden ist, ist außer Streit. Das beklagte Land war aber auch nicht aus einem anderen Grund vorübergehend zur Verweigerung der Leistung berechtigt.

Der Kläger glaubt, sich auf den dem Erlaß vom 6. Juli 1951 zugrunde liegenden Erlaß des beklagten Landes vom 20. Dezember 1950 berufen und daraus die Schlußfolgerung ziehen zu können, das beklagte Land sei auf Grund seines eigenen Erlasses objektiv berechtigt gewesen, die Leistung zu verweigern. Diese Auffassung ist jedoch rechtsirrig; denn der Arbeitgeber des öffentlichen Dienstes kann gegenüber seinen Arbeitnehmern im Wege des Erlasses die Arbeitsverhältnisse grundsätzlich nicht einseitig normieren. Das beklagte Land selbst hat übrigens nach seinem gesamten Prozeßvortrag auch zu keinem Zeitpunkt geglaubt, es sei auf Grund eines eigenen, von ihm herausgegebenen Erlasses zur Leistungsverweigerung im Sinne des § 202 Abs. 1 BGB berechtigt gewesen. Nur wo vorübergehend ein rechtliches Hindernis die Geltendmachung des Anspruchs unmöglich macht, ist in der Regel die Verjährung gehemmt (vgl. Enneccerus-Nipperdey, Allg. Teil des bürgerl. Rechts, 2. Halbband, 1955 S. 1006 f.). Ein solcher Fall liegt hier nicht vor.

Auch hatte sich damals die Rechtsprechung der Arbeitsgerichte schon längst eingehend mit den Streitfragen über die Anrechnung der Wehr- und Kriegsdienstzeiten beschäftigt. Es sei in diesem Zusammenhang nur auf folgende, meist die Anrechnung in vollem Umfang bejahende Urteile hingewiesen: Oberstes Arbeitsgericht Rheinland-Pfalz vom 17. März 1950 in AP 1950 Nr. 213; Urteil des Landesarbeitsgerichts Bayern vom 31. August 1951 im Amtsblatt des bayerischen Staatsministeriums für Arbeit und soziale Fürsorge 1954, Teil C, S. 130; Landesarbeitsgericht Kiel vom 3. März 1948, RdA 1948, S. 149; Landesarbeitsgericht Frankfurt/Main vom 11. August 1949, AP 1950 Nr. 62. Eine solche objektive Unsicherheit über die Rechtslage, daß dem Kläger wegen der bisherigen Stellungnahme der Rechtsprechung nicht zuzumuten gewesen wäre, eine voraussichtlich aussichtslose Klage zu erheben, lag mithin auch nicht vor.

Eine nur subjektive Unsicherheit über die Rechtslage gibt hingegen keine Berechtigung, die Leistung zu verweigern; sie kann daher auch zu keiner Hemmung der Verjährung führen.

Selbst wenn aber, was nach Vorstehendem unterstellt werden kann, die vom Kläger geltend gemachten Zahlungsansprüche bis zum Jahre 1951 weder ganz noch teilweise verjährt gewesen wären, so wurde jedenfalls dadurch, daß mit Erlaß vom 6. Juli 1951 die Wehr- bzw. Kriegsdienstzeiten rückwirkend ab 1. Januar 1951 angerechnet wurden, während Ansprüche für die davor liegende Zeit abgelehnt wurden, für den Kläger klargestellt, daß das beklagte Land dem Anspruch auf Anrechnung der Dienstzeiten und damit der Berechnung der Vergütung gemäß diesen Dienstzeiten nachkommen wollte, allerdings nicht in dem Umfang, wie es der Kläger für rechtens hielt. Dem Kläger mußte spätestens nunmehr klar sein, daß er seine Ansprüche gegebenenfalls im Rechtswege vor den Arbeitsgerichten verfolgen mußte, wenn er auf Erfüllung seiner Nachzahlungsforderungen bestand. Daran war er auch aus tatsächlichen Gründen (§ 203 BGB) nicht gehindert.

Auch dann, wenn der Ablauf der Verjährung der Ansprüche des Klägers in irgendeinem Zeitpunkt überhaupt gehemmt war, ist diese Ablaufhemmung spätestens im Jahre 1951 weggefallen. Selbst bei Annahme eines Umstandes, durch den die Verjährung schon kurze Zeit nach Beginn gehemmt worden wäre, ja selbst wenn eine Unterbrechung der Verjährung eingetreten sein sollte, waren die Ansprüche des Klägers im Zeitpunkt der Klageerhebung doch allesamt verjährt. Denn bei zweijähriger Verjährungsfrist und dem Beginn der Verjährung erst, aber auch spätestens mit dem Schluß des Jahres 1951, in dem der Kläger von der Ansicht des beklagten Landes über die strittige Rechtsfrage genauestens Bescheid erhielt, war die Verjährung am 31. Dezember 1953 beendet. Die Klage selbst ist aber erst im Laufe des Jahres 1955, über ein Jahr später, erhoben worden.

Zu Unrecht beruft sich der Kläger in diesem Zusammenhang auf die Fürsorgepflicht des beklagten Landes. Abzulehnen ist insbesondere seine Ansicht, das beklagte Land verstoße gegen Treu und Glauben, wenn es nunmehr die Einrede der Verjährung erhebe, obwohl es unter schuldhafter Verletzung der Fürsorgepflicht ihn nicht darauf hingewiesen habe, daß er auch für die Zeit von 1946 bis Ende 1950 Ansprüche auf die Vergütung unter Berücksichtigung der Wehr- und Kriegsdienstzeiten habe. Auch unter Berücksichtigung der Erlasse, durch die das beklagte Land die Anrechnung dieser Dienstzeiten abgelehnt hat, kann aber von einer schuldhaften Fürsorgepflichtverletzung oder unzulässigen Rechtsausübung seitens des beklagten Landes keine Rede sein; denn es fehlt in dieser Hinsicht nicht nur an dem erforderlichen Vortrag des Klägers und den entsprechenden Feststellungen im angefochtenen Urteil — sein Vorbringen in der Revisionsinstanz ist unerheblich —, sondern es gehört auch nicht zur Fürsorgepflicht des Arbeitgebers, unter allen Umständen den Arbeitnehmer über etwaige Ansprüche zu belehren, wenn darüber rechtlich verschiedene Meinungen möglich sind, wie es hier der Fall war. Das gilt auch dann, wenn es sich bei dem Arbeitgeber um eine Körperschaft des öffentlichen Rechts handelt; denn auch dem Dienstherrn der öffentlichen Hand obliegen in dieser Beziehung keine weitergehenden Verpflichtungen als dem Arbeitgeber in der privaten Wirtschaft.

Wenn der Kläger schließlich unter Hinweis auf § 20 Abs. 3 TO.A — wobei einmal unterstellt werden mag, die TO.A sei auf sein Arbeitsverhältnis anzuwenden — der Ansicht ist, das beklagte Land könne sich wegen dieser Vorschrift auf die Verjährung der Gehaltsnachforderung nicht berufen, so ist das ebenfalls irrig. Diese Bestimmung enthält keine Einschränkung der Einrede der Verjährung, sondern weist im Gegenteil, wie der Senat bereits in seinem Urteil vom 11. Juni 1959 — 4 AZR 205/57 — AP Nr. 1 zu § 20 TO.A — entschieden hat, lediglich darauf hin, daß die Angestellten Beanstandungen des ausgezahlten Gehalts, die nicht die Nichtübereinstimmung des ausgezahlten Betrages mit der Abrechnung oder Zahlungsliste betreffen, innerhalb der gesetzlichen Verjährungsfrist vorbringen müssen, widrigenfalls der Angestellte damit zu rechnen hat, daß sich der Arbeitgeber nach Ablauf der Verjährungsfrist auf die Verjährung der Forderung berufen wird.

43

1. Bei unverschuldeter Krankheit eines krankenversicherungspflichtigen Arbeiters gilt in der Entgeltfrage ausschließlich das Gesetz zur Verbesserung der wirtschaftlichen Sicherung der Arbeiter im Krankheitsfall vom 26. Juni 1957. § 616 Abs. 1 BGB gilt für diesen Fall nicht.

2. Bestimmungen in den Tarifordnungen und in den vor dem 1. Juli 1957 in Kraft getretenen Tarifverträgen, die bei unverschuldeter Krankheit eines krankenversicherungspflichtigen Arbeiters die Entgeltfrage regeln, sind am 30. Juni 1957 außer Kraft getreten.

BGB § 616; ArbrKrankhG §§ 1, 2, 3, 4, 5, 6, 7, 8, 11 Abs. 2.

Großer Senat. Beschluß vom 17. 12. 1959 i. S. K. E. M. AG. (Bekl.). w. L. (Kl.) GS 2/59 (2 AZR 477/58).

Aus den Gründen:

A.

I. Der Kläger ist seit 1954 als Bäcker bei der Beklagten beschäftigt. Sein Lohn beträgt wöchentlich netto 86,30 DM.

Der Kläger war vom 23. September bis 6. Oktober 1957 krank und arbeitsunfähig. Er erhielt während dieser Zeit die gesetzlichen Leistungen aus der Sozialversicherung und von der Beklagten die Leistungen nach dem Gesetz zur Verbesserung der wirtschaftlichen Sicherung der Arbeiter im Krankheitsfalle vom 26. Juni 1957 (ArbKrankhG), und zwar von der Krankenkasse vom dritten Krankheitstage an Krankengeld und von der Beklagten für zwölf Krankentage den rechnerisch unstreitigen Zuschußbetrag von 5,40 DM.

Mit der Klage verlangt der Kläger außerdem von der Beklagten eine Lohnzahlung für seine beiden ersten Krankheitstage in rechnerisch unstreitiger Höhe von 23,36 DM. Er stützt sich dabei auf den infolge beiderseitiger Tarifgebundenheit hier in Frage kommenden MTV für die West-Berliner Brotindustrie vom 2. Juni 1956, der für den Fall nachgewiesener Arbeitsunfähigkeit infolge Erkrankung in seinem § 6 Ziff. 4 e Abs. 1 vorsieht, daß der Arbeitnehmer bis zur Barleistung der Krankenversicherung den vereinbarten Lohn weiter erhält. Ferner ist in § 6 Ziff. 4 e Abs. 2 dieses MTV bestimmt, daß der Arbeitnehmer vom vierten Krankheitstage ab einen Zuschuß in Höhe des Unterschiedsbetrages zwischen den Barleistungen der Krankenversicherung und 90% des Netto-Durchschnittsverdienstes erhält bei einer Beschäftigungsdauer von mindestens sechs Monaten, bis zum Ablauf des Kalenderjahres für 6 Arbeitstage, danach für 24 Arbeitstage pro Kalenderjahr.

Zur Begründung seiner Klageforderung auf Lohnfortzahlung für die ersten beiden Krankheitstage vertritt der Kläger die Ansicht, daß die eine Lohnfortzahlung für die ersten beiden Krankheitstage vorsehende tarifliche Regelung für ihn günstiger als das ArbKrankhG sei und deshalb fortgelte. Die Beklagte dagegen will einen Gesamtvergleich zwischen den Bestimmungen des ArbKrankhG und der tariflichen Regelung zum Zuge kommen lassen und ist der Meinung, daß bei einem solchen Gesamtvergleich die gesetzliche Regelung sich als die günstigere Regelung darstelle.

Das Arbeitsgericht hat die Klage abgewiesen, das Landesarbeitsgericht hingegen hat der Klage stattgegeben. Mit der Revision erstrebt die Beklagte die Wiederherstellung des die Klage abweisenden arbeitsgerichtlichen Urteils.

Im Zuge des Revisionsverfahrens hat der mit dem Rechtsstreit befaßte Zweite Senat des Bundesarbeitsgerichts beschlossen:

Die Sache wird gemäß § 45 Abs. 2 Satz 2 ArbGG dem Großen Senat zur Entscheidung folgender Rechtsfragen vorgelegt:

1. Gilt die sich aus § 616 Abs. 1 BGB ergebende Verpflichtung des Arbeitgebers, einem unverschuldet erkrankten Arbeiter unter den Voraussetzungen und im Rahmen dieser Vorschrift den Lohn fortzuzahlen, neben der Regelung des Gesetzes zur Verbesserung der wirtschaftlichen Sicherung der Arbeiter im Krankheitsfalle vom 26. Juni 1957 (BGBl. I, 649) unbeschränkt weiter?

o d e r

Ist § 616 Abs. 1 BGB durch das letztere Gesetz für den Fall der Arbeitsunfähigkeit des Arbeiters infolge unverschuldeter Krankheit außer Kraft gesetzt?

2. Wenn die Frage zu 1) bejaht wird:

Sind dann in einen Günstigkeitsvergleich, der zwischen der tariflichen Regelung einerseits und der Regelung nach dem Gesetz zur Verbesserung der wirtschaftlichen Sicherung der Arbeiter im Krankheitsfalle andererseits vorzunehmen ist, auch diejenigen tariflichen Bestimmungen einzubeziehen, die, sachlich gesehen, § 616 Abs. 1 BGB wiederholen und konkretisieren, oder bestehen derartige tarifliche Bestimmungen unberührt durch das Gesetz fort, ohne daß sie in den Günstigkeitsvergleich einbezogen werden können?

II. Die Formulierung der vom Zweiten Senat vorgelegten Fragen bedarf zunächst hinsichtlich ihrer Fassung einer Klarstellung. Der Zweite Senat legt zwei bezifferte Fragen vor, wonach die zweite nur zu beantworten ist, wenn die erste bejaht wird. Die erste Frage zerfällt aber in Wirklichkeit in zwei selbständige, gleichwertige und gegensätzliche Fragen, wie sich aus dem Inhalt sowie aus dem im Text besonders hervorgehobenen Wort „oder" ergibt. Der Große Senat kann also nur eine dieser beiden in Ziffer 1) enthaltenen Fragen bejahen. Diese Verdeutlichung kann, weil sie allein erst die Frage verständlich macht, von ihm auch ohne weiteres vorgenommen werden. Nur wenn die erste der beiden unter Ziffer 1 gestellten Fragen bejaht wird, bedarf es der Beantwortung der Frage zu Ziffer 2.

III. Wenn sich auch die dem Großen Senat unter Ziffer 1 vorgelegte Frage ihrem Wortlaut nach nur auf das Verhältnis des ArbKrankhG zu § 616 Abs. 1 BGB bezieht, so umfaßt sie ihrem Sinn nach offensichtlich ebenso das Verhältnis des ArbKrankhG zu tariflichen Regelungen, die die Fortzahlung des Lohnes oder die Zahlung von Zuschüssen in Fällen unverschuldeter Krankheit eines krankenversicherungspflichtigen Arbeiters betreffen.

In der Begründung des Vorlagebeschlusses wird zunächst ausgeführt, der Kläger verlange von der Beklagten eine Lohnzahlung für seine beiden ersten Krankheitstage auf Grund von Bestimmungen des infolge beiderseitiger Tarifgebundenheit hier in Frage kommenden MTV. Unter Ziffer II dieser Begründung des Zweiten Senats heißt es dann: „Wenn die Lohnfortzahlungspflicht des Arbeitgebers aus § 616 Abs. 1 BGB neben der im ArbKrankhG festgelegten Verpflichtung des Arbeitgebers zur Zuschußzahlung bestehen geblieben ist, so spricht Maßgebliches dafür, daß damit auch eine vor Inkrafttreten des ArbKrankhG erfolgte tarifvertragliche Regelung, die der Sache nach eine Wiederholung und Umschreibung der Lohnfortzahlungspflicht des § 616 BGB darstellt, trotz des ArbKrankhG bestehen blieb. Wenn dagegen das ArbKrankhG für den Fall der wegen unverschuldeter Krankheit eingetretenen Arbeitsunfähigkeit des Arbeiters eine Verpflichtung zur Lohnfortzahlung aus § 616 BGB außer Kraft gesetzt hat, spricht Maßgebliches dafür, daß auch die die letztere Vorschrift wiederholenden tarifvertraglichen Regelungen aus der Zeit vor dem Inkrafttreten des ArbKrankhG ohne weiteres weggefallen sind. Sollte sich der Große Senat in dem ersteren Sinne entscheiden und enthält der Tarifvertrag wie hier neben einer Wiederholung und Konkretisierung des § 616 BGB noch Vorschriften über eine Bezuschussung des Arbeiters, so stellt sich die weitere Frage, ob bei diesem Günstigkeitsvergleich den Bestimmungen des ArbKrankhG nur die eine Zuschußleistung vorsehenden tariflichen Regelungen gegenüberzustellen sind oder etwa auch diejenigen tariflichen Regelungen, die lediglich in Wiederholung und Umschreibung des § 616 Abs. 1 BGB eine Lohnfortzahlungspflicht des Arbeitgebers vorsehen."

Daraus erhellt, daß der Zweite Senat für die Entscheidung des vorliegenden Rechtsstreits nicht nur die Frage als tragend ansieht, in welchem Verhältnis das ArbKrankhG zu bereits vor seinem Inkrafttreten wirksamen tariflichen Regelungen steht, sondern daß es ihm nicht zuletzt darauf ankommt, gerade auch zu dieser letzteren Frage eine Entscheidung des Großen Senats zu erhalten. Die ausdrücklich gestellte Frage nach dem Verhältnis des ArbKrankhG zu § 616 Abs. 1 BGB hat für den dem Zweiten Senat vorliegenden Rechtsstreit die Bedeutung einer Vorfrage. Sie wird sinnvoll erst bei Berücksichtigung der eben genannten Frage. Weil der Zweite Senat nach der Begründung seines Vorlagebeschlusses den inneren Zusammenhang beider Fragen sieht, muß angenommen werden, daß er sie auch bei der in seiner sich auf § 45 Abs. 2 Satz 2 ArbGG stützenden Anfrage dem Großen Senat hat vorlegen wollen. Eine Vorlage allein der Vorfrage wäre abstrakt und würde zu dem Rechtsstreit selbst in keiner Beziehung stehen. Es handelt sich auch hier wieder um eine allein erst die vorgelegte Frage verständlich machende Verdeutlichung und Klarstellung, zu der der Große Senat daher befugt ist. Dabei kann er auf die ihm gegebene Begründung des Vorlagebeschlusses als Grundlage der Sinnerhellung zurückgreifen (vgl. Stein-Jonas, ZPO, 18. Aufl., § 253, Anm. III 2; Wieczorek, ZPO, § 253 Anm. G III a 1; auch BAG vom 23. 2. 1959 — 3 AZR 583/57 — BAG 7, 256 [259, 260] zur Auslegungsfähigkeit des nach dem Gesetz bestimmt zu stellenden Klageantrags; ferner Stein-Jonas, ZPO, § 322 Anm. VII 1; Wieczorek, ZPO, § 322 Anm. E I a zur Auslegungsfähigkeit des Urteilstenors). In den Formulierungen des Zweiten Senats, mögen sie auch von Wiederholungen und Konkretisierung statt von Abänderungen des § 616 Abs. 1 BGB sprechen, kommt auch jedenfalls mit genügender Deutlichkeit zum Ausdruck, um was es dem Zweiten Senat geht.

Dem Großen Senat ist daher im Anschluß an die erste Frage vom Zweiten Senat auch noch gemäß § 45 Abs. 2 Satz 2 ArbGG die folgende Rechtsfrage vorgelegt:

Sind Bestimmungen in Tarifordnungen (Zu beachten ist, daß Tarifordnungen sämtlich vor dem 1. Juli 1957, dem Tag des Inkrafttretens des ArbKrankhG, erlassen sind.) sowie in den vor dem 1. Juli 1957 in Kraft getretenen Tarifverträgen, die jeweils bei unverschuldeter Krankheit eines krankenversicherungspflichtigen Arbeiters die Entgeltfrage regeln, am 30. Juni 1957 außer Kraft getreten oder nicht?

IV. Gegen die Zulässigkeit der Anrufung des Großen Senats zu der vom Zweiten Senat zunächst gestellten Fragen bestehen keine Bedenken.

1. Der Zweite Senat stützt seine Vorlage und die erste Frage auf § 45 Abs. 2 Satz 2 ArbGG. Dies ist eindeutig im Tenor des Vorlagebeschlusses gesagt, und es ergibt sich ferner daraus, daß der Vorlagebeschluß betont, es handele sich nach dem Gegenstand der Anfrage an den Großen Senat um Rechtsfragen von grundsätzlicher Bedeutung. Nach § 45 Abs. 2 Satz 2 ArbGG kann der erkennende Senat, wenn nach seiner Auffassung die Fortbildung des Rechts oder die Sicherung einer einheitlichen Rechtsprechung es erfordern, in einer Frage von grundsätzlicher Bedeutung die Entscheidung des Großen Senats herbeiführen.

Die in Rede stehende Frage selbst ist im Sinne der angeführten Vorschrift von grundsätzlicher Bedeutung.

Dieser Gesichtspunkt unterliegt der Nachprüfung des Großen Senats. In diesem Sinne hat der Große Senat in ständiger Rechtsprechung stets entschieden (BAG 1, 291 [294]; 3, 1 [2]; 3, 66 [69]; 3, 245 [247]; 4, 207 [208]; 6, 65 [66, 67]; 6, 149 [150]).

Nach der Ansicht des Zweiten Senats in seinem Vorlagebeschluß folgt die grundsätzliche Bedeutung der dem Großen Senat in erster Linie vorgelegten Frage aus ihrer sozialpolitischen und wirtschaftlichen Tragweite. Diese Auffassung ist zutreffend. Die Frage, ob grundsätzliche Bedeutung im Sinne des § 45 Abs. 2 Satz 2 ArbGG vorliegt, kann auch auf Bereiche außerhalb des Rechtssystems abstellen. Ob eine Frage von grundsätzlicher Bedeutung ist oder nicht, ist zwar stets eine Rechtsfrage; es steht eine Beurteilung gemäß einem innerhalb des Rechtssystems seinen Platz einnehmenden Bewertungsgedanken in Rede. Damit ist aber noch nicht gesagt, daß die grundsätzliche Bedeutung immer nur dann gegeben sei, wenn sie unmittelbar gerade für das Rechtssystem vorliegt (so möglicherweise mit Blickpunkt auf das Strafprozeßrecht: KMR-Kommentar zur StPO und zum GVG, 3. Aufl., GVG § 137 Anm. 2; Löwe-Rosenberg, Kommentar zur StPO und zum GVG, 20. Aufl., Bd. 2, GVG, § 137 Anm. 2 a). Der Begriff der grundsätzlichen Bedeutung, so wie er in § 45 Abs. 2 Satz 2 ArbGG verwandt wird, geht nach seinem keine Einschränkung aufweisenden Wortlaut wesentlich weiter. Da das Recht die Aufgabe hat, Lebensverhältnisse zu ordnen, ist es in diesem Zusammenhang gerade auch sinnvoll, auf die Bedeutung eines Rechtsbegriffs für die Lebensverhältnisse und die Tragweite eines rechtlichen Ergebnisses für die in Frage kommenden Lebensbereiche abzustellen (vgl. etwa BAG 1, 291 [294]; 3, 245 [247]). Ebenso liegt aber auch grundsätzliche Bedeutung in rechtssystematischer Hinsicht vor. Die Beziehung zweier wichtiger sehr häufig anzuwendender gesetzlicher Bestimmungen zueinander zu klären ist ein elementares Anliegen der Rechtsordnung und namentlich der Gerichtspraxis.

Dagegen ist es nicht Sache des Großen Senats nachzuprüfen, ob die weitere, dem Wortlaut des Gesetzes nach kumulative Voraussetzung des § 45 Abs. 2 Satz 2 ArbGG gegeben ist. Der Zweite Senat sagt in seinem Vorlagebeschluß ausdrücklich, daß nach seiner Auffassung die Entscheidung der von ihm vorgelegten Frage jedenfalls im Interesse der Fortentwicklung des Rechts erforderlich ist. Nach dem eindeutigen Wortlaut des Gesetzes kommt es dieserhalb allein auf die Auffassung des vorlegenden Senats an (BAG 6, 149 [150]).

Die Bedeutsamkeit der Rechtsfrage für die vom vorlegenden Senat zu treffende Entscheidung hat der Große Senat nicht zu prüfen. Nach § 45 Abs. 2 Satz 2 ArbGG ist es die Aufgabe des Großen Senats, zur Entscheidung auf eine ihm vom erkennenden Senat vorgelegte Frage hin tätig zu werden. Seine, des Großen Senats, Aufgabe ist die Beantwortung dieser Rechtsfrage. Das Gesetz läßt in keiner Weise erkennen, daß auch der Zusammenhang der vorgelegten Frage mit der Entscheidung des bei dem erkennenden Senat anhängigen Rechtsstreits, ob also die Rechtsfrage für diese Entscheidung tragend ist oder nicht, der Prüfung des Großen Senats unterfallen soll. Dann aber bleibt der vorlegende Senat als der zur Entscheidung des Rechtsstreits berufene Senat insoweit der allein legitimierte Richter. Andernfalls würde der Verfassungsgrundsatz des Art. 101 Abs. 1 Satz 2 GG, nach dem niemand seinem gesetzlichen Richter entzogen werden darf, verletzt werden. Da somit eine Entscheidung des Großen Senats darüber, ob die vorgelegte Frage für die vom vorlegenden Senat zu treffende Entscheidung tragend ist oder nicht, diesen Senat insoweit auch gar nicht binden könnte, würden Erörterungen über die konkrete

Bedeutsamkeit, die dem vorlegenden Senat obliegt, sehr leicht zu Unklarheiten über den Umfang der Bindungswirkung des Spruchs des Großen Senats führen (so schon BAG 6, 149 [150, 151] = BAG AP Nr. 61 zu § 72 ArbGG 1953 mit zust. Anm. von Pohle).

2. Die vom Zweiten Senat gleichfalls gemäß § 45 Abs. 2 Satz 2 ArbGG gestellte Frage nach dem Verhältnis der vor dem 1. Juli 1957 wirksamen tariflichen Regelungen zum ArbKrankhG ist ebenfalls von grundsätzlicher Bedeutung. Die Klärung der Frage, ob vor dem Inkrafttreten des ArbKrankhG getroffene Tarifregelungen mit diesem Gesetz selbst für die von ihm geregelte Materie ohne weiteres vollständig gegenstandslos geworden sind, ist in einer sehr großen Anzahl von Fällen wesentlich und damit für einen wichtigen Teil der Beziehungen zwischen Arbeiter und Arbeitgeber im praktischen Rechtsleben und für die Gerichtspraxis von großer Wichtigkeit.

B.

Der Erste Senat des Bundesarbeitsgerichts hat in seiner Entscheidung vom 17. 4. 1959, BAG 7, 347 ff., angenomen, daß § 616 Abs. 1 BGB neben dem ArbKrankhG weiter gelte. Der Große Senat konnte dieser Auffassung nicht beitreten. Er steht vielmehr auf dem Standpunkt, daß das ArbKrankhG für den Fall der Krankheit eines von der Krankenversicherung — und der Unfallversicherung — erfaßten Arbeiters § 616 Abs. 1 BGB verdrängt hat. Seit dem Inkrafttreten des ArbKrankhG am 1. Juli 1957 gilt nur das folgende: Im Rahmen und nach näherer Maßgabe jenes Gesetzes hat ein Arbeiter, der infolge unverschuldeter Krankheit an seiner Arbeitsleistung verhindert ist, gegen seinen Arbeitgeber bis zu einer Dauer der Arbeitsunfähigkeit von 6 Wochen einen Anspruch auf Zahlung eines Zuschusses zu den Leistungen aus der gesetzlichen Kranken- oder Unfallversicherung. Der Zuschuß ist zu gewähren in Höhe des Unterschiedsbetrages zwischen Krankengeld einschließlich der Zuschläge aus der gesetzlichen Krankenversicherung oder dem Rechnungsbetrag des Krankengeldes einschließlich der Zuschläge, der zu zahlen wäre, wenn keine Krankenhauspflege gewährt würde, oder den entsprechenden Leistungen aus der gesetzlichen Unfallversicherung und 90 vom Hundert des Nettoarbeitsentgelts (Näheres §§ 1, 2 ArbKrankhG).

I. Eine ausdrückliche gesetzliche Regelung für das Verhältnis zwischen ArbKrankhG und gerade § 616 Abs. 1 BGB liegt zwar nicht vor. Jedoch spricht schon der Wortlaut des § 11 Abs. 2 ArbKrankhG für die vom Großen Senat vertretene Ansicht. Danach treten mit dem Inkrafttreten des Gesetzes alle entgegenstehenden Vorschriften außer Kraft. Das Arb-

KrankhG mit seiner Verpflichtung des Arbeitgebers zur Zuschußleistung zum Kranken- und Unfallgeld auf 90 % des Nettoarbeitsentgelts für 6 Wochen hier und § 616 BGB mit der Verpflichtung des Arbeitgebers zur Fortzahlung des vollen Lohnbetrages ohne Anrechnung des Krankengeldes, wenn die Krankheit eine verhältnismäßig nicht erhebliche Zeit dauert, dort widersprechen einander. Dagegen kann nicht geltend gemacht werden, daß das ArbKrankhG gegenüber dem umfassenden Sachverhalt einer Verhinderung an der Dienstleistung nach § 616 Abs. 1 nur den engeren Tatbestand der Krankheit nennt und von einer Verwendung des Begriffs einer verhältnismäßig nicht erheblichen Zeit völlig absieht. Denn jedenfalls erfaßt § 616 Abs. 1 BGB auch den Fall der unverschuldeten Krankheit des Arbeiters und regelt ihn anders als das ArbKrankhG. Zwar wird zuweilen die Ansicht vertreten, daß im Arbeitsrecht bei der Aufeinanderfolge von Gesetzen das frühere Gesetz trotz abweichenden Inhalts insoweit Bestand behalte, als es dem Arbeitnehmer günstiger sei als das spätere. Ein solches Prinzip gibt es jedoch nicht. Vielmehr gilt der Satz „Lex posterior derogat legi priori" auch dann, wenn eine in einer weitgefaßten Norm enthaltene Regelung eines engeren Tatbestandes durch eine neue den engeren Tatbestand ergreifende andere Ordnung abgelöst wird (wie hier auch Herschel, Neue Wirtschaftsbriefe, Fach 26, S. 363, 15).

Wichtig ist in diesem Zusammenhang namentlich auch, daß § 616 Abs. 1 BGB, abgesehen vom Fall der Erkrankung eines Angestellten (§ 616 Abs. 2 Satz 1 BGB), für alle anderen Fälle dispositiver Natur ist (BAG 3, 190 [191/192]). Das gilt auch, was den Fall der Erkrankung des Arbeiters angeht (BAG 3, 190 [191/192]). Auch die Mittel, mit denen die Zurückdrängung der Vorschrift erfolgt, also Einzelarbeitsvertrag, Betriebsvereinbarung oder Tarifvertrag, sind freigestellt (BAG 3, 190 [192]). Die Vorschriften zur Zuschußregelung des ArbKrankhG können dagegen gemäß § 6 dieses Gesetzes nicht zu Ungunsten der Arbeiter und hinsichtlich der in § 5 des Gesetzes vorgesehenen Kranken- und Unfall-Leistungen des Auftraggebers oder Zwischenmeisters an die Heimarbeiter und Hausgewerbetreibenden auch nicht zu Ungunsten dieser Personen abgedungen werden. Sie sind insoweit zwingenden Rechts. § 616 Abs. 1 BGB ist demnach keine unbedingt und unter allen Umständen geltende Regelung, auch keine Regelung, die als unabdingbare Mindestregelung zum Zuge kommen muß. Das ArbKrankhG schafft dagegen mit seiner Zuschußpflicht des Arbeitgebers eine feste und nicht aufhebbare Mindestgrundlage. § 616 Abs. 1 BGB war mit seiner abdingbaren Ordnung seit seinem Bestehen die schlechthin grundlagenmäßige Regelung gerade für den Fall der Krankheit des Arbeiters. Das ist, mögen auch die Regelungen des BGB zum Dienstvertrag im übrigen nur mehr oder weniger bruchstückhafte Ansatzpunkte für die Verwirklichung und Gestaltung des Arbeitsrechts gewesen sein, jedenfalls aus der umfassenden und allgemeinen Tragweite der Vorschrift zu entnehmen. In funktioneller Hinsicht war § 616 Abs. 1 BGB bisher die einzige nähere, gesetzliche und von vornherein von der Rechtsordnung vorgesehene Normierung für die Verpflichtungen des Arbeitgebers gegenüber dem Arbeiter im Falle seiner Erkrankung. Aber diese Regelung selbst trug nach jeder Richtung hin dispositiven Charakter. Wenn nunmehr das ArbKrankhG eine unabdingbare Mindestordnung zu Gunsten des Arbeiters schafft, steht eine solche Gestaltung im Gegensatz zu der Ordnung, die § 616 BGB eingerichtet hatte.

Die Verpflichtung des Arbeitgebers zur Zuschußleistung nach dem ArbKrankhG besteht immer nur unter der Voraussetzung des § 1 Abs. 2 dieses Gesetzes. Es muß also ein wenigstens vier Wochen bestehendes und ununterbrochenes Arbeitsverhältnis zu demselben Arbeitgeber vorliegen. Die Zuschußleistung des Arbeitgebers setzt voraus, daß das personelle Band zwischen Arbeitnehmer und Arbeitgeber eine bestimmte Intensität erreicht hat. Wenn aber die Dauer des Arbeitsverhältnisses und die Zuschußpflicht für den geregelten Sachverhalt der Krankheit des Arbeiters in ein Verhältnis zueinander gebracht sind, so spricht das durchschlagend dafür, daß eine Leistung des Arbeitgebers bei einer Erkrankung des gegenüber den Versicherungen leistungsberechtigten Arbeiters überhaupt nur noch unter der hier genannten Voraussetzung des ArbKrankhG erfolgen soll. Dann scheidet aber wiederum § 616 Abs. 1 BGB aus. Denn nach dieser Vorschrift hat der Arbeitgeber, liegen die sonstigen dort genannten Voraussetzungen vor, ohne Rücksicht auf die Dauer des Arbeitsverhältnisses und ohne Rücksicht auf Ansprüche des Arbeiters aus der Sozialversicherung zu leisten (Staudinger-Nipperdey-Mohnen, § 616 Anm. 85).

Das alles führt dazu, das Weiterbestehen der Normierung des BGB für den Krankheitsfall des krankenversicherten Arbeiters zu verneinen. Es kann nicht derselbe Regelungsbereich von zwei in entscheidenden Punkten divergierenden Regelungen und Gestaltungsprinzipien beherrscht sein.

II. Auch § 7 ArbKrankhG weist auf einen Ausschluß des § 616 BGB hin. Diese Vorschrift nennt nur eine einzige Regelung, die durch das ArbKrankhG nicht berührt werden soll. Das läßt darauf deuten, daß alle anderen Vorschriften über eine Fortzahlung der Vergütung bei unverschuldeter Verhinderung des Arbeitnehmers an der Arbeitsleistung insoweit weggefallen sind, als sie den Fall der unverschuldeten Erkrankung des Arbeiters regeln. Es wäre sonst schwer verständlich, weshalb gerade nur eine, in § 7 ArbKrankhG als fortbestehend genannte Vorschrift, nämlich § 4 der Anordnung zur Vereinheitlichung der Erziehungsbeihilfen und sonstigen Leistungen an Lehrlinge und Anlernlinge in der privaten Wirtschaft vom 25. 2. 43 (RABl. I S. 164), aufgeführt ist. Diese Vorschrift betrifft gerade auch die Lohnzahlungspflicht von Arbeiter-Lehrlingen und Anlernlingen und bestimmt, daß diese im Falle unverschuldeter Krankheit die Vergütung für 6 Wochen weitererhalten. Hätte das ArbKrankhG auch den durchaus einschlägigen § 616 Abs. 1 BGB für den Krankheitsfall aufrechterhalten wollen, so hätte es das aussprechen müssen. Das gilt um so mehr, als der Fall der unverschuldeten Krankheit des Arbeiters hinsichtlich der Entgeltfrage arbeitsrechtlich ausschließlich in § 616 Abs. 1 BGB geregelt war. Auch die Überschrift, die der Gesetzgeber dem § 7 ArbKrankhG gegeben hat: „Sonstige Vorschriften über die Lohnfortzahlung bei unverschuldeter Verhinderung des Arbeitnehmers (muß wohl heißen: Arbeiters) an der Arbeitsleistung" spricht durchaus dafür, daß es jedenfalls für den unverschuldeten Krankheitsfall des versicherten Arbeiters außer dem § 4 der AO vom 25. 2. 1943 keine andere arbeitsrechtliche Vorschrift geben soll als das ArbKrankhG.

III. Wichtiger aber als der Wortlaut des Gesetzes und die dargelegten Verschiedenheiten der beiden Regelungen ist der kodifikatorische Charakter der Neuregelung, der zur Verdrängung des § 616 Abs. 1 BGB für den Fall der unverschuldeten Erkrankung des versicherten Arbeiters führen muß. Sicherlich kann man nicht ohne weiteres sagen, ein neues Gesetz enthalte immer bereits eine Kodifikation. Ob ein Gesetz eine Zusammenfassung des gesamten für einen bestimmten Regelungsbereich geltenden Rechts unter Ausschluß anderer Rechtsgeltungsquellen darstellt (vgl. Enneccerus-Nipperdey, Allgemeiner Teil des Bürgerlichen Rechts, 1. Halbbd., 15. Aufl., 1959, S. 49), kann immer erst auf Grund des Inhalts und der Tragweite des Gesetzes festgestellt werden. Der Inhalt des ArbKrankhG ergibt aber, daß seine Normen für den versicherten Arbeiter im Falle einer Erkrankung die Entgeltfrage gegenüber dem Arbeitgeber erschöpfend regeln wollen. Die Leistung des Arbeitgebers nach dem ArbKrankhG ist im einzelnen, namentlich der Höhe nach, eingehend umschrieben (§ 1 Abs. 1 Satz 1, 2, 3), und für ihre Berechnung sind nähere Bestimmungen vorgesehen (§ 2), so wie auch angeordnet ist, was auf die Leistung des Arbeitgebers nicht angerechnet werden darf (§§ 1 Abs. 1 Satz 3, 4). Das ArbKrankhG trifft des weiteren Regelungen über die Leistungen des Arbeitgebers für den Fall der Beendigung des Arbeitsverhältnisses (§3). Ferner sehen seine Normierungen eine Regelung der Entgeltfrage bei einer Erkrankung der in Heimarbeit Beschäftigten und der ihnen hinsichtlich der Vergütung gleichgestellten Personen vor (§ 5). Bereits diese Vorschriften des ArbKrankhG zwingen in ihrer Gesamtheit zu dem Schluß, daß es eine vollständige Ordnung erstrebt. Wenn nun hinzutritt — um es zu wiederholen —, daß ausdrücklich nur eine einzige Vorschrift über Leistungen des Arbeitgebers außerhalb des ArbKrankhG aufrechterhalten bleibt (§ 7), so ist der kodifikatorische Sinn des ArbKrankhG erhärtet. Wie das KSchG den allgemeinen Kündigungsschutz erschöpfend geregelt hat (siehe BAG 1, 69 [73]), so gilt das auch für das ArbKrankhG hinsichtlich der Leistungen, die vom Arbeitgeber an den Arbeiter bei schuldloser Erkrankung zu erbringen sind. Daß das ArbKrankhG nicht ausdrücklich die anderen die Materie überhaupt behandelnden Vorschriften aufhob, wie dies etwa beim Betriebsverfassungsrecht durch § 90 Satz 1 BetrVG hinsichtlich der landesrechtlichen Vorschriften über das Betriebsräterecht und das Betriebsrätewahlrecht sowie beim Inkrafttreten des KSchG durch dessen § 26 Abs. 2 hinsichtlich der landesrechtlichen Vorschriften über den Schutz der Arbeitnehmer gegen sozialwidrige Kündigungen und über den Kündigungsschutz der Betriebsratsmitglieder geschehen ist, ist ohne Bedeutung (a. A. Frey, BB 57, 753). Der Wille des Gesetzes zu abschließender Regelung ergibt sich bereits mit genügender Eindeutigkeit aus seinem Gesamtinhalt. (§ 90 Satz 1 BetrVG und § 26 Abs. 2 KSchG hatten ihrerseits bei dem Inhalt jener Gesetze auch nur deklaratorische Bedeutung. Zu § 90 Satz 1 BetrVG vgl. BAG 1, 158 [159 ff.]; sodann aus dem Schrifttum etwa Fitting-Kraegeloh, BetrVG, 4. Aufl., § 90 Anm. 2; Dietz, BetrVG, 3. Aufl., § 90 Anm. 1; zu § 26 Abs. 2 KSchG vgl., neben der eben erwähnten eindeutigen Entscheidung des BAG, aus dem Schrifttum etwa Erdmann-Müller, KSchG, 2. Aufl., § 26 Anm. II 2; auch Rohwer-Kahlmann, KSchG, § 26 Anm. 3).

IV. Der kodifikatorische Charakter des ArbKrankhG wird besonders klar und eindeutig, wenn man auf die systematische und funktionelle Stellung beider Regelungen in der Rechtsordnung abhebt. Dem Ersten Senat (BAG 7, 347 ff. [350, 351] ist zuzustimmen, daß der Satz vom Vorgehen des Spezialgesetzes gegenüber dem allgemeinen Gesetz demgegenüber auf eine mehr äußerliche Betrachtungsweise abstellt. Bei der Anwendung einer solchen Regel kommt eine erschöpfende Betrachtung der Systematik und der funktionellen Stellung der Gesetze und Normen leicht zu kurz oder bleibt völlig unberücksichtigt, obwohl gerade diese Gesichtspunkte unmittelbar von der Rechtsordnung her zu einer Bestimmung des Inhalts der einzelnen Regelungen und ihrer Tragweite führen (ebenso Enneccerus-Nipperdey, Allg. Teil, 1. Halbbd., S. 351). Somit erscheint es nicht ganz bedenkenfrei, eine Verdrängung des § 616 Abs. 1 BGB durch das ArbKrankhG für den Fall der Krankheit oder des Unfalls eines Arbeiters einfach auf Grund der Erwägung anzunehmen, das letztere Gesetz stelle gegenüber der ersteren Vorschrift die speziellere Regelung dar (so Hessel BB 57, 681; derselbe, Krankheit im Arbeitsrecht, 2. Aufl., S. 45; Palandt, BGB, 18. Aufl., § 616 Anm. 3d; BGB-RGRK. (Denecke), 11. Auflage, § 616 Anm. 1; Staudinger-Nipperdey-Mohnen, § 616 Anm. 85; Gros, AR-Blattei, „Krankheit des Arbeitnehmers" D 1 3a, ee. Mit gewissen Einschränkungen zum Ausmaß der Verdrängung des § 616 Abs. 1 BGB Diekhoff, ArbuR 57, 297 [297/298]; Hueck-Nipperdey, Lehrbuch, Bd. 1, S. 970; Schelp, RdA 57, 245 [250]; Schelp-Trieschmann, Das Arbeitsverhältnis im Krankheitsfalle, S. 155; Schediwy, RdA 58, 51 [52/53]; Herschel, Neue Wirtschaftsbriefe, Fach 26, S. 363, 14/15. In bestimmter Hinsicht stellen auf das ArbKrankhG als Spezialgesetz ab auch Höhne, Betrieblicher Krankengeldzuschuß für Arbeiter, S. 36, und wohl auch Schellong, ArbKrankhG, § 11 Anm. 4). Im grundsätzlichen Ergebnis ist jedoch den genannten Schriftstellern beizutreten.

Das ArbKrankhG und § 616 Abs. 1 BGB unterscheiden sich darin, daß § 616 Abs. 1 BGB die Fortzahlung des Lohnes durch den Arbeitgeber vorsieht, das ArbKrankhG dagegen einen Zuschuß des Arbeitgebers zu den Leistungen der gesetzlichen Kranken- oder Unfallversicherung gewährt (vgl. Schmatz-Fischwasser, ArbKrankhG, 3. Aufl., S. 115 f.; ferner auch Frey BB 57, 753). Das könnte zu der Meinung führen, es stünde jeweils ein wesenhaft verschiedener Anspruch des Arbeitnehmers in Rede, mit dem Ergebnis, daß ArbKrankhG und § 616 Abs. 1 BGB nebeneinander gelten würden. Daß § 616 Abs. 1 BGB für alle Arbeitnehmer, also sowohl für Arbeiter und Angestellte, gilt, das ArbKrankhG dagegen nur für Arbeiter, und daß § 616 Abs. 1 BGB nicht nur den unverschuldeten Krankheitsfall, sondern überhaupt den Fall einer schuldlosen Verhinderung an der Dienstleistung regelt, ist allerdings ohne Bedeutung. In Wahrheit besteht jedoch von der Sache her, unbeschadet der allerdings wichtigen Verschiedenheit der Höhe der Leistungen, kein wirklicher Unterschied zwischen der „Fortzahlung der Vergütung" nach § 616 BGB und dem „Zuschuß des Arbeitgebers" nach dem ArbKrankhG.

Auszugehen ist von dem Satz „Ohne Arbeit kein Lohn". Er ist für die wirtschaftlichen, sozialen und rechtlichen Strukturelemente des Arbeitsverhältnisses kennzeichnend. Trotz der personenrechtlichen Elemente des Arbeitsverhältnisses ist es doch ein dieses Verhältnis ebenfalls beherrschender Grundgedanke, daß es eingegangen wird um der Arbeitsleistung des Arbeitnehmers willen (BAG 4, 326 [330]). Die Lohn- und Gehaltszahlung des Arbeitgebers muß sich dann aber sinnvollerweise gerade auf die Dienstleistungen des Arbeitnehmers beziehen. Das Arbeitsverhältnis ist auf dem wirtschaftlichen Austausch der Arbeitsleistung des Arbeitnehmers gegen die Vergütung des Arbeitsgebers aufgebaut (vgl. BAG 8, 143 ff. [146] WestdtArbRechtspr. 1959, S. 181; BGHZ 21, 112 [114]; wohl auch BAG 4, 326 [330]; siehe ferner BAG 6, 170 [172]). Insofern stellt das Arbeitsverhältnis einen synallagmatischen Vertrag dar (Hueck-Nipperdey, Lehrbuch, Bd. 1, S. 297, 298). Auch diejenigen Autoren, die den Satz vertreten, der Arbeitnehmer erhalte Lohn und Gehalt dafür, daß seine Arbeitskraft dem Arbeitgeber zur Verfügung stehe (so Nikisch, Arbeitsrecht, 2. Aufl., Bd. I S. 280; Erman, Handkommentar zum BGB, 2. Aufl., § 612, Anm. 1), erkennen damit ebenfalls ein gegenseitiges Verhältnis zwischen dem Entgelt und der von dem Arbeitnehmer zu erbringenden Leistung an. Man kann daraus den Schluß ziehen, daß dann die „Fortzahlung der Vergütung“ des § 616 BGB von einem anderen Rechtsgedanken als dem der eben genannten wirtschaftlichen Interdependenz des Arbeitsverhältnisses getragen sein muß, daß gerade hier als maßgebendes Prinzip die personalrechtliche Struktur des Arbeitsverhältnisses (siehe BAG 1, 338 [340]; 2, 221 [224]; 5, 44 [48]) zur Geltung kommt. Sie trägt dann die Weiterzahlung des Vergütungsbetrages, die sich damit rechtlich nicht als eine Fortgewährung der Gegenleistung des Arbeitgebers trotz Unterbleibens der Leistung des Arbeitnehmers, sondern als eine Verwirklichung des personalen Fürsorgegedankens mit seinen Verpflichtungsfolgen für den Arbeitgeber charakterisieren würde.

Vergleicht man mit der in der dargelegten Weise erfaßten Verpflichtung des Arbeitgebers aus § 616 Abs. 1 BGB den Zuschuß des Arbeitgebers nach dem ArbKrankhG, so muß auch dieser als Erscheinungsform des Fürsorgepflichtgedankens gewertet werden (vgl. BAG AP Nr. 4 zu § 1 ArbKrankhG). Der Arbeitgeber hat den Zuschuß bei einer durch Krankheit oder Unfall eingetretenen unverschuldeten Arbeitsunfähigkeit des Arbeiters zu zahlen. Das Bundesarbeitsgericht hat auch bereits entschieden, daß das ArbKrankhG jedenfalls für seinen unmittelbaren Geltungsbereich von einer Unterscheidung zwischen dem Lohnanspruch als der Gegenleistung des Arbeitgebers für die Arbeitsleistung des Arbeiters einerseits und dem Zuschuß nach diesem Gesetz als einem Ausfluß der personalen Fürsorgepflicht des Arbeitgebers andererseits ausgeht (siehe BAG 8, 1 [6] = AP Nr. 1 zu § 2 ArbKrankhG, mit einer insoweit allerdings etwas kritischen Anm. von Schelp in AP a. a. O.). Daher kann man die „Fortzahlung der Vergütung“ nach § 616 BGB und die Zuschußleistung nach dem ArbKrankhG ihrem Wesen nach substantiell als gleiche Größen auffassen. An einer solchen inneren Gleichartigkeit beider Größen kann dann auch eine etwaige sozialversicherungsrechtlich verschiedene Behandlung von „Lohnfortzahlung" und „Zuschußleistung" nichts ändern. Sie wäre von ausschließlich positiv-rechtlicher Art und könnte bei dem der Natur der Dinge nach bestehenden Zusammenhang nur streng auf die mit den jeweils verschiedenen Normierungen gegebenen Regelungen bezogen werden.

Als Ergebnis ergibt sich also bei der dargelegten Auffassung, daß § 616 Abs. 1 BGB und das ArbKrankhG für den Fall der Arbeitsverhinderung des Arbeiters infolge einer Krankheit oder eines Unfalls, die ohne sein Verschulden eingetreten sind, eine Regelung treffen, die auf einer Verwirklichung des Rechtsgedankens der personalen Fürsorgepflicht des Arbeitgebers beruht. (Das wird von Höhne, Betrieblicher Krankengeldzuschuß, S. 36, und Schellong, ArbKrankhG, § 11 Anm. 4, übersehen.) Sind aber das ArbKrankhG und § 616 Abs. 1 BGB hinsichtlich des Wesens der von dem Arbeitgeber jeweils zu erbringenden Leistungen dem Kerne nach nicht verschieden, so folgt auch daraus, daß das ArbKrankhG für den Tatbestand der Erkrankung des Arbeiters § 616 Abs. 1 BGB verdrängt hat. Das ist keine grobschlächtige Anwendung des Gedankens, daß das Spezialgesetz für seinen Geltungsbereich das allgemeine Gesetz ausschließe. Das ArbKrankhG und § 616 Abs. 1 BGB regeln beide nicht nur den Fall der Erkrankung und des Unfalls des Arbeiters, sie sehen nicht zuletzt auch jeweils Leistungen vor, die zwar ihrer Höhe nach verschieden sind, in ihrem Wesen aber übereinstimmen. Daher ist der Schluß gerechtfertigt, daß die eingehendere und nähere Regelung des ArbKrankhG die aus einem einzigen allgemein gehaltenen Satz bestehende des § 616 Abs. 1 BGB, die zudem nicht nur Krankheits- und Unfallfälle, sondern auch sonstige Fälle einer Dienstleistungsverhinderung betrifft und die sich nicht nur auf die Arbeiter, sondern allgemein auf den zur Dienstleistung Verpflichteten bezieht, für den Fall der Erkrankung des Arbeiters gegenstandslos gemacht hat. Andernfalls käme in das System des Rechtes ein erhebliches Moment der Unklarheit und damit ein mehr oder weniger großes Moment der Unordnung und Unsicherheit.

An der Verdrängung des § 616 Abs. 1 BGB durch das ArbKrankhG für den Fall der durch Krankheit oder Unfall bedingten Verhinderung des Arbeiters an seiner Arbeitsleistung ändert sich aber auch nichts, wenn man Sinn und Rechtfertigung der Leistungen des Arbeitgebers nach den beiden Regelungen nicht in einer Verwirklichung der personellen Fürsorgepflicht, sondern in einer gesetzlichen Ergänzung der Verpflichtung des vom Arbeitgeber an den Arbeitnehmer, hier: Arbeiter, auf Grund des Arbeitsverhältnisses zu gewährenden Entgelts, in einer Modifizierung der Regeln der §§ 614, 323 BGB sieht, wobei der Fürsorgegedanke nur ein Motiv des Gesetzgebers ist. Dafür würde sprechen, daß § 616 BGB von dem „Anspruch auf die Vergütung" spricht und die Vergütungspflicht bei wirklichkeitsnaher Betrachtung nicht recht als Ausfluß der Fürsorgepflicht in dem bisher allgemein anerkannten Sinne aufgefaßt werden kann. Auch die nach der Tatsächlichkeit der Dinge wenig einleuchtende These von Siebert, Festschrift für H. Lehmann Bd. 2 S. 684, insbes. Anm. 50, über die Rechtsstellung von Arbeitnehmer und Arbeitgeber (Statusgedanke) bedeutet eine nicht haltbare Verflüchtigung des im Arbeitsverhältnis vorliegenden wirtschaftlichen Austauschverhältnisses. Andererseits darf man sich an der Verwendung des Wortes „Zuschuß" für die Leistung des Arbeitgebers nach dem ArbKrankhG nicht stoßen. Dieses Wort ist in Beziehung gesetzt „zu den Leistungen aus der gesetzlichen Kranken- oder Unfallversicherung" (§ 1 Abs. 1 Satz 1 ArbKrankhG). Die Versicherungsleistungen sollen als der vom Gesetzgeber angenommene soziale Ausgangspunkt wirtschaftlich eine Aufstockung erfahren. Die Leistung des Arbeitgebers selbst hat dagegen keine versicherungsrechtliche Grundlage, sie kann nur eine arbeitsrechtliche Folge des Arbeitsverhältnisses sein, wobei ihre Voraussetzung die wegen Krankheit oder Unfall gegebene unverschuldete Arbeitsunfähigkeit des Arbeiters ist. Trägt aber der nach § 616 Abs. 1 BGB bei unverschuldeter Verhinderung an der Dienstleistung bestehende Anspruch des Arbeiters Entgeltcharakter, so müßte wegen der Gleichheit der Voraussetzungen, unter denen er zur Entstehung kommt, auch der Anspruch des Arbeiters nach dem ArbKrankhG an seinen Arbeitgeber als Arbeitsentgelt angesehen werden. Dafür spricht, daß er rechtlich durchaus als Lohnanspruch behandelt wird. Dann aber liegen die Dinge wiederum so, daß bei übereinstimmendem Regelungssachverhalt und gleichem Sinn und Zweck der Leistung des Arbeitgebers die eingehendere und nähere Regelung die allgemeine verdrängt hat.

Wichtig ist weiter, daß sich die funktionelle Stellung des § 616 Abs. 1 BGB ändern würde, wenn diese Vorschrift neben dem ArbKrankhG für den Fall der Erkrankung des Arbeiters weiter in Geltung bliebe. Die bisher allein geltende Ordnung dispositiven Charakters würde umgewandelt werden in eine Ordnung dispositiven Charakters, die ihrerseits nunmehr zu einer unabdingbaren Mindestordnung hinzutreten und eine neue auf zwei Gesetzen beruhende Ordnung schaffen würde. Da der Charakter des § 616 Abs. 1 BGB als eine ausschließlich in Betracht kommende Ordnung, die ihrerseits dispositiven Charakter hatte, bisher innerhalb der Rechtsordnung begründet war und feststand, müßte eine solche für den Fall der Erkrankung des Arbeiters eingetretene Veränderung eindeutig ausgesprochen werden. Hierzu wäre nur der Gesetzgeber befugt gewesen, weil ein neuer und andersartiger Aufbau der Rechtsordnung in Rede steht. Da der Gesetzgeber das nicht getan hat, muß im Interesse der Rechtsklarheit mit dem Inkrafttreten des ArbKrankhG ein Wegfall des § 616 Abs. 1 BGB für den Fall der Erkrankung des Arbeiters angenommen werden. Wenn das alte, bisher allein geltende Regelungsprinzip neben der neuen andersartigen und entgegengesetzten Ordnung noch als zusätzlich weiteres und nicht mehr als das alleinige Prinzip gelten soll, müßte das im Hinblick auf die damit innerhalb der Rechtsordnung eintretende Veränderung eindeutig klargestellt werden. Es ist gerade umgekehrt, als man im Schrifttum angenommen hat (vgl. Oehmann, DB 59, 860). Die Verdrängung des § 616 Abs. 1 BGB für den Geltungsbereich des ArbKrankhG selbst brauchte nicht ausdrücklich ausgesprochen zu werden, da das Prinzip der Rechtsklarheit auch bei dem Fehlen einer derartigen ausdrücklichen Anordnung nicht gefährdet ist. Der Wegfall der bisher bestehenden Ordnung muß zwar sicher feststellbar sein. Das ist aber hier der Fall, weil die bisherige, für seine Tragweite wesentliche funktionelle Stellung des alten Rechtssatzes gegenstandslos geworden ist.

V. Auch die Entstehungsgeschichte des ArbKrankhG spricht dafür, daß die Verdrängung des § 616 Abs. 1 BGB durch das ArbKrankhG eingetreten ist. Das ArbKrankhG geht auf einen Gesetzentwurf der SPD vom 28. September 1955 (BT Drucksache 1704) zurück, der in Art. 1 vorsah, daß § 616 BGB folgende Fassung erhalten sollte:

> „Der zur Dienstleistung Verpflichtete wird des Anspruchs auf die Vergütung nicht dadurch verlustig, daß er für eine verhältnismäßig nicht erhebliche Zeit ohne sein Verschulden an der Dienstleistung verhindert wird.
>
> Wird ein Angestellter oder Arbeiter durch Krankheit an der Leistung der Dienste verhindert, so behält er seinen Anspruch auf Arbeitsentgelt und Unterhalt, jedoch nicht über die Dauer von sechs Wochen hinaus. Der Anspruch kann nicht durch Vertrag ausgeschlossen oder beschränkt werden. Der Anspruch wird dadurch nicht berührt, daß das Dienstverhältnis seitens des Dienstberechtigten im Zusammenhang mit der Krankheit gekündigt wird."

Die Initiatoren des Gesetzes gingen also selbst offensichtlich davon aus, daß § 616 Abs. 1 BGB geändert werden sollte. Der Gedanke, daß es sich bei dem ArbKrankhG, das schließlich als Ergebnis der parlamentarischen Verhandlungen und Beratungen geschaffen wurde, um eine für seinen Regelungsbereich an die Stelle des § 616 Abs. 1 BGB tretende Regelung handele, ist auch weiterhin offenbar als geradezu selbstverständlich angesehen worden. In dem Kurzprotokoll der 159. Sitzung des für das Gesetz federführenden Bundestagsausschusses für Sozialpolitik vom 6. Mai 1957 (Protokoll Nr. 159 — 2. Wahlperiode) heißt es über die Beratung des § 7 ArbKrankhG (S. 6 des Protokolls):

„Der Ausschuß diskutiert zu diesem Paragraph die Empfehlung des Ausschusses für Arbeit, diesen wie folgt zu ergänzen:

„§ 616 des Bürgerlichen Gesetzbuches erhält folgenden Absatz 3: Wird ein Arbeiter durch Erkrankung an der Dienstleistung verhindert, so bestimmt sich sein Anspruch gegen den Dienstberechtigten nach dem Gesetz zur Verbesserung der sozialen Sicherheit der Arbeiter im Krankheitsfalle vom ... (Bundesgesetzbl. ...); Absatz 1 ist insoweit nicht anzuwenden."

Die Regierungsvertreter legen dar, daß es sich bei dem zur Beratung stehenden Entwurf um eine lex specialis handele und ein solcher Hinweis nicht notwendig sei.

Der Ausschuß spricht sich mit Mehrheit gegen den Vorschlag aus und ist für die Beibehaltung der in erster Lesung beschlossenen Fassung."

In den Plenarsitzungen des Bundestages (1. Lesung: 108. Sitzung des 2. BT vom 26. Oktober 1955, S. 5919 — 5925 des Protokolls; 2. Lesung: 212. Sitzung vom 24. Mai 1957, S. 12 384—12 404 des Protokolls; 3. Lesung: 214. Sitzung vom 31. Mai 1957, S. 12 566—12 583 des Protokolls) ist über das Verhältnis des ArbKrankhG zu § 616 Abs. 1 BGB nicht weiter gesprochen worden. Es ist nur gesagt worden, das Ziel einer Gleichbehandlung der Arbeiter und Angestellten im Krankheitsfalle sei sicherlich erstrebenswert (Berichterstatter Schüttler des federführenden sozialpolitischen Ausschusses in 2. Lesung: 212. Sitzung vom 24. Mai 1957, S. 12 384 des Protokolls). Es wurden dann aber keine Ausführungen gemacht, daß § 616 Abs. 1 BGB neben dem ArbKrankhG weiterbestehe, nachdem das ArbKrankhG selbst eine Gleichstellung der Arbeiter mit den Angestellten nicht gebracht hatte. Aus dem Protokoll über die hier in Frage kommende 179. Sitzung des Bundesrates vom 21. Juni 1957 ergibt sich ebenfalls nichts. Zwar hat der federführende Bundestagsausschuß für Sozialpolitik eine Übergangsregelung des Inhalts „Dieses Gesetz findet auf alle Fälle von Arbeitsunfähigkeit von Arbeitern infolge von Krankheit Anwendung, die nach seinem Inkrafttreten eintreten", die der als u. a. mitberatender Ausschuß (siehe 1. Lesung: 108. Sitzung des 2. BT vom 26. Oktober 1955, S. 5925 des Protokolls) zunächst mit der Materie befaßte Bundestagsausschuß für Arbeit vorgeschlagen hatte (siehe Kurzprotokoll der 133. Sitzung des Bundestagsausschusses für Arbeit vom 22. März 1957 — Protokoll Nr. 133 — 2. Wahlperiode), ersatzlos gestrichen. Das Kurzprotokoll zur Sitzung dieses Ausschusses vom 6. Mai 1957 (Protokoll Nr. 159 — 2. Wahlperiode) sagt aber hierzu folgendes: „Es besteht Übereinstimmung, daß diese Leistungen (scl.: des Gesetzes) für alle Fälle, die am Tage des Inkrafttretens des Gesetzes vorliegen, gelten sollen."

Man wird feststellen können, daß die Entstehungsgeschichte des ArbKrankhG keine eindeutigen Anhaltspunkte für den Willen des Gesetzgebers ergibt, § 616 Abs. 1 BGB für den Fall der Erkrankung und den Unfall eines Arbeiters bestehen zu lassen (siehe auch Schediwy, RdA 58, 51 [52]). Vielmehr sprechen überwiegende Gründe für die gegenteilige Auffassung (siehe auch Herschel, Neue Wirtschaftsbriefe, Fach 26, S. 363, 14/15; a. A. Schmatz-Fischwasser, ArbKrankhG, S. 117).

VI. Gegenüber den vorstehend entwickelten Gesichtspunkten, die für die alleinige Geltung des ArbKrankhG und die entsprechende Außerkraftsetzung des § 616 Abs. 1 BGB sprechen, schlagen die im Schrifttum und z. T. in der Judikatur geltend gemachten Bedenken nicht durch:

1. Die Erwägung, daß die Zuschußregelungen des ArbKrankhG, wenn dies nicht zu Ungunsten des Arbeiters ausschlägt, abdingbar sind und daß es daher nicht verständlich sei, wenn die Anwendbarkeit des für den Arbeiter günstigeren § 616 Abs. 1 BGB ausgeschlossen wäre (so Schmatz-Fischwasser, ArbKrankhG, S. 116), zieht nicht. Bei einer Abdingung der Vorschriften des ArbKrankhG geht es darum, daß seine Regelung, also die einschlägige gesetzliche Grundlage, nunmehr durch eine andere (nichtgesetzliche) Regelung für bestimmte Fälle hintangestellt wird. Demgegenüber ist aber die Berufung darauf, ein anderes Gesetz enthalte günstigere Regelungen, etwas wesentlich Verschiedenes. In diesem Fall würde ein gar nicht vorgesehener Günstigkeitsvergleich auf einer ganz anderen Ebene und somit auch ein solcher ganz anderer Art durchgeführt, als er in § 6 Arb.-KrankhG vorgesehen ist. Der Gedanke eines Günstigkeitsvergleichs zwischen Gesetz und Gesetz scheidet — wie bereits erwähnt — aus. Der Gesetzgeber ist in der Lage, an die Stelle einer bisherigen gesetzlichen Ordnung eine andere gesetzliche Ordnung zu setzen, die für eine bestimmte Schicht der Rechtsgenossen oder auch für die Rechtsgenossen insgesamt wirtschaftlich weniger günstig sein könnte als die erste. Die bisherige Ordnung gibt ihrem Berechtigten keinen unabdingbaren Anspruch darauf, nach ihr auch zukünftig behandelt zu werden. Ihre Aufgabe ist es nur, für die Dauer ihrer Geltung eine bestimmte Regelung sicherzustellen. Die Möglichkeit, zu einer Veränderung dieser Ordnung zu kommen, muß aber anerkannt werden, wenn nicht die menschliche Gesellschaft erstarren soll. Es kommt

— aufs Ganze gesehen — hinzu, daß § 616 Abs. 1 BGB in der Praxis in größtem Umfang ganz oder zum Teil abgedungen wurde und daß die Klausel: „Bezahlt wird nur die geleistete Arbeit" eine sehr große Rolle spielte. Die zwingende Regelung des ArbKrankhG muß daher als Ganzes durchaus als eine Verbesserung der Rechtslage der Arbeiter im Krankheitsfall angesehen werden.

2. Das Argument, § 616 Abs. 1 BGB schließe für den Fall der Erkrankung des Arbeiters die Anwendung des ArbKrankhG aus, da die Zuschußpflicht des Arbeitgebers nach dem letzteren Gesetz die Kassenleistung voraussetzt, der Anspruch auf das Krankengeld nach § 189 Abs. 1 Satz 1 RVO aber ruht, wenn und soweit der Versicherte während der Krankheit Arbeitsentgelt erhält, kann nicht zu einer Aufrechterhaltung des § 616 Abs. 1 BGB neben dem ArbKrankhG führen (so etwa Höhne, Betrieblicher Krankengeldzuschuß, S. 36; Schellong, ArbKrankhG, § 11 Anm. 4; BAG 7, 347 [350]). Dieser Gedankengang verkennt, daß zuerst zu fragen ist, ob die gesetzliche Regelung des § 616 Abs. 1 BGB durch das ArbKrankhG teilweise in Wegfall gekommen ist. Erst wenn diese Frage zu verneinen wäre, kann sich überhaupt die Frage nach den Voraussetzungen einer Anwendung des ArbKrankhG im Verhältnis zu dem dann voll weiterbestehenden § 616 Abs. 1 BGB stellen.

3. Die Überschrift des ArbKrankhG bezeichnet das Gesetz als „Gesetz zur Verbesserung der wirtschaftlichen Sicherung der Arbeiter im Krankheitsfalle". Hieraus wird verschiedentlich hergeleitet, § 616 Abs. 1 BGB könne durch das ArbKrankhG nicht verdrängt sein, da sonst eine Verbesserung in der Situation des Arbeiters nicht eintrete (so Schmatz-Fischwasser, ArbKrankhG, S. 116; Diekhoff, ArbuR 57, 297 [298]; Oehmann, DB 59, 860; Schediwy, RdA 58, 51 [52]; BAG 7, 347 [351]). Auch das hält der Große Senat nicht für zutreffend.

Auszugehen ist davon, daß es die Normen eines Gesetzes sind, die die von ihm gewollte und gesetzte Ordnung bestimmen und angeben; sie enthalten den Gesetzesbefehl. Allerdings ist es keineswegs abzulehnen, zur Auslegung des Gesetzes auf die vom Gesetzgeber selbst gegebene Überschrift zurückzugreifen. Je nach ihrer Fassung gibt sie in authentischer Form Gedanken des Gesetzgebers über die Zweckrichtung des Gesetzes wieder. Aus der Überschrift des ArbKrankhG ist aber nichts Sicheres für die hier interessierende Frage des Verhältnisses zwischen diesem Gesetz und § 616 Abs. 1 BGB zu entnehmen.

Zudem stellen die Leistungen, die der Arbeiter auf Grund des ArbKrankhG erhält, allgemein gesehen, bereits eine Verbesserung seiner sozialen Stellung dar. Zu beachten ist, daß das Gesetz mit seinem § 8 auch die Leistungen der Kassen, nicht zuletzt für die ersten sechs Wochen der Arbeitsunfähigkeit, verbessert hat und daß die in dieser Vorschrift enthaltenen Regelungen ein integrierender Bestandteil des ArbKrankhG selbst sind (siehe RGR Komm. (Denecke) § 616 Bem. 1; Gotzen in SAE, Heft 7 bis 8/59, Anm. zu Nr. 37). § 616 Abs. 1 BGB gewährt immer nur eine Lohnfortzahlung für eine verhältnismäßig nicht erhebliche Zeit. Dieser relative Begriff wird, abgesehen von ganz besonders gelagerten Fällen, keine sonderlich große Zeitspanne umfassen. Daß ein Arbeiter bei Geltung des § 616 Abs. 1 BGB wirklich einmal die Leistung nach § 616 Abs. 1 BGB für die Dauer von sechs Wochen erhalten würde, wäre ein seltener Einzelfall, der die nach dem ArbKrankhG durchweg gegebene Verbesserung nicht gegenstandslos machen könnte. Es kommt hinzu, daß die vom Großen Senat in GS 8/58 — BAG 8, 314 ff. — für zutreffend erklärte Auslegung des § 616 Abs. 1 BGB — seine Geltung für den Fall der Krankheit eines Arbeiters einmal unterstellt — den Lohnanspruch bei Krankheiten von verhältnismäßig erheblicher Dauer völlig ausschließt, während das ArbKrankhG den Zuschuß immer für 6 Wochen gewährt. Darauf, daß § 616 Abs. 1 BGB dispositiven Rechts, das ArbKrankhG aber ius cogens ist, wurde bereits mehrfach hingewiesen. Die Überschrift des ArbKrankhG ist also auch bei hier angenommener Verdrängung des § 616 Abs. 1 BGB durch jenes Gesetz berechtigt. Daß aber ein Arbeiter in vollem Umfang sowohl die etwaigen Vorteile des § 616 Abs. 1 BGB wie die des ArbKrankhG in Anspruch nehmen könne, dafür gibt die Überschrift des Gesetzes nichts her.

4. Der Hinweis, daß doch auch zugunsten der kaufmännischen und gewerblichen Angestellten anerkannt ist, daß die § 63 HGB, § 133c Abs. 1 Ziff. 4, Abs. 2 GewO die allgemeine Regel des § 616 Abs. 1 BGB nicht ausschließen (so BAG 7, 347 [350]), ist nicht stichhaltig. Dort handelt es sich lediglich um klar nebeneinander anzuwendende Regeln über den Zeitraum der Gehaltszahlung bei kranken Angestellten. Sie erhalten bei entsprechender Krankheitsdauer Gehalt weiter für 6 Wochen. Sollten sie bereits eine so lange Zeit dem Betrieb angehören oder sonstige ganz besondere Umstände vorliegen, daß auch eine Krankheit von mehr als 6 Wochen eine verhältnismäßig n i c h t erhebliche Zeit ist, so steht ihnen in diesen seltenen Fällen der Fortzahlungsanspruch für die längere Krankheitsdauer zu. Diese Rechtslage hat mit der hier zu entscheidenden Streitfrage nichts zu tun.

VII. Eine Verdrängung des § 616 Abs. 1 BGB für den Fall der unverschuldeten Krankheit und des Unfalls eines versicherten Arbeiters entspricht auch letzten die Rechtsordnung tragenden Prinzipien und Wertgedanken.

Wenn keine Verdrängung des § 616 Abs. 1 BGB durch das ArbKrankhG eingetreten wäre, käme § 616 Abs. 1 zeitlich immer vor den Zuschußregelungen des ArbKrankhG zur Anwendung. Ein zeitliches Nebeneinander der Fortzahlung des Lohnbetrages nach § 616 Abs. 1 BGB und des Zuschusses nach dem ArbKrankhG scheidet — abgesehen von dies ausschließenden Vorschriften der RVO (§ 189 Abs. 1 Satz 2, §§ 557a, 559) — vor allem deswegen aus, weil dann der Arbeiter vom Arbeitgeber mehr erhielte, als wenn er Arbeit leistet. Aber auch ein Lohnanspruch aus § 616 Abs. 1 BGB für die erste Zeit der Verhinderung, dem dann die Zuschußleistung nach dem ArbKrankhG folgen würde, ist vom Gesetzgeber nicht gewollt. Dagegen spricht schon § 1 in Verbindung mit § 8 Ziff. 1 ArbKrankhG (§ 182 Abs. 1 Nr. 2 RVO), wonach der Arbeitgeber im Regelfall für die beiden ersten Tage der Arbeitsunfähigkeit nichts zu zahlen hat. Es ist höchst unwahrscheinlich, daß der Gesetzgeber dabei davon ausgegangen sein sollte, die ersten beiden Tage erhalte der Arbeiter u. U. nach § 616 Abs. 1 BGB voll vergütet. Das würde dem Sinn und Zweck der Karenztage durchaus widersprechen. Vor allem würde die Bestimmung des Zeitraums der Verpflichtung des Arbeitgebers nach § 616 Abs. 1 BGB und damit der Beginn der Verpflichtung nach dem ArbKrankhG zu Schwierigkeiten ganz erheblicher Art führen. Die Frage, ob der Arbeitgeber nach § 616 Abs. 1 BGB überhaupt verpflichtet ist, bestimmt sich nach dem Begriff der verhältnismäßig nicht erheblichen Zeit. Dieser Begriff ist im Gesetz nicht näher erläutert. Es ist allgemein anerkannt, daß für seine Anwendung auf die gesamten Umstände des konkreten Einzelfalles abzustellen ist und daß die Belange beider Vertragsteile zu berücksichtigen sind (Staudinger-Nipperdey-Mohnen, § 616 Anm. 18; Erman, BGB, § 616 Anm. 2c; Palandt, BGB, § 616 Anm. 2; Hueck-Nipperdey, Lehrbuch, 6. Aufl., Bd. 1, S. 306; Enneccerus-Lehmann, Lehrbuch des Bürgerlichen Rechts, Recht der Schuldverhältnisse, 15. Bearbeitung, S. 626; Herschel, Neue Wirtschaftsbriefe, Fach 26, S. 363, 15). Insbesondere kommt es auf die Länge der Verhinderung im Verhältnis zur Länge der bisherigen Beschäftigung an (Staudinger-Nipperdey-Mohnen, a. a. O.; Enneccerus-Lehmann, a. a. O.; Nikisch, Arbeitsrecht, Bd. 1, S. 507). Auch wenn man bestimmte andere Umstände, wie die Dringlichkeit der Arbeit, den Umfang des Betriebes, die Einstellung eines Ersatzmannes und die Zahl der sonstigen von der Behinderung betroffenen Arbeitnehmer, nicht berücksichtigen will (so Staudinger-Nipperdey-Mohnen, § 616 Anm. 19; Erman, a. a. O.; Nikisch a. a. O.), bleibt der Maßstab immer noch sehr unsicher (Staudinger-Nipperdey-Mohnen, § 616 Anm. 19; auch Hueck in ArbBlattei in Anm. zu Arbeitsausfall IV, Entscheidung 1;

siehe übrigens auch die Motive zu Entwurf BGB, Amtl. Ausgabe, Bd. 2, S. 463). Die allgemeine Betriebssituation kann eine gewisse Bedeutung für die Umstände haben, die für die Feststellung der „verhältnismäßig nicht erheblichen Zeit" zu beachten sind. Wenn bei einer Erkrankung oder einem Unfall des Arbeiters sowohl das ArbKrankhG wie § 616 Abs. 1 BGB Geltung beanspruchen könnten, würde daher stets eine Auseinandersetzung drohen, o b überhaupt Lohn zu zahlen ist und für welche Zeit. Die Sache wäre sogar erst nach Beendigung der Krankheit endgültig zu klären, da erst dann ihre Zeitdauer feststeht und an § 616 Abs. 1 BGB gemessen werden könnte. Nach dem Beschluß des Großen Senats (BAG 8, 314 ff.) wäre nach § 616 Abs. 1 BGB kein Lohn zu zahlen, wenn die Krankheit eine verhältnismäßig erhebliche Zeit dauert. Ist es eine verhältnismäßig kurze Krankheit, so bliebe für diese Zeit der Lohnanspruch bestehen. Aber dieser Zeitraum muß festgestellt werden. Es fehlt ein f e s t e r gesetzlicher Zeitabschnitt. Für bestimmte zahlenmäßig starke und im Rechtsleben bedeutsame Gruppen der Arbeiter, also vor allem die der Facharbeiter, etwa entsprechend § 616 Abs. 2 Satz 2 BGB als verhältnismäßig nicht erhebliche Zeit die Zeit von sechs Wochen anzunehmen (so LAG Berlin, DB 56, 1235), geht nicht an. Das scheitert an der nach wie vor bestehenden Unterscheidung des Arbeiterbegriffes vom Angestelltenbegriff und an dem klaren Wortlaut des Gesetzes (§ 616 Abs. 2 Satz 2), der betont und eindeutig nur auf den Fall der Erkrankung eines Angestellten abgestellt. Auch eine analoge Anwendung muß ausscheiden.

Ob die Auseinandersetzung, wie lange die Zahlung des vollen Lohnes zu dauern hat und wann die Zuschußpflicht beginnt, schweben würde zwischen dem Arbeiter und dem Arbeitgeber oder ob sie deshalb, weil die Krankenkasse oder die Unfallversicherung im Streitfall gegen eine in Höhe der Kassenleistung erfolgende Abtretung eines etwaigen Anspruchs aus § 616 BGB ihre Leistungen an den Arbeiter gewährt (vgl. Schediwy, RdA 58, 51 [53]; Peters, Handbuch der Krankenversicherung, Teil 2, 16. Aufl., § 189 Anm. 1a), zwischen Arbeitgeber und Krankenkasse bzw. der Unfallversicherung zu führen wäre, ist ohne Bedeutung und daher nicht weiter zu prüfen. Mag man durch eine bestimmte Praxis der Kassen über solche Schwierigkeiten hinwegkommen, jedenfalls sind sie in rechtlicher Hinsicht vorhanden und zeitweilig ungeklärt. § 616 Abs. 1 BGB mit seiner Unterscheidung zwischen verhältnismäßig nicht erheblicher und verhältnismäßig erheblicher Zeit ist eine gute und vernünftige Vorschrift für unverschuldete Verhinderungsfälle, die n i c h t auf Krankheit oder Unfall beruhen. Sie werden in aller Regel kurzfristig sein, so daß § 616 Abs. 1

BGB zum Zuge kommt. Sind sie aber verhältnismäßig langfristig, so scheidet § 616 Abs. 1 BGB aus (BAG 8, 314 ff.). Hier werden Schwierigkeiten mit nicht zumutbaren Belastungen des Arbeitnehmers kaum eintreten. Anders aber ist es im Falle der Krankheit oder des Unfalls. Für diese Fälle ist § 616 Abs. 1 BGB mit seiner Unbestimmtheit eine denkbar ungeeignete, Streitigkeiten provozierende und den Arbeiter belastende Vorschrift. Der Arbeitgeber braucht im Grunde zunächst überhaupt nicht zu zahlen; er kann sich darauf berufen, daß seine Leistungspflicht noch nicht feststehe, vielmehr erst dann, wenn die Dauer der Krankheit evident sei. Zahlt der Arbeitgeber, so hat er u. U. Bereicherungsansprüche. Der große Fortschritt des ArbKrankhG, zumal wenn die Anwendung des Gesetzes demnächst noch weiter geklärt wird, liegt vor allem in der Festlegung bestimmter Zeiträume (§§ 1, 8 Ziff. 1).

Zum Sinn jeder Normensetzung gehört wesenhaft, mit ihr Frieden zu schaffen. Mit der sich in der gesetzten Norm verkörpernden Rechtsklarheit soll Rechtssicherheit erreicht werden. Wollte man diesen einer jeden Gesetzgebung eigentümlichen Zweck verkennen oder für mehr oder weniger bedeutungslos halten, so würde eine höchst bedenkliche Gefährdung des menschlichen Zusammenlebens eintreten, für das doch alle Rechtsnormen ergehen. Aus dieser Funktion der Rechtssätze folgt: Wenn im Falle der Setzung einer neuen Norm das Weiterbestehen einer bisherigen Norm zu der ernsten Gefahr von Unsicherheit und Streitigkeiten führt, die bei dem Wegfall der bisherigen Norm nicht eintreten würde, so ist die alte Norm als außer Kraft getreten anzusehen, jedenfalls dann, wenn der Gesetzgeber nichts anderes bestimmt oder überwiegende Gesichtspunkte für das Weiterbestehen der alten Norm klar zu Tage treten. Es widerspricht dem Sinn der Normsetzung, daß sie Veranlassung zur Rechtsunruhe gibt. Dabei ist es gleich, zwischen welchen Rechtssubjekten diese Rechtsunruhe entsteht. Auch die Gefahr des Streits zwischen dem Arbeitgeber und den Kassen und nicht nur die Möglichkeit einer Auseinandersetzung zwischen dem Arbeitgeber und dem Arbeiter muß im vorliegenden Fall berücksichtigt werden (a. A. Schediwy, RdA 51 [53], der allerdings die hier erörterte Funktion aller Normen offensichtlich nicht berücksichtigt). Auch bei einer Normsetzung für ein ganz bestimmtes Gebiet darf wegen der der Rechtsordnung schlechthin immanenten Friedensaufgabe nicht außer acht bleiben, daß bei Bestehenbleiben der bisherigen Norm Unruhe in einem anderen Bereich der Rechtsordnung eintreten kann. Der Friedenszweck der Rechtsordnung würde sonst vernachlässigt und die Gefahr sozialer Spannungen verschärft werden, und dann wäre die Rechtsgemeinschaft selbst gefährdet.

Es ist somit festzustellen, daß die Ausschaltung des § 616 Abs. 1 BGB durch das ArbKrankhG für den Fall der Krankheit und des Unfalls eines Arbeiters einem wesentlichen Zweck der Rechtsordnung überhaupt entspricht. In diesem Sinne ist es auch zu verstehen, wenn die Verdrängung jener Vorschrift durch das ArbKrankhG als die praktikablere Lösung bezeichnet wird (vgl. Hessel, BB 57, 681; ders., Krankheit im Arbeitsrecht, S. 45/46; Staudinger-Nipperdey-Mohnen, § 616 Anm. 85).

VIII. Was den Umfang der Außerkraftsetzung des § 616 Abs. 1 BGB betrifft, so gilt folgendes:

1. Das ArbKrankhG setzt die Vorschrift des § 616 Abs. 1 BGB nur für den Fall der Erkrankung oder des Unfalls eines Arbeiters außer Kraft (Hessel, BB 57, 651). Das Gesetz befaßt sich mit diesem Tatbestand allein, § 616 Abs. 1 BGB trifft dagegen eine umfassende Regelung für alle Fälle schuldloser Dienstverhinderung überhaupt. Die nur teilweise Außerkraftsetzung einer Vorschrift durch eine andere Regelung ist möglich, wenn diese letztere Regelung lediglich einen Teilbereich der ersten Vorschrift erfaßt.

2. Da nach § 1 Abs. 2 ArbKrankhG der Zuschuß erst nach vierwöchiger ununterbrochener Dauer des Arbeitsverhältnisses bei demselben Arbeitgeber gewährt wird, erhält der Arbeiter also bei Erkrankung während der ersten 4 Wochen der Beschäftigungsdauer nur das Krankengeld aus der Sozialversicherung, aber keinen Zuschuß des Arbeitgebers. Man könnte daher daran denken, in diesem Falle weiterhin § 616 Abs. 1 BGB Platz greifen zu lassen. Der noch nicht vier Wochen beschäftigte Arbeiter könnte dann u. U. einmal besser stehen als der länger beschäftigte Arbeiter (BGB-RGRK, 11. Aufl., § 616 Anm. 1).

Ausschlaggebend für den Wegfall des § 616 Abs. 1 BGB auch in der Karenzzeit des § 1 Abs. 2 ArbKrankhG ist, daß die nunmehrige rechtliche Regelung der Arbeitgeberleistung für den Fall der Erkrankung des Arbeiters auf eine gewisse Intensität des Rechtsverhältnisses zwischen Arbeiter und Arbeitgeber abstellt. Dieses Prinzip würde schwer beeinträchtigt, wenn man den § 616 Abs. 1 BGB für den noch nicht lange genug oder überhaupt von vornherein nur kurzfristig beschäftigten Arbeiter anwenden würde (vgl. ebenso Staudinger - Nipperdey - Mohnen, § 616 Anm. 85; Hessel, BB 57, 681; ders., Krankheit im Arbeitsrecht, S. 46; Palandt, § 616 Anm. 3 d; abweichend Hueck bei Hueck-Nipperdey, Lehrbuch, 6. Aufl., Bd. 1, S. 970 [mit Angaben]). Der Große Senat tritt der Auffassung von Staudinger-Nipperdey-Mohnen a. a. O. bei, die mit Recht ausführen:

„Es kann nicht angenommen werden, daß das Gesetz vom 26. 6. 1957 die von ihm gebrachte neue Ordnung nur für den Fall der Erkrankung des Arbeiters nach vierwöchiger ununterbrochener Betriebszugehörigkeit angewendet wissen wollte, für frühere Erkrankungsfälle aber den dem jetzigen System widersprechenden früheren Zustand bestehen lassen wollte, vielmehr muß sich der Arbeiter auch für Erkrankungsfälle, die vor vierwöchiger ununterbrochener Betriebszugehörigkeit eintreten, allein auf die Ansprüche nach dem Gesetz vom 26. 6. 1957 verweisen lassen."

Wie es mit einer Anwendung des ArbKrankhG in dem Falle steht, in dem die Voraussetzung des § 1 Abs. 2 des Gesetzes einmal erfüllt war, der Arbeiter sodann aus den Diensten des betreffenden Arbeitgebers ausgeschieden ist und nunmehr nach Neuaufnahme der Arbeit bei dem früheren Arbeitgeber vor Ablauf von vier Wochen eine unverschuldete Erkrankung des Arbeiters eintritt, ist in diesem Zusammenhang nicht zu erörtern.

Im übrigen ist wiederum zu beachten, daß der erst kurzfristig Beschäftigte nach der durch § 8 ArbKrankhG geänderten Vorschrift des § 182 Abs. 1 Nr. 2 RVO ebenfalls höhere Krankengeldleistungen erhält (siehe BGB-RGRK, § 616 Anm. 1; Staudinger - Nipperdey - Mohnen, § 616 Anm. 85).

Die Frage, wie es mit der Anwendung des § 616 Abs. 1 BGB auf den Krankheitsfall derjenigen Arbeiter steht, die nicht der Versicherungspflicht unterliegen (§168 RVO) und daher nach der Konstruktion des ArbKrankhG niemals die notwendige Voraussetzung für die Zuschußleistung des Arbeitgebers, nämlich die Leistung der Kasse, aufweisen — eine Pflichtversicherung im Hinblick auf den Arbeitsunfall dürfte allerdings nach § 537 Ziff. 1 RVO wohl stets gegeben sein —, ist hier nicht zu untersuchen. Es geht nur um das Verhältnis zwischen ArbKrankhG und § 616 Abs. 1 BGB, nicht aber darum, wie die Rechtslage ist, wenn das ArbKrankhG von vornherein nicht zur Anwendung kommen kann.

C.

Mit dem Inkrafttreten des ArbKrankhG ist aber nicht nur § 616 Abs. 1 BGB für den Fall der unverschuldeten Krankheit eines versicherten Arbeiters hinfällig geworden. Es sind auch die Bestimmungen der vor dem 1. Juli 1957 in Kraft getretenen Tarifverträge sowie die Bestimmungen aller Tarifordnungen — die sämtlich vor diesem Zeitpunkt in Kraft getreten waren — mit dem Inkrafttreten des ArbKrankhG ipso iure insoweit außer Kraft getreten, als sie bei unverschuldeter Krankheit eines versicherten Arbeiters die Entgeltfrage regeln.

Nach § 11 Abs. 2 ArbKrankhG sind mit dem Tage seines Inkrafttretens alle diesem Gesetz entgegenstehenden Vorschriften außer Kraft getreten. Damit sind auch alle Tarifregelungen weggefallen, die die Entgeltfrage anders regeln als das ArbKrankhG.

I. Das ist von vornherein eindeutig, soweit Tarifordnungen in Rede stehen. Denn die Tarifordnungen sind Rechtsverordnungen, also „Vorschriften", die Rechtsnormen enthalten. Das neue Gesetz ist, wie bereits dargetan, eine Kodifikation. Sinn und Zweck der Kodifikation ist, daß mit ihrer Geltung alle anderen, außerhalb des Kodifikationsgesetzes stehenden Normen ihre Geltung verlieren. In den Tarifordnungen hatte der staatliche Gesetzgeber gesprochen. Die widersprechende spätere Regelung verdrängt die frühere.

Was für die Tarifordnungen gilt,. muß in gleicher Weise für die alten tarifvertraglichen Regelungen maßgebend sein. Sie sind kraft Vertrages zwischen den mit der Tarifautonomie ausgestatteten Tarifvertragspartnern geschaffen worden. Trotz ihrer anderen Entstehungsweise sind sie mit den Sätzen der Tarifordnungen durchaus vergleichbar, weil sie im Rechtsleben heute den Platz einnehmen, den vor ihnen die Tarifordnungen besaßen, die ihrerseits, wenn auch auf einem anderen heute mit Recht mißbilligten Strukturprinzip beruhend, an die Stelle der früher bestehenden Tarifverträge getreten waren. Im Zusammenhang des § 11 Abs. 2 wäre es unverständlich, die früheren Tarifordnungen und die früheren Tarifverträge verschieden zu behandeln. Das ArbKrankhG als die alleinige Grundregelung der Entgeltfrage zwischen dem erkrankten Arbeiter und seinem Arbeitgeber hat sämtliche früheren Rechtsnormen aufgehoben, gleich welchen Entstehungsgrund sie haben.

II. Demgegenüber muß der Versuch scheitern, einen sogen. Günstigkeitsvergleich anzustellen und, gestützt auf § 6 ArbKrankhG, die alten Tarifordnungen und Tarifverträge insoweit aufrechtzuerhalten, als sie für den Arbeiter gegenüber dem neuen Gesetz günstiger sind. Zwar trifft es zu, daß der mit § 6 ArbKrankhG in Parallele gestellte § 4 Abs. 3 TVG sich nach herrschender Meinung auch auf Verträge bezieht, die vor dem Wirksamkeitsbeginn des Tarifvertrages bestanden. Aber einmal ist der Wortlaut der beiden Bestimmungen nicht der gleiche. Die Formulierung in § 6 ArbKrankhG „Die Vorschriften dieses Abschnitts können nicht zu ungunsten des Arbeiters abgedungen werden" deutet eher darauf hin, daß Verträge, auch Tarifverträge, gemeint sind, die zeitlich nach dem Inkrafttreten des ArbKrankhG in Geltung treten. Vor allem handelt es sich im § 4 Abs. 3 TVG um das Verhältnis vom Tarifvertrag namentlich zum Arbeitsvertrag, hier um das Verhältnis von Gesetz und Tarifvertrag. Selbst wenn man dem Wortlaut des § 6 ArbKrankhG keine maßgebende Bedeutung beimißt, so wird von den Verfechtern der Aufrechterhaltung günstigerer Tarifverträge die bei der Ablösung von Regelungen in Lehre und Praxis durchgedrungene Einschränkung des sog. Günstigkeitsprinzips durch das Ordnungsprinzip übersehen. Tritt an die Stelle einer bisherigen allgemeinen Regelung eines arbeitsrechtlichen Tatbestandes eine neue allgemeine Regelung dieses Tatbestandes, so werden die bestehenden Arbeitsverhältnisse in vollem Umfang von ihr ergriffen. Diese Rechtslage gilt ohne Rücksicht darauf, ob die bisherigen Regeln günstiger waren als die der neuen Regelung. Eine andere Auffassung würde die Ordnungsprinzipien der Rechtsordnung weitgehend beseitigen, ganz gleich, wie man ein solches Ergebnis dogmatisch begründet. Dann könnte eine einheitliche Ordnung mit normativer Wirkung für die bestehenden Arbeitsverhältnisse immer nur zugunsten der Arbeiter verbessert, niemals aber zu ihren Lasten geändert werden (vgl. dazu Nipperdey, Festschrift f. Heinrich Lehmann, 1936, S. 258 ff.; Siebert, Festschrift f. Nipperdey, 1955, S. 126 f.; Hueck-Nipperdey, Lehrbuch 6. Aufl., Bd. 2, S. 416 ff.; Schlessmann, DB 58, 109; Hiersemann, RdA 58, 211, und vor allem BAG AP Nr. 2 zu § 52 RegelungsG und AP Nr. 11 zu Art. 44 Truppenvertrag). Daß das ArbKrankhG zunächst einmal für alle einschlägigen Fälle allein gelten soll, erfordert das Ordnungsprinzip, ergibt sich aber auch aus der bereits dargelegten Entstehungsgeschichte.

Daß auch § 6 des Gesetzes in diesem Sinne verstanden werden muß, also nur für die Zukunft eine andere für die Arbeiter günstigere Regelung ermöglichen, nicht aber frühere tarifliche Regelungen aufrechterhalten will, wenn sie günstiger sind, wird durch § 11 Abs. 2 ArbKrankhG erhärtet. Beide Bestimmungen müssen in ihrem Zusammenhang gewertet werden. Tarifverträge setzen mit ihren Regelungen nach der ausdrücklichen gesetzlichen Vorschrift des § 1 Abs. 1 TVG Rechtsnormen. Wenn die einschlägigen Vorschriften aus vor dem 1. Juli 1957 in Kraft getretenen Tarifverträgen in einen Günstigkeitsvergleich nach § 6 ArbKrankhG einzubeziehen wären, bliebe die weite Fassung der Schlußvorschrift des Gesetzes unverständlich. Über das Schicksal der fraglichen Tarifvertragsnormen entschiede dann allein ein solcher Vergleich. Sie könnten nur gegenstandslos werden, wenn die Tarifregelung ungünstiger wäre als die Bestimmungen des Gesetzes, sonst aber müßten sie bestehen bleiben. Ein solcher Günstigkeitsvergleich des Gesetzes mit neuen nach dem 1. Juli 1957 in Kraft tretenden oder nach diesem Zeitpunkt bestätigten Tarifverträgen ist sinnvoll. Da die Tarifparteien das ArbKrankhG kennen, können sie kraft ihrer Autonomie eine den Besonderheiten, Bedürfnissen und der historischen Entwicklung der Arbeitsverhältnisse ihres Berufszweiges gemäße, die Rechtslage der Arbeiter noch verbessernde Regelung treffen, wenn sie das für geboten halten. Ein Günstigkeitsvergleich des Gesetzes mit früheren Tarifverträgen, deren Verfassern das ArbKrankhG nicht bekannt sein konnte und die von einer ganz anderen Rechtslage ausgehen, wäre außerordentlich schwierig und kompliziert. Er würde zu zahlreichen Streitigkeiten führen, vielfach die Arbeitsgerichte vor fast unlösbare Aufgaben stellen, er würde Unsicherheit und Unordnung schaffen und das soziale Klima verschlechtern. Die Rechtsordnung hat aber, wie schon betont, die Funktion, Ordnung und Frieden zu schaffen. Daher ist — auch wenn noch Zweifel über die Auslegung der §§ 6 und 11 Abs. 2 ArbKrankhG bestehen sollten — der vom Großen Senat vertretenen Auslegung der Vorzug zu geben (vgl. auch Hessel, Krankheit im Arbeitsrecht, 1957, S. 72; Hiersemann, RdA 1958, S. 210; in rechtstatsächlicher Hinsicht Einenkel, BABl. 1959, S. 659 ff.).

III. Die Tarifordnungen und die Tarifverträge, die vor dem 1. Juli 1957 im Falle der unverschuldeten Krankheit eines krankenversicherungspflichtigen Arbeiters die Entgeltfrage regelten, sind aber auch noch aus einem anderen Grunde, nämlich deshalb insoweit außer Kraft getreten, weil — wie dargelegt — § 616 Abs. 1 BGB für den Fall der Erkrankung des krankenversicherungspflichtigen Arbeiters nicht mehr gilt (vgl. im Ergebnis ebenso Schlessmann, DB 58, 109; Hiersemann, RdA 58, 211). Die tarifvertraglichen Regeln haben den abdingbaren § 616 Abs. 1 BGB jeweils zurücktreten lassen und sind funktionell an dessen Stelle getreten. Trotzdem aber blieb eine entscheidende Beziehung zwischen ihnen und § 616 Abs. 1 BGB bestehen. Diese Norm war und blieb die in der Rechtsordnung von vornherein vorgesehene einzige gesetzliche Normierung für die Verpflichtung des Arbeitgebers gegenüber dem Arbeiter bei dessen Erkrankung. § 616 Abs. 1 BGB war Grundlagennorm, allerdings nachgiebigen Rechts. Die einzelnen Tarifvertragsvorschriften konkretisieren und typisierten, etwa in bezug auf den Begriff der verhältnismäßig nicht erheblichen Zeit, die Regelung des § 616 Abs. 1 BGB, erweiterten sie z. T. für bestimmte Fälle, schafften ferner zusätzliche oder abweichende Regelungen oder setzten die Bestimmung auch ganz außer Kraft. Immer aber war § 616 Abs. 1 BGB die zentrale Ausgangsregelung des Arbeiters. Alle jene tarifvertraglichen Bestimmungen waren somit auf § 616 Abs. 1 BGB zugeordnet. Das gilt in gleicher Weise z. B. für diejenigen Vorschriften, die in bestimmten Fällen eine Weitergewährung des vollen Lohnes vorsahen, wie auch für diejenigen, die nur eine Zuschußleistung des Arbeitgebers normierten (vgl. Schediwy, RdA 58, 51 [54]; Höhne, Betrieblicher Krankengeldzuschuß, S. 36/37; anscheinend auch Diekhoff, ArbuR 57, 297 [299/300]; A. A. Frey, BB 57, 753 [754]). Für das Verhältnis der Tarifvertragsnormen zu § 616 Abs. 1 BGB war es schließlich ohne Bedeutung, ob die Tarifvertragspartner sich immer jener Zuordnung bewußt waren oder nicht. Der Inhalt des § 616 Abs. 1 BGB und seine dispositive Natur brachten von vornherein und unmittelbar von der Rechtsordnung her alle diese Tarifvertragsregelungen in eine systematische Verbindung zu jener Norm. Sie müssen mit innerer Notwendigkeit auf dem Hintergrund jener Vorschrift des BGB gesehen werden (vgl. auch Soergel-Siebert, BGB, 8. Aufl., § 242, Anm. 239). Das, was die Tarifvertragsvorschriften kennzeichnete, galt in ähnlicher Weise auch für die einschlägigen Regelungen der Tarifordnungen.

Weil nun die Tarifnormen über die Entgeltregelung im Falle der unverschuldeten Erkrankung eines Arbeiters in notwendiger innerer Beziehung zu § 616 Abs. 1 BGB standen, sind sie obsolet geworden, nachdem das ArbKrankhG in dem angegebenen Ausmaß § 616 Abs. 1 BGB verdrängt hat. Die Geschäftsgrundlage dieser tariflichen Regelungen ist in Fortfall gekommen, und damit sind die Regelungen selbst hinfällig geworden. (Anders wohl Frey, BB 57, 753; ferner auch Höhne, Betrieblicher Krankengeldzuschuß, S. 36.) Fällt die gesetzliche Grundlage, von der beide Tarifpartner bei ihrer Normierung ausgingen, so dient es einer eindeutigen und klaren Ordnung und damit der Rechtssicherheit und dem Rechtsfrieden, wenn auch die auf ihr aufbauenden tariflichen Regelungen fallen (vgl. auch Schelp-Trieschmann, Arbeitsverhältnis im Krankheitsfalle, 1958, S. 160). Für die Tarifordnungen, die insoweit nur Rechtsverordnungen zur Konkretisierung, Ausgestaltung oder Beseitigung der gesetzlichen Regelung des § 616 Abs. 1 BGB sind, ist das besonders eindeutig. Bei den Tarifverträgen könnte man zweifeln, ob es in solchen Fällen des Rücktritts, richtiger der fristlosen Lösung des Vertrages hinsichtlich der einschlägigen Normen durch eine Tarifpartei bedarf. Würde man jedoch die Aufhebung von Tarifnormen der hier in Rede stehenden Art in den Willen der Koalitionen oder einer von ihnen stellen, so würden erhebliche Schwierigkeiten entstehen. Es würde sich um eine sog. Teilkündigung handeln, deren rechtliche Zulässigkeit recht zweifelhaft ist (vgl. BAG 4, 6 [11]; BAG 5, 44 [50, 51]; BAG AP Nr. 1 zu § 620 BGB Teilkündigung. Andererseits besteht kein Anlaß, den gesamten, vielleicht viele andere Fragen regelnden Tarifvertrag zu kündigen. Vor allem bestünde keine Sicherheit für die Gewährleistung eines eindeutigen Rechtszustandes. Die Notwendigkeit völliger Rechtsklarheit für eine unbestimmte Vielheit von Arbeitsverhältnissen kann nicht durch das Belieben einer Tarifvertragspartei in Frage gestellt werden. Die Auffassung, die der Erste Senat des Bundesarbeitsgerichts in seinen Entscheidungen AP Nr. 1 zu § 1 TVG und Nr. 1 zu § 1 TVG Rückwirkung vertreten hat, steht der vom Großen Senat in vorliegendem Fall für richtig erachteten Ansicht nicht entgegen. Der Erste Senat hat entscheidend darauf abgestellt, daß der automatische rückwirkende Wegfall tariflicher Vorschriften rückwirkend eine Rechtsunsicherheit in zahllose Arbeitsverhältnisse hineintragen würde. So liegt der Fall hier aber gerade nicht; denn hier tritt mit dem Wegfall der tariflichen Bestimmungen die gesetzliche Regelung des ArbKrankhG am 1. Juli 1957 in Kraft, so daß eine klare Rechtslage geschaffen ist.

Der Wegfall der in Rede stehenden Tarifvertragsnormen führt auch nicht zu einer Verletzung der Autonomie der Tarifpartner. Die Eindeutigkeit und Sicherheit des Rechts ist hier der höhere Gesichtspunkt. Die Autonomie der Tarifvertragsparteien wird nicht angegriffen, wenn solche tarifvertraglichen Rechtssätze von selbst wegfallen, die von Anfang an auf einen tragenden Grundsatz der Rechtsordnung (§ 616 Abs. 1 BGB) gegründet waren, und dieser Grundsatz selbst jetzt weggefallen ist. Vor allem aber haben die Tarifpartner in demselben Zeitpunkt (1. Juli 1957), in dem die einschlägige tarifliche Regelung endet, die volle Autonomie, unter Berücksichtigung der Regeln des ArbKrankhG als Mindestbedingungen die nach ihrem Ermessen richtige Regelung neu zu treffen, wenn ihnen das Gesetz nicht genügt. Sie haben die Möglichkeit sachgerechter Regelung, die eben das Bestehen und die Kenntnis des ArbKrankhG voraussetzt.

D.

Auf die dem Großen Senat von dem Zweiten Senat hilfsweise vorgelegte Frage ist bei der Entscheidung, die der Große Senat zu den Hauptfragen gefunden hat, nicht weiter einzugehen.

44

1. Einem Arbeitnehmer, der für eine verhältnismäßig erhebliche Zeit durch einen in seiner Person liegenden Grund ohne sein Verschulden an der Dienstleistung verhindert wird, steht ein Anspruch auf die Vergütung für eine verhältnismäßig nicht erhebliche Zeit nach § 616 Abs. 1 BGB nicht zu.

2. Jedoch steht dem Angestellten, der ohne sein Verschulden durch Krankheit für länger als sechs Wochen an der Dienstleistung verhindert

wird, der Anspruch auf Vergütung aus § 616 Abs. 2 BGB für sechs Wochen zu, wenn nicht durch Tarifvertrag eine andere Dauer bestimmt ist.

3. Bei unverschuldeter Krankheit eines krankenversicherungspflichtigen Arbeiters gilt in der Entgeltfrage mit Wirkung vom 1. Juli 1957 ausschließlich das Gesetz zur Verbesserung der wirtschaftlichen Sicherung der Arbeiter im Krankheitsfalle vom 26. Juni 1957; § 616 Abs. 1 BGB gilt für diesen Fall nicht (vgl. Entscheidung des Großen Senats des Bundesarbeitsgerichts vom 17. Dezember 1959 — GS 2/59 — BAG 8, 285 ff.).

BGB § 616.

Großer Senat. Beschluß vom 18. 12. 1959 i. S. Sch. (Kl.) w. M. (Bekl.) GS 8/58 (2 AZR 158/56).

Aus den Gründen:

A.

I. Dem Zweiten Senat des Bundesarbeitsgerichts liegt der Rechtsstreit 2 AZR 158/56 zur Entscheidung vor, bei dem es sich um folgenden Sachverhalt handelt:

Der Kläger war in der Zeit vom 1.Februar 1951 bis zum 17. November 1954 bei dem Beklagten als Kellner beschäftigt und verdiente während dieser Zeit durchschnittlich 500,— DM monatlich. Er hat vom 25. April bis 14. Mai 1954 wegen Rheumaerkrankung keinen Dienst getan.

Mit seiner Klage verlangt er neben anderen inzwischen erledigten Ansprüchen die Vergütung für die ersten drei Tage dieser Erkrankung unter Zugrundelegung des ihm zustehenden Urlaubsgeldes von 17,30 DM je Urlaubstag.

Das Landesarbeitsgericht hat die Klage insoweit abgewiesen. Es hat ausgeführt, die Dauer der Arbeitsverhinderung des Klägers, auf den § 616 Abs. 1 BGB Anwendung finde, habe mit 20 Tagen die Grenze einer verhältnismäßig nicht erheblichen Zeit überschritten, die bei gewerblichen Arbeitern nach mindestens einjähriger Beschäftigung auf höchstens 14 Tage anzusetzen sei. In einem solchen Falle stehe dem Kläger nach dem Wortlaut und Sinn des § 616 Abs. 1 BGB ein Anspruch auf Fortzahlung der Vergütung auch nicht für die drei ersten Tage der Arbeitsverhinderung zu, auch wenn diese für sich allein betrachtet als verhältnismäßig nicht erhebliche Zeit anzusehen seien. Das Landesarbeitsgericht hat sich hierbei bewußt und mit eingehender Begründung in Gegensatz zu dem Urteil des Zweiten Senats vom 24. Februar 1955 — 2 AZR 10/54 — BAG 1, 338 — gesetzt.

Mit der vom Landesarbeitsgericht wegen grundsätzlicher Bedeutung zugelassenen Revision verfolgt der Kläger seinen Anspruch weiter, während der Beklagte bittet, die Revision zurückzuweisen.

Der Zweite Senat hat, namentlich im Hinblick auf die Bedenken, die gegen seine Entscheidung vom 24. Februar 1955 von der wissenschaftlichen Kritik geltend gemacht worden sind, unter Bezugnahme auf § 45 Abs. 2 Satz 2 ArbGG den Großen Senat des Bundesarbeitsgerichts zur Entscheidung über folgende Rechtsfrage angerufen:

> „Steht dem zur Dienstleistung Verpflichteten auch bei Dienstleistungsverhinderung von erheblicher Dauer, die durch einen in seiner Person liegenden Grund ohne sein Verschulden verursacht ist, Entgelt für eine verhältnismäßig nicht erhebliche Zeit zu?"

II. Gegen die Zulässigkeit der Anrufung des Großen Senats zur Entscheidung der vorgelegten Rechtsfrage bestehen keine Bedenken. Nach § 45 Abs. 2 Satz 2 ArbGG kann der erkennende Senat in einer Frage von grundsätzlicher Bedeutung die Entscheidung des Großen Senats herbeiführen, wenn nach seiner Auffassung die Fortbildung des Rechts oder die Sicherung einer einheitlichen Rechtsprechung es erfordert.

1. Die vom Zweiten Senat dem Großen Senat vorgelegte Rechtsfrage ist von grundsätzlicher Bedeutung, da von ihrer Beantwortung die für das Arbeitsleben wichtige Entscheidung abhängt, ob ein Arbeitnehmer gemäß § 616 Abs. 1 BGB bei einer in seiner Person liegenden unverschuldeten Dienstunfähigkeit von erheblicher Dauer für die erste nicht erhebliche Zeit der Verhinderung das Arbeitsentgelt verlangen kann oder nicht. Die grundsätzliche Bedeutung der Frage ist auch nicht etwa durch das Gesetz zur Verbesserung der wirtschaftlichen Sicherung der Arbeiter im Krankheitsfalle (ArbKrankhG) vom 26. Juni 1957 (BGBl. I, S. 649) beseitigt. Einmal erstreckt sich dieses Gesetz dem Personenkreis nach nicht auf alle Arbeitnehmer, sondern gemäß § 1 nur auf Arbeiter, zum anderen bezieht es sich der Sache nach nur auf den Fall der Verhinderung eines Arbeiters an seiner Arbeitsleistung infolge Krankheit und nicht allgemein auf Fälle unverschuldeter Verhinderung an der Dienstleistung überhaupt, während § 616 BGB alle denkbaren Fälle der persönlichen Arbeitsversäumnis umfaßt (Hueck-Nipperdey, Lehrbuch des Arbeitsrechts, 6. Aufl., Bd. 1, Anhang 2, S. 970). Schließlich ist das ArbKrankhG, wie sich aus seinem § 11 ergibt, erst am 1. Juli 1957 in Kraft getreten, trifft also nicht Fälle, die vor dieser Zeit liegen, so auch nicht den vorliegenden Rechtsstreit.

2. Die weitere Voraussetzung des § 45 Abs. 2 Satz 2 ArbGG, daß die Fortbildung des Rechts oder die Sicherung einer

e i n h e i t l i c h e n R e c h t s p r e c h u n g die Vorlage an den Großen Senat erfordert, sieht der Zweite Senat eindeutig als gegeben an, wie sich daraus ergibt, daß er seinen Vorlagebeschluß ausdrücklich auf diese Vorschrift stützt. Es ist, wie der Große Senat in seinem Beschluß vom 22. Mai 1958 in Sachen GS 1/58 bis 6/ 58 (BAG 6, 149 = AP Nr. 61 zu § 72 ArbGG mit zustimmender Anmerkung von Pohle; siehe auch Baumbach-Lauterbach, ZPO, 25. Aufl., § 137 GVG Anm. 1 zu der dem § 45 Abs. 2 Satz 2 ArbGG entsprechenden Vorschrift des GVG) entschieden hat, nicht Sache des Großen Senats nachzuprüfen, ob diese zweite Voraussetzung im einzelnen Fall auch wirklich vorliegt. Vielmehr kommt es nach dem eindeutigen Wortlaut des Gesetzes allein auf die Auffassung des vorlegenden Senats an. Ein Nachprüfungsrecht des Großen Senats wäre, wie in dem genannten Beschluß ausgeführt wird, nur gegeben, wenn es im Gesetzestext statt „nach s e i n e r Auffassung" heißen würde „nach d e s s e n Auffassung".

3. Ob schließlich die dem Großen Senat vorgelegte Frage für die Entscheidung des vorgelegten Rechtsstreits wirklich tragend ist, unterliegt, wie der Große Senat ebenfalls in seinem Beschluß vom 22. Mai 1958 unter Aufgabe seiner früher vertretenen Auffassung entschieden hat, nicht seiner Nachprüfung. Es kann auf diese Ausführungen verwiesen werden. Der Große Senat hat lediglich darauf zu achten, daß seine Entscheidung nicht auf die Erstattung eines Gutachtens in einer beim Bundesarbeitsgericht anhängigen Sache hinausläuft; davon kann aber im vorliegenden Falle keine Rede sein.

III. Die dem Großen Senat vorgelegte Frage spricht in Anlehnung an § 616 BGB ganz allgemein von dem „zur Dienstleistung Verpflichteten". Der Große Senat geht jedoch davon aus, daß der vorlegende Senat die Frage nicht in dieser Allgemeinheit stellen, sondern entsprechend der Zuständigkeit der Gerichte für Arbeitssachen nur für das Arbeitsverhältnis beantwortet wissen will. Das ergibt sich daraus, daß im Vorlagebeschluß wiederholt vom Arbeitsverhältnis und vom Arbeitgeber und Arbeitnehmer die Rede ist. Eine solche Beschränkung liegt auch in der Natur der Sache, weil bei einem Arbeitsverhältnis spezifisch arbeitsrechtliche Erwägungen zu berücksichtigen sind, wie der personenrechtliche Charakter des Arbeitsverhältnisses, die Fürsorgepflicht des Arbeitgebers und die Geltung des § 323 BGB im Rahmen des Arbeitsverhältnisses, während für das Dienstverhältnis ohne persönliche Abhängigkeit derartige Erwägungen möglicherweise nicht in Betracht kommen. Daß der Große Senat nicht an den Wortlaut des Vorlagebeschlusses gebunden, vielmehr berechtigt ist, die Entscheidung der ihm vorgelegten Fragen selbständig sachgerecht zu formulieren, hat er bereits in seinem Beschluß vom 26. April 1956 (BAG 3, 66 ff., [69]) ausgesprochen.

B.

I. Die hier zur Entscheidung des Großen Senats gestellte Rechtsfrage hat Rechtsprechung und Schrifttum schon früher wiederholt beschäftigt.

1. Das Reichsarbeitsgericht hat in ständiger Rechtsprechung (vgl. ARS 6, 589; 8, 184; 36, 171; 38, 139; 40, 221; 46, 242) bis zuletzt angenommen, daß der Arbeitnehmer bei unverschuldeter Dienstunfähigkeit von erheblicher Dauer das Arbeitsentgelt für die erste nicht erhebliche Zeit der Verhinderung nicht verlangen kann. Es hat die Auffassung vertreten, daß der Wortlaut des Gesetzes eindeutig sei; es sei mit dem Inhalt des § 616 BGB nicht vereinbar, aus einer länger dauernden Verhinderung einen Teilzeitraum herauszugreifen und für diesen verhältnismäßig nicht erheblichen Zeitraum dem Arbeitnehmer die Vergütung gemäß § 616 BGB zu gewähren. Damit würde man in das Gesetz einen Gedanken hineintragen, der ihm fremd sei. Der Richter dürfe nicht aus Billigkeitserwägungen die ihm vom Gesetz gesteckten Grenzen überschreiten, sondern sei an das Gesetz gebunden. Billigkeitserwägungen könnten höchstens dazu führen, auf gesetzgeberischem Wege oder durch Tarifvertrag die gesetzlichen Bestimmungen zu ändern, wie es für den Handlungsgehilfen und den Betriebsbeamten bereits geschehen sei (§ 63 HGB, § 133 c Abs. 2 GewO). Nach dem Kriege hat u. a. das Landesarbeitsgericht Hannover in einer Entscheidung vom 5. Dezember 1951 (AP 53 Nr. 27 = ArbRBl. Arbeitsausfall IV Entsch. 2) mit eingehender Begründung den gleichen Standpunkt vertreten; das Landesarbeitsgericht Mannheim hat seine zunächst abweichende Auffassung später aufgegeben (LAG Mannheim 4. April 1951 und 27. November 1953 ArbRBl. Arbeitsausfall Entsch. IV 1 und 4 mit Anm. von Hueck und Gros).

Auch im Schrifttum ist die gleiche Auffassung unter Berufung auf Wortlaut und Entstehung des Gesetzes vertreten worden, „und zwar in seltener Einhelligkeit seit Jahrzehnten" (so Hueck in ArbRBl. D Arbeitsausfall IV Anm. zu Entsch. Nr. 1). Hueck verweist in seiner Besprechung des von der herrschenden Lehre abweichenden oben genannten Urteils des Landesarbeitsgerichts Mannheim vom 4. April 1951 darauf, daß sich schon das ältere Schrifttum, wie Lotmar, Planck, Titze, Oertmann und Staudinger, auf diesen Standpunkt gestellt habe. Aus dem neuen Schrifttum sei verwiesen auf Enneccerus-Lehmann, Recht der Schuldverhältnisse, 15. Bearbeitung, 1958, S. 626; Flad-Gadow-Heinichen, HGB, § 63 Anm. 2;

Hedemann, Schuldrecht, 3. Aufl., S. 266; Hueck, ArbRBl., a. a. O.; Hueck-Nipperdey, Lehrbuch, Bd. 1, 5. Aufl., S. 222 (wegen der 6. Auflage siehe weiter unten); Kaskel-Dersch, Arbeitsrecht, 4. Aufl., S. 186 (mit gewissem Zweifel; wegen der in der 5. Aufl. vertretenen Auffassung siehe unten); Molitor, Schuldrecht, 3. Aufl., S. 82; Nikisch, Arbeitsrecht, 2. Aufl., Bd. 1, S. 507; Schlegelberger, HGB, 2. Aufl., 1950, § 63, Anm. 15; Soergel, BGB, 8. Aufl., § 616 Anm. 3; Schnorr von Carolsfeld, Arbeitsrecht, 2. Aufl., S. 210; Staudinger-Nipperdey, BGB, 9. Aufl., § 616 Anm. III 3 c.

Die Begründungen dieser Schriftsteller gehen im allgemeinen davon aus, daß der Wortlaut des Gesetzes eindeutig sei. So betont Nikisch a. a. O., die Richtigkeit dieser Auffassung gehe so deutlich aus dem Wortlaut der Vorschrift hervor, daß es offensichtlich so gewollt und eine andere Auslegung daher nicht möglich sei. Von anderen wird darauf hingewiesen, daß die Regelung des § 616 Abs. 1 BGB eine Ausnahmebestimmung zu den Grundnormen des BGB über die Unmöglichkeit einer Leistung (§ 323 BGB) darstelle, die als solche den allgemeinen Grundsatz der Abhängigkeit von Leistung und Gegenleistung aufgebe und deshalb, wenn sie auch als eine besondere Ausgestaltung der Fürsorgepflicht des Arbeitgebers anzusehen sei, eng ausgelegt werden müsse.

Eine andere Meinung hat, allerdings nur für den Fall der Krankheit, in erster Linie Denecke vertreten, und zwar im Betriebsberater 1951, S. 58 und im RGR-Kommentar zum BGB, 10. Aufl., 1953, zu § 616 BGB. Er begründet seine Ansicht mit der Fürsorgepflicht des Arbeitgebers, die erfordere, daß gerade bei längeren Erkrankungen, die ohnehin die Lebenshaltung des Arbeiters und seiner Familie stärker belasteten als kurze Erkrankungen, ihm möglichst lange der über das Krankengeld hinausgehende volle Lohn erhalten bleiben müsse (RGR-Komm. BGB 10. Aufl., 1953, § 616 Anm. 1). Im Betriebsberater 1951, 58 weist er vor allem darauf hin, daß die wörtliche Auslegung des § 616 BGB nicht genüge, da die Vorschriften der Sozialversicherung seit der Auffassung des BGB eine wesentliche Änderung erfahren hätten; er bezieht sich in diesem Zusammenhang insbesondere auf die Neufassung des § 189 RVO. Dersch sieht in RdA 1952 S. 57 einen „sehr mißlichen Unterschied" darin, daß der Sechswochenanspruch bei Arbeitsverhinderung durch unverschuldetes Unglück bei Angestellten nach § 63 HGB und § 133 c GewO allgemein in der Rechtsprechung so ausgelegt werde, daß auch bei einer die sechs Wochen überschreitenden Arbeitsverhinderung jedenfalls bis zu sechs Wochen das Gehalt an den Angestellten weiterzuzahlen sei, während § 616 Abs. 1 BGB so ausgelegt werde, daß bei Überschreitung des verhältnismäßig nicht erheblichen Verhinderungszeitraumes überhaupt kein Lohn fortzuzahlen sei.

Er meint, eine Bereinigung dieser Zwiespältigkeit könne ohne weiteres durch die Rechtsprechung stattfinden; denn die Fassung des § 616 BGB nötige nicht dazu, bei Überschreitung der verhältnismäßig nicht erheblichen Zeit den Krankenlohnanspruch überhaupt zu versagen. Es lasse sich durchaus rechtfertigen, diesen nach dem Gesetz dann wenigstens für einen verhältnismäßig nicht erheblichen Zeitraum zuzuerkennen.

2. Mit der in Rechtsprechung und Lehre herrschenden Meinung hat der Zweite Senat in seinem Urteil vom 24. Februar 1955 (BAG 1, 338 = AP Nr. 2 zu § 616 BGB) bewußt gebrochen. Er hat dort die Auffassung vertreten, daß die gesetzliche Bestimmung des § 616 Abs. 1 BGB, wenn sie auch in ihrem Wortlaut unverändert geblieben sei, auf jeden Fall durch die Hinzufügung des Absatzes 2 auf Grund der Verordnung vom 5. Juni 1931 und insbesondere durch die Neufassung des § 189 RVO nach der Verordnung vom 26. Juli 1930 „zum mindesten für den Arbeitsausfall infolge Krankheit" für den Angestellten einen anderen Sinn erhalten habe, was bisher nicht genügend beachtet worden sei, bei einer neueren Auslegung aber berücksichtigt werden müsse. Wenn sich diese Ansicht des Zweiten Senats zunächst auch nur auf den damals zur Entscheidung stehenden Fall eines nur unter das BGB fallenden Angestellten bezieht, so ergibt sich doch aus den weiteren Ausführungen des Urteils, insbesondere auch aus der ständigen Verwendung des Begriffs „Arbeitnehmer" und nicht „Angestellter", sowie aus der gesamten Gedankenführung, daß der Zweite Senat diese Auslegung des § 616 Abs. 1 BGB nicht nur auf den Angestellten, sondern auch auf den A r b e i t e r bezogen wissen will, also auch auf einen Fall wie den hier vorliegenden. Das geht auch aus dem Vorlagebeschluß des Zweiten Senats, mit dem der Große Senat angerufen worden ist, eindeutig hervor.

Der Zweite Senat führt in den Entscheidungsgründen weiter aus, daß die beiden genannten neueren Regelungen insgesamt der Verpflichtung des Arbeitgebers auf Weiterzahlung der Arbeitsvergütung den Charakter einer Versorgungsleistung zu Gunsten des erkrankten Arbeitnehmers gäben. Damit sei ein gesetzgeberischer Eingriff in das Prinzip der Abhängigkeit von Leistung und Gegenleistung, wie es in § 323 BGB niedergelegt sei, vollzogen worden. Der Anspruch des Arbeitnehmers auf Weiterzahlung des Gehalts für eine verhältnismäßig nicht erhebliche Zeit auch im Falle längerer Erkrankung nach § 616 Abs. 1 BGB gewinne so, wie der Senat ausführt, für den Krankheitsfall eine „in sich ruhende, selbständige Bedeutung, die nicht mehr als eine Ausnahmevorschrift von allgemeinen Bestimmungen" aufzufassen sei. Diese Bedeutung des § 616 Abs. 1 BGB sei über den Fall der Arbeitsverhinderung wegen Krankheit hinaus aber auch schlechthin gegeben. Es sei willkürlich, eine unterschiedliche Behandlung zwischen der Arbeitsverhinderung eines Angestellten infolge Krankheit und der sonstigen unverschuldeten Arbeitsverhinderung irgendeines Arbeitnehmers aus einem in seiner Person liegenden Grund zu machen. Eine weite Auffassung der Vorschrift entspreche auch dem Wesen des Arbeitsverhältnisses. Der Sinn der Regelung des § 616 Abs. 1 BGB sei, wenn sie überhaupt verständlich sein solle, in einem von der allgemeinen Vorschrift des § 323 BGB unabhängigen Fürsorgegedanken zu finden, so daß die Bestimmung als solche und für sich auszulegen sei. Wenn nun die Fürsorgepflicht des Arbeitgebers gegenüber dem kurzfristig verhinderten Arbeitnehmer bestehe, so müsse sie erst recht bei längerem Ausfall gegeben sein, da er zweifellos den Arbeitnehmer und seine Familie stärker belaste. Der Grundgedanke des § 616 Abs. 1 BGB erfordere daher, in jedem Fall für die erste verhältnismäßig nicht erhebliche Zeit den Vergütungsanspruch zu belassen.

3. Das Urteil des Zweiten Senats hat im Schrifttum nur zum kleinen Teil Zustimmung gefunden — so z. B. bei Kaskel-Dersch, Arbeitsrecht, 5. Aufl., S. 164 f.; Maurer, AuR 55, 214; Mendigo, AuR 1955 S. 256; Erman-Küchenhoff, BGB Handkommentar, 2. Aufl., § 616 Anm. 2 c; Trieschmann, Betrieb 1955, S. 800 —, ist aber überwiegend auf — zum Teil scharfe — Ablehnung gestoßen. Die sozialpolitischen Gedanken des Urteils werden zwar de lege ferenda für begrüßenswert erklärt, es wird aber eingewandt, daß die Entscheidung mit dem geltenden Recht nicht vereinbar sei. So führen Staudinger-Nipperdey-Mohnen, Der Dienstvertrag, 1958, § 616 BGB Anm. 21 aus, daß das aus sozialpolitischen Gründen sicher erstrebenswerte Ergebnis der Vergütungszahlung für eine verhältnismäßig nicht erhebliche Zeit auch für den Fall, daß die Arbeitsverhinderung von erheblicher Dauer sei, mit Wortlaut und Sinn des § 616 BGB nicht in Einklang zu bringen sei. Die Entscheidung des Zweiten Senats habe die Grenze zulässiger Auslegung und Fortbildung des Rechts durch den Richter überschritten. Die gleiche Auffassung wird von Hueck-Nipperdey, Lehrbuch, 6. Aufl., Bd. I, S. 308 vertreten. Einen ähnlichen Standpunkt nehmen G. und D. Reinicke, NJW 1955, 1382, ein. Sie weisen auf die der Auslegung des Gesetzes seitens des Zweiten Senats entgegenstehende Entstehungsgeschichte der Bestimmung hin, die unabhängig von späteren Änderungen auszulegen sei, und betonen, daß die Gebotsvorstellungen des Gesetzgebers bindend seien. Hueck, Anm. zu AP Nr. 2 zu § 616 BGB, hält ebenfalls die Entscheidung mit dem geltenden Recht nicht für vereinbar und ist der Auffassung, daß der Senat die für die richterliche Fortbildung des Rechts bestehenden Grenzen nicht eingehalten habe. Gros,

ArbR Bl. Arbeitsausfall IV, Entsch. 5 stimmt dem Ergebnis der Entscheidung zwar de lege ferenda zu, mißbilligt sie aber de lege lata „angesichts der klaren gesetzlichen Regelung" und verweist auf die Schranken, die einer Fortbildung des Rechts im Wege der rechtsändernden Auslegung im Interesse der Rechtssicherheit gesetzt seien. Für die Beibehaltung der vom Reichsarbeitsgericht vertretenen Auffassung setzen sich ferner u. a. Nikisch, a. a. O.; Lehmann, JZ 1955, 459 und Osthold, SAE 1955 Nr. 132 ein.

Aber auch soweit das Urteil Zustimmung gefunden hat, werden jedenfalls gegen Teile der Begründung von einigen Schriftstellern Bedenken geltend gemacht (vgl. insbesondere Mendigo, Arbeit und Recht 1955, S. 256; Trieschmann, Betrieb 1955, S. 800). Während Mendigo Bedenken gegen den vom Zweiten Senat angenommenen „Versorgungscharakter" der Lohnzahlungspflicht des Arbeitgebers erhebt, wendet sich Trieschmann hauptsächlich gegen die Folgerungen, die das Urteil aus der Neufassung des 189 RVO und der Einfügung des Abs. 2 in § 616 BGB zieht.

II. Der Große Senat ist zu dem Ergebnis gekommen, daß der vom Zweiten Senat in seiner Entscheidung BAG 1, 338 vertretenen Auffassung jedenfalls im Kernpunkt nicht zugestimmt werden kann, daß vielmehr die Bestimmung des § 616 Abs. 1 BGB einen Anspruch auf Fortzahlung der Vergütung grundsätzlich nur dann gewährt, wenn die unverschuldete Arbeitsverhinderung selbst nicht von erheblicher Dauer ist. Etwas anderes gilt nur für den Fall der unverschuldeten Erkrankung eines unter § 616 BGB fallenden Angestellten. Wegen der besonderen Rechtslage, die sich hinsichtlich der Entgeltsfrage für Arbeiter im Krankheitsfalle auf Grund des ArbKrankhG vom 26. Juni 1957 ergibt, sei auf den Beschluß des Großen Senats vom 17. Dezember 1959 — GS 2/59 — BAG 8, 285 ff. — verwiesen.

1. Für die vom Großen Senat vertretene Auffassung spricht einmal der Wortlaut des Gesetzes, von dem bei der Prüfung der rechtlichen Bedeutung einer Gesetzesvorschrift zunächst auszugehen ist (BAG, Großer Senat, 6, 149, [152]). Danach geht der zur Dienstleistung Verpflichtete des Anspruchs auf die Vergütung nicht dadurch verlustig, daß er für eine verhältnismäßig nicht erhebliche Zeit durch einen in seiner Person liegenden Grund ohne sein Verschulden an der Dienstleistung verhindert wird. Hätte das Gesetz zum Ausdruck bringen wollen, daß die Zahlungsverpflichtung des Arbeitgebers auch im Falle einer verhältnismäßig erheblichen Zeit bestehen solle, so hätten die Worte „für eine verhältnismäßig nicht erhebliche Zeit" im Hauptsatz stehen und auf den Vergütungsanspruch bezogen sein müssen. Im Hinblick hierauf kann daher Trieschmann nicht zugestimmt werden, wenn

er in „Der Betrieb" 1955, S. 801 meint, der Wortlaut des § 616 Abs. 1 BGB sei nur dann eindeutig, wenn vor die Worte „für eine verhältnismäßig nicht erhebliche Zeit" das Wort „nur" eingefügt worden wäre, da nur dann die Nichtüberschreitung dieses Zeitraumes eine maßgebliche Voraussetzung für die Zuerkennung des Vergütungsanspruches wäre.

Es ist auch zu beachten, daß der Wortlaut des § 616 Abs. 1 BGB insoweit von dem Wortlaut anderer gesetzlicher Bestimmungen, die sich mit der gleichen Frage befassen, abweicht. So gewährt § 63 HGB dem Handlungsgehilfen für den Fall, daß er durch unverschuldetes Unglück an der Leistung der Dienste verhindert wird, den Anspruch auf Gehalt und Unterhalt, „jedoch nicht über die Dauer von sechs Wochen hinaus". Hier wird also nicht darauf abgestellt, daß die Verhinderung nur „für eine verhältnismäßig nicht erhebliche Zeit" erfolgen dürfe. Auch § 133 c Abs. 2 GewO beläßt den sogenannten Betriebsbeamten und ähnlichen gewerblichen Angestellten für den Fall eines unverschuldeten Unglücks auf die Dauer von sechsWochen den Anspruch auf die vertragsmäßigen Leistungen des Arbeitnehmers ohne die einschränkende Bestimmung „für eine verhältnismäßig nicht erhebliche Zeit". Das gleiche gilt gemäß § 90 a PrABG für die in § 88 genannten technischen Bergbauangestellten, weiter nach § 48 Abs. 1 Satz 2 Seemannsgesetz, § 20 Binnenschiffahrtsgesetz, § 4 der Erziehungsbeihilfen AO vom 25. Februar 1943, RABl. I, S. 164. Der Wortlaut des § 616 Abs. 1 BGB unterscheidet sich damit eindeutig von dem Wortlaut der anderen genannten gesetzlichen Bestimmungen.

2. Die Richtigkeit dieser Auslegung des Wortlauts wird erhärtet durch systematische und entstehungsgeschichtliche Momente, die einen Schluß auf den Sinn des Gesetzes zulassen (vgl. hierzu Enneccerus-Nipperdey, Allgemeiner Teil, 15. Aufl., 1959, § 56 II).

Bereits § 562 Entwurf eines Bürgerlichen Gesetzbuches sah eine Bestimmung vor, die der Fassung des § 616 Abs. 1 BGB entspricht. Sie lautete:

> „Ist die Vergütung nach Zeitabschnitten bemessen, so wird der zur Dienstleistung Verpflichtete des Anspruchs auf die Vergütung nicht dadurch verlustig, daß er für eine verhältnismäßig nicht erhebliche Zeit durch einen in seiner Person liegenden Grund ohne sein Verschulden an der Dienstleistung verhindert ist; er muß sich jedoch den Betrag anrechnen lassen, welcher ihm für die Zeit der Verhinderung aus einer auf Grund gesetzlicher Verpflichtung bestehenden Kranken- oder Unfallversicherung zukommt."

In den Motiven zu § 562 Entwurf (Amtliche Ausgabe, Bd. 2, S. 463, Mugdan, Bd. 2, S. 258) wird zur Begründung ausgeführt:

„Die eine Abweichung von den allgemeinen Grundsätzen enthaltende Bestimmung beruht auf sozialpolitischen Rücksichten und auf Gründen der Humanität. Es kommt insbesondere auch in angemessener Weise den Wehrpflichtigen zustatten, die vorübergehend oder nur auf kurze Zeit zum Militärdienst eingezogen werden. Sie hat einen Vorgang in Art. 60 HGB und in Art. 341 schweiz. Bd. Ges., und auch gemeinrechtlich wird vielfach angenommen, daß eine unbedeutende Verhinderung oder Unterbrechung der Dienstleistung infolge eines in der Person des Dienstverpflichteten eingetretenen Unfalles nicht zu einem Abzuge berechtige. Die Zeit, welche als nicht erheblich zu gelten hat, näher zu bestimmen, ist wegen der Mannigfaltigkeit der in Betracht kommenden Dienstverhältnisse unausführbar. In dieser Beziehung kann auch ohne Gefahr die Entscheidung dem Richter überlassen werden".

In den Protokollen (Amtliche Ausgabe, Bd. 2, S. 280, Mugdan, Bd. 2, S. 899 ff.) heißt es dann weiter:

„Einverständnis bestand darüber, daß es sich empfehle, ... nur eine Verhinderung von ‚verhältnismäßig', d. h. im Verhältnis zu der vertragsmäßigen Dauer des Dienstverhältnisses nicht erheblichen Dauer zu berücksichtigen."

Daraus, daß § 562 Entwurf nahezu unverändert in § 616 Abs. 1 BGB übernommen worden ist, ergibt sich, daß der Gesetzgeber nur den Fall regeln wollte, in dem die Verhinderung als solche eine verhältnismäßig nicht erhebliche Zeit dauert. Nicht aber sollte durch die Vorschrift die Fortzahlung des Entgelts für eine erste verhältnismäßig nicht erhebliche Zeit auch für den Fall vorgesehen werden, daß die Verhinderung als solche längere Zeit dauert. Es kann daher dem Zweiten Senat nicht zugestimmt werden, wenn er in BAG 1, 338 meint, der Grundgedanke des § 616 BGB erfordere es, in jedem Falle für die erste verhältnismäßig nicht erhebliche Zeit den Vergütungsanspruch zu belassen. Der Grundgedanke des Gesetzgebers war vielmehr, wie die Gesetzesgeschichte zeigt, als Ausnahmeregelung einen an sich nicht bestehenden Anspruch auf Fortzahlung des Entgelts für den besonderen Fall kurzfristiger Verhinderung aus sozialen Gründen zu gewähren.

3. Der Zweite Senat hat nun in der genannten Entscheidung seine Auffassung weiterhin damit begründet, daß der Sinn der Regelung des § 616 Abs. 1 BGB, wenn sie überhaupt verständlich sein solle, von vornherein in einem von der allgemeinen Vorschrift des § 323 BGB unabhän-

gigen Fürsorgegedanken zu finden sei, so daß die Bestimmung als solche und für sich ausgelegt werden müsse. Es kann dahingestellt bleiben, ob die Auffassung des Zweiten Senats unter arbeitsrechtlichen Gesichtspunkten zutreffend ist oder ob nicht doch § 616 Abs. 1 BGB eine Ausnahmevorschrift von der Regelung des § 323 BGB enthält, nach der der Anspruch auf die Gegenleistung verloren geht, wenn die Leistung infolge eines von keinem Vertragsteil zu vertretenden Umstandes unmöglich wird (so Staudinger-Nipperdey-Mohnen, Anm. 2 und 3 zu § 616 BGB; Enneccerus-Lehmann, Schuldrecht § 147 I; Lehmann, JZ 55, 459; Hueck-Nipperdey, Lehrbuch, Bd. 1, § 44 III 1; Palandt, 18. Aufl., § 616 Anm. 1; Larenz, Schuldrecht II, 2. Aufl., § 48 II b; entsprechend: Geßler-Hefermehl-Hildebrand-Schröder, Komm. zum HGB, § 63 Anm. 1). Auch wenn man der Auffassung des Zweiten Senats folgt, so rechtfertigt das im vorliegenden Falle nicht die Schlußfolgerung, der Arbeitnehmer habe Anspruch auf Fortzahlung des Entgelts für eine verhältnismäßig nicht erhebliche Zeit auch für den Fall, daß die unverschuldete Verhinderung als solche längere Zeit dauert. Ist ein Anspruch wie hier ausdrücklich gesetzlich geregelt, so kann der Gedanke der Fürsorgepflicht für sich allein nicht einen Anspruch auf darüber hinausgehende soziale Leistungen begründen, mögen sie auch sozial wünschenswert sein (vgl. Staudinger-Nipperdey-Mohnen, Vorbem. 7 vor § 617 BGB; Hueck-Nipperdey, Lehrbuch I, § 48 I 3). Anders könnte es nur sein, wenn die Gewährung der Leistung nach heutiger Lebensauffassung nicht nur billig erscheint, sondern sich aus dem Wesen des Arbeitsverhältnisses als selbständige Pflicht notwendig ergeben müßte, die daher auch nicht abgedungen werden könnte. Das gerade ist aber hinsichtlich der Bestimmung des § 616 Abs. 1 BGB nicht der Fall. Lehre und Rechtsprechung haben vielmehr — bis in die neueste Zeit — völlig übereinstimmend an der Abdingbarkeit des § 616 Abs. 1 BGB festgehalten; die Tarifparteien haben von dieser Abdingbarkeit auch weitgehend Gebrauch gemacht. Es läßt sich daher eine Ausweitung des Inhalts des § 616 Abs. 1 BGB, wie sie der Zweite Senat vorgenommen hat, aus dem Gedanken einer notwendigen Fürsorgepflicht nicht rechtfertigen.

4. Wenn der Zweite Senat seine Auffassung schließlich damit begründet, der Arbeitnehmer sei bei längerer Verhinderung gegenüber dem kurzfristig verhinderten Arbeitnehmer erst recht schutzbedürftig, da sie ihn und seine Familie stärker belaste, so übersieht er hierbei, daß das Gesetz nicht nur auf das Maß der Schutzbedüftigkeit des Arbeitnehmers abstellt, sondern, wie jede derartige Regelung, einen Interessenausgleich zwischen Arbeitnehmer und Arbeitgeber zum Ziele hat. Interessengegensätze, die des Ausgleichs bedürfen, sind nun einmal auch

und gerade im Arbeitsverhältnis trotz seines besonderen, personenrechtliche Elemente enthaltenden Charakters unausbleiblich. Daß der Gesetzgeber eine Interessenabwägung vorgenommen hat, ergibt sich schon daraus, daß er einen bestimmten Tatbestand abgegrenzt und an ihn bestimmte Rechtsfolgen geknüpft hat. Darin liegt sicherlich die Wertung der Schutzbedürftigkeit des Arbeitnehmers, zugleich aber auch die Wertung dessen, was das Gesetz dem Arbeitgeber zumuten kann. Wenn der Zweite Senat meint, die Formulierung des Gesetzes gebe keinen sicheren Anhalt dafür, daß derartige auch auf das Arbeitgeberinteresse abstellende Abwägungen eine Rolle gespielt hätten, so übersieht er die Entwicklungsgeschichte und den Sinn der Norm und nimmt, wie Heinrich Lehmann in seiner Besprechung des Urteils JZ 1955, S. 458 zutreffend betont, eine einseitige Wertung der Gesetzesnorm vor. Ob die Interessenabwägung des Gesetzgebers vom jetzigen Standpunkt aus gesehen auch fernerhin rechtspolitisch wünschenswert und zweckmäßig ist, ist eine ganz andere Frage, die zu entscheiden nicht Sache der Gerichte ist. Das ist vielmehr allein Sache des Gesetzgebers. Wenn dieser von seiner Gesetzgebungsbefugnis trotz der Auslegung, die § 616 Abs. 1 BGB in der ständigen Rechtsprechung des Reichsarbeitsgerichts und in der herrschenden Lehre gefunden hat, bisher keinen Gebrauch gemacht hat, so kann es nicht Aufgabe der Gerichte sein, an seiner Stelle den Inhalt des Gesetzes neu zu gestalten. Ein solches Verfahren würde in der Tat nicht mehr in den Rahmen einer zulässigen Fortbildung des Rechts fallen, sondern eine Neugestaltung des Rechts darstellen und damit die der rechtsprechenden Gewalt gesetzten Grenzen überschreiten (vgl. hierzu BAG 1, 279 = AP Nr. 4 zu § 11 KSchG mit zustimmender Anmerkung von Hueck).

III. Hat somit der Arbeitnehmer, der unter § 616 Abs. 1 BGB fällt, grundsätzlich keinen Anspruch auf Fortzahlung der Vergütung, wenn die Arbeitsverhinderung verhältnismäßig erhebliche Zeit dauert, so gilt dieser Grundsatz jedoch seit dem 3. Dezember 1930, dem Tage des Inkrafttretens des Kapitels II Art. 3 der Verordnung des Reichspräsidenten zur Sicherung von Wirtschaft und Finanzen vom 1. Dezember 1930 (RGBl. I, S. 517) in der Fassung des auf den genannten Tag zurückwirkenden Kapitels IV § 1 vb, § 2 des Ersten Teils der Zweiten Verordnung des Reichspräsidenten zur Sicherung von Wirtschaft und Finanzen vom 5. Juni 1931 (RGBl. I, S. 279), nicht für den Fall der unverschuldeten längeren Erkrankung eines Angestellten.

1. Dem Zweiten Senat ist im Ergebnis darin zuzustimmen, daß durch die Neufassung des § 189 RVO auf Grund der Verordnung des Reichspräsidenten zur Behebung finanzieller, wirtschaftlicher und sozialer Not-

stände vom 26. Juli 1930 (RGBl. I, S. 311) und der durch die genannten Notverordnungen vom 1. Dezember 1930 und 5. Juni 1931 vorgenommenen Ergänzungen des § 616 BGB für den Fall der unverschuldeten Erkrankung eines unter § 616 BGB fallenden Angestellten eine Änderung des bisherigen Sinnes der Bestimmung eingetreten ist. Die insoweit gegen die Ansicht des Zweiten Senats gerichtete Kritik ist verfehlt, weil sie die Auslegung des § 616 Abs. 2 und die Erschließung seines Sinngehalts allein im Zusammenhang mit § 616 Abs. 1 zu fassen versucht, dabei aber übersieht, daß der § 616 Abs. 2 in einer mehrstufigen Rechtsentwicklung dem § 616 Abs. 1 im Rahmen der Notgesetzgebung der Jahre 1930 und 1931 hinzugefügt ist; vgl. dazu auch BGHZ 7, 47. Die wirkliche Bedeutung dieser Vorschrift kann daher nur erkannt werden, wenn die der Zusatzbestimmung des Abs. 2 zugrunde liegende Entwicklung, ihr Zweck und die Umstände, die zu dieser Entwicklung geführt haben, berücksichtigt werden.

Die Notgesetzgebung des damaligen Reichspräsidenten auf Grund des Art. 48 Abs. 2 der Weimarer Reichsverfassung wurde im Jahre 1930 ausgelöst durch den äußerlich sichtbar werdenden Zusammenbruch der Wirtschaft und der Staatsfinanzen. Er wurde verschärft durch das sprunghafte Anwachsen der Arbeitslosigkeit, die die schon ohnehin belasteten öffentlichen Mittel in einem nicht vorausgesehenen Übermaß beanspruchte. Die Notgesetzgebung vollzog sich im wesentlichen in drei Notverordnungen, die in ihrer Folge auch für die hier zu erörternde Frage von Bedeutung sind. Die Erste Verordnung nannte sich „Verordnung des Reichspräsidenten zur Behebung finanzieller, wirtschaftlicher und sozialer Notstände" und wurde unter dem 26. Juli 1930 erlassen (RGBl I, S. 311). Sie betraf in ihrem Vierten Abschnitt Maßnahmen zur Sicherung der Arbeitslosenversicherung, Krankenversicherung und Reichsversorgung. Ein besonderer Untertitel war darin der Krankenversicherung gewidmet. Vor allem wurde durch Ziff. 14 des Vierten Abschnitts die (auch vom Zweiten Senat herangezogene) Änderung des § 189 RVO vorgenommen, nach der vor seinen bisherigen Text ein Absatz geschoben wurde, der einen Eingriff in die bisherige Regelung auf dem arbeitsrechtlichen Gebiete des Handelsrechts, der Gewerbeordnung und des Bürgerlichen Rechts enthielt. Die bis dahin gültige Regelung ging nämlich davon aus, daß in einem Krankheitsfall des Arbeitnehmers der Versicherte in jedem Fall gemäß den Bestimmungen der Reichsversicherungsordnung ein Krankengeld erhielt. § 189 RVO bestimmte in seiner ursprünglichen Fassung nur, daß ein Versicherter, der gleichzeitig aus einer anderen Versicherung Leistungen erhielt, sich die Kürzung der Leistung der Krankenkasse soweit gefallen lassen mußte, daß das gesamte Krankengeld den Durchschnittsbetrag seines täglichen Arbeitsverdienstes nicht überstieg. Diese Kürzung konnte durch die Satzung der Kasse außerdem ganz oder teilweise ausgeschlossen werden. Die Gehaltsregelung bei den kaufmännischen Angestellten für den Krankheitsfall bestimmte sich nach der damaligen Fassung des § 63 HGB dahin, daß er Anspruch auf Gehalt und Unterhalt für die Dauer von sechs Wochen behielt. Er brauchte sich den Betrag, den er aus einer Krankenversicherung erhielt, nicht anrechnen zu lassen. Diese Vorschrift war nach der damals herrschenden Auffassung dispositiv, konnte also durch Vereinbarung ausgeschlossen werden. Für den gewerblichen Angestellten ergab sich auf Grund der damaligen Fassung des § 133 c GewO die Regelung, daß er im Krankheitsfalle für die Dauer von sechs Wochen seinen Gehaltsanspruch behielt, jedoch minderte sich der Anspruch um denjenigen Betrag, den er aus einer gesetzlichen Krankenversicherung erhielt. Die gleiche Minderungsvorschrift enthielt auch § 616 Satz 2 BGB, so daß auch der nicht kaufmännische oder gewerbliche Angestellte, soweit er nach § 616 BGB des Anspruchs auf die Vergütung „ nicht verlustig" ging, sich Kassenleistungen auf das Gehalt anrechnen lassen mußte. Grundsatz der damaligen Regelung war also, daß Kassenleistungen nach den Bestimmungen der Reichsversicherung in jedem Falle zu erfolgen hatten, also unabhängig davon, ob der Angestellte für den Krankheitsfall Gehalt erhielt oder nicht. Es erfolgte also keine Anrechnung des Gehalts auf die Versicherung, wohl aber konnte in den erwähnten Fällen die Versicherungsleistung auf das Gehalt angerechnet werden. In dieses Prinzip schlug die Änderung des § 189 RVO durch Einfügung eines neuen Abs. 1 eine entscheidende Bresche und traf eine dem bisherigen Prinzip genau entgegengesetzte Regelung. Es heißt dort: „Der Anspruch auf Krankengeld ... ruht, wenn ... der Versicherte während der Krankheit Arbeitsentgelt erhält". Fortan erfolgte also eine volle Anrechnung des Gehalts auf die Versicherungsleistungen und damit praktisch keine Anrechnung mehr der Versicherungsleistungen auf das Gehalt. Während nach der früheren Regelung also die Frage, ob der Arbeitnehmer Lohn weiterbezog, für die Versicherung überhaupt keine Rolle spielte, war nunmehr umgekehrt die entscheidende Frage für den Eintritt der Versicherungsleistung, ob noch Lohn nach den materiellen Bestimmungen des Arbeitsrechts zu zahlen war. Die ganze erste Leistungspflicht im Falle der Erkrankung eines Angestellten wurde also auf den Arbeitgeber überbürdet. Zweck dieser Maßnahme war eine entscheidende finanzielle Entlastung der Kassen, insbesondere hinsichtlich der hohen Beträge, die bis dahin gerade für die Fälle von verhältnismäßig kurzfristigen Erkrankungen gezahlt werden mußten.

Dieser Zweck der finanziellen Entlastung der Krankenversicherung durch Änderung des § 189 RVO wurde aber nicht in dem erwarteten Umfang erreicht, denn nach der herrschenden Auffassung waren die materiellen arbeitsrechtlichen Bestimmungen des § 63 HGB, des § 133 c GewO und des § 616 BGB durch Vertrag, Betriebsvereinbarung oder Tarifvertrag abdingbar, und sie w a r e n auch weitgehend durch derartige Regelungen abgedungen oder zum mindesten modifiziert. Vor allem kamen die Arbeiter praktisch überhaupt nicht in Betracht. Man entschloß sich daher in der (nun folgenden) Verordnung des Reichspräsidenten zur Sicherung von Wirtschaft und Finanzen vom 1. Dezember 1930 (RGBl. I, S. 517) unter Kapitel 2 Art. 3 mit der Überschrift „Krankenfürsorge", die aus § 63 Abs. 1 HGB, § 133 c Abs. 2 GewO und § 616 BGB sich ergebenden Ansprüche für unabdingbar zu erklären („können nicht durch Vertrag ausgeschlossen oder beschränkt werden"). Die Vorschriften der §§ 63 HGB, 133 c GewO und 616 BGB wurden in dem Eingangssatz der Verordnung sogar als „reichsgesetzliche Vorschriften über Krankenfürsorge" bezeichnet, eine Bezeichnung, zu der man nur kommen konnte, nachdem man auf Grund der Ersten Notverordnung den § 189 RVO geändert hatte und die Krankenfürsorge für kurzfristige Krankheiten glaubte auf den Arbeitgeber überbürdet zu haben. Diese Zwischenstufe der Gesetzgebung ist bisher nicht genügend beachtet worden. Aus ihr ergab sich hinsichtlich des kaufmännischen und des gewerblichen Angestellten im Krankheitsfalle die einfache Regelung, daß für die ersten sechs Wochen der Arbeitgeber das Gehalt weiter zahlte, die Versicherung dagegen nicht eintrat; nach Ablauf der sechs Wochen trat die Krankenversicherung ein. Bei diesen beiden Arten von Angestellten war also bei jedem Krankheitsfall von vornherein völlig klar, ob überhaupt und von wann ab die Krankenversicherung würde einzutreten haben. Für alle anderen entstand jedoch eine Schwierigkeit auf Grund der herrschenden Auslegung, daß der Arbeitnehmer überhaupt keinen Gehaltsanspruch habe, wenn er im Ergebnis länger als eine verhältnismäßig kurzfristige Zeit verhindert, also z. B. erkrankt sei. Dadurch ergab sich eine Situation, in der die Krankenkasse zunächst im Unsicheren sein mußte, ob sie im Ergebnis überhaupt leisten müsse; denn wenn sich die Krankheit insgesamt als nicht verhältnismäßig kurz erwies, mußte die Krankenkasse von vornherein eintreten, erwies sie sich dagegen als verhältnismäßig kurz, so trat der Arbeitgeber allein und somit nicht die Kasse ein. Diese Lösung ist von vornherein auffallend:

sie gestaltet anders als bei dem gewerblichen und kaufmännischen Angestellten die Leistungspflicht der Kasse relativ.

Auf dieser Grundlage muß nun die weitere Änderung des bisherigen § 616 Abs. 2 („der Anspruch kann nicht durch Vertrag ausgeschlossen werden" — RGBl. 1930, S. 521) verstanden werden, die durch die Zweite Verordnung des Reichspräsidenten zur Sicherung von Wirtschaft und Finanzen vom 5. Juni 1931 (RGBl. I, S. 279) erfolgt ist. Durch diese Bestimmung wurde nämlich die Unabdingbarkeit des § 616 BGB auf den Anspruch eines versicherungspflichtigen Angestellten auf Vergütung für den Krankheitsfall beschränkt und hinzugefügt, daß hierbei eine Zeit von sechs Wochen als verhältnismäßig nicht erheblich gilt, wenn durch Tarifvertrag nicht eine andere Dauer bestimmt ist. Der Zweck dieser letztgenannten Vorschrift kann daher nur darin gesehen werden, ebenso wie bei den kaufmännischen und gewerblichen Angestellten klare zeitliche Verhältnisse und absolute (und nicht relative) Voraussetzungen für den Eintritt der Kasse zu schaffen, also den Angestellten des § 616 Abs. 2 BGB den kaufmännischen und den gewerblichen Angestellten für den Krankheitsfall auch versicherungsrechtlich gleichzusetzen. Man glaubte, dieses Ziel am einfachsten dadurch erreichen zu können, daß man die „verhältnismäßig nicht erhebliche Zeit" fixierte. Hierbei wurde allerdings nicht genügend bedacht, daß ein sich auf den § 616 Abs. 1 BGB beziehender Absatz 2 die Gefahr des Mißverständnisses in sich barg. Daß der Gesetzgeber aber die Absicht hatte, die gleiche Regelung für kaufmännische, gewerbliche und unter § 616 BGB fallende Angestellte — für letztere abgesehen von dem Vorbehalt der tarifvertraglichen Regelung nach § 616 Abs. 2 S. 2 — zu treffen, kann auch daraus entnommen werden, daß diese Änderung auf den 3. Dezember 1930 zurückbezogen wurde, also auf den Tag des Inkrafttretens der Änderung des § 616 BGB auf Grund der Verordnung des Reichspräsidenten zur Sicherung von Wirtschaft und Finanzen vom 1. Dezember 1930. Setzt man in dieser Verordnung anstelle der Ziffer 4 nicht den damaligen Text, sondern den durch die Verordnung vom 5. Juni 1931 geänderten Text, was man, um der Auslegung gerecht zu werden, auf Grund dieser ausdrücklichen Rückbeziehung tun muß, und vergleicht man mit dieser Änderung dazu die Ziffern 2 und 3 der Verordnung vom 1. Dezember 1930, so kann es keinem Zweifel mehr unterliegen, daß für alle Angestellten ein einheitliches und klares Recht für den Krankheitsfall geschaffen werden sollte, nämlich die Fortzahlung des Gehalts durch den Arbeitgeber für die ersten sechs Wochen der unverschuldeten Erkrankung eines Angestellten und dadurch eine absolute und entscheidende Entlastung der Krankenkasse für die hohen

Aufwendungen für kürzere Krankheitsfälle und Überbürdung dieser Leistung auf die Schultern der Arbeitgeber. Es handelte sich also um eine nachträgliche gesetzgeberische Berichtigung, durch die die „Krankenfürsorge" (die Überschrift zu Kapitel 2 Art. 3 der bereits genannten VO vom 1. Dezember 1930) des Arbeitgebers für die Angestellten als unabdingbar proklamiert wurde. Legt man daher die damals veranlassenden Umstände und den sich aus ihnen ergebenden Zweck für den Krankheitsfall zugrunde, so muß der Auffassung des Zweiten Senats in seinem Urteil vom 24. Februar 1955 (BAG 1, 338) insoweit im Ergebnis zugestimmt werden, daß ein unter § 616 BGB fallender Angestellter seit dem 3. Dezember 1930 für den Fall unverschuldeter Krankheit auch bei Dienstleistungsverhinderung von erheblicher Dauer von seinem Arbeitgeber Entgelt für die ersten sechs Wochen verlangen kann.

2. Aber auch wenn man von dieser Entstehungsgeschichte des § 616 Abs. 2 BGB absieht, sprechen überwiegende Gründe dafür, auch den Angestellten, die nur unter das BGB und nicht unter die erwähnten Sondergesetze fallen, im Krankheitsfall den Gehaltsanspruch für 6 Wochen zu geben, wenn nicht ein Tarifvertrag eine andere Dauer bestimmt.

Mit Recht ist für die vom Großen Senat für richtig erachtete Auslegung des § 616 Abs. 1 BGB auf ihre größere Praktikabilität für die Rechtsanwendung hingewiesen worden. Die Frage, ob die Zeit der Arbeitsverhinderung verhältnismäßig kurz ist, braucht im Bereich des § 616 Abs. 1 BGB bei der hier vertretenen Auslegung nur in den Grenzfällen entschieden zu werden. Wäre die Auffassung des Zweiten Senats zutreffend, so müßte die Frage in jedem einzelnen Fall länger dauernder Verhinderung beantwortet werden, da ja immer für die erste nicht erhebliche Zeit die Vergütung zu zahlen wäre. Diese Schwierigkeit scheidet bei den Angestellten des § 616 Abs. 2 BGB völlig aus, da ein ganz festbestimmter Zeitraum für die Weiterzahlung des Gehalts gegeben ist: 6 Wochen oder der durch Tarifvertrag festgelegte Zeitraum. Hier ist es die natürliche und praktikable Auslegung, sich an den festen Zeitraum zu halten und im Krankheitsfall von längerer Dauer jedenfalls für diesen Zeitraum das Gehalt weiterzuzahlen.

Die Auslegung des § 616 Abs. 2 BGB in dem hier dargelegten Sinne erscheint aber auch allein verfassungkonform (vgl. Enneccerus-Nipperdey, Allg. Teil, 15. Aufl., S. 319; BVerfGE 2, 266 [282], 336 [340, 341], 4, 7 [22], 8, 28 [33-35], 38 [41]), da sie den Anforderungen des Art. 3 des Grundgesetzes entspricht. Sicherlich steht es und stand es (vgl. Art 123 GG) dem Gesetzgeber frei, die Vergütungszahlung im Krankheitsfall nach seinem pflichtmäßigen Ermessen zu regeln. Es bestehen auch keine verfassungsrechtlichen Bedenken, das Problem für Angestellte und Arbeiter nicht einheitlich zu ordnen. Denn es besteht, namentlich was die vertretbare Belastung der Arbeitgeber betrifft, ein erheblicher Unterschied, ob die Vergünstigung 100%iger Vergütungszahlung für die Angestellten oder aber auch für die Arbeiter gewährt wird, die der Zahl nach ein Vielfaches der Angestellten ausmachen. Eine solche Differenzierung, mag man auch für die Zukunft für ihre Abschaffung eintreten, ist jedenfalls nicht sachfremd, nicht Willkür. Das gleiche gilt auch noch, wenn der Gesetzgeber für eine bestimmte Gruppe von Angestellten eine Änderung der 6-Wochenfrist durch Tarifvertrag, also durch die Autonomie der Sozialpartner, für zulässig erklärt. Dagegen würde es gröblich willkürlich und durch keinerlei sachliche Erwägung gerechtfertigt sein (vgl. auch Nikisch, Arbeitsrecht, 2. Aufl., Bd. 1, S. 514), allen Angestellten Vergütung im Krankheitsfall für 6 Wochen zu geben, einer einzelnen Gruppe, nämlich den Angestellten, die nur unter das BGB fallen, so etwa den Angestellten der Rechtsanwälte oder der öffentlichen Hand, aber dann nicht, wenn ihre Krankheit etwas länger dauert, sei es auch 6 Wochen und 1 Tag. Das kann nicht Rechtens sein.

3. Der Große Senat nimmt nach dem Gesagten innerhalb des § 616 BGB eine Differenzierung vor, je nachdem ob es sich um den Fall der unverschuldeten Erkrankung von Angestellten oder um Fälle unverschuldeter Dienstleistungsverhinderung von Arbeitnehmern überhaupt handelt, die auf anderen Ursachen beruhen. Gleichzeitig hat der Senat im Beschluß vom 17. Dezember 1959 — GS 2/59 — BAG 8, 285 ff. — ausgesprochen, daß bei unverschuldeter Krankheit eines krankenversicherungspflichtigen Arbeiters in der Entgeltfrage ausschließlich das Gesetz zur Verbesserung der wirtschaftlichen Sicherung der Arbeiter im Krankheitsfall vom 26. Juni 1957 und nicht § 616 Abs. 1 BGB gilt. Dem Zweiten Senat kann nicht darin gefolgt werden, wenn er meint, es wäre Willkür, eine unterschiedliche Behandlung zwischen der Arbeitsverhinderung eines Angestellten infolge Krankheit und der sonstigen unverschuldeten Arbeitsverhinderung irgendeines Arbeitnehmers aus einem in seiner Person liegenden Grund zu machen. Von einer Willkür kann hier keine Rede sein, denn es muß — um es zu wiederholen — dem Gesetzgeber unbenommen bleiben, unterschiedliche Bestimmungen für Arbeiter und für Angestellte zu erlassen und auch die Rechtsfolgen, die sich hinsichtlich der Fortzahlung des Gehalts von Angestellten im Falle unverschuldeter Dienstverhinderung ergeben, unterschiedlich zu regeln, je nach dem ob die Verhinderung auf Krankheit oder andere Ursachen zurückzuführen ist. Die Frage, ob die getroffene Regelung zweckmäßig und, vom heutigen Standpunkt aus ge-

sehen, sozialpolitisch erwünscht ist, unterliegt, wie oben ausgeführt, nicht der Entscheidung des Gerichts.

45

1. Neben einer Teilleistungsklage ist eine auf das Ganze gerichtete Feststellungsklage jedenfalls dann zulässig, wenn die Bezifferung des ganzen Anspruchs unmöglich oder untunlich ist.

2. Eine Klage auf Feststellung, daß die von einem Angestellten ausgeübte Tätigkeit den Tätigkeitsmerkmalen einer bestimmten Vergütungsgruppe der TO. A entspreche, ist unzulässig, weil sie sich nicht auf die Feststellung eines Rechtsverhältnisses, sondern auf die Feststellung bloßer Anspruchselemente erstreckt. Ein solcher Antrag ist jedoch ebenso wie ein Antrag auf Vornahme der Einreihung in eine bestimmte Vergütungsgruppe der TO. A regelmäßig als Antrag auf Feststellung aufzufassen, daß dem Angestellten die Ansprüche nach der bezeichneten Vergütungsgruppe zustehen.

3. Wird von den Monatsgehältern eines längeren Zeitraums ein Teilbetrag eingeklagt, so muß die Klagesumme wegen des Erfordernisses der bestimmten Angabe des Klagegegenstandes (§ 253 Abs. 2 Ziffer 2 ZPO) mit bestimmten Beträgen auf bestimmte Monate aufgeteilt werden.

TO.A Anlage 1 (VergGr. VI b, VI); ZPO §§ 253 Abs. 2 Ziff. 2; 256.
IV. Senat. Urteil vom 20. 1. 1960 i. S. B. (Bekl.) w. D. (Kl). 4 AZR 501/57.

I. Arbeitsgericht Berlin. — II. Landesarbeitsgericht Berlin.

Der Kläger ist im Polizeiverwaltungsdienst von Berlin als Angestellter beschäftigt. Er wurde am 10. April 1953 im Alter von 46 Jahren als Aushilfsangestellter eingestellt und erhielt zunächst die nach der Grundvergütung eines 26 Jahre alten Angestellten berechneten Bezüge der VergGr.IX TO. A. Mit Wirkung vom 22. September 1953 wurde er in ein Vertragsverhältnis als nichtständiger Angestellter übernommen und erhielt nunmehr die Bezüge der VergGr. VIII TO. A, die der Beklagte unter Anwendung des Tarifvertrages für nichtständige Angestellte im öffentlichen Dienst Berlins (§ 3) nach der Grundvergütung eines 40 Jahre alten Angestellten berechnete.

Der Kläger hatte Anfragen, die von anderen Stellen über bestimmte Personen eingingen, nach vorhandenen oder anzufordernden Unterlagen zu beantworten; das geschah teilweise unter Benutzung von Formularen.

Im ersten Rechtszuge hat der Kläger die Feststellung beantragt, daß der Beklagte verpflichtet sei, den Kläger mit Wirkung vom 10. April 1953 in die VergGr. V b TO. A — hilfsweise: in die VergGr. VI b TO.A — einzureihen; ferner hat er mit einem Leistungantrag die Zahlung einer Gehaltsdifferenz von 2000,— DM West brutto nebst 4 v. H. Zinsen seit dem 10. Januar 1956 gefordert.

Der Beklagte hat Klagabweisung beantragt. Er ist der Ansicht, daß die dem Kläger gewährte Vergütung der von ihm ausgeübten Tätigkeit entsprochen habe.

Das Arbeitsgericht hat dem Hilfsfeststellungsantrage (VergGr. VI b TO. A) und dem Zahlungsantrage stattgegeben; den Hauptfeststellungsantrag (VergGr. V b) hat es abgewiesen.

Hiergegen hat nun der Beklagte Berufung eingelegt mit dem Ziel der gänzlichen Klageabweisung. Der Kläger hat um Zurückweisung der Berufung gebeten; hilfsweise hat er beantragt, unter Zurückweisung der Berufung im übrigen festzustellen, daß der Beklagte verpflichtet ist, den Kläger ab 10. April 1953 in die VergGr. VII TO. A einzuweisen.

Das Landesarbeitsgericht hat das Urteil des Arbeitsgerichts geändert und dahin erkannt:

> Es wird festgestellt, daß der Kläger in der Zeit seit dem 10. 4. 1953 im Dienste der Beklagten überwiegend Tätigkeiten mit den Merkmalen der Gruppe VII der Anlage 1 zur TO. A auszuführen gehabt hat.
>
> Die Beklagte wird verurteilt, an den Kläger brutto DM 2000,— mit 4 % Zinsen seit dem 10. 1. 1956 als Differenzvergütung zu zahlen.
>
> Im übrigen wird die Klage abgewiesen.
>
> Die Kosten des Rechtsstreits tragen die Parteien je zur Hälfte.
>
> Der Streitwert beträgt DM 10 000,—.

Auf die von beiden Parteien eingelegte Revision hat das Bundesarbeitsgericht aufgehoben und zurückverwiesen.

Aus den Gründen:

I. 1. Zu Unrecht rügt der Beklagte, daß das Landesarbeitsgericht den Feststellungsantrag des Klägers neben dem zugleich geltend gemachten Leistungsanspruch als zulässig angesehen hat.

Die Klage auf Feststellung der einem Angestellten zustehenden tariflichen Vergütungsgruppe anstelle einer entsprechenden Leistungsklage ist, wie auch der Beklagte wohl nicht leugnen will, gegenüber einer Körperschaft des öffentlichen Rechts in aller Regel zulässig. Denn abgesehen davon, daß eine solche Klage meist weiter reicht, als eine Leistungsklage während des Bestehens des Arbeitsverhältnisses möglich ist, ist anzunehmen, daß die beklagte Körperschaft auch einem Feststellungsurteil nachkommen wird, so daß es regelmäßig einer weiteren, auf Leistung gerichteten Klage nicht mehr bedarf. Das Feststellungsinteresse des Klägers muß in einem solchen Falle bejaht werden.

Eine andere Frage ist es, ob die Feststellungsklage neben einer gleichzeitig erhobenen Leistungsklage auch insoweit zulässig ist, als sie sich mit der Leistungsklage deckt. Das ist für den hier gegebenen Fall zu bejahen. Denn jedenfalls ist dann, wenn — wie insbesondere bei wiederkehrenden Leistungen — die Bezifferung des ganzen Anspruchs unmöglich oder untunlich ist, neben der Teilleistungsklage die Klage auf Feststellung des Ganzen zulässig (vgl. Stein-Jonas, § 256 ZPO Anm. II 5b ß; Wieczorek, § 256 ZPO Anm. C II b 2; RGZ 41, 372).

2. Dagegen wenden sich beide Revisionen zu Recht gegen die Formulierung, mit der das Landesarbeitsgericht über den Feststellungsantrag erkannt hat.

Im Streit war im Berufungsverfahren der Feststellungsantrag des Klägers, daß der Beklagte verpflichtet sei, den Kläger mit Wirkung vom 10. April 1953 in die VergGr. VI b TO.A — hilfsweise: in die VergGr. VII TO.A — einzureihen. Das Landesarbeitsgericht nimmt an, daß damit die Verpflichtung des Arbeitgebers zur Vornahme einer Handlung festgestellt werden solle. Es führt aus, auf die Vornahme einer solchen Handlung habe der Angestellte keinen Anspruch. Im Hinblick auf die allein dem Arbeitgeber des öffentlichen Dienstes im Rahmen seiner Direktionsmacht zustehende Haushaltsplangestaltung mit Planstellenzuteilung sei es nicht angängig, ihn zu verurteilen, einen Arbeitnehmer in eine der vorhandenen Stellen einer bestimmten Gruppe „einzureihen". Es sei allein Sache des Arbeitgebers, nach Maßgabe des Inhalts eines von ihm geschlossenen Arbeitsvertrages seine Beschäftigten im Einklang mit den haushaltsrechtlichen Möglichkeiten unterzubringen, d. h. den vorhandenen Beschäftigtenstand in Einklang mit der Haushaltsplan- und Stellenplangesetzgebung zu bringen. Für den Arbeitnehmer erwachse auch aus der Zuteilung einer bestimmten Planstelle oder der Beschäftigung unter anderen Voraussetzungen kein entsprechender subjektiver Anspruch.

Das ist in verschiedener Hinsicht rechtsirrig. Die Klage geht gar nicht auf Einweisung in eine im Haushalt des Beklagten vorgesehene Planstelle, wie sie etwa für den Gehaltsanspruch des Beamten Voraussetzung ist. Auch setzt in einem der TO.A unterliegenden Arbeitsverhältnis die Zugehörigkeit des Angestellten zu einer bestimmten Vergütungsgruppe dieser Tarifordnung das Vorhandensein einer entsprechenden Planstelle nicht voraus. Vielmehr sind die tariflichen Rechte eines Angestellten von der

Gestaltung des Haushaltsplans völlig unabhängig. Die Geltendmachung dieser Ansprüche kann daher auch nicht das Recht des Arbeitgebers zur Gestaltung des Haushaltsplans, das wiederum nichts mit der ihm als Arbeitgeber zustehenden Direktionsbefugnis zu tun hat, berühren.

Andererseits erfordert der tarifliche Anspruch des Angestellten auf eine bestimmte Vergütungsgruppe, wie ihn der Kläger hier geltend macht, keine Handlung des Arbeitgebers im Sinne einer konstitutiven Einreihungserklärung. Dieser Anspruch ergibt sich aus der vom Angestellten überwiegend ausgeübten Tätigkeit und den tariflichen Tätigkeitsmerkmalen. Die Einreihungserklärung des Arbeitgebers hat für diesen tariflichen Anspruch nur deklaratorische Bedeutung. Entspricht sie nicht den tariflichen Mindestbedingungen, so bestimmt sich die dem Angestellten zustehende Vergütungsgruppe nach den Tarifnormen, die das Arbeitsverhältnis zwingend-ergänzend beherrschen.

Demgemäß kann eine auf Einreihung in eine Vergütungsgruppe der TO.A gerichtete Klage sinngemäß nur als ein Antrag auf Feststellung ausgelegt werden, daß dem Kläger die Ansprüche nach dieser Vergütungsgruppe zustehen, womit im Einzelfalle alle mit der Vergütungsgruppe zusammenhängenden Rechte (z. B. Urlaub von bestimmter Dauer) oder nur die Vergütungsansprüche gemeint sein können. Bei einer solchen sinngemäßen Auslegung ist der Feststellungsantrag des Klägers zulässig.

Unzulässig dagegen wäre der Antrag gerade dann gewesen, wenn er der Formulierung des angefochtenen Urteils entsprochen hätte und auch so gemeint gewesen wäre, sich also nicht in dem eben erörterten Sinne hätte umdeuten lassen. Denn die Feststellung, daß eine Tätigkeit bestimmten Tätigkeitsmerkmalen entsprochen hat, erstreckt sich nicht, wie § 256 ZPO es erfordert, auf ein Rechtsverhältnis, sondern auf bloße Anspruchselemente.

Das Landesarbeitsgericht führt zur Begründung der gewählten Formulierung aus, der Arbeitnehmer könne „nur die Feststellung verlangen, daß der Arbeitgeber durch eine auf Dauer ausgerichtete Zuteilung eines bestimmten Arbeitsgebietes den Arbeitsvertrag als Rechtsverhältnis in bestimmter Weise zu gestalten habe mit der Folge, daß an Hand des für das Beschäftigungsverhältnis geltenden Tarifrechts bestimmte, beiderseitige Ansprüche entstanden sind, die ein feststellbares Rechtsverhältnis im Sinne des § 256 ZPO bilden". Der Streit geht aber nicht um eine Verpflichtung des Beklagten, das Arbeitsverhältnis arbeitsmäßig in bestimmter Weise zu gestalten. Vielmehr geht es umgekehrt um die Feststellung, welche tarifrechtlichen Folgerungen sich aus der tatsächlich bestehenden Gestaltung des Arbeitsverhältnisses, nämlich aus der vom Kläger überwiegend ausgeübten Tätigkeit, hinsichtlich der ihm zustehenden Vergütungsgruppe ergeben. Hierüber hatte das Landesarbeitsgericht zu entscheiden. Sein Urteilsausspruch, der sich bewußt auf die Feststellung bloßer Anspruchselemente beschränkt, wird dem nicht gerecht.

II. ...

III. Das Berufungsgericht hat ferner den Beklagten verurteilt, an den Kläger 2000,— DM brutto nebst 4 v. H. Zinsen seit dem 10. Januar 1956 zu zahlen. Insofern stimmt sein Urteilsausspruch mit dem Urteil des Arbeitsgerichts überein. Für diese Entscheidung fehlt es im Berufungsurteil an jeder Begründung, abgesehen von dem in der Urteilsformel enthaltenen Zusatz „als Differenzvergütung". Da das Landesarbeitsgericht die Tätigkeitsmerkmale der VergGr. VII TO.A als erfüllt ansieht, ist anzunehmen, daß sich der Betrag auf den Unterschied zwischen den Bezügen nach der VergGr. VII und den dem Kläger zunächst nach der VergGr. IX, später VIII, gezahlten Bezügen bezieht. Auf welchen Zeitraum sich diese Gehaltsnachzahlung erstrecken soll, ist nicht ersichtlich. Der Umstand, daß Zinsen seit dem 10. Januar 1956 zugesprochen sind, spricht für die Annahme, daß es sich um Beträge handeln müsse, die bis zu diesem Zeitpunkt fällig geworden sind. Wie sich der Betrag errechnet, ist nicht erkennbar.

Selbst wenn aber eine Gehaltsnachforderung des Klägers in Höhe von mindestens 2000,— DM rechnerisch unstreitig gewesen sein sollte, war die Zahlungsklage und eine entsprechende Entscheidung (auch eine Abweisung des Anspruchs als unbegründet) unzulässig. Denn es fehlte an der nach § 253 Abs. 2 Ziffer 2 ZPO zwingend vorgeschriebenen bestimmten Angabe des Gegenstandes des Anspruchs.

Der Kläger hatte im ersten Rechtszuge im Schriftsatz vom 8. Oktober 1956 einen Antrag angekündigt, mit dem er Zahlung von 2685,86 DM als Gehaltsdifferenz zwischen den VergGr. V b und VIII TO.A für die Zeit vom 10. April 1953 bis 15. Februar 1954, hilfsweise Zahlung von 2681,21 DM als Differenz zwischen den Vergütungsgruppen VI b und VIII TO.A für die Zeit vom 10. April 1953 bis 31. August 1954 forderte, und hatte dem eine genaue Aufstellung beigefügt, wie sich diese Ansprüche im einzelnen errechneten. In dieser Form wäre seine Leistungsklage zulässig gewesen. Indem er — anscheinend auf Anregung des Gerichts — seinen Anspruch auf einen nicht näher aufgegliederten Teilbetrag umstellte, wurde seine Klage insoweit unzulässig. Auch die ergangenen Urteile lassen nicht mit der erforderlichen Bestimmtheit erkennen, worauf sich die Entscheidung erstreckt. Das ist schon im Hinblick auf die Rechtskraftwirkung notwendig. Bei wiederkehrenden Leistungen kann die genaue Bestimmung des Anspruchs auch für die Frage der Verjährung Bedeutung erlangen. Die vom Berufungsgericht ausgesprochene Verurteilung zur Zahlung von 2000,– DM brutto läßt eine Errechnung der dem Kläger auszuzahlenden Nettobeträge nicht zu, da es an einer Verteilung der zugesprochenen Summe auf bestimmte Zeiträume nach bestimmten Teilbeträgen fehlt. Vollends ungewiß bleibt der Gegenstand der zugesprochenen Leistung hier noch insofern, als auch die Höhe der dem Kläger zustehenden Grundvergütung streitig ist.

In der Revisionsverhandlung hat der Kläger nunmehr den geltend gemachten Anspruch in der Weise aufgeteilt, daß er für die 50 Monate vom 10. April 1953 bis 9. Juni 1957 je 40,– DM fordert, und zwar in erster Linie als Teil der Gehaltsdifferenz zwischen den Vergütungsgruppen VIII und VI b, hilfsweise zwischen VIII und VII TO.A. Das entspricht dem Erfordernis der bestimmten Angabe des Klagegegenstandes. Die Aufteilung durfte auch noch im Revisionsverfahren vorgenommen werden (vgl. BGHZ 11, 192; Rosenberg, Lehrbuch des Deutschen Zivilprozeßrechts, 7. Aufl., § 91 II 2c; Wieczorek, Anm. G III a 7 zu § 253 ZPO). Damit wurde die sonst notwendige Abweisung des Zahlungsanspruchs als unzulässig vermieden.

46

1. Die Zulässigkeit und Wirksamkeit der Versetzung eines Arbeitnehmers auf einen neuen Arbeitsplatz an einem neuen Arbeitsort kann Gegenstand einer positiven oder negativen Feststellungsklage sein.

2. Die Versetzung ist eine einseitige, rechtsgeschäftliche Handlung, die im Weisungsrecht des Arbeitgebers wurzelt und durch die dieser die Arbeitsbedingungen des Arbeitsvertrages zu ändern gegebenenfalls befugt ist.

3. § 3 KSchG (Dreiwochenfrist) ist auf Feststellungsklagen, die die Zulässigkeit und Wirksamkeit einer Versetzung zum Gegenstand haben, auch nicht entsprechend anwendbar.

4. Eine Versetzung ist nicht schon deshalb unzulässig und unwirksam, weil der neue Arbeitsplatz am neuen Arbeitsort tariflich geringer bewertet wird als der alte. Denn die Versetzung kann berechtigt sein, die eventuelle Minderung der Vergütung hingegen nicht (AP Nr. 47, Nr. 50 zu § 3 TO.A).

5. Der Arbeitgeber des öffentlichen Dienstes kann Angestellte, die unter die TO.A fallen, aus dienstlichen Gründen an einen anderen Dienstort versetzen.

6. Zu diesen „dienstlichen Gründen" gehören auch solche Umstände, die durch das außerdienstliche Verhalten des Angestellten entstanden sein können (z. B. häufige Trunkenheit).

7. Bei einer Versetzung gegen den Willen des Angestellten gebietet die Fürsorgepflicht dem Arbeitgeber zu prüfen, ob das Interesse des Angestellten an der Weiterbeschäftigung am bisherigen dienstlichen Wohnsitz auf dem bisherigen Arbeitsplatz hinter das Interesse der Allgemeinheit an ordnungsgemäßer Durchführung der Aufgaben des öffentlichen Dienstes und damit an der Versetzung zurücktreten muß.

BGB § 611 (Direktionsrecht); TO.A § 22 (Versetzung); KSchG § 3; ZPO § 256.

IV. Senat. Urteil vom 20. 1. 1960 i. S. L. G. B. (Bekl.) w. v. A. (Kl.) 4 AZR 267/59.

I. Arbeitsgericht Lingen a. d. Ems. — II. Landesarbeitsgericht Hannover.

Der Kläger, der seit 1933 im Sparkassenwesen tätig ist, wurde im Jahre 1938 bei der damaligen Hauptstelle der Kreissparkasse des Beklagten in B. eingestellt. Der Kläger erhielt Vergütung nach VergGr. VI b TO.A. Bis zu seiner Einberufung zur Wehrmacht im Jahre 1944 war der Kläger als Leiter zur Kreiskommunalkasse des Beklagten abgestellt worden. Im Jahre 1945 kehrte er aus Kriegsgefangenschaft zurück. Er wurde nunmehr als Leiter der Hauptzweigstelle der Kreissparkasse in G. tätig. Seine Vergütung erfolgte weiterhin nach VergGr. VI b TO.A.

Im Jahre 1956 beantragte der Kläger erstmalig seine Höhergruppierung in die VergGr. V bTO.A. Er war der Ansicht, daß er Anspruch auf Vergütung nach dieser Gruppe habe, weil die Einlagen bei der Zweigstelle G. den Betrag von 1,5 Millionen DM überstiegen hatten. Der Antrag des Klägers wurde jedoch vom Beklagten abgelehnt, weil Höhergruppierungen grundsätzlich nur zu Beginn des jeweiligen Rechnungsjahres und nach Aufstellung eines neuen Stellenplanes erfolgen dürften. Dabei wies der Beklagte seinerzeit darauf hin, daß der Stellenplan nur eine Stelle nach VergGr. V b TO.A vorsehe, die aber besetzt sei. Dem Kläger wurde anheimgestellt, den Antrag zum Schluß des Jahres erneut einzureichen. Darauf wiederholte der Kläger im Jahre 1957 seinen Antrag auf Höhergruppierung. Nunmehr wurde dem Kläger mitgeteilt, dem Antrag könne nicht entsprochen werden, weil er die erforderlichen Fachprüfungen nicht abgelegt habe. Der Kläger hielt jedoch seine Forderung auf Vergütung nach VergGr. V b aufrecht.

Der Sparkassenvorstand der Kreissparkasse der Beklagten beschloß in einer Sitzung am 13. Oktober 1958 die Versetzung des Klägers von G.

zur Hauptzweigstelle in N. als Stellvertreter des dortigen Zweigstellenleiters. Dieser Beschluß wurde dem Kläger mitgeteilt und die Versetzung mit Wirkung ab 11. November 1958 durchgeführt.

Kurz darauf teilte der Oberkreisdirektor des Beklagten dem Kläger mit, der Vorstand der Kreissparkasse sei bereit, die Gehaltsforderung des Klägers dahin zu regeln, daß ihm vom 1. November 1956 bis zum 1. November 1958 der Unterschiedsbetrag zwischen der VergGr. VI b und V b TO.A nachgezahlt werde. Gleichzeitig wurde dem Kläger jedoch eröffnet, daß es hinsichtlich seiner Versetzung bei dem Beschluß des Beklagten bleibe; die Versetzung sei völlig unabhängig von der Gehaltsfrage erforderlich gewesen.

Der Kläger hat beantragt festzustellen, daß die von dem Beklagten am 13. Oktober 1958 beschlossene und zum 11. November 1958 angeordnete Versetzung des Klägers von dessen bisheriger Stelle als Leiter der Hauptzweigstelle der Kreissparkasse des Kreises Grafschaft B. in G. an die Hauptzweigstelle in N. unzulässig ist.

Der Kläger ist der Ansicht, die Versetzung verstoße gegen die Fürsorgepflicht des Beklagten und gegen Treu und Glauben. Sie sei lediglich erfolgt, um dem berechtigten Verlangen des Klägers nach tarifgemäßer Vergütung auszuweichen. Die von ihm in G. innegehabte Stelle sei wegen des 1,5 Millionen DM übersteigenden Einlagebetrages tariflich nach VergGr. V b TO.A. bewertet worden, während die neue Stelle in N., auf die er versetzt worden sei, tariflich nur eine Stelle der VergGr. VI b TO.A sei.

Der Beklagte hat beantragt, die Klage abzuweisen. Sie sei wegen Nichteinhaltung der Frist des § 3 KSchG verspätet erhoben worden. Diese Bestimmung sei auf Klagen, wie sie der Kläger erhoben habe, entsprechend anzuwenden. Im übrigen sei der Beklagte auf Grund seines Direktionsrechts zur Versetzung des Klägers berechtigt gewesen. Das Versetzungsrecht ergebe sich insbesondere aus der Geschäftsanweisung Abschnitt I, § 1 Ziff. 4 für die Kreissparkasse. Die Versetzung sei auf Grund von Pflichtverletzungen des Klägers auch gerechtfertigt. Dieser habe sich u. a. 1957/58 in G. mehr und mehr dem Trunke ergeben; schon während der Dienststunden sei er in Gastwirtschaften gegangen, um Alkohol zu trinken. Abends sei der Kläger häufig sinnlos betrunken gewesen. Bauern hätten deshalb schon geäußert: „Das ist nun der Mann, dem wir unser Geld anvertrauen." Der Kläger habe darüber hinaus eine Kreditüberschreitung einer Textilfabrik um 31 000,— DM pflichtwidrig zugelassen. Im Jahre 1955 habe er unberechtigterweise die Landesbank in Hannover angewiesen, „zu Lasten des Verrechnungskontos der Zweigstelle G. Termingeld zu belegen". Außerdem sei er im Jahre 1955 unerlaubt für seine Zweigstelle eine selbstschuldnerische Bürgschaft für eine Firma gegenüber dem fürstlichen Rentamt eingegangen. Schließlich habe der Kläger im Jahre 1957 selbständige Depotgeschäfte getätigt, ohne dazu berechtigt zu sein.

Das Arbeitsgericht hat die Klage abgewiesen, das Landesarbeitsgericht hat ihr dagegen stattgegeben. Die Revision des Beklagten führte zur Aufhebung und Zurückverweisung.

Aus den Gründen:

Das Feststellungsbegehren des Klägers ist zulässig (§ 256 ZPO). Nach dem gesamten Sachvortrag des Klägers ist davon auszugehen, daß er sowohl die Berechtigung zur Versetzung als auch ihre eventuelle Wirksamkeit in Abrede stellt. Die Zulässigkeit und Wirksamkeit einer solchen Versetzung kann Gegenstand eines positiven oder negativen Feststellungsbegehrens sein, weil sie eine einseitige rechtsgeschäftliche Handlung ist, die im Weisungs- oder Direktionsrecht des Arbeitgebers wurzelt und durch die dieser die Arbeitsbedingungen des Arbeitsvertrags einseitig zu ändern gegebenenfalls befugt ist.

Der Kläger hat ein rechtliches Interesse daran, daß die Unzulässigkeit oder Unwirksamkeit der Versetzung alsbald festgestellt werde. Das rechtliche Interesse liegt deshalb vor, weil durch die Versetzung eine tatsächliche Ungewißheit und Unsicherheit darüber besteht, ob die Arbeitsbedingungen des Arbeitsvertrags der Parteien hinsichtlich des Arbeitsplatzes und Arbeitsortes in rechtlich verbindlicher Weise geändert worden sind oder nicht. Durch diese Ungewißheit über die Zulässigkeit und Wirksamkeit der Versetzung sieht sich der Kläger in seiner Rechtsstellung gefährdet, so daß er ein in der Sache selbst begründetes Interesse hat zu wissen, ob die Versetzung rechtens ist oder nicht. Spätestens seit Durchführung der Versetzung ist das Bedürfnis des Klägers nach Klarstellung zu bejahen.

Das auf den Feststellungsantrag des Klägers hin ergehende Urteil ist auch durch seine ideelle Rechtskraft geeignet, die Gefährdung der aufgezeigten Rechtsstellung des Klägers zu beseitigen. Ist die Versetzung nicht zulässig und wirksam erfolgt, so behält der Kläger in allem seine Position, wie sie vor der Versetzung bestand, d. h. er hat Rechte und Pflichten aus dem Arbeitsvertrag, wie wenn die Versetzung nicht stattgefunden hätte.

Zu Unrecht meint die Revision, die Feststellungsklage sei verspätet erhoben worden, der Kläger hätte die Dreiwochenfrist des § 3 KSchG einhalten müssen. Diese Vorschrift bietet weder ihrem Wortlaut noch ihrem Zweck nach die Möglichkeit, sie auf die vorliegende Klage anzuwenden.

Eine erweiternde Auslegung des § 3 KSchG auf Klagen der vorliegenden Art ist angesichts des klaren und eindeutigen Wortlauts der Gesetzesbestimmung undenkbar; denn § 3 KSchG spricht lediglich von der Anrufung des Arbeitsgerichts durch einen Arbeitnehmer, der geltend machen will, eine Kündigung sei sozial ungerechtfertigt. Dies verkennt auch die Revision nicht. Sie meint jedoch, die Bestimmung sei auf Klagen, die die Unzulässigkeit oder Unwirksamkeit einer Versetzung betreffen, entsprechend anzuwenden. Eine entsprechende Anwendung setzt aber zunächst einmal voraus, daß eine Gesetzeslücke vorhanden ist, die zu schließen wäre. Das Gesetz, das hier in Betracht käme und bei dem zunächst einmal eine Lücke aufzuzeigen wäre, ist das Kündigungsschutzgesetz. Dieses Gesetz geht als Sondergesetz dem allgemeinen Arbeitsvertragsrecht, wie es sich aus den Bestimmungen der §§ 611 ff. BGB entwickelt hat, vor. Es ist also nicht angängig zu argumentieren, in diesem allgemeinen Arbeitsvertragsrecht bestehe eine Lücke, die durch entsprechende Anwendung von Bestimmungen des Kündigungsschutzgesetzes zu schließen sei. Zwar ist auch die analoge Anwendung von Rechtsvorschriften, die ihrer Natur nach Sondercharakter haben (lex specialis), denkbar und u. U. geboten, aber nur im Rahmen und in der Zwecksetzung der lex specialis. Das Kündigungsschutzgesetz weist aber hinsichtlich der hier angeschnittenen Frage, nämlich ob eine Versetzung zulässig oder unzulässig ist, gar keine Lücke auf. Zwar schweigt das Gesetz hierüber, aber nicht etwa deswegen, weil diese Frage zur Entscheidung noch nicht reif gewesen wäre oder weil sie übersehen worden ist; das Gesetz schweigt auch nicht deshalb, weil die Frage noch gar nicht entschieden werden konnte, da sie etwa nach Erlaß des Gesetzes durch eine Veränderung der Lebensverhältnisse entstanden wäre. Das Kündigungsschutzgesetz schweigt vielmehr über diese Frage deshalb, weil es gar keinen Anlaß hatte, sie zu behandeln und gesetzlich zu regeln. Es wollte keineswegs alle Gestaltungsrechte, die dem Arbeitgeber kraft Vertrages oder Tarifes für den Einzelarbeitsvertrag zustehen, regeln. Vielmehr betrifft das Kündigungsschutzgesetz grundsätzlich nur die sogenannte sozial ungerechtfertigte Kündigung, wenn man von einigen weiteren besonderen Kündigungsfällen (vgl. z. B. § 11 KSchG), die hier aber nicht interessieren, absieht. Hat aber das Kündigungsschutzgesetz ersichtlich nur bestimmte Kündigungsfälle im Auge, so daß selbst der Gedanke einer analogen Anwendung der Vorschrift des § 3 KSchG auf andere vom Kündigungsschutzgesetz nicht erfaßte Kündigungen (vgl. z. B. § 11 Abs. 4) abzulehnen ist, so kommt erst recht die entsprechende Anwendung dieser Bestimmung auf andere Gestaltungsrechte, die aus dem Direktionsrecht des Arbeitgebers erfließen und zu denen auch das Recht der Versetzung gehört, nicht in Frage.

Auch der Hinweis auf die sogenannte Änderungskündigung vermag hier nicht zu verfangen. Denn auch die Änderungskündigung führt grundsätzlich zur Lösung des Arbeitsverhältnisses. Durch den Ausspruch einer solchen Kündigung soll nämlich auf den anderen Vertragsteil eingewirkt werden, in eine Neugestaltung des Arbeitsverhältnisses einzuwilligen, widrigenfalls das Arbeitsverhältnis durch die Kündigung beendigt wird. Es handelt sich bei der Änderungskündigung um einen legalen Druck auf die Gegenseite, Neugestaltungen und Änderungen des Arbeitsverhältnisses, die ein Vertragsteil allein nicht vornehmen kann, zuzustimmen. Die Änderungskündigung als solche ändert also selbst das Arbeitsverhältnis unmittelbar nicht, während durch die im Direktionsrecht des Arbeitgebers wurzelnde Versetzungsbefugnis die Arbeitsbedingungen des Arbeitsverhältnisses in bestimmter Beziehung geändert werden (vgl. hierzu Hueck, KSchG, 3. Aufl., § 1 Anm. 31; Herschel-Steinmann, KSchG, 4. Aufl., § 1 Anm. 13; Nikisch in Festschrift für Sitzler S. 265 ff.).

Mit Recht rügt jedoch die Revision, das Berufungsgericht habe die Frage der Versetzung unrichtig mit der der Vergütung verquickt. Es kommt nämlich in diesem Rechtsstreit für die Frage, ob der Kläger zu Recht oder zu Unrecht versetzt worden ist, gar nicht entscheidend darauf an, ob seine Tätigkeit auf seinem bisherigen Arbeitsplatz tariflich nach VergGr. V b TO. A zu vergüten war und ob die seines neuen Arbeitsplatzes tariflich nur noch nach VergGr. VI b TO. A zu bewerten ist.

Zwar wird in Rechtsprechung und Literatur immer wieder betont, daß mangels entsprechender Normen oder bestimmter vertraglicher Abreden der Arbeitgeber keine einseitige Versetzung vornehmen könne, die mit einer Minderung der Vergütung verbunden ist (vgl. z. B. Hueck-Nipperdey, Lehrbuch des Arbeitsrechts, 6. Aufl., Bd. I, S. 183 f.). Das bedeutet jedoch lediglich, daß das Direktionsrecht des Arbeitgebers sich grundsätzlich nur auf die Arbeitsleistung, nicht aber auf die Lohnbemessung erstreckt. Hieraus wird gefolgert, die Zustimmung des Arbeitnehmers sei für eine Versetzung mit Lohnminderung erforderlich, falls nicht etwa dem Arbeitgeber das Recht zu einer derartigen mit einer Lohnkürzung verbundenen Versetzung des Arbeitnehmers besonders eingeräumt worden sei. Das angefochtene Urteil und der Kläger mißverstehen aber diesen Satz, wenn sie daraus schließen, jede Versetzung als solche sei schon deswegen unzulässig, weil die Arbeit auf der neu zugewiesenen Arbeitsstelle tariflich gesehen geringer zu vergüten sei als die alte. Der vorgenannte Satz will nämlich nicht mehr und nicht weniger besagen, als daß der Arbeitgeber nicht berechtigt ist, verbindlich und rechtswirksam im Wege der Weisungsbefugnis die Vergütung zu mindern. Versetzung auf einen anderen Arbeitsplatz und an einen anderen Arbeitsort, wie hier, ist aber mit einer Vergütungsminderung nicht notwendigerweise so verkoppelt, daß die Versetzung als solche ohne wirksame Kündigung des Arbeitsverhältnisses (Änderungskündigung) und ohne Zustimmung des Arbeitnehmers schon deswegen unzulässig oder unwirksam ist, weil der neue Arbeitsplatz am neuen Arbeitsort tariflich geringer bewertet wird als der alte. Denn die Versetzung kann berechtigt sein, die Minderung der Vergütung aber nicht. Das hat zur Folge, daß der Arbeitnehmer der Versetzungsanordnung grundsätzlich nachkommen muß, während der Anspruch auf die bisherige Vergütung solange bestehen bleibt, bis der Arbeitsvertrag wirksam geändert worden ist. Einer wirksamen Vertragsänderung bedarf es aber hinsichtlich der Vergütung immer, wenn nicht ausnahmsweise auf Grund von Normen oder des Vertrages der Arbeitgeber durch Zuweisung eines anderen Arbeitsplatzes auch die Vergütung einseitig herabsetzen darf (vgl. die Urteile des Senats in AP Nr. 47 zu § 3 TO. A und BAG 8, 102 [105]).

Hiernach hat die vergütungsrechtliche Seite für die Frage der Zulässigkeit oder Unzulässigkeit der Versetzung, die allein Gegenstand dieses Rechtsstreits ist, entgegen der Ansicht des Berufungsgerichts keine unmittelbare Bedeutung. Es kommt vielmehr entscheidend darauf an, ob der Beklagte ein Versetzungsrecht hatte, bejahendenfalls ob er dieses Versetzungsrecht wirksam ausgeübt hat.

Gemäß § 22 Satz 1 TO.A, unter die das Arbeitsverhältnis der Parteien fällt, kann der Angestellte nach näherer Bestimmung der Dienstordnung während des Bestehens des Dienstverhältnisses aus dienstlichen Gründen nach einem anderen Dienstort versetzt werden. Daraus folgt, daß der Beklagte an sich zur Versetzung des Klägers befugt war, wenn dienstliche Gründe dies erforderten.

Demgegenüber kann nicht geltend gemacht werden, der § 22 TO.A mache das Versetzungsrecht von näheren Bestimmungen der Dienstordnung (vgl. § 16 AOGÖ) abhängig. Die Worte „nach näherer Bestimmung der Dienstordnung" bedeuten nicht, daß das Versetzungsrecht erst durch das Dazukommen einer Dienstordnung entsteht; vielmehr ist das Versetzungsrecht tariflicher Natur. § 22 TO.A sieht lediglich vor, daß das Versetzungsrecht seinerzeit durch Dienstordnung (d. h. durch autonome Satzung) jeweils näher konkretisiert werden konnte. Wenn eine solche Dienstordnung, wie das hier der Fall ist, nicht vorliegt, so berührt dies das tarifliche Versetzungsrecht nicht. Es verbleibt vielmehr bei dem allgemein gehaltenen tariflichen Versetzungsrecht, so daß in jedem einzelnen Falle geprüft werden muß, ob die Versetzung zu Recht ausgesprochen worden ist oder nicht. Es gilt hier Entsprechendes wie bei der Bestimmung des § 14 ATO über die Schutzkleidung für Arbeitnehmer. Dort ist bestimmt, daß die Art und Beschaffenheit der Schutzkleidung und die Tätigkeit, für die sie geliefert wird, die Dienstordnung bestimmt. Hieraus folgt jedoch keineswegs, daß der Anspruch auf Schutzkleidung nach § 14 ATO dann hinfällig wäre, wenn es an einer solchen Dienstordnung fehlt. Die Dienstordnung ist hier nicht eine zusätzliche und zwingende Voraussetzung für den tariflichen Anspruch auf Gestellung der Schutzkleidung (vgl. BAG 8, 105 [108]).

Wenn § 22 TO.A die Versetzung an „dienstliche Gründe" knüpft, d. h. Gründe, die im Interesse des öffentlichen Dienstes liegen, so gehören hierzu auch solche Umstände, die nicht nur durch das dienstliche, sondern auch durch das außerdienstliche Verhalten des Angestellten entstanden sein können. Auch ein außerdienstliches Verhalten des Arbeitnehmers kann einen dienstlichen Grund für seine Versetzung bilden. Daraus folgt, daß die vom Beklagten in der Tatsacheninstanz im einzelnen behaupteten und dargelegten Versetzungsgründe, gleichgültig, ob sie das außerdienstliche oder dienstliche Verhalten des Klägers betreffen, daraufhin geprüft werden müssen, ob sie vorliegen und die Versetzung des Klägers rechtfertigen, wobei natürlich denkbar ist, daß unter Umständen schon ein Grund allein oder aber nur mehrere oder gar alle zusammen genügen. Bei alledem ergibt sich allerdings aus der Fürsorgepflicht des Beklagten gegenüber dem Kläger (vgl. Vorwort zur ATO), daß eine Versetzung gegen seinen Willen, wie das hier der Fall ist, nur dann rechtens ausgesprochen werden konnte, wenn das Interesse des Angestellten an der Weiterbeschäftigung am bisherigen dienstlichen Wohnsitz auf seinem bisherigen Arbeitsplatz hinter das Interesse der Allgemeinheit an ordnungsgemäßer Durchführung der Aufgaben des öffentlichen Dienstes zurücktreten muß (vgl. Böhm-Jund, Die Dienstverhältnisse der Angestellten und Arbeiter bei öffentl. Verwaltungen und Betrieben, Bd. II Recht für Angestellte, 1951, § 22 TO.A, Anm. 1).

Dafür, daß das tarifliche Versetzungsrecht des Beklagten durch den Arbeitsvertrag der Parteien in zulässiger Weise eingeschränkt worden ist, besteht kein Anhaltspunkt. Im Gegenteil, die unstreitig für das Arbeitsverhältnis verbindliche Geschäftsanweisung I § 1 Nr. 4 der Kreissparkasse des Beklagten bestimmt ausdrücklich, daß dieser berechtigt ist, den Kläger nach den allgemeinen tariflichen Vorschriften, also gemäß § 22 TO.A auch an einen anderen Dienstort, zu versetzen.

Es kann auch keine Rede davon sein, daß die Versetzung etwa deshalb keinen Bestand haben könnte, weil die am neuen Arbeitsort auf dem neuen Arbeitsplatz zu leistende Arbeit völlig aus dem Rahmen derjenigen Arbeit fallen würde, die der Kläger vor seiner Versetzung geleistet hat oder ggfs. zu übernehmen verpflichtet war. Denn die Tätigkeit eines Stellvertreters des Leiters einer Hauptzweigstelle einer ländlichen Kreissparkasse ist nicht so sehr verschieden von der Tätigkeit eines Leiters der Hauptzweigstelle selbst, daß allein schon aus diesem Grunde die Versetzung hinfällig wäre.

Ob der Kläger etwa berechtigt ist, die Arbeit am neuen Arbeitsort auf dem neuen Arbeitsplatz zu verweigern, wenn der Beklagte ihm nun nicht mehr die Vergütung zahlen würde, auf die er nach seinem Vertrag und mangels wirksamer Vergütungsminderung gegebenenfalls Anspruch hat (AP Nr. 47 zu § 3 TO.A), ist hier nicht näher zu erörtern. Denn dies hat mit der Frage, ob die Versetzung zulässig und wirksam ist, nichts zu tun. Die nunmehr vom Kläger am neuen Arbeitsort auf dem neuen Arbeitsplatz geforderte Arbeit hält sich jedenfalls im Rahmen des Arbeitsvertrags der Parteien.

Da das Landesarbeitsgericht die Frage, ob eine wirksame Versetzung der Mitwirkung des Betriebsrats bzw. Personalrats der Kreissparkasse des Beklagten bedurfte, zutreffend verneint hat, kommt es mithin lediglich darauf an, ob die von dem Beklagten im einzelnen vorgetragenen Gründe unter Berücksichtigung der Fürsorgepflicht des Beklagten die Versetzung rechtfertigen oder nicht. Hierzu sind aber vom Landesarbeitsgericht keine Feststellungen getroffen worden, so daß die Sache zwecks anderweiter Verhandlung und Entscheidung an das Berufungsgericht zurückverwiesen werden mußte.

47

Für die Berufungsbegründung im Sinne des § 519 Abs. 3 Ziff. 2 ZPO genügt es, wenn ausdrücklich auf ein Armenrechtsgesuch Bezug genommen wird, das sich bei den Prozeßakten befindet, dem Berufungsbeklagten bekannt ist, für sich eine ordnungsmäßige Berufungsbegründung enthält und von einem beim Berufungsgericht zugelassenen Prozeßbevollmächtigten unterschrieben ist. Dabei ist es unerheblich, daß ein solches Armenrechtsgesuch bereits vor der Einlegung der Berufung eingereicht worden ist.

ZPO § 519 Abs. 3 Ziff. 2.

V. Senat. Versäumnisurteil vom 21. 1. 1960 i. S. S. (Kl.) w. Fa. B. (Bekl.) 5 AZR 575/58.

I. Arbeitsgericht Hamburg. — II. Landesarbeitsgericht Hamburg.

Die vom Kläger fristgerecht gemäß § 110 Abs. 3 ArbGG erhobene Klage auf Aufhebung eines Schiedsspruchs des Tarifschiedsgerichts für die deutsche Seeschiffahrt ist durch Urteil des Arbeitsgerichts Hamburg vom 10. Juni 1958, dem Kläger zugestellt am 18. Juni 1958, als unbegründet abgewiesen worden. Gegen dieses Urteil hat der Kläger durch seine erstinstanzlichen Rechtsanwälte mit einem von diesen unterschriebenen und beim Landesarbeitsgericht am 2. Juli 1958 eingegangenen Schriftsatz vom 1. Juli 1958 Berufung eingelegt mit dem Antrag, unter Abänderung des angefochtenen Urteils nach seinem erstinstanzlichen Klageantrag zu erkennen. In der Berufungsschrift haben seine damaligen Prozeßbevollmächtigten ausgeführt: „Zur Berufungsbegründung nehmen wir einstweilen auf die Begründung im Armenrechtsgesuch vom 21. Juni 1958 Bezug, dessen Inhalt wir auch für das Berufungsverfahren vortragen." In diesem beim Landesarbeitsgericht am 23. Juni 1958 eingegangenen Armenrechtsgesuch hatte der Kläger durch seine damaligen Prozeßbevollmächtigten, die das Armenrechtsgesuch ebenfalls unterzeichnet hatten, das erstinstanzliche klageabweisende Urteil ausführlich der Sache nach angegriffen. Weitere teilweise auf dieses Armenrechtsgesuch Bezug nehmende und zu der Erwiderung der Beklagten Stellung nehmende Sachausführungen des Klägers sind im Schriftsatz seiner Prozeßbevollmächtigten vom 11. Juli 1958, beim Landesarbeitsgericht eingegangen am 12. Juli 1958, sowie —nach Ablauf der Berufungsbegründungsfrist — in einer Reihe von späteren Schriftsätzen seiner damaligen Prozeßbevollmächtigten enthalten.

Das Landesarbeitsgericht hat — unter gleichzeitiger Verweigerung des vom Kläger nachgesuchten Armenrechts — durch das angefochtene Urteil die Berufung des Klägers als unzulässig verworfen mit der Begründung, sie sei nicht entsprechend der Vorschrift des § 519 Abs. 3 Ziff. 2 ZPO ordnungsmäßig begründet worden. Die in der Berufungsschrift enthaltene einstweilige Bezugnahme auf das vorher eingereichte Armenrechtsgesuch vom 21. Juni 1958 genüge nicht den nach § 519 ZPO zu stellenden strengen Anforderungen. Hiergegen richtet sich die Revision des Klägers.

Die Beklagte war zu der vor dem Bundesarbeitsgericht anberaumten mündlichen Verhandlung ordnungsmäßig geladen, jedoch in der Verhandlung nicht durch einen Prozeßbevollmächtigten vertreten. Der Kläger beantragt daher, im Wege des Versäumnisurteils das angefochtene Urteil aufzuheben und die Sache zur anderweitigen Verhandlung und Entscheidung an die Vorinstanz zurückzuverweisen. Dem hat das Bundesarbeitsgericht entsprochen.

Aus den Gründen:

Gemäß § 72 Abs. 3 ArbGG, §§ 557, 331 ZPO hatte das vom Kläger begehrte Versäumnisurteil zu ergehen, weil die Revision mit Recht rügt, daß das angefochtene Urteil auf einer Verletzung des § 519 Abs. 3 Ziff. 2 ZPO beruht. Denn die Annahme des Landesarbeitsgerichts, die in der Berufungsschrift enthaltene Bezugnahme auf das Armenrechtsgesuch vom 21. Juni 1958 enthalte keine den Erfordernissen des § 519 Abs. 3 Ziff. 2 ZPO entsprechenden Berufungsgründe, ist fehlerhaft. Der Sinn der Begründungspflicht nach näherer Maßgabe des § 519 Abs. 3 Ziff. 2 ZPO geht dahin, im Interesse der Konzentration des Prozeßstoffes und der sachgerechten und erleichterten Vorbereitung der mündlichen Verhandlung auf den Berufungskläger einen Druck dahingehend auszuüben, daß er deutlich und unter der Verantwortung eines beim Berufungsgericht zugelassenen Prozeßbevollmächtigten sagt, was er gegen das von ihm angegriffene Urteil einzuwenden hat, und zwar mit der Deutlichkeit, daß sowohl das mit der Berufung angegangene Gericht wie der Berufungsbeklagte die Angriffe der Berufung bei sachgemäßer Würdigung verstehen können (vgl. zu letzterem: BAG AP Nr. 2 und Nr. 9 zu § 519 ZPO). Diesem Sinn des Gesetzes kann ein Berufungskläger auch dadurch gerecht werden, daß innerhalb der Berufungsbegründungsfrist auf ein Armenrechtsgesuch ausdrücklich Bezug genommen wird, das für sich den Anforderungen einer Berufungsbegründung im Sinne des § 519 Abs. 3 Ziff. 2 ZPO genügt, sich bei den Akten befindet, von dem beim Berufungsgericht zugelassenen Prozeßbevollmächtigten unterzeichnet und dem Berufungsbeklagten bekannt ist. Wenn diese Voraussetzungen gegeben sind, wie das vorliegend der Fall war, ist das gewährleistet, was § 519 Abs. 3 Ziff. 2 ZPO sicherstellen will, nämlich, daß vom Kläger durch einen beim Berufungsgericht zugelassenen Prozeßbevollmächtigten unter dessen Betreuung und beruflichen Verantwortung dem Gericht und dem Berufungsbeklagten deutlich gemacht wird, welche Beanstandungen er gegen das erstinstanzliche Urteil erhebt. In einem solchen Fall dem Berufungskläger zur Pflicht zu machen, nochmals eine gesonderte Berufungsbegründung zu geben, würde praktisch zu überflüssigem Schreibwerk und zur unnötigen Belastung der Akten führen. Das ist auch insoweit die ganz übereinstimmende Ansicht der Rechtsprechung und der Rechtslehre (vgl. BGH vom 2. April 1952 — II ZB 7/52 — LM Nr. 5 zu § 519 ZPO; vom 22. Oktober

1952 — III ZB 17/52 — LM Nr. 11 zu § 519 ZPO; vom 14. Juli 1952 — IV ZR 64/52 — LM Nr. 14 zu § 48 Abs. 2 EheG; RGZ 145, 266 [268]; RGZ 145, 269 [270]; RG JW 1935, 2285 Nr. 20; RG DJ 1936, 777; Stein-Jonas, ZPO, 18. Aufl., § 519 Anm. III 2 b zu N. 18 a und N. 19; Baumbach-Lauterbach, ZPO, 25. Aufl., 1958, § 519 Anm. 3 C a; Wieczorek, ZPO, 1957, § 519 Anm. B II a 1 und Anm. C III b 3; Rosenberg, Lehrbuch des DZPR, 7. Aufl., 1956, § 136 II 2 S. 652). Soweit das Landesarbeitsgericht sich für seine gegenteilige Ansicht auf Zöller (ZPO, 7. Aufl., 1954, § 519 Anm. 3 zu Nr. 2 und 9. Aufl., 1958, § 519 Anm. 3 zu Nr. 2) und auf BGH NJW 1951, 442 Nr. 9 bezieht, muß es diese Stellen schlechthin nicht verstanden haben; denn an beiden Stellen wird ebenfalls der hier dargelegte und belegte Standpunkt vertreten. Soweit schließlich das Landesarbeitsgericht dabei noch darauf abstellt, daß das Armenrechtsgesuch hier v o r der Berufungsschrift bei Gericht eingegangen ist, kann das ebenfalls keine andere Beurteilung rechtfertigen. Wenn eine ausdrückliche Bezugnahme auf ein bei den Akten befindliches Armenrechtsgesuch, das den Anforderungen einer Berufungsbegründungsschrift entspricht und von einem beim Berufungsgericht zugelassenen Prozeßbevollmächtigten unterschrieben ist, nach dem oben Ausgeführten genügt, um den mit § 519 Abs. 3 Ziff. 2 ZPO erstrebten Gesetzeszweck zu erreichen, ist es für den vom Gesetz in § 519 Abs. 3 Ziff. 2 ZPO verfolgten und oben näher erläuterten Zweck unerheblich, ob das betreffende Armenrechtsgesuch vor oder nach der Berufungseinlegung zu den Akten eingereicht worden ist. Die gegenteilige und nicht näher begründete Ansicht bei Dietz-Nikisch, ArbGG 1953, § 66 Anm. 36, vermag den Senat nicht zu überzeugen, zumal sie möglicherweise auf einem Mißverständnis der dort in Bezug genommenen Entscheidung des BGH in NJW 1951, 442 beruht, wo die ihr von Dietz-Nikisch zugedachte Ansicht nicht zu finden ist.

Demnach durfte das Landesarbeitsgericht aus den dargestellten Gründen die Berufung des Klägers nicht als unzulässig verwerfen, da die Bezugnahme auf das Armenrechtsgesuch vom 21. Juni 1958 eine ordnungsmäßige Berufungsbegründung darstellte. Durch die gegenteilige Handhabung hat es § 519 Abs. 3 Ziff. 2 ZPO fehlerhaft angewendet. Das führt gemäß § 564 Abs. 1, § 565 Abs. 1 ZPO zur Aufhebung des angefochtenen Urteils und zur Zurückweisung der Sache an die Vorinstanz zur anderweiten Verhandlung und Entscheidung.

48

1. Ist in den Urteilen der Vorinstanzen der Wert des Streitgegenstandes unter Verstoß gegen zwingende Vorschriften festgesetzt worden, kann das Revisionsgericht einen abweichenden Streitwert zum Zwecke der Gebührenberechnung festsetzen.

2. An die in § 12 Abs. 7 ArbGG genannte obere Grenze des Streitwertes sind die Gerichte in Arbeitssachen auch dann gebunden, wenn im Kündigungsschutzprozeß der Auflösungsantrag gemäß § 7 KSchG gestellt wird. Die Höhe der Abfindung kann bei der Festsetzung des Streitwertes allenfalls innerhalb der Grenze des Vierteljahresentgelts berücksichtigt werden.

GKG §§ 22, 23; ArbGG § 12 Abs. 7; KSchG § 7.

II. Senat. Beschluß vom 25. 1. 1960 i. S. G. v. O. (Bekl.) w. W. (Kl.) 2 AZR 519/57.

I. Arbeitsgericht Braunschweig. — II. Landesarbeitsgericht Hannover.

Der Kläger hat sich mit einer am 18. Januar 1956 beim Arbeitsgericht Braunschweig eingegangenen Klage gegen eine ihm gegenüber ausgesprochene ordentliche Kündigung seines Anstellungsvertrages gewandt. Der Kläger hatte einen Monatsverdienst von rund 600,— DM. Er hat beantragt,

1. festzustellen, daß die Kündigung vom 28. Dezember 1955 rechtsunwirksam sei,
2. das Arbeitsverhältnis aufzulösen und die Beklagte in eine Abfindung zur verurteilen und
3. die Beklagte zur Zahlung von 1265,85 DM zu verurteilen.

Mit Teilurteil vom 16. März 1957 hat das Arbeitsgericht festgestellt, daß das Arbeitsverhältnis zwischen den Parteien am 31. März 1956 aufgelöst sei. Es hat die Beklagte verurteilt, an den Kläger 6000,— DM Abfindung zu zahlen. Den Streitwert hat es auf 7500,— DM festgesetzt. Die hiergegen gerichtete Berufung der Beklagten blieb erfolglos. Eine Neufestsetzung des Streitwertes erfolgte nicht.

In der Revisionsinstanz haben sich die Parteien dahin verglichen, daß die Beklagte an den Kläger 4000,— DM als Abfindung gemäß § 7 KSchG zahlt.

Die Beklagte bittet jetzt um Festsetzung des Streitwerts für die Revisionsinstanz und für den Vergleich.

Beide Parteien haben die Auffassung vertreten, der Streitwert müsse sich nach dem Zahlungsanspruch richten. Da die Parteien in der Revisionsinstanz darüber einig gewesen wären, daß das Arbeitsverhältnis zum 31. März 1956 beendet werden sollte, habe über die Frage des Bestehens oder Nichtbestehens des Arbeitsverhältnisses praktisch kein Streit mehr bestanden.

Der Senat vermochte dieser Auffassung nicht zu folgen.

Gemäß § 23 GKG 1957 i. V. m. § 12 Abs. 6 ArbGG setzt das Prozeßgericht den Streitwert für die Gerichtsgebühren durch Beschluß fest, wenn dies eine Partei oder die Staatskasse beantragt oder das Gericht es für angemessen erachtet, wobei eine solche Festsetzung allerdings nur dann erfolgen kann, wenn eine Entscheidung nach § 22 GKG, nämlich eine Streitwertfestsetzung in bezug auf die Zuständigkeit des Gerichts oder die Zulässigkeit des Rechtsmittels, nicht ergeht. Eine solche Streitwertbestimmung erfolgt beim Revisionsgericht im Urteil der Instanz nicht.

Das Revisionsgericht ist wegen der in § 72 Abs. 1 Satz 4 ArbGG enthaltenen Worte „der vom Arbeitsgericht oder Landesarbeitsgericht festgesetzte Wert des Streitgegenstandes" zwar für die Beurteilung der Rechtsmittelfähigkeit nicht nur an einen falschen, sondern auch an einen gesetzwidrig in den Vorinstanzen festgesetzten Streitwert gebunden (BAG 1, 8 [9]), selbst wenn dadurch ein Rechtsmittel, das richtigerweise sonst nicht gegeben gewesen wäre, eröffnet wird (so auch erneut der Senat in BAG 2, 114 und BAG AP Nr. 59 zu § 72 ArbGG). Die Festsetzung des Streitwerts in den Vorinstanzen steht aber der Neufestsetzung eines Streitwertes zum Zwecke der Gebührenberechnung (Kostenstreitwert) in der übergeordneten Instanz weder entgegen noch entfaltet der im Urteil festgesetzte Streitwert für den Kostenstreitwert der übergeordneten Instanz Bindungswirkung. Dies gilt nicht nur, wenn die Entwicklung des Prozesses, z. B. die Einlegung eines beschränkten Rechtsmittels, es gebietet, einen neuen Kostenstreitwert festzusetzen, sondern es gilt ganz allgemein (BAG 2, 13 = AP Nr. 1 zu § 17 GKG mit einer insoweit allerdings kritischen Anmerkung von Pohle) und soweit gerade auch dann, wenn der im Urteil der Vorinstanzen festgesetzte Streitwert gegen das Gesetz verstößt. Letzteres ist aber vorliegend der Fall.

Gemäß § 12 Abs. 7 ArbGG ist für die Wertberechnung bei Klagen, die das Bestehen oder Nichtbestehen eines Arbeitsverhältnisses zum Gegenstand haben, höchstens der Betrag des für die Dauer eines Vierteljahres zu leistenden Arbeitsentgelts maßgebend. Diese Vorschrift will erreichen, daß der für die Existenz des Arbeitnehmers besonders bedeutsame Kündigungsschutzprozeß aus sozialen Gründen nicht mit einem zu hohen Kostenrisiko verbunden ist. Dieses Ziel wird aber durchkreuzt, wenn die Höhe einer gemäß § 7 KSchG gegebenenfalls vom Gericht zubestimmenden Abfindung bei dem im Urteil festzusetzenden Streitwert, der gemäß § 22 GKG dann zugleich für die Berechnung der Gebühren maßgebend ist, berücksichtigt werden würde. Die Höhe der Abfindung kann bei der Festsetzung des Streitwerts allenfalls innerhalb der Grenze des Vierteljahresentgelts berücksichtigt werden (Dersch-Volkmar, Komm. z. ArbGG, 6. Aufl., § 12 Anm. 16).

Eine Kündigungsschutzklage verliert ihren Charakter als „Klage über das Bestehen oder Nichtbestehen eines Arbeitsverhältnisses" im Sinne des § 12 Abs. 7 ArbGG nicht dadurch, daß eine der Parteien den Auflösungsantrag nach § 7 KSchG stellt. Auch und gerade dann, wenn die Prozeßparteien von der Sozialwidrigkeit einer Kündigung übereinstimmend ausgehen und nur darum streiten, ob ein Auflösungsgrund im Sinne des § 7 KSchG gegeben ist oder nicht, hat der Rechtsstreit das Bestehen oder Nichtbestehen des Arbeitsverhältnisses zum Gegenstand. Nach der Systematik des KSchG spielt sich die Auflösung des Arbeitsverhältnisses durch Urteil des Gerichts für Arbeitssachen und die Abfindung des Arbeitnehmers im Zusammenhang mit dieser Auflösung im Rahmen und als Erscheinung eines Kündigungsschutzrechtsstreites ab. Im vorliegenden Fall trifft es übrigens nicht zu, daß die Parteien in der Revisionsinstanz übereinstimmend von der Sozialwidrigkeit der dem Kläger gegenüber ausgesprochenen Kündigung ausgegangen sind. Die Revision richtete sich vielmehr in erster Linie gegen die Wertung der Vorinstanzen, welche die Kündigung für sozialwidrig angesehen hatten.

Wortlaut und Sinn des § 12 Abs. 7 ArbGG geboten es daher, bei einem Monatsverdienst von 600,— DM den Streitwert auf höchstens 1800,— DM festzusetzen. Dieser Betrag bildete für das im übrigen nach § 3 ZPO freie Ermessen die oberste Grenze. Einen Betrag von 1500,— DM erachtete der Senat für die Revisionsinstanz als angemessen.

Für den Vergleich war kein höherer Streitwert festzusetzen, weil der Vergleich in keiner Hinsicht über den Streitgegenstand, wie er in der Revisionsinstanz anhängig war, hinausgriff.

49

Die vom Reichs- und Preußischen Minister des Innern zur TO.A erlassene gemeinsame Dienstordnung vom 3. Mai 1938 (sogenannte GDO-Gemeinden) ist als Satzungsrecht eines durch gemeinsame Dienstaufsicht geschaffenen autonomen Verbandes weggefallen, da infolge des Zusammenbruchs des Deutschen Reiches dieser autonome Verband selbst weggefallen ist.

AOGÖ § 16 Abs. 2 Satz 2; GDO-Gemeinden.

IV. Senat. Urteil vom 27. 1. 1960 i. S. L. (Kl.) w. L. I. (Bekl.)

4 AZR 189/59.

I. Arbeitsgericht Iserlohn. — II. Landesarbeitsgericht Hamm/Westf.

Der Kläger ist als Angestellter im Ausgleichsamt des beklagten Landkreises beschäftigt. Eine Verwaltungsprüfung hat er nicht abgelegt. Seit dem 1. Oktober 1954 erhält er die Bezüge nach der VergGr. VII TO.A. Ihm sind folgende Aufgaben übertragen:

1. Bearbeitung und Bewilligung von Anträgen auf Gewährung von Aufbaudarlehen für den Wohnungsbau gem. § 254 Abs. 2 und 3 LAG und aus dem Härtefonds,
2. Bearbeitung und Bewilligung von Anträgen auf Anerkennung als bevorzugt zu berücksichtigender Bauherr gem. § 300 Satz 2 LAG,
3. Überwachung der Belegung mit Wohnraumhilfen geförderter Wohnungen gem. der Weisung über die Wohnraumhilfe,
4. Förderung von Einrichtungen und Ausbildungsstätten — Heimförderung.

Daneben obliegt dem Kläger teilweise die Bearbeitung folgender Sachgebiete:

1. Aufbaudarlehen für die gewerbliche Wirtschaft und die freien Berufe gem. § 254 Abs. 1 LAG,
2. Aufbaudarlehen für die Landwirtschaft (einschl. Nebenerwerbsstellen) nach § 254 LAG,
3. Ausbildungshilfen nach dem LAG,
4. Bearbeitung der Heimkehreranträge nach dem Kriegsgefangenenentschädigungsgesetz.

Der Kläger ist der Ansicht, seine Tätigkeit erfülle die Tätigkeitsmerkmale der VergGr. VI b TO.A. Er begehrt mit der Klage die Feststellung, daß der Beklagte verpflichtet ist, ihm ab 1. Januar 1956 die Bezüge nach dieser Vergütungsgruppe zu bezahlen.

Der Beklagte hat um Klageabweisung gebeten. Er meint, der Kläger habe auf Einreihung in die VergGr. VI b TO.A schon deshalb keinen Anspruch, weil hierfür nach Nr. 4 a der GDO-Gemeinden zur TO.A die Ablegung der zweiten Verwaltungsprüfung vorausgesetzt werde. Er hat auch bestritten, daß die vom Kläger ausgeübte Tätigkeit den tariflichen Merkmalen der begehrten Vergütungsgruppe entspreche.

Beide Vorinstanzen haben der Klage den Erfolg versagt. Die Revision des Klägers führte zur Aufhebung und Zurückverweisung.

Aus den Gründen:

I. Nach der Ansicht des Landesarbeitsgerichts steht dem Kläger die VergGr. VI b TO.A schon deshalb nicht zu, weil hierfür nach Nr. 4 a GDO-Gemeinden zu § 3 TO.A die Ablegung der ersten und zweiten Verwaltungsprüfung Voraussetzung sei. Dem kann nicht gefolgt werden.

Die GDO zur TO.A vom 3. Mai 1938 (RMBJ.iV Sp. 769) ist vom Reichs- und Preußischen Minister des Innern auf Grund von § 16 Abs. 2 Satz 2 AOGÖ erlassen worden. Ihr Geltungsbereich erstreckt sich nach Nr. 2 GDO auf Arbeitnehmer, die unter die TO.A fallen und bei den in § 1 Abs. 1 a) bis e) TO.A genannten Verwaltungen und Betrieben der Gemeinden, Gemeindeverbände und gemeindlichen Zweckverbände beschäftigt sind. Nr. 4 a der GDO bestimmt, daß Angestellte im Verwaltungs-, Kassen- oder Sparkassendienst in die Vergütungsgruppen VII bis IV der TO.A in der Regel nur eingestellt werden oder aufrücken sollen, wenn sie sowohl den Anforderungen hinsichtlich der Tätigkeitsmerkmale für diese Vergütungsgruppen genügen als auch die für den Verwaltungszweig in Betracht kommende Prüfung abgelegt haben; mit Zustimmung der obersten Aufsichtsbehörde kann von dem Erfordernis der Prüfung abgesehen werden. Es kann dahingestellt bleiben, ob damit neben den tariflichen Tätigkeitsmerkmalen eine zusätzliche Anspruchsvoraussetzung hinsichtlich der genannten Vergütungsgruppen aufgestellt werden sollte und ob eine solche die Mindestbedingungen der TO.A einschränkende Regelung in einer Dienstordnung durch § 3 Abs. 2 Satz 1 Halbsatz 2 TO.A gedeckt war. Denn diese Bestimmung kann schon deshalb keine Anwendung mehr finden, weil die GDO insgesamt ihre Wirksamkeit verloren hat. Das ergibt sich aus folgendem:

Zwar hat das Kontrollgesetz Nr. 56 vom 30. Juni 1947 mit der Aufhebung des AOGÖ nicht auch zugleich die auf Grund des § 16 AOGÖ erlassenen Dienstordnungen außer Kraft gesetzt (vgl. BAG 4, 6 = AP Nr. 1 zu § 16 AOGÖ mit Anm. von Neumann-Duesberg; Schnorr zu AP Nr. 3 zu § 3 TO.A). Die normative Wirkung dieser Dienstordnungen kann aber aus anderen Gründen weggefallen sein.

Im Gegensatz zur Tarifordnung ist die Dienstordnung nicht Rechtsverordnung. Vielmehr gehören die auf Grund des § 16 AOGÖ erlassenen Dienstordnungen ebenso wie die Betriebsordnungen (§§ 26 ff. AOG) zum autonomen Satzungsrecht. Dabei ist unter Autonomie die auf staatlicher Ermächtigung beruhende Befugnis, autonomes Recht zu setzen, zu verstehen; wer Träger der Autonomie ist, welchen sachlichen Umfang und welchen Geltungsbereich sie haben soll und in welcher Form sie ausgeübt werden darf, bestimmt der seine Rechtsetzungsbefugnis delegierende Staat (Enneccerus-Nipperdey, Lehrbuch des Bürgerlichen Rechts, 15. Aufl., Bd. I, 1 § 43 III).

Die auf Grund des AOG und des AOGÖ erlassenen Betriebs- und Dienstordnungen stellen sich somit als Satzungen autonomer Verbände dar. Die Betriebsordnung ist die Verbandssatzung der aus den Belegschaftsmitgliedern und dem „Führer" des Betriebes gebildeten Betriebsgemeinschaft, deren Satzungsgewalt bis zum Außerkrafttreten des AOG durch den Betriebsführer ausgeübt wurde (vgl. RAG ARS 40, 454; Hueck-Nipperdey-Dietz, Komm. zum AOG, 4. Aufl., Anm. 3, 38 zu § 26 AOG; Mansfeld-Pohl-Steinmann-Krause, 2. Aufl., Vorb. 3 a vor § 26 AOG). Ihr entspricht die für die Belegschaftsmitglieder einer öffentlichen Verwaltung gemäß § 16 Abs. 1 AOGÖ erlassene (besondere) Dienstordnung.

Auch die auf Grund des § 16 Abs. 2 Satz 1 oder 2 AOGÖ erlassene gemeinsame Dienstordnung ist autonome Satzung eines Verbandes, zu dem hier alle Angehörigen aller Dienstgemeinschaften der unter gemeinsamer Verwaltung oder Dienstaufsicht stehenden Gruppe von Verwaltungen und Betrieben gehören (Hueck-Nipperdey-Dietz, a. a. O., Anm. 11 zu § 16 AOGÖ); die Satzungsgewalt ist hier der die gemeinsame Verwaltung oder Dienstaufsicht innehabenden Stelle übertragen. Bei diesen gemeinsamen Dienstordnungen handelt es sich nicht etwa um eine Zusammenfassung von Einzeldienstordnungen, sondern um eine gegenüber den Einzeldienstordnungen höherrangige Satzung (Hueck - Nipperdey-Dietz, a. a. O., Anm. 10 zu § 16 AOGÖ; vgl. auch Anm. 6 a zu § 26 AOG über das entsprechende Verhältnis zwischen gemeinsamer Betriebsordnung nach § 5 der 17. DVO zum AOG und Einzelbetriebsordnung).

Aus der Rechtsnatur der Betriebs- und Dienstordnungen als autonomen Verbandssatzungen ergibt sich einmal, daß ihre normative Wirkung die Zugehörigkeit zu dem autonomen Verbande voraussetzte. So konnte sich eine Betriebs- oder Dienstordnung zwar Rückwirkung beilegen, sie konnte aber mit rückwirkender Kraft die Arbeitsverhältnisse solcher Arbeitnehmer nicht mehr erfassen, die bei ihrem Inkrafttreten aus dem Betriebe bereits ausgeschieden waren. Das war nicht etwa damit zu begründen, daß die Normen der Betriebs- oder Dienstordnung nicht mehr zum Inhalt eines beendeten Arbeitsvertrages hätten werden können; denn das wurde auch für das bestehende Arbeitsverhältnis abgelehnt (RAG ARS 40, 453). Vielmehr konnte sich das nur daraus ergeben, daß der ausgeschiedene Arbeitnehmer beim Inkrafttreten der Betriebs- oder Dienstordnung dem autonomen Träger dieser Satzung, der Betriebsgemeinschaft, nicht mehr angehörte (vgl. RAG ARS 40, 453; 41, 358 f.; Hueck-Nipperdey-Dietz, Anm. 12 zu § 31 AOG); es gilt insoweit also dasselbe wie bei der entsprechenden heutigen Form autonomer Satzung, der Betriebsvereinbarung (BAG 3, 1).

Der erkennende Senat hat bereits in einem Urteil vom 11. November 1959 (4 AZR 188/57) BAG 8, 215 ff., ausgesprochen, daß eine vom Reichsminister für Ernährung und Landwirtschaft nach § 16 Abs. 2 Satz 2 AOGÖ erlassene gemeinsame Dienstordnung für Siedlungsunternehmen, sofern die Voraussetzung einer gemeinsamen Dienstaufsicht für ihren Erlaß überhaupt gegeben war, jedenfalls nicht solche Unternehmen erfassen konnte, die erst nach dem Wegfall der vorauszusetzenden gemeinsamen Dienstaufsicht entstanden sind und deshalb dieser Dienstaufsicht niemals unterstanden haben. Aus der Rechtsnatur der Betriebs- und Dienstordnung folgt aber weiter, daß ihre Normenwirkung schlechthin enden mußte, wenn der Verband, dessen autonome Satzung sie darstellt, wegfiel. So endete eine Betriebsordnung zwar nicht bei einem Wechsel in der Person des Unternehmers oder Betriebsführers, wohl aber, wenn der Betrieb zu bestehen aufhörte oder in einen anderen Betrieb eingegliedert wurde, wenn also die bisherige Betriebsgemeinschaft wegfiel (vgl. Hueck-Nipperdey-Dietz, Anm. 69-72 zu § 26 AOG). Ebenso mußte eine gemeinsame Dienstordnung außer Kraft treten, wenn der durch gemeinsame Dienstaufsicht geschaffene autonome Verband von Dienstgemeinschaften durch den Wegfall der gemeinsamen Dienstaufsicht selbst wegfiel; denn die Dienstordnung war ja eben die Satzung dieses Verbandes und nicht etwa eine Summe von Einzeldienstordnungen für die in diesem Verband zusammengefaßten einzelnen Dienstgemeinschaften.

Demgemäß hat der erkennende Senat bereits in seinem zur Veröffentlichung bestimmten Urteil vom 28. Oktober 1959 — 4AZR 30/57 — BAG 8, 181 (188), ausgeführt, daß eine vom Reichsminister für Wissenschaft, Erziehung und Volksbildung für die seiner gemeinsamen Verwaltung unterstehenden staatlichen Schulbehörden erlassene gemeinsame Dienstordnung nach dem Wegfall dieser gemeinsamen Verwaltung keine Rechtswirkungen mehr zeitigen kann, weil der Verband, für den sie als autonome Satzung erlassen war, weggefallen ist.

Aus denselben Gründen ist die Normenwirkung der GDO Gemeinden zur TO.A entfallen. Sie konnte vom Reichsminister des Innern nur auf Grund einer gemeinsamen Dienstaufsicht im Sinne des § 16 Abs. 2 Satz 2 AOGÖ erlassen werden. Ob eine solche „Dienstaufsicht" über die Gemeinden zur Zeit des Erlasses der GDO bestanden hat, bedarf hier keiner Erörterung. Denn auch eine rechtswirksam erlassene GDO mußte mit dem Wegfall des durch gemeinsame Verwaltung oder Dienstaufsicht gebildeten Verbandes wegfallen, da sie nur autonomes Satzungsrecht eben dieses Verbandes war. Diese Folge ist mit dem Zusammenbruch des Reiches eingetreten, da seitdem nicht nur der Reichsminister des Innern als Spitze des bisherigen Verbandes weggefallen ist, sondern überhaupt keine gemeinsame Dienstaufsicht über Gemeinden, Gemeindeverbände und gemeindliche Zweckverbände besteht; es besteht somit auch kein Verband aller Angehörigen von Dienstgemeinschaften der in § 1 Abs. 1 c) bis e) bezeichneten Verwaltungen und Betriebe mehr, der mit dem früheren Verbande identisch wäre.

Somit kann sich die Beklagte gegenüber dem auf die TO.A gestützten Anspruch des Klägers in keiner Hinsicht mehr auf die GDO Gemeinden berufen.

Im übrigen würde eine solche Berufung im Falle der Fortgeltung der GDO eine unzulässige Rechtsausübung darstellen, wenn die Beklagte vom Kläger nicht nur vorübergehend Dienstleistungen, die den Tätigkeitsmerkmalen der VergGr. VI b TO.A entsprachen, gefordert und entgegengenommen hat, ihm die tarifgerechte Vergütung aber wegen des Fehlens der nicht zu den tariflichen Tätigkeitsmerkmalen gehörenden Prüfung verweigert (vgl. BAG AP Nr. 21, 28 zu § 3 TO.A und BAG 6, 317 [320] = AP Nr. 41 zu § 3 TO.A mit zust. Anm. von Neumann-Duesberg). Ein Verstoß gegen Treu und Glauben könnte auch nicht, wie das Landesarbeitsgericht meint, deshalb verneint werden, weil der Kläger nur mit Tätigkeiten nach der VergGr. VII TO.A beschäftigt worden sei. Denn der Anspruch auf die höhere Vergütungsgruppe setzt natürlich voraus, daß die Tätigkeitsmerkmale dieser Gruppe erfüllt sind.

II. Somit kommt es allein darauf an, ob die vom Kläger seit dem 1. Januar 1956 überwiegend ausgeübte Tätigkeit den Merkmalen der VergGr. VI b TO.A entsprochen hat.

Das Berufungsgericht hat festgestellt, daß der Kläger überwiegend nicht mit routinemäßigen, sondern mit schwierigeren Aufgaben betraut gewesen ist und die Vorgänge selbständig bis zur Unterschriftsreife bearbeitet hat; demgemäß sieht es das Tätigkeitsmerkmal der selbständigen Leistungen für erfüllt an. Dagegen hält es die weiter erforderlichen gründlichen vielseitigen Fachkenntnisse nicht für gegeben. Insoweit sind seine Ausführungen nicht frei von Rechtsirrtum.

Das Landesarbeitsgericht führt aus, die Aufgaben der Lastenausgleichsstellen bildeten nur ein Teilgebiet des Wohlfahrts- und Fürsorgewesens. Bei dem Aufgabengebiet des Klägers handele es sich daher nicht um ein Hauptaufgabengebiet der beklagten Verwaltung im Sinne der

Entscheidung des Bundesarbeitsgerichts vom 17. November 1955 (AP Nr. 7 zu § 3 TO.A), sondern um ein eng abgegrenztes Teilgebiet, auf dem der Kläger wiederum nur auf einem Sektor tätig sei. Die Erledigung seiner Aufgaben erfordere nicht gründliche vielseitige Fachkenntnisse, sondern nur gründliche einseitige Kenntnisse auf dem Gebiet des Lastenausgleichswesens sowie die Kenntnis einzelner Bestimmungen aus anderen Rechtsgebieten (Sachen- und Erbrecht, Grundbuchrecht u. a.). Gründliche vielseitige Fachkenntnisse, die seine vielseitige Verwendbarkeit bei der Beklagten, z. B. auf dem Gebiet des Wohlfahrts- und Fürsorgewesens, ermöglichen würden, habe der Kläger sich nach seinem beruflichen Werdegang auch nicht erwerben können.

Irrig ist zunächst die Annahme, es müsse sich bei der Tätigkeit eines Büroangestellten der VergGr. VI b TO.A um ein Hauptaufgabengebiet der Verwaltung handeln, bei der der Angestellte beschäftigt ist. Das ist weder der Tarifnorm zu entnehmen, noch kommt eine solche Auffassung in der angeführten Entscheidung des Bundesarbeitsgerichts (AP Nr. 7 zu § 3 TO.A) zum Ausdruck. Die Tätigkeitsmerkmale der VergGr. VI b TO.A erfordern auch nicht etwa eine vielseitige Verwendbarkeit des Angestellten in dem Sinne, daß er Kenntnisse auch auf anderen Sachgebieten haben müßte, Kenntnisse also, die für sein Arbeitsgebiet nicht erforderlich sind, die ihn aber befähigen würden, gleichwertige Leistungen auch auf anderen Aufgabengebieten der Verwaltung, bei der er beschäftigt ist, zu erbringen. Es ist daher unerheblich, ob der Kläger sich solche Kenntnisse hat erwerben können. Vielmehr kommt es allein darauf an, ob die vom Kläger überwiegend ausgeübte Tätigkeit gründliche vielseitige Fachkenntnisse erfordert. Dazu genügen, wie das Bundesarbeitsgericht (a. a. O.) ausgeführt hat, gründliche und vielseitige Fachkenntnisse auf dem abgegrenzten Teilgebiet, in dem der Angestellte arbeitet, sofern dieses nicht so eng umgrenzt ist, daß es nur eine gewisse Routine bei der Bearbeitung regelmäßig gleichgelagerter Fälle, aber keine vielseitigen Fachkenntnisse erfordert. Als ein solches eng umgrenztes Teilgebiet kann das Gebiet des Lastenausgleichs, das im übrigen — worauf es aber nicht ankäme — nicht ein Teilgebiet des Wohlfahrts- und Fürsorgewesens ist, nicht angesehen werden. Das ergibt sich schon aus der umfangreichen und vielschichtigen gesetzlichen Regelung dieses Rechtsgebiets.

Ist es somit durchaus möglich, daß ein Angestellter, der auf dem Gebiet des Lastenausgleichs tätig ist, gründliche vielseitige Fachkenntnisse im Sinne der Tarifnorm für die VergGr. VI b TO.A einzusetzen hat, so kommt es weiter darauf an, ob das auch auf den Aufgabenkreis des Klägers zutrifft. Das Landesarbeitsgericht hat von seinem Rechtsstandpunkt aus, daß es sich beim Lastenausgleich ohnehin um ein zu eng umgrenztes Sachgebiet handele, hierzu die erforderlichen näheren Feststellungen nicht getroffen; insbesondere hat es die Aussage des Zeugen D insoweit nicht erschöpfend gewürdigt. Da dies Sache der Tatsacheninstanz ist, mußte der Rechtsstreit zu erneuter Verhandlung und Entscheidung an das Berufungsgericht zurückverwiesen werden.

50

1. Das Übergangsgeld, das Angestellten, die wegen Erreichens der Altersgrenze aus dem öffentlichen Dienst ausscheiden, gewährt wird, ist Arbeitsentgelt im Sinne des § 83 BVG.

2. § 83 BVG will alle die Personen erfassen, die Arbeitsentgelt mit Rücksicht auf ein gegenwärtiges oder vergangenes Arbeits- oder Beschäftigungsverhältnis beziehen, gleichgültig also, ob sie noch im aktiven Dienst stehen, gerade ausgeschieden oder schon Pensionäre sind.

3. Die Anrechnung von Versorgungsbezügen auf das Übergangsgeld ist gesetzlich verboten. Entgegenstehende tarifliche Bestimmungen oder einzelvertragliche Vereinbarungen sind nichtig.

Bundesversorgungsgesetz (BVG) § 83; TO.A ADO Nr. 1 ff., 5 zu § 16; SchwBeschG § 32.

IV. Senat. Urteil vom 27. 1. 1960 i. S. O. (Kl.) w. L. Rh.-Pf. (Bekl.) 4 AZR 476/57.

I. Arbeitsgericht Trier. — II. Landesarbeitsgericht Mainz.

Der Kläger war bei der Bezirksregierung des Beklagten in Trier als Angestellter beschäftigt. Anläßlich seines Ausscheidens aus dem Dienst wegen Erreichens der Altersgrenze gewährte ihm der Beklagte gemäß Nr. 1 ff. der ADO zu § 16 TO.A ein Übergangsgeld. Da der Kläger infolge einer Wehrdienstbeschädigung zu 80 % erwerbsgemindert ist und eine monatliche Grundrente zuzüglich Alterszulage in Höhe von 95,— DM nach dem Bundesversorgungsgesetz (BVG) erhält, rechnete der Beklagte die Grundrente für 4 Monate im Gesamtbetrag von 380,— DM auf das Übergangsgeld an.

Der Kläger ist der Ansicht, daß die Anrechnung seiner Grundrente auf das Übergangsgeld zu Unrecht erfolgt sei. Er hat beantragt, den Beklagten zu verurteilen, an ihn 380,— DM zu zahlen.

Der Beklagte hat gebeten, die Klage abzuweisen. Er ist der Ansicht, daß nach Nr. 5 der ADO zu § 16 TO.A die Grundrente auf das Übergangsgeld anzurechnen sei. Dieses sei kein Arbeitsentgelt im Sinne des

§ 83 BVG. Im übrigen hat der Beklagte den Anspruch des Klägers auf Übergangsgeld weder dem Grunde noch der Höhe nach bestritten.

In den beiden Vorinstanzen blieb die Klage erfolglos. Das Bundesarbeitsgericht hat der Klage entsprochen.

Aus den Gründen:

Gemäß § 83 Bundesversorgungsgesetz (BVG) vom 20. Dezember 1950 (BGBl. S. 791) dürfen bei der Bemessung des Arbeitsentgelts von Beschäftigten, die Versorgungsbezüge nach diesem Gesetz erhalten, diese Bezüge nicht zum Nachteil des Beschäftigten berücksichtigt werden. Insbesondere ist es unzulässig, die Versorgungsbezüge ganz oder teilweise auf das Entgelt anzurechnen.

I. Der Begriff des Arbeitsentgelts im Sinne dieser Vorschrift ist weit auszulegen. Alles das ist Arbeitsentgelt, was vom Arbeitgeber im Zusammenhang oder mit Rücksicht auf ein gegenwärtiges oder in der Vergangenheit liegendes Arbeits- oder Beschäftigungsverhältnis einmalig oder laufend an Geld oder Geldeswert geleistet wird. Dabei kommt es nicht darauf an, ob es sich um streng geschuldete oder sogenannte freiwillige Leistungen handelt. Auch das ist als Arbeitsentgelt anzusehen, was freiwillig in Ausgestaltung der Fürsorgepflicht gewährt wird.

Das trifft auch für das Übergangsgeld nach Nr. 1 ff. ADO zu § 16 TO. A zu. Das Übergangsgeld ist kein Geschenk an den ausscheidenden Angestellten, es wird ihm nicht unentgeltlich, sondern bestenfalls freiwillig gewährt. Es ist eine zusätzliche Entgeltzahlung, die mit Rücksicht auf die geleisteten Dienste aus besonderem Anlaß, nämlich wegen des Ausscheidens aus dem Dienst, gewährt wird.

Das Anrechnungsverbot von Versorgungsbezügen auf das Arbeitsentgelt beruht darauf, daß die Berechtigung auf Versorgungsbezüge an Tatbestände anknüpft, die vollkommen verschieden von den Tatbeständen sind, an die das Recht die Gewährung von Arbeitsentgelt knüpft, das heute, insbesondere bei Dauerarbeitsverhältnissen, auch Alimentationscharakter trägt. Das letztere trifft gerade auch auf das Übergangsgeld für den wegen Erreichens der Altersgrenze ausscheidenden Angestellten zu. Es ist eine Überbrückungshilfe, die ihm die Umstellung erleichtern soll; bisher empfing er das seinen Dienstleistungen entsprechende Gehalt, nunmehr muß er regelmäßig mit einer weit geringeren Rente vorlieb nehmen. Demgegenüber sollen die Versorgungsbezüge nach dem BVG, insbesondere die Grundrente, ein Ausgleich, eine Entschädigung für die Nachteile sein, die der Versehrte gegenüber dem Gesunden hat (vgl. § 1 BVG). Soweit in gewisser Hinsicht bei der Ausgleichsrente auch für den Lebensunterhalt gesorgt werden soll, wird bei deren Berechnung eventuelles anderweitiges Einkommen unter bestimmten Voraussetzungen schon berücksichtigt. Daraus folgt, daß es Sinn und Zweck des § 83 BVG ist, einerseits dem versehrten Menschen — wie es sich mit den Hinterbliebenen (§ 1 Abs. 5, § 38 BVG) verhält, interessiert hier nicht; es gilt aber Entsprechendes —, weil er in besonderer Weise hilfsbedürftig erscheint, voll die Versorgungsbezüge zukommen zu lassen; andererseits soll ihm das Arbeitsentgelt ganz verbleiben, das er erhalten würde, wenn er keine Versorgungsbezüge zu beanspruchen hätte. § 83 BVG verbietet die Verquickung vollkommen verschiedener Tatbestände mit verschiedenen Rechtsfolgen (vgl. hierzu auch BGH in LM Nr. 1 zu § 14 Besoldungsgesetz für den Fall der Wiedergutmachungsrente).

Für die hier vertretene Auffassung über die weite Bedeutung des Begriff „Arbeitsentgelt" spricht auch die Regelung des § 32 SchwBeschG vom 16. Juni 1953 (BGBl. I S. 389), der dem § 83 nachgebildet ist. Auch nach § 32 SchwBeschG dürfen bei der Bemessung des Arbeitsentgelts Renten, die u. a. auf Grund des BVG bezogen werden, keine Berücksichtigung erfahren. Insbesondere ist es unzulässig, diese Bezüge ganz oder teilweise auf das Arbeitsentgelt anzurechnen. Darunter fallen auch Prämien, Provisionen, Spesen, die Beteiligung am Geschäftsgewinn, Gratifikationen, Pensionszahlungen und Übergangsgelder. Sie alle dürfen im Hinblick auf die vom Schwerbeschädigten bezogene Rente nicht gekürzt werden (vgl. hierzu Sellmann, Komm. zum SchwBeschG 1954, § 32, Anm. 6).

Daß das Übergangsgeld gemäß Nr. 6 ADO zu § 16 TO. A nicht der Einkommensteuer unterliegt und nicht Arbeitseinkommen im Sinne der Sozialversicherungsgesetze ist, tut hier nichts zur Sache. Es ist falsch, daraus den Schluß zu ziehen, das Übergangsgeld sei nicht Arbeitsentgelt. Die Nr. 6 der ADO zu § 16 TO. A ist gerade umgekehrt ein Indiz dafür, daß das Übergangsgeld eben doch als Arbeitsentgelt angesehen wird. Es soll entgegen der Regel nur seines besonderen Zweckes wegen Überbrückungshilfe für den ausscheidenden Angestellten der Einkommensteuer bzw. den Sozialabgaben nicht unterliegen. Das mußte ausdrücklich bestimmt werden. Die Ansicht, daß unter Arbeitsentgelt neben dem eigentlichen Arbeitslohn bzw. der laufenden Vergütung nur alle die geldwerten Vorteile zu verstehen seien, die dem Arbeitnehmer steuerpflichtig zufließen, das Übergangsgeld aber, weil nicht steuerpflichtig, deshalb kein Arbeitsentgelt sei, ist unverständlich. Dann wäre jegliche Vergütung, die nicht steuerpflichtig ist, kein Arbeitsentgelt. Auch Weihnachtsgratifikationen, die oftmals nicht steuerpflichtig sind bzw. deren Steuerpflichtigkeit manchmal von Jahr zu Jahr wechselt, würden kein Arbeitsentgelt sein, soweit sie nicht steuerpflichtig sind. Eine solche Ansicht widerspricht offensichtlich den arbeitsrechtlichen Gesichtspunkten, was unter Arbeitsentgelt zu verstehen ist. Daraus folgt weiter, daß der noch umfassendere Begriff des Arbeitsentgelts im Sinne des BVG um so weniger unter steuerrechtlichen oder sozialversicherungsrechtlichen Gesichtspunkten, die ihrerseits untereinander keineswegs immer harmonieren, gesehen werden kann.

II. Das beklagte Land meint, § 83 BVG könne auf das dem Kläger gewährte Übergangsgeld auch deswegen keine Anwendung finden, weil lediglich von Beschäftigten die Rede sei. Der Kläger habe das Übergangsgeld aber nicht als Beschäftigter erhalten, sondern im Anschluß an sein Ausscheiden aus dem Dienst. Würde man dieser Auffassung des beklagten Landes folgen, so würde man sich einer Buchstabeninterpretation des Gesetzes schuldig machen. Gemäß § 133 BGB, der bei der Auslegung von Gesetzen entsprechend anzuwenden ist, ist aber der wirkliche Wille des Gesetzgebers zu erforschen und nicht an dem buchstäblichen Sinn des Ausdrucks zu haften. Es besteht nun aber kein Streit darüber, daß z. B. auch Pensionen im Sinne des § 83 BVG als Arbeitsentgelt aufgefaßt werden und daß Versorgungsbezüge nach dem BVG auf Pensionen nicht angerechnet werden dürfen. Das zeigt zur Genüge, daß Pensionäre wie Beschäftigte behandelt werden, obwohl sie es streng genommen nicht sind. Diese erweiternde Auslegung des § 83 BVG ist geboten, um Sinn und Zweck der Bestimmung gerecht zu werden. Der Gesetzgeber wollte alle die erfassen, die Arbeitsentgelt mit Rücksicht auf ein gegenwärtiges oder vergangenes Beschäftigungsverhältnis beziehen, gleichgültig, ob die Berechtigten noch im aktiven Dienst stehen, gerade ausgeschieden oder Pensionäre sind. Er will verhindern, daß Versorgungsgebührnisse auf das Entgelt ganz oder teilweise angerechnet werden. Der Ausdruck „Beschäftigte" im § 83 ist also offensichtlich entgegen Sinn und Zweck der Vorschrift zu eng gewählt worden. § 32 SchwBeschG, der „sich in gleicher Form schon in § 83 des BVG selbst findet" (vgl. Sellmann a. a. O. Anm. 3), vermeidet diese zu enge Fassung, obwohl er im wesentlichen dasselbe besagt und bezweckt.

Hiernach ist entgegen dem Verbot des § 83 BVG und damit zu Unrecht dem Kläger seine Grundrente auf das ihm gewährte Übergangsgeld angerechnet worden. Dabei kann es dahingestellt bleiben, ob die Auslegung, die das Berufungsurteil der Nr. 5 ADO zu § 16 TO.A gegeben hat, zutreffend ist oder nicht. Denn jedenfalls geht die Bestimmung des

§83 BVG selbst dann, wenn die Nr. 15 ADO zu § 16 TO.A die Anrechnung der Grundrente nach dem BVG auf das Übergangsgeld vorschreiben würde, dieser Bestimmung vor; tarifliche Bestimmungen oder einzelvertragliche Vereinbarungen, die dem § 83 BVG insoweit widersprechen, sind nichtig (§ 134 BGB).

Das beklagte Land kann sich demgegenüber nicht darauf berufen, daß es bis zum 1. April 1959 üblich gewesen sei, Versorgungsbezüge, insbesondere Grundrenten, nach dem BVG auf das Übergangsgeld anzurechnen; das Bundesarbeitsgericht habe selbst in seinen Entscheidungen zu den ADO-Bestimmungen über das Übergangsgeld auf die Übung abgestellt (vgl. AP Nr. 1 zu § 16 TO.A; Nr. 1, Nr. 2 zu § 17 TO.A). Es mag dahingestellt bleiben, ob diese Übung für den Anspruch auf das Übergangsgeld nach Grund und Höhe von Bedeutung sein könnte, wenn ausschließlich nach den Bestimmungen der ADO zu § 16 TO.A zu entscheiden wäre. Denn jedenfalls kann eine der gesetzlichen Bestimmung des § 83 BVG widersprechende Übung keine Anerkennung finden. Auch ist es unerheblich, wie seinerzeit unter der Herrschaft des Reichsversorgungsgesetzes in dieser Hinsicht verfahren worden ist, insbesondere, ob die behauptete Praxis der Anrechnung von Versorgungsgebührnissen nach diesem Gesetz auf das Übergangsgeld rechtens war oder nicht.

Sachregister

B

F

G

W

Gesetzesregister

Zusammenstellung der Entscheidungen nach der Zeitfolge

FSC
www.fsc.org
MIX
Papier | Fördert gute Waldnutzung
FSC® C083411

Kolibri 360 GmbH
Ferdinand-Jühlke-Straße 7
99095 Erfurt, Deutschland
produktsicherheit@kolibri360.de